V&R

SEPTUAGINTA

Vetus Testamentum Graecum

Auctoritate
Academiae Scientiarum Gottingensis
editum

vol. XII, 2

Sapientia Iesu Filii Sirach

Vandenhoeck & Ruprecht

Sapientia Iesu Filii Sirach

edidit
Joseph Ziegler

3. Auflage

Vandenhoeck & Ruprecht

Bisher sind folgende Bände erschienen:

I. Band:	Genesis, ed. John William Wevers. 1974
II. Band, 1:	Exodus, ed. John William Wevers. 1991
II. Band, 2:	Leviticus, ed. John William Wevers. 1986
III. Band, 1:	Numeri, ed. John William Wevers. 1982
III. Band, 2:	Deuteronomium, ed. John William Wevers. 1977. 2. Aufl. 2006
IV. Band, 3:	Ruth, ed. Udo Quast. 2006. 2. Aufl. 2009
VII. Band, 2:	Paralipomenon liber II, ed. R. Hanhart, Göttingen 2014
VIII. Band, 1:	Esdrae liber I, ed. Robert Hanhart. 1974. 2. durchges. Aufl. 1991
VIII. Band, 2:	Esdrae liber II, ed. Robert Hanhart. 1993
VIII. Band, 3:	Esther, ed. Robert Hanhart. 1966. 2., durchges. Aufl. 1983
VIII. Band, 4:	Iudith, ed. Robert Hanhart. 1979
VIII. Band, 5:	Tobit, ed. Robert Hanhart. 1983
IX. Band, 1:	Maccabaeorum liber I, ed. Werner Kappler. 1936. 3. Aufl. 1990
IX. Band, 2:	Maccabaeorum liber II, edd. Werner Kappler – Robert Hanhart. 1959. 3., durchges. Aufl. 2008
IX. Band, 3:	Maccabaeorum liber III, ed. Robert Hanhart. 1960. 2., durchges. Aufl. 1980
X. Band:	Psalmi cum Odis, ed. Alfred Rahlfs. 1931. 3. Aufl. 1979
XI. Band, 4:	Iob, ed. Joseph Ziegler. 1982
XII. Band, 1:	Sapientia Salomonis, ed. Joseph Ziegler. 1962. 2., durchges. Aufl. 1980
XII. Band, 2:	Sapientia Iesu Filii Sirach, ed Joseph Ziegler. 1965. 3. Aufl. 2016
XIII. Band:	Duodecim Prophetae, ed. Joseph Ziegler. 1943. 3., durchges. Aufl. 1984
XIV. Band:	Isaias, ed. Joseph Ziegler. 1939. 3. Aufl. 1983
XV. Band:	Ieremias, Baruch, Threni, Epistula Ieremiae, ed. Joseph Ziegler. 1957. 4. Aufl. 2013
XVI. Band, 1:	Ezechiel, ed. Joseph Ziegler. 1952. 4. Aufl. 2015
XVI. Band, 2:	Susanna, Daniel, Bel et Draco, ed. Joseph Ziegler. 1954. 2., erweiterte Aufl., bearbeitet von Oliver Munnich. 1999
Supplementum:	Alfred Rahlfs, Verzeichnis der griechischen Handschriften des Alten Testaments, vol. I, 1. Die Überlieferung bis zum VIII. Jahrhundert, bearbeitet von Detlef Fraenkel. 2004

Bibliografische Information der Deutschen Bibliothek
Die Deutsche Bibliothek verzeichnet diese Publikation in der
Deutschen Nationalbibliografie; detaillierte bibliografische Daten sind
im Internet über http://dnb.d-nb.de abrufbar.

ISBN 978-3-525-53419-9

Gesamtherstellung: ⊛ Hubert & Co, GmbH & Co. KG,
Robert-Bosch-Breite 6, 37079 Göttingen.
Gedruckt auf alterungsbeständigem Papier.

VORWORT

„Unter allen Büchern der Septuaginta gibt Sirach (Ecclesiasticus) dem Textkritiker die meisten und schwierigsten Rätsel auf." Mit diesem Satz begann ich meinen Beitrag *Ursprüngliche Lesarten im griechischen Sirach* zur Kardinal Tisserant Festschrift: Studi e Testi 231 (1964) 461—487. Vor allem stellt die Textgestaltung an den Herausgeber die höchsten Anforderungen; sie ist seine schönste Aufgabe und zugleich dringendste Pflicht. Diese Erkenntnis sollte allmählich jedem aufgehen. Aber man begegnet immer wieder Leuten, die eine unverständliche Vorliebe für die große Ausgabe von Holmes-Parsons oder für die kleine Edition von Swete haben, in denen oben der textus receptus (Sixtina) oder der Text einer bestimmten Handschrift (B) erscheint und unten der Apparat die Unzialen in alphabetischer und die Minuskeln in numerischer Reihenfolge aufzählt. So kann man in der BZ 8 (1964) 312 (Besprechung meiner Ausgabe der Sapientia Salomonis) lesen: „Manche stoßen sich daran, daß im Lemma des Textes nicht eine bestimmte Unziale erscheint, wie z.B. cod. B bei Swete, sondern schlechthin die wahrscheinlichste Urseptuaginta-Lesung." Dem gegenüber schreibt richtig der Rezensent (V. Hamp), daß die Methode der selbständigen Textgestaltung „in neuesten Arbeiten mit Recht den Vorzug genießt".

Für diese Ausgabe schulde ich vielseitigen Dank. Er gilt zuerst Herrn Dr. Robert Hanhart (Göttingen) für seine treue Hilfe (viele Hinweise, zahlreiche Nachkollationen zweifelhafter Lesarten und Korrekturlesen) und dann Dr. Hans Peter Rüger (Tübingen) für Mitlesen der Korrektur und verschiedene wertvolle Hinweise auf verwandte hebräische und syrische Lesarten. Ein herzliches Dankeswort gebührt den Mönchen von San Girolamo in Rom, namentlich Herrn P. Jean Gribomont, die mir gütigst ihre Kollationen während meines römischen Aufenthaltes im März 1957 zur Verfügung stellten. Inzwischen (Sommer 1964) ist die stattliche Ausgabe des Sirach im Druck erschienen, so daß ich alle in Frage kommenden Stellen noch einmal nachprüfen konnte. Schließlich sei Herrn P. Louis Leloir (Rom) bestens dafür gedankt, daß er mir seine lateinische Übersetzung des armenischen Sirach überließ, die mir eine mühevolle Nachkollation ersparte.

Auch diese Ausgabe ist noch unterwegs, aber ich hoffe, daß sie ein gutes Stück dem Ziel nähergekommen ist. Gerade beim Lesen der Korrekturen steigen manchmal Zweifel auf, ob wirklich der Text richtig gestaltet ist; man gerät in eine beklemmende *ἀπορία* und möchte am liebsten (bei manchen schwierigen Stellen) noch einmal von vorn anfangen. Hier kann nur das Wort des weisen Sirach (18,7) Trost spenden:

Ὅταν συντελέσῃ ἄνθρωπος, τότε ἄρχεται·
καὶ ὅταν παύσηται, τότε ἀπορηθήσεται.

87 Würzburg, Bismarckstr. 12. 30. November 1964

Joseph Ziegler

Inhalt

Einleitung

A Die Textzeugen

I. Die griechischen Zeugen

Die Ausgabe der Sapientia Iesu Filii Sirach beruht auf folgenden Hss., die vom LXX-Unternehmen neu kollationiert wurden:

1. Unzialhandschriften

A B C S V

2. Minuskelhandschriften

46 68 106 130 149 155 157 248 249 253 254 260 296 307 311 315 336 339 358 404 421 429 443 471 478 493 507 534 542 543 545 547 548 575 578 603 606 613 626 631 637 672 673 679 694 705 706 728 743 744 753 754 755 768 785 795 797

Nähere Angaben zu den bereits für Sap. kollationierten Hss. siehe Sap. Salomonis, Einl. S. 7—10.

Zu folgenden dort aufgeführten Hss. ist zu bemerken:

C Folgende Teile sind erhalten: Prologus (vollständig)

1_{1}—7_{14a} 8_{15c}—11_{17a} 12_{16d}—16_{1a} 17_{12}—20_{5a} 21_{12}—22_{19} 27_{19}—28_{25a} 30_{8}–34_{22} (31_{27}) 30_{25} (33_{16b})–$31(34)_{5}$ $32(35)_{22b}$—$33(36)_{13a}$ 37_{11}—38_{15} 39_{7}—43_{27a} 45_{24c}—47_{23} 48_{11}—49_{12a}.

253 Auf Blatt 145b unten ist durch den Vermerk *λεῖπει πολλά* eine Auslassung (ohne Blattverlust) angezeigt, die von 8_{5b}—11_{9} reicht. Manche kleine Auslassungen sind von zweiter Hand nachgetragen, z.B. 44_{23} om. *δέκα δύο* 253*; hab. 253^{c}, oder 45_{9} om. *ἀκουστόν* 253*; hab. *ἀκοστόν* (sic) 253^{c}.

Zur Kollation Klostermanns siehe Sap. Salomonis, Einl. S. 8

296 Lücken: 18_{18}—$19_{3\,a}$ $23_{3\,d-16\,a}$ $45_{15\,e}$—$46_{12\,b}$ $48_{12\,b}$—49_{15}. Ferner sind leere Blätter eingelegt: Blatt 187, 194, 230—231, 235—236. Kap. 51 fehlt ohne Blattausfall. Die Unterschrift steht hinter Kap. 50.

311 1_1—3_1 *Ἐλεγμὸν τοῦ πατρός* und Kap. 51 fehlen.

443 Der Prolog ging verloren und wurde von einem Ergänzer (= 443[s]) nachgetragen. Es fehlt $49_{8\,b}$ *αὐτῷ* — 50_{16} *μεγάλην εἰς*.

548 Kap. 44—50 fehlt; hinter Kap. 43 steht *σοφια ιησου υιου σειραχ. λειπει* (*λυπη* cod.) *πατερων υμνος*. Kap. 51 schließt an Kap. 43 an mit der Überschrift *προσευχη ιησου υιου σειραχ*.

626 Untere Schrift: 4_{25}—7_{27}. Tischendorf brachte nur folgende Textproben: 7_{18} 4_{26} 7_{12}.

637 Es fehlt prol. $_{27}$ *καὶ τριακοστῷ* bis Schluß und 1_1—$2_{10\,ab}$.

728 Die Hs. bricht mit $35_{24\,b}$ *κυρίῳ* ab. Die vollständige Hs. 336 stammt aus der gleichen Vorlage wie 728, so daß der Verlust leicht verschmerzt wird.

Zu den für Sap. nicht kollationierten Hss., die vielfach nur Sir. enthalten, sind folgende Angaben zu machen:

307 München, Bayer. Staatsbibl., Gr. 129; XIII. Jh.

Die Hs. enthält nur Prol. — Kap. 43 (es fehlt $21_{3\,fin.}$ — $26_{29\,b}$). Eine Unterschrift hinter Kap. 43 fehlt. An Stelle von Kap. 44—Schluß sind leere Blätter vorhanden.

315 Athen, Nat. Bibl. 329; XIII. Jh.

Prol. und Kap. 51 fehlen. Oft sind die Endungen von Wörtern so abgekürzt, daß es nicht sicher ist, was der Schreiber meint.

358 Cambridge, Corpus Christi College, 486; XII. Jh.

Der Anfang bis 9_1 init. *Μὴ ζήλου* fehlt. An etlichen Stellen ist die Hs. unleserlich.

404 Jerusalem, Patr. Bibl., *Σάβα* 418; XIV. Jh. (Anfang).

Der Schluß von 42_9 an fehlt. Außerdem finden sich oft größere und kleinere Lücken; die größte erstreckt sich über 98 Seiten: 19_9—25_{23}. Im folgenden seien die kleineren Auslassungen aufgezählt: 4_{11-19} 5_{4-13} 10_{12-27} 11_{30}—12_{18} 14_{3-10} 14_{20}—16_{16} 18_{30}—19_4 27_{30}—28_{12} 30_{14-20} 30_{25-40} 31_{14-22} 33_1—34_{11} 35_1—36_{22} 38_{1-15} 38_{24}—39_{25} 40_{29-30}. Diese Lücken füllt die Schwesterhs. 795 aus.

421 London, Brit. Mus., Add. 34060; geschrieben 1438.
Die Hs. enthält nur Exzerpta.

429 Madrid, Bibl. Nac., 4586; XIV. Jh.
Die Hs. enthält nur Exzerpta.

493 München, Bayer. Staatsbibl., Gr. 551; XV. Jh.
Die äußerst wichtige Hs. hat David Hoeschel erstmals kollationiert und herausgegeben, siehe unten S. 52; Sigel bei Hoeschel: C.A. (= Codex Augustanus). In der Ausgabe von H.-P. ist nur Kap. 1 unter der Sigel 70 verglichen. Fr. verwendet die Sigel H und 70, ohne die Identität mit H zu erkennen.

507 Oxford, Bodl. Libr. Auct. T. 2. 5; XIV. Jh.
Die Hs. enthält nur Kap. 51.

575 Paris, Bibl. Nat., Gr. 396; XIII. Jh.
Die Hs. enthält nur Exzerpta.

578 Paris, Bibl. Nat., Gr. 905; Palimpsest; XII. Jh.
Die Hs. bricht mit 43_{8} ab. Der Text ist nicht stichisch geschrieben, aber der Anfang der Stichen oder Distichen wird durch rote Buchstaben hervorgehoben. Diese Anfangsbuchstaben sind sehr oft ausgelassen oder falsch gesetzt.

603 Paris, Bibl. Nat., Gr. 2747; XIII. und XIV. Jh.
Der Schluß von 51_{27} an fehlt. Lücken: 14_{19}—15_{20} $16_{21\,b}$—17_{21} 24_{1}—25_{1} 36_{7-22}.

672 Rom, Bibl. Vat., Vat. Gr. 432; XIV. Jh.
Der Prolog fehlt.

673 Rom, Bibl. Vat., Vat. Gr. 509; XIV. Jh.
Der Prolog fehlt (wie in der vorigen Hs. 672; beide Hss. sind Zwillinge).

679 Rom, Bibl. Vat., Vat. gr. 742; XIII. Jh.

694 Rom, Bibl. Vat., Vat. gr. 1871; XII. Jh.
Die Hs. enthält nur Prol. bis 15_{17}, dann ausgewählte Stücke aus Sir. (und Prov.). Die Sir.-Exzerpta sind mit 694a bezeichnet.

743 Wien, Nationalbibl., Jurid. gr. 16; XV.—XVI. Jh.
Die Hs. enthält auf Blatt 21a—52b nur Prol. bis 27$_{3}$.

744 Wien, Nationalbibl., Philos. gr. 271; XVI. Jh.
Die Hs. enthält nur Sir. (der Prolog steht am Ende).

753 Wien, Nationalbibl., Theol. gr. 128; XIII.—XIV. Jh.
Die Hs. enthält nur Prol. — 19$_{17}$ 27$_{2}$—30$_{25}$ a 43$_{24-33}$. Die Kap. 44—51 fehlen also gänzlich.

768 Athos, *Λαύρα* 1085; XVI.? Jh.
Der Prolog fehlt. Die Reihenfolge der Kap. 30—36 ist wie in der lateinischen Bibel nachträglich hergestellt.

785 Athen, Byzant. Museum 2801; XIII. Jh.
Die Hs. enthält nur 1$_{11}$—11$_{12}$c.

795 Athos, *Λαύρα Γ* 51 (291); XII.—XIII. Jh.
Durch Blattausfall hat 795 folgende Lücken: 8$_{15}$—9$_{15}$ und 12$_{1}$—15$_{16}$.

797 Athen, Benaki-Museum, Echangeables 72; XIII.—XIV. Jh.

3. Papyrusfragmente

928 Antinoopolis Pap. 8; III. Jh.
Nur kleine Fragmente, die wiederum lückenhaft sind, liegen vor: 45$_{14}$ *καθ' ἡμέραν* — $_{15}$ *οὐρανοῦ* und 45$_{20}$ *ἀπαρχάς* — $_{22}$ *κληρονομήσει*.
Ausgabe: C. H. Roberts, The Antinoopolis Papyri. Part I (London 1950) Fol. IX S. 13f.

929 Jerusalem, Patr.-Bibl., *Τάφου* 2, VI.—VII. (rescr. XIII.) Jh.
Untere Schrift: prol. $_{19}$ *ἂν δοκῶμεν* bis 3$_{11}$.
Ausgabe: J. R. Harris, Biblical Fragments from Mount Sinai (London 1890) S. 11—14 Nr. 5. Neue Ausgabe: A. Rahlfs, MSU 1 (1915) 390—398.

938 Wien, P. Gr. Vind. 26782; Nationalbibl., Sammlung Erzherzog Rainer, V. Jh.
Nur ein Papyrusfragment 42$_{17}$ *στηριχθῆναι* — $_{19}$ *τὰ ἐπερχόμενα* (so für *τὰ ἐσόμενα*) ist sehr lückenhaft erhalten.

Ausgabe: P. Sanz, Griechische literarische Papyri christlichen Inhaltes I = Mitteilungen aus der Papyrussammlung der Nationalbibliothek in Wien N.S. IV. Folge, (Baden bei Wien 1946) S. 50f. Nr. XXVIII.

964 London, Brit. Mus., Chester Beatty Papyrus XI; IV. Jh.

Folgende Teile (mit kleinen Lücken) sind erhalten: $36_{28\,b}$—37_{22} $46_{6\,b-11\,a}$ $46_{16\,c}$—$47_{2\,a}$.

Ausgabe: Fr. G. Kenyon, The Chester Beatty Biblical Papyri, Fasc. VI (London 1937) 28—32. Plates: Fasc. VI (Dublin 1958) Nr. 104 und 105.

Nicht kollationierte Handschriften

Die in Sap. notierten Hss. 122 und 261 wurden für Sir. nicht kollationiert. 122 konnte als Abschrift von B ausscheiden (siehe Sap. Salomonis, Einl. S. 11). Von 261 ergaben einige Probekollationen, daß diese Minuskel nicht wichtig ist. Rahlfs nennt in seinem *Verzeichnis der griech. Hss.* noch die drei Minuskeln 462 (geschrieben 1505), 600 und Hs. Adrianopel, *'Ελλην. Γυμν.* 591 (jetzt: Athen, Benaki-Museum, 201; XVI.—XVII. Jh.); Sigel: 718. Die Hss. 462 und 718 können als späte Minuskeln ausscheiden. 600 ist ein Palimpsest mit Sir.-Exzerpten, die noch nicht entziffert sind; J. L. Heiberg teilt im *Philologus* 44 (1885) 354 mit, daß er drei Zitate (23_{26} 24_{26f} 30_{20}) feststellen konnte.

Zu spät wurde für unsere Ausgabe noch eine Minuskel bekannt: 798 Rom, Coll. gr. 16; XIV. Jh.

478 ist Abschrift von 248 (s. Einl. zu Sap. S. 12) und wurde deshalb ausgeschieden.

Nahe verwandte Handschriften

Verschiedene Hss. schließen sich eng aneinander an und sind deshalb durch Beistrich gekennzeichnet:

155-743 = 155'

24_{29} *βουλή*] *βοηθεια* 155-743 = 155'

404-795 = 404'

2_{11} *ἐν καιρῷ θλίψεως*] *εκ θλιψεως* 404-795 = 404'

157-797 = 157'

37_{14} *εἴωθεν*] pr. *το αληθες* 157-797 = 157'

157-797-631 = 157''

51_{15} *εὐθύτητι*] pr. *αυτη* *l*-157-631-797 = *l*-157''

315-672 = 315′

47$_{23}$ *ἐλασσούμενον*] *ελαττουμενω* 315-672 = 315′

631-797 = 631′

46$_{18}$ *ἡγουμένους Τυρίων*] *ηγουμενος μαρτυριων* 631-797 = 631′

534-613 = 534′

11$_{17}$ *κυρίου*] pr. *παρα* 534-613 = 534′

744-768 = 744′

24$_{11}$ *ἐν πόλει*] *εντολη* 744-768 = 744′

Die Hss. 68-744-768 578 673 728 sind entweder Tochter- oder Schwester-Hss.; sie werden deshalb nur dann im App. notiert, wenn sie von den Mutter- oder Geschwister-Hss. abweichen.

68-744-768 = B oder B^{c} (nicht B*)

38$_{19}$ *ἐπαγωγῇ παραμένει*] *απαγωγη παραβαινει* 68-744-768 = B

12$_{16a}$ fin.] + *και πολλα ψιθυρισει και ερει σοι καλα λεγων* 68-744-768 = B^{mg}: ex 18 13$_{6}$

29$_{27}$ *οἰκίας* B^{c}-68-744-768 S A rel.] *ξενιας* nur B*

578 = 543

24$_{15}$ *σκηνῇ*] *καμινω* 543-578

673 = 672

8$_{13}$ *ἀποτείσων*] *απο σιτων* 672-673

728 = 336

28$_{19}$ *ζυγόν*] *θυμον* 336-728.

4. Der Kommentar des Malachias Monachus = Mal.

Escorial, Real Bibl., *Ω*-I-7; Ende des XIV. Jh.s

Zu Sir. liegt nur der uns bereits aus Sap. bekannte Kommentar des Malachias Monachus vor. Zur allgemeinen Charakteristik siehe Sap. Salomonis, Einl. S. 12f.

Die Grundlage des Bibeltextes bildet eine aus B *O* (= 253-Syh) und besonders *L* (= 248-493-637) zusammengesetzte Textform. Gelegentlich kommen auch Varianten (wie bei jeder Handschrift) vor, die mit Lesarten von S A V und verschiedenen Minuskeln, die einen Mischcharakter haben, übereinstimmen.

Schließlich sind im Bibeltext des Mal. auch verschiedene Sonderlesarten überliefert, die aber unbedeutend sind. Beispiele: 4_{17} *ἐπ᾽ αὐτόν*] *αυτω* Mal. 6_{19}c *αὐτῆς*] *-των* 11_{3} om. *ὁ καρπὸς αὐτῆς* 16_{9} *ἐν ἁμαρτίαις*] *δια τας αμαρτιας* 21_{10} *βόθρος*] *βοθυνος*.

Zu 20_{3} sagt Mal., daß in einer Hs. der Zusatz *τῷ κυρίῳ* stehe: *ἐν τῷ ἄλλως ἔχοντι παρὰ τὰ πλείω τῶν ἀντιγράφων ὁ ἀνθομολογούμενος τῷ κυρίῳ εὕρηται*; in keiner der uns bekannten Hss. steht dieser Zusatz.

II. Die alten Übersetzungen

1. Die lateinische Übersetzung (Vetus Latina) = La

A. Die alte, vollständige Übersetzung (La^{V}, La^{G}, La^{pl}, La^{pc})

Ausg.: Die Varianten wurden nach dem Apparat der eben erschienenen großen römischen Vulgata-Ausgabe der Mönche von San Girolamo in Rom notiert: Liber Hiesu Filii Sirach: Biblia Sacra iuxta latinam Vulgatam versionem XII (Romae 1964) 105—375.

Die in der Einleitung zur Sap. Salomonis (S. 15) genannten Ausgaben von Heyse-Tischendorf und de Lagarde sind damit abgegolten. Die Lesarten der Vulgata (= La^{V}) sind nach der 1959 bei Marietti in Rom erschienenen Handausgabe notiert; ihre von der neuen Großausgabe oftmals abweichende Schreibweise wurde beibehalten, z. B. 8_{22} *convitietur* statt *convicietur*, 11_{8} *adiicias* statt *adicias*, 11_{10} *immunis* statt *inmunis*, 14_{18} *foenum statt faenum*.

B. Spätere (nur fragmentarisch erhaltene) dem griech. Text angeglichene Übersetzungen

Ausg.: C. Douais, Une ancienne version latine de l'Ecclésiastique, Paris 1895 = La^{171}.

A. Wilmart, Nouveaux feuillets toulousains de l'Ecclésiastique: RBén 33 (1921) 110—123 = La^{171}.

C. U. Clark, Some Itala fragments in Verona: Transactions of the Connecticut Academy of Arts and Sciences 15 (1909) 5—18 = La^{167}.

D. de Bruyne, ZAW 47 (1929) 259f. (genauen Titel siehe unten) = La^{172}.

Abh.: Ph. Thielmann, Die lateinische Übersetzung des Buches Sirach: Archiv für lat. Lexikographie und Grammatik 8 (1893) 511—561.

Ph. Thielmann, Die europäischen Bestandteile des lateinischen Sirach, ebd. 9 (1894) 247—284.

H. Herkenne, De Veteris Latinae Ecclesiastici capitibus I—XLIII una cum notis ex eiusdem libri translationibus aethiopica, armeniaca, copticis, latina altera, syrohexaplari depromptis (Leipzig 1899).

Smend, Prolegomena S. CXVIII—CXXIX: § 10. Die Vetus Latina.

D. de Bruyne, Étude sur le texte latin de l'Ecclésiastique: RBén 40 (1928) 5—48.

D. de Bruyne, Le prologue, le titre et la finale de l'Ecclésiastique: ZAW 47 (1929) 257—263.

D. de Bruyne, Saint Augustin, Reviseur de la Bible: Miscellanea Agostiniana II (Roma 1931) 578—585: Les deux Sagesses.

Thielmann hat nachgewiesen, daß drei Übersetzer am Werk waren. Kap. 1—43 und 51 stammen von einem Afrikaner und gehören der ersten Hälfte des III. Jh.s an. Kap. 44—50 (Laus patrum) sind europäischer Herkunft; das Datum ist unsicher. Schließlich wurde der Prolog *Multorum nobis* von einem dritten Übersetzer beigegeben, der ebenfalls aus Europa stammt. De Bruyne stimmt Thielmann zu; nur möchte er Kap. 1—43 und 51 früher ansetzen (zweite Hälfte des II. Jh.s). Da Kap. 44—50 kein Kirchenvater zitiert, setzt er diesen Teil ziemlich spät an (V. Jh.?). Er hält es ferner für möglich, daß der eine oder andere oder beide späteren Übersetzer auch den lat. Text der Kap. 1—43 und 51 nach dem griech. Text revidiert haben. Dies ist jedoch sehr fraglich; nur das eine ist sicher, daß die Revision frühzeitig erfolgte, da bereits Lucifer und Ambrosius solche nach 𝔊 korrigierte Lesarten bezeugen (siehe Sap. Salomonis, Einl. S. 19). Lucifer zitiert allerdings Sir. nicht; für Ambr. kann auf 34_{23}b (31_{28}b) hingewiesen werden: *τῆς καλλονῆς* = *bonitatis* La^{Z*} Ambr. II 503 = H] *veritatis* La.

Das handschriftliche Material

Folgende Hss. hat die neue Ausgabe verwendet:

G Sangermanensis, Parisinus lat. 11553; IX. Jh.
A Amiatinus (Florentinus), Laurent.; VII.—VIII. Jh.
C Cavensis, Abb. 1 (14); IX. Jh.
L Londiniensis, Egerton. 1046; VIII. Jh.
M (Maurdramni) Ambianensis 12; VIII. Jh.
Q Bobiensis Mediolanensis, Ambros. E 26 inf.; IX.—X. Jh.
S Sangallensis, Abb. 28; IX. Jh.
T Salisburgensis, Abb. S. Petri A. IX. 16; VIII. Jh.
X (Complutensis[1]) Matritensis, Univ. Centr. 31; X. Jh.
Y (Tegernseensis) Monacensis lat. 18036; IX. Jh.
Z Metensis 7; VIII.—IX. Jh.

Γ^A (Abiascensis) Mediolanensis, Ambros. E. 53. inf.; X. Jh.
Γ^M Modoetiensis, Capituli A. 2; IX. Jh.
Θ^A Aniciensis, Capituli; IX. Jh.
Θ^H (Hubertianus) Londiniensis Add. 24142; IX. Jh.

Θ^M (Mesmianus) Parisinus lat. 9380; IX. Jh.
Λ^L Legionensis[2] S. Isidori; X. Jh.
Π^H Casinensis, Abb. 553; XI. Jh.
Σ^T (Toletanus) Matritensis, Bibl. Nat.; X. Jh.
Σ^C (Complutensis[2]) Matritensis, Univ. Centr. 32; X. Jh.
Φ^R (Rorigonis) Parisinus lat. 3; IX. Jh.
Φ^G (Grandivallensis) Londiniensis Add. 10546; IX. Jh.
Φ^P (Paulinus) Romanus, Abb. S. Pauli extra Muros; IX. Jh.
Ψ^D (Bovin.) Vaticanus lat. 10511; XII. Jh.
Ω^M (Mazarinaeus) Parisinus, Bibl. Mazar. 5; geschrieben vor 1231
Ω^S (Sorbonicus) Parisinus lat. 15467; geschrieben 1270
Ω^J (Correctorium S. Iacobi) Parisinus lat. 16721; XIII. Jh.

m fragm. e cod. rescripto Sangallensi; ca. 700
p fragm. in cod. Mediolanensi; VII. Jh.
d fragm. e cod. rescripto Monacensi; VII. Jh.
b fragmenta florilegii in cod. Vaticano; VIII. Jh.
x excerpta in cod. Sangallensi; VIII. Jh.
h fragm. cod. Monacensis; ca. 800.

Neben der aufgeführten Casinenser Hs. Π^H wurde noch eine zweite Casinenser Schwester-Hs. Π^L kollationiert:

Π^L Casinensis 552; XI. Jh.

Die Lesarten von Π^L sind nicht im App. der neuen Ausgabe aufgenommen. Bei meinem Aufenthalt in Rom (Frühjahr 1957) habe ich ihre Varianten notiert und beim Vergleich mit den griech. Hss. festgestellt, daß Π^L gelegentlich eine wichtige Sonderlesart mit griech. Hss. teilt. Beispiele:

11_{12} *ἰσχύι*] pr. *εν* S^c Π^L
18_{29} *ἐν λόγοις*] *εν λογω* 613 Π^L (*in verbo*)
$29_{7(10)}$ om. *δωρεάν* 248 Π^L
$47_{10(12)}$ om. *ἅγιον* 68-744-768 Π^L = Ald.
$47_{16(17)}$ *ἐνέπλησας*] *ενεπλησε(ν)* 248 *a* Π^L (*replevit*).

So ist es gerechtfertigt, ja gefordert, die in der neuen Ausgabe fehlenden Lesarten von Π^L zu notieren, da sie einen Gewinn für unseren App. bedeuten. Leider konnte der Exponent „L“ nicht beigegeben werden; wenn aber „La$^{\Pi}$“ in der Göttinger Ausgabe erscheint, dagegen in der römischen Ausgabe fehlt, dann ist immer Π^L gemeint.

Die lateinischen Zitate

Cypr. Aug. Spec. alii

Mit den genannten Hss. stimmen die Zitate fast durchgängig überein. Besonders wichtig sind die Testimonia Cyprians und die beiden Specula, das echte Speculum des Augustinus (Sigel: „Aug.“ = „AU spe“ Fi. S. 130) und das unechte Speculum

(Sigel: „Spec." wie in den prophetischen Büchern = „PS-AU spe" Fi S. 160). Als Beispiel sei 4,10a und 4,10c(11a) aufgeführt:

4,10a *γίνου ὀρφανοῖς ὡς πατὴρ*
esto pupillis misericors ut pater La = Cypr. Aug. Spec.

4,10c(11a) *καὶ ἔσῃ ὡς υἱὸς ὑψίστου*
et eris (+ *tu*[V]) *velut filius altissimi obaudiens* (*obediens*[V]) La = Cypr. Aug. Spec. Pelagius.

Die unbedeutenden Varianten der lat. Überlieferung können hier übergangen werden; nur die Lesart *si* (*et*[A], > [WL]) *obaudieris* (statt *obaudiens*) bei Cypr. sei kurz erwähnt, siehe zu dieser „curieuse variante" de Bruyne, RBén 40 (1928) 14.

Diese Stelle zeigt auch den hohen Wert der lat. Zitate; denn sie erweisen die Vulgata-Lesarten (den Zusatz *tu* und die Schreibweise *obediens*) eindeutig als sekundär.

Die beiden Zusätze *misericors* und *obaudiens* gehören somit zur alten, ursprünglichen lat. Übersetzung. Erst in der späteren Zeit, als man La nach dem griech. Text wieder ausrichtete, wurden sie gestrichen, und fehlen deshalb bei Cassiodor ps. 93,6. Das Cass.-Zitat ist deshalb auch wertvoll, weil hier der Sing. *pupillo* steht, der sein griech. Äquivalent in der wichtigen Minuskel 248 (*ὀρφανῷ*) hat.

Die Zitate im Schrifttum des Augustinus

In seinem *Speculum* schließt sich Augustinus gewöhnlich La an; nur gelegentlich finden wir einige Stellen, die nach 𝔊 korrigiert sind. Dagegen sind die Sir.-Zitate in seinem sonstigen Schrifttum fast immer nach 𝔊 korrigiert. Dies hat de Bruyne in seinem Beitrag *Saint Augustin, Reviseur de la Bible* deutlich aufgezeigt. Hier behandelt er S. 578—585 „les deux Sagesses", d.i. Sap. und Sir., indem er alle Zitate prüft und nachweist, daß Augustinus nicht die in den Hss. (und größtenteils in den beiden Specula) vorliegende altlat. Form zitiert, sondern einen nach 𝔊 korrigierten Text. Es mag genügen, auf das längere Zitat Sir. 5_{11-17} in seiner Schrift *De gratia et libero arbitrio* 3 (PL 44, 883) zu verweisen; de Bruyne bemerkt dazu: „Augustin seul cite un texte différent traduit du grec I" (S. 581).

An einigen Stellen wurde die nach 𝔊 korrigierte Lesart neben die alte ursprüngliche Lesart gesetzt, so daß Dubletten entstanden. Beispiele:

21$_{8\,(9)}$ *εἰς χειμῶνα in hieme* La] *εις χωμα ταφης αυτου L′*; *ad fossa sepulture* La^{X}

26$_{1}$ *τῶν ἡμερῶν*] *annorum* La (= *των ετων a*-534 429); *dierum annorum* La^{X}

29$_{10\,(13)}$ *καὶ μὴ ἰωθήτω*] *et non abscondas illam* La (= *και μη κατακρυβε αυτο L*); + *ut eruginet* La^{T}.

Spätere nach 𝔊 korrigierte oder neu übersetzte lat. Zeugen

Die Hss. (1) CL (2) *ΣΘ* (3) XZ

Unter den lat. Sir.-Hss. überliefern einige einen stark nach 𝔊 ausgerichteten Text. Man kann drei Klassen unterscheiden: Hss., die (1) selten, (2) oft und (3) sehr oft Korrekturen nach dem griech. Text aufweisen. Zu den verschiedenen Klassen soll je ein Beispiel genannt werden:

(1) 6$_{14}$ *θησαυρόν*] + *ευλογιας O L*$^{-248}$; + *benedictionis* La^{L}
25$_{2\,b\ (3\,b)}$ *τῇ ζωῇ vitae* La^{C}: cf. La^{171}] *animae* La (= *τη ψυχη* 679)

(2) 28$_{6\,b\,(7)}$ *καταφθοράν corruptio* La^{CΘ}] *tabitudo* La

(3) 10$_{29\,b\,(32\,b)}$ *τὴν ζωήν vitam* La^{X}] *animam* La (= *την ψυχην* 753*) Aeth = H
34(31)$_{5}$ *αὐτὸς πλησθήσεται*] *replebitur ex ea* La Aug.; *in illis inplanabitur* Spec.; *in illis inplicabitur* (= *εν αυτοις εμπλεχθησεται* de Br. p. 31) La^{Z*} Paulin.

Die zuletzt genannte Stelle ist besonders lehrreich. Der von fast allen lat. Hss. bezeugte Text *replebitur ex ea* ist sekundär. Dies ist von verschiedenen Textkritikern erkannt worden. Der griech. Text ist ebenfalls nicht in Ordnung; Bretschneider, Nestle, Hart, Herkenne, Smend, Rahlfs möchten dafür *πλανηθήσεται* lesen. Dagegen sieht de Bruyne S. 31 *inplicabitur* als ursprünglich an und übersetzt es richtig ins Griech. mit *ἐμπλεχθήσεται* zurück; er kann auf die ntl. Stellen Tim. II 2$_{4}$ *implicat se* = *ἐμπλέκεται* und Petr. II 2$_{20}$ *implicati* = *ἐμπλακέντες* verweisen.

Fragmente einer späteren nach 𝔊 überarbeiteten lateinischen Übersetzung

La^{167} La^{171}

Clark hat ein Fragment aus Verona veröffentlicht, das aus dem Anfang des VI. Jh.s stammt; es enthält $31(34)_{12-31}$ und wird nach Fi. S. 21 mit der Zahl 167 bezeichnet.

Douais und Wilmart haben Fragmente einer Toulouser Hs. aus dem IX. Jh. zugänglich gemacht, nämlich $21_{17\,b\,(20\,b)}$—$22_{22\,a\,(27\,a)}$ (von Douais veröffentlicht) und $22_{22\,c\,(27\,c)}$—$23_{9\,b\,(10\,a)}$ $24_{28\,(38)}$—$25_{8\,b\,(11\,b)}$ (von Wilmart veröffentlicht).

De Bruyne stellt in seiner Studie *Saint Augustin, Reviseur de la Bible* die Frage, ob Augustinus nur die einzelnen Stellen, die er in seinen Schriften als Zitate verwandte, korrigiert, oder ob er nicht die ganze Bibel nach 𝔊 revidiert habe. Er möchte eine bejahende Antwort geben und in den genannten Hss. von Verona und Toulouse „fragments de la revision augustienne des deux Sagesses" (S. 584f.) sehen. Jedoch kann erst eine genaue Untersuchung volle Klarheit geben.

Die von Douais und Wilmart veröffentlichten Texte sind nach Fi. S. 21 mit der Zahl 171 bezeichnet.

Eine spätere lateinische Übersetzung des Prologes

In dem Gothaer Kodex membr I 13 fand de Bruyne neben dem gewöhnlichen lat. Prolog „une traduction entièrement différente et indépendante" (S. 259). Diese zweite lat. Übersetzung stimmt gegenüber der ersten an vielen Stellen mit dem griech. Text überein, besonders an solchen Stellen, wo La frei übersetzt hat. Kennzeichnender als die von de Bruyne genannten Stellen (S. 259) sind folgende:

prol. 10 *καὶ τῶν ἄλλων πατρίων βιβλίων* = *aliorumque paternorum librorum* de Br.] *et aliorum librorum qui nobis a parentibus nostris traditi sunt* La

12 *προήχθη καὶ αὐτὸς συγγράψαι* = *productus est et ipse conscribere*] *voluit et ipse scribere*

14 *πολλῷ μᾶλλον ἐπιπροσθῶσιν διὰ τῆς ἐννόμου βιώσεως* = *multo magis superadiciant per eam quae inlegis est vitam*] *magis magisque attendant animo et confirmentur ad legitimam vitam*

27 *ἐπὶ τοῦ Εὐεργέτου βασιλέως* = *sub regis benefico*] *temporibus Ptolomaei Evergetis regis.*

An der letzten Stelle (27) liegt ein Fehler vor; lies entweder *sub rege benefico* oder (im Anschluß an den griech. Genitiv) *sub regis benefici* oder *sub regis beneficio.*

De Bruyne hält diese zweite Übersetzung für einen Beweis, daß in der ursprünglichen lat. Tradition der Prolog gefehlt habe. Als man La mit 𝔊 verglich, habe man das Fehlen bemerkt und zwei Übersetzer hätten versucht, diese Lücke auszufüllen. Das Urteil, ob dieser Versuch den schwierigen Text entsprechend zu übersetzen, gelungen sei, überläßt de Bruyne dem Leser. Hier ist nicht die Stelle, die Übersetzungen zu prüfen. Wichtiger ist die Frage: Haben die beiden Übersetzer wirklich gleichzeitig und unabhängig voneinander gearbeitet, wie de Bruyne meinen möchte? Dies ist nicht der Fall; vielmehr gehört die Gothaer Übersetzung zur zweiten Gruppe der späteren nach der griech. Vorlage revidierten oder neu gemachten lat. Übersetzungen.

Die offizielle Vulgata-Ausgabe = La^{V}

Zu den nach 𝔊 korrigierten lat. Zeugen gehören auch die Druckausgaben des lat. Sirach-Textes. In der neuen Vulgata-Ausgabe sind folgende verzeichnet:

𝔞 Editio princeps, 42 lin. dicta (Moguntiae?), a. 1452(?).
𝔤 Editio Gobelini Laridii, Coloniae, a. 1530.
𝔯 Editio Roberti Stephani secunda, Parisiis, a. 1532.
𝔢 Editio Roberti Stephani quarta, Parisiis, a. 1540.
𝔩 Editio Theologorum Lovaniensium, Antverpiae, a. 1583.
𝔰 Editio Sixti V Pont. Max., a. 1590.
𝔠 Editio Clementis VIII Pont. Max., a. 1592.

Die nach 𝔊 korrigierten Lesarten der Druckausgaben 𝔞 𝔤 𝔯 𝔢 𝔩 haben oftmals Aufnahme in die offizielle Vulgata-Ausgabe von 1592 (𝔠) gefunden. Viele dieser Korrekturen hat Kardinal Antonius Caraffa, „einer der besten Gräzisten seiner Zeit“[1]), gemacht; oft sind seine Korrekturen nach dem griech. Text vortrefflich gelungene Konjekturen, die mit Recht in den Text der offiziellen Ausgabe Aufnahme fanden und hier auch ständigen Sitz beanspruchen

---

[1]) F. Stummer, Einführung in die lat. Bibel (Paderborn 1928) 178.

können. Leider hat sie die neue Ausgabe wieder in den Apparat verwiesen.

Die Korrekturen Caraffas sind mit den Siglen 𝔳 𝔴 im Apparat der neuen Ausgabe notiert:

𝔳 Codex Carafianus (Vaticanus lat. 12959—12960), ubi lectionem Lovaniensium a. 1583 immutatam servat.

𝔴 Codex Carafianus, ubi lectionem Lovaniensium mutat.

Im folgenden seien einige Belege genannt; (1) solche Stellen, wo alte lat. Lesarten, die auch in der griech. Vorlage (= manchmal GrII) bezeugt sind, nach 𝔊 korrigiert wurden, (2) solche Stellen, wo die alte lat. Übersetzung Sonderlesarten überliefert, die nicht in einem der uns bekannten griech. Zeugen stehen.

(1) $2_{18\,(22)}$ *domini Ω* Spec. 𝔞 𝔯 𝔢 𝔩 𝔳 𝔰 𝔠 = *κυρίου*] *dei* G rel. Aug. = *θεοῦ* 248

$38_{4\,a}$ *medicamenta* 𝔠 = *φάρμακα*] *medicinam* G omnes Aug. BrevGoth. = *φάρμακον* V 46 Sa; *medicamenta medicinam* 𝔴 (Dublette)

$38_{4\,b}$ *illa* (sc. *medicamenta*) 𝔴 𝔠 = *αὐτοῖς* (*αυτους* 548*)] *illi* G pl: cf. *αὐτῆς* 155 679; *illam* Y^c pc 𝔞 𝔤 𝔯 𝔢 𝔩 𝔰 BrevGoth.; *eam* Ω^S; *in illis Y** pc = *ἐν αὐτοῖς* 578 et H

$43_{23\,(25)}$ *insulas* Θ^H 𝔪 𝔴 𝔠 = *νήσους*] *Iesus* G rel. = *ἰησοῦς*: siehe S. 70—73.

$46_{16\,(19)}$ *agni* 𝔴 𝔰 𝔠 = *ἀρνός*] *viri* G omnes = *ἀνδρός* 248 alii

$47_{14\,(15\,c-16\,a)}$ *eruditus es* 𝔠 (*in iuventute*) *tua* 𝔴 𝔠 *et impletus es* 𝔴 𝔠 = *ἐσοφίσθης* (*ἐν νεότητί*) *σου καὶ ἐνεπλήσθης* = H] *eruditus est* (*in iuventute*) *sua et impletus est* G omnes = *ἐσοφίσθη* (*ἐν ν.*) *αὐτοῦ καὶ ἐνεπλήσθη L* alii.

In Kap. 11 fehlen in der alten griech. Übersetzung die Verse 15—16; sie stehen jedoch in der zweiten griech. Übersetzung (GrII), aus der sie Lukian (*L*) übernahm. Von hier haben sie nur der oben genannte, nach dem griech. Text korrigierte Kodex *Ω*, der oftmals als einziger lat. Zeuge mit der Vulgata (La^V) geht, und sämtliche verzeichneten Druckausgaben (𝔞 𝔤 𝔯 𝔢 𝔩 𝔰 𝔠) übernommen. Die Verse 15—16 stehen somit in der Vulgata; in der neuen Ausgabe sind sie jedoch in den Apparat verwiesen.

Der griech. Vers 19 des Kap. 37 ist in La als Vers 22 frei übersetzt: *vir peritus . . . suavis est*; in 𝔰 𝔠 ist er wörtlich nach 𝔊 übersetzt worden. Als Versdublette 21ef steht er in der Vulgata: *est vir astutus . . . inutilis est*; in der neuen Ausgabe ist die sekundäre Übersetzung nur im Apparat verzeichnet.

(2) 7_4 *a domino* h 𝔴 c = παρὰ κυρίου] *ab homine* G omnes Aug. BrevGoth.; *a deo* Spec. Die ursprüngliche Lesart ist *a deo*, vgl. de Br. S. 39.

$25_{23\,(31)}$ *plaga cordis* Spec. La^{171} 𝔴 c = πληγὴ καρδίας] *plaga mortis* G omnes

42_8 *in conspectu omnium vivorum* X Ψ^{D} 𝔴 c = ἔναντι παντὸς ζῶντος (εν. παντων ζωντων 755)] *in conspectu omnium virorum* G rel.

Die römischen Herausgeber der neuen Vulgata haben die beiden nach 𝔊 korrigierten Lesarten *cordis* $25_{23\,(31)}$ und *vivorum* 42_8 in den Apparat verwiesen. Diese Abwertung haben die Konjekturen Caraffas nicht verdient.

Sonderlesarten, die La mit griechischen Hss. teilt

S La

Unter den Unzialen geht nur der cod. Sinaiticus (S) gelegentlich mit La zusammen. Beispiele:

$1_{22\,(28)}$ ῥοπή] οργη S* La (*iracundia*)
$6_{21\,(22)}$ ἰσχυρός] ισχυς S* La (*virtus*)
$6_{25\,(26)}$ τοῖς δεσμοῖς] pr. εν S* La^{pc} (*in*)
$10_{16\,(19)}$ om. γῆς S* (vid.) 795 La
$20_{16\,b\,(17\,b)}$ μου] αυτου S* La (*illius*)
$51_{4\,(6)}$ ἐκ μέσου] εν μεσω S La (*in medio*).

Die an erster Stelle genannte Lesart ὀργή von S* La möchten Smend, Hart, Katz als ursprünglich ansehen. Smend verweist auf $10_{18\,(22)}$ ὀργὴ θυμοῦ (*iracundia* La) und $45_{19\,(23)}$ ἐν θυμῷ ὀργῆς (*in impetu iracundiae* La); jedoch ist das seltene ῥοπή nicht anzutasten.

Unter den Minuskeln können 15 genannt werden, von denen 9 (46 155 157 307 534 613 753 755 768) nahe und 6 (404 421 429 543 603 679) weit mit La verwandt sind; sie können deshalb „codices latinizantes" genannt werden, siehe Sap. Salomonis, Einl.

S. 21f. Es mag genügen, für die 9 Hss. je zwei Beispiele und für die 6 Hss. je ein Beispiel zu notieren:

46 La

15$_{7b\,(7c)}$ *ἁμαρτωλοί*] *ασυνετοι* 46 La (*stulti*): ex $_{7a}$
32(35)$_{21}$ *ἐπισκέψηται*] *επιβλεψηται* 46 La (*aspiciat*)

155 La

7$_{24\,(26)}$ *πρὸς αὐτὰς* / *τὸ πρόσωπόν σου*] tr. 155 La
15$_{11}$ *ἀπέστην*] *απεστιν* 155 534 (-*στι*) La (*abest*)

157 La

17$_{31\,(30)}$ fin.] + *και τουτο ελεγχθησεται* 157 La (*et hoc arguitur*, -*guetur*^{V})
27$_{18\,(20)}$ *τὸν ἐχθρόν*] *τον νεκρον* 157 La^{SX} (*mortuum*)

307 La

32(35)$_{24b}$ *τὰ ἔργα*] pr. *κατα* 307 La (*secundum*): cf. $_{24a}$
43$_{17\,(19)}$ *καταλύουσα*] *καταδυουσα* 307 La (*demergens*)

534 La

7$_{24\,(26)}$ fin.] + *προς αυτας* 534: cf. La (tr. cum 155 *ad illas* = *πρὸς αὐτάς*, siehe unter 155 La)
15$_{11}$ *ἀπέστην*] *απεστι* 534 La (siehe unter 155 La)

613 La

8$_{8\,(10)}$ *παιδείαν*] pr. *σοφιαν και* 613 La^{V} (*sapientiam et*)
8$_{18\,(21)}$ *ποιήσῃς*] + *μηδεν* 613 La$^{Z*\Theta}$ (*aliquid*)

753 La

3$_{2\,(3)}$ *ὁ γὰρ κύριος*] *ο γαρ θεος* 753 La (*deus enim*)
6$_{23\,(24)}$ *γνώμην μου*] om. *μου* 753 La

755 La

24$_{3\,(5)}$ *ἐξῆλθον*] + *πρωτοτοκος πασης κτισεως* 755 La (*primogenita ante omnem creaturam*)
42$_{8}$ *παντὸς ζῶντος*] *παντων ζωων* 755 La^{V} (*omnium vivorum*)

768 La

3$_{1\,(2)}$ *Ἐμοῦ* (*Ἐλεγμόν* Zi.)] *κριμα* 768 La (*iudicium*)
15$_{1}$ *ποιήσει αὐτό*] *π. αγαθον* 768; *faciet bona* La^{V}; *faciet bonum* BrevGoth.

404 La

4$_{21}$ b (25 b) αἰσχύνῃ] + επαγουσα 404 La (*adducens*): ex $_{21\,a\,(25\,a)}$

421 La

10$_{2}$ αὐτήν] εν αυτη 421 La^{V} (*in ea*); > La $^{G\,pl}$

429 La

38$_{12}$ om. καὶ γὰρ αὐτὸν ἔκτισεν κύριος 429 La$^{C\Sigma}$ = H

543 La

20$_{6}$ οὐ γὰρ ἔχει] ο μη εχων 543 La (*non habens*)

603 La

18$_{13}$ om. καὶ ἐπιστρέφων 603 La Clem.

679 La

25$_{2}$ b (3 b) τῇ ζωῇ] τη ψυχη 679 La (*animae*): cf. $_{2\,a\,(3\,a)}$

545^{c} = La

Nicht durchgehend, aber an sehr vielen Stellen ist 545 nach La korrigiert, siehe Sap. Salomonis, Einl. S. 22. Diese Korrekturen sind nur gelegentlich im App. vermerkt.

Der Textcharakter von La

Der lat. Textcharakter ist von den oben genannten Textkritikern, namentlich von Thielmann, Herkenne und de Bruyne, schon fleißig untersucht worden, so daß ihre Vorarbeiten dankbar verwertet werden konnten. Eine systematische neue Bearbeitung des gesamten lat. hslichen Materials, das in der Vulg.-Ausgabe der Benediktiner von San Girolamo vorliegt und in der Edition der Vetus Latina der Mönche von Beuron veröffentlicht werden wird, würde auf Grund der in unserer Ausgabe vorgelegten griech. Zeugen sicher noch wertvolle neue Ergebnisse zeitigen und auch die Möglichkeit geben, etliche verderbte lat. Lesarten zu korrigieren. Bei der Notierung der lat. Varianten ist es unerläßlich, sich immer die Eigenheiten der Vetus Latina vor Augen zu halten, damit verhütet wird, daß Stellen im App. notiert werden, die nicht dahin gehören, und auf der anderen Seite Varianten übersehen werden, die aufgenommen werden müssen.

Das Plus

Besonders bedeutsam ist in La das Plus. Hier muß zunächst untersucht werden, wie sich dieses Plus zum griech. Text verhält. Es bestehen drei Möglichkeiten: (1) Das Plus ist aus eigenem vom lat. Übersetzer beigegeben worden. (2) Das Plus geht auf eine jetzt nicht mehr vorhandene griech. Textvorlage zurück. (3) Das Plus ist kein eigentliches Plus, sondern besteht in Dubletten (und Tripletten).

Dubletten und Tripletten

In seinem Aufsatz über Prolog, Titel und Schluß des Sirach sagt de Bruyne, der beste Kenner der Vetus Latina: „Aucun livre de la Bible n'offre autant de variantes et de doublets" ZAW 47 (1929) 257. Besonders den Dubletten galt de Bruynes Aufmerksamkeit; in seiner *Étude sur le texte latin de l'Ecclésiastique* in der RBén 40 (1928) 5—48 hat er den erfolgreichen Versuch gemacht, die zahlreichen Korrekturen, Zusätze und namentlich Dubletten, die im Laufe der Zeit in den Text gerieten, um ihn der griech. Vorlage anzupassen, mit Hilfe der Handschriften und alten Zitate auszuscheiden. Für die Kap. 1—43 hatte bereits Herkenne wertvolle Vorarbeit geleistet; aber erst de Bruyne konnte auf Grund seiner gründlichen Kenntnis der gesamten direkten und indirekten Überlieferung und seiner genialen Intuition den von allen späteren Zutaten gereinigten ursprünglichen Text auf weite Strecken richtig herstellen. Den Benediktinern von San Girolamo in Rom haben die Studien de Bruynes gute Dienste geleistet; ihre Ausgabe bringt den lang ersehnten neuen Sirach-Text, der stark von der uns vertrauten Vulgataform abweicht. Allerdings ist auch dieser Text noch nicht am Ziel angelangt; eine genaue Untersuchung des lat. Sirach-Textes an Hand der neuen Vulgata-Ausgabe, des Denk-Apparates des Vetus Latina Institutes in Beuron und unseres griech. Sirach-Bandes der Göttinger Septuaginta wird noch an zahlreichen Stellen dem Ziel näherkommen.

Manche Dubletten gehen auf eine griech. Variante zurück, die hs.lich nicht mehr belegt ist und einen verwilderten Text voraussetzt, z.B. $17_{20\,(17)}$ *αἱ ἀδικίαι αὐτῶν*] *testamenta per iniquitatem* (-*tes*$^{X\Psi}$) *illorum* La = *διαθῆκαι δι' ἀδικίαν αὐτῶν*.

Einige Dubletten zeigen die Textspaltung, die bereits die alten Unzialen und viele andere Zeugen kennen, z. B. $22_{18\,(21)}$ *χάρακες* B-S und *χάλικες* A; siehe App.

Nur eine der zahlreichen Dubletten, nämlich die wegen der christlich-theologischen Interpretation wichtige Stelle $43_{23\,(25)}$ soll näher besprochen werden, zumal sie seltsamerweise von de Bruyne nicht aufgeführt worden ist. Dies geschieht allerdings nicht hier, sondern im Abschnitt *Die Überlieferung des Textes als Ganzes*, weil die griech. Vorlage, die für das Verständnis der Dublette die Grundlage bildet, dort ausführlich behandelt wird (siehe S. 70—73).

Sogar Tripletten begegnen uns. Unter ihnen ist die wichtigste $24_{30\,a\,(40+41\,a+41\,b)}$, die hier näher besprochen werden soll.

$24_{30\,a}$ *κἀγὼ* (*εγω η σοφια* 248) *ὡς διῶρυξ* (*δωρυξ* 443*; *διωρυξα* 106) *ἀπὸ* (> 336) *ποταμοῦ*

(40) *ego sapientia effudi* (*effundi* A Q *Γ*^{M}; *effodi* Z*) *flumina*

(41 a) *ego quasi trames aquae immensae de fluvio*

(41 b) *ego quasi fluvius* (*fluvii* V) *doryx* (*dioryx* V).

Bereits Herkenne hat richtig die Triplette erkannt: „V. L. (= Vetus Latina) triplici versione commatis 30a deformari videtur" (S. 194). Auch hat er treffend *effodi* (statt *effudi*) als Wiedergabe von *(δι)ώρυξα* konjiziert, ohne die Lesart der lat. Hs. Z* (*effodi*) und der griech. Minuskel 106 (*διώρυξα*) zu kennen. Ferner ist richtig von Herk. *ὡς διῶρυξ ποταμοῦ* als Vorlage der Vulgata-Lesart von *quasi fluvii dioryx* (41 b) hergestellt worden. Jedoch hat Herk. nicht gesehen, daß die Vulgata-Lesart *quasi fluvii dioryx* sekundär ist und als ursprüngliche Übersetzung *quasi fluvius doryx* anzunehmen ist. So lesen nämlich alle lat. Hss., während *quasi fluvii dioryx* nur in der Clementinischen Ausgabe von 1592 steht; es stammt von Caraffa, der das allgemein bezeugte *fluvius* nach dem griech. Genitiv (*ποταμοῦ*) in den lat. Genitiv (*fluvii*) setzte.

Der Übersetzer von 41 b hatte in seiner griech. Vorlage *ὡς διῶρυξ ποταμοῦ* stehen; *ἀπό* ist vor *πο-* ausgefallen (wie im griech. Minuskelpaar 336-728). Der Übersetzer hat *διῶρυξ* als Eigenname angesehen (seine griech. Vorlage hatte wie 443* das fehlerhafte *δῶρυξ*) und deshalb in freier Weise den griech. Genitiv *ποταμοῦ* als lat. Nominativ *fluvius* vorangestellt.

Peters und Smend behandeln unsere Stelle sehr kurz und scheinen die Triplette zu übersehen. Peters sagt nur, daß La „durch Zusätze und Dubletten erweitert“ (S. 205) ist, gibt eine Übersetzung von La und verweist auf Herkenne. Smend zitiert einfach die lat. Texte ohne nähere Erklärung.

Es ist schwierig, unter den drei Übersetzungen die ursprüngliche herauszufinden. Herkenne möchte 41a für primär, dagegen 40 und 41b für sekundär halten. De Bruyne will 41a und 41b als Interpolationen ausscheiden. Herkenne weist darauf hin, daß *διῶρυξ* im nächsten Vers 31c (43a) ebenfalls mit *trames* übersetzt worden ist. Er hätte noch die freie Wiedergabe von *εἰς ποταμόν* mit *abundans* nennen können, die auf der gleichen Ebene wie *immensae* (41a) liegt. Zugleich zeigt die Wiedergabe *trames abundans* (43a), daß in 41a wiederum eine Dublette vorliegt: *aquae immensae* = (*ἀπὸ*) *ποταμοῦ* (frei, deshalb primär), und *de fluvio* = *ἀπὸ ποταμοῦ* (wörtlich, deshalb sekundär). Diese Übersetzungsmanier spricht für die Ursprünglichkeit von 41a. Es wäre aber auch möglich, daß *quasi fluvius doryx* aus einem wörtlich nach der Vorlage *ὡς διῶρυξ ποταμοῦ* übersetzten *quasi doryx fluvii* stilistisch umgeformt wurde. Jedoch ist bei 41b eine volle Klärung kaum zu geben. Nur 40 ist deutlich durch die Übereinstimmung mit 248 (*ἐγὼ ἡ σοφία*) und 106 (*διώρυξα*) GrII zuzuschreiben.

Zusätze

Zusätze sind sehr häufig, oftmals bestehen sie nur aus einem Wort, häufig aus mehreren Wörtern, manchmal aus halben oder ganzen Versen. Es mag genügen, einige Beispiele zu nennen:

5₁₀ (12)	*ὁ λόγος verbum*] + *pacis et iustitiae* La
6₁	*ὁ δίγλωσσος bilinguis*] pr. *invidus et* La
6₃	fin.] + *in eremo* La
26₁₃ (16)	*γυναικός mulieris*] + *sedulae* La; + *castae* BrevGoth.
28₂₂ b (26c)	*οὐ καήσονται*] *non comburet iustos* La.

Es ist nicht leicht zu entscheiden, ob La diese kleinen Zusätze aus eigenem gemacht hat, oder ob sie dieselben bereits in ihrer griech. Vorlage vorgefunden hat. Herk. möchte den an letzter Stelle genannten Zusatz ins Griech. mit *οὐ καύσει εὐσεβεῖς* zurückübersetzen. Man kann jedoch nicht sagen, daß La so in ihrer Vorlage gelesen hat. Jedoch zeigen verschiedene Stellen, daß tatsächlich wenigstens in einigen Minuskeln (namentlich der lukianischen Rezension) bereits der Zusatz in der griech. Form vorlag (Beispiele siehe bei der Besprechung der lukianischen Rezension).

Besonders wichtig für die Textgeschichte sind die größeren Zusätze, die einen Halbvers oder gar einen ganzen Vers umfassen. Wenn diese nicht als Dubletten angesprochen werden können, dann muß untersucht werden, ob sie nur irgendwie erklärende Zusätze oder ursprüngliche Wiedergaben einer nicht mehr in den uns bekannten Hss. vorliegenden griech. Vorlage sind.

Umstellungen

Umstellungen können oft beobachtet werden. Es ist oftmals nicht auszumachen, ob eine absichtliche oder zufällige Umstellung hier vorliegt. Viele kleine Umstellungen verdanken wohl dem Stilgefühl des Übersetzers ihren Ursprung, z.B.

$21_{28\,(31)}$ *μολύνει τὴν ἑαυτοῦ ψυχὴν ὁ ψιθυρίζων*] *susurro coinquinabit animam suam* La

$28_{21\,(25)}$ *θάνατος πονηρὸς ὁ θάνατος αὐτῆς*] *mors illius mors nequissima* La.

Die meisten Umstellungen werden von allen lat. Handschriften bezeugt. Manchmal wird die Umstellung nur von einem Teil der Zeugen hsl. überliefert. Gelegentlich ist nur in der Vulgata umgestellt, während alle Hss. (auch das Speculum des Aug.) die Wortfolge der griech. Vorlage haben, z.B.

$25_{3\,(5)}$ *εὕροις ἐν τῷ γήρᾳ σου* = *invenies in senectute tua* La$^{G\ omnes}$ Aug.] *in senectute tua invenies* La^{V}.

Manche Umstellungen stimmen mit H überein, so 34_{20}: $_{20\ ab/20\ cd}$ tr. La ($31_{24\ 23}$) = H.

Besonders bedeutsam ist die ursprünglich mit H übereinstimmende Reihenfolge in La, die in 𝔊 und allen Versionen fälschlich umgestellt ist, nämlich $33_{13\,b}$—36_{16} und 30_{25}—$33_{13\,a}$, siehe Ra. zu 30_{25} (nach der Zählung von Ra.; damit ist die in Sir. verwirrende Kapitel- und Verszählung noch mehr durcheinander geraten).

Das Minus

Auslassungen sind in La selten. Einige Male fehlen Verszeilen: 12$_{11\,cd}$ 22$_{17\,b}$ 45$_{25\,c}$. Manchmal ist dies durch Versehen geschehen, so an der zuletzt genannten Stelle. Es mag sein, daß bereits in der griech. Vorlage diese Zeile gefehlt hat (*κληρονομία* 1°⌒2°); aber auch in La kann die Auslassung sehr früh erfolgt sein (*hereditas* 1°⌒2°).

Gelegentlich fehlen einzelne Wörter: 6$_{27\,(28)}$ om. *καὶ ζήτησον* La, 50$_{19\,(21)}$ om. *κατέναντι ἐλεήμονος* La.

Die in der ursprünglichen lat. Überlieferung fehlenden Teile wurden später nach dem griech. Text wieder ergänzt, z.B.

11$_4$ (*ἐν*) *ἀνθρώποις*] om. La BrevGoth. 552 D; hab. *hominibus* $La^{Z*\Theta}$ PsVig.

22$_{17\,b\,(21)}$ *sicut ornatus arenosus in pariete limpido* $La^{Z*\Phi\Theta}$ = *ὡς κόσμος ψαμμωτὸς* (+ *επι* *O*-V 248) *τοίχου ξυστοῦ.*

Zur Notierung

Bei der Notierung werden (aus technischen Gründen) die Exponenten bei den griech. Buchstaben weggelassen. Sie können ruhig fehlen, da Σ^{TC} fast durchweg zusammengehen; ebenso sind Φ^{RGP} (Alkuinbibeln) und Θ^{AHM} (Theodulfbibeln) verwandt. Auch die übrigen (Γ^{AM}, Ω^{MSJ}) gehören zusammen.

Die einzelnen Siglen werden nur dann ausdrücklich genannt, wenn von einer oder zwei Hss. Varianten überliefert werden (ausnahmsweise sind drei Hss. einzeln genannt worden). Wenn von der Großzahl der Hss., namentlich von der wichtigen Hs. G (und ihren Gefährten), die oftmals im Gegensatz zur Vulgata den richtigen Text haben, Varianten überliefert werden, dann wird allgemein „pl" (La^{pl}) d.h. plerique notiert. Wenn von nur wenigen (drei bis neun) Hss. eine Variante vorliegt, dann ist „pc" (La^{pc}) d.h. pauci notiert.

Wenn zu den „pc" oder „pl" der Sangermanensis (G) gehört, dann ist er als führender Kodex immer eigens verzeichnet.

Die Lesart der offiziellen Vulgata (zitiert nach der neuen Ausgabe der Mönche von San Girolamo, Rom 1959), ist mit „V" (La^{V}) notiert. Sie ist als Kollationsbasis genommen, da sie die lat. Kirchenbibel ist, mag sie auch vielerorts schlechte und verderbte Lesarten haben.

Da die lat. Zitate (Cypr. Aug. Spec. und andere) gewöhnlich mit den Hss. übereinstimmen, sind sie nur dann genannt, wenn sie eine von der allgemeinen hslichen Überlieferung abweichende Sonderlesart vertreten, die auch von griech. Zeugen bestätigt wird. Daher sind bei allen Stellen, wo lat. Zitate vorliegen, die indirekten lat. Zeugen (besonders die häufig vorkommenden Cypr. Aug. Spec.) in La mit eingeschlossen. So ist 30$_1$ *adsiduat* ($assiduat^{V}$) = *ἐνδελεχίζει* und *in novissimo* = *ἐπ' ἐσχάτῳ* von allen lat. Hss., ferner von Aug. und Spec. bezeugt, aber nur „La" notiert. Im folgenden

Vers (30_{2a}) ist die von Aug. (im Text) bezeugte Sonderlesart *laetabitur* = *εὐφρανθήσεται* eigens notiert, weil sie von der von allen Hss. ferner von Aug. (im App.) und von Spec. bezeugten ursprünglichen Lesart *laudabitur* (= *αἰνεθήσεται*) abweicht.

Wegen der überragenden Bedeutung ist La immer eigens im App. notiert, also niemals in „verss." eingeschlossen; „verss." umfaßt Co (Sa Bo) Aeth Arm.

Zur Kapitel- und Verszählung

La hat als einziger Zeuge die ursprüngliche Anordnung der Kap. 30/36 (siehe oben S. 27) bewahrt; dadurch steht in jeder Vulgata-Ausgabe die richtige Folge. Swete hat die von 𝔊 abweichende Zählung der Vulgata immer in Klammern beigegeben. So ist es auch in dieser Ausgabe gemacht worden. Rahlfs hat sogar gelegentlich eine neue Verszählung eingeführt, die noch mehr Verwirrung stiftete und es fast unmöglich macht, eine Stelle in den Nachschlagwerken (so auch im *Index* von Smend) zu finden, da diese nach der herkömmlichen Zählweise zitieren.

Die Fragmente m p d b x h sind nur dann notiert, wenn sie allein (d.h. nicht im Gefolge von G A C . . .) eine Variante bezeugen.

2. Die koptischen Übersetzungen = Co

Abh.: N. Peters, Die sahidisch-koptische Übersetzung des Buches Ecclesiasticus auf ihren wahren Wert für die Textkritik untersucht = Bibl. Studien III 3 (Freiburg i. Br. 1898).

Herkenne, Praefatio p. 23—27: De versionibus Copticis.

Smend, Prolegomena S. CXXX—CXXXII.

a) Die sahidische Übersetzung = Sa

Ausg.: P. de Lagarde, Aegyptiaca (Gottingae 1883) 107—206. Vgl. dazu die Selbstanzeige: Mitteilungen I (Göttingen 1884) 176—192 = Sa^{L}.

H. Thompson, The Coptic (Sahidic) Version of Certain Books of the Old Testament from a Papyrus in the British Museum (Oxford 1908) 126—191 = Sa^{Th}. Der Papyrus hat viele Lücken und bricht mit 40_{18a} ab.

Fragmente der sahidischen Übersetzung wurden herausgegeben von:

A. Ciasca, Sacrorum bibliorum fragmenta Copto-Sahidica Musei Borgiani II (Romae 1889) 218: 1_{14-30} $2_{1\ 5\ 7\ 10}$ = Sa^{Ci}.

E. Amelineau, Fragments de la version thebaine de l'Écriture (Ancien Testament) (Parisiis 1889) 89: $1_{14\ 19\ 22\ 23a\ 24-25\ 26\ 28\ 29b\ 30a}$ $2_{1\ 5\ 7\ 10a}$.

Herkenne, De Veteris Latinae Ecclesiastici capitibus S. 24: 7_{5-18} (aus einem ms. orient. in Berlin, das zwei Blätter umfaßt, die 6_{37}—7_{18} und 21_{8-23a} enthalten).

O. von Lemm, Sahidische Bibelfragmente: Bulletin de l'Académie Impériale des Sciences de Saint Petersbourg = Mélanges Asiatiques 25 (1906): $6_{36\ 37}$ 7_{1-18} 18_{17b-31} 21_{8-23a} (alle Texte lückenhaft).

O. von Lemm, Koptische Miscellen I (Leipzig 1914) 161f.: 2_{1-2} 11_{14}b 19_1 25_{20} 25_{24}b 26_{12} 28_{12} 40_{29}ab. O. von Lemm teilt auch Bibelzitate mit, die die Lücken der Ausgabe von Thompson manchmal ausfüllen.

W. Till, Saidische Fragmente des Alten Testamentes: Muséon 50 (1937) 216: $45_{9-10\ 13-15}$ (lückenhaft).

W. C. Till, Coptic Biblical Fragments in the John Rylands Library: Bulletin of the John Ryl. Libr. 34 (1952) 438—441: $1_{5-13a\ 16b-20}$ $18_{20-21\ 30-32a}$ 23_{16}abcd $_{23c-25a}$.

b) Die bohairische Übersetzung = Bo

Ausg.: O. H. E. Burmester, The Bohairic Pericopae of Wisdom and Sirach: Biblica 15 (1934) 451—465 (Introduction); 16 (1935) 33—47 (Text) 157—174 (Notes): 1_{1-19} 1_{20-30} 2_{1-9} 4_{20}—5_2 12_{13}—13_1 22_{7-18} 23_{7-14} 24_{1-11}.

Burmester hat in seinen „Notes" (Biblica 16 [1935] 157—174) die Lesarten von Bo mit den griech. Unzialen und Minuskeln (nach H.-P.), der Vulg. und der sahidischen Übersetzung verglichen. Es läßt sich deutlich zeigen, daß Bo aus Sa stammt. Bedeutsame Varianten kommen nicht vor; die griech. Vorlage ist der alte, von den Unzialen B (abgesehen von den zahlreichen Sonderlesarten) S A und verschiedenen Minuskeln vertretene Text.

c) Die achmimische Übersetzung = Ach

Ausg.: U. Bouriant, Mémoires publiés par les membres de la mission archéologique française au Caire sous la direction de M. Maspero I/II (Parisiis 1885) 255: 22_{16}—23_6.

Besonders wichtig ist Sa, weil von ihr Bo abstammt; es ist ein Glück, daß Sa fast vollständig in den beiden Ausgaben von de Lagarde und Thompson erhalten ist. Ihr Text geht auf die gleiche Vorlage zurück; nur selten sind Abweichungen festzustellen; in diesen Fällen ist Sa^{L} und Sa^{Th} notiert. Auch die Fragmente gehören zum gleichen Texttypus; sie können deshalb unberücksichtigt bleiben.

Da Bo fast immer mit Sa übereinstimmt und nur in wenigen Teilen überliefert ist, erscheint Bo selten im Apparat. Ach tritt vollständig zurück, da nur innerkoptische Varianten vorliegen.

Über den Textcharakter braucht hier nicht weiter gesprochen zu werden, da auf die Schrift von Peters verwiesen werden kann. Co ist ein guter Zeuge von GrI und steht den alten Unzialen, namentlich B, sehr nahe.

3. Die syrischen Übersetzungen

a) Die syro-palästinische Übersetzung = Syp

Ausg.: Fr. Schulthess, Christlich-Palästinische Fragmente aus der Omajjaden-Moschee zu Damaskus: Abh. d. Kgl. Ges. d. Wiss. zu Göttingen. Philol.-hist. Kl. N.F. VIII 3 (Berlin 1905) 39f.: 45_{25}—46_{8}.

H. Duensing, Christlich-palästinisch-aramäische Texte und Fragmente (Göttingen 1906) 126: 12_{18} 13_{3-4a} 13_{7}.

Auf die bedeutsamen Lesarten der Syp 13_{3} *προσαπειληθήσεται* (für *προσδεηθήσεται*) und 46_{3} *κυρίου* (statt *κύριος*) hat Duensing S. 112 verwiesen; Duensing konnte natürlich nicht erkennen, daß sie lukianisch sind.

b) Die syrohexaplarische Übersetzung = Syh

Ausg.: Codex Syro-Hexaplaris Ambrosianus photolithographice ed. A. M. Ceriani: Monumenta sacra et profana VII, Mediolani 1874.

Syh ist (neben 253) ein wichtiger Zeuge der origeneischen Rezension, siehe S. 57—63.

c) Die altsyrische Übersetzung (Peschitta) = Syr

Ausg.: Londoner Polyglotte Bd. IV = Syr^{W}.

P. A. de Lagarde, Libri Veteris Testamenti apocryphi syriace (Lipsiae Londinii 1861) 2—51 = Syr^{L}.

Abh.: W. D. McHardy, Ben-Ze'eb's Edition of the Peshitta Text of Ecclesiasticus: ZAW 61 (1945/48) 193f.

Syr geht nicht auf 𝔊, sondern auf H zurück; deshalb wird Syr nur gelegentlich zitiert.

4. Die äthiopische Übersetzung = Aeth

Ausg.: A. Dillmann, Veteris Testamenti aethiopici tomus quintus, quo continentur libri apocryphi (Berolini 1894) 54—117.

Die Ausgabe Masahefta Salomon wa-Sirak scheidet als unkritisch aus, siehe Sap. Salomonis, Einl. S. 31.

Abh.: Axel L. Ahlmark, Den etiopiska översättningen av Ben Sira. Textkritiskt behandlad. I. Kapp. 1—6 utg. av. K. V. Zetterstéen: Le Monde Oriental 26—27 (1932/33) 257—304.

Herkenne, De Vet. Lat. Eccli cap. I—XLIII, Praefatio p. 33—38: De versione Aethiopica.

Smend, Prolegomena S. CXXXII—CXXXIV.

H. v. Ewald, Ueber eine zweite Sammlung Aethiopischer Handschriften in Tübingen: ZDMG 1 (1847) 1—43 (zu Sir. 50, 25f.).

Dillmann legt seiner Ausgabe 7 Hss. aus Tübingen, Paris, Frankfurt/Main, Berlin und London zugrunde; zur Edition siehe Sap. Salomonis, Einl. S. 31.

Dillmann gibt S. 115—117 eine (vielfach zu berichtigende) Liste von Varianten von Aeth, die von der Ausgabe von H.-P. abweichen.

Es mag genügen, kurz über die Eigenart der äth. Übersetzung zu sprechen. Manche schwierige Wörter sind frei wiedergegeben. Beispiele:

10_{10} *σκώπτει*] *sanat*; Dillmann S. 116 sieht *ἐκκόπτει*(?) als Vorlage an. Das Fragezeichen ist sehr berechtigt; Aeth hat frei nach dem Sinn wiedergegeben.

13_{22} *ἀπόρρητα*] *verbum*, ähnlich 17_{6} *διαβούλιον*] *verbum*

$47_{3\,b}$ *ἐν ἄρκοις*] + *lusit* (Wiederholung von *ἔπαιξεν* $_{3\,a}$, vgl. + *similiter fecit* La)

$47_{13\,d}$ *ἁγίασμα*] + *in nomine eius* (Wiederholung von *ἐπ' ὀνόματι αὐτοῦ* $_{13\,c}$).

Das Verbum von $41_{17\,a}$ *αἰσχύνεσθε* ist im weiteren Verlauf 15 mal wiederholt: $_{17\,b}$ (1 mal), $_{18}$ (3 mal), $_{19}$ (3 mal), $_{20}$ (2 mal), $_{21}$ (3 mal), $_{22}$ (1 mal), 42_{1} (2 mal).

Häufig ist „*alle*" beigegeben (rund 40 mal); hier trifft sich Aeth manchmal mit anderen Übersetzungen, so mit Syr 1_{10}, mit La $35_{13\ 19}$ 47_{13}.

An manchen Stellen ist es fraglich, ob Aeth wirklich die Lesart einer bestimmten Minuskel in ihrer griech. Vorlage hatte oder ob sie nur frei übersetzte. Beispiel:

40_{21} *μέλη*] *animam* Aeth; *ψυχην* 493-637. Hier hat Aeth wohl *μέλη* bereits in ihrer Vorlage gelesen. Oftmals gibt Aeth nämlich verschiedene griech. Wörter wie *ἐνδόσθια* 10_{9}, *ἕξις* 30_{14}, *εὐεξία* 30_{15}, *σάρξ* 39_{19}, *ἔντερον* 34_{20} mit *anima* wieder.

An einigen Stellen hat Aeth wertvolle Lesarten bewahrt, die sogar manchmal den Anspruch erheben können, ursprünglich zu sein oder wenigstens einen ausgezeichneten Sinn ergeben. Es mag genügen, zwei Wiedergaben ausführlich zu besprechen:

38_{28} *καινιεῖ* (*κενιει* A *O*-V alii) *τὸ οὖς αὐτοῦ*

Das griech. *καινιεῖ* ist nicht anzutasten; es geht auf *jḥdš* zurück, wie bereits Herk. und Ry. erkannt haben. Nun hat Aeth *jâsameme*, das Dillmann S. 116 mit κωφοῖ = *exsurdat* wiedergibt; ebenso liest Arm; dies setzt *jḥrš* voraus, das aus *jḥdš* stammt (so richtig Herk. und Ry.). Hier würden also Aeth und Arm eine griech. Vorlage voraussetzen, die κωφοῖ o.ä. gehabt hat. Aus einer hebr. Vorlage stammt diese Wiedergabe nicht. Auch der Einfluß des Syr, der gewöhnlich mit H übereinstimmt, kommt an unserer Stelle nicht in Frage, weil Syr *inclinabit* hat, das κλινεῖ entsprechen würde, das man für ursprünglich halten und davon καινιεῖ ableiten möchte (so Smend und Rahlfs, die φωνῇ akzentuieren). Dies kommt aber nicht in Frage, wie Peters zeigt.

50₂₆ ὁ μωρός] *amorrhaeorum* (= αμορραιων) Aeth

Ewald in ZDMG 1 (1847) 14 nennt die Stelle 50₂₆ *waḥezeb 'amōreōn* = καὶ ὁ λαὸς Ἀμωρέων (Ἀμοῤῥαίων Dillmann S. 116) für καὶ ὁ λαὸς ὁ μωρός: „Der Aethiope las hier im griechischen Text Ἀμωραῖος für μωρός, und man sieht bei einigem Nachdenken, daß dies die allein richtige Lesart sein muß“. Man braucht nicht lange nachzudenken, sondern sieht sofort, daß die griechische Vorlage des Aeth verderbt ist.

In seinem Beitrag *Die Textüberlieferung des Buches Sirach* kommt Herkenne kurz auf Aeth zu sprechen (S. 133f.) und sagt richtig: „Der Urheber desselben, statt wirklich zu übersetzen, paraphrasiert oft dermaßen, daß man ratlos sich fragen mag, welche griechische Lesung er im betreffenden Falle vor Augen hatte“ (S. 134). Dann zeigt er an zwei Beispielen 34₂₉ ₐ (31₃₉ ₐ) und 21₅ ₐ die freie Wiedergabe des Aeth.

5. Die armenische Übersetzung = Arm

Ausg.: Zohrab, Quartausgabe (Venedig 1805) im Anhang S. 1—13 und Oktavausgabe Bd. IV 4—40 = ArmI; Bagratuni, Arm. Bibel (Venedig 1860) 681—704 = ArmII.

„Neue Entdeckung einiger Kapitel des Buches Sirach nach einer alten Übersetzung“ (armenischer Titel) in der arm. Zeitschrift *Sion* (1927) 246—250 = ArmIII.

Die Ausgabe von Oskan (Amsterdam 1666), deren Varianten bei Zohrab im App. teilweise angegeben sind, scheidet aus, da sie eine arm. Übersetzung des lat. Vulgatatextes gibt.

Abh.: Herk., Praefatio p. 28—33: De versione Armeniaca.

P. Ferhat, Vorläufiger Bericht über die armenischen Übersetzungen des Buches Jesus Sirach: Theologie u. Glaube 5 (1913) 661—663.

L. Leloir, Versions orientales de la Bible: II. Versions arméniennes: Dictionnaire de la Bible, Suppl. 6 (Paris 1960) 813.

Die Ausgaben von Arm I (Zohrab) und Arm II (Bagratuni) sind unvollständig. Der Prolog fehlt in beiden Ausgaben. Ebenso fehlt der Schlußteil von Sir., nämlich Kap. 44—51.

Arm I ist stark verkürzt; sehr viele Verse fehlen, so daß Arm I nur einen Bruchteil des Sir. darstellt. Die Auslassungen seien im folgenden zusammengestellt:

1 6c 9b 10b 15a 17b 30

2 8 13a

3 5b—7 13—15 21b 22b 23b 26b 27b 31a

4 1b 5a 10bd 11b 14 15b 17—19 26b—27a

5 1b 5b—6ab 7bc 9a 15

6 1a 3a 11b 15b—16 19 21 25 27b 28b 30—31a 32b—33 36b 37b

7 5a 8—9 13 15 16b—17a 31d 33 35—36aα 36b

8 2b 7—10 16def

9 1 8 13bd 15 18b

10 1b 2b 7b 9—10a 11 13 14b 16—17 23b 24b—27 28b 31

11 4cd 6 9 13b 15a 17b 20 21bβ 22—24 26 34

12 3—4 5bc 7 9 11a 11d—12ab 12f

13 4—7 10b 11a 12b—14 25a 26b

14 1b 4 5b 6b—7a 8 9b 11b 12b 15 21—27

15 1—13 15 17b 18a 19

16 1b—2a 4—5 7 8b—9 10b—11ab 12a 17c 19a 20—23 24b 25 26b 27—30

17 1b 2b 3b 7a 8a 11b 12b 15 16 18 19a 21 23b 24b 25b 29 31b—32a

18 4a 5b 6a 7b 8 11a 12a 17 18b 20b 28b 29a 20 33b

19 2b—3a 5b 6 7b 9b 11 14 17 20b 23 27—28

20 2b 5a 15cd 16c—17 19b 24b—25a 28

21 1 2cd 16b—18 19b 22—23 25

22 4 5b 13cd 17—18 20a 23cd 25—26 27d

23 1c 2cd 3d 10ab 11abf 12c 13b—14abcd 15 18abβcdα 19 20 23d

24 1b 8ab 9 14a 15cd 17—18 20b—21a 22 23b 24 25b 27a 31ab 32

25 1 3 4 7b 11a 14 16—19a 22—23 25—26

26 2 4 5b 6a 7 10a 11 13 15—26 28f 29b

27 1b—2 4 7 10 11a 14—15 16b 19abα 20b—21ab 22 24—25a 26b—30

28 1b 4—5 7a 10—11 15 17 19—20 23b 26b

29 2—3 5e 6c 7—8 11b—13a 14b 16—17 18bc 20 23bβ 26

30 1b 7b 9a 12 13a 17b—18a 19c 22b 23ac 28cd 29a 32 34b 37—38abc 39abcαf 40

31 (34) 1—4 6 10—20 22 24a 28a 30 31cd

32 (35) 2—3 6—8 12—14 16a 18—22abc 23ac 24—25

33 (36) 3b—4 6aα 10b 13b

34 (31) 1b 7 9 —12 13bc 14b 15b—21 23b—24 26—27 29b—30 31bd

35 (32) 2c 3bβ 4—24

36 (33) 1—3 6—13 14c 15—31

37 1—7 8bcd—9 11ad 12cd 14 18c 21b 23 25—26a 27—28 30b

38 2b—12 14c—15 16bc 17a 19 20b 21b—22a 23b 24 27bd 28dfh 30ab 33ace 34acd

39 3—4 6—7a 10—12 14abc 15bd 16—19 21 22b 23b—25 28abc 30—32a 33—35

40 2a 4 5bc 6—17 18b 21 22b—23a 24 25b—26a 26c—30

41 1cd 2cd—3 4cd 5b 6b 7b 9—13a 14b—22

42 1—8abc 9b—10 11b—12a 16—18b 19a 20a 21 22b—24

43 1—8 10 12a 13—15 20 23 25—28 29b 30bβ—31 33a.

Ebenso ist Arm II unvollständig; folgende Teile fehlen: 1_{6b} $3_{4\ 26b}$ 5_{7bc} 7_{3b} Kap. 8 $13_{17b-18a\ 20}$ 14_{21a} $18_{17a\ 19b\ 20b-21a\ 30}$ $19_{2b-3a\ 6-7\ 9b\ 11\ 14\ 17\ 20b\ 23\ 27-28}$ $20_{2b\ 15cd\ 16c\ 19b\ 24b}$ 23_{27a} 35_{5b} Kap. 36 und 37 38_{1-14} 40_{26d} 41_{17b} 42_{25}. Mit 42_{24} schließt also Arm II.

Einen größeren Zusatz hat Arm II hinter 20_{26}. Sonst sind es verschiedene kleine Beigaben, z.B. 5_{7a} fin.] + *peccatis* Arm II (ebenso Arm I) | 13_{22a} fin.] + *pauperis autem neque unus* Arm II | 31_{20} fin.] + *homo* Arm II | 40_{11} fin.] + *sic impii in anathemate in perditionem* Arm (II).

Arm III ist nahe Arm II verwandt; die Übersetzung hat den gleichen Charakter wie Arm II. Einzelne kleine Teile fehlen: 43_{22a} $44_{8a\ 12a\ 17cd\ 20d}$ 45_{12c} 46_{1-2}.

Manchmal sind die beiden Vershälften nicht als zwei Teile übersetzt, sondern zusammengezogen, z.B. 7_{34}, wo Arm I übersetzt: *Super mortuos* (*mortuum*^{ap}) *ne omiseris lacrimas tuas*. Aus zwei Verszeilen ist in Arm I eine geworden; zugleich wurde frei übersetzt.

Manche Verszeilen wurden nicht absichtlich ausgelassen, sondern sind durch Versehen (Homoioteleuton, Homoiarkton) ausgefallen.

Schließlich fehlen in Arm I auch einzelne Wörter, die manchmal zufällig, aber auch oft absichtlich ausgelassen wurden, da der Übersetzer von Arm I sehr gern seinen Text kürzt.

Da fällt um so mehr auf, daß Arm I auf der anderen Seite manchmal ein Plus aufweist, das einen Vers, zwei bis drei Verse und sogar noch größere Teile umfaßt. Einige Stellen sollen hier genannt werden (die lateinische Übersetzung nach Leloir):

5_{2} fin.] + *noli esse arrogans et dicere: multae sunt possessiones meae* Arm I

7_{10} fin.] + *praecepta dei ne tardaveris perficere* ArmI

17_{23} fin.] + *fili, homo insipiens, aberrans mente, errorem loquitur* ArmI

18_{10} fin.] + *mille enim anni in hoc mundo quasi unus dies non sunt in mundo iustorum* ArmI

18_{11} fin.] + *ut diligerent eum et mandatum eius* ArmI.

Ein großes Plus findet sich hinter 17_{14} und 34_{15a} (31_{18a}).

Woher stammen die Zusätze? Sicher hat sie der Armenier nicht aus eigenem beigefügt, sondern einer Vorlage entnommen. Man kann sogar fragen, ob es wirklich Zusätze sind; im allgemeinen ist Arm I frei wiedergegeben. Beispiele:

2_{14} *vae illi qui perdidit sustinentiam, nam quid adveniet illi in die adventus domini?*

3_{23}a *quodcumque est ultra necessitatem tuam, illud ne investigaveris*

4_{25}b *quod nescis, et interrogant te, tu noli confusionem aestimare nescire*

9_{11}b *finem enim illius nescis*

13_{16} *populus ad populum vadit, et homo ad similes sibi.*

Es ist nur eine kleine Auswahl getroffen, die jedoch deutlich zeigt, daß die Vorlage unser griech. Text war, mit dem der arm. Übersetzer frei umging. Schwieriger ist die Lage, wenn wir in Arm I Wiedergaben begegnen, die sich von der Vorlage weit entfernen, so daß man nicht mehr von freier Übersetzung sprechen kann. Die völlig abweichenden Wiedergaben können nur auf eine von unserem griech. Text verschiedene Vorlage zurückgehen. Beispiele:

11_{8}a πρὶν ἀκοῦσαι μὴ ἀποκρίνου] *res quas nescis ne narraveris* ArmI

11_{30}a πέρδιξ θηρευτὴς ἐν καρτάλλῳ] *hominem sapientem et prudentem in omni tempore amabis* ArmI

11_{31} τὰ γὰρ ἀγαθὰ εἰς κακὰ μεταστρέφων ἐνεδρεύει καὶ ἐν τοῖς αἱρετοῖς ἐπιθήσει μῶμον] *sicut canis, quia ubi intrat diripit, ita et iniquus, ubi pervenit, subvertit et conturbat* ArmI.

Das letzte Beispiel zeigt deutlich, daß ein völlig anderer Text in Arm I vorliegt. Zugleich läßt sich der Weg aufzeigen, der zum Ziel führt: Arm I ist von Syr abhängig. Der gleiche Text steht in Syr (bei de Lagarde v. 30cd; bei Walton 31ab).

Der syrische Einfluß auf Arm I ist bis jetzt nicht in vollem Ausmaß erkannt worden. Man hat zwar allgemein gesagt, daß Arm auf Syr zurückgeht, aber keine deutliche Belegstellen aufgeführt. Wenn Arm mit H übereinstimmt, so wird dies auch gewöhnlich auf dem Umweg des Syr, der direkt von H abhängt, geschehen sein. So stammt das Plus hinter 16_{14}, das *L'* bezeugt, in Arm nicht direkt von *L'*, sondern von Syr. Dieses Plus in Arm hat nämlich die Sonderlesarten *cor* (= H Syr.; om. *L*) *Pharao* und *ut in terra apparerent opera eius* (statt ὅπως ἂν γνωσθῇ ἐνεργήματα αὐτοῦ τῇ ὑπ' οὐρανόν).

Die zweite arm. Übersetzung (ed. Bagratuni = Arm II) unterscheidet sich von der ersten (Arm I) dadurch, daß sie sich eng an die griech. Vorlage anschließt. Sie weist weder ein so großes

Minus auf noch bietet sie so zahlreiche Zusätze wie Arm I. Herk. hat sie in seiner Abhandlung über den lat. Sirach benützt und sagt von ihr: „exemplar Graecum plerumque presso pede sequitur" (S. 30).

Zur Notierung

Selbstverständlich konnten nur solche Varianten von Arm notiert werden, die auch von einem anderen Zeugen (einer griech. Hs., einer Rezension, einer Version) vertreten sind. Somit fehlen alle Sonderlesarten von Arm, namentlich die zahlreichen Zusätze größeren oder kleineren Umfangs.

Die näheren Angaben „I" „II" „III" wurden nur dann gemacht, wenn die drei Ausgaben abweichen. Wenn sie übereinstimmen, ist einfach „Arm" notiert. Wenn zur betreffenden Stelle die arm. Übersetzung nur in einer Ausgabe vorliegt, also die andere Ausgabe fehlt, dann sind die römischen Zahlen in Klammern gesetzt, z. B. Sir. 27_{22} *οὐδείς*] *ο ειδως L* Arm(II); die Klammern deuten an, daß ArmI zu dieser Stelle fehlt.

6. Die arabische Übersetzung

Die in der Londoner Polyglotte veröffentlichte arab. Übersetzung des Sir. scheidet für uns aus, weil sie von Syr abhängig ist, der wiederum auf H zurückgeht. Vgl. auch W. D. McHardy, The Arab Text of Ecclesiasticus in the Bodleian Ms. Hunt 260: JThSt 46 (1945) 30—41.

Nach Biblica 44 (1963) 174 enthält die arab. Sinai-Hs. 155 eine nach dem griechischen Text gemachte arab. Übersetzung. Leider konnte sie nicht mehr für die Göttinger LXX-Ausgabe eingesehen werden; eine Edition bereitet Richard M. Frank (Washington) vor.

III. Die indirekte Überlieferung (Zitate)

Im NT und in der ältesten christlichen Literatur finden sich keine direkten Sir.-Zitate. Nestle verzeichnet im *Index locorum* Sirach überhaupt nicht; am Rand des Textes ist „Sir" gelegentlich notiert, oft aber fehlt ein Hinweis, z. B. Luc. 10_7 *ἐξ οἰκίας εἰς οἰκίαν* = Sir. 29_{24}.

Zum Didache-Zitat 1, 6 siehe P. W. Skehan, Didache 1, 6 and Sirach 12, 1: Biblica 44 (1963) 533—536.

An erster Stelle stehen die zahlreichen Zitate des Clemens von Alexandrien (= Clem.).

Lit.: B. Bendtsen, Specimen exercitationum criticarum in Veteris Testamenti Libros Apocryphos e scriptis patrum et antiquis versionibus (Gottingae 1789) 12—50: Liber Sirachidis.

O. Stählin, Clemens Alexandrinus und die Septuaginta (Nürnberg 1901) 46—58.

Hart, Ecclesiasticus (Cambridge 1909) 321—345: Chapter III. The quotations of Clement of Alexandria.

A. Eberharter, Die „Ekklesiastikuszitate“ bei Klemens von Alexandrien. Gesammelt und mit LXX und Vulgata verglichen: Theol. Quartalschrift 93 (1911) 1—22.

A. Eberharter, The text of Ecclesiasticus in the quotations of Clement of Alexandria and Saint Cyprian: Biblica 7 (1926) 79—83.

A. Vaccari, Dove sta scritto che Dio „strangola i propri figli“?: Scritti di Erudizione e di Filologia II (Roma 1958) 7—11.

J. Ziegler, Zu *ἐνεφυσίωσεν* und *iugulavit* im Sirach-Zitat 4, 11 (12) bei Clemens von Alexandrien und Tertullian: BZ N.F. 8 (1964) 277—280.

Alle Untersuchungen haben die Sir.-Zitate des Clem. noch nicht zufriedenstellend erklärt. Meistens beschränken sie sich auf eine Vergleichung mit dem Text der Septuaginta, namentlich mit dem Text des Kodex B, und der lateinischen Überlieferung (siehe Untertitel des Beitrages von Eberharter in der Theol. Quartalschrift).

Bendtsen hat als erster in seiner Göttinger Dissertation die Clemens-Zitate (neben anderen weniger wichtigen Väter-Zitaten) untersucht, die bereits Bosius in seine LXX-Ausgabe aufgenommen hatte. Er konnte die Beziehungen zur Complutenser Polyglotte (= cod. 248) und zur Ausgabe von Hoeschel (= cod. 493), sowie zur Vetus Latina feststellen. Wenn sich Clem. von den genannten Handschriften und von La entfernt und Sonderlesarten bringt, dann ist Bendtsen zu leicht geneigt, sie als freie Zitation abzutun („*διὰ μνήμης* recitavit“ S. 25 zu 9_{8}; „memoriter allegati“ S. 37 zu 19_{29-30}; „In aperto est, memoria lapsum fuisse Clementem“ S. 34 zu 18_{14b}). Auf der anderen Seite meint Bendtsen, daß gelegentlich Ausführungen des Clem. zu einer Bibelstelle in die Handschriften eingedrungen seien; so schreibt er zu 16_{10} *μαστιγῶν* — *διεφύλαξεν*: „irrepsit integrum illud additamentum e Clemente Alexandrino“ (S. 32).

Stählin sagt, daß die Clem.-Zitate „dem glossierten Texte“ (S. 46) angehören und daß die Probleme, die diese Zitate aufgeben, „nicht in allen Fällen durch den hebr. Text eine befriedigende Lösung“ (S. 48) finden.

Hart untersucht die Zitate hauptsächlich nach ihrem Verhältnis zur lateinischen Übersetzung; er bringt die beiden Abschnitte: I. Quotations which have no affinity with the Latin

(S. 327—334) und II. Quotations which agree wholly or in part with the Latin (S. 334—345). Weitere Aussagen vermissen wir bei Hart.

Eberharter meint in seinem Aufsatz in der Theol. Quartalschrift, daß die Clem.-Zitate „noch nicht vollständig gesammelt und für die Textkritik verwertet worden“ (S. 2) seien und gibt deshalb als Aufgabe seiner Arbeit an, die Clem.-Zitate „übersichtlich zusammenzustellen und dieselben mit dem gegenwärtigen griechischen und lateinischen Texte zu vergleichen“ (S. 2). Die Zusammenstellung der Übereinstimmungen und Abweichungen (S. 21f.) ergibt selbstverständlich kein deutliches Bild der Eigenart der Clem.-Zitate; Eberharter ist auf dem rechten Weg, wenn er schreibt: „Eine genaue Erforschung der Minuskelhss. wird unentbehrlich sein, um volles Licht in die Sache zu bringen“ (S. 22). Der zweite Aufsatz von Eberharter in der Biblica führt nicht weiter. „Volles Licht“ kann erst die neue Göttinger LXX-Ausgabe bringen, da für sie zahlreiche neue Minuskeln verglichen worden sind und sonstiges wertvolles Material (namentlich auch aus den Florilegien) verwendet wurde, das einen Einblick in die verworrene Textgeschichte des griech. Sir. gestattet. Dankbar muß aber hier anerkannt werden, daß die ausgezeichnete Arbeit des Textkritikers D. de Bruyne, die hauptsächlich die lateinische Überlieferung behandelt, aber auch die Textgeschichte des griech. Sir. aufzeichnet, bereits einige kleine Lichter aufgesteckt hat, die ihm gerade auch die Väter-Zitate in die Hand gegeben haben.

An zweiter Stelle sind die häufigen Zitate aus dem großen Schrifttum des Johannes Chrysostomus (= Chr.) zu nennen.

Die häufigen Chr.-Zitate wurden bereits von Herk. und Smend herangezogen; auch H.-P. hat sie (allerdings sehr unvollständig) in seine Ausgabe aufgenommen. Ihre große Bedeutung ist jedoch bis jetzt nicht erkannt worden; nur durch sie ist es möglich, die von den Minuskeln 248-493-637 vertretenen Lesarten als lukianisch zu bestimmen, siehe meinen Aufsatz „Hat Lukian den griechischen Sirach rezensiert?“: Biblica 40 (1959) 210—229. Leider ist die Ausgabe der Werke des Chr. (PG 47—64) gerade für die Schriftzitate völlig ungenügend. Viele Stellen sind nicht richtig angegeben, etliche als Schrifttext nicht erkannt, etliche nur teilweise als Zitat gekennzeichnet. So ist es leicht möglich, daß mir manche entgangen sind.

Die jüngst veröffentlichten acht Taufkatechesen enthalten die Zitate 1_{21} 8_{13} 19_{27} 28_{22} 30_{37}.

Ausg.: A. Wenger, Jean Chrysostome, Huit catéchèses baptismales inédites: Sources chrétiennes 50 (Paris 1957) = Chr. cat.

Schließlich sind die biblischen Florilegien aufzuführen, die zwar aus später Zeit stammen, aber doch sehr wichtige Varianten überliefern.

Von den biblischen Florilegien kommen in Frage:

Max.	=	Maximus Confessor (PG 91, 721—1018).
Antioch.	=	Antiochus Monachus (PG 89, 1419—1850).
Clim.	=	Johannes Climacus (PG 88, 631—1164).
Anast.	=	Anastasius Sinaita (PG 89, 35—310. 329—824).
Dam.	=	Johannes Damascenus (PG 95, 1069—1588; 96, 9–442.
Anton.	=	Antonius Melissa (PG 136, 765—1244).

Nähere Angaben über diese wichtigen biblischen (byzantinischen) Florilegien siehe Sap. Salomonis, Einl. S. 35—37.

Über die lat. Zitate siehe S. 15—17.

IV. Die Druckausgaben

1. Gesamtausgaben der LXX

Von grundlegender Bedeutung sind die drei ältesten gedruckten Vollbibeln: Aldina (Ald.), Complutensis (Compl.) und Sixtina (Sixt.). Sie wurden später oftmals neu herausgegeben. Dies gilt namentlich für die Sixtina, die als offizieller römischer Septuagintatext immer wieder neu aufgelegt wurde.

Von den späteren Drucken seien nur die beiden von Wechel und Bos genannt.

Besonders wichtig für die Textkritik sind die Ausgaben von Grabe, Holmes-Parsons (H.-P.) und Fritzsche (Fr.).

Zur Lit. siehe Sap. Salomonis, Einl. S. 38f.

Aldina (= cod. 744)

Die älteste Druckausgabe bietet einen ziemlich guten Text, da sie letzten Endes auf den vatikanischen Kodex B zurückgeht. So stimmt die Aldina mit vielen Sonderlesarten von

B (und den abhängigen Minuskeln 68-744-768) überein. Zwei Beispiele:

14_{22} *ὁδοῖς*] *εἰσόδοις* Ald. = B-68-744-768
24_{32} *ὄρθρον*] *ὀρθόν* Ald. = B-68-744-768.

An der ersten Stelle (*εἰσόδοις*) bezeugt Ald. mit B den ursprünglichen Text, an der zweiten (*ὀρθόν*) bringt sie eine belanglose orthographische Variante.

Im App. sind die von B abhängigen Minuskeln 68-744-768 nur dann genannt, wenn sie von B abweichen. Wenn somit B allein erscheint, dann ist die bezeugte Sonderlesart auch von 68-744-768 Ald. vertreten.

Oftmals entfernen sich die drei Hss. 68-744-768 von B und bringen Sonderlesarten, die wiederum Ald. übernommen hat. Zwei Beispiele:

10_{14} *θρόνους*] *χρονους* 68-744-768 785 = Ald.
45_{9} *ἐν ναῷ*] *εν κυριω* 68-744-768 = Ald.

Von den genannten Minuskeln ist uns 68 als Vorlage der Ald. bereits bekannt. H.-P. haben auch die Varianten von 68 Ald. notiert, jedoch 68 besonders schlecht kollationiert; in über 120 Fällen fehlt 68, wo Ald. notiert ist.

Jedoch stimmt in Sir. nicht 68, sondern 744 fast durchgängig mit Ald. überein. Vier kennzeichnende Beispiele sollen genannt sein

24_{20} *κηρίον*] *κηρου* B-S-68-768 = Sixt.; *κυρου* 744 = Ald.
42_{10} *στειρωθῇ*] *στειρωση* B-768 253-Syh; *τηρωση* 68; *τηρώς* 744 = Ald.
40_{12} *καὶ πίστις* B. . .] *και τις* 68; *και τι* 744-768 = Ald.
50_{21} *ἐδευτέρωσεν* B-68 . . .] *ηλευτ.* 768; *ελευτερωσεν* 744 = Ald.

Viele fehlerhafte Lesarten begegnen uns in 744 und Ald. Beispiele:

17_{26} *ἐπάναγε*] *επιγαγε* 744, *ἐπείγαγε* Ald.
30_{19} *εἰδώλῳ*] *ειδαλω* 744 Ald.
35_{6} *σφραγίς*] *σφαγις* 744 Ald.
31_{28} *οἰκοδομῶν*] *ορκοδομων* 744 Ald.
43_{3} *ἀναξηραίνει*] *αναξαραινει* 744 Ald.

Complutensis (= cod. 248)

Die Grundlage der Compl. bildet die wichtige vatikanische Hs. 248, die dem Kardinal Ximenes geliehen wurde, siehe Rahlfs, Verz. S. 250. Deshalb erscheint im App. von H.-P. gewöhnlich die Notierung „248 Compl.“; sie würde aber noch öfter auftreten, wenn beide Zeugen sorgfältiger kollationiert worden wären: An über 70 Stellen, wo Compl. notiert ist, fehlt 248.

Jedoch weicht Compl. öfter von ihrer Vorlage ab. So liest 248 im Zusatz 18_{29}d νεκρῷ ἀντέχεσθαι, während Compl. bezeugt νεκρῶ (ohne Iota subscr.) ἀντέχεται (= 672-673).

Es können noch weitere Stellen aufgeführt werden, wo Compl. von 248 abweicht und Sonderlesarten bezeugt, die manchmal auch von einer oder von wenigen Minuskeln vertreten werden:

4_{22} μὴ λάβῃς] μὴ λάβοις Compl.
6_{25} προσοχθίσῃς] προσεχθίσῃς Compl.
9_{2}b τὴν ἰσχύν σου] τὴν ψυχήν σου Compl.: ex $_{2}$a
17_{12} ἔστησεν] ἔστηκε Compl.
18_{11} ἐξέχεεν] διαχέσει Compl.: cf. διαχεει 248-637
23_{1} κύριε] κύριος Compl.
36_{13} τοῦ ποιήσαντος] om. τοῦ Compl.
38_{14} εὐοδώσῃ] ἐνδώσῃ Compl.
38_{25} ἀναστρεφόμενος] ἀνατρεφόμενος Compl.
12_{6} ἀσεβέσιν] εὐσεβέσιν Compl. = 613
16_{13} εὐσεβοῦς] ἀσεβοῦς Compl. = 339
23_{14} μωρανθῇς] μαρανθῇς Compl. = 672-673
25_{15} ὑπὲρ κεφαλήν] ὑπὲρ κεφαλῆς Compl. = 155
28_{19} ἐδέθη] ἐδέσθη Compl. = 545 755
35_{20} μὴ προσκόψῃς] μὴ προσκόψεις Compl. = 548.

An einigen Stellen stimmt Compl. mit Ald. überein, z.B.

6_{25} βάσταξον] βάσταζον Compl. = 68-744 Ald.
35_{21} ἀπροσκόπῳ] ἀπροσκόπτῳ Compl. = 68-744 alii Ald.

An einer Stelle, nämlich 35_{9} (32_{13}), hat Compl. allein die ursprüngliche Lesart bewahrt: ἑτέρου λέγοντος] ὅπου λέγοντες 248; ὅπου γέροντες Compl. = *ubi sunt senes* La.

Vielleicht hat Compl. diese Lesart, die auch dem hebr. und syr. Text entspricht, wie in anderen Büchern (siehe Sap. Salomonis, Einl. S. 43) aus der Vetus Latina zurückübersetzt. Bereits Grabe hat *ὅπου γέροντες* in seinen Text aufgenommen.

Sixtina (= cod. B)

Der Sixtina liegt B zugrunde, deshalb begegnen uns fast alle Sonderlesarten von B, die uns aus der Aldina bereits bekannt sind, in der Sixtina wieder. Beispiele:

1_{14} *τὸν κύριον*] *τον θεον* B-68-744-768 Ald. = Sixt.

3_{26} *ἀπολεῖται*] *εμπεσειται* B-68-744-768 Ald. = Sixt.

24_{16} *τερέβινθος*] *τερεμινθος* B-68-744 Ald. = Sixt.

38_{22} *τὸ κρίμα μου ὅτι οὕτως*] *το κρ. αυτου οτι ουτω ως* B-68-744-768 Ald. = Sixt.

Auch viele andere Sonderlesarten der Aldina sind in die Sixtina geraten. Beispiele:

6_{19} *τῶν γενημάτων αὐτῆς*] om. *τῶν* 744-768 Ald. = Sixt.

21_{21} *κόσμος χρυσοῦς*] *κ. χρυσου* 68^{c}-744-768 Ald. = Sixt.

42_{21} d *καὶ οὐ*] *και ουδε* 68-744-768 Ald. = Sixt.

45_{13} *οὐ γέγονεν*] *εγεγονεν* 68-744 Ald. = Sixt.

47_{12} *μετὰ τοῦτον*] *μετα τουτου* 68-744-768 Ald. = Sixt.

A. Rahlfs hat in seinem Aufsatz *Die Abhängigkeit der sixtinischen Septuaginta-Ausgabe von der aldinischen* (ZAW 33 [1913] 43) auf 45_{13} hingewiesen, wo statt *οὐ γέγονεν* die Lesart der Aldina *ἐγέγονεν* (= 68-744) aus Versehen in der Sixtina (*οὐ ἐγέγονε*) stehengeblieben und erst nachträglich durch Federkorrektur beseitigt wurde (*ἐ* ist ausradiert).

An verschiedenen Stellen hat die Sixtina Lesarten, die von einigen Minuskeln und von La bezeugt sind:

12_{11} *φύλαξαι*] -*ξε* Sixt. = 493 543*-578

16_{1} *μηδὲ εὐφραίνου*] *μη ευφρ.* Sixt. = 106 La^{V} (*ne*)

37_{19} *ἐστιν ἄχρηστος*] tr. Sixt. = 248-493-637 (= *L*) La

38_{16} *ἔναρξαι*] -*ξε* Sixt. = 493-637 (= L^{-248}) 797*.

Zwei Sonderlesarten finden sich in der Sixtina:

27$_{21}$ τραῦμα] θραῦμα Sixt. (Bos, H.-P. θραῦσμα)

40$_{21}$ μέλη] μελι Sixt.

Folgende Teile fehlen nur in der Sixtina:

13$_{11d}$ om. σε (post -σει)

39$_{17}$ om. οὐκ ἔστιν εἰπεῖν Τί τοῦτο; εἰς τί τοῦτο.

51$_{24}$ om. λέγετε.

Wechel (= cod. 768)

Die Wechelsche LXX-Ausgabe erschien 1597 in Frankfurt: „Apud Andreae Wecheli heredes". Sie enthält das ganze griech. AT und auch das griech. NT. Sir. steht auf S. 812—841; S. 811 sind die beiden Prologe abgedruckt.

Der Sir.-Text Wechels ist nahe der Aldina verwandt; alle oben aufgeführten Sonderlesarten der Aldina, die auf 68-744-768 zurückgehen, stehen auch in der Ausgabe von Wechel, z.B. 10$_{14}$ θρόνους] χρονους 68-744-768 785 Ald. = Wechel.

In der *Praefatio* heißt es: „Editionem Basiliensem biblicorum Graecorum quae anno 1545 ex typographia Heruagiana prodiit, cumque Aldino exemplari prorsus congruit, secuti sumus." Der Text Wechels ist aber nicht ein Ausdruck der Aldina, sondern eine verbesserte Ausgabe, wie auf dem Titelblatt zu lesen ist: „Recens a viro doctissimo et linguarum peritissimo diligenter recognita et multis in locis emendata . . ."

Während jedoch Aldina auf die Minuskel 744 zurückgeht, stützt sich Wechel auf die Hs. 768, die eine Schwester von 744 ist. Die Sonderlesarten von 768 begegnen uns wieder bei Wechel. Beispiele:

15$_{1}$ ποιήσει αὐτό = Ald.] π. αγαθον 768 = Wechel

7$_{31}$ (τὴν μερίδα) αὐτῷ] -τοις 768 = Wechel; -των 68-744 = Ald.

17$_{26}$ ἐπάναγε] επειγε 768 = Wechel; επιγαγε 744; ἐπείγαγε Ald.

18$_{18}$ ἐκτήκει] εκπινει 768 = Wechel; εκπικει 68-744 = Ald.

31$_{19}$ σκέπη 2°] σκηνη 768 = Wechel (34$_{18}$); μεση 68-744 = Ald.

Im App. notiert Wechel andere („al.") Lesarten, namentlich die Compl., und bewertet sie öfter mit „recté", „melius", „malé", „mendosé", „vitiosé"; gelegentlich zitiert er auch Clemens von Alexandrien.

Bos (= Sixt.)

Lambert Bos gab sein *Vetus Testamentum ex versione Septuaginta interpretum secundum Exemplar Vaticanum Romae editum accuratissime denuo recognitum* 1709 in Franeker (Holland) heraus. Nur selten weicht er vom Text der Sixtina ab, z B. 22_{13}, wo Bos statt *φύλαξαι* die Sonderlesart *φύλαξον* (nur von 545 bezeugt) hat; im Apparat der Ausgabe von Holmes-Parsons ist diese Variante eigens verzeichnet: „In Textu Editionis Bosianae legitur *φύλαξον*“.

In seinem Apparat notiert Bos die Lesarten des cod. Alexandrinus (A) und der beiden alten Ausgaben Ald. und Compl. Gelegentlich sind auch Varianten der Vetus Latina und Väter-Zitate (Cypr. und Ambr.) verzeichnet.

Grabe (= cod. A)

Grabe hat seiner Ausgabe bekanntlich den cod. Alexandrinus (A) zugrunde gelegt; im Apparat von Holmes-Parsons sind die Lesarten unter der Sigel „Alex.“ aufgenommen.

Wertvoll sind die Konjekturen Grabes; manche von ihnen hat Rahlfs in den Text aufgenommen, die auch in dieser Ausgabe beibehalten wurden, z. B. $17_{3\,(2\,b)}$ *ἑαυτούς*] *ἑαυτόν* Grabe. Bereits Grotius hat die Lesart *καθ' ἑαυτόν* im Anschluß an La (*secundum se*) vorgeschlagen.

Die Ausgabe Grabes hat jedoch große Mängel, weil nicht konsequent der cod. Alexandrinus abgedruckt wird, sondern oftmals die Lesart der Sixt. beibehalten und am Rand die Variante von A notiert wird. Aber gerade diese Notierung am Rand ist völlig unzulänglich, weil sie wiederum nicht konsequent ist; es sind nicht nur die Sonderlesarten von A, die Grabe nicht als textwürdig erachtet, notiert, sondern auch die herkömmlichen Lesarten, wenn im Text eine Konjektur aufgenommen ist, wie dies im oben genannten Beispiel der Fall ist. Hier ist nicht zu erkennen, wem die Randlesarten angehören. Da die Randlesarten nicht gleichartig sind, hätten unbedingt wenigstens die nicht A zugehörenden Varianten gekennzeichnet werden müssen. Als Beispiel sei auf 38_{33} verwiesen, wo im Text von Grabe steht *δυνάστου οὐ καθιοῦνται* (ohne Randnoten). Richtig wäre gewesen, den Text von A *δυνάστου οὐ καθίονται* abzudrucken und am Rand die herkömmlichen Lesarten *δικαστοῦ* und *καϑιοῦνται* zu notieren, oder den textus receptus abzudrucken und am Rand die Sonderlesarten von A *δυνάστου* und *καϑίονται* (von Grabe unterschlagen) zu notieren.

Ebenso ist nicht zu erkennen, woher die Textlesarten stammen. Besonders zu tadeln ist die Methode von Grabe, etliche Sonderlesarten, die ihm imponieren, in den Text aufzunehmen ohne nähere Angaben, woher sie stammen, so 9 $_{7\,8}$ die beiden Sonderlesarten des Clem. Bereits Bendtsen wundert sich darüber: „Mirum est, Grabium in sua editione *κεχαριτωμένης* loco *εὐμόρφου* et v. 7 *ἐρημίαις* pro *ἐρήμοις* posuisse, auctoritate solius Clementis“ (S. 25).

Holmes-Parsons (= Sixt.)

Die große kritische Ausgabe von Holmes-Parsons (Sir. steht im 5. Band), die den Text der Sixtina abdruckt (51_{24} fehlerhaft *διψῶσαι* statt *διψῶσι*) und im Apparat die Varianten des cod. Alexandrinus und des cod. Venetus (unzutreffende Sigel „23“ statt „V“) und von 11 Minuskeln notiert, ist wegen der fehlerhaften und vielfach ungenügenden Notierung völlig veraltet. Wäre z.B. die Hs. 68 besser kollationiert worden, dann wäre nicht in der Praefatio über diese Minuskel, die wegen ihrer Verwandtschaft mit der Aldina sehr wichtig ist, die Bemerkung gemacht worden: „In capitibus quibusdam integris nullas, in reliquis perpaucas lectiones suppeditat; neque ultra confertur per Libros Apocryphos.“

Einige Belegstellen seien genannt, wo in H.-P. nur Ald. als einziger Zeuge einer Variante verzeichnet ist, während die neuen Göttinger Kollationen zeigen, daß hier keine Sonderlesart der Ald. vorliegt:

12_{11} *πορεύηται*] *πορεύεται* Ald. = 336-728 548 743 744 755; *πορευσεται* 421 493-637 543

16_{26} *ποιήσεως αὐτῶν*] *π. αὐτοῦ* Ald. = 68-744-768 149-260-606 543-578

20_{25} *ὁ ἐνδελεχίζων*] om. *ὁ* Ald. = B*-68-744-768 A 130* 315 578 603 679 728 743

22_{19b} *ὁ νύσσων*] om. *ὁ* Ald. = B-S*-68-744-768 *O* (= 253-Syh)-V 679.

Swete (= cod. B)

Swete gibt bekanntlich einen diplomatisch getreuen Abdruck von B und notiert im App. die Varianten der Unzialen S (unter der Sigel א) A C. Die Ausgabe von Sw. ist deshalb sehr wertvoll, weil sie den Text der Unzialen genau mitteilt; bereits vorher hatte diese Arbeit Nestle geleistet, der eine Kollation von B und S mit dem textus receptus erstmalig der sechsten LXX-Ausgabe Tischendorfs (1880) beigab.

Das starre Festhalten an B brachte manchen falschen Lesarten die unverdiente Ehre, oben im Text zu stehen, während die richtige Lesart in den App. verwiesen werden mußte. Zwei Beispiele seien genannt:

30_7 *περὶ ψυχῶν υἱῶν* Sw. = Ald. Bereits in der Sixt. und schon vorher in der Compl. (nur hier *περιψήχων* = 248) stand richtig *περιψύχων υἱόν*.

49_{13} *καὶ νέμουσιν* Sw. = Ald. Unter *νέμουσιν* steckt der Eigenname *Nehemias*, den Sixt. (*καὶ νεεμίου*) und Compl. (*τῆν νεεμίας οὗ* = 248) richtig überliefern. Gerade diese Stelle zeigt deutlich, wie ein getreuer Abdruck eines Kodex den Leser in die Irre führen kann, besonders wenn kein Hinweis gegeben wird.

Rahlfs

Zum erstenmal hat Rahlfs in seiner Handausgabe einen kritischen Text der gesamten LXX vorgelegt. Für Sirach (wie auch für die übrigen Libri apocryphi) waren bereits vorher kritische Ausgaben erschienen; vor allem ist Fritzsche zu nennen, aber Nestle hat der Edition von Fr. eine schlechte Note („ungenügend“) gegeben, siehe Sap. Salomonis, Einl. S. 44. Trotz der ausgezeichneten Vorarbeiten von Smend stellte gerade Sirach an den Herausgeber die höchsten Anforderungen, da alle Vorschläge Smends (und der früheren Textkritiker) sorgsam erwogen und nachgeprüft werden mußten. Für unsere Ausgabe bildet der von Rahlfs hergestellte Text die Grundlage. Fast immer konnte Ra. übernommen werden; nur dann wurde er geändert, wenn bessere Einsicht in die Textgeschichte und weitere Übersicht über das reichere Variantenmaterial dies erforderten.

2. Teilausgaben (Libri apocryphi)

Da Sirach zu den deuterokanonischen oder apokryphen Schriften gehört, wurde er in die Ausgaben dieser Bücher aufgenommen. Folgende seien hier aufgeführt:

Plantiniana (= Compl.)

Bibliorum pars graeca quae hebraice non invenitur; Cum interlineari interpretatione latina ex Biblijs Complutensibus deprompta. Ex officina Plantiniana Raphelengii 1612.

Diese Ausgabe der apokryphen (deuterokanonischen) Bücher gibt einen guten Abdruck des griechischen Compl.-Textes mit der lateinischen Interlinearübersetzung; ein Herausgeber ist nicht genannt. Der Text des Sir. steht auf S. 97—180: Liber Ecclesiasticus, seu Sapientia Iesu filii Sirach.

Fabricius (= Drusius)

Liber Tobiae, Judith, Oratio Manassae, Sapientia, et Ecclesiasticus Graecè & Latine. Cum dictis Scripturae Parallelis ... M. Joh. Alberti Fabricii ... et ad calcem Ecclesiastici positum duplex Alphabetum Ethicum Ben Sira, Francofurti et Lipsiae 1691.

Fabricius druckt auf S. 374—618 seiner Ausgabe den griechisch-lateinischen Text von Drusius (siehe unten) ab: „Ecclesiasticus Johanne Drusio Interprete."

Augusti (= Sixt.)

Libri Veteris Testamenti apocryphi. Textum graecum recognovit et variarum lectionum delectum adiecit Io. Christ. Guil. Augusti, Lipsiae 1804.

In der *Epistola Editoris* S. IV ist zu lesen: „Habes igitur editionem textum vulgatum Romanum s. Vaticanum exhibentem et variarum lectionum ex recensione Alexandrina delectu exornatam." Augusti hat die zweite Ausgabe der Apokryphen von Reineccius (Leipzig 1757), die auf der Sixt. beruht, als Grundlage benützt. Er zeigt ein gutes Verständnis für die Textgestaltung und schreibt: „Religiose quidem, sed non superstitiose circa textum receptum egi" (p. VII). Besondere Sorgfalt verwendet er auf den Sirach-Text, bei dem sehr viele „mutationes" notwendig sind: „In Siracide, cuius textum omnium corruptissimum habemus, in quauis fere pagina occurrunt" (p. XI). Die Sirach-Varianten verzeichnet Augusti S.7—10.

Apel (= Sixt.)

Libri Veteris Testamenti apocryphi graece ed. H. E. Apel, Lipsiae 1837.

Apel übernimmt den Text der Sixt., aber nicht unbesehen, sondern verbessert ihn an verschiedenen Stellen und setzt auch verschiedene Varianten in den Text, die er in der Einleitung S. VIII—XI zusammenstellt. Für die Textherstellung benützt er die Ausgaben von Bosius, Reineccius, Augusti und vor allem Bretschneider („maxime Bretschneiderum sequutus sum“ S. VIII Anm.*), ferner die Abhandlungen von Drusius, Grotius, Bendtsen und Gaabius u.a. Selbständige Konjekturen macht Apel nicht, sondern übernimmt sie von seinen Vorgängern.

Fritzsche (= Sixt.)

Libri apocryphi Veteris Testamenti graece. Recensuit et cum commentario critico ed. Otto Fridolinus Fritzsche, Lipsiae 1871.

Fritzsche (Fr.) hat die erste kritische Ausgabe des Sirach veröffentlicht. Seine Edition hat zwar große Schwächen (siehe das Urteil von Nestle, abgedruckt in der Einl. S. 44 zur Sapientia Salomonis, und von Smend S. LXVIII); aber viele Textlesarten, die erstmals Fr. bringt, haben sich als richtig erwiesen und sind von Rahlfs und auch in diese Ausgabe übernommen worden.

Fritzsche legt den Text der Sixt. zugrunde und notiert in seinem Apparat die Varianten aus Holmes-Parsons, die bekanntlich sehr mangelhaft kollationiert sind.

3. Einzelausgaben des Sirach

Unter allen Apokryphen gewann der griech. Sirach die Vorliebe der Humanisten; am Anfang steht der fränkische Humanist Joachim Camerarius (geb. 1500 in Bamberg) und am Ende der schwäbische Gelehrte David Hoeschel (geb. 1556 in Augsburg).

Camerarius (= Compl.)

Sententiae Iesu Siracidae, Graecè summa diligentia et studio singular· editae, Cum necessarijs Annotationibus, Ioachimo Camerario Pabe pergen. autore. Erste und zweite Ausgabe: Basel 1551 und 1555; dritte und vierte Ausgabe: Leipzig 1568 und 1570.

Camerarius bringt einen Abdruck der Complutensis, die jedoch an verschiedenen Stellen stillschweigend verbessert oder auch verschlechtert wird. So hat Camerarius $6_{25\,a}$ die von V-253 alii bezeugte attische Lesart *βάσταοον* (statt *βάσταζον* Compl. = Ald.) und $6_{25\,b}$ richtig *προσοχθίσῃς* (statt des Schreibfehlers *προσεχθίσῃς* der Compl.). Ähnlich steht 28_{19} richtig *ἐδέθη* (statt des fehlerhaften *ἐδέσθη* Compl.). 18_{11} ist die Lesart der Compl. *διαχέσει* in *διαχεύσει* abgeändert (handschriftlich nicht bezeugt). 12_{6} stimmt Camerarius mit der Compl.-Sonderlesart *εὐσεβέσιν* (statt *ἀσεβέσιν*) überein, dagegen hat er 16_{13} die richtige allgemein bezeugte Lesart *εὐσεβοῦς* (gegen *ἀσεβοῦς* Compl.).

In den Annotationes (S. 140—241) bringt Camerarius kurze exegetische Bemerkungen und nennt die von seiner Ausgabe abweichenden Lesarten, z.B. zu 35_{9} (32_{13}) *καὶ ὅπου γέροντες* „Alibi tamen legitur, *καὶ ἑτέρου λέγοντος μὴ πολ.*“ (S. 221).

Bergius (= Compl.)

Ecclesiasticus seu Sapientia Iesu Siracidae, liber nunquam satis laudatus, collatione optimarum utriusque linguae editionum illustratus, et Graecè ac Latinè editus, ad usus scholarum puerilium. Studio et opera Matthiae Bergii Brun., Helmstadii 1580.

Bergius legt den Text der Complutensis zugrunde, den er an etlichen Stellen gewöhnlich in Abhängigkeit von Camerarius verbessert. Verschiedene Sonderlesarten stehen in seinem Text, z.B. 18_{29} *ἀνώβρισαν* (Fehler, statt *ἀνώμβρισαν* Compl.) 18_{33} *μαρσυπίῳ* 23_{14} *ἐνώπιον αὐτοῦ*.

Drusius (= Sixt. + Compl.)

Σοφια Σειραχ sive Ecclesiasticus, Graece ad exemplar Romanum, et Latine ex interpretatione I. Drusii, Franekerae 1596.

Drusius legt die *editio Germanica*, näherhin die *Basileensis editio, que in octavo folium complicat* zugrunde und verbessert sie nach dem exemplar Romanum (= Sixt.) und nimmt die zahlreichen Zusätze der Compl. unter einem Asteriskus (*) auf. Oftmals verweist er auch auf Lesarten der Ald., der Vetus Latina und der beiden Ausgaben des Camerarius. Weiterhin benützt Drusius ein „manuscriptum Heidelbergense“ von Kap. 20 an (nicht erst von Kap. 24 an, wie Smend S. LXX vermerkt); dies ist unsere Minuskel 296, siehe

Rahlfs, Verz. S. 243. Dem griech. Text gibt er eine lateinische Übersetzung zur Seite.

Eine Reihe von Sonderlesarten der editio Basileensis lebt bei Drusius weiter, z. B.

22_6 *μουσικά*] *-κή* Drusius = 46 768

23_2 *τὰ ἁμαρτήματα αὐτῶν*] *τὰ ἁμ. μου* Drusius (23_3)

23_6 *μὴ παραδῷς με*] + *τὸν παῖδά σου* Drusius (23_8)

34_5 *διαφθορὰν αὐτός* (*ἐν αὐτοῖς*)] *δ. αὐτῆς* Drusius (31_5) = 768.

Manche Sonderlesarten hat Drusius (zu Unrecht) von Camerarius übernommen, z. B.

18_3 (Zusatz in *L* = Compl.) *οἰκίζων qui condit* Drusius (statt richtig *οἰακίζων qui gubernat*)

20_{18} *ἀπὸ ἐδάφους*] *ἀπὸ ὀρόφους de tecto* Drusius („in margine prioris editionis Camerarij")

38_{33} *ὑπεραλοῦνται*] *ὑπερκαλοῦνται advocantur* Drusius (38_{42}) („in utroque Camerarij").

An einigen Stellen weicht der Text des Drusius von Camerarius (und der Compl.) ab. Zwei Beispiele:

9_5 *ἐν τοῖς ἐπιτιμίοις αὐτῆς*] *ἐν ταῖς ἐπιθυμίαις αὐτῆς in concupiscentiis ejus* Drusius.

Hier hat Drusius absichtlich (zu Unrecht) geändert: „In uno Camerarij offenderam *ἐν τοῖς ἐπιθυμίοις αὐτοῦ*: ex quo feci *ἐπιθυμίαις*". Diese Lesart scheint auch Aeth vorauszusetzen.

25_{26} hat Drusius am Ende des Verses (nach der Zählung von Drus. Vers $_{28}$) den Zusatz *δὸς καὶ ἀπόλυσον*, der aus der Compl. stammt, die aber liest *δίδου καὶ ἀπόλυσον*. Hier muß Drusius das etwas beschämende Zugeständnis machen: „Nescio unde hoc descripserim."

Drusius war der erste Textkritiker des griech. Sirach, der die zahlreichen Varianten in seinen „Castigationes sive Notae" kritisch erörtert hat, „vielfach mit treffendem Urteil" (Smend S. LXVIII).

Der griechisch-lateinische Text des Drusius („Ecclesiasticus Johanne Drusio Interprete") wurde in die Ausgabe des M. J. A. Fabricius der griechischen Apokryphen abgedruckt (siehe oben).

Hoeschel (= cod. 493)

Sapientia Sirachi sive Ecclesiasticus ... cum notis Davidis Hoeschelii Augustani, Augustae Vindelicorum 1604.

David Hoeschel hat als Bibliothekar des St. Annastiftes in Augsburg die dort befindliche Sirach-Hs. (493, jetzt in München) 1604 in Augsburg herausgegeben, ohne jedoch ihren großen Wert für die Textgeschichte geahnt zu haben. Die Minuskel 493 gehört zur lukianischen Hauptgruppe *L* (vgl. S. 64).

Zur Ausgabe von Hoeschel siehe meine Abhandlung *Die Münchener griechische Sirach-Handschrift 493. Ihre textgeschichtliche Bedeutung und erstmalige Edition durch den Augsburger Humanisten David Hoeschel (1604)*: Sitzungsberichte der Bayer. Akademie der Wissenschaften, Philos.-Hist. Kl. (München 1962) Heft 4.

Linde (= Sixt.)

Sententiae Iesu Siracidae graece. Textum ad fidem codicum et versionum emendavit et illustravit Io. Guil. Linde, Gedani 1795.

Linde hat die Sixtina zugrunde gelegt und an nur wenigen Stellen geändert: „Edidi igitur textum universim iuxta Vaticanum excussum, in nonnullis locis vero, ubi vel scribae, vel typographi mendum suspicarer, in verbis mutatum; neque a recepta distinctione, sicubi alia invecta lectorum inuari (sic) posse intelligerem, recedere dubitavi" (Praef. p. X).

Das textkritische Urteil von Linde, das er zu den schwierigen Stellen in den Fußnoten gibt, ist sehr maßvoll und teilweise treffend; es sei nur verwiesen auf 10_{10}, wo er im Gegensatz zu den meisten älteren Kritikern das Verbum *σκώπτειν* stehenläßt und richtig liest: *Μακρὸν ἀῤῥώστημα σκώπτει ἰατρόν.*

Bretschneider (= Sixt.)

Liber Iesu Siracidae graece ad fidem codicum et versionum emendatus et perpetua annotatione illustratus a Carolo Gottlieb Bretschneider, Ratisbonae 1806.

Bretschneider stellt einen Text her, der an manchen Stellen äußerst gut gelungen ist, so daß seine Vorschläge und Textlesarten vielfach Gültigkeit behalten. Als Beispiel ist 8_{15} zu nennen, wo Bretschneider als erster auf Grund der alten Übersetzungen („secutus sum vett. Interptt.") richtig die Textlesart *βαρύνῃ τὰ κακά σου* bringt, die auch in dieser Ausgabe erscheint (Rahlfs hat sie unbegreiflicherweise fallengelassen).

An anderen Stellen jedoch übersetzt er völlig neu (ohne handschriftliche Grundlage) und verdrängt die ursprüngliche griechische Wiedergabe, die zwar schief ist, aber das erste Platzrecht im Text hat. Es sei auf 25$_{15}$ *κεφαλὴ ὑπὲρ κεφαλήν* verwiesen, wo hebr. *ro'š* statt richtig mit „Gift" unzutreffend mit „Kopf" übersetzt worden ist. Bretschneider setzt in seinen Text ein: *φάρμακον ὑπὲρ φάρμακον*.

Im Apparat notiert Bretschneider die Varianten aus den verschiedenen Ausgaben (Camerarius, Hoeschel, Grabe-Breitinger, Bosius, Fabricius, Lindius und Augustius). Ferner benützt er die Schriften von Drusius, Grotius und Bendtsen. Schließlich verzeichnet Bretschneider die Väter-Zitate (namentlich Clemens von Alexandrien und Chrysostomus) und zum ersten Male die byzantinischen Florilegien des Antonius und Maximus (nach Gesner).

Hart (= cod. 248)

Ecclesiasticus. The Greek Text of Codex 248 edited with a textual commentary and prolegomena by J. H. A. Hart, Cambridge 1909.

248 ist die wichtigste Minuskel für Sir.; durch die Ausgabe von Hart konnte die mangelhafte Kollationierung bei H.-P. (an 118 Stellen) aufgewogen werden, vgl. die ausführliche Besprechung von Max L. Margolis, Mr. Harts „Ecclesiasticus", in: JQR N.S. 1 (1910/11) 403—418. Aber auch Harts Kollation ist nicht fehlerfrei. Große-Brauckmann (Göttingen) hat die Ausgabe von Hart mit den Photos verglichen und konnte zahlreiche Fehler korrigieren.

B Gruppierung der Textzeugen

I. Die Unzialen B-S A C V

Kurze Charakteristik

B

Die Sonderlesarten von B, die ein Plus oder Minus sowie eine Umstellung bezeugen, sind zahlen- und wertmäßig unbedeutend. Die grammatisch-stilistischen Varianten sind der Zahl nach hoch, aber dem Wert nach ebenfalls geringfügig. Außer 36$_{19}$ *ἀρεταλογίας σου*, 39_{21} *χρείας* und 51_{10} *ὑπερηφανιῶν* hat sie Rahlfs alle in den Apparat verwiesen. Einige Sonderlesarten von B verdienen jedoch eine Aufnahme in den Text, so 38_{22} *αὐτοῦ* = H (statt *μου*) hinter *τὸ κρίμα* (so richtig Smend S. 345), und 50_{8} der Plural *ἐξόδων* = H („nur B richtig" Smend S. 483).

14_{22} hat nur B die richtige Lesart *εἰσόδοις* (= H) statt *ὁδοῖς*, das Ra. in seinen Text aufgenommen hat. Der Wechsel *εἴσοδος* — *ὁδός* ist sehr häufig:

εἴσοδος] *οδος* Regn. III 2_{13} y, ebenso Idt. 4_{7} S La

εἴσοδον] *οδον* Ez. 44_{5} *O L* alii, ebenso 46_{19} *C* alii, Ps. 73_{5} S*

εἰσόδου] *οδου* Ios. 13_{5} *Θ**, ebenso Regn. I 17_{52} 74 Aeth III 8_{65} Z alii; *introitu viae* La (Dublette) IV 14_{25} b Aeth Ez. 27_{3} A alii 47_{15} 147 47_{20} *cI*-403 (für *εἰσόδου* 1°)

εἰσόδῳ] *οδω* Gen. 30_{27} E.

Der umgekehrte Fall ist selten, z. B. Mac. I 5_{46} *ὁδοῦ*] *εισοδου* A *q* alii.

Lehrreich ist die in Esdr. I (nur griech. erhalten) und Esdr. II (= hebr. Esra) parallele Stelle:

I 8_{60} *καὶ ἐρρύσατο ἡμᾶς ἀπὸ τῆς εἰσόδου ἀπὸ παντὸς ἐχθροῦ*

II 8_{22} *σῶσαι ἡμᾶς ἀπὸ ἐχθροῦ ἐν τῇ ὁδῷ* = 𝔐.

I 8_{60} lesen die meisten Minuskeln *ἀπὸ τῆς ὁδοῦ* statt *ἀπὸ τῆς εἰσόδου*. Die Hs. b hat *εν τη οδω* wie an der Parallele, das genau dem hebr. Text von Esra 8_{22} entspricht.

Wichtig sind die Wortlautänderungen, die B als Sonderlesarten bezeugt. Auch sie sind größtenteils sekundär, wie richtig Smend, Peters und Rahlfs bereits erkannt haben. In der Ausgabe von Rahlfs stehen sie deshalb mit Recht im Apparat, außer 22_{23} *ὁμοῦ πλησθῇς*, das aber verdächtig erscheint.

Die Korrekturen wurden durch B^c gekennzeichnet; sie sind gewöhnlich von den abhängigen Hss. 68-744-768 übernommen (siehe S. 12).

Weiterhin hat B späte Korrekturen (aus dem XVI.? Jh.), die nicht aufgenommen wurden. Swete hat sie in seinem App. sorgfältig notiert, z. B. 9_{4} *λυριζόυσης* B^a; *συνήθιζε* B^a; *πιασθεὶς* $B^{a\ mg}$. Smend hat sogar *λυρίζειν* in seinen *Index* (S. 150) als Hapaxlegomenon aufgenommen und *ψάλλειν* ebenfalls S. 246 notiert und beide Lesarten als „unsicher" bezeichnet. Nur *ψαλλούσης* ist ursprünglich; deshalb ist die Vokabel *λυρίζειν* im *Index* (S. 150) zu streichen.

S

Das **Plus** ist deutlich sekundär. Es betrifft unwesentliche Beifügungen, die zur Verdeutlichung beigegeben wurden.

Ein **Minus** kann verhältnismäßig nur selten konstatiert werden. Vielleicht hat *αὐτοῦ* 12_{5} und $46_{6\,c}$ bereits in GrI gefehlt (= H), da die Tendenz beobachtet werden kann, das Possessivpronomen beizufügen. Ebenso könnte das Fehlen des Artikels in 12_{16} 23_{18} 27_{16} 27_{29} 47_{24} ursprünglich sein; an der zuletzt genannten Stelle mag *τῆς* in S allerdings vor *γῆς* leicht ausgefallen sein. Auch $48_{22\,a}$ möchte man mit H *κυρίῳ* streichen; es kann aber sein, daß *κ̅ω̅* vor *καί* ausgefallen ist.

Größere Auslassungen sind bezeugt: $5_{2-3\,a}$ (unerklärlich), 6_{9-10} und $44_{21\,cd}$ (infolge Homoioteleuton).

Grammatisch-stilistische Varianten sind zwar in S zahlreich, aber unwesentlich. Sie können keine Ursprünglichkeit beanspruchen.

Folgende **Wortlautänderungen** seien genannt:

3_{12} *ἐν τῇ ζωῇ αὐτοῦ*] *εν παση ισχυι σου* S*: ex $_{13\,b}$ 4_{29} *γλώσσῃ*] *ακροασει* S*: ex 5_{11} $9_{7\,b}$ *ἐρήμοις*] *ρυμαις* S*: ex $_{7\,a}$ 17_{19} *αὐτῶν* 2°] *των ανθρωπων* S* $19_{29\,a}$ *ἀνήρ*] *νοημων* S*: ex $_{29\,b}$ 33_{4} *ἡγιάσθης*] *εθαυμασθης* S* 35_{16} *κρίμα*] *χαριν* S* 48_{18} *ἀπέστειλεν*] *απετρεψεν* S* 50_{19} *ἐτελείωσαν*] *ελιτουργησαν* S*.

Die Wortlautänderungen sind sekundär; oftmals entstammen sie benachbarten oder verwandten Stellen.

Sehr häufig finden sich in S **Sonderlesarten**, die durch graphische (manchmal auch phonetische) Nähe als Fehler entstanden sind.

A

A hat über 200 **Sonderlesarten**, die gewöhnlich grammatisch-stilistischer Natur sind und als sekundär im Apparat erscheinen. Auch das Plus und Minus ist unerheblich; gewöhnlich betrifft es kurze Wörter oder Partikeln. Ebenso ist der Wechsel im Ausdruck nicht übermäßig. Viele Varianten sind durch Schreibfehler entstanden.

Wie in den prophetischen Büchern stammen viele Sonderlesarten von A aus benachbarten oder verwandten Stellen.

Gelegentlich ist ein Wechsel des Ausdruckes wegen einer bekannten Wendung vorgenommen worden. Beispiel: 49_3 hat A *ὁδόν* statt *καρδίαν* eingesetzt wegen der geläufigen Wendung *εὐθύνειν ὁδόν* 2_6 37_{15} 49_9 oder *κατευθύνειν ὁδόν* Ps. 5_9 Prov. 4_{26} 13_{13} 29_{27} Jdt. 12_8. Als Parallele kann auf Ios. 24_{23} verwiesen werden, wo die Minuskel b_2 ebenso wie A an unserer Stelle *ὁδόν* statt *καρδίαν* liest.

C

Auch für Sirach gilt, was von C für Sap. gesagt worden ist, siehe Sap. Salomonis, Einl. S. 47.

V

Die Unziale V geht wie in Sap. oftmals mit *O* und ist deshalb ein wichtiger Zeuge von GrII. An einigen Stellen hat V die ursprüngliche Lesart bewahrt, so $8_{15\,b}$ *κατά*] *κακα* V $51_{8\,d}$ *ἐχθρῶν*] *πονηρων* V.

Oftmals finden sich in V sinnlose Verschreibungen, z.B. 21_{19} *πέδαι ἐν*] *πεδευε* V 21_{20} *μόλις ἡσυχῇ*] *μολισθη ευχη* V 31_{21} *μεμωμημένη*] *μονω και μονη* V.

II. Die Handschriften-Gruppen der Minuskeln

Deutlich ist bei Sichtung des hs.lichen Materials zu erkennen, daß verschiedene Minuskeln zu Gruppen zusammengefaßt werden können.

Gruppe *a*

149-260-606 = *a*

5_6 *ἁμαρτιῶν*] *δωρων* 149-260-606 = *a*

11_{21} *πόνῳ*] *εργω* 149-260-606 = *a*.

Zu dieser Gruppe gehört auch das Fragment 929, das Prol. (Mitte) bis 3_{11} enthält; es wird deshalb mit Bindestrich verbunden:

2_{15} *ῥημάτων*] *των λογων* *a*-929.

Ferner schließen sich oftmals die beiden Minuskeln 534-613 (= 534′) der Gruppe *a* an:

50_8 *θέρους*] *θερισμου* *a*-534′ (= 534-613).

Gruppe *b*

249-254-603-754 = *b*

18₁ κοινῇ] εν λογω και ταξει 249-254-603-754 = *b*

41₅ παροικίαις] εν αμαρτιαις 249-254-603-754 = *b*.

Gruppe *c*

296-311-548-706 = *c*

22₁₆ d δειλιάσει] διαλυθησεται 296-311-548-706 = *c*

31₈ συντελεσθήσεται] pr. οὐ 296-311-548-706 = *c*.

Der Gruppe *c* schließen sich öfter die Minuskeln 404-795 (= 404′) und 679 an:

30₁₃ ἀσχημοσύνῃ] αισχυνη *c*-404′-679.

III. Die origeneische Rezension

O = 253-Syh; V S^c Arm

Abh.: E. Nestle, Marginalien und Materialien (Tübingen 1893) 48—59.
E. Klostermann, Analecta zur Septuaginta, Hexapla und Patristik (Leipzig 1895) 17. 26—29 (Nachkollation von 253).
A. Fuchs, Textkritische Untersuchungen zum hebr. Ekklesiastikus. Das Plus des hebr. Textes des Ekklesiastikus gegenüber der griech. Übersetzung: Bibl. Studien XII 5, Freiburg i. Br. 1907.
J. Ziegler, Die hexaplarische Bearbeitung des griech. Sirach: Bibl. Zeitschr. N.F. 4 (1960) 174—185.
J. Ziegler, Die Vokabel-Varianten der *O*-Rezension im griech. Sirach: Hebrew and Semitic Studies presented to G. R. Driver (Oxford 1963) 172—190.

1. Die äußere Bezeugung des origeneischen Textes

Über die hexaplarische Rezension habe ich in meinem Aufsatz ausführlich gesprochen. Es kann auf ihn verwiesen werden; als Ergebnis ist zu nennen: In Sir. liegt eine hexaplarische Rezension vor, die von den beiden Hauptzeugen 253-Syh überliefert wird. Wenn auch kein ausdrückliches literarisches Zeugnis vorhanden ist, so zeigt doch die Beschaffenheit des Textes, vor allem die Asterisierung verschiedener Teile in Syh (die allerdings auf die Kap. 1—13 beschränkt ist), die Wortlautänderungen, die Wortfolge (Umstellung) und schließlich die Auslassungen, daß eine hexaplarische Bearbeitung des Textes (ähnlich wie in den übrigen Schriften) stattgefunden hat. Wie in den protokanonischen Schriften der Maßstab der hebr. Text war, so auch in Sir.: Nach dem hebr. Text (= H), allerdings nicht durch direkte Einsichtnahme in eine hebr. Sir.-Hs., sondern auf dem Umweg alter, verlorengegangener griechischer Hss., die nach H wohl nicht vollständig neu, sondern nur mehr oder minder stark revidiert waren, haben die hexaplarischen Bearbeiter (wahrscheinlich nicht Origenes selbst, sondern erst seine Nachfolger) eine hexaplarische Rezension hergestellt, die (ähnlich wie in den proph. Schriften) mit *O* bezeichnet werden kann.

2. Die Zeugen der origeneischen Rezension

253-Syh = *O*

Selten sind die beiden Hauptzeugen 253-Syh allein die Träger der hexaplarischen Rezension. Einige Beispiele seien genannt:

5_{8} *ἐπαγωγῆς*] *εκδικησεως* 253-Syh = *O*

6_{11} *ὡς σύ*] *μετα σου* 253-Syh = *O*

6_{37} *σοφίας*] *συνεσεως* 253-Syh = *O*

14_{18} fin.] + *δια προσταγματος κυριου* 253-Syh = *O*

49_{10} om. *γάρ* 253-Syh = *O*.

V

Den beiden Hauptzeugen 253-Syh schließt sich am häufigsten V an; deshalb ist die Hs. durch Bindestrich mit *O* verbunden. Zwei Beispiele:

5_{14a} fin.] + ※ *εν τω βιω σου* *O*-V

15_{1} *ὁ ἐγκρατὴς τοῦ νόμου*] *ο ειληφως γνωσιν νομου* *O*-V.

Besonders nahe ist die Beziehung von V zu 253, wie viele Sonderlesarten zeigen.

Von 253 fehlt 8_{5b}—11_{9}; wenn 8_{5b}—11_{9} im App. „*O*" notiert ist, dann ist nur Syh gemeint.

In Syh fehlt Kap. 51, wohl nicht „in Folge einer Verstümmelung der Hs." (Smend S. LXXII), sondern weil es in der griech. Vorlage nicht stand (in 253 steht jedoch Kap. 51).

S^c

Auch der Korrektor von S, den Swete mit ^{ca} bezeichnet, (in dieser Ausgabe ist einfach immer S^c notiert), schöpft aus einer mit *O* verwandten Quelle, wie äußerlich die allerdings spärlich bezeugten Asterisken zeigen. Es kann jedoch keine Stelle genannt werden, wo S^c in einer Sonderlesart mit *O* allein übereinstimmt; gewöhnlich sind andere Zeugen vertreten, namentlich auch die lukianische Hs. 248 (Beispiele siehe unten).

Arm

Unter den Versionen ist Arm der wichtigste Zeuge für die origeneische Rezension. Beispiele:

13_{26} *διαλογισμοί*] *-μος O*-V 248 ArmII = H

31_{28} *ὠφέλησαν*] *ωφελησει O*-V La^L ArmII; *ωφελουσι* 248 ArmI

42_{8} *πρὸς νέους*] *περι πορνειας O*-V L^{-248} *a* 307 631 Sa Aeth Arm = H

42_{17} *κύριος*] *κυριον* S *O* 248 613 Arm; *αυτου* V

43_{10} *φυλακαῖς*] *-κη O*-V 248 Arm.

Es ist nur eine Auswahl von Beispielen getroffen worden. Die Berührung mit *O* wäre für Arm noch enger, wenn namentlich ArmI nicht so stark verkürzt überliefert wäre. Zugleich sind auch einige Stellen genannt worden, an denen Arm neben *O* auch mit 248, der Hauptminuskel der lukianischen Rezension, übereinstimmt. Manchmal weicht die von 248 vertretene Variante leicht von der Lesart in *O* Arm ab (vgl. 31_{28}) und zeigt damit die Selbständigkeit der Hs. 248, die hier die lukianische Rezension als einziger Zeuge vertritt.

3. Nähere Charakteristik der beiden Hauptzeugen 253-Syh

Nestle und Klostermann haben zum ersten Male die überragende Bedeutung von 253 erkannt, siehe Sap. Salomonis, Einl. S. 53.

Herkenne hat die Beziehung von 253 zu Syh ebenfalls klar gesehen und zitiert häufig die Lesarten beider Zeugen.

Smend hat die Kollation von Klostermann benützt (S. LXX); er sieht deutlich die nahe Verwandtschaft zwischen 253-Syh. Auffallend ist, daß er zum Erweis dieser nahen Beziehung keine Sonderlesarten von 253-Syh verzeichnet (S. LXXXIIIf.), sondern Stellen, wo 253 mit dem „griech. Vulgärtext" geht, dagegen Syh eine Sonderlesart bezeugt, z.B. 4,24 „253 *λόγῳ* (vulgo und Hebr.), Syroh. *στόματι*", oder umgekehrt, z.B. 1,10 „253 *κατὰ τὴν δόσιν αὐτοῦ* (vulgo), Syroh. add. *ἀπ' αὐτῆς*". Auf Grund der vorgebrachten Beispiele schließt dann Smend, daß Syh „im Allgemeinen" der Hs. 253 „überlegen" sei (S. LXXXIV).

Trotz dieser Vorgänger hat Hart die nahe Verwandtschaft von 253-Syh nicht gesehen, zum großen Schaden seiner Vergleichung der Syh, die er als „Collation of the Syro-Hexaplar with the Text of B" in einer „Appendix" S. 73—88 gibt. Dankbar greift jeder Herausgeber eines LXX-Textes zu solchen Kollationen, in der Hoffnung, diese Vorarbeit als geleistet benutzen zu können. Aber gewöhnlich ist er enttäuscht, weil er die Arbeit unzureichend findet und deshalb noch einmal alles selbst nachkollationieren muß. So geht es auch mit Hart, der die Übersetzerarbeit des Syrers nicht richtig einschätzt und eine Menge von „Varianten" notiert, die keine andere griech. Lesart voraussetzen und deshalb gestrichen werden können. Folgende „Varianten" sind wertlos:

1. Das Personalsuffix, z.B. 2_{16} *νόμου*] + *αυτου* (Suffix).

Es gehört zum Stil des Syrers, daß er gewöhnlich das Personalsuffix aus eigenem hinzufügt, auch wenn in der griech. Vorlage kein Personalpronomen (z.B. *αὐτοῦ*) steht; dieses ist gewöhnlich mit dem syr. Personalpronomen ausdrücklich wiedergegeben. Nur in Ausnahmefällen entspricht das syr. Suffix einem griech. Personalpronomen, wenn es in griech. Hss., namentlich in 253, steht, z.B. 45_{4} *ἡγίασεν*] + *αυτον* (Suffix) = 253 und 45_{15} *ὀνόματι*] + *αυτου* (Suffix) = 253. So hat Hart überflüssig zu rund 60 Stellen das syr. Suffix notiert.

2. Ebenso gehört es zur Übersetzungsweise des Syrers, beim Dativ die Partikel ב zu setzen, auch wenn in der Vorlage kein *ἐν* steht. Deshalb ist es hinfällig, die Partikel *ἐν* als „Variante" zu notieren, wie es Hart in 15 Fällen getan hat, z.B. 3_{24} *ὑπόνοια*] *εν υπονοια* (richtig ist *ὑπονοίᾳ*).

3. Häufig setzt der syr. Übersetzer bei einem Verbum das Präsens, wenn auch in seiner Vorlage das Futur steht, z.B. 3_{30} 5_{6} *ἐξιλάσεται*] *εξιλασκεται*. Es ist keineswegs anzunehmen, daß er in

seiner Vorlage bereits das Präsens gelesen hat, wie Hart meint, wenn er in rund 50 Fällen das Präsens als „Variante" notiert. Nur dann, wenn in der Vorlage (wie in 253) das Präsens stand, kann man annehmen, daß auch Syh in ihrer griech. Vorlage das Präsens gelesen hat, z.B. 26₈ *συγκαλύψει*] *συγκαλυπτει* Syh = 253 (auch Clem. hat das Präsens). Selten ist der umgekehrte Fall, daß Syh das Futur hat, während in der griech. Überlieferung das Präsens steht; Hart notiert folgende Fälle: 13₄ *εργασεται* 32₈ *λιπανει* 34₃ *εμπλησθησεται* 34₁₃ *δακρυσει* 34₁₉ *ασθμανει*.

Nur dann, wenn auch 253 das Futur liest, kann man annehmen, daß es in der Vorlage von Syh stand; an keiner der oben genannten Stellen steht in 253 das Futur.

4. Syh übersetzt zwar ihre griech. Vorlage genau, aber doch nicht so sklavisch getreu (wie Aquila); zudem ist die Übersetzung der Weisheitsbücher etwas freier als die der prophetischen Schriften. Deshalb ist es nicht berechtigt, Syh wörtlich ins Griechische zurückzuübersetzen und damit „Varianten" zu gewinnen, die keine sind. Dies hat Hart im Übermaß getan; eine Menge solcher „Varianten" kann gestrichen werden, weil an den betreffenden Stellen Syh nur frei übersetzt hat. Dies gilt für Synonyma, Composita-Simplicia, blasse Wiedergaben seltener schwieriger Wörter und umschreibende Wiedergaben zusammengesetzter griech. Wörter. So sind viele „Varianten" von Hart zu streichen, z.B.

1₁₁ *ἀγαλλιάματος*] *χαρας* 19₂₉ *ἐπιγνωσθήσεται* bis] *γνωσθησεται*

1₁₀ *ἐχορήγησεν*] *εδωκεν* und 1₂₆ *χορηγήσει*] *δωσει* (auch 18₃₁ ist *χορηγεῖν* mit *dare* wiedergegeben, dagegen 39₃₃ 44₆ mit *zan*, das ebenfalls *praebere, donare* bedeutet)

9₉ *συμβολοκοπήσῃς*] *ποιησης συμβολας* und 18₃₃ *συμβολοκοπῶν*] *μενων εν συμβολαις*.

Auch die Wiedergabe von *αἰῶνος* mit *dl'lm*, das Hart mit dem Adjektiv *αἰώνιος* zurückübersetzt, braucht nicht notiert zu werden, wie es Hart zu allen Stellen tut (11mal).

Verhängnisvoll hat sich bei Hart ausgewirkt, daß er die nahe Beziehung der Syh zu 253 nicht gesehen hat; mit Hilfe dieser griech. Hs. hätte er leicht viele Lesarten von Syh, die sie mit 253 teilt, richtig ins Griechische retrovertieren können. So stehen aber in Harts Kollation „Varianten" von Syh, die niemals in dieser Form in der griech. Vorlage gestanden haben. Beispiele:

3₆ *αὐτοῦ*] + *απο λυπης* Syh nach Hart; richtig *απο οδυνης* = 253

4₅ *δεομένου*] *προσδεομενου* Syh nach Hart; richtig *ενδεομενου* = 253

6₁₁ *ὡς σύ*] *συν σοι* Syh nach Hart; richtig *μετα σου* = 253

11₁₃ *αὐτοῦ*] + *εκ ταπεινωσεως* Syh nach Hart; richtig *απο συντριβης* = 253

12₈ *ἐκδικηθήσεται*] *γινωσκεται* Syh nach Hart; richtig *επιγνωσθησεται* = 253.

Diese Nichtbeachtung von 253 als Begleiterin von Syh ist auch der Grund, daß Hart verschiedene Sonderlesarten von Syh-253 übersehen hat, z.B. 3₇ *δεσπόταις*] *κυριοις* Syh = 253 12₁₂ *μή* 2°] pr. *ινα* Syh = 253 13₂₅ *κακά*] *πονηρα* Syh = 253.

5. Es ist Eigenart des Syrers, daß er das Adjektiv hinter das Substantiv stellt, mag es auch in der griech. Vorlage vor ihm stehen. Es ist deshalb völlig unnötig, diese Stellung als „Variante" zu notieren, wie es fast immer Hart tut, z.B. 44₄ *σοφοὶ λόγοι*] *λογοι σοφοι* Syh. Nur wenn sich diese Stellung in 253 (und anderen hexaplarischen Zeugen) findet, dann ist auch Syh zu notieren, z.B. 41₁₈ *μεγάλοι θησαυροί*] tr. 253-Syh-V 248 358.

Die aufgeführten Stellen zeigen deutlich, daß die Kollation von Hart keine Hilfe bietet. Eine große Zahl der „Varianten" (über 350) kann gestrichen werden.

Das Verhältnis der beiden Hauptzeugen 253-Syh

Im allgemeinen muß gleich zu Anfang gesagt werden, daß die Verwandtschaft zwischen 253-Syh nicht so nah ist wie die zwischen 88-Syh in den prophetischen Büchern. Gewiß wird eine Menge von Sonderlesarten nur von 253-Syh bezeugt; aber oftmals hat 253 Sonderlesarten, die Syh nicht kennt, und umgekehrt. Beispiele:

1₁₉ *καὶ γνῶσιν* Syh] + *και δοξαν* 253: ex 19 c

4₃ *δόσιν* Syh] *δοξαν* 253

6₂₈ *ἀνάπαυσιν* Syh] *απολαυσιν* 253

4₂₄ *λόγῳ* 253] *ore* = *στοματι* Syh

40₁₄ *οἱ παραβαίνοντες* 253] + *legem* = *τον νομον* Syh.

Verschiedene singuläre Lesarten teilt Syh mit anderen Minuskeln als mit 253. Beispiele:

6_{29} *πέδαι* 253] *παιδειαι* Syh 534

29_{11} *κατ' ἐντολάς* 253] *κατεναντι* Syh 534

16_{3} *ἔχειν τέκνα* 253] *κτησασθαι τεκνα* nur Syh 421 (stellt um *τεκνα κτησασθαι*)

18_{4} *αὐτοῦ* 2° 253] *του κυριου* Syh C.

Einige Male teilt Syh die Sonderlesarten mit der latein. und sahidischen Überlieferung, sowie mit Clem. Beispiele:

8_{8} *ὅτι παρ' αὐτῶν*] *ab ipsis enim* Syh La

11_{4c} *κυρίου*] *altissimi* = *υψιστου* Syh; *altissimi solius* La

11_{9} *οὗ οὐκ ἔστιν σοι χρεία*] *quod est tibi sine dolore* = *αλυπως* Syh; *quae te non molestat* La

8_{8} *καὶ ἐν ταῖς παροιμίαις*] *εν ταις παρ. δε* Syh Sa

42_{17} *ἐν δόξῃ αὐτοῦ / τὸ πᾶν*] tr. Syh Sa

11_{4b} *καὶ ἐν ἡμέρᾳ δόξης μὴ ἐπαίρου*] *μηδε επαιρου εν δοξη παση απαραμονω ουση* Syh Clem.

Diese Übereinstimmungen sind außer 11_{4b} (Clem.) jedoch unwesentlich. Wichtig dagegen sind die Stellen, wo Syh allein (oder von wenigen Zeugen begleitet) mit H übereinstimmt und damit zeigt, daß ihr Text nach der hebr. Vorlage korrigiert ist. Beispiele:

11_{4d} *τὰ ἔργα αὐτοῦ ἐν ἀνθρώποις*] *απ ανθρωπων τα εργα αυτου* Syh = H

13_{1} *μολυνθήσεται*] *adhaerebitur* (= *κολληθησεται*) Syh = H

36_{7} om. *ἡμέρας* 2° Syh = H

41_{12} *σοι διαμενεῖ*] tr. Syh La Sa = H

46_{19} *ἄνθρωπος*] pr. *omnis* Syh = H.

Oftmals hat Syh Sonderlesarten, die der gewöhnlichen syrischen Übersetzung (= Syr) entstammen. Richtig bemerkt Smend: „Der Übersetzer benutzte auch die Peschita und folgte ihr öfter aus bloßer Bequemlichkeit" (S. LXXII).

Somit ist der Syh größte Aufmerksamkeit zu schenken, wie es vor allem Smend getan hat; er schreibt mit Recht: „Wegen seiner Stellung in der syrischen Hexapla, aber auch wegen der zweifellosen Güte vieler seiner Lesarten gehört der syrohexaplarische Text zu den wichtigsten Zeugen" (S. LXXXIII).

IV. Die lukianische Rezension

L = 248-493-637; l = 106-130-545-705; L' = L + l

Abh.: J. H. A. Hart, Ecclesiasticus. The Greek Text of Codex 248, Cambridge 1909.

J. Ziegler, Die Münchener griech. Sirach-Handschrift 493. Ihre textgeschichtliche Bedeutung und erstmalige Edition durch den Augsburger Humanisten David Hoeschel (1604): Sitzungsberichte der Bayer. Akad. der Wiss., Philos.-Hist. Kl. (München 1962) Heft 4.

J. Ziegler, Hat Lukian den griech. Sirach rezensiert?: Biblica 40 (1959) 210—229.

1. Gruppen und Einzelzeugen der lukianischen Rezension

Die Hauptgruppe *L*

Die drei Minuskeln 248-493-637 bilden die Hauptgruppe *L*. Beispiele:

13 26 *ἱλαρόν*] *θαλλον* 248-493-637 = *L*
19 8 a fin.] + *βιους αλλοτριους* 248-493-637 = *L*
23 3 b fin.] + *εις συντριβην* 248-493-637 = *L*.

Im ersten Teil des Sir.-Buches treten noch die nur fragmentarisch erhaltenen Hss. 694 (bis 15 17; von hier ab nur Exzerpta) und 743 (bis 27 3) zu *L* (namentlich zur führenden Hs. 248) hinzu und werden mit Bindestrich verbunden. Beispiele:

5 15 fin.] + *μηδε εν* *L*-694
5 11 a fin.] + *και* (> 743) *εστω εν αληθεια η ζωη σου* *L*-743
3 22 fin.] + *βλεπειν οφθαλμοις* 248-694-743 (*κλεπτειν εν οφθ.*)
25 11 a fin.] + *εις φωτισμον* 248-743.

Weiterhin sind 315-672 (= 315′) zu nennen, die oftmals 248-493-637 (oder 248 allein) folgen und deshalb mit Bindestrich angeschlossen werden. Beispiel:

14 1 *ἐν λύπῃ*] *εν πληθει* 248-315-672.

Die Untergruppe *l*

Die Hss. 106-130-545-705 bezeugen oftmals Sonderlesarten und bilden somit eine Gruppe. Zu ihnen tritt noch die Hs. 261, die jedoch nur zu Sap. vollständig kollationiert worden ist. Zwei Beispiele:

1 12 *τέρψει καρδίαν*] *δοξα και καυχημα* 106-130-545-705 = *l*
14 17 *ἀπ' αἰῶνος*] + *εως αιωνος* 106-130-545-705 = *l*.

An den genannten Beispielen ist somit die Untergruppe *l* selbständig. Oftmals jedoch schließt sie sich der Hauptgruppe *L* an; in diesen Fällen wird sie durch Beistrich mit *L* zusammen notiert. Beispiel:

5₅ a fin.] + *εν πλεονασμω* *L*-106-130-545-705 = *L'*.

Gelegentlich überliefern alle Zeugen der Haupt- und Untergruppe eine lukianische Lesart außer 248, z.B. 23₉ *τοῦ ἁγίου*] + *επι ματαιω* 493-637-*l* = *L'*-248.

2. Kurze Charakteristik der drei Hauptzeugen

248-493-637

Die Zeugen der Gruppe *L* bilden keine so fest geschlossene Gruppe wie in den prophetischen Schriften. Oftmals brechen sie aus der Reihe aus und gehen eigene Wege. Häufig bringt nur ein Zeuge die lukianische Lesart, während die anderen den alten, geläufigen Text überliefern. Dies gilt besonders für die Hs. 248, die das meiste lukianische Material überliefert, das hauptsächlich in größeren oder kleineren Zusätzen besteht. Die beiden Hss. 493-637 bilden ein Paar, das fast immer zusammen geht, so daß oft im Apparat die Notierung *L*-248 (= 493-637) erscheint. Manchmal vertreten sie somit die lukianische Lesart, während 248 den gewöhnlichen Text bezeugt.

248

Mit Recht steht die Hs. 248 an der Spitze der Zeugen von *L*; ihr hoher Wert ist schon längst erkannt. Oben sind bereits einige Beispiele genannt, wo nur 248 mit einigen Begleitern (315-672, 694, 743) eine lukianische Lesart bezeugt. Eine große Reihe von Beispielen könnte aufgeführt werden, wo 248 Sonderlesarten bringt; es mag genügen, folgende zu nennen:

29₂₈ om. *ἀνθρώπῳ* 248 — 31₁₀ *ὀλίγα οἶδεν*] tr. 248
33₁₀ *ὁρισμοῦ*] *οργης* 248 — 34₁₅ *πράγματι*] *ρηματι* 248
35₂₃ *ἔργῳ*] + *αγαθω* 248 — 37₁₇ *καρδία*] *χαρας* 248
39₂₄ *τοῖς ὁσίοις/εὐθεῖαι*] tr. 248 — 47₁₉ *τὰς λαγόνας*] *τα σπλαγχνα* 248.

248 La

Manche Sonderlesarten bezeugen nur 248 und die Vetus Latina (La). Beispiele:

22₁₆ ἐν καιρῷ] + φοβω 248 La (*metu* v. 20)

24₃₀ Κἀγώ] εγω η σοφια 248 La (*ego sapientia* v. 40)

25₂₃ fin.] + εν στενωσει 248 La^X Spec. (*in angustiis* v. 32)

26₂ τὰ ἔτη] + της ζωης 248 La (*vitae*)

26₈ a fin.] + και ρεμβας 248 Spec. (*et erronea* v. 11)

29₁₆ fin.] + εγγυων φευξεται αμαρτωλος 248 La (*repromissorem fugit peccator et immundus* v. 21).

248 Mal.

Viele Sonderlesarten von 248 werden auch im Kommentar des Malachias (= Mal.) bezeugt. Beispiel:

21₂₅ χείλη ἀλλοτρίων ἐν τούτοις διηγήσονται] χειλη πολυλαλων τα ουκ αυτων διηγησονται 248 Anton. p. 993; »ἐν δὲ τῷ ἑτέρως γεγραμμένῳ· χείλη πολυλάλων τὰ οὐκ αὐτῶν διηγήσονται« Mal.

Der Prolog in 248

In 248[1]) steht nicht der bekannte Prolog des Enkels (*Πολλῶν καὶ μεγάλων κτλ.*), sondern ein anderer (*Ἰησοῦς οὗτος Σιράχ κτλ.*) mit der Überschrift *Σοφία Ἰησοῦ υἱοῦ Σιράχ*. Er ist in die Compl. (Abdruck von 248) geraten und in einige alte LXX-Ausgaben (Wechel, Bos u. a.) als *Prologus incerti auctoris* aus der Compl. übernommen worden. Auch Klostermann hat ihn in seinen Analecta S. 16f. nach 248 abgedruckt.

Wie schon längst erkannt worden ist, stammt dieser Prolog aus der dem Athanasius fälschlich zugeschriebenen *Synopsis Scripturae Sacrae* (PG 28, 283—438). Der Prolog bildet den Anfang des Abschnittes über Jesus Sirach (PG 28, 376 D/ 377 AB).

---

[1]) Der Prolog steht nur in 248; Anm. 6 in Goettsbergers *Einleitung in das AT* (Freiburg i. Br. 1928) 274 ist zu korrigieren. Vgl. Fritzsche, Komm. S. 6—9: „Die unechte Vorrede“.

493-637

Die beiden Hss. 493-637 bilden ein treues Paar; nur in unbedeutenden Varianten gehen sie auseinander. Zwei Beispiele:

38_{5} fin.] + υπο ανθρωπον 493-637; απο ανθρωπον 248

44_{16} *κυρίῳ*] τω θεω 493-637; + θεω 248.

In meiner Akademie-Schrift *Die Münchener griech. Sirach-Hs. 493* sind die beiden Hss. genau behandelt und alle in Frage kommenden Stellen aufgeführt. Bis jetzt war gewöhnlich 248 der einzige Zeuge der lukianischen Rezension; von nun an treten 493-637 zu 248. Besonders wichtig ist das Zeugnis von 493-637, wenn 248 versagt. Dann sind die beiden Hss. 493-637 die tragenden Zeugen der Hauptgruppe *L*, so daß die Notierung L^{-248} sehr oft im App. erscheint. Zwei Beispiele:

11_{4a} fin.] + ισχυι σου 493-637 = L^{-248}

17_{2a} fin.] + εν υπαρξει 493-637 = L^{-248}.

L Arm

Bereits oben ist gesagt worden, daß Arm nicht nur die hexaplarische, sondern auch die lukianische Rezension bisweilen bezeugt. Es wurden Beispiele genannt, wo Arm namentlich mit 248, der führenden Minuskel von *L*, übereinstimmt. Weitere Belege, wo 248 Arm, 493-637 Arm und *L* Arm gemeinsame Lesarten überliefern, sollen hier genannt werden:

11_{32} *πυρός*] μικρας 248 Arm

32_{1} *προσφοράς*] εντολας 493-637 (= L^{-248}) Arm

27_{22} *οὐδείς*] ο ειδως *L* Arm (II).

An der letzten Stelle (27_{22}) haben *L* Arm die ursprüngliche Wiedergabe, die in den Text gehört.

An einigen Stellen geht Arm mit *O L*; hier läßt sich nicht feststellen, ob Abhängigkeit von *O* oder von *L* besteht. Zwei Beispiele:

4_{25a} fin.] + ※ κατα μηδε εν *O*-S^c *L* La Arm

12_{16c} om. *ὁ ἐχθρός* *O*-V *L* Arm.

D. de Bruyne behandelt in seinem Aufsatz über den lat. Sirach in der RBén 40 (1928) auch die Hs. 248 und sucht ihren

Glanz etwas zu verdunkeln. Er meint, daß man 248 (und der von ihr vertretenen Gruppe) zu Unrecht eine Aureole gegeben habe, indem man sie mit Origenes in Verbindung gebracht habe. In der Tat steht 248 (oder besser die Hauptgruppe *L*) in Verbindung mit Origenes; wie in den prophetischen Schriften begegnet uns im App. von Sir. immer wieder *O L*. Nach de Bruyne ist 248 ein „faible representant" (S. 45) von GrII, den Smend überschätze; 248 stelle vielmehr GrI dar und sei von GrII interpoliert; er gehöre überhaupt nicht zu GrII, sondern stelle vielmehr eine eigene Gruppe, nämlich GrIII, dar. Diejenigen Zusätze, die in 248 und in La stehen, gehörten zwar zu GrII, aber die zahlreichen (kleineren) Zusätze, die nur in 248 ständen, seien später und gehörten zu GrIII.

Die Ausführungen von de Bruyne konnten nicht das Ziel erreichen, weil er die Hs. 248 in ihrer Vereinzelung sieht, aber nicht zusammen mit den beiden verwandten Hss. 493 und 637. Seine in der Luft hängende Textform GrIII konnte einwandfrei als lukianische Gruppe festgestellt werden. Wenn *L* in den Zusätzen von La abweicht, so kommt es eben daher, daß GrII keinen einheitlichen Text, sondern verschiedene Formen darstellte, die als völlig oder teilweise neue Versionen und Revisionen des hebr. Sirach im Umlauf waren.

Diese Ausführungen zeigen deutlich, daß die drei Hss. 248-493-637 zusammengehören und eine Rezension überliefern; dies kann nicht bestritten werden. Dagegen kann man zweifelnd fragen, ob die von 248-493-637 bezeugte Rezension auch wirklich l u k i a n i s c h ist. Diese Frage habe ich in meinem Aufsatz *Hat Lukian den griechischen Sirach rezensiert?* in Biblica 40 (1959) 210—229 mit Ja beantwortet. Das E r g e b n i s (S. 228f.) soll hier abgedruckt werden:

I. Die unter der Sigel *L* zusammengefaßten Handschriften des Sirach überliefern die Rezension des Lukian. Ein äußeres Zeugnis fehlt. Auch die Handschriften, die in den prophetischen Schriften die lukianische Rezension überliefern, versagen, weil sie eben nur prophetische Texte enthalten. Wichtig ist jedoch S^{ca}, ein anerkannter Zeuge der lukianischen Rezension, der öfter mit *L* in Sirach zusammengeht.

II. Deutlich verweist die Übereinstimmung mancher Varianten von *L* mit Chrysostomus (Chr.) auf Lukian.

III. Die sehr zahlreichen Zusätze haben lukianischen Charakter.

IV. Die Wortlautänderungen zeigen lukianisches Gepräge.

V. Die Abhängigkeit von der hexaplarischen Rezension (O = 253-Syh) ist für Lukian kennzeichnend.

VI. Die gelegentlich zu beobachtende Lockerung der Abhängigkeit von O weist deutlich auf Lukian hin.

VII. Besonders kennzeichnend für Lukian sind die Dubletten.

VIII. Äußerst beliebt sind bei Lukian die grammatisch-stilistischen Änderungen; besonders hervorzuheben sind die Attizismen.

IX. Umstellungen sind verhältnismäßig selten; auch dies spricht für Lukian.

X. Im Gegensatz zum Plus ist das Minus der Zahl und dem Umfang nach gering. Dies ist kennzeichnend für Lukian, der allzu gern den Text erweitert, aber ebenso ungern ihn kürzt.

Zur Notierung der von *O L* überlieferten größeren *Zusätze* (Halbverse und Verse), die aus GrII stammen.

Im ersten Entwurf hatte ich die Zusätze (wie Rahlfs) im App. notiert. Aber dieser Platz war doch zu bescheiden, da sie nicht nur in philologischer, sondern auch in theologischer Hinsicht bedeutsam sind und es wahrlich verdienen, in den Kommentaren besprochen zu werden. Deshalb wurden die Zusätze in den Text in Kleindruck aufgenommen, wie dies bereits Grabe (nicht vollständig) getan hat.

V. Die Überlieferung des Textes als Ganzes

H. Herkenne, Die Textüberlieferung des Buches Sirach: Bibl. Studien VI 1—2 (Freiburg i. Br. 1901) 129—140.

Smend, Prolegomena, S. LXII—XCI: Die griech. Uebersetzung des Enkels, ferner S. XCI—XCVIII: Ueber eine zweite griech. Uebersetzung.

D. de Bruyne, Étude sur le texte latin de l'Ecclésiastique: RBén 40 (1928) 5—48.

M. H. Segal, The Evolution of the Hebrew Text of Ben Sira: JQR N.S. 25 (1934/35) 91—149.

C. Kearns, The Expanded Text of Ecclesiasticus. Its Teaching on the Future Life as a Clue to its Origin (Diss.), Rome 1951. Leider liegt die Dissertation nur in Maschinenschrift vor.

J. Ziegler, Hat Lukian den griech. Sirach rezensiert?: Biblica 40 (1959) 210—229.

J. Ziegler, Die hexaplarische Bearbeitung des griech. Sirach: BZ N.F. 4 (1960) 174—185.

P. Katz, ThLZ 61 (1936) 278f.: Liste der Emendationen und Konjekturen in Sirach.

J. Ziegler, Ursprüngliche Lesarten im griech. Sirach: Mélanges Eugène Tisserant I = Studi e Testi 231 (1964) 461—487.

Wenn man von der Propheten-Septuaginta herkommt, kann man zunächst auch in den Weisheitsschriften den gewohnten Weg gehen. Bei der Textgestaltung bildet der Konsens der alten Unzialen B S A und der zahlreichen Minuskeln die Grundlage. Häufig treten einzelne Unzialen und Minuskeln aus dem Kreis und bringen eine Sonderlesart, die nur in Ausnahmefällen den Ehrenplatz im Text erhält. Wie in den prophetischen Schriften können auch in den Libri Sapientiales die beiden wichtigsten antiken Rezensionen des Origenes (*O*) und Lukian (*L*) festgestellt werden. Unter den Minuskeln ragen drei Gruppen (*a b c*) heraus, die jedoch kein scharfes Profil haben; sie bringen zwar etliche beachtenswerte Sonderlesarten, schließen sich aber gewöhnlich einer führenden Unziale an. Die erste Gruppe (*a*) ist oftmals von der lukianischen Rezension (*L*) abhängig.

Als lehrreiches Beispiel der verschlungenen Textüberlieferung sei 43$_{23 (25)}$ genannt; diese Stelle zeigt ein äußerst buntes Bild, das uns vor allem wegen seiner christlichen Übermalung zur näheren Betrachtung einlädt.

43$_{23a}$ *Λογισμῷ αὐτοῦ ἐκόπασεν ἄβυσσον*
23b *καὶ ἐφύτευσεν ἐν αὐτῇ νήσους.*
25a *In sermone eius siluit ventus,*
25b *et cogitatione sua placavit abyssum,*
25c *et plantavit in illa Dominus insulas.*

Auf die kleinen Varianten (*ἐν* vor *Λογισμῷ*, *ἄβυσσος* statt *ἄβυσσον*, *αὐτῇ* und *αὐτήν* statt *ἐν αὐτῇ*) werfen wir nur einen kurzen Blick und verweilen dann länger bei dem letzten Wort *νήσους*:

νήσους V 248 336 358 542 543 768 La$^{\Theta m}$ Syh Arm (II) Mal. (»*ἐν ἑτέρῳ*«) = Compl.

ιησους B-68-744-S A C 253 307 339 631 755 (*ο ησους*) Sa Aeth Mal. = Ald. Sixt.

κυριος *l*-157-797 (*ο κυριος*) *a c*-679 155 La^{pc} (*dominus*) Mal.

ιησους κυριος 547* (del. *ιησους*^{c})

dominus iesus La[Gpl]

ο κυριος νησους L^{-248} (om. ο)-315 *b* 443 534′ 795 La[V] (*dominus insulas*)

ο κυριος μισος 672.

Ein Überblick zeigt, daß die alten Unzialen B S A C bereits das christliche Ἰησοῦς bezeugen, daß aber Vertreter der beiden antiken Rezensionen *O* (= 253-Syh) und *L* (= 248-493-637) auseinandergehen; 253 stimmt mit B S A C überein, Syh und 248 gehen mit V (ursprüngliche Lesart νήσους) und 493-637 haben die Dublette κύριος νήσους. Die lukianische Untergruppe (*l*) bezeugt mit den beiden Gruppen *a* und *c* nur κύριος. Die Minuskel 672 (und ihre Zwillingsschwester 673) hat eine ihrer zahlreichen Fehlschreibungen μίσος (statt νήσους). Die übrigen Minuskeln verteilen sich regellos auf die verschiedenen Varianten.

In La liegen zwei Dubletten vor, eine Versdublette (𝔊 23a = La 25a + 25b) und eine Wortdublette (23b νησους (ιησους) = 25c *iesus* + *insulas*), siehe Pe. S. 369. Nach der Regel, daß die freie Wiedergabe den Anspruch auf Ursprünglichkeit hat, ist es nicht schwer, 25b als sekundäre Hälfte auszuscheiden. Das Zeugnis der Hss. fordert diese Entscheidung; es sind zwar nur wenige (7) Hss., aber ihre Reihe führt der beste Zeuge, der Cod. Sangermanensis (G) an. Richtig haben die Textkritiker 25b als sekundär erklärt. Nach Herk. ist 25b eine „translatio inferioris aetatis“ (S. 265). Smend sieht in 25b ein „Plus“ (er vermeidet den Fachausdruck „Dublette“) und meint, daß La 25a „wohl die ältere Übersetzung“ (S. 410) von 𝔊 23a sei.

Es ist jedoch sehr fraglich, ob die griech. Vorlage von La 25a genau mit dem überlieferten Text übereinstimmte, da man nicht annehmen kann, daß der Übersetzer sich so frei bewegt hat. Richtig bemerkt Herk., daß wahrscheinlich 25a auf einen Text zurückgeht, der Marc. 4_{39} (καὶ ἐκόπασεν ὁ ἄνεμος) angeglichen war und daß er sicher ein christliches Gesicht habe, das in 25c (*dominus iesus*) ganz deutlich sei. So wird man annehmen dürfen, daß *in sermone* auf (ἐν) λόγῳ statt (ἐν) λογισμῷ zurückgeht; zum Wechsel λογισμός — λόγος siehe meinen Beitrag *Ursprüngliche Lesarten im griech. Sirach* S. 470. Dem lat. *siluit ventus* entspricht ἐκόπασεν ὁ ἄνεμος; es mag sein, daß dies nur am Rand stand (aus Marc. 4_{39}).

Das Subjekt ὁ ἄνεμος konnte um so leichter eindringen, da die Wendung *cessavit ventus* dreimal im NT vorkommt (neben der oben genannten Grundstelle Marc. 4 39 auch Marc. 6 51 parallel Matth. 14 32). Der Einfluß der ntl. Stellen war so groß, daß sie das richtige Subjekt *ἡ ἄβυσσος* verdrängten. Oder hat der Übersetzer absichtlich das Wort *abyssus* vermieden? Dann wäre es nahe gelegen, dafür *mare* zu setzen, zumal dies ausgezeichnet gepaßt hätte und eine Vorlage in Jon. 1 11 12 (*καὶ κοπάσει ἡ θάλασσα* = *et cessabit mare* Vulgata) gehabt hätte. Vielleicht stand *mare* wirklich im ursprünglichen Text und wurde dann durch das aus den ntl. Berichten bekanntere *ventus* ersetzt. Auffallend ist die Wiedergabe von *κοπάζειν* mit *silere* statt *cessare* (wie im NT). Man kann auf V. 29 *siluerunt* (= *ἐσίγησαν*) und V. 30 *siluerunt* (= *ἡσύχασαν*) des Ps. 106 verweisen; hier ist die griech. Vorlage (wenigstens in V. 29) entscheidend gewesen.

Bedeutsam ist die Zeitform; die Vorlage erfordert das Perfekt *siluit*, das die Vulgata und die meisten Hss. lesen (ebenso im Parallelvers *plantavit*). Aber der führende Kodex G hat mit sieben anderen im Gefolge *silebit*. Das Futur ist ursprünglich; es ist absichtlich vom christlichen Übersetzer gewählt worden, weil er in der Sirach-Stelle eine Weissagung der Stillung des Sturmes Marc. 4 39 sah. Ebenso ist auch in 25 b das Futur (*placabit*) zu lesen. Die Änderung *siluit* (25 a) und *placavit* (25 b) ist sekundäre Angleichung an die griech. Vorlage (*ἐκόπασεν*). Somit ist als Vorlage von La 25 a anzunehmen:

Ἐν λόγῳ αὐτοῦ ἐκόπασεν ὁ ἄνεμος.

In La ist 25 b auszuscheiden und 25 a zu lesen:

In sermone eius silebit ventus.

So steht auch in der neuen Vulgata-Ausgabe. Als zweite Vershälfte lesen wir:

et plantavit illum Dominus Hiesus.

Die Textgestaltung ist durch das Zeugnis der Hss. gefordert; deutlich steht wieder der Übersetzer als christlicher Theologe vor uns[1]). Die Vulgata-Wiedergabe (*et plantavit in illa Dominus insulas*)

---

[1]) Ebenso 47 11 (13) *κύριος ἀφεῖλεν τὰς ἁμαρτίας αὐτοῦ*
Christus purgavit peccata ipsius.

Christus lesen alle lat. Hss. außer X, die *spiritus* hat. Nur im Codex Carafianus und in der Editio Clementis von 1592 (und damit in der offiziellen Vulgata) steht *Dominus*, das nach 𝔊 *κύριος* korrigiert ist.

ist deutlich später nach der griech. Vorlage *καὶ ἐφύτευσεν ἐν αὐτῇ νήσους* übersetzt.

Diese Wiedergabe fügt sich gut in den Zusammenhang ein und kann auch entsprechend übersetzt und erklärt werden. Jedoch ist die neue Fassung der zweiten Vershälfte (*et plantavit illum Dominus Hiesus*) nach Ausstoßung der Vulgata-Lesart beziehungslos und unverständlich; *plantavit illum* kann sich nur auf *ventus* beziehen. Was soll dies aber besagen? Wie soll diese Stelle übersetzt und erklärt werden? Ohne griech. Vorlage wäre man versucht *plantavit* umzuändern in *planavit* (so liest Θ^{A}) oder *placavit* (bzw. besser im Anschluß an 25a das Futur *planabit* oder *placabit*). Diese Konjektur verbietet aber die griech. Vorlage *ἐφύτευσεν*.

Somit ist 25a von einem christlichen Übersetzer im Anschluß an Marc. 4_{39} wiedergegeben worden und als ursprünglich anzusehen. Dagegen ist 25b sekundär nach der griech. Vorlage *Λογισμῷ αὐτοῦ ἐκόπασεν ἄβυσσον* übersetzt. Es ist wohl der gleiche Übersetzer wie $39_{28\,(34)}$, wo *κοπάσουσιν* ebenso mit *placabunt* sekundär wiedergegeben ist im Gegensatz zur ursprünglichen Wiedergabe *confundent*, die G und die meisten lat. Hss. als ursprünglich bezeugen.

Die hebr. Vorlage verlangt als ursprüngliche Lesart *νήσους*, die bereits in der Compl. (in Abhängigkeit von 248) steht. Schleusner II 87 verweist auf „Joh. Henr. a Seelen Diss. Philol. de Jesu in Jesu Siracide frustra Quaesito ad Eccles. XLIII. 25. (Lubec. 1724.4.)"; in dieser Schrift hat bereits von Seelen nachgewiesen, daß *νήσους* an Stelle von *Ἰησοῦς* zu lesen sei[1]).

Die von den Zeugen der *O L*-Rezension überlieferten Varianten, namentlich die zahlreichen Zusätze, haben die Textkritiker schon lange beschäftigt; sie sehen hier die Reste einer zweiten griechischen Übersetzung des Sirach (GrII). Besonders sind die Namen Smend, de Bruyne, Segal und Kearns zu nennen. Jedoch ist von ihnen (wohl infolge der bisherigen unzulänglichen Ausgaben der Texte) das Problem etwas schief gesehen worden, und deshalb ihre Lösung nicht voll befriedigend. Der Vorgang ist analog dem in den protokanonischen Schriften; hier erkannte man sehr bald, daß die griech. Übersetzung oftmals vom hebr. Text abwich, und deshalb

---

[1]) Leider konnte ich diese Schrift nicht einsehen, da sie in keiner der befragten Bibliotheken vorhanden ist.

ging man daran (wahrscheinlich schon in vorchristlicher Zeit), den Urtext neu zu übersetzen. Dies ist immer wieder unternommen worden; von den späteren Übersetzern sind „die Drei" (Aquila, Symmachus und Theodotion) besonders bekannt. Leider sind ihre Übersetzungen nur fragmentarisch erhalten; das Überleben verdanken sie vor allem dem Origenes, der *α' σ' ϑ'* in seine Hexapla aufnahm und dann (ebenso später Lukian) für seine Rezension aus ihnen das Material entnahm. Ähnlich war es bei Sirach; auch hier lag ein hebr. Text vor, den man immer wieder einsah und feststellen mußte, daß er vom griech. Text abwich. Deshalb gingen die Gelehrten daran, neu aus dem Hebräischen zu übersetzen; sicher war es nicht nur ein einmaliger Versuch, sondern es sind verschiedene Übersetzungen im Umlauf gewesen. Aus ihnen schöpften Origenes und Lukian und schufen ihre Rezensionen. Besonders reich war die Ausbeute in der griech. Vorlage der Vetus Latina; oftmals geht sie mit *O L* zusammen; aber häufig bringt sie Lesarten, die in keiner der uns bekannten griech. Handschriften stehen, aber sicher einmal in griech. Form vorhanden gewesen sind. Vielleicht beschert uns ein glücklicher Fund wenigstens einige Fragmente, die die Vorlage von La bilden und griech. Lesarten überliefern, die bis jetzt nur in lat. Sprache vorliegen. So ist es auch nicht richtig, von nur einer zweiten griech. Übersetzung zu sprechen, sondern es ist anzunehmen, daß mehrere griech. Übersetzungen im Umlauf waren, von denen uns namentlich im ersten Teil des Buches ziemlich umfangreiche Überreste in der *O L*-Rezension und vor allem in La überliefert sind.

Ich brauche an dieser Stelle nicht weiter über die späteren griech. Übersetzungen zu sprechen, da ich auf meinen Aufsatz in der BZ N.F. 4 (1960) 174—185 verweisen kann; das Ergebnis (S. 183f.) soll hier abgedruckt werden:

1. Keine der Hss. stellt GrII als solche dar; als Rezension ist sie uns nicht überliefert. Die „Zeugen" von GrII überliefern den Text von GrI, der unter dem Einfluß einer oder mehrerer Hss. vermehrt ist.

2. GrII ist nicht eine unabhängige neue Übersetzung. Der zweite Übersetzer hat die vorliegenden griech. Hss. (GrI) benützt und dort neu übersetzt, wo er es für notwendig hielt.

3. 248 hat manche Lesarten, die auf eine alte hebr. Vorlage zurückgehen, die GrI nicht übersetzte, sondern erst GrII uns überlieferte.

4. Die Zusätze in den Hss. bieten nicht das gesamte Material von GrII, sondern nur eine Auswahl.

5. Alle Tochterübersetzungen des griech. Sir. sind wichtig und nützlich, aber nur die lateinische Übersetzung (La) ist grundlegend.

6. Die griech. Väterzitate, namentlich die des Clemens von Alexandrien und der späteren biblischen Florilegien, auf die bereits Hart S. 321—345 und 346—370 verweist, bestätigen GrII.

Der griech. Text hat im Lauf der Jahrhunderte sehr gelitten und zeigt oftmals ein entstelltes Gesicht; in Sirach steht die Zahl der Emendationen und Konjekturen unter allen Büchern der Septuaginta an der Spitze. Die Textkritiker haben sich immer wieder mit mehr oder weniger Erfolg bemüht, die Textschäden zu heilen. In einem hohen Maß hat sich Smend um die Wiederherstellung des Textes verdient gemacht; in seinem Kommentar sind die einzelnen Stellen sorgfältig besprochen, zahlreiche Textlesarten herausgearbeitet und viele Konjekturen vorgeschlagen. Rahlfs konnte bei seiner Textherstellung oftmals auf Smend zurückgreifen und Katz hat den Großteil seiner Liste in der ThLZ 61 (1936) 278f. von Smend übernommen. Bei diesen Arbeiten ist die Kenntnis des Wortschatzes unerläßliche Voraussetzung; deshalb verdient wiederum Smend Dank für seinen griechisch-syrischen *Index* zu Sirach, der allerdings verschiedene Schwächen hat.

Jedoch ist das weite Feld der Emendationen und Konjekturen noch lange nicht vollständig bearbeitet, da sich verschiedene verdächtige Stellen hartnäckig einer befriedigenden Erklärung sperren. Als Beispiel sei nur auf 9 5 b verwiesen, wo ἐπιτιμίοις verdächtig erscheint, da man etwas ganz Konkretes erwartet. Diesen Verdacht haben schon alte Textkritiker gehabt; ich verweise nur auf die Schrift *De locis quibusdam sententiarum Jesu Siracidae praeside Joanne Friederico Gaab ... publice disputaturi sunt DD. Sept.* (Tubingae 1809) 18f. Hier ist der Vorschlag von Grotius ψιμυθίοις genannt, der sachlich wohl richtig ist. Nur möchte man eine andere Vokabel vermuten; darf man an ἐπιστιμίοις (von στί(μ)μι) denken, das unserem „Make up" entsprechen würde?

Als Schulbeispiel einer tadellos gelungenen Konjektur kann 37$_{2}$ *ἐγγιεῖ* gelten[1]). B*-S* A 964 *O*-V 46 339 La (*inest*) haben *ἔνι*, das auch Ra. in seinen Text aufgenommen hat, während die übrigen Zeugen (B^{c} S^{c} *L* . . .) in *μένει* verbessern. Mit der nur hier vorkommenden Kopula *ἔνι* haben sich die Grammatiker immer wieder beschäftigt: Thack. § 23$_{11}$ nennt eigens *ἔνι* (= *ἔνεστι*), ebenso Helb. Gramm. S. 108. J. Wackernagel führt in den Gött. Nachr. d. Wiss. (1906) 179 Sir. 37$_{2}$ als ältestes Vorkommen an. Jedoch ist *ἔνι* sekundär und aus *ἐγγιεῖ* entstanden, wie P. Katz in der Theol. Zeitschrift (Basel) 5 (1949) 7 kurz gezeigt hat. Debrunner hat die Stelle eingehend nachgeprüft und konnte Katz vorbehaltlos zustimmen. Dagegen möchte Rydén *ἔνι* als ursprüngliche Lesart beibehalten; jedoch kann die starke Position von *ἐγγιεῖ* nicht erschüttert werden, weil die von Rydén vorgebrachten Beispiele nicht das Verbum *ἐγγίζειν*, sondern die Beifügung *ἕως θανάτου* betreffen. Zudem hat gerade *ἐγγιεῖ ἕως θανάτου* in V. 30 des gleichen Kapitels *καὶ ἡ ἀπληστία ἐγγιεῖ ἕως χολέρας* eine sehr gute Parallele. Während *ἐγγιεῖ* hier (37$_{30}$) intakt blieb, ist 51$_{6}$ *ἤγγισεν* in B La (*laudavit*) zu *ᾔνεσεν* und 51$_{23}$ *ἐγγίσατε* in S* zu *αἰνέσατε* verschrieben. Man sieht, daß gerade die ursprünglichen Formen von *ἐγγίζειν* (*ἐγγιεῖ*, *ἤγγισεν*, *ἐγγίσατε*) sehr gefährdet waren.

Schwierig ist der verstümmelte und verzerrte Zahlenspruch 25$_{1}$ zu heilen; aber gerade die literarische Form des Zahlenspruches, der sich ausgeprägt nur in Sir. und Prov. findet, zeigt den richtigen Weg. Gewöhnlich wird in der ersten Vershälfte die Grundzahl und in der zweiten die Ordnungszahl verwendet:

23$_{16}$ *δύο εἴδη πληθύνουσιν ἁμαρτίας,*
καὶ τὸ τρίτον . . .
25$_{7}$ *ἐννέα ὑπονοήματα ἐμακάρισα ἐν καρδίᾳ,*
καὶ τὸ δέκατον . . .
26$_{5}$ *ἀπὸ τριῶν εὐλαβήθη ἡ καρδία μου,*
καὶ ἐπὶ τῷ τετάρτῳ . . .
26$_{28}$ *ἐπὶ δυσὶν λελύπηται ἡ καρδία μου,*
καὶ ἐπὶ τῷ τρίτῳ . . .
50$_{25}$ *ἐν δυσὶν ἔθνεσιν προσώχθισεν ἡ ψυχή μου,*
καὶ τὸ τρίτον . . .

---

[1]) A. Debrunner, ENI als Kopula — eine Nachprüfung: Museum Helveticum 11 (1954) 57—64.

L. Rydén, LXX Sirach 37,2: Eranos 59 (1961) 40—44.

Die gleiche Form hat auch der Zahlenspruch Prov. $24_{50\ 53\ 56\ 64}$ ($30_{15\ 18\ 21\ 29}$ Ra.). Der Zahlenspruch Prov. 6_{16} kommt in der LXX infolge Verlesungen nicht zum Vorschein.

Selten fehlt die Ordnungszahl im zweiten Versglied; es kann nur je ein Beispiel aus Sir., Prov. und den Pss. genannt werden:

Sir. 25_2 *τρία δὲ εἴδη ἐμίσησεν ἡ ψυχή μου,*
καὶ προσώχθισα . . .

Prov. 30_{24} *τέσσαρα δέ ἐστιν ἐλάχιστα ἐπὶ τῆς γῆς,*
ταῦτα δέ ἐστιν σοφώτερα τῶν σοφῶν.

Ps. $26(27)_4$ *μίαν ᾐτησάμην παρὰ κυρίου,*
ταύτην ἐκζητήσω.

An Stelle der Ordnungszahlen in der zweiten Vershälfte kann auch die Grundzahl stehen; sie findet sich jedoch nur Ps. 61_{12} (*ἅπαξ ἐλάλησεν ὁ θεός, δύο ταῦτα ἤκουσα*; statt *ἅπαξ* erwartet man *μίαν* wie Ps. 26_4) und in der einfachen Zahlwortaddition, die die Propheten gern anwenden (Am. $1_{3\ 6\ 9\ 11\ 13}$ $2_{1\ 4\ 6}$ Is. 17_6 Mich. $5_{5(4)}$).

Im Anschluß an die vorgelegten Beispiele erwartet man für unsere Sirachstelle für V. 1a die in La und Syr noch bewahrte ursprüngliche Form:

In tribus placitum est spiritui meo,
quae sunt probata coram Deo et hominibus La

Tria expetivit anima mea,
et haec (sunt) speciosa coram Deo et coram hominibus Syr.

Apel (in seiner Ausgabe der Apokryphen) schlägt im Anschluß an Syr *ἠράσθην* und Böttcher (Ährenlese S. 102) im Anschluß an La *εὐηρεστήθη, ὡραίοις ἥσθη ἡ ψυχή μου* vor (*ἡ ψυχή μου* auch von Sm. und Katz vorgeschlagen).

Die Konjektur Böttchers verdient besondere Beachtung, da nicht „ich" (erste Person in der Verbalform), sondern „meine Seele" (25_2 50_{25}) oder „mein Herz" (26_5 26_{28}, vgl. 25_7) als Subjekt gebräuchlich ist.

Auch die zweite Zeile ist nicht in Ordnung. Am liebsten möchte man wie an den oben genannten Zahlensprüchen *τὸ τέταρτον* einschieben, aber dafür ist weder ein Anhaltspunkt noch ein Platz.

Böttcher S. 102 schlägt *ἅγ' ἐστιν ὡραῖα* vor; aber *ἅ* paßt nicht, man erwartet vielmehr *ταῦτα* wie Prov. 30_{24}, vgl. Ps. 26_4. Die Demonstrativpartikel bietet uns wirklich auch Syr *et haec* = *καὶ ταῦτα* (bereits von Ewald nach Fritzsche Komm. S. 136 vorgeschlagen). Statt des unmöglichen *ἀνέστην* ist *ἐστιν* zu lesen; *ἐστιν* wird von 253 und *εἰσιν* von 679 bezeugt. So hat unser Zahlenspruch die gleiche Anordnung wie Prov. 30$_{24}$ (und Ps. 26$_{4}$). Mit *καὶ ταῦτα* beginnt Vers 1b, und wir erhalten einen schönen Zweizeiler:

Ἐν τρισὶν ἠράσθη ἡ ψυχή μου,
καὶ ταῦτά ἐστιν ὡραῖα ἔναντι κυρίου καὶ ἀνθρώπων.

Schwierig ist die Entscheidung bei der viel erörterten[1]) Stelle 48$_{17}$, wo nicht die von B vertretene rohe Variante, sondern die erst von textkritischer Hand gebildete Lesart berechtigten Anspruch auf Aufnahme in den Text erheben könnte. Bei Rahlfs steht *καὶ εἰσήγαγεν εἰς μέσον αὐτῆς ὕδωρ* = H; *ὕδωρ* ist von A *a b c* 248(!), von allen übrigen Minuskeln, von La Aeth bezeugt und steht auch in H und Syr. Die Grundstelle ist Regn. IV 20$_{20}$ *καὶ εἰσήνεγκεν* (*εισηγαγεν* N alii) *τὸ ὕδωρ εἰς τὴν πόλιν*. So erscheint die Position von *ὕδωρ* völlig gesichert. Aber sie gerät sofort ins Wanken, wenn man die Lesarten der aussagekräftigen Zeugen B-S *O*-V *L* Sa hört: B (*τον γωγ*), S* V-253 (*τον ηωγ*), 493-637 (*τον νηωρ*), Sa (*ωγ*), Syh (*lsjor* = *τον σιωρ*, wohl aus *σηωρ* entstanden), S^{c} (*τον αγωγον*).

Keine der genannten Varianten (außer *ἀγωγόν*) ist intakt und kann als ursprünglich bezeichnet werden. Peters in seiner Schrift *Die sahidisch-kopt. Übers. des B. Eccli.* (1898) meint, daß „jedenfalls *ΗΩΡ* oder *ΝΗΩΡ* die ursprüngliche Lesart bietet" (S. 55), weil darin die hebr. Wörter *hanahar* oder *haje'or* stecken; *ὕδωρ* = H „wäre dann verflachende Änderung" (S. 55). Diese Erklärung gibt Peters jedoch in seinem Buch über den *Hebr. Text des B. Eccli.* (1902) auf, indem er *hmjm* für die ursprüngliche Lesart hält und meint, daß „*ΤΟΝΓΩΓ* u.a. aus *ΤΟΥΔΩΡ* verderbt ist" (S. 277). Peters hat seine Meinung geändert, weil ihn Schlögls These von der Ursprünglichkeit von המים beeindruckte. Es fällt jedem Textkritiker leicht, *ὕδωρ* (= H) als ursprünglich anzuerkennen; auch Smend nennt *ὕδωρ* „richtig" (S. 465) und hält ihr somit den Steigbügel für den Text von Rahlfs. Jedoch ist Peters auf dem falschen Weg, wenn er innergriechisch *τὸν γωγ* (o.ä.) aus *τὸ ὕδωρ* verderbt sein läßt; es wäre höchstens möglich, umgekehrt das geläufige *τὸ*

[1]) N. Peters, Die sahidisch-kopt. Übers. des Buches Eccli. (1898) 55; N. Peters, Der jüngst wiederaufgefundene hebr. Text des B. Eccli. (1902) 277; W. Fell, Literarische Rundschau f. d. kath. Deutschland 24 (1898) 37; J. H. A. Hart, Sir. XLVIII 17, a, b: JThSt 4 (1903) 591f.

ὕδωρ aus dem ungewöhnlichen *τὸν γωγ* abzuleiten. Somit bleibt nur der eine Weg übrig, aus den von B-S *O*-V . . . vertretenen verderbten Varianten die ursprüngliche Lesart herauszufinden und die hebr. Vorlage zu rekonstruieren. Diese Arbeit hat bereits der alte Schleusner in befriedigender Weise geleistet: „Puto ibi pro *γὼγ* scriptum fuisse . . . *γειὼν*, ut sermo sit de *fluvio Gihon*" (I 518). Ebenso haben Fell, Burkitt, Hart, Fr. (im App. seiner Ausgabe) *Gichon* als ursprünglich erklärt (ohne Schleusner zu nennen). Hart hat durch den Hinweis auf die Wiedergabe und Überlieferung des Eigennamens *Gichon* gezeigt, daß seine richtige Form in der Überlieferung sehr gefährdet war. Eine Zusammenstellung der Stellen, wo im hebr. Text *Gichon* steht, zeigt dies sehr deutlich:

Regn. III $1_{33\ 38\ 45}$	*Γειων* (*γιων* Ra.; *γηων* einige Min.)
Par. II 32_{30}	*τοῦ ὕδατος Γιων* (so Ra. A N und die meisten Min.; *σειων* B*, *σιων* B^c^ fhy; *των πηγων* dpgt, *πηγων* m)
II 33_{14}	*ἀπὸ λιβὸς κατὰ Γιων* (so Ra., *γιον* nur B*; *νοτον* B^c^ A N und die meisten Min.; *νοτον του γειων* (*γηων* y) by; *του γεδεων νοτον* m)
Gen. 2_{13}	*Γηων* (*γεων*, *γαιων*, *γειων* verschiedene Min.).

In der LXX kommt noch einmal der Name *Γηων* vor, nämlich Ier. 2_{18} *τοῦ πιεῖν ὕδωρ Γηων* (*σιωρ O*; *γιωρ* 88, *γιχων* Syh). Als hebr. Vorlage müßte man hier ebenfalls *giḥon* annehmen; in 𝔐 steht aber *šiḥor*. Auch dieser Eigenname teilt in der griech. Bibel sein Schicksal mit unserem *giḥon* und trägt zur Klärung unserer Sirachstelle bei. Leider ist er nur an einer Stelle (Ios. 19_{26}) transkribiert; an den anderen Stellen ist *šiḥor* übersetzt: Ios. 13_{3} (*ἀοίκητος*) Is. 23_{3} (*μετάβολος*) und Par. I 13_{5} (*ὅριον*). Lehrreich ist die Transkription Ios. 19_{26} *Σειων* B qr Aeth] *σηων* h; *σηωρ* bk; *σειωρ* A N Θ rel. La Co Arab. Dann ist noch vor allem Sir. 24_{27} zu nennen, siehe App.

Deutlich zeigt die Übersicht, daß der Eigenname *Gichon* (und *Schichor*) ursprünglich richtig transkribiert, aber im Laufe der Zeit verballhornt wurde und so das Schicksal vieler (seltener) Eigennamen teilte.

Ein Wort wäre noch zur Schreibweise zu sagen. Das hebr. *i* fordert als ursprünglich *Γιων*, wie Ra. richtig schreibt (auch Gen. 2_{13} wäre *Γιων*, nicht *Γηων* zu schreiben), jedoch sind die Formen mit *-ι-* oder *-η-* manchmal einmütig bezeugt, so daß selbst Katz S. 285 keine Entscheidung wagt. Die Formen *γειων*, *γεων* sind sekundär.

Es kann somit kein Zweifel bestehen, daß hinter der Lesart von B-S . . . *Γιων* steckt, das auf die hebr. Vorlage *giḥon* zurückgeht. Es ist jedoch schwer zu entscheiden, ob *Γιων* zu GrI oder GrII gehört. Würde *Γιων* einheitlich von allen Zeugen (*O*-V *L* La), die GrII überliefern, bestätigt, dann wäre die Entscheidung leicht. So aber ist es weder von B-S A, den Hauptträgern von GrI, noch von 248 La, den führenden Größen von GrII bezeugt. Da unsere Sirach-Stelle auf Regn. IV 20 20 zurückgeht, wo in 𝔐 und LXX *Wasser* steht, muß angenommen werden, daß es auch bereits in der Vorlage von GrI stand. Wie man dann in der von Regn. IV 20 20 abhängigen Par.-Stelle II 32 30 die *Wasser* näher durch *giḥon* gekennzeichnet hat, so mag auch in einem späteren Stadium, eben in der Vorlage zu GrII *giḥon*, vielleicht zunächst als Randglosse, die dann in den Text geriet und *majim* H verdrängte, eingefügt worden sein. Es ist auffallend, daß es nicht wie in Par. II neben *majim* trat und als *τὸ ὕδωρ Γιων* in Gr. II weiterlebte. Dies hätte auch der oben genannten Variante Par. II 33 14 *νότον τοῦ γειων* genau entsprochen.

Geiger[1]) möchte weder *ὕδωρ* noch *Γιων*, sondern *ἀγωγόν*, das „weit näher liegt" (S. 542), für ursprünglich halten. Geiger konnte noch nicht wissen, daß er bereits einen Vorgänger im Korrektor des cod. Sinaiticus (*ἀγωγόν*) gehabt hatte. Jedoch ist und bleibt *ἀγωγόν* eine gut gelungene Korrektur. Der Übersetzer hat kaum im gleichen Satz den gleichen Stamm zweimal (im Verbum *εἰσήγαγεν* und im Objekt *ἀγωγόν*) verwendet; und wenn er „Wasserleitung" hätte übersetzen wollen, dann hätte er sicher *ὑδραγωγόν* wie in der Grundstelle Regn. IV 20 20 gewählt. Damit entfällt auch die Vermutung von Oest., der in den Varianten *γωγ* u.a. „probably corruptions of *υδραγωγον*" sieht.

Ich habe diese Stelle ausführlich behandelt, weil sie ein lehrreiches Specimen eruditionis ist, das uns belehrt, daß man auf der einen Seite manche verderbte Lesarten heilen kann, daß es aber auf der anderen Seite zumal bei der verwirrenden Textgeschichte des griech. Sirach äußerst schwierig ist, die richtige Textlesart herauszufinden. Ich habe deshalb mit Ra. *ὕδωρ* im Text belassen, da diese Lesart den Vorzug hat, daß sie handschriftlich gesichert ist, während *Γιων* als Konjektur immer ein leises Mißbehagen auslöst, das sich verstärken würde, wenn sie in den Text aufgenommen würde.

---

[1]) Warum gehört das Buch Sirach zu den Apokryphen?: ZDMG 12 (1858) 536—543.

VI. Der hebräische Text (H) als Vorlage von 𝔊 (GrI und GrII)

Ausg.: A. E. Cowley and Ad. Neubauer, The Original Hebrew of a portion of Ecclesiasticus (XXXIX, 15 to XLIX, 11), together with the early versions and an English translation, followed by the quotations from Ben Sira in Rabbinical Literature, Oxford 1897.

R. Smend, Das hebr. Fragment der Weisheit des Jesus Sirach: Abh. d. Kön. Ges. d. Wiss. zu Göttingen, Philol.-hist. Kl. N.F. II 2, Berlin 1897. — Smend bietet eine verbesserte Ausgabe des von Cowley-Neubauer veröffentlichten Fragments 39_{15}—49_{11}; siehe Smends ausführliche Besprechung der Edition von Cowley-Neubauer in der ThLZ 22 (1897) 161—166. 265—268.

S. Schechter and C. Taylor, The Wisdom of Ben Sira. Portions of the Book Ecclesiasticus from Hebrew Manuscripts in the Cairo Genizah Collection, Cambridge 1899.

I. Lévi, L'Ecclésiastique ou La Sagesse de Jésus, fils de Sira. Texte originale hébreu édité, traduit et commenté. Première partie, Paris 1898; Deuxième partie, Paris 1901.

I. Lévi, The Hebrew Text of the Book of Ecclesiasticus, Leiden 1904 (reprinted 1951).

N. Peters, Der jüngst wiederaufgefundene hebr. Text des Buches Ecclesiasticus, Freiburg i. Br. 1902. — Richtig bemerkt F. Perles in der OLZ 5 (1902) 489: „Bedauerlich ist, daß Pe. nicht den Wortlaut der Hss., sondern den von ihm auf kritischem Weg ermittelten Text mit beigefügter Übersetzung bietet, ohne seine Ergänzungen oder Emendationen kenntlich zu machen".

N. Peters, Liber Iesu filii Sirach sive Ecclesiasticus hebraice secundum codices nuper repertos vocalibus adornatus addita versione latina cum glossario hebraico-latino, Friburgi Brisgoviae 1905.

I. Knabenbauer, Commentarius in Ecclesiasticum cum appendice: Textus Ecclesiastici hebraeus descriptus secundum fragmenta nuper reperta cum notis et versione litterali latina: Cursus Scripturae Sacrae, Commentariorum in VT pars II in libros didacticos VI, Parisiis 1902.

H. L. Strack, Die Sprüche Jesus', des Sohnes Sirachs. Der jüngst aufgefundene hebr. Text mit Anmerkungen und Wörterbuch, Leipzig 1903.

R. Smend, Die Weisheit des Jesus Sirach hebräisch und deutsch mit einem hebr. Glossar, Berlin 1906.

J. Marcus, The newly discovered original Hebrew of Ben Sira (Ecclesiasticus XXXII, 16—XXXIV, 1). The fifth manuscript and a prosodic version of Ben Sira (Ecclesiasticus XXII, 22—XXIII, 9), Philadelphia 1931. Vorher erschienen im JQR 21 (1930/31) 223—240 = Hs. E.

M. Z. Segal, Das vollständige Buch Ben Sira (hebr.), ²Jerusalem 1958. — Segal bietet den vollständigen hebr. Text, die vorhandenen Teile nach den hebr. Hss., die übrigen nach einer hebr. Rückübersetzung aus dem griech. Text.

J. Schirmann, Ein neues Blatt aus dem hebr. Buch Ben Sira (hebr.): Tarbiz 27 (1958) 440—443.

J. Schirmann, Weitere Blätter aus dem hebr. Buch Ben Sira (hebr.): Tarbiz 29 (1960) 125—134.

Facsimiles of the Fragments hitherto recovered of the Book of Ecclesiasticus in Hebrew, Oxford-Cambridge 1901. — Die ausgezeichneten Photos vermitteln den hebr. Text. In der *Explanatory Note* sind die bis 1901 veröffentlichten Fragmente aufgezählt.

Abh.: Es seien nur folgende Beiträge zu den von Schirmann veröffentlichten Texten genannt:

E. Vogt, Novum folium hebr. Sir 15, 1—16, 7 Ms B: Biblica 40 (1959) 1060—1062.

E. Vogt, Novi textus hebraici libri Sira: Biblica 41 (1960) 184—190.
M. Z. Segal, „Weitere Blätter aus dem hebr. Buch Ben Sira" (hebr.): Tarbiz 29 (1960) 313—323.

F. Vattioni, Nuovi fogli ebraici dell' Ecclesiastico: Rivista Biblica 8 (1960) 169—179

Zum Streit um die Echtheit siehe die Literaturangaben in J. Goettsberger, Einleitung in das AT (Freiburg i.Br. 1928) 277 Anm. 2. Unter den dort aufgeführten Schriften sei hier nur genannt: Die Originalität des neulich entdeckten hebr. Sirachtextes textkritisch, exegetisch und sprachgeschichtlich untersucht von Ed. König, Freiburg i.Br. 1899. König tritt für die Echtheit ein; ihm stimmt F. Perles in einer ausführlichen Besprechung in der OLZ 3 (1900) 95—99. 129—133 zu.

Aus der neueren Lit. sei hier genannt:

R. Storr, Einige Bedenken gegen die Echtheit des hebräischen Jesus Sirach: ThQ 106 (1925) 203—231.

A. A. Di Lella, Authenticity of the Geniza Fragments of Sirach: Biblica 44 (1963) 171—200.

A. A. Di Lella, The Recently Identified Leaves of Sirach in Hebrew: Biblica 45 (1964) 153—167.

A. A. Di Lella, A Text-Critical and Historical Study of the Hebrew Text of Sirach, Washington 1962. Diese Studie ist besonders wichtig; leider ist sie nur als Mikrofilm zugänglich, siehe CBQ 24 (1962) 308 und Biblica 44 (1963) 175 Anm. 3. Ein Kapitel *Qumrân and the Geniza Fragments of Sirach* ist im CBQ 24 (1962) 245—267 veröffentlicht.

Große Teile des hebr. Textes, den Hieronymus noch in Händen gehabt hatte, sind seit 1896 wieder entdeckt worden. Bis 1935 lagen Fragmente von fünf Handschriften vor:

A 6 Blätter: 3_{6}—16_{26}
B 19 Blätter: 30_{11}—33_{3} 35_{11}—38_{27} 39_{15}—51_{30}
C 4 Blätter: Exzerpte
D 1 Blatt: 36_{25}—38_{1}
E 1 Blatt: 32_{16}—34_{1}.

Schirmann veröffentlichte 1958 ein neues Blatt (15_{1}—16_{7} lückenhaft), das zur Hs. B gehört, und 1960 drei weitere Blätter.

Das Stück 15_{1}—16_{7} gehört zur Hs. B. Von den drei anderen Blättern gehört Blatt 1 (10_{19}—11_{10}) ebenfalls zur Hs. B. Der hebr. Text ist bereits aus der Hs. A bekannt, außer $10_{20\,a\;27\;32}$, die zum ersten Male den hebr. Text bekanntgeben. Blatt 2 und 3 gehören zur Exzerpten-Hs. C und bringen als neue hebr. Texte 20_{22-23} $26_{2\,b-3\;13\;15-17}$.

Die Entdeckung des verschollenen hebr. Sirach-Textes rief um die Jahrhundertwende fast alle atl. Textkritiker auf den Plan; in zahlreichen Aufsätzen haben sie Beiträge zum Urtext und zu den Versionen, namentlich zu 𝔊, geleistet.

Wie ein Sturm riß der neue hebr. Text zahlreiche Rückübersetzungen nieder und belehrte auf unbarmherzige Weise, wie innerlich brüchig solche Versuche sind. Zugleich mußte man feststellen, daß an vielen Stellen H und 𝔊 sich sehr weit entfernten, so daß man keine Brücke zwischen beiden schlagen konnte. Man versuchte zwar auf anderen Wegen zusammenzukommen, indem man eine vom bekannten hebr. Text abweichende Vorlage konstruierte oder die Wiedergabe in 𝔊 als „frei" darstellte. Zugleich zeigte der neue Text, daß er oft nicht die Vorlage der Übersetzung des Enkels (GrI), sondern der späteren sogenannten zweiten Übersetzung (GrII) war.

Deutlich zeigen die hebr. Fragmente, die als Paralleltexte bereits bekannter Teile ausgezeichnete Vergleichsmöglichkeiten bieten, daß die ursprüngliche Übersetzung des Enkels (GrI) und die sekundäre Wiedergabe (GrII) verschiedene hebr. Vorlagen hatten und daß man mit der Erklärung einer „freien" Übersetzungsweise sehr vorsichtig sein muß.

Zwei Beispiele sollen dies zeigen:

15_{14} *αὐτός* = *hw'* Hs. B^{txt}] *deus* La = *'lhym* Hs. A B^{mg}

$15_{16\,(17)}$ *ἐκτενεῖς* = *tšlḥ* Hs. B] *εκτεινον L* alii La (*porrige*) = *šlḥ* Hs. A.

Man sieht deutlich, daß die hebr. Hs. B die Vorlage für GrI und die hebr. Hs. A die Vorlage für GrII bildete. Ohne Kenntnis von H würde man schnell und leichthin 15_{14} *deus* als „freie" Wiedergabe erklären und erst recht $15_{16\,(17)}$ *ἔκτεινον* (*porrige*) als rein stilistische Variante betrachten.

Neu entdeckten Texten begegnet man gewöhnlich mit einem gewissen Mißtrauen, das, wie die Erfahrung zeigt, berechtigt ist. Auch gegen die Echtheit der hebr. Sirach-Fragmente sind Zweifel laut geworden. Aber die wiederholten Untersuchungen des hebr. Textes, vor allem die kürzlich erschienenen Arbeiten von Di Lella, erweisen die Echtheit der hebr. Sirach-Fragmente, ohne jedoch alle Bedenken restlos zerstreuen zu können.

H wurde zitiert nach der kleinen handlichen Ausgabe von I. Lévi, Leiden 1904 (Neudruck 1951).

C Grammatika (Orthographika)

Wechsel der Vokale: Thack. § 6_{2-47}

α—ε: Thack. § 6_{2-5}.

37_{18} *τέσσαρα*] *τεσσερα* B*-S A C V 155 336.

3_{22} *προσετάγη*] -*τεγη* 545* (*προσετεξε θεος* [c]) 4_{17} *διεστραμμένως*] *διαστρεμμενος* 694 9_{4} *ψαλλούσης*] *ψελλ.* 421 14_{1} *κατενύγη*] *κετενοιγη* 679 18_{10} *σταγών*] *στεγων* 68-744 = Ald. 23_{22} *παριστῶσα*] *περ.* 768 = Compl. 28_{23} *ἐπαποσταλήσεται*] *επαποστελ.* 155 307 755; *εξαποστελ.* 130 795 41_{20} *ἀσπαζομένων*] *εσπαζ.* 311* 44_{21} *ἀνυψῶσαι*] *ενυψ.* 149 46_{20} *ἐξαλεῖψαι*] *εξελ.* 336.

47_{3} *ἄρνασιν*] *αρνεσι* L^{-248} 68-744′ 631′ = Ald.

ε—α: Thack. § 6_{6}.

30_{9} *τέκνον*] *τακνον* V* 38_{28} *διαμαχήσεται*] -*σαται* V.

11_{19} *παρελεύσεται*] *παραλ.* 755 16_{19} *θεμέλια*] *θεμαλια* 578 37_{9} *ἐναντίας*] *αν.* 578 40_{29} *φυλάξεται*] -*ξαται* 545 797.

α—η, *η—α*: Thack. § 6_{7-8}.

3_{13} *ἀτιμάσῃς*] -*μησης* C 10_{23} *ἀτιμάσαι* Dam. p. 424] -*μησαι* Dam. p. 285.

3_{26} *σκληρά*] -*ρη* 795 4_{5} *καταράσασθαι*] *κατηρ.* 694 16_{7} *ἐξιλάσατο*] -*σητο* 493 22_{6} *μουσικά*] -*κη* 46 768 Dam. p. 29 27_{13} *σπατάλῃ*] -*τηλη* 744 = Ald. 32_{20} *συνάψει*] *συνηψει* 404 46_{8} *καταβάσει*] -*βησει* 157 47_{21} *δίχα*] *διχη* 130-705 542.

43_{20} *βορέας*] *βορεης* B Ra.: cf. Thack. § 7_{47} 10_{7}.

50_{9} *ὁλοσφύρητον*] -*ρατον* V-253 *L b* 613[c]: cf. Thack. § $10_{2(2)}$

12_{13} *ὀφιόδηκτον*] -*δακτον* 679 13_{18} *ὑαίνῃ*] -*να* 548 (*υενα*) 743* 19_{20}b *πάσῃ*] -*σα* 578, ebenso 30_{29} 253 21_{9} *συνηγμένον*] *συναγμ.* 795 33_{3}b *τήν*] *ταν* S* 43_{3} *ἀναξηραίνει*] -*ξαρ.* 744 = Ald.

α—ο, *ο—α*: Thack. § 6_{9}.

3_{4} *δοξάζων*] *δαξ.* 307 38_{21} *ἐπάνοδος*] *επαναδος* 754 39_{11} *ὄνομα*] *οναμα* 578.

αι—α, *α—αι*: Thack. § 6_{10}.

ὀλισθαίνειν — *ὀλισθάνειν*. Siehe App. zu 19_{16} 21_{7}.

14_{6} *βασκαίνοντος*] -*σκαν.* A, sed 14_{8} *βασκαίνων* (-*κενων* A 743*) omnes 37_{1} *ἐφιλίασα*] -*σαι* 296-548.

αι—ε, ε—αι: Thack. § 6_{11}. Sehr häufig, namentlich in S und A, auch in B. Manchmal entsteht durch diesen Wechsel ein neues Wort, z. B. 29_{9} *κενόν*] *καινον* S alii.

αυ—α, α—αυ: Thack. § 6_{13}.

22_{11a} *κλαῦσον*] *κλασον* 534* 28_{16} *ἀνάπαυσιν*] -*πασιν* 744; *αναβασιν* 46
38_{17} *κλαυθμόν*] *κλαθμον* 421 548 43_{11} *αὐγάσματι*] *αγ*. 755.
26_{12} *καθήσεται*] *καυθ*. 578.

ε—η, η—ε: Thack. § 6_{14-17}. prol. 20 *ἑρμηνείαν*] *ηρμενειαν* C

εὕρεμα — εὕρημα.

20_{9} *ευρημα* V *L*-106-545-705 *a*-534′ 547 Dam. p. 348, ebenso 29_{4} 248-106-545-705 542 547 575 744 Dam. p. 1356 Anton. p. 1073 = Ald., 29_{6} 534-613* 547 705, 32_{12} 253 547 705

1_{22} *δυνήσεται*] -*σηται* 336 534 (-*σητε*), ebenso 8_{17} L^{-248} 7_{9} *προσδέξεται*] -*ξηται* 336 575, ebenso 15_{2} 493, 32_{14} 307 6_{12} *κρυβήσεται*] -*σηται* 755 13_{9} *προσκαλέσεται*] -*σηται* A 534 14_{23} *ἀκροάσεται*] -*σηται* L^{-248} 29_{5} *αἰτιάσεται*] -*σηται* 542 29_{6} *κομίσεται*] -*σηται* V 296-706 307 404 797 30_{19} *ἔδεται*] *εδηται* 755 31_{14} *ζήσεται*] -*σηται* 545 32_{14} *προσδέξεται*] -*ξηται* 307 37_{8} *βουλεύσεται*] -*σηται* 672 41_{10} *ἀπελεύσεται*] -*σηται* 548*

prol. 30 *μεθερμηνεῦσαι*] *μεθηρμ*. 404 2_{10} *ἐπεκαλέσατο*] *επηκ*. 755 4_{16} *κατασχέσει*] -*σχησει* 547^c 23_{14} *ἐθισμῷ*] *ηθ*. 336

46_{15} *ἠκριβάσθη*] *εκρ*. V 51_{19} *διηκριβασάμην*] *διεκριβ*. 637; *διεκριβοσ*. 744 Ald. (-*βωσ*.)

47_{18} *κασσίτερον*] -*τηρον* *L*-672 311 336 603 613 755 795; *κασσητηρον* 46^8 547.

Verba auf -*έω*. Vgl. **Thack.** § 18_{1}.

28_{15} *ἐστέρησεν*] *εστερεσεν* B*-S A (*εστερεσαν*) 37_{21} *ἐστερήθη*] *εστερεθη* V 29_{7} *ἀποστερηθῆναι*] -*ρεθηναι* V

13_{5} *πονέσει*] *πονησει* 253 L^{-248} 547* Dam. (-*ση*).

20_{10} *λυσιτελήσει*] -*λεσει* V-253 542; -*λισει* 547, ebenso 20_{14} V (*λυσειτελεσει*) -253 637 542, 29_{11} 253 637 (*λυσητελεσει*) 542 Dam. p. 1420; *λυσιτελες ει* 547* (*λ*. η^c vid.) 28_{21} *λυσιτελής*] -*λες* V (*λυσειτελες*) 542

prol. 28 *παραγενηθείς*] -*νεθεις* 744 = Ald. 1_{9} *ἐξηρίθμησεν*] *εξερ*. 339 548 694, ebenso V 1_{19} 15_{12} *ἐπλάνησεν*] -*νεσεν* 744 23_{20} *κτισθῆναι*] -*θεναι* A 23_{12} *εὑρεθήτω*] -*θετω* 755; -*θειτω* 443* 29_{3} *εὑρήσεις*] *ευρεσεις* 744′ = Ald. 35_{10} *αἰσχυντηροῦ*] -*τερου* 542 37_{14} *καθήμενοι*] *καθεμ*. 755 41_{1} *εἰρηνεύοντι*] *ειρεν*. 548 43_{3} *μεσημβρίᾳ*] *μεσεμβρια* 68*-744 = Ald. 44_{10} *ἐπελήσθησαν*] *επελεσθ*. V

11_{5} *διάδημα*] -*δεμα* V 31_{22} *μωκήματα*] *μωκεματα* V

A schreibt 49_{6} *ιηρεμιου* wie in Ier., siehe Einl. zu Ier. S. 111.

ε—ει, ει—ε: Thack. § 6_{18-19}.

πλείων — πλέων. Siehe App. zu prol. 7 31_{12} 28.

7_{18} *ἕνεκεν*] *εινεκεν* 296-548 339 542^{txt} 679: cf. Thack. § 9_{8}.

prol. 21 *ἰσοδυναμεῖ*] -*με* V.

η—ει: Thack. § 6_{20}.

39_{10} *ἔθνη*] *εθνει* B*-S* 253 *l* 443* 672 795 (als Dativ aufgefaßt), ebenso *εθνει* nur B 39_{23}.

ει—η: Thack. § 6_{21}.

27_{4} *σείσματι*] *σησματι* B-S A 339 443* 672.

11_{3} *πετηνοις* 254 17_{4} *πετηνων* 254 27_{9} *πετηνα* 157* 543 27_{19} *πετηνον* 543 43_{14} *πετηνα* 254 543 (*πετινα* A V) 43_{17} *πετηνα* 157 543 (*πετινα* S C V).

16_{6} *ἔθνει*] *-νι* S V 545^{c}; *-νη* 545* alii, ebenso 17_{17} *εθνη* V 637-545 alii, 24_{6} *εθνη* V 545 alii, 49_{5} *εθνι* S V; *εθνη* 253 alii.

12_{2} *εὐσεβεῖ*] *-βη* 248-743-*l* alii, ebenso 12_{4} 130-705 alii 12_{5} *ἀσεβεῖ*] *-βη* 637-743-705 alii 16_{6} *ἀπειθεῖ*] *-θη* A alii 35_{3} *ἀκριβεῖ*] *-βη* S* A 253 493 296-548 alii.

36_{24} *ψευδεῖς*] *-δης* 253 43_{4} *πυρώδεις*] *-δης* L^{-248} 296-548 46^{8} 443* 578 795

Die Imper.-Endung *-ει* ist gelegentlich *-η* geschrieben.

14_{11} *εὖ ποίει*] *ευ ποιη* 307 443* 543, ebenso 14_{13} 543 743 19_{10} *θάρσει*] *-ση* A 543.

8_{9} *μὴ ἀστόχει*] *μη αστοχη* V alii 32_{14} *μη δωροκοπη* 253 alii 35_{11a} *μη ουραγη* 339 alii 35_{11b} *μη ραθυμη* V 296^{c}-548 alii.

5_{5} *προσθεῖναι*] *-θηναι* 253 254-754 307 543 545 548 575 795 797, ebenso 18_{6} V-253 493-545 157′ 254 307 315 339 543 743 744 795.

Oftmals ist beim Ind. auf *-ει*, *-εις* die Endung *-η*, *ης* geschrieben, so daß die Form wie ein Konj. aussieht.

4_{19} *ἐγκαταλείψει*] *-ψη* 637 542 673 743 11_{1} *καθιση* S* C 13_{2} *προσκρουση* C (*-κουση*) 637 421 578 706 743 797 13_{5} *αποκενωση* 578 672 et *ου πονεση* 578 672* 13_{7} *αισχυνη* c 336 743 14_{25} *στηση* A 253 296-548 (*στιση*) 578 16_{14} *ποιηση* 307 548 19_{28} *κακοποιηση* V (*-σι*) 637 157 706 23_{2} *τις επιστηση* A 545 26_{13} *πιανη* A* (vid.) 548 578 30_{9} *εκθαμβηση* 421 34_{30} *πληθυνη* V 548 705 35_{10} *κατασπευδη* V-253 637 548 36_{1} *ουκ απαντηση* 254^{c} 39_{11} *καταλειψη* 253 L^{-248} 307 (*-ληψη*) 443 40_{11} *αναστρεφη* V 443 545 40_{15} *ου πληθυνη* 296-548 43_{31} *τις μεγαλυνη* $S^{*?}$ 311-548 543 50_{29} *ισχυση* 296-706.

6_{3}b *απολεσης* V 307 (*απωλεσης*) 336 542 543 672* 795 6_{3}c *αφησης* 307 315 542 7_{28} *τι ανταποδωσης* 253 545*-705 743 12_{5} *ευρησης* 743, ebenso 12_{17} C (*ευρησις*) 253 637 und 34_{22} 548 14_{15} *ουχι . . . καταλειψης* 339 743 15_{15} *συντηρησης* 68-744 315 545 706 = Ald. 30_{40} *ζητησης* 253 336 421 672.

11_{11} *ὑστερεῖται*] *-ρηται* 315* 578 795.

An verschiedenen Stellen ist der Wechsel *η—ει*, *ης — εις* rein orthographisch. Beispiele:

22_{13} (*καὶ οὐ μὴ*) *μολυνθῇς*] *-θεις* 253 alii 34_{16} (*μὴ*) *μισηθῇς*] *-θεις* 637 (*μεισηθεις*) 547 42_{1} (*μὴ π. τ.*) *αἰσχυνθῇς*] *-θεις* 253 alii.

Hierher gehört auch der häufige Wechsel *η—ει* beim Konjunktiv und Indikativ in Haupt- und Nebensätzen.

Bereits in klassischer Zeit kann *οὐ μή* mit Konj. Aor. oder Fut. Ind. stehen; *οὐ μή* mit Konj. (Aor.) ist „niedere Koine" (Bl-D. § 365 S. 222). Infolge der graphischen und phonetischen Nähe ist der Übergang von *η* zu *ει* sehr leicht. Sehr häufig ist er in den Minuskeln, gelegentlich auch in den alten Unzialen (B-S A) zu beobachten. Beispiele:

16_{13} *καὶ οὐ μὴ καθυστερήση* S 248-637 alii] *-σει* B A V-253 493 alii Ra.

19_{10} *οὐ μή σε ῥήξῃ* V-253 248-637 alii] *-ξει* B-S A 493 alii Ra.

28_{22} *οὐ μὴ κρατήσῃ* B A 253 *L* alii Ra.] *-σει* S V alii

31_{16} *καὶ οὐ μὴ δειλιάσῃ* B^c 248-637 alii Ra.] *-σει* B*-S A V-253 493 alii

32_{22} *οὐδὲ μὴ μακροθυμήσῃ* S A 253 248-637 alii Ra.] *-σει* B C V 493 alii.

Deutlich zeigen die Beispiele, daß weder in den alten Unzialen (B-S A) noch in den origeneischen (V-253) und lukianischen (248-493-637) Zeugen eine klare Scheidung vorliegt. Bei den lukianischen Minuskeln ist das Zusammengehen von 248-637, die immer den Konj. bezeugen, auffallend, da sonst 248 oft ein Einzelgänger ist, während 493-637 ein Paar bilden (siehe meine Akademieschrift *Die Münchener griech. Sirach-Hs. 493* S. 20f. 32—47). Nur 28_{22} bezeugen 248-493-637 (= *L*) geschlossen den Konjunktiv; dies läßt vermuten, daß Lukian ihn gewählt hat. Ebenso wird der Konjunktiv ursprünglich in *O* gestanden haben, da er besser als der Indikativ bezeugt ist. Nicht auszumachen ist, welche Form der Enkel gewählt hat; vielleicht hat er bereits Konj. und Ind. verwendet. Diese Unsicherheit wird jeden Herausgeber davor warnen, an den oben genannten Beispielen einheitlich (entweder den Konjunktiv oder den Indikativ zu setzen) oder beliebig (wie Ra.) zu verfahren. Es bleibt ihm nichts anderes übrig, als dem ältesten Zeugen (B) zu folgen, damit wenigstens eine einigermaßen klare Linie gewahrt wird.

Einfacher ist die Entscheidung bei den Formen des Indikativ und Konjunktiv in Nebensätzen, eingeleitet mit *ἐάν* (siehe Bl-D. § 373), *ἕως οὗ* (*ἄν*) (Bl-D. § 383), *ὅταν* (Bl-D. § 382) und *ἵνα* (Bl-D. § 369). Hier ist der Konjunktiv primär, der Indikativ dagegen sekundär. Der Indikativ steht oft in verschiedenen Minuskeln und auch in der Majuskel A, nur selten in den ältesten Unzialen (B-S). Beispiele:

18_{31} *ἐὰν χορηγήσῃς* (*-σεις* B* alii; *ευδοκησεις* A)

4_{17} *ἕως οὗ ἐμπιστεύσῃ* (*-σει* C alii)

13_{7} *ἕως οὗ ἀποκενώσῃ* (*-σει* S A V *L′* alii)

23_{17} *ἕως ἂν τελευτήσῃ* (*-σει* A alii)

18_{7} *ὅταν συντελέσῃ* (*-σει* A 253 alii)

19_{14} *ἵνα μὴ δευτερώσῃ* (*-σει* A 253 alii).

An allen Stellen ist der Konjunktiv ursprünglich und gehört in den Text.

Deutlich zeigt sich die schwankende Überlieferung in dem Abschnitt 32_{22}b–25 ($35_{19–23}$ Ra.), wo vom Hauptsatz V. 22bc vier Nebensätze mit je zwei (mit *ἕως* eingeleiteten) Doppelzeilen abhängen:

22b *καὶ ὁ κύριος οὐ μὴ βραδύνῃ* (*-νει* 493-637 alii)

οὐδὲ μὴ μακροθυμήσει (*-σῃ* S A 253 248-637 alii)

ἕως ἂν συντρίψῃ (*-ψει* V-253 637 alii)

23 *καὶ τοῖς ἔ. ἀνταποδώσει* (*-σι* A; *ανταποδιδωσι* C)

ἕως ἐξάρῃ (*-ρει* 296-548 alii)

καὶ σκ. ἀδ. συντρίψει (*-ψῃ* S A C V-253 493 alii)

24 *ἕως ἀνταποδῷ* (*-δοι* S* 315; *-δωσει* 248 alii)

25 *ἕως κρίνῃ* (*-νει* 637 alii)

καὶ εὐφρανεῖ (*-νι* S; *-νῃ* 307 alii; *ευφραινει* 253 706; *ευφραινη* 404).

Die aufgeführten Beispiele weisen eine bunte Mannigfaltigkeit auf. Die Varianten *η—ει—ι* sind zum größten Teil nicht auf eine absichtliche, von grammatisch-stilistischen Erwägungen geleitete Tätigkeit der Übersetzer oder Rezensoren, sondern auf die fahrlässige Schreibweise der Abschreiber zurückzuführen; sie gehören daher zu den reinen Orthographika.

Auch der Wandel von η zu ει bei den Verben der 2. Person Sing. des Medium (im Praesens und Futur) ist orthographischer Natur, siehe Thack. § 17_{12} und Bl-D. § 27.

Beispiele:

4_{10} *ἔσῃ*] *εσει* 421 alii, ebenso 42_{1} 296-548 alii 6_{31} *ἐνδύσῃ*] *-σει* S^{c} (*-σεις**) *L* (248*) alii, ebenso 27_{8}b 155 alii 6_{32} *παιδευθήσῃ*] *-σει* 307 alii 6_{33} *ἐκδέξῃ*] *-ξει* 404 alii 8_{8}c *μαθήσῃ*] *-σει* 493 alii, ebenso 8_{9}c 336 alii 11_{7} *μέμψῃ*] *-ψει* 336 alii 12_{11} *γνώσῃ*] *-σει* 336 alii 12_{12} *ἐπιγνώσῃ*] *-σει* 253 alii 27_{8}a *καταλήμψῃ*] *-ψει* 253 alii 34_{21} *ἀναπαύσῃ*] *-σει* 296-548 alii 36_{4} *ἀκουσθήσῃ*] *-σει* 315 alii 41_{4} *ἀπαναίνῃ*] *-νει* 253 alii.
5_{7} *ἐξολῇ*] *-λει* *l* 46 alii 8_{15} *συναπολῇ*] *-λει* 493-637 alii 14_{17} *ἀποθανῇ*] *-νει* 253 alii 51_{8} *ἐξαιρῇ*] *-ρει* 253 alii.

ε—ι, ι—ε: Thack. § 6_{22}.
47_{8} *ὕμνησεν*] *-σιν* S 443.
11_{5} *ἐφόρεσεν*] *-ρισεν* 155.
17_{32} *ἐπισκέπτεται*] *επεσκεπταιται* V.
1_{3} *ἐξιχνιάσει*] *εξεχν.* 755^{8} 33_{5} *ἐπιγνώτωσαν*] *επεγν.* 548 40_{16} *ἐκτιλήσεται*] *εκτελ.* 755.

ι—ει, ει—ι: Thack. § 6_{24-26}. Sehr häufig, namentlich in A und S. Die Substantiva auf *-εια* sind in den Unzialen gewöhnlich ohne *ε* geschrieben.

Beispiele:

ἀκρίβεια — ἀκριβία.
16_{25} *ἀκριβείᾳ* B^{c} (*ακρειβ.**)] *ακριβια* S A alii; *ακρυβια* 68 = Ald. 42_{4} *ἀκριβείας* B^{c} (*ακρειβ.**) A . . .] *ακριβιας* S C alii.

ὠφέλεια — ὠφελία.
20_{30} *ὠφέλεια*] *ωφελια* S V alii, ebenso 30_{23} B*-S und 41_{14} B*-S C.

ἀναίδεια — ἀναιδία.
25_{22} *ἀναίδεια*] *αναιδια* V 637.

οἰκτίρειν — οἰκτείρειν.
36_{18} *οἰκτίρησον* S V Ra.] *οικτειρησον* (*οικτηρισον*, *οικτηρησον*) rel. 2_{11} *οἰκτίρμων*] *οικτειρμων* B* A C 253 alii 5_{6} *οἰκτιρμός*] *οικτειρμος* B* C V alii.

Die richtige Schreibweise (mit *-ι-* statt *-ει-*) ist beim Verbum spärlich bezeugt. Vgl. zum NT Bl-D. § 23. 101.

δανείζειν — δανίζειν.

8_{12} *δανείσῃς* 1° 2°] *δανισης* B*-S A V alii; *δανησης* 637; *δανησις* 339
29_{2} *δάνεισον*] *δανισον* B*-S A V-253 637 alii
20_{15} *δανιεῖ*] *δανειει* 248 alii, ebenso 29_{1} B^{c} 248 alii
18_{33} *δανεισμοῦ*] *δανισμου* B*-S A C V-253 637 alii
29_{28} *δανειστοῦ*] *δανιστου* B*-S A V-253 637 alii.

Die Übersicht bestätigt Bl-D. § 23: „*Δανίζειν* mit *-ι-* statt des att. *-ει-* ist stark bezeugt". Zum Futur *δανιῶ* siehe Helb. Gramm. S. 87.

ἀποτείσω — ἀποτίσω.

8_{13} haben alle Hss. ἀποτίσων (so auch ἀποτίσω im NT Philem. 19). Mit Ra. ist ἀποτείσων zu schreiben, siehe Bl-D. § 23.

μεῖγμα — μίγμα.

38_{8} haben alle Hss. μιγμα (ebenso im NT Ioh. 19_{39}). Es ist mit Ra. μεῖγμα zu schreiben. Zum Akzent schreibt unentschieden Bl-D. § 13: „Zweifelhaft μίγμα J 19_{39} (eventuell μεῖγμα, unmöglich μῖγμα)".

καθαρειότης — καθαριότης.

Nur zwei Minuskeln schreiben 43_{1} richtig -ει-, nämlich 106 (καθαρειοτητος) und 603 (καθαρειοτης). Siehe Sap. Salomonis Einl. S. 67.

λογεῖον — λόγιον.

P. Katz, Theol. Zeitschr. (Basel) 5 (1949) 6 weist darauf hin, daß 45_{10} λόγιον *Orakel* „richtig" sei. Ra. schreibt λογείῳ mit 248 und verschiedenen Minuskeln, während B A 253 493-637 und viele Minuskeln λογίῳ haben.

η—ι, ι—η: Thack. § 6_{23}. Sehr häufig, namentlich bei S und A. Thack. notiert 26_{17} ἡλικίᾳ] ιλικιαν A (so, nicht ιλικια, wie Thack. im Anschluß an Sw. Appendix notiert).

Siehe ferner 10_{6} 28_{7} μηνίσῃς] μινησης A.

Der Wandel von η zu ι (und umgekehrt) ist bei manchen Verbalformen rein orthographisch zu bewerten.

Bei den Verben auf -έω ist oftmals ι statt η geschrieben, so daß es aussieht, als seien es Verben auf -ίζω.

18_{29} ἀνώμβρησαν] -βρισαν 248-743 alii 39_{6} ἀνομβρήσει] -βρισει 253 248-672 alii 50_{27} ἀνώμβρησεν] -βρισεν V 248 alii Mal.
1_{19} ἐξώμβρησεν] -βρισε(ν) *L* alii Mal. 10_{13} ἐξομβρήσει] -βρισει L^{-248} alii Antioch. p. 1572
29_{26} κόσμησον] -μισον 543 38_{28} κοσμῆσαι] -μισαι 307 alii 42_{21} ἐκόσμησεν] -μισεν 548 alii
16_{13} 37_{20} καθυστερήσει] -ρισει 248 (-ση 16_{13}) 24_{10} ἐλειτούργησα] -γισα 339 39_{4} ὑπηρετήσει] -τισει 543 alii.

Umgekehrt ist bei den Verben auf -ίζω manchmal η statt ι geschrieben, so daß man an Verba auf -έω denken könnte. Vgl. auch Thack. § 24.

36_{11} διεχώρισεν] -ρησεν L^{-248}-315′-705 c alii
12_{5} ἐμπόδισον] -δησον 253 alii 46_{4} ἀνεπόδισεν] -δησεν 631; ενεποδησεν 797 48_{23} ἀνεπόδισεν] -δησεν 253 alii
4_{2} παροργίσῃς] -γησης c-795 alii
11_{34} ἐνοίκισον] -κησον L^{-248}-743-106-545 alii 29_{18} ἀπῴκισεν] -κησε(ν) L^{-248} 339 alii.
10_{14} ἐκάθισεν] -θησεν 296-548 339 543 744 11_{1} καθίσει] καθησει A 296-548 336 339 547; (καθιση S* C) 11_{5} ἐκάθισαν] -θησαν 248*-672 543 548 575 12_{12} καθίσῃς] -θησης V 296-548 421 543 34_{12} ἐκάθισας] -θησας 253 336 543 547 34_{18} ἐκάθισας] -θησας 253 296-548 543 744* 35_{1} κάθισον] καθησον 296c-548 543.
8_{11} ἐγκαθίσῃ] -θηση 296-548 alii.

Vgl. umgekehrt 26_{12} καθήσεται] καθισεται *a* 249-754 alii.

ἐνδελεχίζειν — ἐνδελεχεῖν.

30_{1} *ἐνδελεχήσει*] -*χισει* V (-*χισι*)-253 (-*χεσι*) 248-*l*-157′ 254-603 296-548 46 315 429 443 542 543 679 Mal. Dam. p. 296 Anton. p. 1044
41_{6} *ἐνδελεχιεῖ*] -*χει* A *b* 339 443; -*χι* 296-548 534 (-*χη*); -*χισει* 130 157′.

Das Verbum *ἐνδελεχίζειν* kommt nur in Sir. vor. H.-R. notieren die beiden Formen *ἐνδελεχίζειν* (7mal) und *ἐνδελεχεῖν* (2mal), nämlich die genannten Stellen 30_{1} 41_{6} A. Der griech. Übersetzer hat jedoch nur *ἐνδελεχίζειν* verwendet, wie die Formen *ἐνδελέχιζε*, *ἐνδελεχίζων*, *ἐνδελεχισθήσεται* zeigen. Deshalb ist 30_{1} *ἐνδελεχίσει* zu schreiben. Ra. verweist bei der Variante *ενδελεχει* A 41_{6} auf 30_{1}, wo er im Text *ἐνδελεχήσει* liest, weil dort *ἐνδελεχέω* ein transitives Verbum sei. Jedoch kann auch *ἐνδελεχίζω* so verwendet werden.

Τίγρις — Τίγρης.

24_{25} *τιγρης* *a*-613 547 578 672 679 795 Mal.*, *τηγρις* 311, *τηγρης* 543.

θημωνιά — θιμωνιά.

20_{28} *θιμωνιαν* B-S V 637-705 296-706* (-*νειαν*^{c}) 157 254 339 542 543^{c}; *θιμονιαν* 543* 679 743; *θειμωνιαν* A^{c} (-*νιων** vid.) 253; *θεμονιαν* 548; *θιμωνίαν* Ald.; *θημωνείαν* Compl.; *θημωνίαν* Sixt.
39_{17} *θιμωνια* B A V 637-705 157 339 542 706; *θειμωνια* S; *θιμονια* 253 336 543 = Ald. (*θιμονία*); *θυμωνια* 578; *θυμονια* 744; *θημωνία* Compl. Sixt.

Katz S. 283: „Falsch setzt Ra. *θι*- statt *θημωνία*, von *τι*-*θη*-*μι*.“ Es ist jedoch *θημωνιά* („not *θημωνία*“ Lidell-Scott) zu akzentuieren, so auch im *Μέγα Λεξ*. Ra. hat die unrichtige Schreibweise *θιμωνιάν* 20_{28} und *θιμωνιά* 39_{17} von Sw. übernommen.

κτίσις — κτῆσις.

16_{17} *κτησει* V 493 46 296 336 443 543 603 673 679 Mal., ebenso 49_{16} 637 679

κτῆσις — κτίσις.

36_{29} *κτήσεως* 964] *κτισ*. V 493-545-705 307 315 443 547 578 679 706, ebenso 42_{4} *c* 307 315 545.

Ähnlich ist auch das Verbum *κτίζειν* mit *η* geschrieben, so von V *εκτησεν* (statt *ἔκτισεν*) 1_{9} 17_{1} 18_{1}, und von verschiedenen Minuskeln, namentlich 534 und 548.

Umgekehrt sind die *η*-Formen des Verbums *κτᾶσθαι* in verschiedenen Minuskeln mit *ι* geschrieben, z.B. 24_{6} *εκτισαμην* (für *ἐκτησάμην*) in 493 336 613* 672* 706 743 30_{39} *εκτισω* (für *ἐκτήσω*) in 253 *c* 106$^{(c)}$ 744 51_{28} *κτισασθε* (für *κτήσασθε*) in 253 (*κτισασθαι*) 548 = Ald.

ταμιεῖον — ταμεῖον — ταμῖον. Siehe App. zu 29_{12}.

ὑγίεια — ὑγεία — ὑγία. Siehe App. zu 1_{18} $30_{15\,16}$ 34_{20}.

In verschiedenen Formen des Verbums *ἀπολείπειν* (und ähnlicher Komposita) wechseln *ι*—*ει* (bei H.-R. sogar für die Unzialen B-S A verzeichnet). Vgl. auch Thack. § 24 S. 275.

22_{11a} *ἐξέλιπεν*] -*λειπεν* A C 253 637 alii, ebenso 22_{11b} A C V 637 alii
$30_{4\,6}$ *κατέλιπεν*] -*λειπεν* A 253 637 alii, ebenso 47_{23} *κατελειπε(ν)* A V 637 alii

16_{27} ἐξέλιπον] -λειπον A 253 248 alii; -λειπεν V 336 743 (-πε), ebenso 49_4d εξελειπον A C 253 637 alii 44_8 κατέλιπον] -λειπον A 253 637 alii, ebenso 49_4c A 637 alii.

41_8 ἐγκατελίπετε] -λειπετε B* A 253 alii

7_{30} (μὴ) ἐγκαταλίπῃς] -λειπης A 253 L^{-248} alii, ebenso 9_{10} A V 637 alii, 23_1 A 253 637 alii

24_9 (οὐ μὴ) ἐκλίπω] -λειπω A 253 L alii.

47_{22} (οὐ μὴ) ἐγκαταλίπῃ] -λειπη A 296-706 alii; καταλειπη 253 L^{-248} 336.

17_{25} ἀπόλειπε] -λιπε V L^{-248} alii.

51_{10} ἐγκαταλιπεῖν] -λειπειν A 253 alii.

3_{16} ἐγκαταλιπών] -λειπων O L^{-493} alii 23_{22} καταλιποῦσα] -λειπουσα A O-V L-315-743 alii 17_{24} ἐκλείποντας] -λιποντας S C V alii 28_{23} καταλείποντες] -λιποντες S V l a alii.

42_{24} ἐλλεῖπον] εκλιπον B* Sw. (ἐκλιπόν); εκλειπον B^c C (vid.) alii; ελλιπον A.

γίνεται — γείνεται. S V schreiben gewöhnlich γεινεται 19_{16} (nur S) 34_4 41_5 43_{19}.

γίνου — γείνου. S V haben gewöhnlich γεινου 4_{10} $_{29}$ 5_5 (nur S) 5_{11} 6_1 (nur S) 18_{23} (auch C) 18_{33} 30_{31} 34_{22} 35_1 $_8$, B nur 8_{12}, S^c 2_6 (Zusatz).

ο—ε, ε—ο: Thack. § 6_{27}.

9_{18} προπετής] πρεπ. A

5_7d ἐξολῇ] εξελη V.

10_{13} ἐξομβρήσει] εξεμβρ. 336 25_7 ὑπονοήματα] υπενοημ. 253 36_{17} πρωτογόνῳ] -γενω 307.

16_{22} ὑπομενεῖ] -μονει A

32_3 προσφέρων] -φορων V

25_7 ἐρῶ] ορω 543 51_{19} ἐπενόησα] επενθησα B-S A alii; επονοησα 253.

ο—ω, ω—ο: Thack. § 6_{29-31}.

11_{10} ἀθῳωθήσῃ] αθοωθ. B* A C V c 339 542; αθωοθηση S^c 253 743* (-θειση) 16_{11} ἀθῳωθήσεται] αθοωθ. B*-S A 253 296^c 339 542 706; αθωοθησεται 743.

prol. $_{36}$ βιοτεύειν] βιωτ. B-S C V-253 296-548 307 339 404′ 534 543-578 (βιωτεβειν) 547 728

27_{13} προσόχθισμα] προσωχθ. S A 493-637 (προσωχθησμα) 68-744 296 797 = Ald.

38_{28} ἄκμονος] -μωνος B 493*-705 a 46 157′ 254-603 307 315 336 339 443 542 543 548 795.

Für ἀνταπόδομα steht -δωμα 12_2 in A 253 307 743 744* Dam. p. 1361, 14_6 in 743*, 17_{23} in 493 c (548*) 157′ 254-754 339 743, 20_{10} in 339 705, 48_8 in 637 339 443*.

Oftmals ist κυκλωθεν (statt κυκλόθεν) geschrieben in verschiedenen Minuskeln, so immer in 637.

12_{11} steht εσωπτρον (statt ἔσοπτρον) in 493-545 311 542 543 768 797.

24_{30} steht διορυξ (statt διῶρυξ) in 296-548 130^c 336 443^c (δωρυξ*) 542, 24_{31} in 637 296-548 336 542 754.

prol. $_{3}$ *δεδομένων*] *δεδωμ.* 534   prol. $_{27}$ *ὀγδόῳ*] -*δωω* 543 548* 743* 11$_{19}$ *φάγομαι*] -*γωμαι* L^{-493}-694-743* 46 311-548 336 543 613 679 754 Mal. 11$_{24}$ *κακωθήσομαι*] -*σωμαι* 548 alii.

18$_{26}$ *πρωίθεν*] *προιθεν* V-253   22$_{15}$ *βῶλον*] *βολον* 253 296-548 421 429 543 547 679 797: cf. Ez. 17$_{7}$ $_{10}$ (Einl. zu Ez. S. 68)   49$_{11}$ *μεγαλύνωμεν*] -*νομεν* S V *L*-672 *a* alii.

Der Imper. *δός*, der 12mal vorkommt, ist in einigen Minuskeln (so immer in 543) *δῶς* geschrieben.

Umgekehrt ist der negierte Imper. *μὴ δῷς*, der 16mal steht, in verschiedenen (späten) Minuskeln (so immer in 315) *μὴ δός* geschrieben, so auch in 253 12$_{5}$a und in 253^{c} 18$_{15}$. Auch in den biblischen Florilegien steht gewöhnlich diese Form: 12$_{5}$ab Dam. p. 101   18$_{15}$ Dam. p. 1392. 424   30$_{11}$ Dam. p. 296 Anton. p. 1045   30$_{21}$ Dam. p. 24   30$_{28}$bc Dam. p. 1404   30$_{31}$ Anton. p. 964   38$_{20}$ Dam. p. 24.

Vgl. auch 23$_{6}$ *μὴ παραδῷς*] *μη* -*δος* 315 679 705.

Häufig steht in späten Minuskeln *ανα μεσων* (statt *ἀνὰ μέσον*), so auch 23$_{14}$ in 253.

κρείσσων — *κρεῖσσον*. An allen (14) Stellen ist der Wechsel *ω*—*ο* bezeugt.

ο—*υ*, *υ*—*ο*: Thack. § 6$_{32}$.

πραΰτης — *πραότης*. Siehe App. zu 1$_{27}$ 3$_{17}$ 4$_{8}$ 10$_{28}$ 36$_{28}$ 45$_{4}$. Vgl. Hatch p. 250.

41$_{21}$ *δόσεως*] *δυσ.* 253.

50$_{9}$ *ὁλοσφύρητον*] -*σφορ.* 315.

ου—*ο*, *ο*—*ου*: Thack. § 6$_{33}$.

4$_{9}$ *ἀδικοῦντος*] -*κοντος* 404

6$_{2}$ *βουλῇ*] *βολη* 315 694   15$_{14}$ *διαβουλίου*] -*βολιου* 157 336* 543 753 754 755   17$_{6}$ *διαβούλιον*] -*βολιον* 743   37$_{7}$ *σύμβουλος*] -*βολος* 404   42$_{21}$ *συμβούλου*] -*βολου* 336 545 603

28$_{19}$c *οὐχ*] *οχ* 253   40$_{25}$ *βουλή*] *βολη* 744 = Ald.

41$_{1}$ *εὐοδουμένῳ*] -*δομενω* 68-744 = Ald.   46$_{17}$ *ἀκουστήν*] *ακοστην* 545.

12$_{14}$ *συμφυρόμενον*] *συνφυρουμ.* S   41$_{2}$ *ἐπιδεομένῳ*] -*δεουμ.* A   51$_{2}$ *διαβολῆς*] -*βουλης* A.

prol. $_{2}$ *ἠκολουθηκότων*] *ηκουλ.* 548   5$_{2}$ *ἐξακολούθει*] *εξακουλουθη* 155 404; *εξακουλουθευση* 755   20$_{2}$ *ἀνθομολογούμενος*] -*λουγ.* 542   21$_{10}$ *ὁδός*] *οδους* 155   38$_{34}$ *ἐπιδιδόντος*] -*δουντος* 155 542   40$_{13}$ *ποταμός*] -*μους* 534 51$_{19}$ *ὕψος*] *υψους* 155.

ου—*ω*, *ω*—*ου*: Thack. § 6$_{34}$.

38$_{32}$ *περιπατήσουσιν*] -*σωσιν* S* (vid.).

2$_{17}$a *ἑτοιμάσουσιν*] -*σωσιν* 296-548   2$_{17}$b *ταπεινώσουσιν*] -*σωσιν* 578 4$_{14}$ *λειτουργήσουσιν*] -*σωσιν* 547 785   14$_{4}$ *τρυφήσουσιν*] -*σωσιν* 296-548

2$_{18}$ *ἐμπεσούμεθα*] -*σωμεθα* 307   23$_{18}$ *πληθύνουσιν*] -*νωσιν* A   24$_{21}$ *πεινάσουσιν*] -*σωσι* 315* 578   26$_{10}$ *εὑροῦσα*] *ευρωσα* 705   39$_{30}$ *ἐκδικοῦσα*] -*κωσα* V (-*σαι*)-253   44$_{4}$ *διαβουλίοις*] -*βωλιοις* 155.

40$_{3}$ *τεταπεινωμένου*] -*νουμ.* A

4_{8} καταρωμένου] -ρουμ. 46 19_{24} ἡττώμενος] ηττουμ. 307 20_{9} ἐλάττωσιν] ελαττουσιν 253 30_{26} καλαμώμενος] -μουμ. C 336 41_{2} περισπωμένῳ] -σπουμ. 637 49_{11} μεγαλύνωμεν] -νουμεν *l*-157'' 311 336 51_{24} διψῶσιν] διψουσιν 637.

ου—υ, υ—ου: Thack. § 6_{35}.

1_{3} οὐρανοῦ] υρ. S* (corr.[1]) A* 31_{1} ἀναπτεροῦσιν] -ρυσιν V 38_{33a} οὐχ] υχ 253.

40_{26} ἀνυψώσουσιν (ανυψουσιν S^c A alii)] ανουψουσιν S*

7_{19} χρυσίον] χρουσιον 157.

οι—ι, ι—οι: Thack. § 6_{36}.

12_{18} ἀλλοιώσει] αλλιωσει 548 25_{17} αλλιοι 548 27_{11} αλλιουται 404 548 768* (vid.) 33_{6} αλλιωσον 548

43_{8} ἐν ἀλλοιώσει] εν αλλιωσει 548.

3_{9} ἐκριζοῖ] εκροιζοι 743 7_{11} πικρίᾳ] ποικρια 743 40_{9} ἔρις] εροις 548.

3_{24} ὑπόνοια] -νια 548 6_{24} κλοιόν] κλιον 548 6_{35} παροιμίαι] παριμ. 404 23_{8} λοίδορος] λιδ. 548 41_{16} τοιγαροῦν] τιγ. 404 548 50_{22} μεγαλοποιοῦντι B . . .] -πιουντι 68-744 (-τη) = Ald.

οι—ει, ει—οι: Thack. § 6_{37}.

τοῖχος — τεῖχος. Siehe App. zu 14_{24} 23_{18} und 49_{13}.

3_{9} ἐκριζοῖ] -ζει 404 578

13_{25} ἀλλοιοῖ] αλλοιει 404 547 672 705 743, ebenso 25_{17a} 672 728 744, 40_{6} 404 744.

25_{17}b σκοτοῖ] σκοτει 68-744 672 679 743 = Ald.

6_{11} ἀγαθοῖς] -θεις 404

7_{29} ἱερεῖς] -ροις 548 22_{18} κείμενοι] κοιμ. 545 25_{23} μακαριεῖ] -ριοι 705 29_{1} δανιεῖ] -νειοι 46 106, ebenso 106 20_{15} 31_{18} ἐπέχει] -χοι 679 36_{2} μισήσει] -σοι 46.

οι—υ, υ—οι: Thack. § 6_{41}.

14_{24} τοίχοις] τυχοις A 578 22_{17} τοίχου] τυχου 443* 728; τυχους V 24_{14} φοῖνιξ] φυνιξ A.

prol. $_{26}$ λοιπά] λυπα 339 4_{6} ποιήσας] πυησας 578

8_{3} ἐπιστοιβάσῃς] -στυβ. 296-311 307 543 547 728

22_{24} λοιδορίαι] λυδ. 543 29_{6} λοιδορίας] λυδωριας 543 728

24_{2} ἀνοίξει] ανυξει 339 34_{12} ἀνοίξῃς] ανυξης 339 40_{14} ἀνοῖξαι] ανυξαι 637 339

26_{12} ὁδοιπόρος] οδυπ. 296-548 728

40_{30} κοιλίᾳ] κυλια 543* 51_{5} κοιλίας] κυλιας 706.

28_{23} λυμανεῖται] λοιμ. B*-S 307 542 578.

12_{12} κατανυγήσῃ] -νοιγ. 253 679 705* 14_{1} κατενύγη] κετενοιγη 679 20_{21} κατανυγήσεται] -νοιγ. 311 728 21_{20} ἀνυψοῖ] ανοιψοι 578 24_{6} κύμασιν] κοιμασι 728 24_{14} φυτά] φοιτα 637 315* 728 26_{28} συνετοί] σοιν. 743 27_{27} κυλισθήσεται] κοιλ. 46 38_{8} μυρεψός] μοιρ. 307 40_{10} κατακλυσμός] -κλοισμος 307.

υ—ι, ι—υ: Thack. § 6_{42-44}. Sehr häufig, namentlich in den jüngeren Minuskeln, aus denen nur einige Beispiele genannt sein sollen.

22_{14} μόλιβον] μολυβον 248 679; μολυβδον 547 705 743, ebenso 47_{18} μολυβον 253 248 157 679 755; μολυβδον 130: cf. Thack. § 7_{34}.

16_{17} *κρυβήσομαι*] *κριβ.* 548 21_{13} *κατακλυσμός*] *-κλισμος* 548 24_{27} *τρυγήτου*] *τριγυτου* 493* (*τριγητου*^{c}) 27_{17} *μυστήρια*] *μισθηρια* 548 28_{23} *λυμανεῖται*] *λιμ.* 68-744 404 705 = Ald. 27_{14} *πολυόρκου*] *πολιορκου* 296-548 46 443 543 606 744 797 = Ald. 32_{10} *σμικρύνης*] *-ρινης* 404 578 34_{24} *διαγογγύσει*] *-γγισει* 404 578 34_{14} *τρυβλίῳ*] *τριβλιω* 404′ 545 705 39_{26} *σταφυλῆς*] *-φιλης* 548 45_{11} *φυλῶν*] *φιλων* 679 744.

46_{18} *Φυλιστιείμ*] *φιλ.* 493-106-705 155 336 358 603 613 672 679 797, ebenso 47_{7} 253 493-106-705 336 358 603 613 672 679 795 797 Mal., 50_{26} 493-106 336 358 603 613 672 679 795 Mal.

στιππύον — στυππίον — στυππεῖον. Siehe App. zu 21_{9}. Katz S. 283 möchte die att. Form *στυππεῖον* zu Unrecht herstellen.

1_{28} *δισσῇ*] *δυσση* 545^{c} 578 743 (*δυση*) 23_{11} *δισσῶς*] *δυσσως* 578 743 42_{24} *δισσά*] *δυσσα* 578.

6_{30} *ὑακίνθινον*] *-θυνον* 307 311 547 672 705 728 744-768* 795; *υακυνθυνον* 315 404

17_{12} *κρίματα*] *κρυμ.* 548 18_{26} *ταχινά*] *ταχυνα* 548 20_{7} *λαπιστής*] *λαπυστης* 46 24_{16} *τερέβινθος*] *-βυνθος* 493 34_{24} *ἀκριβής*] *ακρυβης* 545 37_{30} *ἐγγιεῖ*] *εγγυει* 315 336* 744 = Ald. 50_{11} *ἐνδιδύσκεσθαι*] *ενδυδισκ.* V 106 795 51_{6} *ἤγγισεν*] *ηγγυσεν* 637 51_{23} *ἐγγίσατε*] *εγγυσατε* 547 548 705.

ευ—η: Thack. § 6_{45}.

πανούργευμα — πανούργημα. Siehe App. zu 1_{6} 42_{18}.

η—υ: Thack. § 6_{46}(I). Oft in den Minuskeln.

18_{32} *πολλῇ*] *πολλυ* A; *πολυ* 548 743

24_{20} *κηρίου*] *κηρου* B-S . . .; *κυρου* 744 = Ald.

6_{3} *ξηρόν*] *ξυρον* 545 11_{5} *διάδημα*] *διαδυμα* 785 19_{3} *σκώληκες*] *-λυκες* 743 24_{4} *κατεσκήνωσα*] *-σκυν.* 548 24_{31} *κῆπον*] *κυπον* 548* 38_{30} *πηλόν*] *πυλον* 548 40_{13} *ἐξηχήσει*] *εξυχ.* 578 43_{6} *σελήνη*] *σελυνη* 545.

υ—η: Thack. § 6_{46}(II).

6_{17} *εὐθυνεῖ*] *ευθηνει* 46 404′ 7_{6} *εὐθύτητι*] *ευθητητι* 548 673 744 19_{28} *κωλυθῇ*] *κωληθη* 493 27_{1} *πληθῦναι*] *-θηναι* 548 743 = Ald. 29_{18} *κατευθύνοντας*] *-θηνοντας* 548* 51_{9} *ῥύσεως*] *ρησεως* 548.

Statt *πληθύνειν* schreibt gewöhnlich 548 (mit einigen Minuskeln) *πληθήνειν*.

ε—υ, υ—ε: Thack. § 6_{46}(III).

ξυστός — ξεστός. Siehe App. zu 22_{17}.

30_{38} *βάρυνον*] *βαρεν.* 672.

ευ—ε, ε—ευ: Thack. § 6_{46}(IV).

27_{29} *εὐφραινόμενοι*] *εφρ.* 548 755 32_{11} *εὐφροσύνη*] *εφρ.* 548, ebenso 37_{4} 404 548 51_{29} *εὐφρανθείη*] *εφρανθη* 548.

38_{28} *χαλκεύς*] *-κες* 548* 673 744 38_{29} *κεραμεύς*] *-μες* 548.

7_{25} *τετελεκώς*] *-λευκως* 705 785 11_{31} *ἐνεδρεύει*] *ενευδρ.* 743* 43_{17} *βορέου*] *βορευου* 155 46_{8} *ῥέουσαν*] *ρευουσαν* 155.

ευ—υ: Thack. § 6_{47}.

47_{6} *εὐλογίαις*] *υλ.* A*.

6_{35} *ἐκφευγέτωσαν*] *εκφυγ.* S* A 493 46 492 Dam. p. 12 Antioch. p. 1701 40_{6} *ἐκπεφευγώς*] *-φυγως* 307 613^{c}.

11_{10} *ἐκφύγῃς*] *εκφευγης* 744 = Ald.

Weitere Vertauschungen (bei Thack. nicht notiert).

α—ω, ω—α. 14_{16} ἀπάτησον] απωτησον 68 43_{1} γαυρίαμα] -ριωμα 672.
31_{29} καταρώμενος] -ραμενος 68 = Ald. 35_{5} συμποσίῳ] -σια A.
22_{16} ἱμάντωσις] ημαντασις 155 24_{14} πεδίῳ] πεδια 679 30_{19} εἰδώλῳ] ειδαλω 744 = Ald. 37_{17} ἀλλοιώσεως] αλλοιασεως 578.

ε—ω, ω—ε. 17_{32} ἐπισκέπτεται] -σκωπτ. 493
6_{35} ἐκφευγέτωσαν] -γωτ. 545
8_{2} ἀπώλεσεν] απελεσε 534* 45_{9} κώδωσιν] -δεσιν S*.

η—ο, ο—η. 39_{12} διχομηνία] -μονια 543 45_{10} δήλοις] δολοις 545
47_{4} σφενδόνης] -νος 493
29_{28} ἔχοντι] εχηντι 755 45_{10} στολῇ] στηλη S.

η—ω, ω—η. 10_{10} τελευτήσει] -τωσει 545 24_{15} σκηνῇ] -νω 155.
10_{31}a ποσαχῶς] -χης V.

ι—α. 40_{16} ἐκτιλήσεται] εκταλ. 253.

ο—ι. 29_{25} ποτιεῖς] πιτ. 253.

η—οι, οι—η. Oft, namentlich bei αὐτῆς, das αυτοις geschrieben ist: 4_{17}e 248, 6_{24}b 404, 6_{25} 68 336 404 705 728, 9_{5} 68-744 336 404 = Ald., 14_{21}b 493 443 548 672 728, 14_{22}b 743* 744, 26_{9} 493 336 404' 797, 26_{13}b 606.

Ebenso steht τοις für τῆς 29_{27}b 68-744 545* = Ald.

prol. $_{16}$ προσοχῆς] -χοις 130 4_{18} ἐπανήξει] -νοιξει 705 42_{19} ἴχνη] -νοι 548
6_{35} παροιμίαι] παρημ. 548 25_{16}a συνοικῆσαι] συνηκ. 548 45_{10} δήλοις] δηλης 613 705.

ε—ου. 41_{22} περιεργείας] περιουργιας 543.

ει—υ. 38_{16} δεινά] δυνα 68-744 421 = Ald.

ου—α. 28_{16} ἀνάπαυσιν] -πασιν 744 45_{11} λιθουργοῦ] λιθαργου 493.

οι—αι. 23_{6} κοιλίας] καιλιας A.

οι—ου. 13_{25} ἀλλοιοῖ] αλλοιου 296.

υι—οι. 45_{25}c υἱοῦ 2^{0}] οιου 542 613.

ου—αυ. 44_{22} οὕτως] αυτως V.

Einfügung von Vokalen (bei Thack. nicht notiert)

Statt ὑετός schreiben ὑιετός 694 1_{2}, 755 32_{26}, 543 43_{18}.

Kontraktion und Synkope: Thack. § 6_{49-50}

Ausfall von α. 41_{20} ⟨α⟩σπαζομενων 755 45_{26} ⟨α⟩φανισθη 755.
10_{11} αποθ⟨α⟩νειν S* (corr.[1])

prol. $_{21}$ ισοδυν⟨α⟩μει 543 27_{1} αδι⟨α⟩φορου 358 744 = Ald. 32_{11} δεκ⟨α⟩την 755 47_{8} ρημ⟨α⟩τι 603 47_{17} παρ⟨α⟩βολαις 755.

Ausfall von ε. 39_{10} ⟨ε⟩παινον S* 47_{10} ⟨ε⟩ορταις B*.
9_{13} ⟨ε⟩παλξεων V 155 755 26_{28} ⟨ε⟩παναγων 534 47_{24} ⟨ε⟩πληθυνθησαν 744 = Ald.
32_{25} ελε⟨ε⟩ι A 43_{16} πνευσ⟨ε⟩ται 307 47_{6} κ⟨ε⟩ρας 130*.

Ausfall von *η*. 21_{13} *ζω⟨η⟩ς* 249 22_{10} *δι⟨η⟩γουμενος* 2° 155′ 25_{9} *δι⟨η⟩γουμενος* V 743 48_{22} *εποι⟨η⟩σεν* 744.

Ausfall von *ι*. 25_{9} *δ⟨ι⟩ηγουμενος* A* 296*-548 315 534 27_{12} *δ⟨ι⟩ανοουμενων* V* 35_{17} *συγκρ⟨ι⟩μα* 149* 36_{28} *υ⟨ι⟩ους* 545 47_{7} *συνετρ⟨ι⟩ψεν* 744 48_{23} *ταις ημερα⟨ι⟩ς* V*.

Ausfall von *ο*. 24_{3} *⟨ο⟩μιχλη* 578.

prol. 21 *εισ⟨ο⟩δυναμει* 404 (für *ἰσοδυναμεῖ*) 1_{20} *φ⟨ο⟩βεισθαι* 743 3_{29} *ακρ⟨ο⟩ατου* 753 9_{6} *π⟨ο⟩ρναις* V* 10_{29} *αμαρταν⟨ο⟩ντα* 155 20_{27} *πρ⟨ο⟩αξει* 743 36_{8} *ε⟨ο⟩ρτας* 534 41_{1} *ευ⟨ο⟩δουμενω* 157* Chr. XIII 581 43_{17} *β⟨ο⟩ρεου* 672.

Ausfall von *υ*. 23_{18} *⟨υ⟩ψιστος* S* 27_{14} *πολ⟨υ⟩ορκου* S* (corr.[1 vid]).
3_{22} *κρ⟨υ⟩πτων* 130.

Ausfall von *ω*. 42_{8} *δικαι⟨ω⟩σαι* 336.

Ausfall von *αι*. 31_{26} *αφ⟨αι⟩ρουμενος* 149* (*αφερουμ.*[c]).

Ausfall von *ει*. 31_{9} *πολυπ⟨ει⟩ρος* V.

Ausfall von *ου*. 37_{18} *κυριευ⟨ου⟩σα* S.

Ausfall einzelner Silben. Sehr häufig. Es genügt, die Beispiele aus den Unzialen (und den beiden wichtigen Minuskeln 248 253) zu notieren:

24_{19} *επιθ⟨υμ⟩ουντες* S* 30_{25} *καλαμ⟨ωμ⟩ενος* S*
10_{7} *αμφ⟨οτ⟩ερων* A
14_{10} *φθο⟨νε⟩ρος* V 28_{26} *ε⟨νε⟩δρευοντος* V 36_{3} *ερω⟨τη⟩μα* V* 38_{26} *χορ⟨τασ⟩ματα* V* 44_{16} *μετ⟨ετ⟩εθη* V 744 $42_{9d\,10d}$ *συνῳκηκυῖα*] *συνωκυια* 253 (9d), 336 795 (10d).

Anfangssilben fehlen: 19_{15} *⟨δι⟩αβολη* A 41_{4} *⟨πα⟩ση* 248 51_{4} *⟨κυ⟩κλοθεν* A*. — 47_{4} *⟨γι⟩γαντα* V*.

Schlußsilben fehlen (sehr oft): 11_{14} *κα⟨κα⟩* B*. — 19_{1} *μεθυσ⟨ος⟩* S* (corr.[1]) 32_{4} *θυσια⟨ζων⟩* S* 46_{16} *επεκαλεσα⟨το⟩* S*. — 20_{11} *ταπεινωσ⟨εως⟩* A. — 30_{39} *ψυ⟨χη⟩* C.

Wechsel der Konsonanten: Thack. § 7_{1-21}

κ—γ, γ—κ: Thack. § 7_{3-6}. *εκ—εγ*: Thack. § 7_{4}. 155 schreibt immer *εγ* statt *εκ*, also *ἐγδέχεσθαι, ἐγδιηγεῖσθαι, ἐγδικεῖν, ἐγδίκησις, ἐγκλίνειν, ἐγλάμπειν, ἐγλείπειν, ἐγλεκτός*. Ebenso steht *ἐγκαίειν* statt *ἐκκαίειν* 23_{16} 155 547, $28_{8\,10}$ 534, 43_{4} 155.

ἔκκλητος — ἔγκλητος.

42_{11} *ἔκκλητον λαοῦ*] *εγκλητον λαου* L^{-248} alii, vide app.

Auf den ersten Blick sieht *ἔγκλητον* wie eine rein orthographische Variante aus, aber bei näherem Zusehen entpuppt sie sich keineswegs als „schlechte“ (so Smend S. 393), sondern als gute Lesart. Die beiden Vokabeln sind Hapaxlegomena in der LXX; *ἔκκλητος* (von *ἐκκαλεῖν*) = einer, der zur Volksversammlung (*ἐκκλησία*) geladen wird, und *ἔγκλητος* (von *ἐγκαλεῖν* vgl. 46_{19} *ἐνεκάλεσεν*) = einer, gegen den eine Beschuldigung, Anklage (*ἔγκλημα*) erhoben wird. In H ist das Wort nicht deutlich erkennbar; Sm. nimmt *qhlth* an; aber es ist *qllth* zu lesen, wie Pe. gegen Sm. geltend macht. Dies ist die Vorlage für ἔγκλητον, das nicht wörtlich (mit κεκατηραμένην *maledictam*), sondern mildernd wiedergegeben wurde. So hatte bereits La (*abiectione, obiectione*[V]) in ihrer Vorlage; damit ist ἔγκλητον als alte Lesart erwiesen, die sogar den Anspruch auf Ursprünglichkeit erheben kann, den schon Grotius anerkennt: „rescribendum ἔγκλητον λαοῦ, *accusatam a populo*" (S. 208); Thielmann (Die lat. Übers. des B. Sirach S. 537), Herkenne und Knabenbauer haben sich Grotius angeschlossen. Jedoch weisen die lukianischen Minuskeln 493-637 und die Vetus Latina ἔγκλητον GrII, nicht GrI zu.

ἔκγονα — ἔγγονα (nur im Plural).

40_{16} εγγονα 253 155 307 358 443 613 Anton. p. 1045, 44_{11} V L^{-248}-705 155 254 (εγγονον) 358 (εγγονων) 443 534 (εγγονων)-613 547, 45_{13} V *b* 155 311 358 443 534′ 547 705, 47_{22} V 358 443 534-613* 547 672 706.

Einige Male steht in 155 εγκλησια statt ἐκκλησία.

γκ—γγ. 21_{14} ἔγκατα] εγγατα 106 744 23_{12} ἐγκυλισθήσονται] εγγυλ. 578 41_{19} ἀγκῶνος] αγγωνος 672 42_{10} ἔγκυος] εγγυος 493-106-705 68-744 578 (εγγιος) 603 613 631 672 755 795 = Ald.

11_{30} καρδία] γαρδια A* (Sw. notiert irreführend γαρ δια).

5_{9} λίκμα] λιγμα C 155 (ληγμα).

γγ—γκ. 5_{11} φθέγγου] φθεγκου 744 755 26_{12} σύνεγγυς] συνεγκης 755 37_{14} ἀπαγγέλλειν] απαγκαιλαι (= απαγγελει 705) 755.

χ—κ: Thack. § 7_{7-8}. 26_{17} λυχνίας] λυκνιας B 28_{25} μοχλόν] μοκλον B* 49_{13} μοχλούς] μοκλους B*.

13_{2} χύτρα] κυθρα S 21_{21} χλιδών] κλιδων A 548.

V schreibt häufig ἐκθρός (statt ἐχθρός).

534 setzt zweimal κχ statt χ: 12_{10} εκχθρω und 33_{9} εκχθρον.

12_{11} ἐκμεμαχώς] -μακως 46 613* (-κος[c]) 14_{20} διαλεχθήσεται] -λεκθ. 744 18_{8} χρῆσις] κρισης (sic) 534 29_{4} παρέσχον] -σκον 358 38_{22} ἐχθές] εκθες V 40_{13} χρήματα] κρημ. 339, ebenso 48_{19} 249 339.

κ—χ: Thack. § 7_{9}.

10_{22} καύχημα] χαυχ. 548 45_{17} κριμάτων] χρηματων 631* (κρημ.[c]) 672.

χ—γ, γ—χ: Thack. § 7_{10}. 51_{3} βρυγμῶν] βρυχμων 755.

δ—τ: Thack. § 7_{12}. 10_{9} ἐνδόσθια] εντοσθια S 248 *a* 429 Mal. Suidas (ed. Adler IV 853).

37_{12} ἐνδελέχιζε] εντελ. 106.

τ—θ, θ—τ: Thack. § 7_{13}.

στ—σθ. 1_{4} ἔκτισται] εκτησθαι 155 6_{12} ἔσται] εσθαι 755 15_{8} ψεῦσται] -σθαι 578 23_{20} ἔγνωσται] -σθαι 743 755 27_{17} μυστήρια] μισθηρια 548 31_{27} ἀποστερῶν] -σθερων 755

37_{11} ἐπετείου (εφεστιου S* alii)] εφεσθιου 336.

σθ—στ. prol. 30 προσενέγκασθαι] -καστε 404 8_{10} ἐμπυρισθῇς] ενπυριστης 130 578 11_{28} γνωσθήσεται] γνωστησ. 575 14_{12} μνήσθητι] μνηστητι 755 18_{5} προσθήσει] -στησει 743 26_{9} γνωσθήσεται] γνωστισεται 404 31_{27} 37_{11} μισθίου] μιστιου 755 37_{31} προσθήσει] -στησει 578 38_{3} θαυμασθήσεται] -στησεται 575 673 38_{5} γνωσθῆναι] -στηναι 575 40_{10} ἐκτίσθη] -στη 130-705 673* 795 47_{19} ἐνεξουσιάσθης] -στης 755 49_{16} ἐδοξάσθησαν] -στησαν 755 51_{30} μισθόν] μειστον 755.

12_{11} κατίωσεν] καθιωσεν S* 40_{6} τεθορυβημένος] θεθορ. 795
48_{14} τελευτῇ] -θη 755*.
4_{25} ἐντράπηθι] -πητι B* A C 155 307 315 542 706.
22_{7} καθεύδοντα] κατευδωντας 493.

δ—θ, θ—δ: Thack. § 7_{15}.
23_{18} οὐθείς] ουδεις 155 315′ 336 Clem. Dam. p. 252
5_{8} οὐδέν] ουθεν 253, ebenso 18_{33} 542, 31_{16} 155
19_{7} οὐθέν] ουδεν C *l a*-534′ 46 155′ 157′ 336 339 358 421 443 543 547 753 755 768 23_{27}b οὐθέν] ουδεν *b* 46 157′ 336 339 534′ 543 (ουδε⟨ν⟩)-578 705 706 743 755 795 Dam. p. 1089. 1420 23_{27}c οὐθέν] ουδεν *b* 157′ 336 339 358 534′ 543 706 Dam. 39_{20} οὐδέν] ουθεν B V-253 *a* 46 336 339 547
18_{4} οὐδενί] ουθενι B-S* V-253 46 336
30_{38} μηδέν] μηθεν 547 35_{19} μηθέν] μηδεν A L'^{-248}-157′-315′ *l a*-534′ *b* 155 307 336 358 443 542 543 575 755 Dam. p. 1293 Anton. p. 800
19_{1} ἐξουθενῶν] -δενων C 248-672 34_{22} ἐξουδενώσῃς] -θενωσης L^{-248}-672; -δενησης B; -θενησης *b* 46 (-νισης) 157′ 307 358 443 542 613^{c} 34_{31} ἐξουδενώσῃς] -θενωσης A L^{-248} 358*(?); -θενησης B *b* 155 157′ 315′ 443 542 547 47_{7} ἐξουδένωσε(ν) omnes.
28_{8} θυμώδης] -θης C.
3_{29} ἐπιθυμία] -δημια 578 38_{5} ἐγλυκάνθη] -δη 672.

μ—ν: Thack. § 7_{18}.
22_{5} ἀμφοτέρων] ανφ. 578 41_{14} ἀμφοτέροις] ανφωτ. 155 39_{30} ῥομφαία] ρονφ. 155.

β—μ, μ—β: Thack. § 7_{19}.

τερέβινθος — τερέμινθος.
24_{16} haben nur B (und die abhängigen Minuskeln 68-744) Sa^{L} (nicht SaTh) τερέμινθος; von hier aus kam es in die beiden Ausgaben Ald. und Sixt. und sogar in den Text von Ra. Jedoch ist τερέμινθος auf den Schreiber von B zurückzuführen, der abweichende Schreibweisen liebt, siehe 26_{29} κάπηλος] καμηλος B*. Die Vokabel kommt außer an unserer Sirach-Stelle noch 8mal in der LXX vor (bei H.-R. fehlt Gen. 35_{4}): 6mal in den hist. Schriften, wo -μ- überwiegend bezeugt ist, und 2mal bei Is. (1_{30} 6_{13}), wo -β- den Vorzug hat. Auch bei Aquila steht immer (4mal) τερέβινθος. Somit gehört die Schreibweise mit -β- in die spätere Zeit und an unserer Stelle in den Text.
22_{14} μόλιβον] βολιβον A.

π—μ, μ—π: Thack. § 7_{19}.
26_{29} κάπηλος] καμηλος B*.
20_{29} ἀποτρέπει] -τρεμει A
11_{7} μέμψῃ] πεμψει 155 41_{7} μέμψεται] πεμψ. 548 22_{13} μολυνθῇς] πολυνθεις 534 38_{8} μεῖγμα] πιγμα 578.

λ—ρ, ρ—λ; ν—ρ, ρ—ν; λ—ν, ν—λ: Thack. § 7_{20}.
20_{7} λαπιστής] ραπ. 542 24_{15} χαλβάνη] χαρβανη A.
22_{15} σιδήρου] σιδηλου 249 35_{10} αἰσχυντηροῦ] -τηλου 755 42_{1} αἰσχυντηρός] -τηλος 672 755.
1_{6} πανουργεύματα] παρουργ. 743* 10_{15} ἐθνῶν] εθρων 548 24_{15} χαλβάνη] -βαρη 358 38_{13} ἐν χερσίν] ερ χ. 679 47_{6} ᾔνεσεν] ηρεσεν S*.
21_{16} φορτίον] φοντιον 743.
22_{1} ἡρδαλωμένῳ] ηρδανωμ. 672.

σ—ζ, ζ—σ; ζ—ξ; κσ—ξ: Thack. § 7_{21}.

24_{15} σμύρνα] ζμυρναν S* 35_{6} σμαράγδου] ζσμαρ. S* (ζ eras.); ζμαρ. 339
28_{23} σβεσθῇ] ζβεσθη V
28_{20} ζυγός 2°] συγος 315 38_{6} ἐνδοξάζεσθαι] ενδοξασεσθε 755
30_{9} σύμπαιξον] -πεζον C.
14_{24} πήξει] πησσει A.

Weitere Vertauschungen (bei Thack. nicht notiert)

λ—φ. λάρυγξ — φάρυγξ. Siehe App. zu 6_{5} 36_{24}. Dagegen ist 34_{12} von allen Hss. nur φάρυγξ bezeugt.

λ—γ. μόλις — μόγις. Siehe App. zu 21_{20} 26_{29} 29_{6} 35_{7}. Vgl. Bl-D. § 33.

β—δ. 24_{15} χαλβάνη] χαλδανη 534.

β—φ, φ—β. 3_{16} βλάσφημος] φλασφ. 548 22_{25} κρυβῶ] κρυφω 743* 26_{9} βλεφάροις] φλεφ. 548 47_{3} προβάτων] προφατων 336.
36_{24} φάρυγξ] βαρυγξ A.

γ—σ. 49_{15} στήριγμα] -ρισμα 253: cf. Thack. § 18_{3}(iii) (b).

δ—ζ. 37_{11} δειλοῦ] ζηλου 964.

ζ—γ. 38_{27} ζωγραφίαν] γωγρ. 672.

ζ—κ. 39_{29} χάλαζα] χαλακα 545.

θ—μ. 1_{23} μακρόθυμος] μακρομυμος 548.

θ—σ. 13_{21} προσαπωθεῖται] πρὸσ ἀπωσεῖται 253 45_{9} κυκλόθεν] -λωσεν 315.

κ—ξ. 1_{27} εὐδοκία] -δοξια S*.

μ—ρ. 33_{8} θυμόν] θυρον V*.

ξ—χ. 11_{6} ἔνδοξοι] ενδοχοι 743 $19_{13\ 14\ 15}$ ἔλεγξον] -γχον C* (vid.).

π—τ. 5_{9} ἀτραπῷ] ατρατω 493 35_{21} ἀπροσκόπῳ] -κοτω 358.

ρ—τ. 16_{12} κρινεῖ] κτινι A: wohl nur Schreibfehler für κρινι (so S*) (gegen Thack. § 24 S. 274 Anm. 1 und Ra.).

σ—δ. 14_{18} δασέος] δαδεος 797.

τ—σ. 43_{16} νότος] νοσος 315.

ψ—μ. 49_{1} μυρεψοῦ] μυρεμου A.

ψ—φ. 9_{4} ψαλλούσης] φαλλ. V.

χ—φ. 25_{2} προσώχθισα] προσωφθισα A.

υ—β. Sehr oft ist in den jüngeren Minuskeln β statt υ geschrieben.

ευ—εβ. 4_{13} εἰσπορεύεται] -ρεβεται 545 alii 4_{14} λατρεύοντες] λατρεβοντες 545 alii.

αυ—αβ. 43_{1} γαυρίαμα] γαβρ. 46^{8} (γαβριασμα) 149, ebenso 47_{4} γαβριαμα 311 543.

β—υ. 13_{2} λέβητα] λευητα 421; λευιτα 404 30_{33} ῥάβδος = Ald.] ραυδος 68-744 421 545.

φ—υ. 39_{9} ἐξαλειφθήσεται] εξαλημυθησεται 548.

Einschiebung von Konsonanten: Thack. § 7_{22-27}

λαμβάνειν.

32_{16} *λημψεται* B*-S A 155 339, 37_{5} B-S A 155, 38_{2} B-S A C (vid.) V 637 155 339. 48_{9} *αναλημφθεις* B-S A V 49_{14} *ανελημφθη* B-S V.

2_{6} *αντιλημψεται* B-S A C V 155 336 929 15_{1} *καταλημψεται* B-S A C 155 336 15_{7} *καταλημψονται* B-S A C V 336 27_{8} *καταλημψη* B-S A.

41_{19} *λημψεως* B-S A C V 339 42_{7} *λημψις* B-S A C 155; *λημψεις* V 637 11_{12} *αντιλημψεως* B-S A C V 637 336 534 (*αντηλ.*) 51_{7} *αντιλημψιν* B-S A V 637 3_{24} *υπολημψις* B*-S C V (-*ψεις*) 637 155 336 13_{22} *αντιλημπτορες* B*-S A C V 637 336 (-*τωρες*).

[*γ*]. 9_{4} *ενδελε[γ]χιζε* 421 12_{3} *ενδελε[γ]χιζοντη* (für -*τι*) 755 20_{19} $_{24}$ *ενδελε[γ]χισθησεται* 545 20_{25} *ενδελε[γ]χιζων* 545 41_{6} *ενδελε[γ]χιει* 578.

7_{13} *ενδελε[γ]χισμος* 545 17_{19} *ενδελε[γ]χεις* 795 20_{28} *ενδελε[γ]χως* 155, ebenso 37_{18} 795.

21_{20} *ησυ[γ]χει* (für *ἡσυχῇ*) 421 50_{12} *στελε[γ]χη* 336 534 673.

11_{2} *βδελυ[γ]ξει* 421 36_{5} *α[γ]ξων* 336 795.

7_{33} *δο[γ]ματος* 578 39_{13} *φυ[γ]ομενον* 578.

[*κ*]. 24_{33} *εκ[κ]χεω* 534 12_{10} *ε[κ]χθρω* 534 33_{9} *ε[κ]χθρον* 534.

[*μ*]. 13_{3} *προσενε[μ]βριμησατο* *l* 336 404; *προενε[μ]βρημησατο* 46 43_{20} *α[μ]φ* 603.

[*ν*]. 2_{3} *αὐξηθῇς*] *αυξινθεις* 534; *αυξυνθης* 679 5_{10} *ε[ν]στηριγμενος* 548 10_{4} *ε[ν]γειρει* 296-548 20_{13} *εκχυ[ν]θησονται* 493 23_{9} *ε[ν]θησης* 336, *ε[ν]θεισης* 743* (*ενθισης*^{c}) = *ἐθίσῃς* 24_{16} *τερε[ν]βινθος* 253 336 534 29_{1} *επισχυ[ν]ων* 744 = Ald. 42_{19} *παρεληλυθο[ν]τα* 795 46_{15} *ε[ν]γνωσθη* 795 50_{12} *κε[ν]δρων* 679 Sa (*κενδρος*).

[*ρ*]. 10_{31}b *π[ρ]οσαχως* C 24_{25} *τ[ρ]ιγρις* 545 39_{26} *στ[ρ]αφυλης* 253 48_{9} *αρμα[ρ]τι* 744.

[*σ*]. 9_{17} *επαινε[σ]θησεται* B*-S* A 785 15_{4} *κλι[σ]θη* S 42_{8} *δεδοκι[σ]μασμενος* B* 443.

3_{14} *προσανοικοδομη[σ]θησεται* 797 3_{15} *αναλυ[σ]θησονται* 744 4_{30} *φαντασιο[σ]κοπων* 253^{c} *a c* 421 543 547 575 672 (-*πω⟨ν⟩*) Dam. p. 1373 5_{9} *α[σ]τραπω* 694 6_{20} *απαιδευ[σ]τοις* 705 9_{16} *συνδει[σ]πνοι* 358 20_{2} *κωλυ[σ]θησεται* C 21_{4} *κατα[σ]πληγμος* 106 23_{27} *προσε[σ]χειν* V 27_{12} *ενδελε[σ]χιζε* 545 28_{19} *εδε[σ]θη* 545 755 32_{14} *δωρο[σ]κοπει* 613 39_{12} *επληρω[σ]θην* 130 42_{11} *εκκλη[σ]τον* 249 47_{16} *ηγαπη[σ]θης* 795 47_{10} *η[σ]χειν* 672.

7_{6} *εὐλαβηθῇς*] -*βισθης* 694 26_{5} *ηυλαβη[σ]θη* 679 39_{1} *ασχολη[σ]θησεται* 155 307 (-*λισθ.*) 679 705 (-*λισθ.*).

14_{3} *[σ]μικρολογω* 155 358 545^{mg} 547^{c} 743 34_{20} *[σ]χολερας* 493-672 (-*ρα*) 40_{5} *μήνιμα*] -*νισμα* *a c*-404′-679 315 336 358 443 542 543 Dam. p. 1281.

43_{1} *γαυρίαμα*] -*ριασμα* 311.

[*θ*]. 20_{19} *ενδελεχ[θ]ισθησεται* 755 36_{31} *οψισ[θ]η* 679 46_{1} *εκδικησ[θ]αι* 543.

[*τ*]. 11_{30} *επιβλεπ[τ]ει* B* 32_{14} *δωροκοπ[τ]ει* 296-548 (*δορ.*) 35_{21} *απροσκοπ[τ]ω* 68-744 311 578 603 705 = Ald. Compl.

Auslassung von Konsonanten: Thack. § 7_{28-36}

Thack. § 7_{31}.

⟨*κ*⟩. 29_{23} *ευδο⟨κ⟩ιαν* 404.

⟨*δ*⟩. prol. $_{2}$ *δε⟨δ⟩ομενων* S 39_{13} *ρο⟨δ⟩ον* 637.

⟨λ⟩. 25_{6} *πο⟨λ⟩υπειρια* B*.

⟨ρ⟩. 40_{9} *ε⟨ρ⟩ις* C.

⟨ν⟩. 6_{30} *υακινθι⟨ν⟩ον* 443 22_{13} *εκκλι⟨ν⟩ον* V* 22_{24} *καμι⟨ν⟩ου* 743* 25_{5} *δεδοξασμε|⟨ν⟩οις* 358 40_{4} *ωμολι⟨ν⟩ον* 404.

⟨γ⟩: Thack. § 7_{32}. 35_{8} *γινώσκων] γιγν.* 339.

⟨γ⟩, ⟨κ⟩, ⟨χ⟩: Thack. § 7_{33}. ⟨γ⟩ξ.

μάστιξ — μάστιγξ. 23_{11} *μάστιξ] μαστιγξ* S 248-106-705 311-548^{c}-706 336 679, ebenso 26_{6} 248-106-705* 296-311-548^{c} 336 672 679 und 40_{9} 106-705 311-706 315^{c} 336 578 679: cf. Thack. § 10_{20}.

λάρυγξ — λάρυξ. 6_{5} *λαρυξ* C 149 155' 307 339 534 545 578 673 755 785: cf. Bl-D. § 46_{4}.

φάρυγξ — φάρυξ. 36_{24} *φαρυξ* V-253 149-260 249-754 155 307 548* 755 795 797, ebenso 6_{5} *φαρυξ* 548 795 (für *λάρυγξ*).

σάλπιγξ — σάλπιξ. 50_{16} *σαλπιξιν* 46^{s} 155 534 543 547 631: cf. Bl-D. § 46_{4}.

⟨γ⟩χ. 30_{7} *σπλα⟨γ⟩χνα* 404 755, ebenso 36_{5} 336 534 548 672.

⟨γ⟩κ. 7_{9} *προσενε⟨γ⟩και* 578 35_{17} *συ⟨γ⟩κριμα* 755.

⟨γ⟩μ. 10_{1} *τετα⟨γ⟩μενη* 248

⟨γ⟩γ. prol. 18 *συ⟨γ⟩γνωμην* 155 (*-μιν*) 339, ebenso 3_{13} A 253* 155 404 706 744 755.

38_{8} *ερ⟨γ⟩α* 744.

⟨κ⟩. ε⟨κ⟩. 24_{9} *ε⟨κ⟩λιπω* 315 24_{32} *ε⟨κ⟩φανω* V* 35_{4} *ε⟨κ⟩χεης* V* 48_{20} *ε⟨κ⟩πετασαντες* 744.

⟨κ⟩λ. 32_{21} *παρα⟨κ⟩ληθη* 548 46_{16} *κυ⟨κ⟩λωθεν* 575 47_{13} *κυ⟨κ⟩λοθεν* 705.

⟨κ⟩ρ. 1_{20} *μα⟨κ⟩ροημερευσις* 694*.

⟨κ⟩τ. 49_{6} *εκλε⟨κ⟩την* 797.

⟨χ⟩. γ⟨χ⟩. 30_{7} *σπλαγ⟨χ⟩να* 768.

⟨χ⟩θ. 33_{9} *ε⟨χ⟩θρον* 768 42_{17} *στηρη⟨χ⟩θηναι* 253 (für *στηριχθῆναι*).

⟨τ⟩, ⟨δ⟩, ⟨θ⟩: Thack. § 7_{34}.

ἄρκος — ἄρκτος. Siehe App. zu 25_{17} 47_{3}.

μόλιβος — μόλιβδος. Siehe App. zu 22_{14} 47_{18}.

π⟨τ⟩. 1_{30} *κρυπ⟨τ⟩α* 315 17_{32} *επισκεπ⟨τ⟩εται* 705 755 26_{10} *αδιατρεπ⟨τ⟩ω* 755.

σ⟨τ⟩. 1_{4} *εκτισ⟨τ⟩αι* 545 15_{8} *ψευσ⟨τ⟩αι* 694 19_{2} *αποσ⟨τ⟩ησουσιν* 155.

ἀμνηστία — ἀμνησία. Siehe App. zu 11_{25}.

⟨θ⟩. φ⟨θ⟩. 5_{11} *φ⟨θ⟩εγγου* 728 13_{22} *εφ⟨θ⟩εγξατο* 548 19_{27} *προφ⟨θ⟩ασει* 358 443* 38_{28} *οφ⟨θ⟩αλμοι* 744.

χ⟨θ⟩. 6_{1} *εχ⟨θ⟩ρος* 755 6_{13} *εχ⟨θ⟩ρων* 673 18_{31} *εχ⟨θ⟩ρων* 768 46_{16} *εχ⟨θ⟩ρους* 155.

2_{4} *επαχ⟨θ⟩η* 315 755 17_{17} *ε⟨θ⟩νει* 336-728 (*ενι*).

⟨λ⟩, ⟨ρ⟩: Thack. § 7_{35}.

κ⟨λ⟩. 3_{27} *σκ⟨λ⟩ηρα* 743 30_{12} *σκ⟨λ⟩ηρυνθεις* 705.

14_{9} *οφθα⟨λ⟩μος* 754*.

ϑ⟨ϱ⟩. 24_{32} *οϱϑ⟨ϱ⟩ον* B; *οϱϑιον* V 4_{12} *οϱϑ⟨ϱ⟩ιζοντες* C* 795.
6_{1} *εχϑ⟨ϱ⟩ος* 548 6_{9} *εχϑ⟨ϱ⟩ον* 548 12_{10} *εχϑ⟨ϱ⟩ω* 421* 743 19_{8} *εχϑ⟨ϱ⟩ω* 768.

δ⟨ϱ⟩. 12_{12} *καϑεδ⟨ϱ⟩αν* 694 13_{13} *σφοδ⟨ϱ⟩ως* 743.

γ⟨ϱ⟩. 44_{4} *γ⟨ϱ⟩αμματειας* 130.

κ⟨ϱ⟩. 13_{2} *πϱοσκϱούσει*] *πϱοσκουση* C 421* 15_{8} *μακ⟨ϱ⟩αν* 797* 42_{9} *αποκ⟨ϱ⟩υφος* 358.

χ⟨ϱ⟩. prol. $_{28}$ *συγχ⟨ϱ⟩ονισας* 548.

π⟨ϱ⟩. 11_{9} *π⟨ϱ⟩αγματος* 694 32_{23} *σκῆπτϱα*] *σκυπτα* 548.

φ⟨ϱ⟩. 17_{22} *σφ⟨ϱ⟩αγις* 753, ebenso 35_{6} 744 = Ald., 42_{6} 578 45_{11} *σφ⟨ϱ⟩αγιδος* 249 42_{6} *σφ⟨ϱ⟩αγισαι* (für *σφϱαγίς*) 358 30_{19} *οσφ⟨ϱ⟩ανϑη* 679 795 37_{4} *ευφ⟨ϱ⟩οσυνη* 679.

τ⟨ϱ⟩. 6_{20} *τ⟨ϱ⟩αχεια* B*-744 694 4_{27} *υποστ⟨ϱ⟩ωσης* 130 6_{28} *στ⟨ϱ⟩αφησεται* 743 26_{12} *φαϱετ⟨ϱ⟩αν* 673* 40_{9} *συντ⟨ϱ⟩ιμμα* 744 45_{23} *τ⟨ϱ⟩οπη* V*.

⟨ϱ⟩γ. 10_{2} *λειτου⟨ϱ⟩γοι* 548 21_{20} *πανου⟨ϱ⟩γος* 249 41_{22} *πεϱιε⟨ϱ⟩γειας* V* 45_{11} *λιϑου⟨ϱ⟩γου* 46^{8}.

⟨ϱ⟩π. 26_{7} *σκο⟨ϱ⟩πιου* 315.

⟨ϱ⟩ξ. 13_{16} *σα⟨ϱ⟩ξ* 768.

⟨σ⟩, ⟨β⟩, ⟨π⟩, ⟨φ⟩, ⟨μ⟩, ⟨ν⟩: Thack. § 7_{36}. ⟨σ⟩ϑ.

6_{27} *γνω⟨σ⟩ϑησεται* 755 11_{6} *ἠτιμάσϑησαν*] *ητοιμαϑησαν* 545* (*ητιμαϑ.*^{c}) 14_{27} *σκεπα⟨σ⟩ϑησεται* 744* 19_{5} *καταγνω⟨σ⟩ϑησεται* 673 23_{11}a *πλη⟨σ⟩ϑησεται* 743 23_{16} *σβε⟨σ⟩ϑη* 755 34_{19} *ἀσϑμαίνει*] *α⟨σ⟩ϑμενη* 155.

⟨σ⟩τ. 15_{8} *ψευ⟨σ⟩ται* 637 16_{1} *αχϱη⟨σ⟩των* 637 706 22_{17} *ξυ⟨σ⟩του* 358 23_{20} *εγνω⟨σ⟩ται* 106-545 (-*τε*) 26_{6} *μα⟨σ⟩τιξ* 795 30_{15} *ευϱω⟨σ⟩τον* 744 41_{1} *απεϱισπα⟨σ⟩τω* 534 43_{18} *εκ⟨σ⟩τησεται* 253.

⟨σ⟩π. 24_{15} *α⟨σ⟩παλαϑος* V 705 43_{13} *κατε⟨σ⟩πευσεν* 443 548 603, ebenso 50_{17} 603 50_{15} *ἔσπεισεν*] *επεισεν* 545 603 797; *επισεν* V*-253; *επεσεν* 336.

⟨σ⟩φ. 50_{9} *ολο⟨σ⟩φυϱητον* S* 296* 336* (-*ϱιτον*) 3_{16} *βλα⟨σ⟩φημος* 578.

⟨σ⟩χ. 29_{4} *παϱε⟨σ⟩χον* 548 744 35_{9} *αδολε⟨σ⟩χει* 578.

⟨σ⟩μ. 6_{30} *κλω⟨σ⟩μα* 106-545 25_{5} *δεδοξα⟨σ⟩μενοις* 673 46_{12} *δεδοξα⟨σ⟩μενων* 744 = Ald. 31_{19} *υπεϱασπι⟨σ⟩μος* 296 755 35_{2} *ευκο⟨σ⟩μιας* 744.

⟨σ⟩ϱ. 47_{2} *ι⟨σ⟩ϱαηλ* 679, ebenso 47_{11} 679*.

Sehr oft fehlt ς am Schluß. Es genügt, Beispiele nur aus den Unzialen zu notieren: 23_{14} *συνεδϱευει⟨ς⟩* B* 23_{24}b *αυτη⟨ς⟩* B* 51_{5} *βάϑου⟨ς⟩* B* 253: cf. Thack. 10_{30}.

40_{1}d *εως ημεϱα⟨ς⟩* S* 40_{2} *πϱοσδοκια⟨ς⟩* S*.
21_{19} *δεξια⟨ς⟩* V 21_{22} *ταχυ⟨ς⟩* V 29_{3} *ευϱησει⟨ς⟩* V.

⟨σ⟩ am Anfang. 32_{10} *σμικϱύνης*] *μικϱ.* B-S* A 155 307 6_{15} *⟨σ⟩ταϑμος* A. 1_{15} *⟨σ⟩πεϱματος* 543 35_{6} *⟨σ⟩μαϱαγδου* 493* 358 578 679 40_{6} *⟨σ⟩κοπιας* 637 46 68 315 404′ 41_{19} *⟨σ⟩κοϱακισμου* C 336 631 43_{19} *⟨σ⟩κολοπων* 534.

πϱος — *πϱο.* 1_{28} *πϱο⟨σ⟩ελϑης* 155 1_{30} *πϱο⟨σ⟩ηλϑες* 694 9_{13} *πϱο⟨σ⟩ελϑης* 694.

⟨π⟩. 26_{10} *αδιατϱε⟨π⟩τω* 336.

⟨μ⟩. ⟨μ⟩β. 11_{8} *παϱε⟨μ⟩βαλλου* 534
31_{19} *μεση⟨μ⟩βϱιας* 679 43_{3} *εν μεση⟨μ⟩βϱια* 679
36_{15} *ε⟨μ⟩βλεψον* 493.

⟨μ⟩π. 24_{25} πιμπλῶν] πιπλων S (πειπλων*, πειμπλων^{c}) A 157'; εμπιπλων *L* alii: cf. App.; επιμπλων 547.

27_{28} ε⟨μ⟩παιγμος 545 26_{17} εκλα⟨μ⟩πων 130* 40_{11} ανακα⟨μ⟩πτει 46^{8}.

⟨μ⟩ψ. 30_{36} κα⟨μ⟩ψουσι 68-744 795 = Ald. 41_{7} μέμψεται] μεψετε 404.

⟨μ⟩φ. 40_{23} α⟨μ⟩φοτερα 46^{8}*, ebenso 40_{24} 149, 40_{25} 46^{8}* 548*.

⟨ν⟩. ⟨ν⟩τ. prol. 12 ανηκο⟨ν⟩των 744 19_{29} απα⟨ν⟩τησεως 547* 34_{22} απα⟨ν⟩τησει 404 36_{14} απενα⟨ν⟩τι 2° 744 37_{28}a πα⟨ν⟩τα 548 43_{17} βροντῆς] βρωτης 673 43_{22} απα⟨ν⟩τωσα 706 45_{8} συ⟨ν⟩τελειαν 744 46_{7} ἔναντι] εννατι 755.

⟨ν⟩θ. 39_{31} ευφρα⟨ν⟩θησονται 315 40_{14} ευφρα⟨ν⟩θησεται 315 40_{13} ξηρα⟨ν⟩θησεται 493* 315.

γγ⟨ν⟩. 3_{13} συγγ⟨ν⟩ωμην 743.

ρ⟨ν⟩. 12_{17} πτερ⟨ν⟩αν 743 46_{11} εξεπορ⟨ν⟩ευσεν 315 631 744.

μ⟨ν⟩. 39_{35} υμ⟨ν⟩ησατε 679.

χ⟨ν⟩. 6_{27} εξιχ⟨ν⟩ευσον 743.

π⟨ν⟩. 51_{4} π⟨ν⟩ιγμου 155 339.

ε⟨ν⟩. prol. 14 ἐννόμου] ενωμου (sic) 694   36 ἐννόμως] ε⟨ν⟩ νομω 548
9_{15} ἐν νόμῳ] ε⟨ν⟩ νομω 548 797, ebenso 39_{8}, 548 46^{8} 45_{17}.
39_{32} ἐν γραφῇ] ε⟨ν⟩ γραφη 548, ebenso 157' 45_{11}.
49_{7} ε⟨ν⟩ μητρα 545 51_{20} ε⟨ν⟩ καθαρισμω 155.

Sehr oft fehlt ν am Schluß. Für die Unzialen sind folgende Stellen zu nennen: 10_{28} τιμη⟨ν⟩ S* (corr.^{1}). — 18_{17} δομα αγαθο⟨ν⟩ A 45_{16} ευωδια⟨ν⟩ A 315. — 30_{37} πολλη⟨ν⟩ C* 755 47_{7}c αυτω⟨ν⟩ V C. — 21_{22} οικια⟨ν⟩ V 157$^{c?}$ 48_{10} οργη⟨ν⟩ V.

Vielleicht war das ν in den Vorlagen nur durch einen Strich angedeutet, der leicht übersehen werden konnte.

⟨ξ⟩. 14_{17} σαρ⟨ξ⟩ C, ebenso 44_{18} 249.

⟨τρ⟩. 37_{2} ⟨τρ⟩επομενος 46.

Einzel- und Doppelkonsonanten: Thack. § 7_{37-47}

Besonders häufig sind λλ—λ, λ—λλ, ρρ—ρ, ρ—ρρ und σσ—σ, σ—σσ. Es ist nicht nötig, alle Einzelfälle aufzuführen.

Thack. § 7_{38}.

γένημα — γέννημα.

1_{17} γενημάτων] γεννηματων 106 404' 603 613 672 694 768 Mal., ebenso 6_{19} 253 106 311 404' 534 575 603 672 679 768 Dam. p. 184 Anast. p. 676, 24_{19} 253 106-130 46 311-548 534 46 336 443 534 672 679 768 795 Mal. Antioch. p. 1828.

10_{18} γεννήμασιν] γενημασι(ν) 296-548 254 307 315* 743*.

45_{20} πρωτογενημάτων] -γεννημ. 493-705 311 358 547 613 631 672 (-γεννηματα) 679 755 768 (προτογενν.) 795 Mal.

γεννᾶν, γίγνεσθαι: ἐγενήθη — ἐγεννήθη. Siehe App. zu 7_{28} 23_{14} 41_{9} 49_{15}.

Rahlfs hat in den *Prolegomena* (S. 39) seiner Ausgabe der *Genesis* (1926) über *γεν(ν)ηθῆναι* „geboren werden" ausführlich gesprochen und gezeigt, daß der Übersetzer zwischen *ἐγενήθη* und *ἐγένετο* abwechselt; als besonders kennzeichnende Stellen führt Ra. Gen. 4_{18} parallel 4_{26} und 24_4 parallel 24_7 an. Deshalb hält Ra. die Formen mit einfachem -ν- für das Richtige und stellt sie überall im Text her. Auch in Sap. steht 2_2 ἐγενήθημεν, 5_{13} γενηθέντες und 15_8 γενηθείς im Text, siehe Einl. zur Sap. Salomonis S. 76.

Wie der Genesis-Übersetzer verwendet auch der Enkel γίγνεσθαι „geboren werden", wie 22_3b zeigt: γίνεται] γενναται 493-637 = Syr. Leider fehlt hier H; aber Syr zeigt deutlich, daß die hebr. Vorlage ebenfalls *jld* (Ni.) hatte. Zugleich weist 22_3b (wie auch 44_1, siehe gleich unten) darauf hin, daß γίνεται zu GrI, dagegen γεννᾶται zu GrII gehört. Von hier aus gesehen, könnte man ἐγεννήθης 7_{28} 23_{14} und ἐγεννήθη 49_{15} ebenfalls GrII zuschreiben; das Schwanken der Zeugen zwischen -ν- und -νν- spricht nicht dagegen, da die verschiedene Schreibweise auf die Sorglosigkeit der Abschreiber zurückgeht.

Im Gegensatz zur Gen. hat Ra. in Sir. überall die Formen mit -νν- als Textlesart aufgenommen; wahrscheinlich ließ er sich von Sm. beeinflussen, der ἐγενήθη 49_{15} zu Unrecht als „schlecht" (S. 475) bezeichnet.

Dagegen ist 41_9 γεννηθῆτε und γεννηθήσεσθε (mit B-S A alii Ra.) im Text als ursprünglich zu belassen.

γένεσις — γέννησις.

In Sirach stehen die beiden Vokabeln nur je einmal: 22_3a γεννήσει (einheitlich bezeugt) und 44_1 γενέσει (γεννησει 253-Syh = *O*). Die Vokabel γένεσις ist in der LXX häufig; sie steht immer für *tholeda* (gewöhnlich im Plural *tholedoth*) und 6mal für *mišpaḥa*. Sir. 44_1 entspricht γένεσις *dor*, das nur Gen. 6_9 in A steht und ursprünglich ist (gegen Ra., der mit den übrigen Zeugen γενεά anerkennt).

Dagegen ist γέννησις in der LXX sehr selten; vielleicht stand es ursprünglich überhaupt an keiner Stelle, so daß γέννησις Sir. 22_3a Hapaxlegomenon wäre. An allen von H.-R. in ihrer Konkordanz aufgeführten Stellen ist die Bezeugung nicht einheitlich; außer Sir. 22_3 sind nur noch drei Stellen notiert:

Sap. 3_{12} γένεσις (γεννησις S* *O* alii)

Eccl. 7_1 γενέσεως (γεννησεως B alii)

Par. I 4_8 γεννήσεις (-σις B^c cinc$_2$, γενεσεις f).

Als ursprünglich nimmt Ra. nur Par. I 4_8 an; aber ein Vergleich mit V. 38 (γενέσεσιν) und namentlich mit V. 2 und 21 (*αἱ* γενέσεις) des vierten Kapitels, wo die gleiche Konstruktion vorliegt, spricht eindeutig für die Ursprünglichkeit von γενέσεις in V. 8, mag auch die Variante nur von der Hs. f bezeugt sein.

Gegen Ra. wäre Eccl. 7_1 γεννήσεως dann als echt anzunehmen, wenn sicher nachgewiesen werden könnte, daß Eccl. in der Manier des Aquila wörtlich übersetzt worden wäre.

Die Sorglosigkeit der Schreiber zeigt sich auch darin, daß regellos -ν- und -νν- in manchen Minuskeln steht:

22_3 γενησει (statt γεννήσει) 336 705* 743* 744 = Ald.

3_7 γενησασιν 404 = Ald. 22_4 γενησαντος 673 755 14_{18} γεναται 744 755 = Ald.

εγεννηθη (statt *ἐγενήθη*) steht 34_{6} in 672 705 728, 44_{17}c in 534 545 797, 45_{15} in 336 534 (-*θει*) 545 673, 46_{4} in 534 545 672.

prol. $_{28}$ *παραγενηθείς*] -*γενν*. 534 603; *περιγεννηθεις* 404

43_{19} *γίνεται*] *γινν*. 336.
311 schreibt immer *γεννεά* (statt *γενεά*).

ρρ—ρ: Thack. § 7_{39-40}.

6_{21} *ἀπορρῖψαι*] *αποριψαι* B[c] (-*ρειψαι**) V L^{-248} 307 797 10_{9} *ἔρριψα*] *εριψα* 637 (-*ψαν*) 307 755.
10_{10} *ἀρρώστημα*] *αρωστημα* 637, ebenso 30_{17} 755, 34_{2} 307, 18_{19} *αρωστιας* 755 18_{21} *αρωστησαι* 705 755.
3_{28} *ἐρρίζωκεν*] *εριζ*. L^{-248} 307 311 336 404 728 755 785; *εριζωται* 253 24_{12} *εριζωσα* V-253 L^{-248}-705* 155′ 311 315 336 339 534 542 578 795 797*.
18_{7} *ἀπορηθήσεται*] *απορρ*. A (-*ρ*|*ρ*-) C 106 534 542 547 578.
30_{15} *εὔρωστον*] *ευρρωστον* 248-705 307 311 603 613 753 797.
43_{17} *βορέου*] *βορρεου* 631′ 705 43_{20} *βορρεας* 130-705 631 795.
7_{35} *αρωστον* 130* 785 13_{22} *απορητα* 548 743* 25_{25} *παρισιαν* (= *παρρησίαν*) 548* 36_{26} *αρενα* 130 548 46_{6} *κατεραξεν* 679* 755 47_{16} *πορω* 253*.
50_{1} *ὑπέραψεν*] *υπερραψεν* S* 253 248-*l* (130[c])-157-797[c] *a* *b* 768.
8_{2} *ερριζε* 315 26_{10} *στερρεωσον* 755 35_{11} *ουρραγει* 248 36_{27} *υπερραγη* (= *ὑπεράγει*) 106 43_{21} *ερρημον* 358 48_{20} *χειρρας* 253.

λλ—λ: Thack. § 7_{40}.

ἀντάλλαγμα — ἀντάλαγμα, ἄλλαγμα — ἄλαγμα.

2_{4} *αλαγμασι(ν)* C 307 404 443 534; *αλαγματι* 421 755 797* 6_{15} *ανταλαγμα* 130 307 404′ 421 534 578 743 755, ebenso 26_{14} V 130 315 339 534 548 578 743* und 44_{17} 130-705 315 339 673 744 795.
6_{15} *καλλονῆς*] *καλονης* V 755.
24_{34} *ἀλλά*] *αλα* B*.

κρύσταλλος — κρύσταλος.

43_{20} *κρυσταλος* V 545-705 46^{8} 307 315′ 547 603 631 679.

κάρταλλος — κάρταλος.

11_{30} *καρταλω* 253 130* 672 795.

λ—λλ. 40_{6} *σάλος*] *σαλλος* 68-744 = Ald. 48_{10} *ἕτοιμος* (*ἐν ἐλεγμοῖς*)] *εν ελλ*. S* 543.
20_{2} *ἐλαττώσεως*] *ελλαττωσεως* C 39_{18} *ος ελλαττωσει* V.
45_{11} *κεκολαμμένη*] *κεκολλαμενη* 155 358; *κεκολλημενη* V *b*.

Häufig ist von späten Minuskeln -*λ*- statt -*λλ*- geschrieben: *αλοιουν*, *αλοτριος*, *καλος* (für *κάλλος*).

Umgekehrt steht ebenfalls oft -*λλ*- statt -*λ*-: *βδελλυσσειν*, *βδελλυγμα*, *ελλαττουν*, *ελλαττωσις*, *ελλεγχειν*, *ελλεγχος*, *ελλεγμος*, *στυλλος*, *πολλυς* (so schreibt 336 immer *πολλυγονος*, *πολλυετης*, *πολλυμερις*, *πολλυφροντις*, *πολλυχρονιος*, *πολλυπειρος*).

μμ—μ: Thack. § 7_{40}. In den alten Unzialen keine Belege. Für V: 39_{24} *προσκόμματα*] -*κοματα* V 548* 755; -*κομα* 307 49_{4} *ἐπλημμέλησαν*] *επλημελ*. V 46^{8} 679.

In verschiedenen Minuskeln steht *προσκομα, πλημελειν* und *πλημελημα, πλημελεια, γλυμα, ομα, συντριμα, καταλειμα, διεστραμενος, κεκρυμενος, συντετριμενος, μεμιαμενος.*

μ—μμ. Der umgekehrte Fall ist seltener: *κριμμα, συγκριμμα, εκτεταμμενος, αντιπεριβεβλημμενος, παραλελυμμενος, παρειμμενος.* 548 schreibt immer *σημμερον.*

γγ—γ. 26_{12} *σύνεγγυς*] *συνεγυς* 155 30_{10} *συγελασης* 336 421 34_{12} *φαρυγα* 249-754 260 46_{7} *γογυσμον* 339.

νν—ν. Thack. § 7_{42}. Immer ist *ἁμαρτάννειν* geschrieben in 336, 7_{7} 10_{29} 15_{20} 19_{4} 38_{15} auch in V.

9_{13} *διαβαίνεις*] *-βεννεις* C 694 (*-ννης*) 19_{24} *παραβαιννων* 728 21_{28} *μολύνει*] *μολυννι* C* (*μολυνι*^{c}) 4_{31} *αποδιδονναι* 755 34_{28} *πιννομενος* 404 43_{12} *εταννυσαν* 311 547 = Sixt. 50_{11} *αναλαμβαννειν* 46*.

κινύρα — κιννύρα.

39_{15} *κιννυραις* 253 L'^{-637}-157-672 c-679-795 254 307 339 358 543 613 755 Mal. Dam. p. 1357; *κιννυρα* 603.

κιννάμωμον — κινάμωμον.

24_{15} *κιναμωμον* 253 493 (*-μος*)-545-705 46 68-744′ 157*-797 249 336 358 534′ 547 548 672 679 743* 795 Sa = Ald.

11_{5} *τύραννοι*] *τυρανοι* 548 578 20_{12} *ἀποτιννύων*] *-τινυων* 68-744 728 (*-τυνυων*) = Ald. 25_{7} *ἐννέα*] *ενεα* 578.

σσ—σ: Thack. § 7_{43}.

συσσεισμός — συσεισμός.

22_{16} *συσεισμω* B C (*συσισμ.*) 637-106-705 155′ 157 311 443 613 673 728. Vgl. 16_{19} *συσειονται* 68-744 311 613 705 743 = Ald.

κασσίτερος — κασίτερος.

47_{18} *κασιτερον* C 606* 679 768*; *κασιτηρον* 493 672; *κασιτυρον* 705; *κασειτηρον* 755.

Ἀσσύριος — Ἀσύριος.

48_{21} *ασυριων* 130*-545-705 155 315 336 443 679 755 797.

Von einzelnen Minuskeln werden mit nur einem *σ* geschrieben: *αβυσος, γλωσα, θαλασα, κυπαρισος, μελισα, νοσια, πασαλος, πισα, βδελυσειν, δρασειν, ελασουν, νοσευειν, νυσειν, περισευειν, πασειν, πλασειν, πρασειν, φυλασειν, δισος.*

σ—σσ. A schreibt überall *προσσκομμα* und zweimal (30_{13} 34_{17}) *προσσκοπτειν.*

Gerne hat V *-σσ-* statt *-σ-*, z. B. 1_{26} *διατηρησσον* 5_{6} *εξειλασσεται* (auch 743 797 *εξιλασσεται*) 21_{3} *δισστομος* 24_{31} *πρασσιαν.*

παράδεισος — παράδεισσος.

24_{30} *παραδεισσον* V (*-δισσον*) 311 339 795, 40_{17} *παραδεισσος* 130 311 543 795, ebenso 40_{27} 311 543 548 768 795.

43_{4a} *φυσσων* V-253 578 672 (vgl. 43_{4c} *εκφυσσων* 578 672). C* hat 37_{31} *πασσης* statt *πάσης* und 42_{6} *κλισσον* (= *κλεισσον* 672) statt *κλεῖσον.*

Beispiele aus einzelnen Minuskeln: 1_{17} *εμπλησσει* 130 6_{7} *κτασσαι* 545 17_{3} *ενεδυσσεν* 534 19_{1} *μεθυσσος* 543 23_{14} *καταρασση* 672 24_{25} *φισσων* (= *Φισων*) 705 25_{1} *τρισσιν* 339 27_{26} *αλωσσεται* 672 30_{12} *θλασσον* 307 421 548 (*ὁ λασσων*) 613 753 47_{16} *νησσους* 46^{s} 534 50_{3} *ωσσει* (für *ὡσεί*) 46^{s}.

κ—κκ. 17_{11} *εκκληροδοτησεν* 404 (*-ρωδ.*) 744 37_{29} *εκκχυθης* 534 38_{1} *εκκτησεν* (= *ἔκτισεν*) 534 39_{28} *εκκτισται* 548 46_{1} *εκκλεκτων* 46^{s}, ebenso 47_{22} *εκκλεκτου* 46^{s} 51_{16} *εκκλινα* 603*.

κκ—κ. *ἐκλησία* (statt *ἐκκλησία*) schreiben 429 743* 744*-768 21_{17}, 548 an fast allen Stellen, 155 50_{20}, 534 548 38_{33}.

Ähnlich steht *ἐκλίνειν* (statt *ἐκκλίνειν*) 2_{7} in 578, 7_{2} in 637*, 22_{13} in 155, 35_{17} in 253 336 548.
42_{11} *ἔκκλητον*] *εκλητον* 46^{s} 155 545 (*εκληκτον*) 548 744 = Ald.

ππ—π. 18_{33} *μαρσιππίῳ*] *-σιπιω* 603 637 673 755; *-σηπιω* 493 672 679; *-σιπω* 307 336 797; *-σηπω* 311; *-σιπτω* 545.
21_{9} *στιππύον*] *στυπειον* 46 106 311 755 Mal.

prol. $_{7}$ *πάππος*] *παπος* 694* 728 48_{9} *ἵππων*] *ιπον* 755.

ππ—πφ: Thack. § 7_{43} 18_{33} *μαρσιππίῳ*] *-σιπφιω* 253.

σσ—ττ: Thack. § 7_{44-46}.

ἐλασσοῦν — ἐλαττοῦν. Siehe den App. zu 16_{23} 25_{2} $34_{27\ 30}$ 38_{24} 41_{2} 42_{21} 47_{23}.

κρείσσων — κρείττων. Siehe den App. zu 10_{27} 18_{16} 19_{24} 20_{31} 23_{27} 30_{30} 40_{28} 41_{15}.

γλῶσσα — γλῶττα. Siehe den App. zu $4_{24\ 29}$ 5_{14} 19_{16} 28_{18} 36_{28}.
50_{8} *θαλάσσης*] *-λαττης* 613* (*-ιτα*^{c})
50_{10} *κυπάρισσος*] *-ριττος* 311.

ρσ—ρρ: Thack. § 7_{47} 19_{10} *θάρσει*] *θαρρι* V; *θαρει* 548. Vgl. J. Wackernagel, Hellenistica (Gött. 1907) 12—15.
43_{20} *βορέας*] *βορεης* B: cf. Thack. § 10_{7}.

Aspirata: Thack. § 8

Ungehörige Schreibung der Aspirata: Thack. § 8_{2-5}

Thack. § 8_{3}(1).

ἀφελπίζειν — ἀπελπίζειν. Siehe App. zu 22_{31} 27_{31}.

Thack. § 8_{3}(2).

ἐπέτ(ε)ιος — ἐφέτ(ε)ιος. 37_{11} *μετὰ μισθίου ἐπετείου.*
Die Bezeugung ist sehr gespalten. Die Textlesart *ἐπετείου* ist vertreten von 248-672-*l* *a*-534′ *b* *c*-404′-679 358 547 Mal. Die weiteren Varianten *επετιου, επαιτιου, επεστιου, εφετιου, εφεστιου, αφεστιου* sind im App. notiert.

Die Vokabel findet sich im gleichen Zusammenhang Deut. 15_{18} (*ἐπέτειον μισθὸν τοῦ μισθωτοῦ*); auch hier ist die Überlieferung nicht einheitlich: *εφετιον* BAF* . . . Ra.; *επετοιν* W F^{c} alii; *επετειον* ax; *επαιτιον* G f.

Schleusner I 415 Bret. Herk. Sm. halten *ἐπετείου* für die richtige Lesart. Ra. hat in Abhängigkeit von Deut. 15_{18} *ἐφετίου* (nur von 443 bezeugt) in seinen Text aufgenommen. Jedoch ist *ἐπετείου* vorzuziehen, da es besser bezeugt ist und in den Papyri des II. Jh.s v. Chr. vorkommt, während *ἐφέτειος* erst im II. Jh. n. Chr. auftritt. Die zeitliche Folge ist: *επετειου* (-*τιου*) — *εφετειου* (-*τιου*) — *εφεστιου* — *αφεστιου*. Siehe F. Preisigke, Wörterbuch der griech. Papyrusurkunden I (Berlin 1925) 538 (*ἐπέτειος*). 539 (*ἐπέτιος*). 631 (*ἐφέτειος*).

Thack. § $8_{3(3)}$. 18_{17} *οὐκ ἰδού*] *ουχ ιδου* B*-S A V-253 493 336 339 542 543 679; *ουχι* 753; *ουχιλου* 155; *οὐχὶ δὸ* 755.
16_{21} *ουχ οψεται* 336 706.

Thack. § $8_{3(4)}$. Zu 22_{11} *ἤδιον*] *ιδιον* A C alii, vgl. App.

Thack. § $8_{3(5)}$.

ἔφισος — *ἔπισος*. Siehe App. zu 9_{10} 34_{27}.

Thack. § 8_{5}. 17_{3} *κατ' εἰκόνα*] *καθ εικονα* B*-S*.
23_{11} *ουχ αποστησεται* 637 28_{19} *ουχ εδεθη* 155.
10_{12} *ἀπέστη*] *αφεστη* C.

Verlust der Aspiration (Psilosis): Thack. § 8_{6-8}

Thack. § 8_{8}(I). 7_{36} *ουκ αμαρτησεις* S 19_{16} *ουκ ημαρτησεν* S 24_{22} *ουκ αμαρτησουσιν* B*-S 339 744.

§ 8_{8}(II). 20_{14} *αντ ενος* 358 28_{19} *ουκ ειλκυσεν* S C V 336.

§ 8_{8}(III). 28_{16} *μετ ησυχιας* 315 358 443 543 728.

§ 8_{8}(IV). 43_{17} *καθιπτάμενα*] *κατιπτ*. B.

§ 8_{8}(V). 15_{9} *ουκ ωραιος* S 358 27_{24} *ουκ ωμοιωσα* S 336 (*ομ*.).

§ 8_{8}(VI). 44_{19} *ουκ ευρεθη* S 38_{33e} *ουκ ευρεθησονται* 336 339.

20_{16} *ουκ υπαρχει* B* 38_{33a} *ουκ υπεραλουνται* S 307 48_{13} *ουκ υπερηρεν* C 336 339 14_{12} *ουκ υπεδειχθη* 578.

Worttrennung (Haplographie bei gleichem Schluß- und Anfangskonsonanten): Thack. § 9_{1-2}

6_{29a} *εἰς σκέπην*] *εισκεπην* 548 694 6_{29b} *εἰς στολήν*] *ειστολην* 130 155 336 404 548 694 7_{6} *θήσεις σκάνδαλον*] *θησει σκανδ*. 534 (*θειση σκ*.) 706 28_{12} *σπινθῆρα*] pr. *εις* A C alii; *εισ πινθηρα* 534 548.

49_{11} *ὡς σφραγίς*] *ωσ φραγις* B* 46^{8} 155 (-*γης*), ebenso 17_{22} 637 155 336 534 548 578

50_{12} *ὡς στελέχη*] *ωσ τελεχη* A 68-744 155 755 (-*χην*) = Ald. (*ὡς τελέχη*); *ωσ τελεγχη* 336 534.

22_{22} *ἀνοίξῃς στόμα*] *ανοιξη στομα* A.

18_{10} *ὡς σταγών*] *ως ταγων* 155 24_{15} *ὡς σμύρνα*] *ως μυρνα* 253 155 311-548 336 443* 578 672 744 42_{22} *ὡς σπινθῆρος*] *ως πινθηρος* C (*εωσπ*.) 155 534 545 (-*ρες*) 548.

16_{11} *εἰς σκληροτράχηλος*] *εισ κληρ*. A 795.

6_{37} *αὐτὸς στηριεῖ*] *αυτοσ τηριει* 578 743 755 37_{13} *καρδίας στῆσον*] *καρδια στησον* 155 672 755.

4_{30} *οἰκέταις σου*] *οικεται σου* 672 755 28_{3} *δεηθέντος σου*] *δεηθεντοσ ου* 672 755.

35_{6} *σφραγὶς σμαράγδου*] *σφραγισ μαραγδου* 493* 358 578 679.

Umgekehrt wird manchmal der Buchstabe zweimal geschrieben (Dittographie): 10_{13} *εἰς τέλος*] *εις στελος* 339 24_{15} *ως σκινναμωμον* V 24_{16} *ως στερεβινθος* 679.

Assimilation von Konsonanten: Thack. § 9_{3-6}

Statt *ἐν μέσῳ* steht *εμμεσω* 1_{30} B* 929, 9_{13} B* A C 155, 10_{20} B* C 155 336^{c} 543, $11_{1\,8}$ B* C 155, 15_{5} C 155, 24_{1} A 155 534, 42_{12} C 155, 50_{6} A 155.

534 schreibt immer *συμ-* statt *συν*: *συμτηρειν, συμτελειν, συμτριβειν, συμθλιβειν, συμτελεια.* 38_{17} steht in 534 *πεμθος* für *πένθος* und 49_{1} *συνμθεσην* (sic) für *σύνθεσιν*.

εν—εμ. 36_{11} *ἐν πλήθει*] *εμ πλ.* S, ebenso 797 6_{34}, 534 7_{16}.

3_{13} *εμ παση* 336, ebenso 48_{15}d 155 7_{36} *εμ πασιν* 155 23_{15} *εμ πασαις* 754.

4_{17} *εμ πρωτοις* 548 795 797 6_{7} *εμ πειρασμω* 705 8_{10} *εμ πυρι* 155 545* 548 31_{23} *εμ προσφοραις* 797.

εν—εγ. 14_{25} *εγ καταλυματι* 358 534 548 (-*τα*) 42_{7} *εγ γραφη* 754.

Unregelmäßige Assimilation: Thack. § 9_{5}.

24_{12} *ἐν λαῷ*] *ελλαω* 155.

εγ—εν, συγ—συν: Thack. § 9_{6}. Das häufig vorkommende *ἐγκαταλείπειν* wird *ἐνκαταλείπειν* geschrieben: 2_{10} S A C V 929, 3_{16} S C V 694, 4_{19} 7_{30} S V 694, 9_{10} S V, 23_{1} 336, 29_{14} S A V 339 755, 29_{17} S A V, 41_{8} S V, $44_{8\,13}$ S, 51_{10} V 637, 51_{20} S A V 755 (*ενγκαταληφθω* sic für *ἐγκαταλειφθῶ*).

ἐνπιστέυειν steht 1_{15} in V 336 694, 4_{16} in C V 694, 4_{17} in B* C 694, 6_{7} in S C 534, 7_{26} in V, 16_{3} in B* 155, 19_{4} in B* C, 36_{3} in B*-S V 336 339 358 542, 36_{21} in 339, 50_{24} in B*-S V 296 336.

ἐνβλέπειν 2_{10} 694, 42_{12} S A 307, 51_{7} 155 (*εν βλεπω* für *ἐμβλέπων*).

ἐνμένειν 6_{20} 637, 7_{22} 307 543 694.

ἐνπιπλάναι 1_{17} A 694, 12_{16} 24_{19} V, 34_{3} V 339, 39_{6} 358 (*εν|πλησει* für *ἐμπλήσει*).

ἐνπίπτειν 27_{26} 155, 29_{19}a 20 534, 29_{19}b 336.

ἐνβάλλειν 28_{9} 336, *παρενβάλλειν* 11_{8} 548 (*παρενβαλου*).

ἐνποδίζειν 12_{5} 155 694.

8_{10} *ενπυρισθης* S A 130 (-*στης*) 155 336 578 (-*στης*) 694
8_{11} *ενκαθιση* B*-S V 694 743
23_{12} *ενκυλισθησονται* B*-S A^{c} (εκυλ.*) V 336 706
33_{6} *ενκαινισον* S V 637
50_{4} *ενπολιορκησαι* B*-S 155 (*ενπολυ.*) 336 339 358 795.
39_{11} *ἐμποιεῖ*] *ἐν ποιεῖ a*; *ενποιει* 672; *εν ποιησει* 336 443.
27_{14} *ενφραγμος* A 637-545 296 336 534 542; *εν φραγμω* 548.
31_{26} *ενβιωσιν* A V-253 336 38_{14} *ενβιωσεως* 637 296 307 336 339 795.
6_{27} *ἐγκρατής*] *ενκρ.* V L^{-248}-694^{c} (ενκατης*) 744, ebenso 15_{1} 694, 26_{15} A, 27_{30} V.
19_{24} *ενφοβος* 307 336 30_{17} *ενμονον* S A C 534.

συγ—συν. prol. 18 συγγνωμην S A V 336 694, ebenso 3_{13} C V 315 336. 34_{31} συνποσιω V, ebenso 35_{5} V 155 und 49_{1} 339. 35_{5} συνκριμα S A V 155, ebenso 35_{17} V 155. 41_{21} συνγενους 155.

prol. 12 συνγραψαι S A 155 336   28 συνχρονισας B*-S 155 307 336 543 694 (-νησας).

12_{11} συνκεκυφως B*-S V 155 336 694, ebenso 19_{26} B*-S A C V (συνκεκρ.)-253 155 336 (συνγκεκ.)-728 548 19_{27} συνκυφων S* V-253 155 336; συνκρυφων B* S^{c} 22_{7} συνκολλων B*-S V 155 336.
22_{23} συνκληρονομησης B*-S V 155 315 336 (συνγκλ.)-728 543 548 (συνγκλ.)
26_{8} συνκαλυψει B*-S V 155 28_{17} συνκλασει B*-S V 155 336 29_{12} συνκλ(ε)ισον B*-S A V 155 336 (-κλησον) 30_{10} συνγελασης B*-S C V 155 307 339 543 43_{26} συνκειται B*-S C V 155 307 339.

συμ—συν. 8_{17} συνβουλευου S 9_{9} συνβολοκοπησης S 694 (συνβουλουκ.) 12_{14} συνφυρομενον B*-S (-ρουμ.) 155 (-φερωμ.*, συνφυρ.^{c}) 336 13_{5} συνβιωσεται 336 25_{1} συνπεριφερομενοι B*-S V 155 30_{9} συνπαιξον B* 336 37_{5} συνπονει B*-S A 964 V (-νι) 155 336 339 37_{28} συνφερει 155.
6_{6} συνβουλοι 694 744*.

συσ—συν. 22_{16} συνσισμω S (für συσσεισμῷ).

μβ—νβ. 50_{15} παμβασιλεῖ] πανβ. B*-S V 315 543 637^{c}.

Seltsame Dissimilation. γγ—νγ.

29_{14} ἐγγυήσεται] ενγυησ. V 51_{23} ἐγγίσατε] ενγεισατε S^{c} (αινεσατε*).

εκκ—ενκ. 43_{21} ἐκκαύσει] ενκαυσει 311.

εν—εγ. 43_{12} ἐν κυκλώσει] εγκυκλ. 744′ = Ald.

γγ—γκ. 44_{3} ἀπηγγελκότες] απηγκελ. 755.

νν—γν. 20_{12} ἀποτιννύων] -τιγνυων 545.

κλ—λλ. 24_{9} ἐκλίπω] ελλειπω 248.

λλ—νλ. 14_{10} ἐλλιπής] ενλιπης B* V-253 (-λειπ.) 637-694 155 (-λειπ.).
42_{24} ἐλλεῖπον] ενλειπον S V 637 307 (ενλιπ.); εκλειπον B^{c} (εκλιπον*) C (vid.) 254-603 Mal.

Νῦ ἐφελκυστικόν: Thack. § 9_{7}. Siehe Sap. Salomonis, Einl. S. 78.

Ny am Wortende

Oft ist ein „irrational final ν" (Thack. p. 135) angehängt.

1_{25} θεοσεβεια[ν] 672 4_{24} σοφια[ν] 743 19_{22} επιστημη[ν] 797 24_{3} ως ομιχλη[ν] A 24_{15} ως ζμυρνα[ν] εκλεκτη[ν] S* 25_{6} πολυπειρια[ν] V (-πιρ.) 673* 27_{14} λαλια[ν] 106-545* 29_{4} ως ευρεμα[ν] 336 30_{33} παιδεια[ν] 672 31_{19} σκεπη[ν] (für σκέπη 2°) A 32_{9} θυσια[ν] 755 43_{18} καρδια[ν] 705 43_{27} συντελεια[ν] 248.
31_{10} επειρασθη[ν] 755 40_{7} εξηγερθη[ν] 336 51_{21} εταραχθη[ν] 336 443 631.

18_{12} *επεγνω[ν]* 336* 30_{36} *εμβαλε[ν]* 744 39_{32} *αφηκα[ν]* 155.
6_{1} *αντι φιλου[ν]* 548 48_{16} *το[ν] αρεστον* 754*.

2_{12} *ἁμαρτωλῷ] -λων* 336 4_{14} *ἁγίῳ] -ιων* 443 4_{15}b *αὐτῇ] -την* 578 20_{23} *φίλῳ] -λων* 578 23_{9} *ὅρκῳ] -κων* 68-744 = Ald. 23_{12} *θανάτῳ] -των* V 24_{4} *στύλῳ] -λων* 534 28_{16} *αὐτῇ] -την* 578 29_{28} *ἀνθρώπῳ] -πων* 315 30_{33}a *ὄνῳ] ονων* 336 672 30_{33}b *οἰκέτῃ] -την* 421 36_{31} *ἀνθρώπῳ] -πων* 404.

35_{9} 42_{12} *ἐν μέσῳ] εν μεσων* 578 36_{20} *ἐν ἀρχῇ] εν αρχην* 296.

Wahrscheinlich ist *ν* aus *ι* adscriptum entstanden.

Thack. § 9_{8} *ἕνεκα — ἕνεκεν*.

Siehe App. zu 20_{11} 38_{17}.

Sigma am Wortende: Thack. § 9_{9}

οὕτως — οὕτω. In B steht *ουτω* 35_{1}, in S 14_{18}, in A 16_{12}. An allen Stellen schreiben *a* 249-754 *ουτω*. Gelegentlich hat die lukianische Minuskel 493 *ουτω* (6mal), ähnlich die hexaplarische Hs. 253 (2mal). Manchmal steht *ουτω* in einzelnen späten Minuskeln.

47_{10} *μέχρι] -ρις* 493 631.

Manchmal ist ein „irrationales“ *ς* am Schluß geschrieben (wie das „irrationale“ *ν*, siehe oben).

17_{27} *εν αδου[ς]* B* 39_{26} *αρχη[ς]* 155.

1_{12} *δωσει[ς]* 336; *δωση[ς]* 728 15_{3} *ψωμιει[ς]* V 23_{26} *καταλειψι[ς]* A (für *καταλείψει*) 24_{2} *ανοιξει[ς]* 46 40_{29} *αλισγησει[ς]* V.

19_{3} *τολμηρα[ς]* S*.

24_{25}a *δ[ς]* S* (*δ*[1]) 40_{16}b *προ[ς] παντος* 254 48_{2} *ζηλω αυτου[ς]*.

4_{14} *ἁγίῳ] -ιως* 311 19_{28} *κωλυθῇ] -θης* S 23_{18} *κύκλῳ] -λως* 106[c] 25_{8} *ἀναξίῳ] -ξιως* 336 26_{10} *ἀδιατρέπτῳ] -τως* B 30_{33} *οἰκέτῃ] -της* 315 37_{5} *φίλῳ] -λως* 548 37_{27}b *αὐτῇ* 1°] *-της* 547 42_{10} *βεβηλωθῇ] -θης* 755.

Wahrscheinlich ist *ς* aus *ι* adscriptum entstanden (siehe oben zum Schluß-*ν*).

Elision und Krasis: Thack. § 9_{10} $_{11}$

Alle Stellen sind im App. notiert.

Hiatus: Thack. § 9_{12}

πᾶς — ἅπας. Alle Stellen (17_{19} 24_{8} 26_{15} 47_{25}) sind im App. notiert.

24_{34} haben Sw. Ra. *ἀλλ' ἅπασιν* im Text; Sw. notiert im App. falsch (Ra. verzeichnet keine Variante im App.) „*αλλα* ℵ*“ und „*πασιν* ℵ?“. Richtig steht im Supplementum von Nestle zu Tischendorf (ed. sept.): „S[1] *αλλα απασιν* (A B S[2] vel *αλλα πασιν* vel *αλλ απασιν*)“. Die Schreibweise der Sixt. *ἀλλὰ πᾶσι* (ebenso Fr.) ist beizubehalten, weil der Übersetzer von Sir. *πᾶς* (gegenüber *ἅπας*) bevorzugt, wie die oben genannten Stellen zeigen; an der Parallele 30_{26} ist *ἀλλὰ πᾶσιν* einheitlich bezeugt. Es ist also zu notieren: *ἀλλὰ πᾶσιν] αλλα απασιν* S*.

Augment: Thack. § 16

Verlust des syllabischen Augments: Thack. § 16_{2}

19_{9} ⟨ε⟩φυλαξατο 743 48_{4} ⟨ε⟩δοξασθης 755.

3_{23} ὑπεδείχθη] υποδ. 404 (-δεχθη) 578 613* 4_{17} διεστραμμένως] διαστρεμμενος 694 17_{24} παρεκάλεσεν] παρακαλεσε 754 29_{6} ἀπεστέρησεν] αποστ. 744 = Ald. 29_{27} ἐπεξένωται] επιξ. 248 755? (επιξενατε) 42_{19} παρεληλυθότα] παραλ. 358 755.

Form des syllabischen Augments: Thack. § 16_{3}. ἠ- für ἐ-.

34_{10} ἐδύνατο] ηδ. 253 *l* -157′ *b* 46 311 534′ 542 543 755 795 Mal. Anast. p. 353 Dam. p. 1480.

51_{3} ἔσχον] ησχον V.

Verlust des temporalen Augments: Thack. § 16_{4}

In ἀ-: prol. $_{2}$ ἠκολουθηκότων] ακ. C 21_{18} ἠφανισμένος] αφ. 548 32_{16} ἠδικημένου] αδικιμ. 155 51_{11} εἰσηκούσθη] εισακ. *b* 507.

In ἐ-: 22_{17} ἠδρασμένη] εδρ. V L^{-248} 542 40_{7} ἐξηγέρθη] εξεγ. L^{-248} 755 42_{21} ἠλαττώθη] ελ. 493-637-106-545* 744′ = Ald., ebenso 50_{3} 744 = Ald.; ελασσωθη V 49_{6} ἠρήμωσαν] ερ. V L^{-248}-705 358 542.

In ἰ-: Zu εἶδον] ιδον vgl. Ier. Einl. S. 124. Siehe auch Thack. § 16_{5}.

In ὀ-: V und verschiedene Minuskeln schreiben oft sorglos ο für ω (siehe oben S. 91f.). Für die alten Unzialen sind folgende Stellen zu nennen: 4_{3} παρωργισμένην] παροργ. B C 253 296-548 307 543 547 743 795 27_{24} ὡμοίωσα] ομ. B* V 637 296-548.

Diphthonge. αἰ-: 47_{6} ᾔνεσεν] αιν. 543 50_{18} ᾔνεσαν] αιν. 542.

εὐ: Nur 253 schreibt immer ηὗρον und ηὑρέθην, 443 und 542 manchmal, 637 einmal (51_{20} ηυρον).

30_{5} εὐφράνθη] ηυφρ. S A 253 106-545-705 *b c*-795 46 155 307 315′, ebenso 51_{15} A 253 637 155 339 542 543 547 679 706 795.

26_{5} εὐλαβήθη] ηυλ. S A 253 L'^{-248}-157′-672-743 *b* 46 155 315 (ηυληθη) 443 (ηυλισθη) 534′ 543 547 575 679 (ηυλαβησθη) 29_{7} εὐλαβήθησαν] ηυλ. 253 *l b c*-404′ 46 155 315′ 336 339 543 547.

49_{2} κατευθύνθη] κατηυθ. S A 253 L^{-248} 155 311-706 443 542 755 795 49_{3} κατεύθυνεν] κατηυθ. 253 L^{-248} 155 311-706 315 358 443 795 51_{20} κατεύθυνα] κατηυθ. S 253 637-545 155 254 339 543 679 706 795; κατηυθηνα 106 157 358 548.

36_{12} εὐλόγησεν] ηυλ. S A 253 L^{-248} *b c*-679-795 46 155 307 315′ 336 339 443 543.

45_{19} εὐδόκησεν] ηυδ. A V 493-106-130-545 249-754 542 547 672 795.

Doppeltes Augment: Thack. § 16_{6}

ἀνοίγω. Zu 43_{14} ἠνεῴχθησαν (ανεωχθ.) siehe App. und vgl. Thack. S. 277.

ὁράω. 16_{5} εορακα B*, εορακεν S V 315 31_{12} εορακα S A 637 706 42_{15} εορακα B*-S A C V 706 43_{31} εορακεν B*-S A V 43_{32} εορακαμεν V 706.

Es ist überall mit Katz -ο- statt -ω- (so Ra.) zu schreiben, siehe Ier. Einl. S. 124.

D Zeichen und Abkürzungen

-	Die zu einer Gruppe gehörenden Hss. werden durch „-“ untereinander verbunden, z.B. 106-130
*	bedeutet die ursprüngliche Lesart einer Hs.
^{1}	bedeutet Korrekturen der ersten Hand
i	bedeutet den Instaurator einer Hs.
^{c}	bedeutet spätere Korrekturen
^{s}	bezeichnet den Ergänzer (suppletor) einer Hs. Einem ^{s} steht kein * gegenüber
^{txt}	bezeichnet Textlesarten in Hss.
^{mg}	bezeichnet Randlesarten in Hss.
^{te}	bezeichnet Lesarten, die im Text einer Ausgabe stehen
^{ap}	bezeichnet Lesarten (Varianten), die im Apparat der betreffenden Ausgabe verzeichnet sind
^{com}	bezeichnet Lesarten, die in den laufenden Ausführungen eines Kommentars zitiert werden und von den Lesarten des Lemmas abweichen
^{lem}	bezeichnet Lesarten, die im Lemma eines Kommentars stehen und von dem im laufenden Text des Kommentars zitierten Bibeltext abweichen
^{p}	besagt, daß nur ein Teil (pars) der Hss. oder der Übersetzungen die Lesart hat
^{pc}	bedeutet p a u c i codices der Vetus Latina (La^{pc})
^{pl}	bedeutet p l e r i q u e codices der Vetus Latina (La^{pl})
^{cit}	bedeutet das Vorkommen der Variante in Zitaten (nicht im laufenden Text des Kommentars)
|	bedeutet Zeilenumbruch in den Hss.
ạ	ein Punkt unter einem Buchstaben besagt, daß er in der Hs. nicht sicher zu lesen ist, z.B. ạ
+, add.	bedeutet Zusätze
>, om.	bedeutet Auslassungen
∩	bedeutet Ausfall durch Homoioteleuton
(ν)	besagt, daß der eingeklammerte Buchstabe in verschiedenen Hss. fehlt, z.B. *εστι(ν)*
[ ]	bezeichnet gegen die Überlieferung zu tilgende Zeichen, Buchstaben und Worte
⟨ ⟩	bezeichnet gegen die Überlieferung hinzugefügte Zeichen, Buchstaben und Worte
𝔊, LXX	bedeutet den griech. Text
GrI	bedeutet die griech. Übersetzung des Enkels
GrII	bedeutet die zweite (spätere) Übersetzung
H	bedeutet den hebr. Text

adapt.	= adaptatum	n.	= nota
adn.	= adnotatio, adnotat	p.	= pagina

app.	=	apparatus	plur.	=	pluraliter
cf.	=	confer	pos.	=	posuit (posuerunt)
cod(d).	=	codex (-dices)	pr.	=	praemittit (-tunt)
coni.	=	coniecit	praec.	=	praecedens
corr.	=	correxit (-xerunt)	praef.	=	praefatio
del.	=	delevit	ras.	=	rasura
dess.	=	desunt	rel.	=	reliqui
dupl.	=	lectio duplex (Dublette)	s.	=	sive oder sermo (nach Eigennamen)
ed.	=	editio	s.	=	sequens (die folgende Seite)
exc.	=	excepto			
fin.	=	finis	sec.	=	secundum
fort.	=	fortasse	sim.	=	similiter
gr.	=	graecus	sing.	=	singulariter
hab.	=	habe(n)t	scr.	=	scripsit
homoiot.	=	homoioteleuton	sup. ras.	=	supra rasuram
homoiar.	=	homoiarcton	superscr.	=	superscripsit
inc.	=	incertus	tr.	=	transponit (-nunt)
init.	=	initium	trah.	=	trahit (trahunt)
lat.	=	latinus	ult.	=	ultimus
leg.	=	legendum	v.	=	versus
lib.	=	libere	var. lect.	=	varia lectio
mend.	=	mendose	verss.	=	versiones (Co Aeth Arm)
min.	=	minusculi (codices)	vid.	=	ut videtur

Rezensionen, Hss.-Gruppen, verwandte Hss.

O = 253-Syh (Syrohexapla): Origenes-Rezension

L = 248-493-637: Lukian-Rezension (Hauptgruppe)

l = 106-130-545-705: Lukian-Rezension (Untergruppe)

L' = *L* + *l*

a = 149-260-606

b = 249-254-603-754

c = 296-311-548-706

155'	=	155-743	404'	=	404-795
157'	=	157-797	534'	=	534-613
157''	=	157-797-631	631'	=	631-797
315'	=	315-672	744'	=	744-768

Übersetzungen

La = Altlateinische Übers. (Vetus Latina = VL); La^V = Vulgata

Bo = Bohairische Übers.

Sa = Sahidische Übers.

Ach = Achmimische Übers.
Co = Bo + Sa (+ Ach)
Syr = Syrische Übers. (Peschitta); Syr^L = ed. de Lagarde, Syr^W = ed. Walton (Londoner Polyglotte)
Syh = Syrohexaplarische Übers.
Syp = Syropalästinische Übers.
Aeth = Aethiopische Übers.
Arab = Arabische Übers.
Arm = Armenische Übers.

Jüngere griechische Übersetzungen

α' = Aquila   σ' = Symmachus   θ' = Theodotion

Alte Druckausgaben der Septuaginta

Ald. = Aldina   Compl. = Complutensis   Sixt. = Sixtina
Wechel = ed. LXX (1597)   Bos = ed. LXX (1709)

Kommentare und Schriftsteller-Zitate

Ambr. = Ambrosius (PL, CV, CC)
An. = Anonymus (siehe Fi.)
Anast. = Anastasius Sinaita (PG 89)
Antioch. = Antiochus Monachus (PG 89)
Anton. = Antonius Melissa (PG 136)
Ath. = Athanasius (PG 25-28)
Aug. = Augustinus (PL, CV, CC), s. Einl. S. 15f.
Barn. = Epistula Barnabae (Funk-Bihlmeyer 1924)
Bas. = Basilius Magnus (PG 29-32)
Beda = Beda Venerabilis (CC 119-120, 122)
BrevGoth. = Breviarium Gothicum (PL 86 = Fi. 419)
Caes. = Caesarius Arelatensis (CC 103-104)
Cass. = Cassiodorus Senator (CC 97-98)
Chr. = Chrysostomus (PG 47-64)
Chr. cat. = Jean Chrysostome, Huit catéchèses baptismales inédites, ed. A. Wenger, Paris 1957
Clem. = Clemens Alexandrinus (CB)
ClemRom. = Clemens Romanus (Funk-Bihlmeyer 1924)
Clim. = Johannes Climacus (PG 88)
Constit. = Constitutiones Apostolorum (Funk 1905)
Cypr. = Cyprianus (CV)
Cyr. = Cyrillus Alexandrinus (PG 68-77; Pusey)
CyrHieros. = Cyrillus Hierosolymitanus (PG 33)
Dam. = Johannes Damascenus (PG 94-96)

Didasc.	=	Didascalia Apostolorum (Hauler 1900)
Didym.	=	Didymus Caecus (PG 39)
Epiph.	=	Epiphanius (CB)
Eus.	=	Eusebius Caesariensis (PG, CB)
Eus.dem.	=	Eus., demonstratio evangelica (CB)
Eus.praep.	=	Eus., praeparatio evangelica (CB)
Eus.ps.	=	Eus., commentarius in psalmos (PG 23)
Evagr.	=	Evagrius Gallicus (CV 45)
Gi.	=	Gildas Sapiens (MG)
GregM.	=	Gregorius Magnus (PL 76)
GregNaz.	=	Gregorius Nazianzenus (PG 33-38)
GregNyss.	=	Gregorius Nyssenus (PG 44-46)
Hi.	=	Hieronymus (PL, CV, CC)
Isid.	=	Isidorus Pelusiota (PG 78)
IsidHis.	=	Isidorus Hispalensis (PL 83)
Mal.	=	Malachias Monachus (Hs. des Escorial, Real Bibl., Ω-I-7)
Max.	=	Maximus Confessor (PG 91)
Meth.	=	Methodius (CB)
MissMoz.	=	Missale Mozarabicum (PL 85)
MissRom.	=	Missale Romanum
Or.	=	Origenes (CB; Lommatzsch = Lo.)
Pal.	=	Palladius Hellenopolensis (PL 74)
Paulin.	=	Paulinus Nolanus (CV 29)
Salv.	=	Salvianus Massiliensis (CV 8)
Spec.	=	Liber de divinis scripturis s. Speculum, s. Einl. S. 15f.
Tert.	=	Tertullianus (CC 1-2)
Theophil.	=	Theophilus Antiochensis (PG 6)
Tht.	=	Theodoretus Cyrensis (PG 80-84)
PsCaes.	=	Pseudo-Caesarius (PG 38)
PsVig.	=	Pseudo-Vigilius, Contra Varimadum (CC 90)

Ps (einem Namen vorgesetzt) = Pseudo-, z.B. PsCypr. = Pseudo-Cyprianus

Schriften und Sammlungen

Altaner	=	B. Altaner, Patrologie. Leben, Schriften und Lehre der Kirchenväter, 5. Aufl., Freiburg 1958
Beck	=	H.-G. Beck, Kirche und Theologische Literatur im byzantinischen Reich, München 1959
Bendtsen	=	Specimen exercitationum criticarum in Veteris Testamenti Libros Apocryphos e scriptis patrum et antiquis versionibus... publice defendet Benedictus Bendtsen, Gottingae 1789
Bl-D.	=	Fr. Blaß, Grammatik des neutestamentlichen Griechisch, bearbeitet von A. Debrunner, 9. Aufl., Göttingen 1954

Böttcher = F. Böttcher, Exegetisch-kritische Aehrenlese zum AT, Leipzig 1849

Box = G. H. Box, The Book of Sirach: The Apocrypha and Pseudepigrapha of the OT in English ed. R. H. Charles I (Oxford 1913) 268-517

Bret. = Liber Iesu Siracidae graece ... illustratus a C. G. Bretschneider, Ratisbonae 1806

de Br. = D. de Bruyne, Étude sur le texte latin de l'Ecclésiastique. RBén 40 (1928) 5—48

BZ = Biblische Zeitschrift

Camerarius = Sententiae Iesu Siracidae ... Ioachimo Camerario Pabepergen. autore, Basileae 1551

CB = Corpus Berolinense = Die griechischen christlichen Schriftsteller der ersten (drei) Jahrhunderte

CC = Corpus Christianorum. Series Latina

CV = Corpus Vindobonense = Corpus Scriptorum Ecclesiasticorum Latinorum

CBQ = The Catholic Biblical Quarterly

Dillm. = Veteris Testamenti aethiopici tomus quintus, quo continentur libri apocryphi, ed. A. Dillmann, Berolini 1894

Drusius = *ΣΟΦΙΑ ΣΕΙΡΑΧ* sive Ecclesiasticus ... ex interpretatione I. Drusii, Franekerae 1596

Fi. = B. Fischer, Verzeichnis der Sigel für Handschriften und Kirchenschriftsteller (Vetus Latina, Teil 1) Freiburg i. Br. 1949; Verzeichnis der Sigel für Kirchenschriftsteller, [2]1963

Fr. = Libri apocryphi Veteris Testamenti graece. Recensuit et cum commentario critico ed. O. F. Fritzsche, Lipsiae 1871

Grabe = Septuaginta Interpretum tomus III, ed. J. E. Grabe, Oxonii 1720

Grotius = Hugonis Grotii Annotationes in VT curavit G. I. L. Vogel, tomus III (Halae 1776) 63—236

H.-P. = Vetus Testamentum Graecum cum variis lectionibus, ed. R. Holmes et J. Parsons, tom. IV, Oxonii 1827

H.-R. = A Concordance to the Septuagint ... by E. Hatch and H. A. Redpath, Oxford 1897

Hart = Ecclesiasticus. The Greek Text of Codex 248 ed. ... by J. H. A. Hart, Cambridge 1909

Hatch = E. Hatch, On the Text of Ecclesiasticus: Essays in Biblical Greek (Oxford 1889) 246—282

Helb. Gramm. = R. Helbing, Grammatik der Septuaginta. Laut- und Wortlehre, Göttingen 1907

Helb. Kas. = R. Helbing, Die Kasussyntax der Verba bei den Septuaginta Göttingen 1928

Herk. = H. Herkenne, De Veteris Latinae Ecclesiastici capitibus I—XLIII, Leipzig 1899

Hoeschel = Sapientia Sirachi sive Ecclesiasticus ... cum notis Davidis Hoeschelii Augustani, Augustae Vindelicorum 1604

Houbigant = C. F. Houbigant, Notae criticae in universos Veteris Testamenti libros cum hebraice, tum graece scriptos, Frankfurt 1777

JBL = Journal of Biblical Literature

JQR = The Jewish Quarterly Review

JThSt = The Journal of Theological Studies

Katz = P. Katz, Besprechung der Septuaginta-Ausgabe von Rahlfs in der ThLZ 61 (1936) 265—287 (Zu Sirach Sp. 278f.).

Kuhn I II = G. Kuhn, Beiträge zur Erklärung des Buches Jesus Sira I und II, ZAW 47 (1929) 289—296 und 48 (1930) 100—121

MG = Monumenta Germaniae Historica

Μέγα Λεξ. = *Μέγα Λεξικὸν τῆς Ἑλληνικῆς Γλώσσης, Ἀθῆναι* 1933—1950

MSU = Mitteilungen des Sept.-Unternehmens

Nestle = E. Nestle, Marginalien und Materialien, Tübingen 1893 (Zu Sirach S. 48—59. 94)

Oest. = W. O. E. Oesterley, The Book of Sirach: The Apocrypha and Pseudepigrapha of the OT in English ed. R. H. Charles I (Oxford 1913) 268—517

OLZ = Orientalistische Literaturzeitung

Pe. = Das Buch Jesus Sirach oder Ecclesiasticus übersetzt und erklärt von N. Peters (= Exeget. Handbuch z. AT 25), Münster i.W. 1913

PG = Patrologiae Series Graeca ed. Migne

PL = Patrologiae Series Latina ed. Migne

Rahlfs, Ra. = Septuaginta, ed. A. Rahlfs, vol. II, Stuttgart 1935

Rahlfs, Verz. = A. Rahlfs, Verzeichnis der griech. Handschriften des AT (= MSU II), Berlin 1914

RB = Revue Biblique

RBén = Revue Bénédictine

Ry. = V. Ryssel, Die neuen hebräischen Fragmente des Buches Jesus Sirach und ihre Herkunft: Theol. Studien u. Kritiken 73 (1900) 363—403. 505—541; 74 (1901) 75—109. 269—294. 547—592; 75 (1902) 205—261. 347—420

Schla. = A. Schlatter, Das neu gefundene Hebräische Stück des Sirach. Der Glossator des griechischen Sirach und seine Stellung in der Geschichte der jüdischen Theologie: Beiträge zur Förderung christl. Theologie I 5—6 (Gütersloh 1897)

Schleusner = Novus Thesaurus philologico-criticus sive Lexicon in LXX... ed. J. Fr. Schleusner, vol. I—III, Londini 1829

Smend, Sm. = Die Weisheit des Jesus Sirach erklärt von R. Smend, Berlin 1906

Smend, Index = Griechisch-Syrisch-Hebräischer Index zur Weisheit des Jesus Sirach von R. Smend, Berlin 1907

Swete, Sw. = The Old Testament in Greek according to the Septuagint, vol. III, ed. quarta, reprinted, Cambridge 1930

Thack. = H. St. J. Thackeray, A Grammar of the Old Testament in Greek according to the Septuagint, vol. I, Cambridge 1909

Thielm.	=	Ph. Thielmann, Die lateinische Übersetzung des Buches Sirach: Archiv für lat. Lexikographie u. Grammatik 8 (1893) 511—561
ThLZ	=	Theologische Literaturzeitung
ThQ	=	Theologische Quartalschrift (Tübingen)
VD	=	Verbum Domini (Rom)
VT	=	Vetus Testamentum (Leiden)
WZKM	=	Wiener Zeitschrift für die Kunde des Morgenlandes
ZAW	=	Zeitschrift für die alttestamentl. Wissenschaft
ZDMG	=	Zeitschrift der Deutschen Morgenländischen Gesellschaft
ZNW	=	Zeitschrift für die neutestamentl. Wissenschaft
Zi.	=	Konjekturen und Varianten, die als Textlesarten anerkannt wurden; sie sind in meinem Beitrag zur Tisserant-Festschrift *Ursprüngliche Lesarten im griech. Sirach* ausführlich behandelt.

Weitere Schriften (Kommentare und Aufsätze), die in der vorigen Liste der Abkürzungen nicht aufgeführt werden

Kommentare. Außer den oben genannten Kommentaren von Smend (1906), Box-Oesterley (1913), Peters (1913) wurden noch folgende Kommentare gelegentlich eingesehen:

O. F. Fritzsche, Die Weisheit Jesus-Sirach's: Kurzgef. exeg. Handbuch zu den Apokryphen des AT, Lief. 5, Leipzig 1859

A. Edersheim, Ecclesiasticus: Apocrypha ed. by H. Wace II (London 1888) 1—239

O. Zöckler, Die Weisheit Jesus Sirachs: Die Apokryphen des AT (München 1891) 255—354

V. Ryssel, Die Sprüche Jesus', des Sohnes Sirachs: Die Apokryphen und Pseudepigraphen des AT, hrsg. v. E. Kautzsch I (Tübingen 1900) 230—475

I. Knabenbauer, Commentarius in Ecclesiasticum: Cursus Script. Sacrae II/VI, Parisiis 1902

P. Volz, Hiob und Weisheit (Das Buch Hiob, Sprüche und Jesus Sirach, Prediger): Die Schriften des AT III 2, ²Göttingen 1921

A. Eberharter, Das Buch Jesus Sirach oder Ecclesiasticus: Die Heilige Schrift des AT VI 5, Bonn 1925

H. Duesberg et P. Auvray, Le livre de l'Ecclésiastique: La Sainte Bible, Paris 1953

O. Schilling, Das Buch Jesus Sirach: Herders Bibelkommentar VII 2, Freiburg 1956

V. Hamp, Das Buch Sirach oder Ecclesiasticus: Echter Bibel IV (Würzburg 1959) 569—717

Aufsätze. Es sei hier nur (in Auswahl) die neuere Literatur ab 1945 genannt:

C. C. Torrey, The Hebrew of the Geniza Sirach: Alex. Marx Jub. Vol. (New York 1950) 585—602

H. J. Cadbury, The Grandson of Ben Sira: Harvard Theol. Rev. 48 (1955) 219—225

H. L. Ginsberg, The Original Hebrew of Ben Sira 12, 10—14: JBL 74 (1955) 93—95

S. Mowinckel, Die Metrik bei Jesus Sirach: Studia Theol. (Lund 1955) 137—165

M. Treves, Studi su Gesù ben Sirach: La Rassegna mensile di Israel 22 (1956) 387—397. 464—473

P. Auvray, Notes sur le prologue de l'Ecclésiastique: Mélanges Bibl. réd. en l'honneur de A. Robert = Travaux de l'Institut Cath. de Paris 4 (Paris 1957) 281—287

D. G. Maeso, Disquisiciones filológicas sobre el texto hebreo del Eclesiástico: Miscelánea de Estudios Arabes y Hebraicos 8, 2 (1959) 3—26

R. T. Siebeneck, May Their Bones Return to Life! Sirach's Praise of the Fathers: CBQ 21 (1959) 411—428

A. Vaccari, Ecclesiastico 37, 10. 11 critica ed esegesi: Estudios Eclesiásticos 34 (1960) 705—713

J. Carmignac, Les rapports entre l'Ecclésiastique et Qumran: Revue de Qumran 3 (1961) 209—218

M. R. Lehmann, Ben Sira and the Qumran Literature: Revue de Qumran 3 (1961) 103—116

L. F. Hartman, Sirach in Hebrew and in Greek: CBQ 23 (1961) 443—451

L. Scazzocchio, Eccli., Tobia, Sap. di Salomone alla luce dei testi di Qumran: Rivista degli Studi Orientali 37 (1962) 199—209

M. Fang Che-yong, Sir 7, 36 (Vulg 7, 40) iuxta hebraicam veritatem: VD 40 (1962) 18—26

H. Germann, Jesus ben Siras Dankgebet und die Hodajoth: Theol. Zeitschrift (Basel) 19 (1963) 81—87

J. Ziegler, Zum Wortschatz des griechischen Sirach: Eissfeldt-Festschrift *Von Ugarit nach Qumran*, ZAW Beihefte 77 (Berlin 1958) 274—287

J. Ziegler, Hat Lukian den griech. Sirach rezensiert?: Biblica 40 (1959) 210—229

J. Ziegler, Die hexaplarische Bearbeitung des griech. Sirach: BZ N.F. 4 (1960) 174—185

J. Ziegler, Die Münchener griech. Sirach-Hs. 493. Ihre textgeschichtliche Bedeutung und erstmalige Edition durch den Augsburger Humanisten David Hoeschel (1604): Sitzungsberichte der Bayer. Akademie der Wissenschaften, Philosophisch-Hist. Kl., München 1962, Heft 4

J. Ziegler, Die Vokabel-Varianten der *O*-Rezension im griech. Sirach: Hebrew and Semitic Studies presented to G. R. Driver (Oxford 1963) 172—190

J. Ziegler, Zwei Beiträge zu Sirach. (I) Zu *ἐνεφυσίωσεν* und *iugulavit* im Sirach-Zitat 4, 11(12) bei Clemens von Alexandrien und Tertullian. (II) Zu מכוער Sir 11,2 und 13,22: BZ N.F. 8 (1964) 277—284

J. Ziegler, Ursprüngliche Lesarten im griech. Sirach: Mélanges Eugène Tisserant I = Studi e Testi 231 (1964) 461—487.

Verzeichnis der in der Einleitung ausführlicher besprochenen Sirach-Stellen

Verzeichnis der im Abschnitt *Grammatika (Orthographika)* näher besprochenen Vokabeln

ΠΡΟΛΟΓΟΣ

Πολλῶν καὶ μεγάλων ἡμῖν διὰ τοῦ νόμου καὶ τῶν προφητῶν
καὶ τῶν ἄλλων τῶν κατ᾽ αὐτοὺς ἠκολουθηκότων δεδομένων,
ὑπὲρ ὧν δέον ἐστὶν ἐπαινεῖν τὸν Ισραηλ παιδείας καὶ σοφίας,
καὶ ὡς οὐ μόνον αὐτοὺς τοὺς ἀναγινώσκοντας δέον ἐστὶν ἐπιστήμονας γίνεσθαι,
ἀλλὰ καὶ τοῖς ἐκτὸς δύνασθαι τοὺς φιλομαθοῦντας χρησίμους εἶναι
καὶ λέγοντας καὶ γράφοντας,

B S A C V *O L* (= 493-637) *l a b c* min. La verss.

Prologus deest in 248 157′ 315′ 421 429 755 768 Aeth Arm

Inscriptio prologi *προλογος* B A *a*-534′ 155 254-754 311-706-679 542; *σιραχ προλογος* 46; *προλογος* (+ *του* 743) *σιραχ* C 743; *προλογος ιησου υιου σιραχ* 603; *προλογος σοφιας* 106-130-545; *προλογος σοφιας ιησου* 542^{b}; *προλογος* (+ *της* 253 543) *σοφιας ιησου υιου σιραχ* V-253 249 543 744 (*σειραχ*) 795 = Ald. (*σειραχ*); *προλογος εις την σοφιαν ιησου υιου σειραχ* 336^{mg}; *σοφιας* (*σοφια* 548 Sa) *ιησου υιου σιραχ προλογος* 296-548 Sa (om. *προλογος*); *προοιμιον ιησου υιου σιραχ* 637; *προοιμιον σοφιας ιησου υιου σιραχ* 443^{s} Syh; *σοφιας ιησου υιου σιραχ προοιμιον* 493; *βιβλος σοφιας ιησου υιου σιραχ* 694; *βιβλιον σειραχ· προλογοι φρονησεως* 404; *σιραχ προλογος ᾠδί* (leg. *ᾠδή*?) *του σοφωτατου* 547; *προλογος συν θεω σοφιας ιησου υιου του σιραχ* 753; *προλογος της οντως σοφιας ιησου υιου σιραχ· εκτεθεις και συγγραφεις παρ αυτου εις πολλων ωφελειαν* 307; *incipit prologus in ecclesiasticum iesu filii sirach* (vel sim.) La; inscr. prologi deest in S 339

1 om. *καί* 1° 155 | *μεγάλων*] + *δεδομενων* Syh: ex 2 | *ἡμῖν*] + *των* *L* | om. *καί* 2° V | om. *τῶν* 493-694
2 om. *καὶ τῶν ἄλλων τῶν* 336 | *ἄλλων*] + *δε L* | om. *κατ᾽ αὐτούς* 155; *κατ αυτοις* 336; *αυτοις* 613 | *δεδομένων*] *δεομενων* S; pr. *και* 543; pr. *των* 155; tr. post *ἐστίν* (3) 603; > *L* Syh: cf. 1
3 *ὑπὲρ ὧν*] *υπερ ω* 545; > Syh | om. *ἐπαινεῖν* 603 | *παιδείας . . . σοφίας*] tr. 253: cf. 12; + *causa* La; pr. *propter* Syh
4 *καὶ ὡς*] *και ος* 534; om. *ὡς* 404 679 Syh | *μόνον*] + *εστιν* 253 | om. *τούς* 443^{s} 547 | *δέον ἐστίν*] *δεον αυτους* 443^{s}; om. *ἐστίν* 253 *L*; > 46 | *ἐπιστήμ. γίνεσθαι* = La^{172} (*disciplinatos fieri*)] *ε. γεν.* S C *L*-694 46 155 249 307 339 404′ 542 679; *ε. ειναι* V *l a*; *esse peritos* La^{V}; om. *γίνεσθαι* 728 $La^{G\,pl}$
5 om. *ἀλλά — δύνασθαι* 404′ | *τοῖς*] *τους* V *L* 311 La; *των* 307 | om. *τούς* 307 | *φιλομαθοῦντας*] *-μαθεις* 743 Mal.: cf. 13; *φιλοτιμουντας* 307; *φιλοπονουντας* Syh: cf. 20 | om. *χρησίμους* 307 La
6 om. *καί* 1° S

ὁ πάππος μου Ἰησοῦς ἐπὶ πλεῖον ἑαυτὸν δοὺς
εἴς τε τὴν τοῦ νόμου
καὶ τῶν προφητῶν
καὶ τῶν ἄλλων πατρίων βιβλίων ἀνάγνωσιν
καὶ ἐν τούτοις ἱκανὴν ἕξιν περιποιησάμενος
προήχθη καὶ αὐτὸς συγγράψαι τι τῶν εἰς παιδείαν καὶ σοφίαν
ἀνηκόντων,
ὅπως οἱ φιλομαθεῖς καὶ τούτων ἔνοχοι γενόμενοι
πολλῷ μᾶλλον ἐπιπροσθῶσιν διὰ τῆς ἐννόμου βιώσεως.
Παρακέκλησθε οὖν
μετ' εὐνοίας καὶ προσοχῆς
τὴν ἀνάγνωσιν ποιεῖσθαι
καὶ συγγνώμην ἔχειν
ἐφ' οἷς ἂν δοκῶμεν

B S A C V 929 (init. 19) *O L l a b c* min. La verss.

7 *ὁ πάππος*] *ο παππους* 155 795; *παππους* 548; om. *ὁ* 311 339 578 | *πλεον* S | *εαυτω* 694 | *δούς*] *εκδους L*

8 om. *τε O* (253*) *L*-694 404′ La Sa | om. *τήν* 106-545 *a* | om. *τοῦ* A

9 om. *καὶ τῶν προφητῶν* 542

10 *πατρίων*] *πατρωων a* 743; *πατριδων* 404; *πατριαρχων* 543; pr. *των δεοντων* S V (om. *πατρίων*) *b* 743; pr. *δεοντων* (*δε οντων* Syh) *O c*-404′-679 46 443 694; pr. *δε των L*; pr. *δε l* 339 | *βιβλων O c*-679 603 694: cf. 25 | *διαγνωσιν L*

11 *ἱκ. ἕξιν*] *ικανον εστιν* S*; om. *ἕξιν* 106 | *περιποιησάμενος*] *-νον* S; *παραποιησαμενος* 106

12 *προήχθη*] *-θην* 46 155 311^{c} 443; *περιοσηχθην* S*; *volui* (*voluit*^{V}) La; *προσηχθη* 404; *παρηχθη* 753 | *συγγραψασθαι L* 46 | *τι*] *περι* S; > 404 | *παιδείαν . . . σοφίαν*] tr. 443: cf. 3 | *ἀνηκόντων*] *-κοτων* 744 = Ald.; *ηκοντων* V *L*-743-106-545 *a* 307 336 404-795 (*εικ.*) 542 543 547 753; *διοικουντων* 155; pr. *ημιν* 253; *ημων τον* 694 (om. *ὅπως οἱ φ. καὶ τούτων*)

13 *καί*] + *οι* S* | *ἔνοχοι*] *ενηχοι* A S^{c} V *l a*-534′ *b c*-404′-679 339 443^{s} 543 547 743 753 La^{172} Mal. (»*ἔνηχοι . . . ἢ ἔνοχοι ὡς ἔν τισι τῶν παλαιοτέρων ἀντιγράφων*«) | *γεναμενοι* 336 (*-να*)-728

14 *πολλων* V 694 | *μᾶλλον*] *αλλον* V | *ἐπιπροσθῶσιν*] *ετι προσθησουσιν* S Syh; *επιποθωσιν* 336 | *ἐννόμου*] *εκ νομου* S* V; *εν νομω* 253 *L*-130 46 307 336 542 543 753: cf. 36

15 *Παρακέκλησθε*] *-σθαι* S A V *L* 46 alii; *παρακεκλεισθε* 296; *παρακεκλεισθαι* 404 534 548^{c}; *περικεκλεισθαι* 728; *hortor* La | *οὖν*] *ου* 46; + *ημας αξιω* 613; + *venire vos* La; > 547

16 *μετ'*] *με της* 753 | *εὐνοίας*] *-αν* 545*; *ανοιας* 155 694; *ευμενειας* 339 404 (*-νιας*)-795 | om. *καί L* | *προσοχῆς*] *-χοις* 130; *-χεις* 404; *προσευχης* 339 694

17 *ποιεισθε* B 706; *ποιησθε* 728 744; *ποιησασθαι* 253

18 *συγγνώμην ἔχειν*] *ου γνωμην εχει* 46

19 *ἄν*] *εαν* S | *δοκῶμεν*] + *εχειν* 404′

τῶν κατὰ τὴν ἑρμηνείαν πεφιλοπονημένων τισὶν τῶν λέξεων ἀδυναμεῖν·
οὐ γὰρ ἰσοδυναμεῖ
αὐτὰ ἐν ἑαυτοῖς Ἑβραϊστὶ λεγόμενα καὶ ὅταν μεταχθῇ εἰς ἑτέραν γλῶσσαν·
οὐ μόνον δὲ ταῦτα,
ἀλλὰ καὶ αὐτὸς ὁ νόμος καὶ αἱ προφητεῖαι
καὶ τὰ λοιπὰ τῶν βιβλίων
οὐ μικρὰν ἔχει τὴν διαφορὰν ἐν ἑαυτοῖς λεγόμενα.
Ἐν γὰρ τῷ ὀγδόῳ καὶ τριακοστῷ ἔτει ἐπὶ τοῦ Εὐεργέτου βασιλέως
παραγενηθεὶς εἰς Αἴγυπτον καὶ συγχρονίσας
εὑρὼν οὐ μικρᾶς παιδείας ἀφόμοιον

B S A C V 929 *O L l a b c* min. La verss.

20 *τῶν* 1°] *τη* 46; > 543 | *κατά*] *περι* 543; *κατ* 694 | *τήν*] *αυτην* 694 | *πεφιλοπονημένων*] *περιφιλοπ.* V 744 = Ald.; *φιλοπ.* 753; *-μενα* 578; *-ποιημενων* 545; *πεφιλοσοφημενων* *L*; > 543 | *τισίν*] *ηττασθαι τισι των αλεξανδρεων και* 404; pr. *ηττασθαι* 795; > *a*-929 542 578 | om. *τῶν* 2° *a*-613-929 | *ἀδυναμεῖν*] *αδυνατειν* 106 606; *αδυνατα* 543; *αδυναμουμεν* Syh; *δυναμει* 46; *δυναμιν* *L* 336(*-μειν*) 753; > B*-S* V

21 om. *οὐ γὰρ ἰσοδ.* 336; om. *οὐ γάρ* 728 | *οὐ γάρ*] *ουπερ* V; *ουδε γαρ* Mal. | *ἰσοδυναμεῖ*] *-μειν* 728; *εισδυναμει* 404

22 *αὐτά*] *ταυτα* V | *ἐν*] *εφ* 253 130 694; > 106-545 *a*-929? 336 Syh | *Ἑβραϊστί*] *εβραιοιστα* 155; > *L* | *μεταχθῇ*] *μεταταχθη* 130 743; *μεταθη* 694; *ταχθη* 404′; *μεταχθωσιν* 753; *μετενεχθη* 443^{s}

23 *ταῦτα*] *αυτα* 547 La^{172} (*ipsa*)

24 *αὐτὸς/ὁ νόμος*] tr. 46; om. *ὁ νόμος* 753 | *αἱ προφητεῖαι*] *οι προφηται* C *a*-929 46 336 339 404′ 753 La Syh Sa

25 *λοιπά*] *μικρα* 603 | *βιβλων* *c*-679: cf. 10

26 *μικράν*] *μακραν* 46*; *πολλην* 603 | *τὴν διαφορὰν/ἐν ἑ. λεγόμενα*] tr. 694; om. *ἐν* S | *ἑαυτοῖς λεγ.*] *αυτοις λεγομενοι* 404

27 *γάρ*] *δε* S* V | *τῷ*] *τη* 545 | om. *ἐπί* 336 | om. *τοῦ* *l* Mal. | *Εὐεργέτου βασ.*] + *του πτολεμαιου* 404 (*πολεμεου*)-795; pr. *ptolomei* (*ptolemaei*^{V}) La = *πτολομειου* 106^{mg}

28 *παραγενηθείς*] *-γεννηθ.* 534 603; *περιγεννηθεις* 404; *παραγενομενος* 493 46 311 547; *παραγεγονως* 753; *αναγεννηθεις* S* V (*-θις*) | *εἰς Αἴγ.*] *κατ αιγ.* S*; > V | *συγχρονίσας*] *-νησας* A 253 249-754 339 404′ 534 578 679 694 (*συνχρ.*) 728 743; pr. *επ ολιγον* V

29 *εὑρών* 728 = Grabe Ra.] *ευρεν* *l* 753; *ηυρον* 253; *ευρον* rel. | om. *οὐ* 679 | *μικρᾶς*] *μικραν* 106-545 *c*-404′-679 Syh | *παιδείας*] *παιδειαν* 106-545 Syh | *ἀφόμοιον*] *αφορμην* *c*-404′-679 249 443^{s}; *αφονοις* V; *αφοβον* 106-545

ἀναγκαιότατον ἐθέμην καὶ αὐτός τινα προσενέγκασθαι σπουδὴν
καὶ φιλοπονίαν τοῦ μεθερμηνεῦσαι τήνδε τὴν βίβλον
πολλὴν ἀγρυπνίαν καὶ ἐπιστήμην προσενεγκάμενος
ἐν τῷ διαστήματι τοῦ χρόνου
πρὸς τὸ ἐπὶ πέρας ἀγαγόντα τὸ βιβλίον ἐκδόσθαι
καὶ τοῖς ἐν τῇ παροικίᾳ βουλομένοις φιλομαθεῖν
προκατασκευαζομένους τὰ ἤθη
ἐννόμως βιοτεύειν.

B S A C V 929 *O L l a b c* min. La verss.

30 *ἀναγκαιότατον*] *αναγκαιον b*; *απροσενεγκαιοτατον* 404; + *ουν* S *O* 493-694-743-*l a b c*-404′-679 46 155 307 753 La; pr. *και* 443ˢ 613 | *ἐθέμην*] *προεθ.* S*; *προσεθ.* V; *συνεθ.* 547 Mal. | om. *καί* 1° B | *τινα*] *εγω* S* V; tr. post *προσενέγκ.* B Mal.; > 404′ | *προενεγκασθαι* S* | *φιλοπονίαν*] *-νιας* 795; *φιλοτιμιαν* 336 | *μεθερμηνεῦσαι*] + *χρονω* 311 | om. *τήνδε* A 706
31 *πολλήν*] + *γαρ* B-S V 46 254-603 336 547 753 Sa; pr. *et* La | *ἀγρυπνίαν καὶ ἐπιστήμην*] tr. 694; om. *καί* C; pr. *σπουδην και l a*-929
32 om. *ἐν τῷ* 694; om. *ἐν* V; om. *τῷ* 493 | *χρόνου*] *νομου* 307
33 *πρός*] *εις* Sᶜ | *τό* 1°] *illa quae* (= *τα*) La; > 404 | *ἐπὶ π. ἀγ.*] *επιπεριαγαγοντας* 46 | *ἀγαγόντα*] *-τας* S* 534; *-τι* 307; *αναγαγοντας* 336; *αγοντα* B; *αγοντας* V; *αγαγειν* 547; *ducunt* (*adducunt*ᴳ*) La | *τὸ βιβλίον*] *τον β.* B* 545; *την βιβλον* 307 | *ἐκδόσθαι*] *εκδεδοσθαι l* 311 443ˢ 404′; *εκδιδοσθαι* 155; *εκαστω* 253; + *εκαστον* 404′
34 *τοῖς*] pr. *εν* 744 | *ἐν τῇ παροικίᾳ*] + *μου* 443ˢ; > La | *φιλομαθεῖν*] *μαθειν* 543 547
35 *προκατασκευαζομένους*] *-νοις* Cᶜ (vid.) 493 *a* 249-754 443ˢ; *-νος c*-679-795; *προσκ.* 694; *περικ.* 46; *προσκατασκευαζομενος* 404; *προκατασκευαζοντας* S* V | *ἤθη*] *παθη* V
36 *ἐννόμως*] *εν νομω* B-S 493-694-743-*l c*-404′-679 753: cf. 14; *ενπονος* (leg. *ἐμπόνως*) 534 | *βιοτευη* 744; *βιοτεύειη* Ald.; *βιω πιστευειν l*

Subscriptio prologi *προλογος* B 753; *προλογος ιησου υιου σειραχ* 296; *προοιμιον σοφιας ιησου υιου σιραχ* 694; *explicit prologus* (vel sim.) Laᵖˡ; *prooemium* (*προοιμιον*) Saᵀʰ

Πρόλογος

Ἰησοῦς οὗτος Σιρὰχ μὲν ἦν υἱός, ἔγγονος δὲ Ἰησοῦ ὁμωνύμου αὐτῷ· οὗτος οὖν ἐν χρόνοις κάτω γέγονε μετὰ τὴν αἰχμαλωσίαν καὶ ἀνάκλησιν, καὶ μετὰ τοὺς προφήτας σχεδὸν ἅπαντας· ὁ οὖν πάππος αὐτοῦ Ἰησοῦς καθὰ καὶ αὐτὸς μαρτυρεῖ, φιλόπονός τε γέγονεν ἀνὴρ ἐν Ἑβραίοις καὶ φρονιμώτατος, ὃς οὐ μόνον τὰ ἑτέρων τῶν πρὸ αὐτοῦ συνετῶν ἀνδρῶν ἀποφθέγματα συνήγαγεν, ἀλλὰ καὶ αὐτὸς ἴδιά τινα ἀπεφθέγξατο, πολλῆς συνέσεως καὶ σοφίας γέμοντα· ἐπεὶ οὖν τὴν βίβλον ταύτην ὁ πρῶτος Ἰησοῦς σχεδόν τι συνειλεγμένην καταλιπὼν ἐξ ἀνθρώπων ᾤχετο, Σιρὰχ οὗτος μετ' αὐτὸν πάλιν λαβὼν τῷ οἰκείῳ παιδὶ κατέλιπεν Ἰησοῦ· ὃς δὴ ταύτης λαβόμενος, εἰς ἓν ἅπασαν ἐναρμόνιον σύνταγμα συνήγαγε, σοφίαν ἐπί τε αὐτοῦ καὶ τῷ τοῦ πατρός, ἀλλὰ μὴν καὶ τῷ πάππου ὀνόματι κεκληκώς, ἐξ αὐτοῦ τοῦ τῆς σοφίας ὀνόματος ἀγαπητῶς μᾶλλον ἔχειν τὸν ἀκροατὴν πρὸς τὴν αὐτῆς τῆς βίβλου μελέτην ἐπισπώμενος· λόγους οὖν φρονήσεως, αἰνίγματά τε καὶ παραβολὰς περιέχει, καὶ μερικάς τινας παλαιὰς θεοφιλεῖς ἱστορίας, περί τε ἀνδρῶν εὐαρεστησάντων τῷ θεῷ, καὶ εὐχὴν καὶ ὕμνον αὐτοῦ· ἔτι δὲ ὧν ὁ θεὸς εὐεργεσιῶν ἠξίωσε τὸν λαὸν αὐτοῦ, καὶ ὧν ἔπλησε κακῶν τοὺς ἐχθροὺς αὐτῶν. ὁπαδὸς τοῦ Σολομῶντος οὗτος ὁ Ἰησοῦς γέγονεν, οὐδὲν ἧττον ἐκείνου περὶ τὴν σοφίαν καὶ παιδείαν εὐδοκιμήσας, πολυμαθὴς ἀληθῶς καὶ ὢν καὶ καλούμενος.

De hoc prologo in 248 vide Einl. p. 66.

Σοφία Ἰησοῦ Υἱοῦ Σιραχ

Inscriptio libri *σοφια σειραχ* B; *σοφια ιησου υιου σ(ε)ιραχ* S A C *O*-V 493-*l*-157′ *a*-534-929 *b c*-404′ 155′ 315′ 339 443 542 578 728 744 753 755[s] Aeth Mal. = Ald.; *σοφια ιησου σιραχ* 46 613; *σοφια του ιησου του υιου σιραχ* 336[mg]; *σοφια ιησου υιου σιραχ λογοι ψυχωφελεις* 679; *βιβλιον σοφια σειραχ* 768; *εκλογη εκ της βιβλου ιησου υιου σιραχ* 429; *αρχη του λογου της τουτου σοφιας* 307; *διδαχη και νουθεσια και σοφια ιησου υιου σιραχ* 421; *σοφου σοφον πονημα σιραχ ενθαδε* 547; *ecclesiasticus* La[V]; *incipit liber hiesu filii sirach* (vel sim.) La[Gpl]; inscr. deest in 248-694 543 La[po]

ΣΟΦΙΑ ΙΗΣΟΥ ΥΙΟΥ ΣΙΡΑΧ

1 1 *Πᾶσα σοφία παρὰ κυρίου*
καὶ μετ᾽ αὐτοῦ ἐστιν εἰς τὸν αἰῶνα.
2 *ἄμμον θαλασσῶν καὶ σταγόνας ὑετοῦ*
καὶ ἡμέρας αἰῶνος τίς ἐξαριθμήσει;
3 *ὕψος οὐρανοῦ καὶ πλάτος γῆς*
καὶ ἄβυσσον καὶ σοφίαν τίς ἐξιχνιάσει;
4 *προτέρα πάντων ἔκτισται σοφία*
καὶ σύνεσις φρονήσεως ἐξ αἰῶνος.
5 *πηγὴ σοφίας λόγος θεοῦ ἐν ὑψίστοις,*
καὶ αἱ πορεῖαι αὐτῆς ἐντολαὶ αἰώνιοι.
6 *ῥίζα σοφίας τίνι ἀπεκαλύφθη;*
καὶ τὰ πανουργεύματα αὐτῆς τίς ἔγνω;
7 *ἐπιστήμη σοφίας τίνι ἐφανερώθη;*
καὶ τὴν πολυπειρίαν αὐτῆς τίς συνῆκεν;
8 *εἷς ἐστιν σοφός, φοβερὸς σφόδρα,*
καθήμενος ἐπὶ τοῦ θρόνου αὐτοῦ.

B S A C V 929 *O L l a b c* min. La verss.

1 1 *μετ᾽ αὐτοῦ*] *αυτη* 797 | *ἐστιν*] *εσται* 534; > 929
2 (2ab) *ἄμμον*] *ψαμμον* GregNaz. I 897: cf. 18_{10} | *θαλασσης* 46 La Co Aeth Arm Or.^{lat} VIII 363 | *υετων* 606 Arm | *ημεραν* S* | *αιωνων* 155 Bo Arm; *ab aevo* Syh: cf. $_{4}$b
3 (2cd) *γῆς*] pr. *της* 106-545 | *καὶ ἄβ./καὶ σοφίαν*] tr. 493; om. *καὶ ἄβ.* 404′; *και αβ. σοφιας* 429 Arm Or.^{lat} VIII 363; *et profundum abyssi* La Co (+ *et sapientiam*) Aeth (+ *et sapientiam*) = *καὶ βάθος ἀβύσσου* Sm. Katz: cf. 24_{5} et Syr
4 *προτερον* 46 | *πάντων*] + *πασων* 404 | *σοφιαν* 155′ 534 | *φρονήσεως*] *και φρονησις* 743 Co; > 797
5 hab. v. $_{5}$ *O*-V *L′*-315′-694-743 249 339 542^{mg} 548^{c} 679 768 La Co Mal.^{mg} (»*ἔν τισι πρόσκειται καὶ ταῦτα τῶν ἀντιγράφων*«) | *λογοις* 339 | *αἱ πορ.*] *αποςειαι* 106-545* | *αὐτῆς*] *-του* 694 | *ἐντολαὶ αἰ.*] *εντολη ζωης* *l*
6 *ῥίζα*] pr. *ἡ* 578 | *πανουργηματα* S A C V 307 534 542 543 753: cf. 42_{18} et Thack. § 6_{45} Hatch p. 250 | *αὐτῆς*] *αυτου* 797 | om. $_{6}$b 705
7 hab. v. $_{7}$ *O*-V 493-*l*-694-743 339 548^{c} La Co; hab. v. $_{7}$b 249 672 | *ἐφανερώθη*] *απεκαλυφθη* *l* Syh: ex $_{6}$a; *revelata est et manifestata* La | *πολυπειρίαν*] *-ρον* 339; *multiplicationem ingressus* (= *πολυπορειαν* 545^{c}) La
8 *εἷς*] *τις* 404 679 728 | *φοβερός*] pr. *και* 493 *a*-929 336 753 La^{V} Aeth; tr. ante *σοφός* 705 | *καθήμενος*] pr. *ὁ* 404 | om. *τοῦ* 155 296-548* 404 534′ 672 | om. *αὐτοῦ* 603 BrevGoth. 231 B

9 *κύριος [9]αὐτὸς ἔκτισεν αὐτὴν*
καὶ εἶδεν καὶ ἐξηρίθμησεν αὐτὴν
καὶ ἐξέχεεν αὐτὴν ἐπὶ πάντα τὰ ἔργα αὐτοῦ,
10 *μετὰ πάσης σαρκὸς κατὰ τὴν δόσιν αὐτοῦ,*
καὶ ἐχορήγησεν αὐτὴν τοῖς ἀγαπῶσιν αὐτόν.
ἀγάπησις κυρίου ἔνδοξος σοφία,
οἷς δ' ἂν ὀπτάνηται, μερίζει αὐτὴν εἰς ὅρασιν αὐτοῦ.

11 *Φόβος κυρίου δόξα καὶ καύχημα*
καὶ εὐφροσύνη καὶ στέφανος ἀγαλλιάματος.
12 *φόβος κυρίου τέρψει καρδίαν*
καὶ δώσει εὐφροσύνην καὶ χαρὰν καὶ μακροημέρευσιν.
φόβος κυρίου δόσις παρὰ κυρίου,
καὶ γὰρ ἐπ' ἀγαπήσεως τρίβους καθίστησιν.
13 *τῷ φοβουμένῳ τὸν κύριον εὖ ἔσται ἐπ' ἐσχάτων,*
καὶ ἐν ἡμέρᾳ τελευτῆς αὐτοῦ εὐλογηθήσεται.

B S A C V 929 *O L l a b c* min. La verss.

9 (9—10a) *κύριος*] pr. *και κυριευων O* 493-672-694-743-*l* 249 548^{c}: cf. Syr; *et dominans deus* La (8 fin.); + *δε* Bo | *αὐτός*] -*του* 705; *κυριος* Anast. p. 676; > 755^{s} Mal.* | om. 9b 672 705 797 Sa^{Th} Arm | om. *καὶ εἶδεν* 603 La^{Γ} | *αὐτήν* 2°] -*τα* 253 | *ἐξέχεεν*] *επεχεεν* 493-694 | om. *αὐτήν* 3° V 755^{s} La^{A} | om. *πάντα* 797

10 (10bc) *κατὰ τὴν δόσιν αὐτοῦ*] pr. *απ αυτης* 493-694-672; + ※ *απ αυτης* Syh; + *και την πολυπειριαν αυτης τις συνηκε* 404': ex 7b; om. *τήν* 755^{s}; *δοξαν* pro *δόσιν* 547 | om. *καί* 753 La^{pl} | *χορηγησει* Anast. p. 676 Anton. p. 784 | *αὐτήν*] -*τον* 795 | *ἀγαπῶσιν*] *φοβουμενοις l* = Syr | *αὐτόν*] -*την* 542* 672 753*? Mal. (»*ἔν τισι τῶν ἀντιγράφων*«) | hab. v. 10cd *O* (sub ※ Syh) 493-672-694-743 La(v. 14-15a); hab. v. 10c Anton. p. 784 post v. 10a | *οἷς*] *ος* 493 | *οπτανεται* 672*-694-743 | *μερίζει*] *στηριζει* 743; *εκριζη* 694; *diligunt* La | om. *αὐτοῦ* La

11 (11 + 17) *κυρίου*] *θεου* 106-545 $La^{L\Sigma}$ | 11b] *και δωσει ευφροσυνην και χαραν και μακροημερευσιν* C: ex 12b | om. *καί* 2° *b* | *εὐφροσύνη*] + *και καυχημα* 547: ex 11a | *ἀγαλλιάματος*] *αγαλλιασεως l* 155 543 548* 797; *και αγαλλιαμα* 421

12 (12 + 18) *τέρψει καρδίαν*] *δοξα και καυχημα l*: ex 11a | 12b] *ευφρ. δε και χ. και μακροημ. περιποιει O* | *δώσει*] *δωσεις* 336-728 (-*σης*); *διδωσιν* 46 | *εὐφροσύνην*] + *και στεφανος αγαλλιαματος* 404: ex 11b | *χαράν ... μακροημέρευσιν*] tr. *l* | *και μακροημερευσει* 421; > Antioch. p. 1832 | hab. v. 12cd *O* (sub ※ Syh) 493-672-743 679; hab. v. 12c Antioch. p. 1832 | *ἐπ'*] *επι* 672 | *καθιστασι* 679

13 (13 + 19) *τῷ φοβ.*] *των φοβουμενων* 755* 785; + *γαρ* 575 Antioch. p. 1832 | om. *εὖ* 46 | *ἔσται*] *εστιν* 421 | *ἐσχάτων*] -*τω* S* *O* verss.^{p}: cf. 2_{3} 3_{26} 6_{28} 12_{12} 13_{7} 14_{7} 21_{10} $30_{1\ 10}$ 34_{22} et 51_{14} | 13a fin.] + *πηγη σοφιας λογος θεου εν υψιστοις και αι (ε 404) πορειαι (-ριαι 404) αυτης εντολαι αιωνιοι* 404': ex v. 5 | *ἡμέρᾳ*] -*ραις* 429 La(19b) verss.^{p} Antioch.: cf. 3_{5} 18_{10} 40_{6} | *εὐλογηθήσεται* Antioch.] *ενευλ.* 253; *ευρησει χαριν* B *l b* Mal.

14 Ἀρχὴ σοφίας φοβεῖσθαι τὸν κύριον,
καὶ μετὰ πιστῶν ἐν μήτρᾳ συνεκτίσθη αὐτοῖς.
15 μετὰ ἀνθρώπων θεμέλιον αἰῶνος ἐνόσσευσεν
καὶ μετὰ τοῦ σπέρματος αὐτῶν ἐμπιστευθήσεται.
16 πλησμονὴ σοφίας φοβεῖσθαι τὸν κύριον
καὶ μεθύσκει αὐτοὺς ἀπὸ τῶν καρπῶν αὐτῆς·
17 πάντα τὸν οἶκον αὐτῶν ἐμπλήσει ἐπιθυμημάτων
καὶ τὰ ἀποδοχεῖα ἀπὸ τῶν γενημάτων αὐτῆς.
18 στέφανος σοφίας φόβος κυρίου
ἀναθάλλων εἰρήνην καὶ ὑγίειαν ἰάσεως.
ἀμφότερα δέ ἐστιν δῶρα θεοῦ εἰς εἰρήνην,
πλατύνει δὲ καύχησις τοῖς ἀγαπῶσιν αὐτόν.
19 [καὶ εἶδεν καὶ ἐξηρίθμησεν αὐτήν,]
ἐπιστήμην καὶ γνῶσιν συνέσεως ἐξώμβρησεν
καὶ δόξαν κρατούντων αὐτῆς ἀνύψωσεν.

B S A C V 929 *O L l a b c* min. La verss.

14 (**16ab**) *φοβεῖσθαι τὸν κύριον*] *φοβ. τον θεον* B Mal. Cypr. test. 3,20: cf. 16a; *φοβος κυριου* C(vid.) 339 La Aeth = Syr: ex Ps. 110_{10} Prov. 1_7 9_{10} | *μήτρᾳ*] *μετρω* 768; *μέτρᾳ* Ald. | *συνεκτ. αὐτοῖς*] *συνεκτ. αυτω* 534*; tr. Syh; om. *αὐτοῖς* La Arm Mal. = Syr
15 (**16cd**) init.] pr. *και* B 315 Aeth Didym. p. 816 Mal. | *αἰῶνος*] *-νων* Mal. 1° | *ενενοσσευσε* 493 | *αὐτῶν*] *-του* 155*; fort. *ἐκλεκτῶν* Sm. | *εμπιστευει* S*
16 (**20**) *φοβεῖσθαι τὸν κύριον*] *φοβ. τον θεον* 339 La: cf. 14a; *φοβος κυριου* 308 (sec. H.-P.) La^X Aeth = Syr: cf. 14a 20a; om. *τόν* Antioch. p. 1832 | *μεθυσκειν* 315 543 743; *μεθυσει* Antioch. | *αὐτούς*] *-την* S*; *-της* 705 | om. *τῶν* 603 Mal. | *καρπῶν*] *γενηματων* V 534 (*γενν.*): ex 17b
17 (**21**) *πάντα*] + *γαρ* 672; pr. *et* La^pc Arm | *αὐτῶν* *O L*-694 Arm Ra.] *αυτης* rel. | *ενεπλησεν* 248 La^G*pc | *ἐπιθυμημάτων*] *-τα* 795; + *αυτης* *O* 248-694; + *eorum* Arm | om. 17b 253 Arm: homoiot. | *ἀποδοχεῖα*] *υποδ.* Mal.^c; + *αυτων* 743 Syh; + *eius* Co Aeth | *αὐτῆς*] *-του* 336
18 (**22**) *φόβος κυρίου*] *φοβος θεου* 253 Bo; *φοβεισθαι τον κυριον* *L* 46 Spec.; > 404 | om. 18b 785 | *ἀναθάλλων εἰρ. καὶ ὑγίειαν*] *αναθαλλει δε εν αυτοις κυριος ειρηνην μεστην* *O* | *ὑγίειαν* A B^c *L* alii] *υγιαν* B*-S C V alii; *υγειαν* *l* 46 alii Mal.: cf. $30_{15\ 16}$ 34_{20} et Thack. § 5(3) | *ἰάσεως*] *καυχησεως* 542; *εως αιωνος* S^c | hab. v. 18cd *O* (sub ※ Syh) La(23b) post v. 18b; hab. v. 18c *L*-672-694 Mal. (»*ἔν τινι . . . προσκείμενοι εὕρομεν*«) ante v. 18a; hab. v. 18d *L*-694 post v. 18b | *θεοῦ*] *κυριου* *O* 694 | om. *εἰς εἰρήνην* *O* La
19 (**23a 24**) om. v. 19a *O* 248-694 785 La^ΛΣ Sa: 19a = 9b | 19b sub ※ Syh | *ἐπιστήμην*] *tentationem* Syh; pr. *και* 296-548 679 La^C Aeth | *γνῶσιν*] + *και δοξαν* 253: ex 19c | *συνέσεως*] *σοφια* *O*; *et sapientiam* Co Aeth | *ἐξώμβρησεν*] *-ρισε(ν)* *L* 46 249 alii Mal.; *εξομβρει* *O*; + *η* (> 493) *σοφια* *L'*-672-694-743; pr. *sapientia* La | *δοξα* 249-754 La^pc | *κρατουντος* 578 795 Co | *αὐτῆς*] *-την* S C *L'*-694 *b* 795: cf. 4_{13} 10_{13} 25_{11} 26_7 38_{25} et Helb. Kas. p. 120s.

20 ῥίζα σοφίας φοβεῖσθαι τὸν κύριον,
καὶ οἱ κλάδοι αὐτῆς μακροημέρευσις.
21 φόβος κυρίου ἀπωθεῖται ἁμαρτήματα,
παραμένων δὲ ἀποστρέψει πᾶσαν ὀργήν.

22 Οὐ δυνήσεται θυμὸς ἄδικος δικαιωθῆναι·
ἡ γὰρ ῥοπὴ τοῦ θυμοῦ αὐτοῦ πτῶσις αὐτῷ.
23 ἕως καιροῦ ἀνθέξεται μακρόθυμος,
καὶ ὕστερον αὐτῷ ἀναδώσει εὐφροσύνη·
24 ἕως καιροῦ κρύψει τοὺς λόγους αὐτοῦ,
καὶ χείλη πολλῶν ἐκδιηγήσεται σύνεσιν αὐτοῦ.

25 Ἐν θησαυροῖς σοφίας παραβολὴ ἐπιστήμης,
βδέλυγμα δὲ ἁμαρτωλῷ θεοσέβεια.
26 ἐπιθυμήσας σοφίαν διατήρησον ἐντολάς,

B S A C V 929 *O L l a b c* min. La verss.

20 (25) *ῥίζα*] + *γαρ* Bo | *φοβεῖσθαι τὸν κύριον*] *φοβος κυριου* 797 Aeth: cf. 14a; *αγαπαν τον κυριον O* | om. *οἱ* 672 | *μακροημερευσουσιν* S*; *-ρευουσιν* 797; *-ρευσιν* 785* (vid.)

21 (27) hab. v. 21 *O* (sub ※ Syh) *L'*-672-694-743 768; hab. v. 21a Clem. La (v. 27) | *αποθειται* 253 545 | *δέ*] + *εν αυτω O*; + *αυτω* 768 | *αποστρεφει* 248 768; *επιφερει* 743^{c} (*-φαιρων**); *συντριψει O* | om. *πᾶσαν* 248-*l* 768

22 (28) 22a] *αφοβος δ ου δυνησεται δικαιωθηναι* Clem. La; *θυμος γαρ αδικος ουκ αθωωθησεται* Chr. II 508 XII 25. 53. 869; > 672 | *θυμὸς ἄδικος*] *θυμωδης ανηρ L'*; *ανηρ θυμωδης O* 694 = Prov. 15$_{18}$; *ανθρωπος θυμωδης* Co (om. *ανθρ.*) Antioch. p. 1508; *iracundus et iniquus* Aeth | *δικαιωθῆναι*] *δικαιος* (*-ως*^{1}) *ειναι* 155 | *ῥοπή*] *οργη* S* La Aeth (vid.) Sm.: cf. 10$_{18}$ 45$_{19}$; *ὀπή* 606; *ῥιπή* „Wucht" Kuhn I 289 | om. *τοῦ* 315 | *αὐτοῦ*] *-των* 728; > S* 603 La$^{\Pi}$ Arm | *αὐτῷ*] *-του* 253 155 547 La verss.^{p}: cf. 5$_{13}$; *animae suae* Arm; *-των* 336 339; + *εστιν* Anton. p. 1132 La

23 (29) 23a] *ο δε μακροθυμος εως καιρου ανθεξεται* Mal.; > 336 | *ανεξεται O*-V 248-694 Dam. p. 384 Anton p. 1213 | *μακρόθυμος*] *-μως* Anast. p. 413; pr. *ὁ* 253 | om. *καί* 155 Bo | *αὐτῷ*] *-τον* 404 | *αὐτῷ ἀναδώσει*] tr. C *l a*-534'-929 339 429 785 Syh verss.^{p} Anast. Dam. Anton. (*αναδυσει αυτω* ed.) | *ἀναδώσει*] *αναδιδωσιν* S^{c} 46; *αποδωσει* 443 547 | *εὐφροσύνη* Dam. Anton.] *-νην* S* A C *O*-V *a*-929? 46 157' 315 336 339 429 443 547 575 603 613* 694 743 744 753 verss.^{p} Anast.; *εις -νην* 493

24 (30) *τοις λογοις* 603 | *πολλῶν*] *πιστων* B V Anast. p. 413 Mal.; *iustorum* La^{X} | *ἐκδιηγήσεται*] *-σονται* Anast.; *εκει ηγησεται* V

25 (26 + 31—32) *παραβολαι* S *O*-V *L a*-929 46 443 547 613 753 Co Arm; *παρεμβολη* 130 | *ἁμαρτωλῷ* = La^{V} (32)] *-λων* 404' 542 548 694 743; *-λου* A V; *-λοις O* La (*peccatoribus* 26b) PsChr. V 554

26 (33) init.] pr. *και* 613 | *επεθυμησας l b c*-404'-679 46 307 429^{c} 743 785^{c} La^{X*} Anast. p. 676 (pr. *ει*) Antioch. p. 1832 Or.^{lat} VIII 77 et alii patres lat.; *concupisce* La$^{Xc\Sigma}$ BrevGoth. 561A Arm; *επιθυμειν* 694 | *σοφιας* 339 753 785 Eus. ps. p. 66 | *διατήρησον*] *-σαι* 404; *τηρησον* 429 | *κύριος*] *χριστος*

καὶ κύριος χορηγήσει σοι αὐτήν.
27 *σοφία γὰρ καὶ παιδεία φόβος κυρίου,*
καὶ ἡ εὐδοκία αὐτοῦ πίστις καὶ πραΰτης.
28 *μὴ ἀπειθήσῃς φόβῳ κυρίου*
καὶ μὴ προσέλθῃς αὐτῷ ἐν καρδίᾳ δισσῇ.
29 *μὴ ὑποκριθῇς ἐν στόμασιν ἀνθρώπων*
καὶ ἐν τοῖς χείλεσίν σου πρόσεχε.
30 *μὴ ἐξύψου σεαυτόν, ἵνα μὴ πέσῃς*
καὶ ἐπαγάγῃς τῇ ψυχῇ σου ἀτιμίαν,
καὶ ἀποκαλύψει κύριος τὰ κρυπτά σου
καὶ ἐν μέσῳ συναγωγῆς καταβαλεῖ σε,
ὅτι οὐ προσῆλθες φόβῳ κυρίου
καὶ ἡ καρδία σου πλήρης δόλου.

B S A C V 929 *O L l a b c* min. La verss.

253: cf. 47_{11}; *ιησους* Co[p]; pr. *ὁ* S 155 542 Antioch.: cf. 2_{14} $4_{13\ 14}$ $10_{14\ 15\ 16}$ 15_{13} 16_{29} 18_{11} $38_{1\ 12}$ 39_{6} 43_{5} $46_{9\ 14\ 17}$ | *σοι αὐτήν*] tr. La Sa Syh Or.[lat]; om. *σοι* 429 785*

27 (**34—35**) 27a] *φοβος* (+ *δε* Clem.) *κυριου παιδεια και σοφια* 315′ Clem. II 151 = Prov. 16_{4} (15_{33}) | *φόβος*] pr. *και* 543 | *ἡ εὐδοκία*] *η ευδοξια* S*; om. *ἡ* V *L*-694 | *πραοτης* B 253 248-672-694-743-705 542[c] 613 728 755 785 797: cf. 3_{17} 4_{8} 10_{28} 36_{28} 45_{4} et Thack. § 6_{32} 12_{11}

28 (**36**) *μή* 1°] *και* 315 | *ἀπειθήσῃς*] *απιστησῃς* S: cf. 2_{15}; *ἀπατήσῃς ἐν* Kuhn I 289 | *φόβῳ*] *φοβον* 743; *φοβος* 155 | *κυρίου*] + *ενδεης ων O L*-672-694-743 | om. *μή* 2° 404′ | *προσέλθῃς*] -*θεις* 404; *προελθῃς* 155; *προσελθετε* Didym. p. 1425 | *αὐτῷ*]-*τον* 404 | om. *ἐν l* 429 La Dam. p. 1088

29 (**37**) init.] pr. *και l* Arm | *καθυποκριθῃς* 253 | *ἐν στόμασιν*] *εν στοματι* S 106-545 307 443 547 797 Aeth: cf. 13_{24} 20_{19}; *ενωπιον O* La Co Arm: cf. Syr; om. *ἐν* 753; *ἐν ὄμμασιν* Hart | om. *τοῖς* C | *πρόσεχε*] pr. *μη* 248

30 (**38—40**) init.] pr. *υιε* 336 | *μὴ ἐξύψου σεαυτόν*] *μη σαλευου διανοια* 253: cf. Syr | *μή* 1°] *και* 68-744′ = Ald.; > 728 | *ἐξύψου σ.*] *εξ υψους εαυτον* (*αυτον* 728*) 545 578 705 728; *εξυψοις εαυτων* 755 | om. *μή* 2° 785 | *εκπεσῃς* 46 672 | *ἐπαγάγῃς*] *επαγῃς* 46 296-548 404 785 Max. p. 893; *καταγαγῃς* 421; pr. *μη* 547* | *τῇ ψ.*] *την ψυχην* 672; *τη ζωη* 253 | *σου* 1°] *αυτου* 694 | *ατιμια* 106 336 404 | *ἀποκαλύψει* = La[G]] -*ψῃ* V 106-545 alii La[rel] Anton. p. 1181; pr. *μη* 315 | *τὰ κρυπτά σου*] pr. *παντα O*; + *παντα L*-694 | om. *καί* 3° *b* | *μέσῳ*] *ημερα* 421 | *συναγωγῆς*] *εκκλησιας* 315′ La[X] Anton. | *καταβαλεῖ*] -*λῃ a* 296[c] 421 613 La (*elidat*); -*βαλλῃ* 46 575 | *ὅτι*] *οτε* 155[c] (om. 155*) | *οὐ προσῆλθες*] om. *οὐ* La; *ου προηλθες* 694; *ου προσηλθεν* 672 785; *ουκ εισηλθες* 421; + *εν αληθεια O* 248-672-694 | *φόβῳ*] *φοβου* 249; *φοβος* 694 785; pr. *τω* 248; pr. *εν* 493 | *κυρίου*] pr. *του* 248 | *καί* ult.] *αλλ* 421 | *αι καρδιαι σου πληρεις* 672

2 1 *Τέκνον, εἰ προσέρχῃ δουλεύειν κυρίῳ,*
ἑτοίμασον τὴν ψυχήν σου εἰς πειρασμόν·
2 *εὔθυνον τὴν καρδίαν σου καὶ καρτέρησον*
καὶ μὴ σπεύσῃς ἐν καιρῷ ἐπαγωγῆς·
3 *κολλήθητι αὐτῷ καὶ μὴ ἀποστῇς,*
ἵνα αὐξηθῇς ἐπ᾽ ἐσχάτων σου.
4 *πᾶν, ὃ ἐὰν ἐπαχθῇ σοι, δέξαι*
καὶ ἐν ἀλλάγμασιν ταπεινώσεώς σου μακροθύμησον·
5 *ὅτι ἐν πυρὶ δοκιμάζεται χρυσὸς*
καὶ ἄνθρωποι δεκτοὶ ἐν καμίνῳ ταπεινώσεως.
ἐν νόσοις καὶ πενίᾳ ἐπ᾽ αὐτῷ πεποιθὼς γίνου.

B S A C V 929 *O L l a b c* min. La verss.

2 1 init.] pr. tit. *περι υπομονης* 248 | *Τέκνον*] *υιε μου* PsAth. IV 1425 | *εἰ*] *εαν* Chr. I 936[te]. 980 Dam. p. 384 | *προσέρχῃ*] *προσελθης* PsAth. IV 868; *προσεχης* PsAth. IV 1425: cf. 4 15 Tim. I 6 3 | *δουλευων* 534 | *κυρίῳ*] *θεω* Cyr. II 429 La Arm = Syr; *τω θεω* Chr. III 50 PsAth. IV 868; + *θεω* B; pr. *τω* 248-743-*l* 155 307 421 429 543 547 575 603 679 753 Ath. III 476. 489 PsAth. IV 868. 1425 Chr. II 31 XII 713 XIII 1040 Cyr. II 253 X 1005 Dam. p. 176 Anton. p. 1108. 1216 Antioch. p. 1772; + *εν δικαιοσυνη* 694; + *sta in iustitia et timore et* La | *ἑτοίμασον* Dam. p. 176] -*σθητι* Dam. p. 384 | *τὴν ψ.*/*σου*] *τη ψυχη σου* 421; tr. *b* | *εἰς πειρασμόν*] *εις -μους* 46 Co PsAth. IV 868. 1425

2 om. *σου* 578* | *σπεύσῃς*] *σπευδης* 785; *πιστευσεις* 336-728 (-*σης*): cf. Par. II 24 5; *πεσης* Anast. p. 425

3 init.] pr. *μεινον την αναμονην κυριου* (*και* ed.) Anton. p. 1216 = La *sustine sustentationes* (-*nem*[GX] Aug. Spec.) *dei* (+ *et*[C] BrevGoth. 284 D) | *κολληθητω* 68-744′ = Ald. | *αὐτῷ*] *deo* La; *domino* Arm Spec.; + *και μη αποκαμης* 404 | *μὴ ἀποστῇς*] *μη εκστης* 46; *sustine* La; + *απ αυτου* 534′ Co | *ἵνα αὐξ.*] *ινα αυξυνθης* 534 (-*ξινθεις*) 679 785 (-*ξινθ.*); *ινα μηξιθεις* 404; *και αυξηθησεται* S*; *ινα αυξηθη* 46 La (*ut crescat*) | *σου*] *vita tua* La; > S* 106 Arm

4 *ὅ*] *ον* 545 | *ἐάν*] *αν* 578*; > 155 307 755 La | *ἐπαχθῇ*] *απ.* 578; *επαγαγη* 575; *πραχθη* 421 | *δέξαι*] + *ασμενως* *O L′*-672-743 Chr. XI 130 Antioch. p. 1772; + *αυτω ασιενως* 694; pr. *cum gaudio* Arm; + *et in dolore sustine* La | *αλλαγματι* 248 929 Co Anton. p. 1109 Max. p. 920; *αλαγματι* 421 755 797*; *αλαλαγματι* 797[c] Dam. p. 1525; *αλαλλαγμασι* 254 606 672; *αλαλαγμασι* 106; *αγαλλιασει* V

5 *ὅτι*] *τι* S*; *ωσπερ γαρ* Chr. I 936 II 28 III 296; + *ωσπερ* Chr. II 184: cf. Prov. 17 3 | om. *ἐν* 1° 404 La[C] | *πυρί*] *καμινω* Chr. II 28 = Prov. 17 3: ex 5 b | *χρυσός*] pr. *ὁ* 106-545 Anast. p. 413 (non p. 425); *χρυσιον* Chr. I 936: cf. 51 28 | *καὶ ἄνθρ. δ.*] *ανθρ. δε δ.* 253 La Co Arm; *και* (*ουτως* Chr.) *ανθρωπος δεκτος* 547 Arm Chr. I 936 II 28 | *καμίνῳ*] *καματω* 421; > C | *ταπεινώσεως*] pr. *της* 672; + *σωθησονται* 493-694 | hab. v. 5 c *O*-S[c] *b* 404′ Chr. I 936 (post v. 2 a) II 184 (ante v. 5 a) | *νοσω* Chr. | *πενίᾳ*] *παιδειᾳ* Syh; *παιδειαις* 253 | *ἐπ᾽*] *εν* 404′ | *γεινου* S[c]; *γενου* 795

6 πίστευσον αὐτῷ, καὶ ἀντιλήμψεταί σου·
καὶ εὔθυνον τὰς ὁδούς σου καὶ ἔλπισον ἐπ᾿ αὐτόν.

7 Οἱ φοβούμενοι κύριον, ἀναμείνατε τὸ ἔλεος αὐτοῦ
καὶ μὴ ἐκκλίνητε, ἵνα μὴ πέσητε.
8 οἱ φοβούμενοι κύριον, πιστεύσατε αὐτῷ,
καὶ οὐ μὴ πταίσῃ ὁ μισθὸς ὑμῶν.
9 οἱ φοβούμενοι κύριον, ἐλπίσατε εἰς ἀγαθὰ
καὶ εἰς εὐφροσύνην αἰῶνος καὶ ἔλεος,
ὅτι δόσις αἰωνία μετὰ χαρᾶς τὸ ἀνταπόδομα αὐτοῦ.
10 ἐμβλέψατε εἰς ἀρχαίας γενεὰς καὶ ἴδετε·
τίς ἐνεπίστευσεν κυρίῳ καὶ κατῃσχύνθη;

B S A C V 929 *O L l a b c* min. La verss.

6 init.] pr. *και* 155 | *αὐτῷ*] *κυριω O* La^{b} Aeth^{ap} Arm; *τω θεω* Anton. p. 768 La = Syr; pr. *επ* 404; pr. *εν* 543 | 6b] *και ελπιζε επ αυτον, και ευθυνει τας οδους σου O* = Syr; *σου* 1° ⌒ 2° *l*; om. *καί* 2° B S^{c} C 336 339 542 Co Arm | *τὰς ὁδούς*] *την οδον* 157′ 785 La | *αὐτόν*] -*τω* 253^{c} 543 679

7 v. 7 post v. 8 tr. 155; v. 7 post v. 9 tr. 248-694-743; v. 7-8 post v. 9 tr. *l*; om. v. 7 672; om. 7-8 755 | *κύριον* V C *a*-929 307 336 Dam. p. 1089] pr. *τον* rel. (Antioch. p. 1693): cf. 8a 9a 15a 16a 17a 3_{7} $6_{16\ 17}$ $10_{19\ 20}$ 15_{1} 21_{6} 26_{3} $31_{14\ 16\ 17}$ $35_{14\ 16}$ 36_{1} | *τον ελεον* 253: cf. 28_{4} $50_{22\ 24}$ | *ἐκκλίνητε*] -*νατε* 253 130* Dam.; -*νετε* Antioch. | *ἵνα μή*] *μητε* 694; om. *ἵνα* S* V-253; om. *μή* 545*

8 *κύριον*] pr. *τον* S *L*′-157′-672-694 46 68-744′ 155 249-754 296-548 404′ 429 443 534′ 542 543 547 679 753 785 Mal.: cf. 7a | *πιστεύσατε*] *αινεσατε* 307 | *αὐτῷ*] -*τον* 307 336 543; *in eum* La^{X}: cf. 6a | om. *οὐ* 694 | *πταίσῃ*] *πτεση* S C; *πεση l*-694 *a*-929 *c*-404′-679 46 307 339 429 443 578 613 728 797 Sa Dam. p. 1089: cf. 37_{12}; *πανση* 547 | *μισθός*] *θυμος* 493 339

9 *κύριον*] pr. *τον* S C 253 *L*′-157′-672-694-743 *b* 46 68-744′ 155 296-548 404′ 443 534′ 542 543 547 679 753 755 785 Mal. Anton. p. 784: cf. 7a | *ελπισεται* 548 | *εἰς ἀγαθά*] *in illum* La; om. *εις* 493 157 543 verss.^{p} | *εἰς εὐφρ.*] *vitam* Bo; om. *εις l* 613 785 verss.^{p} | *αἰῶνος*] *αιωνιον* 694 Dam. p. 1089 Anton.: cf. 15_{6} 17_{12} 30_{17} 42_{18} $45_{7\ 15}$ 49_{12}; > 785 | om. *καί* 2° 743 Aeth | *ἔλεος* 547 575 679 verss.^{p} Dam. Anton. Ra.] *ελαιου* 694: cf. 32_{26} Sap. 11_{9}; *ελεους* rel. (Mal.) | hab. v. 9c *O*-S^{c} 493-694-*l b* 404′ 613 | *ὅτι* S^{c} *b* 404′] > rel.

10 (11—12) 10a] *ερωτησατε γενεας τας γενομενας προτερας υμων* Tht. II 1277 | *ἐμβλέψατε*] *εβλ.* 578 | *ἀρχαίας*] pr. *τας* Chr. V 452 Max. p. 908 Anton. p. 788 Anast. p. 364 | *ἴδετε*] *ιδατε* 404; *ειδετε* V (-*ται*) 706 929 La (*scitote*) Aeth | *ἐνεπίστευσεν*] *επιστ.* S^{c} 493-672-694-*l* 307 336 429 443 542^{c} 753 755 Chr. XI 197 PsChr. IX 767 Dam. p. 1428 Antioch. p. 1693 Anast. p. 364; *ηλπισεν* Chr. I 608te V 129. 144. 331. 452 VI 161 XI 199 Max. p. 908 Anton. p. 788 Antioch. p. 1437 La (*speravit*) | *κυρίῳ*] pr. *τω* S* 493-672-743 *c* -404 429 542 578 755 785 Chr. I 608^{ap} XI 197 PsChr. IX 767 Tht.^{ap} Anast. Mal. Dam.: cf. 11_{21}; *επι κυριον* Chr. Max. Anton. Antioch.; *τω θεω* 694 Bo

ἢ τίς ἐνέμεινεν τῷ φόβῳ αὐτοῦ καὶ ἐγκατελείφθη;
ἢ τίς ἐπεκαλέσατο αὐτόν, καὶ ὑπερεῖδεν αὐτόν;
11 διότι οἰκτίρμων καὶ ἐλεήμων ὁ κύριος
καὶ ἀφίησιν ἁμαρτίας καὶ σῴζει ἐν καιρῷ θλίψεως.

12 Οὐαὶ καρδίαις δειλαῖς καὶ χερσὶν παρειμέναις
καὶ ἁμαρτωλῷ ἐπιβαίνοντι ἐπὶ δύο τρίβους.
13 οὐαὶ καρδίᾳ παρειμένῃ, ὅτι οὐ πιστεύει·
διὰ τοῦτο οὐ σκεπασθήσεται.
14 οὐαὶ ὑμῖν τοῖς ἀπολωλεκόσιν τὴν ὑπομονήν·
καὶ τί ποιήσετε ὅταν ἐπισκέπτηται κύριος;

15 Οἱ φοβούμενοι κύριον οὐκ ἀπειθήσουσιν ῥημάτων αὐτοῦ,

B S A C V 929 *O L l a b c* min. La verss.

(+ *cum poenitentia*) | ἢ 1°] *και* 785; > 253 | ἐνέμεινεν] *ανεμεινε* 130; *ηλπισεν* Co Chr. XI 197 | τῷ φόβῳ αὐτοῦ] pr. *εν* 339 542 PsChr. IX 767 Max.; *επ αυτον* Bo Chr. XI 197; *in deum* Sa^{Cl}; *ταις εντολαις αυτου* Chr. I 608 VI 161 La Sa | ἐγκατελείφθη] *κατελ.* *a* 694 (-*λυφ.*); *ενεκατελ.* L^{-248} 706; *εγκατελιπεν αυτον* Co Arm Chr. I 608 | ὑπερεῖδεν αὐτόν] *εγκατελιπεν αυτον* Chr. V 129: cf. 10c; *desertus est ab eo* Aug. s. 76, 8: cf. 10c

11 (13) *ελεημων και οικτιρμων* 603: cf. Ps. 110_{4} Esdr. II 19_{17} Par. II 30_{9} | ὁ κύριος] pr. *est* La^{V} verss.^{p}; *εστιν* 575 Anast. p. 364; > L^{-248} | 11a fin.] + *μακροθυμος και πολυελεος* *O*-S^{c} *L'*-672-694-743 679 Bo | om. καί 2° 307 | ἀφίησιν] *αφιων* L^{-248} | σῴζει] *σωζων* L^{-248} | ἐν καιρῷ] *εκ* 404'

12 (14) καρδίαις δειλαῖς] *κ. δηλαις* 578 alii; *κ. δειλιαις* 404; *κ. δειναις* 339: cf. Sap. 17_{11}; *κ. δισσαις* 421 (*δυσαις*) 613 755 Syh; *καρδια δισση* Dam. p. 1404 La (*duplici corde*) Aeth: cf. 1_{28}b; *duplices animo* Or. VI 224; *καρδια δειλη* Chr. XII 141 | καὶ χερσὶν παρ.] *και σπουδαις παρ.* 797; pr. *et labiis scelestis* (= *και χειλεσιν παρανομοις* Sm.) La: dupl. | καί 2°] *ουαι* 339 (*οαι*) 578 PsChr. VIII 601 Caes. s. 12, 6: ex 12a | ἐπιβαίνοντι] *επιβεβηκοτι* Dam. | om. ἐπί 248 *b* 421 785 795 797 La

13 (15) καρδίᾳ παρ.] *καρδιαις παρειμενει* (sic) 404 | om. ὅτι 339 | *ουκ εμπιστευει* S 253 (*ενπ.*) | διὰ τοῦτο] + *γαρ* *O*; pr. *et* La^{V} Aeth

14 (16—17) ὑμῖν] *ημιν* 493 155* 578 | *απολελωκοσι(ν)* L^{-248} 307 339 534 543 547 603; -*λελοκοσιν* 155 (-*σει*) 548 694; -*λελωκωσι* 728 743; *απωλελοκωσιν* 578; *απελελωκωσι* 404; *απολελωκος* 755: cf. 8_{12} 29_{14} 41_{2} et Thack. § 16_{7} | om. τήν C | om. 14b 296-548 | ποιήσετε] -*ται* S A C V *l* alii; -*σητε* 253 alii; -*σηται* L^{-248} | ὅταν] *οτι* 744 755 = Ald.; *οτε* 768 = Compl. | *επισκεπτεται* 253 637 728; *επισκεψηται* *l* | κύριος S* 248 404' Anton. p. 1220] pr. ὁ rel.: cf. 1_{26}

15 (18) om. 15 253 106-545 | κύριον] pr. *τον* S^{c} C *l*-157' 296-548-404' 46 307 443 534' 542 543 547 603 672 753 755 785 Mal.: cf. 7a | οὐκ ἀπ. ῥ. αὐτοῦ] *ζητησουσιν ευδοκιαν αυτου* A: ex 16a | *απειθουσι* 307 404 (*αποιθουσιν*)-795; *απιστησωσι* 578: cf. 1_{28} | ῥημάτων] pr. *των* S* 547; *ρημασιν* 248-672-694-*l* *c*-404'-679 155 613; *ρηματα* 728; *των λογων* *a*-929; *verbo* La (*deo*^{A}) Aeth = Syr | αὐτοῦ 1°] -*τοις* 130; > La^{A} | αὐτόν] *legem eius* Syh | συντηρήσ.]

καὶ οἱ ἀγαπῶντες αὐτὸν συντηρήσουσιν τὰς ὁδοὺς αὐτοῦ.
16 οἱ φοβούμενοι κύριον ζητήσουσιν εὐδοκίαν αὐτοῦ,
καὶ οἱ ἀγαπῶντες αὐτὸν ἐμπλησθήσονται τοῦ νόμου.
17 οἱ φοβούμενοι κύριον ἑτοιμάσουσιν καρδίας αὐτῶν
καὶ ἐνώπιον αὐτοῦ ταπεινώσουσιν τὰς ψυχὰς αὐτῶν.
18 ἐμπεσούμεθα εἰς χεῖρας κυρίου
καὶ οὐκ εἰς χεῖρας ἀνθρώπων·
ὡς γὰρ ἡ μεγαλωσύνη αὐτοῦ,
οὕτως καὶ τὸ ἔλεος αὐτοῦ.

3 1 Ἔλεγμὸν πατρὸς ἀκούσατε, τέκνα,
καὶ οὕτως ποιήσατε, ἵνα σωθῆτε·
2 ὁ γὰρ κύριος ἐδόξασεν πατέρα ἐπὶ τέκνοις
καὶ κρίσιν μητρὸς ἐστερέωσεν ἐφ᾽ υἱοῖς.
3 ὁ τιμῶν πατέρα ἐξιλάσεται ἁμαρτίας,

B S A C V 929 *O L l a b c* min. La verss.

συντελεσουσι Dam. p. 1089 | *τὰς ὁδοὺς αὐτοῦ*] *τας εντολας αυτου* S^c Syh Arm: cf. 15_{16} 37_{12}; pr. *mandata et* Aeth: dupl.; *viam illius* La; om. *τάς* 307; > V

16 (19) om. 16 296-548 543; om. 16a 155; om. 16-17 603 | *οἱ φοβ. κύριον*] *και* 547^c | *κύριον*] pr. *τον* S^c C *l*-157′ 46 404′ 534′ 542 743 753 755 785: cf. 7a | *εκζητησουσιν* 493 (*εζ.*) 547^c | *αὐτοῦ*] pr. *παρ* 248-*l* | om. 16b-17a 336; tr. 16b post 17a 155 | om. *καί l* | *εμπλησονται* 68-744′ = Ald.; *πλησθησονται* V *L′*-694: cf. 4_{12} 14_9 17_7 47_{14} 48_{12} | *τοῦ νόμου*] + *αυτου* 753 La $verss.^p$; om. *τοῦ* S C 307 404′ 753

17 (20) *κύριον*] pr. *τον* S^c 46 157′ 296-548 534′ 543 545 547 672 753 755 785 Anton. p. 1216: cf. 7a | *καρδίας*] *-διαν O*-V 46 Aeth; *τας ψυχας* Anton.: cf. 1b | *αὐτῶν* 1°] *-τω* 743; > 679 | fin.] + *και μακροθυμησουσιν εως επισκοπης αυτου* Anton. = La (21b); + (21) *qui timent dominum custodiunt* (*-dient*^{pc}) *mandata illius et patientiam habebunt usque ad inspectionem illius* La

18 (22—23) init.] pr. *λεγοντες O* Arm (*et dicent*); pr. (22a) *dicentes si paenitentiam non egerimus* La | *εμπεσοιμεθα* L'^{-248}; *εμπεσωμεθα* 307 | *χεῖρας* 1°] pr. *τας* V | *κυρίου*] *θεου* 248 La^{Gpl} Arm | *οὐκ*] *μη* 404 | om. *γάρ* 404 Spec. | *οὕτως*] + *εσται c*-404-679; + *εστι* 795 | *τὸ ἔλεος*] pr. *πολυ* S^c *l* Aeth

3 1 (2) *Ἔλεγμὸν π.* Zi.: cf. La] *κρισιν π. O* (tr. post *τέκνα*): cf. Syr; *κριμα του π.* 768: ex La; *εμου του π.* rel. | *ἀκούσατε*] + *μου* 578 $verss.^p$ | *τέκνα*] *ταυτα* 534; + *κρισιν* L^{-248}-694

2 (3) *κύριος*] *θεος* 753 La | *κρίσιν*] *κριμασιν* 548 | *ἐφ᾽ υἱοῖς*] *εφ υιους L′*-694; *επι τοις υιοις* 672; *επι τουτοις* 404; *ευφυης* 679

3 (4) *πατέρα*] + *αυτου* Anton. p. 1045 $verss.^p$: cf. 5a 6a | *ἐξιλάσεται* B-S* (*εξειλ.*) *a* 575 694 La Syh $verss.^p$ Mal. Dam. p. 1257] *εξιλασκεται* rel. (Dam. p. 292 Antioch. p. 1788 Anton.): cf. 30b 20_{28} 31_{23}

4 καὶ ὡς ὁ ἀποθησαυρίζων ὁ δοξάζων μητέρα αὐτοῦ.
5 ὁ τιμῶν πατέρα εὐφρανθήσεται ὑπὸ τέκνων
καὶ ἐν ἡμέρᾳ προσευχῆς αὐτοῦ εἰσακουσθήσεται.
6 ὁ δοξάζων πατέρα μακροημερεύσει,
καὶ ὁ εἰσακούων κυρίου ἀναπαύσει μητέρα αὐτοῦ·
7 ὁ φοβούμενος κύριον τιμήσει πατέρα,
καὶ ὡς δεσπόταις δουλεύσει ἐν τοῖς γεννήσασιν αὐτόν.
8 ἐν ἔργῳ καὶ λόγῳ τίμα τὸν πατέρα σου,
ἵνα ἐπέλθῃ σοι εὐλογία παρ᾽ αὐτοῦ·
9 εὐλογία γὰρ πατρὸς στηρίζει οἴκους τέκνων,
κατάρα δὲ μητρὸς ἐκριζοῖ θεμέλια.
10 μὴ δοξάζου ἐν ἀτιμίᾳ πατρός σου,

B S A C V 929 *O L l a b c* min. La verss.

4 (5) *ὁ* 1° Anton. p. 1045] > A C 248-743 *a*-929 *b* 307 339 404 542 547 613 744′ 753 755 Dam. p. 292 | *θησαυριζων* 155
5 (6) *πατέρα*] + *αυτου* 542^{c} La^{V} verss.^{p}: cf. 3a; *eam* (*matrem suam*^{ap}) Arm | *αντευφρανθησεται* 694 | *ὑπὸ τέκνων* Dam. p. 292 Anton. p. 1048] *επι τεκνοις* C *L*-315′ 46 307 336 404 443 753 La (*in filiis*) verss^{p}. Antioch. p. 1765 Mal. (»*ὑπὸ τέκνων ἢ ἐπὶ τέκνοις*«): cf. 16_{1} 25_{7}; *υπο τεκνοις* 785; + *και ως ο αποθησαυριζων* (+ *ο*^{c}) *δοξαζων μητερα αυτου* B*: ex 4a | *ἡμέρᾳ*] -*ραις* *a* 46: cf. 1_{13} | om. *αὐτοῦ* 694 | *ακουσθησεται* *L*$^{-248}$-694
6 (7) om. *ὁ* 1° 578 | *πατέρα*] *μητερα* 743; + *αυτου* 157 La verss.^{p}: cf. 3a | *μακροημερευσαι* C | om. *ὁ* 2° 548 | *ακουων* Dam. p. 292 Anton. p. 1048 | *ἀναπαύσει*] *αναπαυει* V 421 Syh La^{X} Spec.; *τιμησει* *b* = H | fin.] + *απο οδυνης* *O* *L*$^{-248}$-694
7 (8) hab. v. 7a *O* *L*-694-743 768 La (8a) Antioch. p. 1788 | *κύριον*] pr. *τον* *L*$^{-248}$: cf. 2_{7} | *πατέρα*] *τον π. αυτου* Antioch.; *parentes* La | om. 7b 421 755 = H | om. *ὡς* 672 | *δεσπόταις*] -*της* 336 606; -*τας* 797; -*τη* Antioch.; *κυριοις* *O*; > 753 | *δουλεύσει*] -*σειεν* 155^{c} 753; -*σεις* 311 679; -*σον* Chr. IV 597 | *ἐν τοῖς γ. αὐτόν*] *αυτω* Antioch. | om. *ἐν* *O*-S^{c}-V *L*′-157′-315′-694-743 *a*-613 311 339 575 679 753 785 La verss. Chr. Dam. p. 292 Anton. p. 1048 Mal. | *γεννήσασιν*] *γεννημασιν* 46 548; *γονευσιν* 613 | *αὐτόν*] -*των* 46 603; -*του* 613; *σε* Chr.; *se* (= *αὐτόν*) La
8 (9—10) *ἔργῳ καὶ λόγῳ*] *εργοις και λογοις* 753; tr. Syh Aeth = H | *λόγῳ*] pr. *εν* 534′ | 8a fin.] + *και την μητερα σου* (> *L*) *L*′-694-743 Dam. p. 292 | *ἐπέλθῃ*] -*θοι* 311 795; *απ.* 421 603; *ελθη* *l* | *εὐλογία*] pr. *ἡ* 253 404 | *παρ᾽ αὐτοῦ* = La^{V}] *παρ αυτων* *L*′-694-743 Dam.; *παρ ανθρωπων* Compl.; *αυτων* *O*; *αυτου* 404 verss.; *a domino* La^{X}; *dei* La$^{C\Theta}$; *a deo* ^{Grel}
9 (11) *εὐλογία*] *ευχη* Antioch. p. 1768 | om. *γάρ* 157′ 315′ 421 543 785 La Syh Aeth Arm | *πατρός*] *μητρος* GregNaz. III 121 (lib.?) | *οικον* 155 La$^{X\Pi}$ Spec.^{C} Aug. s. 323,1 Antioch. | *τέκνων*] + *αυτου* 421 694 | *κατάρα δὲ μ.*] *μ. δε καταρα* 421; om. *δέ* La^{A} Spec.^{S} Aug. s. | *εκριζει* 404 421 (-*ζη*) 578 | *θεμέλια*] + *οικου* Antioch.; + *filiorum* La^{X}
10 (12) init.] pr. *τεκνον* Arm GregNaz. II 304 | *σου*] *αυτου* 694; > Arm

οὐ γάρ ἐστίν σοι δόξα πατρὸς ἀτιμία·
11 ἡ γὰρ δόξα ἀνθρώπου ἐκ τιμῆς πατρὸς αὐτοῦ,
καὶ ὄνειδος τέκνοις μήτηρ ἐν ἀδοξίᾳ.
12 τέκνον, ἀντιλαβοῦ ἐν γήρᾳ πατρός σου
καὶ μὴ λυπήσῃς αὐτὸν ἐν τῇ ζωῇ αὐτοῦ·
13 καὶ ἐὰν ἀπολείπῃ σύνεσιν, συγγνώμην ἔχε
καὶ μὴ ἀτιμάσῃς αὐτὸν ἐν πάσῃ ἰσχύι σου.
14 ἐλεημοσύνη γὰρ πατρὸς οὐκ ἐπιλησθήσεται
καὶ ἀντὶ ἁμαρτιῶν προσανοικοδομηθήσεταί σοι.
15 ἐν ἡμέρᾳ θλίψεως ἀναμνησθήσεταί σου·
ὡς εὐδία ἐπὶ παγετῷ, οὕτως ἀναλυθήσονταί σου αἱ ἁμαρτίαι.

B S A C V 929 (fin. 11) *O L l a b c* min. La vers.

GregNaz. | *ἐστίν*] *εσται* 253 | om. *σοι* C 547* 672 706 | *πατρὸς ἀτιμία* 248-694-743 249-754 543 Aeth Chr. IV 595 Ra.] *ως ατιμια O*; *ως ονειδος* Chr. XI 612; *sed* (*eius*^{V}) *confusio* La; *προς* (ex $\overline{\pi\rho o\varsigma}$) *ατιμιαν* rel.; > Sa = H

11 (13) *ἡ γὰρ δ.*] *δ. γαρ* 421 | *δ. ἀνθρώπου*] tr. *c*-404′; *δ. του α.* 542*; *δ. ανθρωπων* Anton. p. 1049 | *ἐκ τιμῆς*] *εκ της τ.* 673; *εν τιμη* 755 | *πατρός*] pr. *του* 547 | *αὐτοῦ*] *-των* Dam. p. 293 Anton. | 11b] *αδοξια πατρος ονειδος τεκνων* Chr. XI 252: cf. 10b | *τέκνοις*] *τεκνων* 307 753 Dam. p. 220; *ανθρωπου* 421 Aeth; *filii* La^{V} | *μήτηρ*] *μητρος* 421 Aeth; *πατηρ* 706 La | *ἐν ἀδοξίᾳ*] *αδοξια* 421 Aeth

12 (14) *γηρει* C (*-ρι*) *b c* 404′ 679 155 421 613 694 755 Mal.: cf. 8_6 25_3 46_9 et Thack. § 10_{16}; fort. *γέρᾳ* (= H) Hart Kuhn I 290 | *πατρός*] *μητρος* 743 | om. *σου* Dam. p. 292 | *λυπήσῃς*] *-σῃ* 743 | om. *ἐν τῇ ζωῇ — καὶ μή* (13b) 694* | *ἐν τῇ ζ. αὐτοῦ*] *εν τη* (> *L*) *ζ. σου* V *L*-694$^{(c)}$ *a* 421 753: cf. H; om. *τῇ* *l* 534′; *εν παση ισχυι σου* S*: ex 13b; pr. *εν παση ισχυι σου* Mal.: ex 13b

13 (15ab) *καὶ ἐάν*] *καν* B 672 Sa (*καν*) Chr. III 206 XI 612 = Ald. Sixt. | *ἀπολείπῃ*] *-λιπῃ* S *l*-157′ alii; *-λειπῃς* C 307 (*-λιπῃς*) 315 339 404 694$^{(c)}$; *-λειπει* 296-706 alii; *-λιποι* 603, *-λυπῃ* 785 | *σύνεσιν*] *-σις* 296-548 421 785 La^{pc} (*sensus*) Chr. XI 612; tr. post *συγγνώμην* 155 | *εχετω* 613 Syh Dam. p. 292 Anton. p. 1048 | *ἀτιμάσῃς*] *λυπησῃς* *b*: ex 12b | *αὐτόν*] *-του* 694; *-την* 157* | *πάσῃ*] *ολῃ* 679; > La | *ἰσχύι*] pr. *τῃ* 548

14 (15c—16) *πατρός*] + *σου* S* V 248-694 46 755 Aeth | *ἐπιλησθήσεται*] *επιλογισθ.* 545; *εμπλησθησ.* 547*; + *σοι* *l* Aeth | *προσανοικοδομ.*] *-δομησεται* S 296-548; *-δομηθηται* 493; *προσοικοδομηθησεται* 542^{c} 694 (pr. $\overline{\pi\rho\varsigma}$: cf. 10b) 672; *προσαναχομισθησεται* 743; *matris restituetur* (= $\overline{\mu\rho\varsigma}$ *ανακομισθησεται* Herk.) La: cf. Kilpatrick, JThSt 44 (1943) 147s. | *σοι*] *σου* 743; > 336

15 (17) init.] pr. *και* 404′ 443 La^{V} verss.^{p} | om. 15a 603 785 | om. *ἐν* 694 | *ἡμέρᾳ*] pr. *τῃ* 768 | *θλίψεως* S* *L′*-694 La (exc.^{X}) Zi. = H^{A}] + *σου* rel. | *αναμνησθηται* 493-743 | *σου* 1°] *σοι* 534 694 705 La^{pc} (*tibi*) Syh; > 253 | 15b init.] pr. *και* *c*-404′-679 339 542 578 La^{V} Arm (II) Max. p. 857 Anton. p. 1048 = H^{C} | *εὐδία*] *ευοδια* 404 578; *ευωδια* 493 542; *ευδοκια* 694 | *ἐπί*] *εν* S* 578 Max. Anton. = La (*in*) | *ἀναλυθήσονται*] *-σεται* 315; *αναλωθησονται* 493 785; *απαλυνθησεται* 155; *ανακαλυφθησεται* 443; *αναφθησονται* S*: Thack. § 24 p. 260 | *σου/αἱ ἁμαρτίαι*] tr. 404 La^{V} Syh; om. *σου* 672

16 ὡς βλάσφημος ὁ ἐγκαταλιπὼν πατέρα,
καὶ κεκατηραμένος ὑπὸ κυρίου ὁ παροργίζων μητέρα αὐτοῦ.

17 Τέκνον, ἐν πραΰτητι τὰ ἔργα σου διέξαγε,
καὶ ὑπὲρ ἄνθρωπον δότην ἀγαπηθήσῃ.
18 ὅσῳ μέγας εἶ, τοσούτῳ ταπείνου σεαυτόν,
καὶ ἔναντι κυρίου εὑρήσεις χάριν.
19 πολλοί εἰσιν ὑψηλοὶ καὶ ἐπίδοξοι,
ἀλλὰ πραέσιν ἀποκαλύπτει τὰ μυστήρια αὐτοῦ.
20 ὅτι μεγάλη ἡ δυναστεία κυρίου
καὶ ὑπὸ τῶν ταπεινῶν δοξάζεται.
21 χαλεπώτερά σου μὴ ζήτει

B S A C V *O L l a b c* min. La verss.

16 (18) init.] pr. *και* 404′ | om. *ὡς* Aeth Arm | *βλασφημια* 421 | *εγκαταλειπων* *O* L^{-493} *a b* alii La | *πατέρα*] *μρα* (= *μητερα*) C 797; + *αυτου* *O L′*-672-694 542^{c} verss.^{p} Dam. p. 293 Anton. p. 1049 = H | om. *καί* 421 547 672 679 785: ante *κε-* | *κεκαταραμενος* 253 46^{s}; *κατηραμενος* S C *b* 307 311-706 336 339 542 543 545 694 743 755 795 Dam. Anton. | *ὑπό*] *απο* 493-*l* 785*; *παρα* A 797: cf. 16_{17} | *κυρίου*] *θεου* *O l* La | fin.] + *την αυτην* (-*της*^{c}) *καταραν εξει* 421
17 (19) *ἐν πραΰτ.*/*τὰ ἔργα σου*] tr. A *O*-V 248-315′-694 *b* 339 443 542 575 755 Arm = H^{C} | *πραοτητι* 248-694-*l* Dam. p. 264: cf. 1_{27} | *τὰ ἔργα σου*/*διέξαγε*] tr. L^{-248} *a* 336 La$^{\Theta}$ Aeth; om. *τά* 155 | *διεξαγαγε* S* V-253 248-315′-694-743-*l* 46 155 404′ 421 548-706 603 755 Dam. Anton. p. 1201; *εξαγε* 797 | *ὑπὲρ ἄνθρ. δότην* Sm.: cf. *super hominum gloriam* La] *ὑπὲρ ἄνθρ. δοτικόν* C. Taylor, JThSt 1 (1900) 572; *υπο παντων* 575; *υπο ανθρωπου δεκτου* rel.: cf. Prov. 10_{24}
18 (20) *οσον* 130-705 46 Max. p. 944 Antioch. p. 1637 Or.^{lat} XI 24 (*quantum*) | *τοσουτον* 130-705 46 254-603 336 404′ 421 534′ 543 548 743 785 Max. Antioch. p. 1572. 1637 Or. (*tantum*); -*του* 315; > *a* La Arm | *ταπεινωσον* *b* Max. | *σεαυτόν*] *σαυτον* Max. Anton. p. 1176 | *καί*/*ἔν. κυρίου*] tr. Anton. | *ἔν. κυρίου*/*εὑρ. χ.*] tr. Antioch. p. 1572 (non p. 1637) | *εναντιον* 46 254 534′ Chr. III 156; *ενωπιον* Eus. ps. 69
19 hab. v. $_{19}$ *O* (sub ※ Syh)-S^{c} *L′*-694-743 | om. *πολλοί* 743 | om. *καί* L^{-248} | *ενδοξοι* L^{-248}-743 | *ἀποκ. τά* S^{c}] *αποκαλυπτεται* rel. | om. *αὐτοῦ* 248
20 (21) om. *ἡ* 694 | *δυναστεία*] *δυναμις* *l* Max. p. 944; *δοξα* 307 | *κυρίου* S A C V-253 248-*l*-315′-694-743 404 421^{c} 578 797 Max. Anton. p. 1176] pr. *του* rel. | *δοξασθησεται* Max. Anton. La^{X} (*honorabitur*)
21 (22ab) *χαλεπώτερα* Or. IV 230 Chr. III 485 Dam. p. 1081] *βαθυτερα* *O*-S^{c} La (*altiora*) Eus. eccl. theol. I 12 PsChr. I 1094 Cyr. II 920 VI 712 (lib.) 956 (lib.) X 100 PsCaes. p. 1097 Antioch. p. 1541; *ισχυροτερα* Cyr. VII 28 Chr. II 131 Tht. IV 716te Anton. p. 1188 Aug. ps. 61, 21 (*fortiora*); *υψηλοτερα* Epiph. I 20 Isid. p. 1113^{ap} (*μειζοτερα*^{te}); *δυσκολωτερα* 547^{mg} | *ζήτει*] -*της* 547^{c}; *επιζητει* 421; *εκζητει* Anast. p. 736; *ερευνα* Tht. II 168 Antioch. p. 1544 PsCaes. La$^{G\,pc}$ (*scrutaveris*); *εξεταζειν* Cyr. VI 956 (lib.); + (※ Syh) *αναισθη-*

καὶ ἰσχυρότερά σου μὴ ἐξέταζε·
22 ἃ προσετάγη σοι, ταῦτα διανοοῦ,
οὐ γάρ ἐστίν σοι χρεία τῶν κρυπτῶν.
23 ἐν τοῖς περισσοῖς τῶν ἔργων σου μὴ περιεργάζου·
πλείονα γὰρ συνέσεως ἀνθρώπων ὑπεδείχθη σοι.
24 πολλοὺς γὰρ ἐπλάνησεν ἡ ὑπόλημψις αὐτῶν,
καὶ ὑπόνοια πονηρὰ ὠλίσθησεν διανοίας αὐτῶν.
25 κόρας μὴ ἔχων ἀπορήσεις φωτός,
γνώσεως δὲ ἀμοιρῶν μὴ ἐπαγγέλλου.
26 καρδία σκληρὰ κακωθήσεται ἐπ' ἐσχάτων,
καὶ ὁ ἀγαπῶν κίνδυνον ἐν αὐτῷ ἀπολεῖται.

B S A C V *O L l a b c* min. La verss.

τως *O* 248-694-743 | om. *καί* 672 | *ἰσχυρότερα*] *υψηλοτερα* 743 Eus. Tht. III 896 IV 716^{ap} PsCaes. Dam.; *βαθυτερα* Epiph. Chr. II 131 Tht. IV 716te Anton. Aug. ps. 61, 21 (*altiora*); *χαλεπωτερα* Cyr. VI 712 (lib.) 956 (lib.) | *ἐξέταζε*] -*ζης* 545^{c}; *ερευνα* *O* La^{V} (*scrutatus fueris*) Or. IV 230 GregNyss. I 357 Chr. II 131 Tht. IV 716te Anton.; *ζητει* Tht. II 168 Cyr. VI 956 (lib. *ζητειν*); *exquisieris* La^{Gpc}; *περιεργαζου* Cyr. X 100^{ap} Dam.: ex 23a; + (※ Syh) *αφροσυνῃ* *O* 248-694-743 (*εν αφρ*.); + *in vanitate* PsAug. hypomn. 6, 6

22 (**22c 23**) *προσετάγη*] -*ταχθη* Tht. II 168 IV 716^{ap} Severianus (PG 63, 537) | *διανοοῦ*] + (※ Syh) *οσιως* *O L*-694-743; + *semper* La; + *μονα* CyrHieros. p. 716; pr. *μονα* 753; pr. *και* Antioch. p. 1544 | om. 22b Syh Arm | *οὐ γάρ ἐ. σοι χρεία*] *και ου χρεια εστι σοι* Epiph. I 20; *ου γαρ χρεια σοι* Cyr. X 100 Sever.; tr. *χρεία* post *κρυπτῶν* Mal. | fin.] + *βλεπειν οφθαλμοις* (+ *σου* La Antioch.) 248-694-743 (*κλεπτειν εν* pro *βλεπειν*) La Antioch.; + *ιδεναι* (= *videre* La) 545^{c}

23 (**22d 24—25**) *ἐν*] + *γαρ* 404; pr. *et* La = H | *τῶν ἔργων*] *των λογων* 248-672; *τον λογον* 315 | om. *μή* 694 | *περιεργάζου*] *επεργ*. 543; *εργ*. 534 | *πλείονα*] *πλειον* 253 307; *πλειονος* 336 | *συνεσεις* 155 | *ἀνθρώπων*] -*που* 296-548 336 La^{Gpl}; *εις ανθρωπον* 155; > 157′ 679 785 | *επεδειχθη* 336; *υπεδεχθη* 785; *υποδεχθη* 404; *υπεδοθη* C | om. *σοι* 155 Aeth^{ap}

24 (**26**) *π. γάρ*] *οτι π*. 575; om. *γάρ* 248-694-743 | *ἐπλάνησεν*] *απωλεσεν* Dam. p. 1081 | *ἡ ὑπόλημψις*] *η υπολειψις* 672; *η υποληψια* 248* (vid.); om. *ἡ* 743 755 | om. *αὐτῶν* 1° 743 | 24a fin.] + *η ματαια* 248-694-743 (om. *η*) | om. *καί* S* | *ὑπόνοια πον*.] *ὑπονοίᾳ πονηρᾷ* *O*; pr. *εν* 575; *υπονοιαν πον*. 785; *in vanitate* La | *ὠλίσθησεν*] -*σθη εν* A*; -*σαν* 155; *διωλισθησε* 46 404′; *ωλισθε* 797: cf. 14_{1} 25_{8} | *διανοιαν* S A V L^{-248}-315 *b* 157′ 543 679 785 La$^{X\Omega}$ (*sensum*) Aeth (*cor*) Dam.; *διανοιαι* 155; *η διανοια* *O* 575 694 (om. *η*) 672 La

25 hab. v. 25 *O* (sub ※ Syh) *L* (om. v. 25b 493-637)-672-694-743 Antioch. p. 1544 (tr. 25a/25b) = H | *ἀμοιρῶν*] *αμοιρος ων* *O* | *επαγγελου* 694

26 (**27**) om. 26 672 | om. 26a 785: homoiot. | 26a/26b *O*-S^{c} 248-315-694-743 339 768 La Mal. = H] tr. rel. | *σκληρά*] *πονηρα* 307 613^{c}: cf. 27a | *κακωθήσεται*] *καυθησεται* 795; *βαρυνθησεται* *l c*-679 534: ex 27a | *ἐπ' ἐσχ*.] *απ εσχ*. 744′ = Ald.; *εν πονοις* 755: ex 27a; > 421; + *καρδια σκληρα βαρυνθησεται επ εσχατων* B* | *καὶ ὁ*] *ο δε* *O*; *ο γαρ* 421; om. *καί* Sa Aeth Arm; om. *ὁ* *a* | *ἐν αὐτῷ*] *εαυτω* S*; tr. post *ἀπολεῖται* 336 Sa Aug. civ. 1, 27 | *ἀπολεῖται*] *εμπεσειται* B Sa Aug.: cf. 27_{26}

27 καρδία σκληρὰ βαρυνθήσεται πόνοις,
καὶ ὁ ἁμαρτωλὸς προσθήσει ἁμαρτίαν ἐφ' ἁμαρτίαις.
28 ἐπαγωγῇ ὑπερηφάνου οὐκ ἔστιν ἴασις·
φυτὸν γὰρ πονηρίας ἐρρίζωκεν ἐν αὐτῷ.
29 καρδία συνετοῦ διανοηθήσεται παραβολήν,
καὶ οὖς ἀκροατοῦ ἐπιθυμία σοφοῦ.
30 πῦρ φλογιζόμενον ἀποσβέσει ὕδωρ,
καὶ ἐλεημοσύνη ἐξιλάσεται ἁμαρτίας.
31 ὁ ἀνταποδιδοὺς χάριτας μέμνηται εἰς τὰ μετὰ ταῦτα
καὶ ἐν καιρῷ πτώσεως εὑρήσει στήριγμα.

B S A C V *O L l a b c* min. La verss.

27 (29) om. 27a 679 728 | *καρδία*] *και* 421 | *σκληρά*] *πονηρα* 307 Anton. p. 1192 La (*nequam*): cf. 26a; *πονοις* 421 | *βαρυνθήσεται*] *κακωθησεται* *c* 534^{c}: ex 26b | *πόνοις*] pr. *εν a*-534 La^{V}Aeth; *επ εσχατων* 421 755: ex 26b | om. *ὁ* 404 547 | *ἁμαρτίαν*] -*τιας O* 248-694 *c*-404' 336; -*τιαις l*; > La | *ἐφ' ἁμαρτίαις*] *εφ -τιας* S* 248-743 404 548 768; *εφ -τιαν* 307; *ad peccandum* (*peccatum*^{pc}) La; > *l*: cf. 5_{6}

28 (30) *ἐπαγωγῇ*] pr. *εν L*-672-694-743 534' Anton. p. 1228 | *ὑπερηφάνου*] -*νων* C 307 545^{c} 578 La verss.^{p}; -*νω* 753; *αμαρτωλων* Anton. | *εσται* 336 La^{V} Spec. | 28a fin.] + *οδοιποριαι* (+ *δε* Syh; pr. *και* 743) *αυτου* (-*των* 545^{c}) *εκριζωθησονται* (-*σεται* 743) C (vid.) *O L'*-694-743 | *ερριζωσεν* C *l* 578 603 613 753: cf. 24_{12}; *εριζωται O*; *ερριζων* 797; *εκριζωκεν* 694; *ειρηκεν* 743; *eradicabitur* (*rad.*^{V}) La | *ἐν αὐτῷ*] *εν εαυτω* 785 797; *εαυτω* 672 694 Arm; *εν εαυτοις* 307; *in illis* La Aeth; om. *ἐν* C 404' 743 | fin.] + (※ Syh) *και ου γνωσθησεται O* La (*et non intelligetur* (vel -*gitur*))

29 (31) *διανοησεται* 443 753: cf. 21_{17} | *παραβολήν*] *εν παραβολη* S* *O* 545^{c} 694 (om. *εν*) verss.^{p} | *ἐπιθυμία*] -*μιαν* 679; pr. *εν* 336; *επιδημια* 578 | *σοφοις* 336

30 (33) 30a] *sicut aqua extinguit* (vel -*et*) *ignem* Cypr. et alii patres lat. | *φλογιζομενος* 705; -*μενου* 545*; *φλογιζων* 421 | *ἀποσβέσει*] -*σβεννει* 296-548 404 (-*σβενει*)-795 429 La; -*σβεννυει* 311-706; *κατασβεσει* Max. p. 764 Dam. p. 1457 Anton. p. 865; *σβεσει* 575 Chr. VIII 65 | *καί*] *sic* Cypr. et alii = H | *ἐλεημοσύνη*] *εν -ναις L*-694 Arm | *εξιλασκεται* C *l*-157' *b c*-404'-679 429 534 547 753 785 Syh verss.^{p} Max. Dam. Anton.: cf. 3a; *εξιλασατε* 672; *καταπαυσει* Chr. XII 81; *καλυψει* PsAth. IV 652; *resistet* (-*stit*^{V}) La; *extinguit* Cypr. et alii | *ἁμαρτίας*] -*τιαν* 307 verss.^{p} Cypr. et alii; + *μεγαλας* Chr. XII 81 PsAth.; *multa peccata* Arm

31 (34) *ὁ*] *και ο κυριος l*; pr. *και κυριος L*-694; pr. *και O* 339 Arm | *μέμνηται*] *μνησθησεται O* Aeth; + *και* 421 Max. p. 772 | *τά*] *το* 706 Dam. p. 1560; > 421 | *μ. ταῦτα*] *μετ αυτα* 797 | *πτώσεως*] *επισκοπης* 542: ex 18_{20}; *θλιψεως* 443 753: ex 2_{11} 22_{23} | *πτώσεως* B *a*-534 Mal.] + *αυτου* rel. (Max. p. 772 Dam. Anton. p. 1078. 1148) | *εὑρήσει*] -*σουσι* 578 Arm^{ap} | *στηριγμον* 542: cf. Ez. 4_{16}

4 1 *Τέκνον, τὴν ζωὴν τοῦ πτωχοῦ μὴ ἀποστερήσῃς*
καὶ μὴ παρελκύσῃς ὀφθαλμοὺς ἐπιδεεῖς.
2 *ψυχὴν πεινῶσαν μὴ λυπήσῃς*
καὶ μὴ παροργίσῃς ἄνδρα ἐν ἀπορίᾳ αὐτοῦ.
3 *καρδίαν παρωργισμένην μὴ προσταράξῃς*
καὶ μὴ παρελκύσῃς δόσιν προσδεομένου.
4 *ἱκέτην θλιβόμενον μὴ ἀπαναίνου*
καὶ μὴ ἀποστρέψῃς τὸ πρόσωπόν σου ἀπὸ πτωχοῦ.
5 *ἀπὸ δεομένου μὴ ἀποστρέψῃς ὀφθαλμὸν*
καὶ μὴ δῷς τόπον αὐτῷ καταράσασθαί σε·
6 *καταρωμένου γάρ σε ἐν πικρίᾳ ψυχῆς αὐτοῦ*
τῆς δεήσεως αὐτοῦ ἐπακούσεται ὁ ποιήσας αὐτόν.

B S A C V *O L l a b c* min. La verss.

4 1 *τὴν ζ. τοῦ πτωχοῦ/μὴ ἀποστ.*] tr. Aeth Arm Chr. I 789. 988 Anton. p. 900 = H | *τὴν ζωήν*] *eleemosynam* La | *μή* 2°] *μην* 545^{c}; *μηδε* 339 | *ελκυσης* 404 | *ὀφθαλμούς*] *-μον O l* Spec. (*oculum tuum*); *oculos tuos* La Aeth | *ἐπιδεεῖς*] *ενδεεις* L^{-248} 755; *επι ενδεεις* 753 Dam. p. 1457; *επιδεους O* 547; *ενδεους l*; *a paupere* (+ *rogante*^{X}) La; *ab egeno et inope* Spec.

2 *ψ. πεινῶσαν/μὴ λυπ.*] tr. 421 Aeth | *καί*] *οτι* PsChr. VIII 597; > 421 La^{Q} verss.^{p} | om. *μή* 2° 744 753 | *παροργίσῃς*] *παρελκυσης* 253 248-694-*l*: ex 1b 3b; *παροξυνης* Dam. p. 24 | *ἄνδρα*] *ανθρωπον* 421 (tr. ante *παροργίσῃς*); *πτωχον* Anton. p. 784 (ed. Stobaeus) La (*pauperem*); *preces pauperum* La^{C}; > La^{X} | om. *αὐτοῦ* 404

3 *καρδίαν*] *ψυχην* Chr. I 990 II 87; pr. *και* 493 verss.^{p} | *παρωργισμένην*] *κεκακωμενην* Aeth (vid.) Arm II (vid.) Chr. I 990; *τεταπεινωμενην* Chr. II 87; *επιδεομενου* Anton. p. 785: cf. 3b; *inopis* La ArmI; *irati* Syh | *προσταράξῃς*] *προταρ.* 795; *προσταπεινωσης* Anton. | *παρελκύσῃς*] *παροργισης* 307 743: ex 2b; pr. *παροργισης ἤ* 404 | *δόσιν*] *δοσει* 547*; *δεησιν* 155′; *δοξαν* 253 | *προσδεομένου*] *-νω* 253 La; *-νων* 679; *-νην* 797; *επιδεομενου* Dam. p. 1457 Antioch. p. 1729; *προδεδομενου* 672

4 *ἱκέτην* Chr. I 789 Dam. p. 60 Antioch. p. 1729] *οικετην* V 493-743*-*l* 46 155 307 421 543 679 Aeth Arm: cf. 6$_{11}$ Ps. 73$_{23}$; *rogationem* (= *ικετειαν* Sm.: cf. 32$_{17}$ 51$_{9}$) La = H | *θλιβόμενον*] *δεομενον* Dam.; *contribulati* (= *θλιβομενου* Sm.) La = H

5 init.] pr. *μητε μην* 421 | 5a] *ουκ αποστραφηση τον ενδεομενον* Didache IV 8 | *δεομένου*] *προσδ.* S*: cf. 11$_{12}$ 13$_{3}$; *ενδ. O* | *μὴ ἀποστρ.*] *τον* 421 | *ὀφθαλμόν*] *-μους* 46 La (+ *tuos*^{V}) Sa (+ *σου*); + *σου O* 421 Aeth Spec. Dam. p. 1460 (non p. 60) | 5a fin.] + (※ Syh) *χαριν οργης O* 694 La (*propter iram*) | om. *καί* 753 verss.^{p} | *αὐτῷ* Zi.] *ανθρωπω* codd. et verss. (pr. *τω* 547 755; tr. ante *τόπον* 421 Aeth Anast. p. 476) | *καταρ. σε*] *καταρ. σου* 706; *καταρασθαι σε* (*σου* 672) L^{-248}-672 46 254 307 443 547 548 753 755 795 Constit. Anast. p. 476. 652 Dam. p. 1256: cf. 21$_{27}$ 28$_{13}$; om. *σε* 404

6 *καταρωμενω* V | *γάρ σε*] *γαρ σου* 672; *γαρ αυτου σε* 155; tr. 493 | om. *ψ. αὐτοῦ* La$^{G\,pl}$; om. *αὐτοῦ* 421 La^{V}: cf. 7$_{11}$ | *εισακουσεται* (*-κουεται* 603) S V C *L*-315′-694 *b* 46 307 336 421 679 755 Constit. Anast. p. 476. 652 Dam. p. 1256: cf. 32$_{18}$; *εισακουση* 548; + *αυτου* Constit. Anast. p. 476; + *autem eum* La | *ὁ π. αὐτόν*] *κυριος* Anast. p. 652 (non p. 476)

7 *προσφιλῆ συναγωγῇ σεαυτὸν ποίει*
καὶ μεγιστᾶνι ταπείνου τὴν κεφαλήν σου.
8 *κλῖνον πτωχῷ τὸ οὖς σου*
καὶ ἀποκρίθητι αὐτῷ εἰρηνικὰ ἐν πραΰτητι.
9 *ἐξελοῦ ἀδικούμενον ἐκ χειρὸς ἀδικοῦντος*
καὶ μὴ ὀλιγοψυχήσῃς ἐν τῷ κρίνειν σε.
10 *γίνου ὀρφανοῖς ὡς πατὴρ*
καὶ ἀντὶ ἀνδρὸς τῇ μητρὶ αὐτῶν·
καὶ ἔσῃ ὡς υἱὸς ὑψίστου,
καὶ ἀγαπήσει σε μᾶλλον ἢ μήτηρ σου.

11 *Ἡ σοφία υἱοὺς αὐτῆς ἀνύψωσεν*
καὶ ἐπιλαμβάνεται τῶν ζητούντων αὐτήν.
12 *ὁ ἀγαπῶν αὐτὴν ἀγαπᾷ ζωήν,*
καὶ οἱ ὀρθρίζοντες πρὸς αὐτὴν ἐμπλησθήσονται εὐφροσύνης.

B S A C V *O L l a b c* min. La verss.

7 *προσφιλης* 155 | *συναγ./σ. ποίει*] tr. 248-694 verss.^{p} = H; *σ. συναγ. ποιη* 543 | *συναγωγῇ*] *-γης l b* 155 307 336 421 542 743; + *pauperum* (= *πτωχων* 545^{c}) La; pr. *εν* C = H | *σεαυτόν*] *εαυτον l*; *σεαυτω* 296-548 694 | *μεγιστᾶνι* = *magnato* La (7c)] *-νω* 46 547; *μεγιστασι c*-679 421 (*-σοι*) 543 575 672 705 743 verss.^{p}; *εν* (= H) *μεγιστασι* 404; *πρεσβυτερω* S^{c} = *presbytero* La (7b) | *ταπείνου*] *κλινον* Dam. p. 84 (non p. 1208) | *τὴν κεφαλήν* = *caput* La (7c)] *animam* La (7b) | om. *σου* 296-548 404? = H
8 *πτωχῷ*] pr. *τω* L^{-248}; tr. post *σου* 248-694 Antioch. p. 1732 | *τὸ οὖς σου*] + *αλυπως O L*-694; pr. *αλυπως* Chr. I 655 III 85 Max. p. 764 Anton. p. 865 La^{V} (*sine tristitia*); + *et redde debitum tuum* La | *εἰρ./ἐν πρ.*] tr. Arm Chr. I 655 III 85 VII 517 Max. Anton. | *εἰρηνικά*] *εν ειρηνη και* 421; + *και* 575; > 157 Mal. | *πραοτητι* 542^{c} 672 694 728 755 Chr. I 655 III 85 Dam. p. 1460 Antioch.: cf. 1₂₇
9 *ἀδικοῦντος*] + *αυτον* Aeth Dam. p. 1193 (non p. 1392) = H | *ὀλιγοψ.*] *ολιγωρησης τη ψυχη O* 575 (om. *τη ψ.*); *acide feras in anima tua* La: cf. H | *κρινεσθαι σε* S *b* 307 336 (om. *σε*) 672 694
10 (10—11) *γεινου* S V; *γενου* 46 421 575 694 728 743 753 PsCaes. p. 1125 (mss.) | *ὀρφανοῖς*] *-νω* 248 Cass.^{ap}; *-νων* 694 | om. *ὡς* 1° 694 | *ἀνδρός*] pr. *μητρος* 336 | *τῇ μητρί*] *ως μητρασιν* 421 | *αὐτῶν*] *-του* 755 785 | om. *ὡς* 2° 542 La^{CΩ*} Arm: cf. Luc. 6₃₅ | *ἀγαπήσει σε*] *ἀγ. σου* 679; *miserebitur* (= *ελεησει* Sm.) *tui* La = H | *ἢ*] *ἡ* L'^{-493} *c* 46 alii; + *ἡ* 493-743 421 543; *καὶ ἡ* 785 | *μήτηρ σου*] *ηγαπησας* 575; om. *σου* La
11 (12) 11a] *η σοφια ενεφυσιωσεν τα εαυτης τεκνα* Clem. Tert. (*sophia iugulavit filios suos*): cf. BZ N.F. 8 (1964) 277-280; *sapientia filiis suis vitam inspiravit* (*inspirat*^{V}) La | om. *Ἡ* V 493-694 307 | *υἱοὺς αὐτῆς*] *υ. εαυτης* 248-743 *b c*-679-795 157′ 339 542 545^{c} 613 785; *υ. αυτη* 705; *αυτη υ.* 106; *υ. εαυτη* B 130-545* 155 694 | *υψωσε l* | *αντιλαμβανεται c*-679-795 443 753 | om. *τῶν* 785 | *ζητούντων*] *αγαπωντων a*-534
12 (13) *αὐτήν* 2°] *ζωην* 68-744′ = Ald.: ex 12a | *πλησθησονται* 253: cf. 2₁₆ | *εὐφροσύνης*] *-νην* V-253 315^{c} 547* 755

13 ὁ κρατῶν αὐτῆς κληρονομήσει δόξαν,
καὶ οὗ εἰσπορεύεται εὐλογεῖ κύριος.
14 οἱ λατρεύοντες αὐτῇ λειτουργήσουσιν ἁγίῳ,
καὶ τοὺς ἀγαπῶντας αὐτὴν ἀγαπᾷ κύριος.
15 ὁ ὑπακούων αὐτῆς κρινεῖ ἔθνη,
καὶ ὁ προσέχων αὐτῇ κατασκηνώσει πεποιθώς.
16 ἐὰν ἐμπιστεύσῃ, κατακληρονομήσει αὐτήν,
καὶ ἐν κατασχέσει ἔσονται αἱ γενεαὶ αὐτοῦ·
17 ὅτι διεστραμμένως πορεύσεται μετ᾽ αὐτοῦ ἐν πρώτοις,
φόβον καὶ δειλίαν ἐπάξει ἐπ᾽ αὐτὸν
καὶ βασανίσει αὐτὸν ἐν παιδείᾳ αὐτῆς,
ἕως οὗ ἐμπιστεύσῃ τῇ ψυχῇ αὐτοῦ,
καὶ πειράσει αὐτὸν ἐν τοῖς δικαιώμασιν αὐτῆς·
18 καὶ πάλιν ἐπανήξει κατ᾽ εὐθεῖαν πρὸς αὐτὸν καὶ εὐφρανεῖ αὐτὸν

B S A C V *O L l a b c* min. La verss.

13 (14) om. *ὁ* 578 755 | *αὐτῆς*] *-την* 694: cf. 1_{19} | *οὗ*] + *αν* 336 | *εὐλογεῖ*] *-γησει* B La^{V} verss.^{p} Mal. (»*εὐλογήσει κύριος ἢ εὐλογεῖ κύριος ὡς ἐν ἐνίοις*«); *λεγει* 706; + *αυτον* 768 Arm | *κύριος*] pr. *ὁ* 155 543: cf. $_{14}$b 1_{26}
14 (15) *αὐτῇ*] *-την* *L*$^{-248}$-315-743 68-744′ 534′ 543 548 | *λειτουργήσουσιν*] *ευλογησουσιν* 46 | *ἁγίῳ*] *αγιως* 311; *αγιων* 443 785; *κυριω* 672; + *deo* La$^{\Omega*}$ | *αὐτήν*] *-τον* 672 | *κύριος* Mal.] pr. *ὁ* B A *L*$^{-248}$-315 *a c*-679 307 339 542 755: cf. $_{13}$b; *ο θεος* Dam p. 360 La
15 (16) *ὑπακούων* Dam. p. 360] *εισακ.* S; *επακ.* *O*-V 248-694-*l a*-534 *c*-679 543 | *αὐτῆς*] *-τη* *a* 307 542 | *κρινεῖ*] *κληρονομησει* 46 443 753: ex $_{13}$a | *ὁ προσέχων*] *ο προσελθων* B Mal. (»*καὶ ὁ προσέχων ἢ ὁ προσελθὼν αὐτῇ*«): cf. 2_{1}; *ο προστρεχων* Dam. | *πεποιθων* 679
16 (17) *ἐάν*] *και αν* 744′ = Ald.; pr. *και* 672 | *ἐμπιστ., κατακληρ.*] *εμπιστευσει κατακλ.* A C (*ενπ.*) alii; *εμπιστευσης κατακληρονομησεις* (*-σης* 443 743) B* *L*$^{-248}$-743 46 (*πιστευσης*) 443 534 ArmI; *εμπιστευση κληρονομησει* 754: cf. 15_{6} 24_{8} 46_{1}; *εμπιστευσει κατακληρονομησαι* 578 | om. *αἱ* 534 | *αὐτοῦ*] *-της* S* *a* 46; *-των* V *L* 307 La$^{G\,pl}$ (*illorum*) ArmII
17 (18—19) *διεστραμμένως*] *-νος* 155 315′ alii; *-νης* C; *διαστρεμμενος* 694; *εν πειρασμω* *O* La: cf. H | *πορ. μετ᾽ αὐτοῦ/ἐν πρώτοις*] tr. 578 | *πορευεται* B-S* 253 *l* 46 155 443 547 548 613 679 743 755 785 La verss.^{p} | *μετ αυτης* 106 | *φόβον*] *ζοφον* 785; + *δε* B *b* 46 157′ 339 542 543 785 | *ἐπ᾽ αὐτόν*] *επ αυτους* 785; *αυτω* Mal. | *βασανιζει* S*; *βασανιει* 253 *b* 339 547 753 | *αὐτῆς* 1°] *-του* *l* 46 311 753; > 694 | *οὗ*] *αν* *a*-534′ 311; + *αν* 743 | *εμπιστευσει* C (*ενπ.*) 296-548 alii | om. *τῇ* 336 | *ψυχῇ*] *ζωη* *b*: cf. 16_{3} | *αὐτοῦ* 2°] *-της* Syh Sa | *πειράσει*] *-ση* 248-705 *a* 46 alii = Sixt.; *πιρασεις* S* | *αὐτόν* 2°] *-την* 46 | *τοῖς δικ.*] *παιδεια* 672* Aeth: ex $_{17}$c; + *εν παιδεια* 673; *cogitationibus* (= *διανοημασι* Sm.) La | *αὐτῆς* 2°] *-του* *l* 336; *-τοις* 248 155
18 (20—21) *ἐπανήξει*] *-ξεται* 753; *adducet* (= *επαναξει* Pe.) La | *κατ᾽ εὐθεῖαν/πρὸς αὐτόν*] tr. *L*$^{-248}$ 795 | *αὐτόν* 1°] *-την* 578 | om. *καὶ εὐφρ. αὐτόν* 106 547* La$^{G\,pl}$ = H | *ευφραινει* A; *ευφρενη* 534; *ευφρανθηναι* 547^{c} 755 |

καὶ ἀποκαλύψει αὐτῷ τὰ κρυπτὰ αὐτῆς.
19 ἐὰν ἀποπλανηθῇ, ἐγκαταλείψει αὐτὸν
καὶ παραδώσει αὐτὸν εἰς χεῖρας πτώσεως αὐτοῦ.

20 Συντήρησον καιρὸν καὶ φύλαξαι ἀπὸ πονηροῦ
καὶ περὶ τῆς ψυχῆς σου μὴ αἰσχυνθῇς·
21 ἔστιν γὰρ αἰσχύνη ἐπάγουσα ἁμαρτίαν,
καὶ ἔστιν αἰσχύνη δόξα καὶ χάρις.
22 μὴ λάβῃς πρόσωπον κατὰ τῆς ψυχῆς σου
καὶ μὴ ἐντραπῇς εἰς πτῶσίν σου.
23 μὴ κωλύσῃς λόγον ἐν καιρῷ χρείας,
καὶ μὴ κρύψῃς τὴν σοφίαν σου εἰς καλλονήν·
24 ἐν γὰρ λόγῳ γνωσθήσεται σοφία
καὶ παιδεία ἐν ῥήματι γλώσσης.
25 μὴ ἀντίλεγε τῇ ἀληθείᾳ

B S A C V *O L l a b c* min. La verss.

om. *καί* 3° 694 | *αὐτῷ*] *-του* 694; *-τον* 637 46*; *προς αυτον* 493 | *αὐτῆς*] *-του* 543

19 (22) *ἐάν*] *εως* 46[s]; pr. *και b* 743 Aeth; *si autem* La | *πλανηθη* 443 753 | *καταλειψει* 253 336: cf. 2_{10}; *αποκαλυψει* 307: ex 18b, sed cf. 13_{7} 29_{17}; *επανηξει* 46: ex 18a | *αὐτόν* 1°] *-τω* 744; *επ αυτον* 46

20 (23—24) *Συντήρησον*] *-σαι* 603 672 | om. *καιρόν* 543 753 | *φυλαξον* 106-705 404 578 755 797 Anast. p. 640 | *πονηροῦ*] pr. *του* 672 Dam. p. 73 | *περὶ τῆς ψ. σου/μὴ αἰσχ.*] tr. 248 Bo Aeth Arm | *ψυχῆς*] *απαιδευσιας b* Bo: ex 25b

21 (25) om. *γάρ l* 404 La[L*] = H[C] | *ἐπάγουσα*] *εναγ.* A*; *η επαγει* Anast. p. 372 (non p. 833) | *ἁμαρτίαν*] *ad mortem* Bo Hi. in Ez. 16, 52 | *αἰσχύνη* 2°] + *επαγουσα* 404 La Aeth Arm Hi.: ex 21a | *δόξα καὶ χάρις*] *χαρις και δοξα* 755 La[Σ] Aug. ep. 93, 52 = H[C]; *δοξα και χαρα* 155′ Arm; *ad vitam* Hi.

22 (26—27) om. *τῆς* 547 755 768 Anton. p. 828. 1036. 1153 | om. *σου* 2° 155

23 (28) *μή*] pr. *και* S[c] 404 Aeth; *nec* La | *αποκωλυσης* Anton. p. 996; *κολλησης* 785: cf. 7_{33} | *λογιον* Anast. p. 676[te] | *χρείας* Sm. Ra. = 8_{9} 29_{2}] *σωτηριας* codd. et verss.: *σριας* ex *χριας*: cf. 40_{7} | hab. v. 23b *O L′*-672-694-743 339 547[mg] 755 La (28b) Arm = H | *αποκρυψης* 493-637 | *τὴν σοφίαν*] *λογον* 672 | om. *εἰς καλλ.* 339 547[(mg)] 755 Arm = H

24 (29) *ἐν* 1°] *εκ* Anast. p. 676 | *λόγῳ*] *λογων c* 545* Anast.; *lingua* La; *ore* Syh | om. 24b C | *εν ρημασι(ν)* V *L*-672-694 *a*-534′ 429 543 603 La[Gpl] Spec. Arm; *ρημασι* 106-545-705 | *γλώσσης*] *γλωττης* 753: cf. Thack. § 7_{46}; *γλωσσωδους* S*; *sensati* La[V]; *veritatis* La[Gpl] Spec.

25 (30) *αντιλεγεις* 421 | 25a fin.] + (※ Syh) *κατα μηδε ἕν O*-S[c] (*μηδεν* pro *μηδε ἕν*) *L*-694 (*και τα* pro *κατα*)-743 (*ενος νος* pro *εν*) La (*ullo modo*) Arm:

καὶ περὶ τῆς ἀπαιδευσίας σου ἐντράπηθι.
26 μὴ αἰσχυνθῇς ὁμολογῆσαι ἐφ' ἁμαρτίαις σου
καὶ μὴ βιάζου ῥοῦν ποταμοῦ.
27 μὴ ὑποστρώσῃς ἀνθρώπῳ μωρῷ σεαυτὸν
καὶ μὴ λάβῃς πρόσωπον δυνάστου.
28 ἕως θανάτου ἀγώνισαι περὶ τῆς ἀληθείας,
καὶ κύριος ὁ θεὸς πολεμήσει ὑπὲρ σοῦ.
29 μὴ γίνου θρασὺς ἐν γλώσσῃ σου
καὶ νωθρὸς καὶ παρειμένος ἐν τοῖς ἔργοις σου.
30 μὴ ἴσθι ὡς λέων ἐν τῷ οἴκῳ σου

B S A C V *O L l a b c* min. La verss.

cf. 7 18 9 6 | *τῆς ἀπαιδευσίας*] *της παιδ.* S*; *της απαιδειας* Anast. p. 677[ap]; *mendacii* Aeth; om. *τῆς* 253; pr. *ψευσματος* (*φασμ.* 545) *O* 248-694-743 (*ψεμ.*)-*l* La | om. *σου* 603 | *εντραπηθητι* Anast.[te]

26 (31a 32b) *μή* 1°] *και* 46; pr. *και* Aeth Arm | *αἰσχ. ὁμολ.*] *αισχ. ομολογιαι* V* (-*γισαι*[c]); *αἰσχυνθεὶς ὁμολόγησαι* 46 | *ἁμαρτίαις*] -*τιᾳ* *O* = H; -*τιας* 694 Anton. p. 828 | om. *καί* *L*[-248] | *βιαζουν* 404 578 | *ῥοῦν*] *ρομιν* (= *ῥώμην*?) 694 | *ποταμον* 421

27 (31b 32a) init. *O* 248-672-743 *b* 421 429 443 534 Co] pr. *και* rel. | *μή* 1°] *μηδ* 421; > 797 | *ἀνθρ. μωρῷ/σεαυτόν*] *ανθρ. μ. σαυτον* 106-545-705; *ανθρ. μ. σεαυτω* 404 797; *ανδρι μ. σ. a* 548*; *σ. ανδρι μ.* *L*[-248] 46 336 443 547 753 Aeth; *σεαυτω ανδρι μ.* 728; *μωρον σ.* 421; tr. B 339 La Co Mal. | om. *καί* *L*[-248] La verss.[p] | *δυνάστου*] *ανθρωπον* 421

28 (33) *ἕως θαν.*] *εως του θαν.* B V 694; *τεκνον* PsChr. VIII 547 | *αγωνισε* 307 alii; *αγωνιζε* Or. (sec. Proc. PG 13, 216); *αγωνισθητι* 311 | *περί* Or. IV 417 X 653] *υπερ* 46 421 542 755 Or. X 127 (lib.) Chr. III 745 PsChr. Cyr. VI 981 IX 485 X 64 Dam. p. 1392 | om. *τῆς* 795 Or. X 127 (lib.) | *κύριος*] pr. *ὁ* Dam. p. 1204 (non p. 1392); > La | *ὁ θεός*] + *σου* 46 Syh verss.[p] Anton. p. 841; > 307 743 753 Aeth[ap] Or. X 653 Chr. III 745 PsAth. IV 1470 Cyr. IX 485 Anton. p. 1036 = H | *ὑπέρ*] *περι* *O* Or. X 653: cf. Exod. 14 14 | *σοῦ*] *υμων* Chr. III 745[ap]; + *δια παντος* *O*-V *L'*[-248]-694; + *inimicos tuos* La

29 (34) *γίνου*] *ισθι* GregNaz. II 197 Anton. p. 993 B | *θρασύς*] *τραχυς* B C: cf. 6 20; *ταχυς* S* A *O a*-534' *c*-404'-679 46 155' 315' 307 339 421 429 443 542 543 547 753 755 La (*citatus*) Co Arm I GregNaz. Dam. p. 168 Anton. p. 993 BC. 1125: cf. 5 11; »*ἐν ἑτέροις δὲ τῶν ἀντιγράφων τῷ μὲν εὕρηται τραχὺς ἀντὶ τοῦ θρασύς, τῷ δὲ ταχύς*« Mal. | *γλώσσῃ*] *γλωττη* 545: cf. 4 24; *ακροασει* S*: ex 5 11; *λογω* Anton. p. 993 C; *τοις λογοις* S[c] Mal.; *λογοις* GregNaz. Anton. p. 993 B; pr. *τη* V *L'*-694 *b* 336 543 613 768 Max. p. 913 | om. *σου* 1° 421 Arm GregNaz. Anton. p. 993 B | *καὶ ν.*] *ν. δε* 421; *μηδε ν.* Anton. p. 993 | *καὶ παρ.*] tr. post *σου* 2° 421; > 429; om. *καί* C *c* 755 Co | om. *ἐν τοῖς* 755; om. *ἐν* 421 Dam. p. 168; om. *τοῖς* Anton. p. 993 C (hab. p. 1125) | *ἔργοις*] *λογοις* Anton. p. 993 C

30 (35) om. 30 *l* 429 | *ἐν* 1°] *επι* V | *τῷ οἴκῳ* Dam. p. 1373] *τη οικια* S V-253 248-694 307 336 443 753 Anton. p. 1064 | *φαντασιοσκοπων* *a c* 253[c]

καὶ φαντασιοκοπῶν ἐν τοῖς οἰκέταις σου.
31 μὴ ἔστω ἡ χείρ σου ἐκτεταμένη εἰς τὸ λαβεῖν
καὶ ἐν τῷ ἀποδιδόναι συνεσταλμένη.

5 1 Μὴ ἔπεχε ἐπὶ τοῖς χρήμασίν σου
καὶ μὴ εἴπῃς Αὐτάρκη μοί ἐστιν.
2 μὴ ἐξακολούθει τῇ ψυχῇ σου καὶ τῇ ἰσχύι σου
πορεύεσθαι ἐν ἐπιθυμίαις καρδίας σου·
3 καὶ μὴ εἴπῃς Τίς με δυναστεύσει;
ὁ γὰρ κύριος ἐκδικῶν ἐκδικήσει.
4 μὴ εἴπῃς Ἥμαρτον, καὶ τί μοι ἐγένετο;

B S A C V *O L l a b c* min. La verss.

421 543 547 575 Dam.; *φαντασιων* 755; *φαντασιοπων* 404 753; *μη φαντασιοσκοπω* 672 | fin.] + *και ταπεινων τους υποχειριους σου* Anton. p. 1064 La (*et opprimens subiectos tibi*)

31 (**36**) 31] *μη γινου προς μεν το λαβειν εκτεινων τας χειρας* (*την χειρα* Constit.), *προς δε το δουναι συσπων* (*συστελλων* Constit.) Didache IV 5 ep. Barn. XIX 9 Constit. VII 12, 1 | *εσται* 155 795 | *ἡ χείρ σου*] *σοι* (*σου*^{ap}) *η χειρ μονον* CyrHieros. p. 784 | *λαβεῖν*] *λαμβανειν* 253 | 31b] *αλλα και εις το εργαζεσθαι ετοιμος* CyrHieros. | *καὶ ἐν τῷ*] *και εις το l* La (*et ad*); *εις δε το* 421; *εν δε τω* 157′ 785 Chr. III 85 | *ἀποδιδόναι*] *αποδουναι l* 421; *διδοναι a* La^{V} (*dandum*) Chr. Antioch. p. 1460; + *σε* 547

5 1 *Μή* 1°] *και* 296-548*; *μηδε* 155; pr. *et* Aeth Arm | *ἔπεχε*] -*χεε* 694: cf. 37$_{11}$; *επεσχε* 155; *επιχαιρε* Dam. p. 328 Anton. p. 792: cf. 8a 32$_{16}$; *effundas* (= *επιχεε*) Aeth: cf. 8a; | *ἐπί*] *εν O* 672 | om. *τοῖς* 785 | *χρήμασιν*] *κριμασι(ν)* 404′ 534 578 694 753: cf. 8a | *εἴπῃς*] + *οτι O* 613 694 743 Co: cf. 4a 6a 15$_{11\ 12}$ 16$_{17}$ | *ἐστιν*] *εισι* 672; + *εις ζωην O L′*$^{-106}$-743 Co (*in vita mea*); + *η ζωη* 106 La

2 om. 2-3a S*; om. 2b A C V 46 155 315 336 443 547 753 755 Aeth Dam. p. 328 Anton. p. 792; tr. 2b post 3a Sa | *μή*] *μηδ* 603; pr. *και O* Aeth | *εξακουλουθευση* 755 | *τῇ ψ. σου καί*] *την ψυχην σου και* 694; pr. *μη* 315; > La = H | om. *καὶ τῇ ἰσχύι σου O* La$^{G\ pl}$ | *τῇ* 2°] pr. *εν* 421 La^{V} | *πορεύεσθαι*] *πορευθηναι* PsAth. IV 377; *μη πορευου* Chr. VII 678 VIII 369 X 671: cf. 18$_{30a}$; pr. *του L′*-157′-672-694-743 768; *τουτο ποθεισθαι* 785; > La | *ἐπιθυμίαις*] *επιθυμια O*-S$^{(c)}$ *L′*$^{-248}$-694 *b* 404′ 421 534 542^{c} 543 La Bo Mal. = H; pr. *ταις* 307 Chr. VIII 369; *οδοις* 248-672-743 | *καρδίας*] *καρδια* S$^{(c)}$ 421* 578; *καρδιαις* B*; *της ψυχης* Chr. VIII 369 = H; > 307 | om. *σου* ult. La$^{G\ pl}$ PsAth. IV 377

3 om. *καί O*-S$^{(c)}$-V *L*-694 421 679 Sa Arm = H | om. *μή* C | *ειποις* 673: item 4a 6a 11$_{23\ 24}$ 15$_{11\ 12}$ | *με*] *μου L*$^{-248}$ -694-743 | *δυναστεύσει*] -*ευει* V Syh; + *δια τα εργα μου O L′*-694-743 La | om. 3b 543 | om. *ἐκδικῶν* 336 | *ἐκδικήσει*] *ἐκδιώξεις* Kuhn I 291 | fin.] + *σε* B C V 339 421 Sa; + *την υβριν σου O*; + *σου την υβριν L′*-694-743

4 init.] pr. *και b* 315′ 578 613 La^{M} Aug.^{S} Aeth Mal. | *εἴπῃς*] *ειποις* 672; + *οτι* 421: cf. 1b | om. *καί* C | *μοι*] *μη* 68-744^{c} 546 = Ald. | *ἐγένετο*]

ὁ γὰρ κύριός ἐστιν μακρόθυμος.
5 περὶ ἐξιλασμοῦ μὴ ἄφοβος γίνου
προσθεῖναι ἁμαρτίαν ἐφ᾽ ἁμαρτίαις·
6 καὶ μὴ εἴπῃς Ὁ οἰκτιρμὸς αὐτοῦ πολύς,
τὸ πλῆθος τῶν ἁμαρτιῶν μου ἐξιλάσεται·
ἔλεος γὰρ καὶ ὀργὴ παρ᾽ αὐτῷ,
καὶ ἐπὶ ἁμαρτωλοὺς καταπαύσει ὁ θυμὸς αὐτοῦ.
7 μὴ ἀνάμενε ἐπιστρέψαι πρὸς κύριον
καὶ μὴ ὑπερβάλλου ἡμέραν ἐξ ἡμέρας·
ἐξάπινα γὰρ ἐξελεύσεται ὀργὴ κυρίου,
καὶ ἐν καιρῷ ἐκδικήσεως ἐξολῇ.

B S A C V *O L l a b c* min. La verss.

γενοιτο 785; + *λυπηρον L′*-694-743 La Aeth (vid.): cf. H^{A} | $_{4}$b] *μακροθυμος γαρ εστιν ο κυριος* 421; > C | *κύριος*] *υψιστος O* La; *ο θεος* PsAth. IV 377 | *ἐστιν μακρόθ.*] tr. 429 La$^{\Omega}$ Syh verss.^{p} Dam. p. 152 Anton. p. 836 = H; + *ου μη σε ανη L′*-694; + *redditor* La

5 *περί*] *παν* 797 | *γίνου*] *γεινου* S; *γενου l*; + *εν πλεονασμω L′*-694 | *προσθεῖναι*] *μη προσθης* 613; *neque adiicias* La | *ἁμαρτίαν ἐφ᾽*] *-τιας εφ* 248 46 Sa; *εφ αμαρτιας* Dam. p. 109 | *ἁμαρτίαις*] *-τιας* 336 743 Dam.; *-τιαν* V 694 La Aeth: cf. 3_{27}; + *εν πειρα* (*πυρα* 545) *L′*$^{-248}$-694 (*εμπειρα*)

6 (6—7) *εἴπῃς*] *ειποις* 672; + *οτι* Chr. XI 35 Caes. s. 66, 3: cf. $_{1}$b | *αὐτοῦ* 1°] *του θεου l* La^{Gpl} Anast. p. 332 Caes.; *domini* La^{V} Aeth: cf. Syr | *πολύς*] pr. *ο* 672 Chr. XI 35 (1°) XII 857; + *est* La; + *ει* 744 | *τὸ πλῆθος*] pr. *και* 443 575 755 Sa Antioch. p. 1545 | *ἁμαρτιῶν*] *δωρων a*: ex 7_{9} | *ἐξιλάσεται*] *ιλαζ.* 694; *miserebitur* La | *ἔλεος γάρ*] *ἵλεος γαρ* 493: cf. 18_{13}; *οτι ε.* Chr. VIII 161; *κατα γαρ το ελεος αυτου* Chr. XII 145; om. *γάρ* 785 La^{Y} Caes. | *ὀργή*] pr. *ἡ* Chr. XII 145 | *παρ᾽ αὐτῷ*] *παρ αυτου* B 46 785 La Aeth Anast. p. 332^{ap}: cf. 16_{11}; *αυτου* Chr. XII 145; + *ταχυνει* (*ταχινη* 493) *L*-157′-694-743 (*ταχυνη*) 785 La^{V} | *ἁμαρτωλούς*] pr. *τους L*-694 | *καταπαύσει*] *-σεται* S* 548 Anast.^{ap}; *κατακαυσει* 694 Anton. p. 1229 (*-ση*): cf. Dan. 11_{18} *θ′*; *respicit* La: cf. Is 66_{2} | om. *ὁ* 2° V 155

7 (8—9) init.] pr. *και* 613 | *ἀνάμενε*] *-μεναι* A alii; *-μεινης* 248-694 Dam. p. 109 Anton p. 828; *υπερβαλου* 785; *αναβαλλου* Constit. Chr. VI 278: cf. $_{7}$b | *ἐπιστρέψαι*] *-στρεφειν* 578 (*-φην*) Antioch. p. 1545; + *a peccatis* Arm | *πρός*] *επι* S *O L′*-157′-315′-694 *a b* 575 Chr. VI 278 Dam.: cf. 17_{25} | *καὶ μή*] *μηδε* Or. IV 392 Chr. I 314. 378 II 263 VI 278 La$^{\Sigma}$ Aug. (passim) Caes. (passim) Gi.; om. *μή* 46 | *ὑπερβάλλου*] *-βαλου* 493 *c*-679 307 543 672 728; *-βαλλη* 755; *αναβαλλου* Chr. I 314. 378 II 263 X 551 Antioch.: cf. Ps. 77_{21} 88_{39}; *υπερτιθου* PsChr. IX 739; *αναμενε* Chr. VI 278: cf. $_{7}$a | *εξαπινης* V *L′*-694 (*-πιλης*) PsChr. Dam. p. 109 Anton. p. 828: cf. 11_{21} | *ελευσεται* 46 547 PsChr. Dam. Anton. | *ὀργή*] pr. *ἡ* S 253 PsChr. | *κυρίου*] *αυτου* S* *O* La = H; pr. *παρα b* 315′; > V Aeth = Syr | $_{7}$c] *μηποτε ως μελλεις εκτριβης* (*-βηση* I 378) Chr. I 378 II 263 VI 278; + *και ως μελλεις* (*αμελησεις* 248-743 (*-σας*); *μελισσαι* S^{c}) *εκτριβηση O*-S^{c}-V 248-694-743 Aeth (om. *και ως μ.*) | *ἐν καιρῷ*] *εν τω καιρω* S*; *εξελουσα* C | *ἐξολῇ*] *εξελη* V; *εξολει σε* 575; *εξολοθρευσει σε O* La (*disperdet te*)

8 μὴ ἔπεχε ἐπὶ χρήμασιν ἀδίκοις·
οὐδὲν γὰρ ὠφελήσει ἐν ἡμέρᾳ ἐπαγωγῆς.

9 Μὴ λίκμα ἐν παντὶ ἀνέμῳ
καὶ μὴ πορεύου ἐν πάσῃ ἀτραπῷ·
οὕτως ὁ ἁμαρτωλὸς ὁ δίγλωσσος.
10 ἴσθι ἐστηριγμένος ἐν συνέσει σου,
καὶ εἷς ἔστω σου ὁ λόγος.
11 Γίνου ταχὺς ἐν ἀκροάσει σου
καὶ ἐν μακροθυμίᾳ φθέγγου ἀπόκρισιν.
12 εἰ ἔστιν σοι σύνεσις, ἀποκρίθητι τῷ πλησίον·
εἰ δὲ μή, ἡ χείρ σου ἔστω ἐπὶ στόματί σου.

B S A C V *O L l a b c* min. La verss.

8 (10) *ἔπεχε*] *επε* (sic) 543; *επεχεε* 68 694; *απεχεε* 744′ = Ald.; *επιχαιρε* 672 (*επεχ.*)-673 Max. p. 853 Dam. p. 1480 Anton. p. 896: cf. 1a; *ειπεις* 755; *ελπιζε* 575 Arm; *anxius esse* La | *ἐπὶ χρ.*] *επηχρημα* 755; *επι κριμασιν* 534-613^{c}: cf. 1a | *οὐδέν*] *ουδε* 155 543 753; *non* La^{V} (10b) Arm = H | *ὠφελήσει* = La (*proderit* 1c)] -*σεις* B C 547 755; -*σειεν* 672; -*σουσιν* Max. Dam. Anton. La (*proderunt* 10b); + *σε* A *O*-S^{c}-V *L*′$^{-248}$ *a*-534′ *b c*-679 46 155′ 157 315 336 339 443 542 543 753 785 La (10b *tibi*; > ^{pc}) verss. | *ἡμέρᾳ*] *καιρω l* 613^{c} La 1c (*in tempore*): cf. 2a | *ἐπαγωγῆς*] *εκδικησεως O*: ex 7d; *obductionis* (= *επαγωγης*) *et vindictae* (= *εκδικησεως*) La: dupl. (cf. 1c)

9 (11) 9a] *μη παντι ανεμω λικμα* PsChr. III 833 | *λίκμα*] -*με* 679; *δικημα* 694; *λικμησει* 421 | om. *καί* C | *ἐν* 2°] *επι* 253 | om. 9c 575 Sa = H | *οὕτως*] *ουτος L*$^{-248}$ 578 728 Arm; + *γαρ O l*-694 La Arm | om. *ὁ* 1° *l*

10 (12) 10a fin.] + *εν ασφαλει O*; + *ασφαλει* (-*λως* 493-637; -*λη* 106) *L*′-694 | *εἷς*] *εισθι* S* | *ἔστω σου*] tr. 753 | *σου/ὁ λόγος*] *σοι ο λ. c* 743; tr. *O*-V 248-694 603: cf. H; om. *σου* 443; *σοι λ.* 728 | *λόγος*] *λογισμος* 753

11 (13) *Γίνου*] *γεινου* S V; *γενου* 755; pr. *μη b* 307 | *ταχύς* = Iac. 1₁₉] *πραυς* 575 Anton. p. 1201 (*πραος*) La | *ἐν ἀκρ. σου*] *εν αποκρισει* (*ακροασει* Sm.) *λογου ινα συνησης* Anton.; *ad audiendum* (= *εις το ακουσαι* Iac. 1₁₉) *verbum ut intelligas* La; om. *σου O* 106-545 verss.^{p}; + *αγαθη O L*′-743 = H^{C}; + *ασφαλη* 694: ex 10a | 11a fin.] + *και* (> 743) *εστω εν αληθεια η ζωη σου L*-743 | *φθέγγου*] *αποφθ. L*$^{-248}$ | *ἀπόκρισιν*] + (※ Syh) *ορθην O L*-694-743 La (*verum*) = H^{C}

12 (14) *εἰ* 1°] *τι* 493; *τεκνον ει μεν* Cyr. V 384 VI 476; + *μεν* Cyr. IX 57 | *ἔστιν*] + *τις* 603 | *σοι*] pr. *εν* 253 Arm; > C Cyr. VI 476^{ap} | *σύνεσις*] *λογος* Chr. V 433 Anton. p. 996; *λογος συνεσεως* Cyr. V 384 VI 476 IX 57 GregNaz. II 197 | *ἀποκρίθητι*] + *μοι* 694 Chr. V 433^{ap} | *τῷ πλησίον*] *τω πλησιω* 545^{c}; *τω αδελφω σου* Antioch. p. 1712; *και ουδεις ο κωλυσων* GregNaz.; + *σου* 575 verss.^{p} Mal. = H; > Chr. Cyr. Anton. | *μή*] *μηγε* Antioch. | *ἡ χείρ σου/ἔστω*] tr. *O* 421 547 La Aeth Chr. Anton.; om. *ἡ* Cyr.; om. *σου* La$^{\Gamma}$ Arm Cyr.; om. *ἔστω* 46 613 755 = H | *ἔστω*] *εσται* C; *pone* Sa = H^{C}; + *σοι* 315 | *ἐπί*] *εν* C *l a*-534′ 547 785 Arm Mal. | *στόματι* B A 249-754 421^{c} 755 Cyr. V 384 VI 476] *του στοματος* 336; pr. *τω* rel. (Cyr. IX 57 Chr.)

13 δόξα καὶ ἀτιμία ἐν λαλιᾷ,
καὶ γλῶσσα ἀνθρώπου πτῶσις αὐτῷ.

14 Μὴ κληθῇς ψίθυρος
καὶ τῇ γλώσσῃ σου μὴ ἐνέδρευε·
ἐπὶ γὰρ τῷ κλέπτῃ ἐστὶν αἰσχύνη
καὶ κατάγνωσις πονηρὰ ἐπὶ διγλώσσου.
15 ἐν μεγάλῳ καὶ ἐν μικρῷ μὴ ἀγνόει
6 1 καὶ ἀντὶ φίλου μὴ γίνου ἐχθρός·
ὄνομα γὰρ πονηρὸν αἰσχύνην καὶ ὄνειδος κληρονομήσει·
οὕτως ὁ ἁμαρτωλὸς ὁ δίγλωσσος.
2 μὴ ἐπάρῃς σεαυτὸν ἐν βουλῇ ψυχῆς σου,
ἵνα μὴ διαρπαγῇ ὡς ταῦρος ἡ ἰσχύς σου·
3 τὰ φύλλα σου καταφάγεσαι καὶ τοὺς καρπούς σου ἀπολέσεις
καὶ ἀφήσεις σεαυτὸν ὡς ξύλον ξηρόν.

B S A C V *O L l a b c* min. La verss.

13 (15) *δόξα*] pr. *οτι l* 46 443 753 795; + *γαρ L*$^{-248}$ Sa | *γλῶσσα*] pr. *ἡ* C | *ἀνθρώπου*] -*πω* 548 694 755; *αυτου* C: *imprudentis* La | *αὐτῷ*] -*του* S 253 106 155 311 315*? 543 694 753 La verss.^{p} = H^{A}: cf. 1$_{22}$

14 (16—17) $_{14a}$ fin.] + (※ Syh) *εν τω βιω σου O*-V La^{pc} (*in vita tua*) | *τη γλωττη* 404: cf. 4$_{24}$; *της γλωσ⟨σ⟩ης* 755 | *ἐνέδρευε*] *ενεδρευθης* B*; *ενεδρευου* 694 | *ἐπί* 1°] *εν* 679 | *ἐστίν*] *εσται O* | *αἰσχύνη*] + *μοχθηρα O L′*-694-743; + *et paenitentia* La | *πονηρά*] *φοβερα* 155′ | *διγλώσσου*] -*σσους* 534-613*; -*σσοις* 46; -*σσω* 248-315 157 307 547 578 613^{c} Mal.; -*σσον* 743

15 (18) $_{15}$] *δικαιωσον μικρω και μεγαλω ομοιως* Anton. p. 1036 La (*iustifica pusillo (-llum*^{V}*) et magno (-num*^{V}*) similiter*) | *μεγάλῳ* . . . *μικρῷ*] tr. 755 Arm(II) = H | om. *ἐν* 2° *c*-404′-679 46 443 543 547 753 | om. *μή* 603 | *ἀγνόει*] *αγνωσει* 694; + *μηδε εν L*-694

6 1 *πονηρόν*] -*ρος* 743* | *αἰσχύνην*] -*νη* B* V *b c*-404′-679 694 755; pr. *και O* = Syr | *κληρονομησεις* 253 = Syr | *οὕτως*] -*τος* 493 578*; *πας* Dam. p. 1385. 413 La (*et omnis*); *et vir* Arm: cf. H; + *γαρ L*$^{-248}$ | om. *ὁ* 1° 404 Dam. | *ὁ δίγλωσσος*] *φθονερος και διγλ.* Dam. La (*invidus et bilinguis*); + *ατιμιαν εξει* 248-694-743-*l* Dam.

2 init.] pr. *και* 672 | *σεαυτόν*] -*τω* 296 578; *εαυτον* 705 797; *εαυτω* 548 | *ψυχῆς*] -*χη* 253 68-744 106 443* 578 755 797*; > *a*-534 | om. $_{2b}$ 68-744 315′ 404′ Syh Arm: homoiot. = Ald. | *αρπαγη* S *L*$^{-248}$ *a* 339 785 | *ὡς ταῦρος*] *ως λεων* 534′; *εις τελος* 548 | *ἡ ἰσχύς* Sm. = La (*virtus*) et H] *η ψυχη* codd. et verss.: ex $_{2a}$ (cf. 9$_{2}$)

3 *καταφάγεσαι*] -*γεται* V 493 46; *comedet* (-*dat*^{V}) La; *comedent* Sa; + *ασωτως* Max. p. 985 = Luc. 15$_{13}$ | *ἀπολέσεις*] *perdet* (-*dat*^{V}) La | *ἀφήσεις*] *μη αφησης* 542; -*σει* 672 Aeth | *σεαυτόν*] *αυτον* S* 545*; *εαυτον* 253 155 545^{c}; *σεαυτω* V Max. p. 985 | *ξύλον*] *φυλλον* A C 253 Max.; tr. post *ξηρόν* 248 | *ξηρόν*] *σκληρον* 797; + *σεαυτον* S

4 *ψυχὴ πονηρὰ ἀπολεῖ τὸν κτησάμενον αὐτὴν*
καὶ ἐπίχαρμα ἐχθρῶν ποιήσει αὐτόν.
5 *Λάρυγξ γλυκὺς πληθυνεῖ φίλους αὐτοῦ,*
καὶ γλῶσσα εὔλαλος πληθυνεῖ εὐπροσήγορα.
6 *οἱ εἰρηνεύοντές σοι ἔστωσαν πολλοί,*
οἱ δὲ σύμβουλοί σου εἷς ἀπὸ χιλίων.
7 *εἰ κτᾶσαι φίλον, ἐν πειρασμῷ κτῆσαι αὐτὸν*
καὶ μὴ ταχὺ ἐμπιστεύσῃς αὐτῷ.
8 *ἔστιν γὰρ φίλος ἐν καιρῷ αὐτοῦ*
καὶ οὐ μὴ παραμείνῃ ἐν ἡμέρᾳ θλίψεως.
9 *καὶ ἔστιν φίλος μετατιθέμενος εἰς ἔχθραν*
καὶ μάχην ὀνειδισμοῦ σου ἀποκαλύψει.
10 *καὶ ἔστιν φίλος κοινωνὸς τραπεζῶν*
καὶ οὐ μὴ παραμείνῃ ἐν ἡμέρᾳ θλίψεως·

B S A C V *O L l a b c* min. La verss.

4 *ψυχή*] + *γαρ* *O* La = H | *απολεσει* 336; *απωλεσε* 46 | *ἐχθρῶν*] *των εχθρων σου* 785; *εχθροις* S Syh La^{V} (*inimicis*) Arm: cf. 18_{31} 42_{11}; *εχθρω* 307; *inimici* $La^{G\,pl}$ Aeth: cf. H | *ποησεις* 694 | *αὐτόν*] -*την* 248-694 307 797 La^{Θ} (*illam*); + *εν ταχει* L^{-248}-694-743

5 *φαρυγξ* 296-548 (-*ρυξ*) 795 (-*ρυξ*): cf. 36_{24} | *πληθ. φ. αὐτοῦ*] *πληρωσει φ. αυτου και πληθυνη* 155 | *φιλον* 578 = H | *αὐτοῦ*] -*τους* 672; -*των* Dam. p. 1341; > La Arm Mal. = H | *εὔλαλος*] *ευχαριστος* Chr. IX 286; *eucharis* (*gratiosa* ^{pc}) La | *εὐπροσήγορα*] -*γοριαν* *O*-V 493-694 C 307 336 404; *ευπροσηγοριαν* 637; *προσηγοριαν* 755

6 *σοι*] *σε* 421; > 797 | *ἔστωσαν*] -*σας* 253; + *σοι* S* V 694 Syh: cf. La (*sint tibi*) | *οἱ δὲ σύμβ. σου*] *και οι συμβ. σου* 336 $La^{G\,pc}$ (*et consiliarii tibi sint*) Aeth; *συμβουλος δε* 421 Hi. in Is.; *et consiliarius sit tibi* La^{V} Arm: cf. H; + *εστω* 578

7 *κτᾶσαι*] *κτηση* Anast. p. 640 | *πειρασμῷ*] *περισπασμω* 248 | om. 7b 694 | om. *καί* 672 | *ταχεως* *c*-404′ 249-754 Anast. | *αὐτῷ*]-*τον* 46 743 797*; + *σεαυτον* *O L*-672 545^{c} La^{pc}; + *σεαυτω* 743

8 *αὐτοῦ*] -*τω* 578 672 Anton. p. 852; > Sa Arm Katz = H | *παραμείνῃ*] -*μεινει* 547; -*μηνει* 421; -*μενη* 545* (-*μενει*^{c}) 578 Anast. p. 640: cf. 10b | *ἡμέρᾳ*] *καιρω* 254 404′ 421 547 La^{Ω} (*tempore*) Anast.^{ap} Dam. p. 408 Anton.: cf. 10b 2_{11} | *θλίψεως* La Arm Dam. Anton. Zi. = H] + *αυτου* 311; + *σου* rel.: cf. 10b 3_{15} | fin.] + *και εν τοις αγαθοις σου εσται ως συ* 613: ex 11a

9 om. 9-10 S* 672: homoiot. | *φίλος*] + *σου* 534 | *μεταθεμενος* 785; *μεταφερομενος* 613^{c} (vid.) | *ἔχθραν* B *O*-S$^{(c)}$-V 248-315-694 46 155 339 613^{c} 753 La Anast. p. 640] *εχθρον* rel.: cf. 37_{2} | *μαχη* C *O* 315 443 | *ὀνειδισμοῦ*] -*μον* 493; -*μους* 253 443^{c} 545; *et convicia* (-*vitiam*^{Z*}, -*vicium*^{L}) La | om. *σου* 785 La

10 *φίλος*] + *μετατιθεμενος εις εχθρον και* 106: ex 9a | *τραπεζης* *c*-404′-679 785 La Aeth Arm Anast. p. 640 Dam. p. 408 Mal. = H | 10b post 12a tr. *l a*-534; om. 10b 336 | om. *οὐ* Anast. | om. *μή* Dam. | *παραμείνῃ*] -*μεινει* 547; -*μενη* 578; -*μενεῖ* 545^{c} Anast.^{ap}: cf. 8b; *βοηθησει* L^{-248} Arm | *ἡμέρᾳ*] *καιρω* 404′ 694 Anast.: cf. 8b | *θλίψεως* 543 603 La Arm Anast. Dam. Zi. = H] *θλιψεων* 46; + *σου* rel.: cf. 8b

11 καὶ ἐν τοῖς ἀγαθοῖς σου ἔσται ὡς σὺ
καὶ ἐπὶ τοὺς οἰκέτας σου παρρησιάσεται·
12 ἐὰν ταπεινωθῇς, ἔσται κατὰ σοῦ
καὶ ἀπὸ τοῦ προσώπου σου κρυβήσεται.
13 ἀπὸ τῶν ἐχθρῶν σου διαχωρίσθητι
καὶ ἀπὸ τῶν φίλων σου πρόσεχε.
14 φίλος πιστὸς σκέπη κραταιά,
ὁ δὲ εὑρὼν αὐτὸν εὗρεν θησαυρόν.
15 φίλου πιστοῦ οὐκ ἔστιν ἀντάλλαγμα,
καὶ οὐκ ἔστιν σταθμὸς τῆς καλλονῆς αὐτοῦ.
16 φίλος πιστὸς φάρμακον ζωῆς,
καὶ οἱ φοβούμενοι κύριον εὑρήσουσιν αὐτόν.
17 ὁ φοβούμενος κύριον εὐθυνεῖ φιλίαν αὐτοῦ,
ὅτι κατ᾽ αὐτὸν οὕτως καὶ ὁ πλησίον αὐτοῦ.
18 Τέκνον, ἐκ νεότητός σου ἐπίδεξαι παιδείαν,
καὶ ἕως πολιῶν εὑρήσεις σοφίαν.

B S A C V *O L l a b c* min. La verss.

11 om. *καί* 1° 404 = H | *ἔσται*] *ισταται* 578; + *σοι* 795 | *ὡς σύ*] *ως σοι* L^{-248} 155 679 728; *μετα σου O* | *τοὺς οἰκ.*] *τους ικ.* 578: cf. $7_{20\ 21}$ 30_{39} 36_{22} 4_4; *τοις* (*τους* S) *οικεταις* S* *a*-534 311; *τοις αγαθοις l*: ex 11a | *παρρησιαζεται* 46 743 797 La^{pl}

12 *ταπεινωθῇς, ἔσται*] -*θεις εσται* 253 545 alii; *ταπεινωθησεται* C 534 694 La (*humiliaverit se*) | *κατά*] *απο* 155 | om. *τοῦ* 248 *a* 785 | om. *σου* 2° 315

13 init.] pr. *και* 603 672 La$^{Q\Theta}$ | 13a/13b tr. 753 | om. *τῶν* 1° 2° Anast. p. 640 | *διαχωρίσθητι*] -*θησεται* 694; *διασκορπισθητι* 534*; + *θησαυρους* 308 (sec. H.-P.)

14 *δέ*] *γαρ* 744*; > *l a*-534 336 Sa | *αὐτόν*] -*την* 694 705; *εαυτον* 543 | *θησαυρόν*] -*ρους c*-404-679 La^{S}; + (※ Syh) *ευλογιας O* L^{-248}-694 La^{L} (*benedictionis*)

15 15a fin.] + *των οντων ουδεν* 421 GregNaz. I 832 | om. 15b 421 | *καὶ οὐκ ἔ.*] *ουδε τις* GregNaz. | om. *αὐτοῦ* C

16 16a] *φαρμακον γαρ ζωης εστιν* 421 | *φάρμακον*] -*κος* 755 795 | *καὶ οἱ φοβ.*] *οι δε φοβ. O*; *ο φοβουμενος l a*-534 = H: cf. 17a; om. *καί* Sa = H | *κύριον* Dam. p. 404] pr. *τον* S C 248-315′-694 *c*-404′ 155 254 547 785: cf. 17a 2_7; > 545 753* | *εὑρήσ.*] *αινεσει l a*-534(*ενεσι*); tr. post *αὐτόν* 753

17 *ὁ φοβ.*] *οι φοβουμενοι* 768 La^{pc} Sa: cf. 16b 31_{16}; + *γαρ* 575 | *κύριον*] pr. *τον c* 543 547 672 694: cf. 16b | *κατ᾽ αὐτόν*] *κατα τουτον* 694 | *οὕτως*] *ουτος* 547^{c} 672 | *ὁ πλησίον*] *οι πλ.* S* *O* 248-694

18 *Τέκνον*] pr. *ω* 46^{s}; > 429 | *ἐκ νεότητος*] *εν νεοτητι* Arm Max. p. 820 Dam. p. 184. 360 Anton. p. 932. 1057: cf. 25_3 | om. *σου* S *l a* 336 BrevGoth. 672A | *ἐπίδεξαι* Zi. = La (*excipe*)] *δεξαι* 694; *εκλεξαι* 548; *επιλεξον* Anast. p. 676^{ap}; *επιλεξαι* rel. | *παιδείαν*] *φιλιαν* 534* | *ἕως*] *ως* 315 | *πολιῶν*] *πολλων* V* (*πολλιων*^{c}) 578; *ποδων* 68-744 = Ald.; *πλειονα* Anast.^{ap} | *ευρησει* 443* (-*ση*^{c}) | *σοφίαν*] *χαριν* S L^{-248}-315′ Sa (*χαρις*) Mal. (»*σοφίαν ἢ χάριν ὡς ἐν ἑτέρῳ*«)

19 ὡς ὁ ἀροτριῶν καὶ ὁ σπείρων πρόσελθε αὐτῇ
καὶ ἀνάμενε τοὺς ἀγαθοὺς καρποὺς αὐτῆς·
ἐν γὰρ τῇ ἐργασίᾳ αὐτῆς ὀλίγον κοπιάσεις
καὶ ταχὺ φάγεσαι τῶν γενημάτων αὐτῆς.
20 ὡς τραχεῖά ἐστιν σοφία τοῖς ἀπαιδεύτοις,
καὶ οὐκ ἐμμενεῖ ἐν αὐτῇ ἀκάρδιος·
21 ὡς λίθος δοκιμασίας ἰσχυρὸς ἔσται ἐπ' αὐτῷ,
καὶ οὐ χρονιεῖ ἀπορρῖψαι αὐτήν.
22 σοφία γὰρ κατὰ τὸ ὄνομα αὐτῆς ἐστιν
καὶ οὐ πολλοῖς ἐστιν φανερά.

23 Ἄκουσον, τέκνον, καὶ ἔκδεξαι γνώμην μου
καὶ μὴ ἀπαναίνου τὴν συμβουλίαν μου·

B S A C V *O L l a b c* min. La verss.

19 (19—20) init.] pr. *και* 155 613 Aeth | om. 19a 248 | om. *ὁ* 1° S V 404 694 743 753 755 Max. p. 820 Dam. p. 184. 360 Anton. p. 932. 1060 | *ὁ σπείρων*] pr. *ως* A C *l*-157 155 315 339 404' 443 542 543 547 575 679 706 755 Syh Aeth Anast. p. 676 Mal. = H; om. *ὁ* S* V-253 315 336 694 743 La(vid.) Max. Dam. Anton. | *αὐτῇ*] -*την* 336 Anton. p. 932: cf. 26a; -*τω* Dam. p. 360 | *τοὺς ἀγ. κ.*] *του αγαθου καρπου* Dam. p. 184; om. *ἀγαθούς* 694 753 | *τῇ ἐργ. αὐτῆς*] *τη εργ. αυτων* Mal.; *το* 404 | *ολιγα* 307 575 | *κοπιάσεις καί*] *κοπιασας* Dam. p. 184 | *ταχύ*] pr. *ως* 547 | *τῶν*] pr. *απο* 248-315' La Syh Mal; > 744' = Ald. Sixt.

20 (21) *τραχεῖα*] *ταχεια* B* 694: cf. 4_{29} Prov. 29_{20}; + *δε* Mal. | *σοφία* Arm Dam. p. 184 Sm. = Syr] *nimium sapientia* La: dupl.; > Syh = H; *σφοδρα* rel.: cf. 19_{18} | *τοῖς ἀπαιδεύτοις*] *απαιδευτω* Dam. | *οὐκ*] *ου μη* 743 | om. *ἐν* Anast. p. 676 | *αὐτῇ*] -*τοις* 254 743 | *ἀκάρδιος*] *λιθοκαρδιος* (*λοθ.* 545) *l*: leg. *ολιγοκαρδιος*?

21 (22) *δοκιμασια* 534 | *ἰσχυρός*] -*ρως* 543 548; *ισχυς* S* La (*virtus*) Syh; *ισχυος* S^{c} V-253 46 694 753 $verss.^{p}$ | *ἔσται*] *εστιν* S^{c} Arm(II); > 694 | *ἐπ' αὐτῷ*] *επ αυτη* V; *εν αυτω* 547; *εαυτω* 755; *in illis* La; *αυτου* 694 La^{LZ*} (*illius*) | *χρονιεῖ*] -*νησει* 443; *φρονι* V; + *εν αυτη* L^{-248} | *ἀπορρῖψαι*] pr. *του* L^{-248} | *αὐτήν*] -*τον* 253 543 $La^{G\,pc}$ (*illum*); + *εν ταχει* *O*

22 (23) *αὐτῆς*] -*τοις* 68-744 = Ald. | *ἐστιν* 1°] *εσται* 307; > S* | *οὐ*] *ουτε* 545 | *πολλοῖς*] *πολυς* 68-744 307 (*πολλυς*) 548 755 (*πολης*) = Ald. | *ἐστιν* 2°] *εσται* *b* 443 548 795; > 545

23 (24) *Ἄκουσον*] *ακουσαι* 785; + *μου* *b* 336 743 Syh Aeth Arm; + *ουν* Anast. p. 676 | *τέκνον*] + *μου* 613 $verss.^{p}$ | *ἔκδεξαι*] *δεξαι* B C *O l* 339 534 Mal.; *εκλεξαι* *L*-672-694 *b c*-404' 753; *εκλεξον* 755: cf. 18a | *γνώμην*] pr. *την* S A C *b c*-404'-679 155' 157' 315' 336 339 543 547 575 613 755 785 Anast. Mal. | *μου* 1°] *σου* 679 785; > 753 La ArmII; 1°⌒2° 694 | om. *μή* 578 La^{Y*} | *απαναιου* 545; *απονaινου* 755 | *την συμβουλην* L^{-248}-315'-743 339 679 755 Anast.; *της συμβουλιας* 753

24 *εἰσένεγκον τοὺς πόδας σου εἰς τὰς πέδας αὐτῆς*
καὶ εἰς τὸν κλοιὸν αὐτῆς τὸν τράχηλόν σου·
25 *ὑπόθες τὸν ὦμόν σου καὶ βάσταξον αὐτὴν*
καὶ μὴ προσοχθίσῃς τοῖς δεσμοῖς αὐτῆς·
26 *ἐν πάσῃ ψυχῇ σου πρόσελθε αὐτῇ*
καὶ ἐν ὅλῃ δυνάμει σου συντήρησον τὰς ὁδοὺς αὐτῆς·
27 *ἐξίχνευσον καὶ ζήτησον, καὶ γνωσθήσεταί σοι,*
καὶ ἐγκρατὴς γενόμενος μὴ ἀφῇς αὐτήν·
28 *ἐπ᾽ ἐσχάτων γὰρ εὑρήσεις τὴν ἀνάπαυσιν αὐτῆς,*
καὶ στραφήσεταί σοι εἰς εὐφροσύνην·
29 *καὶ ἔσονταί σοι αἱ πέδαι εἰς σκέπην ἰσχύος*
καὶ οἱ κλοιοὶ αὐτῆς εἰς στολὴν δόξης.
30 *κόσμος γὰρ χρύσεός ἐστιν ἐπ᾽ αὐτῆς,*

B S A C V *O L l a b c* min. La verss.

24 (25) init. S *O* 307 547 La Sa Aeth Arm] pr. *και* rel. | *εισένεγκον* B-S C 253 *b* (*-καν* 603) 542] *-και* A 248-545 155 339 534 548-706 578 (*εισινεγκαι*) 606* 672 679 753 Mal.; *-κε* rel. (Anast. p. 676) | *εἰς* 1°] *επι* *l* 534′ | *τὰς πέδας*] *τους π.* 307; *τας* (*τους* 728) *παιδας* A V 543 728 795 Sa (*παιδες*): cf. 29a 21_{19a} 30_{38}; *τους ποδας* 545*-705-694 443^{c} 797 Anast.^{te}: cf. Regn. II 3_{34}; *τας παιδειας* 743: cf. 29a | *κλοιόν*] *κολπον* 547*

25 (26) *ὑπόθες*] *-θεσις* 253*; *αποθες* 493-743 336 404 578 785 | *τὸν ὦμόν σου*] *τον νομον σου* 68-744 336 548 = Ald.; *σου τον νομον* (*ωμον*^{ap}) Anast. p. 676 | om. *καί* 1° 404′ La^{Ω} | *βαστασον* V-253 *l c*-404′-679 443 543 Anast.; *βασταζον* 68-744 = Ald. Compl. | *τοῖς δ.*] *αυτοις δ.* 578; *τους δεσμους* 706; *της δεσμης* 548; pr. *εν* S* La^{pc} Syh = H: cf. 38_{4} 50_{25} | *αὐτῆς*] *-τοις* 68 336 404 705 728; > 578^{c}

26 (27) om. 26-29 543; om. 26-31 603 | *ψυχῇ*] *virtute* (= *ισχυι*) Sa; pr. *τη* Anast. p. 676 | *πρόσελθε*] pr. *προσθες και* 404 | *αὐτῇ*] *-την* L^{-248} 744*: cf. 19a | om. *ἐν* 2° 106-545 La^{pc} | *ὅλῃ*] *παση* C 443: ex 26a | *δυνάμει*] pr. *τη* *c*-404′-679 315′ Anast.: cf. Deut. 6_{5} | om. *σου* 2° 155 Arm | *τηρησον* S A V *c*-404′-679 155′ 542 613 755 La$^{G\ pl}$ (*serva*)

27 (28) *ἐξίχνευσον*] *-νιασον* 253 307 Anast. p. 676: cf. 18_{4} 42_{18} et Hatch p. 250; *ανιχνευσον αυτην* Dam. p. 184; + *illam* La | *καὶ ζήτησον*] *και εκζητησον* 253; + *αυτην* S^{c}; > La Dam. | *γνωσθήσεται*] *δοθησεται* 672 | *γεναμενος* 155 542 | *ἀφῇς*] *αφησει* 545; *εασης* 311

28 (29) *ἐπ᾽ ἐσχάτων*] *υστερον* *O*: cf. H | *εὑρήσεις*] *ευρης* 755; + *αυτην και* 404 | *ἀνάπαυσιν*] *απολαυσιν* 253 | *αὐτῆς*] *-του* 336; *σου* C 46 753 797; *in ea* La | *στραφήσεται*] *-σονται* Dam. p. 184; *σφραγισθησεται* 46 443 753

29 (30) *πέδαι*] *παιδες* A V 336 Sa (*παιδες*); *πεδαις* 443* 547*; *πεδες* 46 155 542: cf. 30_{38}; *ποδαι* 545*; *παιδειαι* 534 Syh: cf. 24a; + *αυτης* *L*-694 La^{V} (*eius*) verss.^{p} Dam. p. 184 | *σκέπην*] pr. *την* Dam. | *ἰσχύος*] *ημερων* 46; + *σου* 679; + *eius* La^{pc}; pr. *και βασιν* Dam.; + *et bases virtutis* La: dupl. | *κλοιοί*] *κλαδοι* B-S 694 Mal.^{lem}

30 (31) om. *γάρ* *a*-534 743 Sa Dam. p. 184 = H | *χρυσος* 443 543

καὶ οἱ δεσμοὶ αὐτῆς κλῶσμα ὑακίνθινον·
31 στολὴν δόξης ἐνδύσῃ αὐτὴν
καὶ στέφανον ἀγαλλιάματος περιθήσεις σεαυτῷ.
32 Ἐὰν θέλῃς, τέκνον, παιδευθήσῃ,
καὶ ἐὰν ἐπιδῷς τὴν ψυχήν σου, πανοῦργος ἔσῃ·
33 ἐὰν ἀγαπήσῃς ἀκούειν, ἐκδέξῃ,
καὶ ἐὰν κλίνῃς τὸ οὖς σου, σοφὸς ἔσῃ.
34 ἐν πλήθει πρεσβυτέρων στῆθι·
καὶ τῇ σοφίᾳ αὐτῶν προσκολλήθητι.
35 πᾶσαν διήγησιν θείαν θέλε ἀκροᾶσθαι,
καὶ παροιμίαι συνέσεως μὴ ἐκφευγέτωσάν σε.
36 ἐὰν ἴδῃς συνετόν, ὄρθριζε πρὸς αὐτόν,
καὶ βαθμοὺς θυρῶν αὐτοῦ ἐκτριβέτω ὁ πούς σου.

B S A C V *O L l a b c* min. La verss.

755 | *αὐτῆς* 1°] -*την* 296-548; -*τη* 311; -*τοις* 130 | om. *οἱ* 404′ | *κλωμα* 106-545; *κλωσομα* 795; *κλασμα* 68-744 = Ald.

31 (32) init.] pr. *ως* 613 La^{CX} (*ut*) Aeth | *ἐνδύσῃ*] -*σεις* S* 795; -*σης* 404; -*σει* S^c *L* (248*) alii; -*σε* 743 | *αὐτήν*] -*τον* 795; -*των* 404 | *αγαλλιασεως* L^{-248} 155 311 578 | *περιθήσεις*] -*σει* L^{-248}; *περιθεις* 404; *επιθησεις* 307 | *σεαυτῷ*] -*τον* 694; *εαυτω* 548 $755^{*?}$; *αυτω* L^{-248} 744′ = Ald.

32 (33) *Ἐάν* 1°] + *γαρ* S*; ⌒*ἐάν* 2° 785 | *θέλῃς*] *θελεις* 706 alii; *θελησης* 542 672: cf. 15_{15} | om. *ἐάν* 2° Dam. p. 184 | *ἐπιδῷς*] *δως* B Sa (vid.): cf. 38_{30} | *τὴν ψ.*] *τη ψυχη* L^{-248}-705* 534 547: cf. 38_{34}; om. *τήν* 253 | *πανοῦργος*] *συνετος* Dam.; *sapiens* La Sa = 33b (34b) | *ἔσῃ*] *ει* 46

33 (34) 33a/33b tr. 404: cf. La | *ἐάν* 1°] pr. *και* A 155 307 694 La Aeth; + *γαρ* 106-545; + *ουν* Anast. p. 676; *και εαν κλινεις και* 404 | *αγαπησεις* V 493 alii | *ἀκούειν*] *παιδιαν* 548^c (> *); *αυτην* Anast. | *ἐκδέξῃ* Clem.] -*ξαι* 155′ 307; -*ξε* 542^c; *δεξε* 694; *εν δοξη* 130; > Anast. = H; + *συνεσιν O L*-694-743 542^c; + *doctrinam* La | om. *καί a* 404 La^V Sa | om. *ἐάν* 2° Anast. = H | *κλίνῃς*] -*νη* 68-744′ 694 = Ald.; *εκκλινης* S *a*-534′ 548 603 743 $Clem.^{L*}$ | om. *σου* 768 | *ἔσῃ*] *ειη* 253

34 (35ab) *εν πληθη* 421 alii; *εαν πληθη* 336 705 | *καί*] + *ει* 46 421 547 603 613 Chr. XI 261 Max. p. 916 Dam. p. 1308. 352 Anton. 1053. 1092 Anast. p. 676 | *τῇ σοφίᾳ αὐτῶν* Zi. = La (*sapientiae illorum*) Sa (sim.)] *τις σοφος αυτων* S* Aeth; *τοις σοφοις* 545^c; *ει τι σοφος αυτω* 785; *τις σοφος αυτω* (om. *αυτω* 106-545; tr. *αυτω* post *προσκολλ.* 404 Max. Dam. Anton.) rel. = Syr | *κολληθητι* 253 404

35 (35cd) *θείαν*] *θειας* 106-545; *θεου* Dam. p. 12 La Arm; > 575 = H | *θέλε*] *θελω* 253; *θελων* 249-754 404; *θεας* V | *ακροασασθαι* 547 679 Antioch. p. 1701: cf. 21_{24}; *ακουειν* B | *παροιμίαι*] -*μια* 545 = H; -*μιαις* 155 694 | *συνέσεως*] *laudis* (= *αινεσεως* Herk.) La | *εκφυγετωσαν* S* A 493 46 429 Dam. Antioch. | *σε*] *σοι* 578 Antioch.

36 init.] pr. *και* 785 La | *συνετόν*] pr. *ανδρα* 248-315′ PsChr. XII 939 Anast. p. 676; tr. ante *ἴδῃς* 421 | *ορθριζον* 578; *ορθρισαι* $Anast.^{ap}$ | *βαθμούς*] *σταθμους* 315 Ath. III 1381 Dam. p. 352: cf. Is. 57_8 | *θυρῶν*] *τριβων* B (super ras.); *τηρων* 679; *χειρων* 548; > Dam. = H

37 *διανοοῦ ἐν τοῖς προστάγμασιν κυρίου*
καὶ ἐν ταῖς ἐντολαῖς αὐτοῦ μελέτα διὰ παντός·
αὐτὸς στηριεῖ τὴν καρδίαν σου,
καὶ ἡ ἐπιθυμία τῆς σοφίας δοθήσεταί σοι.

7 1 *Μὴ ποίει κακά, καὶ οὐ μή σε καταλάβῃ κακόν·*
2 *ἀπόστηθι ἀπὸ ἀδίκου, καὶ ἐκκλινεῖ ἀπὸ σοῦ.*
3 *μὴ σπεῖρε ἐπ' αὔλακας ἀδικίας,*
καὶ οὐ μὴ θερίσῃς αὐτὰ ἑπταπλασίως.
4 *μὴ ζήτει παρὰ κυρίου ἡγεμονίαν*
μηδὲ παρὰ βασιλέως καθέδραν δόξης.
5 *μὴ δικαιοῦ ἔναντι κυρίου*
καὶ παρὰ βασιλεῖ μὴ σοφίζου.
6 *μὴ ζήτει γενέσθαι κριτής,*
μὴ οὐκ ἰσχύσεις ἐξᾶραι ἀδικίας,

B S A C V *O L l a b c* min. La verss.

37 *ἐν τοῖς προστάγμ. κυρίου*] pr. *τελειως O*; + *τελειως L* -694 | *προστάγμ.*] *πραγμασι(ν)* L^{-248}-315 | *κυρίου*] *κυριον* 68-744 = Ald. | *αὐτοῦ*] *κυριου* Antioch. p. 1701 | *διὰ παντός*] *ενδελεχως* 253 | *αὐτός*] *αυτη* 46; pr. *και* *O*-V L'^{-248}-694 La Aeth Arm = H; + *γαρ* 155 336 Sa Anast. p. 676; > Antioch. | *στηριεῖ*] *-ρισει l* 404; *-ριζει a*-534 (*-ζη*) Syh Anast.; *τηριει* 578 743 755; *τηρειη* 46; *τηρησει* 155 545; *τηρησον* Antioch.: cf. 38_{34} | om. *ἡ* 404 578 754 | *τῆς σοφίας*] *της συνεσεως O*; + *σου* B V *c*-679 46 Anast. Mal.; pr. *σου* 768; om. *τῆς* Anast.

7 1 init.] pr. *και* S*(*κα*, del.^{1}) 672 | *κακά*] *κακον* 253 *a* 753 La$^{\Psi}$ verss.^{p} | om. *σε* S | *καταλάβῃ*] *ληψει* Anton. p. 792 (non p. 897) | *κακόν*] *κακα L* 46 421 429 547 575 603 679 797 La^{h} Dam. p. 1521 Anton. p. 792; > La

2 *αποστα* 336: Thack. § 23_{8} | *ἀδίκου*] *κακου* C 336 | *ἐκκλινεῖ*] *-ναι* 542; *-νον* 404; *-νε* Dam. | *ἀπὸ σοῦ*] *απ αυτου* 542; + *αμαρτια O* 248-694-743-130-705^{mg} Anton. p. 897; + *αδικια* L^{-248}; + *κακια* 106-545-705^{txt}; *απο αμαρτιας* Dam.; pr. *mala* La

3 init. La$^{G\,pl}$ Aeth Arm = H] pr. *υιε* rel. (La^{V}) | *σπεῖρε*] *-ραι* 795; *-ρης* C 46 315′ 543 Anton. p. 897 | *αὔλακας*] *-κα* 46 verss.^{p}; *-κος* 296-548; *αυλαξιν* 613^{c} (= *sulcis* La) | *ἀδικίας*] *-κους* 307 | *θερίσῃς*] *-σεις* 249-754 alii; *-σει* 545 | *αὐτά*] *-τας* B 339 706 795; *-την c*-679 verss.^{p}; *-τους* 545*; *-του* 421* (*σαυτου*^{c}); *επ αυτας* 404; > Anton. | *ἑπταπλασίως* B-S C *c*-404′-679 46 307 336 339] *-σιονα* Anton.; *-σια* rel.: cf. 20_{12} 32_{13} 40_{8}

4 *π. κυρίου/ἡγεμ.*] tr. S verss.^{p} | *κυρίου*] *κυριω* 755 | *ἡγεμονίαν*] *κηδεμονιαν* Dam. p. 1537 | *μηδέ*] *και* 339

5 *δικαιοῦ*] + *σε* 545^{c} (= *te iustifices* La); + *σεαυτον* Chr. VI 113 | *ἔναντι*] *-τιον b* 339 542 Dam. p. 1096; *ενωπιον* Chr. | *κυρίου*] *κυριω* 155; pr. *του b* | *παρα βασιλεως* 106-545 155 744′ = Ald.: cf. $_{4}$b | fin.] + *σε* 545^{c}

6 *μή* 1°] + *δε* V | *γενέσθαι*] *γιν.* 443; tr. post *κριτής O* Hi. in Is. | *μὴ οὐκ*] *και ουκ* 248 *c* 254 307 315 339 575; *μηποτε ουκ* 672 Aeth Hi. (*ne forte non*); *μηπως ουκ* Bas. II 300; *ει μη* La (*nisi*) Arm Chr. XI 673 Anton. p. 1017. 1029: cf. H | *ἰσχύσεις*] *-σῃς O*-V L'^{-248} *a* alii La(*valeas*) Hi. (*possis*); *εξισχυσεις* (vel *-σῃς*) B *b* 307 543 743 785 Mal.; *ισχυεις* Chr. Anton. | *ἀδικίας*]

μήποτε εὐλαβηθῇς ἀπὸ προσώπου δυνάστου
καὶ θήσεις σκάνδαλον ἐν εὐθύτητί σου.
7 μὴ ἁμάρτανε εἰς πλῆθος πόλεως
καὶ μὴ καταβάλῃς σεαυτὸν ἐν ὄχλῳ.
8 μὴ καταδεσμεύσῃς δὶς ἁμαρτίαν·
ἐν γὰρ μιᾷ οὐκ ἀθῷος ἔσῃ.
9 μὴ εἴπῃς Τῷ πλήθει τῶν δώρων μου ἐπόψεται
καὶ ἐν τῷ προσενέγκαι με θεῷ ὑψίστῳ προσδέξεται.
10 μὴ ὀλιγοψυχήσῃς ἐν τῇ προσευχῇ σου
καὶ ἐλεημοσύνην ποιῆσαι μὴ παρίδῃς.
11 μὴ καταγέλα ἄνθρωπον ὄντα ἐν πικρίᾳ ψυχῆς αὐτοῦ·
ἔστιν γὰρ ὁ ταπεινῶν καὶ ἀνυψῶν.
12 μὴ ἀροτρία ψεῦδος ἐπ' ἀδελφῷ σου
μηδὲ φίλῳ τὸ ὅμοιον ποίει.
13 μὴ θέλε ψεύδεσθαι πᾶν ψεῦδος·

B S A C V *O L l a b c* min. La verss.

-*κιαν* **46 694** La^{A} Spec.^{ap} Syh verss.^{p} Chr. Anton. p. 1017 | *εὐλαβηθῇς*] -*θεις* *L*$^{-248}$-**106**-**705** alii; -*βισθης* **694**: cf. 26$_{5}$; *ειλασθης* **755**; pr. *και* **336** | *δυνατου* **694 744**: cf. 8$_{1}$ 13$_{9}$ 41$_{17}$ Sap. 8$_{11}$ | *καὶ θήσεις*] *και θησης* **443** alii Anton. p. 1029 La (*et ponas*); *καθησεις* **545*** (-*σης*^{c}) | om. *ἐν* **534**

7 *μή* 2°] pr. *ου* *O L*-**672**-**694**-**743** **578**; > **534** | *καταβάλῃς*] -*λη* **795**; -*λει* **743**; -*βαλλης* **46 311 578 694** Dam. p. 297; *καταλαβης* **421** (*κατελ.*) **548 755**: cf. 26$_{8}$ 47$_{4}$ et 23$_{6}$ | *σεαυτόν*] -*τω* **421**; *εαυτον* **404′ 768 785** Anton. p. 1029: post *σ* | om. *ἐν* **785**

8 *καταδεσμευσεις* C Anton. p. 1117 | *δίς* —*μιᾷ οὐκ*] *δισσας αμαρτιας· ουδε γαρ εν μια* Anton. La(*duplicia peccata; nec enim in uno*) | *μιᾷ*] pr. *τη* B C **404′ 753** | *ἀθῷος ἔσῃ*] *αθωωθηση* *a* **46 694** Anton.: cf. 12$_{12}$ fin.

9 (11) *Τῷ πλήθει*] *το πληθος* *l*; pr. *εν* *O* **575** La Aeth = Syr | *ἐπόψεται*] -*ψομαι* A **46**; + *ο κυριος* **575**; + *deus* (= *θεος* **545**^{c}) La | *προσενεγκειν* **613*** | *με*] *σε* **755** | *θεῷ*] *κυριω* S* *l* La^{Q} Aeth; > *O* BrevGoth. **235** C = Syr | *προσδέξεται*] -*δεξαι* **545**; -*δεκτα* **694**; *προσδεχθησομαι* Dam. p. 81; + *τα δωρα μου* *O* La$^{G\ pl}$; + *μου τα δωρα* *L′*$^{-248}$-**694**-**743**; pr. *munera mea* La^{V} = Syr

10 (9—10) om. *τῇ* **253 315′ 421 543** | *παρίδῃς*] *υπεριδης* **253**: cf. 32$_{17}$; *οκνησης* V

11 (12) *καταγελασης* **545** Dam. p. 24. 220 Antioch. p. 1584 | *ἄνθρ. ὄντα*] -*που οντος* *O*-V *l a*-**534′ 307 543 694 743** Dam. p. 220; -*που οντι* *L*$^{-248}$; -*που οταν η* **336**; *ανθρωπου* S; om. *ἄνθρ.* **672**; om. *ὄντα* **421 443 679 753** La Arm Dam. p. 24 = H | *ἐν*] *επι* **249**-**754** | *ψ. αὐτοῦ*] tr. **795** | *ἀνυψῶν*] *υψων* **548** Dam. p. 220; pr. *ὁ* S^{c} Dam. p. 24

12 (13) *ἀροτρία*] *αλλοτρια* **315** | *ἐπ'*] *επι* V-**253 336 534′ 672 694** Antioch. p. 1564 | *ἀδελφῷ*] -*φων* **672**; -*φον* Antioch.; -*φου* V **254** | *φίλῳ* = La^{CT} (*amico*)] *φιλον* **68**-**744 254 534** La^{G} (*amicum*) = Ald.; pr. *επι* S^{c} verss.^{p} = H; *in amico* La^{Y*Θ} Spec.; *in amicum*$^{V\ rel}$; pr. *τω* **443** | *ποίει*] *ποιησαι* **694**: cf. 14$_{11}$; *πιει* **493**

13 (14) *μή*] *μηδε* V **694 728**; pr. *και* Aeth Antioch. p. 1564 | *θελης*

ὁ γὰρ ἐνδελεχισμὸς αὐτοῦ οὐκ εἰς ἀγαθόν.
14 μὴ ἀδολέσχει ἐν πλήθει πρεσβυτέρων
καὶ μὴ δευτερώσῃς λόγον ἐν προσευχῇ σου.
15 μὴ μισήσῃς ἐπίπονον ἐργασίαν
καὶ γεωργίαν ὑπὸ ὑψίστου ἐκτισμένην.
16 μὴ προσλογίζου σεαυτὸν ἐν πλήθει ἁμαρτωλῶν·
μνήσθητι ὅτι ὀργὴ οὐ χρονιεῖ.
17 ταπείνωσον σφόδρα τὴν ψυχήν σου,
ὅτι ἐκδίκησις ἀσεβοῦς πῦρ καὶ σκώληξ.

18 Μὴ ἀλλάξῃς φίλον ἕνεκεν διαφόρου
μηδὲ ἀδελφὸν γνήσιον ἐν χρυσίῳ Σουφιρ.
19 μὴ ἀστόχει γυναικὸς σοφῆς καὶ ἀγαθῆς·
ἡ γὰρ χάρις αὐτῆς ὑπὲρ τὸ χρυσίον.
20 μὴ κακώσῃς οἰκέτην ἐργαζόμενον ἐν ἀληθείᾳ

B S A C (fin. 14a) V *O L l a b c* min. La verss.

421 | πᾶν ψ.] παντι ψευδει 575 | ἀγαθόν] θανατον 404

14 (15) om. καί 679 La^{Z*} | μη 2°] μηδε 493 | λόγον/ἐν προσ. σου Clem. Chr. V 447] tr. L^{-248}-743 (εν τη προσ. σου λ.)

15 (16) μή] και 578; pr. *et* Aeth | ὑπό] απο *c*-404′-679 543 754 755 785; > L^{-248} 753 | ἐκτισμένην] -νης 106; εκτιθεμενην 534

16 (17—18) προλογιζου 68-744 672 = Ald.; παραλογιζου 753 | σεαυτόν] εαυτον V | ἁμαρτωλῶν] -λω 694; πρεσβυτερων 307: ex 14a; *indisciplinatorum* (= απαιδευτων Herk.) La | 16b/17a] tr. B Mal. | ὀργή] θανατος *b* Mal. (»ἐν δὲ ἑτέροις θάνατος«) | fin.] + ασεβεσιν *O*-V; + επι ασεβεις L^{-248}; + επι ασεβεσι *l*; + του ελθειν επι ασεβεσιν 694

17 (19) om. 17a *a*-534 | τη ψυχη 705; *spiritum* La | ἐκδίκησις] -σεις S A V alii; -σης 253 443* 744; εκδικης *l* | ἀσεβοῦς] -βων Dam. p. 1156 Anton. p. 777: cf. 13_{24} Sap. 1_9; αμαρτωλων Aeth Anton. p. 1229; *carnis impii* La; *impiorum et peccatorum in aeternum* Arm | πῦρ καὶ σκώληξ] σκ. και πυρ 404 Aeth; om. πῦρ καί Aeth^{ap} = H; om. καὶ σκώληξ 728

18 (20) ἀλλάξῃς] απαλλ. 421; ελεγξης 307 | φίλον] φιλιαν 743; > 744 | ἕνεκεν] ειν. 296-548 339 542^{txt} 679; χαριν 130-705 336 (tr. post διαφόρου) 404′ 542^{mg}; > S A *O*-V 248-694-743-106-545 *a* 155 157′ 543 785 | διαφόρου 404 421 534 547 672 La verss. Ra.] αδιαφ. rel.: cf. 27_1 34_5 42_5; + κατα μηδε εν 248-694-743 (κ. μηδειν); + κατα μηδεν *l*: cf. 4_{25} | μηδέ] μηδ 68-744′ = Ald. | αδελφω γνησιω 578 | χρυσίῳ] -σω 547: cf. 34_5; γνησιω 755: ex praec. | Σουφ(ε)ιρ] συυφφειρ 694; σουπφειρ 743; σουφηρ 253; σωφειρ L^{-248}-106-545 46 254-603 311 336; σωφηρ 534 728; σαφιρ Arm; Ὠφείρ Grabe; σουφειδου 679; *rubro* Aeth; *spreveris* La

19 (21) ἀστόχει] -χης 545^{c} (αστο*); αποσχη 547^{c} 755 (-σχει) | γυναικός] pr. απο Dam. p. 1316: cf. La (*a muliere*) | om. καί 672 | ἡ] και B | γὰρ χάρις] tr. 336 | om. ὑπέρ 694 | τὸ χρυσίον] om. τό *O* L^{-248}-694-743 404 Dam.; + δοκιμον *O* L^{-248}; + το δοκιμον 694-743 (-μιον);

20 (22) init.] pr. και 421 | οἰκέτην] ικετην 743: cf. 21a 6_{11} | ἐν] επ

μηδὲ μίσθιον διδόντα ψυχὴν αὐτοῦ·
21 οἰκέτην συνετὸν ἀγαπάτω σου ἡ ψυχή,
μὴ στερήσῃς αὐτὸν ἐλευθερίας.
22 κτήνη σοί ἐστιν; ἐπισκέπτου αὐτά·
καὶ εἰ ἔστιν σοι χρήσιμα, ἐμμενέτω σοι.
23 τέκνα σοί ἐστιν; παίδευσον αὐτὰ
καὶ κάμψον ἐκ νεότητος τὸν τράχηλον αὐτῶν.
24 θυγατέρες σοί εἰσιν; πρόσεχε τῷ σώματι αὐτῶν
καὶ μὴ ἱλαρώσῃς πρὸς αὐτὰς τὸ πρόσωπόν σου.
25 ἔκδου θυγατέρα, καὶ ἔσῃ τετελεκὼς ἔργον μέγα,
καὶ ἀνδρὶ συνετῷ δώρησαι αὐτήν.
26 γυνή σοί ἐστιν κατὰ ψυχήν; μὴ ἐκβάλῃς αὐτήν·
καὶ μισουμένῃ μὴ ἐμπιστεύσῃς σεαυτόν.

B S A V *O L l a b c* min. La verss.

547 | *μισθον* 46 | *διδόντα*] *παρεχοντα* 311; *ζητουντα* 421 | *ψυχήν* B 46 155 543 755] *τον μισθον* 421; pr. *την* rel. (Dam. p. 184 Anton. p. 1073)

21 (23) *οἰκέτην*] *εικ.* 253: cf. 20a; + *σου* 613 Aeth | *συνετόν*] *αγαθον* B *a*-534 157′ 336 575 785 Arm Mal. | *σου/ἡ ψυχή*] tr. 339 443 543 753 755 La Syh verss.^{p} | *μή*] pr. *και* L^{-248}-743 *a* 46 155 157′ 311 339 404′ 443 542 547 575 613 753 755 785 La^{CX} Aeth Arm Dam. p. 1401 Anton. p. 1065 = Syr | *στερήσῃς*] *υστερησης* 315′: cf. 37_{21} Ps. 83_{12}

22 (24) *σοί* 1°] *σου* 421 | *ἐστιν* 1°] *εισιν* 253 637 543 Dam. p. 80: cf. La (*sunt*); > 421 = H | *επισκεπτε* 743 | *αὐτά*] *-των* 679 | *εἰ ἔστιν σοι*] *ει τι σοι εστιν* 404; om. *εἰ* 315; om. *σοι* 534* 543 547* La = H | *χρήσιμα*] *-μον* 753; *χρεια* 315′; *χρηματα* 155 | *εμμενετωσαν* 545^{c} (= *perseverent* La)

23 (25) *σοί*] *σου* 307 705 Clem.^{F*} | *παιδευε* 542 728; *παιδευων* 795 | *ἐκ νεότ. τὸν τράχ.*] *αυτα εκ νεοτ.* Clem. La (*illos a pueritia*); *εν νεοτητι* (= H) *τον τραχ.* 743: cf. 30_{12} | *αὐτῶν*] *-τον* V; *-του* Chr. III 327

24 (26) init.] pr. *ει* Anast. p. 629; pr. *et si* Aeth | *θυγατερα* 253 | *εἰσιν*] *εστιν* 421 768 | *πρόσεχε*] *προσχες* Anast. | *ἱλαρώσῃς* Clem. Dam. p. 49 Anast. p. 629 Anton. p. 1052] *-σεις* 795; *ιλαρυνης* S 248-315′ Mal.: cf. 32_{11} 36_{27} 43_{22} | *πρὸς αὐτὰς/τὸ πρόσ. σου*] tr. 155 La; om. *πρὸς αὐτάς* 307; + *προς αυτας* 534 | *αὐτάς*] *-τα* A | *τὸ πρόσ. σου*] *τον τραχηλον* (ex 23b) *σου ἢ το προσ.* 404; om. *τό* 155

25 (27) *ἔκδου*] *εκδος* 155; *εκδε* 694; *εκδιδου* Dam. p. 49 | *θυγατέρα*] *-ρας* 46 336; + *σου* *l* 336 La^{pc} verss.^{p} | *τετελιωκως* S*; *τετελευκως* 705 785 | *εργου μεγαλου* 421 | *καὶ ἀνδρί*] *ανδρι δε* 421 | *δωρησον* 755 | *αὐτήν*] *-τη* 155; *-τω* 534* 785*

26 (28) 26a/26b] tr. S* | *σοί*] *σου* 404′ 797 | *ψυχήν*] pr. *την* S Dam. p. 1316; + *σου* 545^{c} La verss. | *ἐκβάλῃς*] *-βαλλης* 443 613 743 797^{c}; *εκλαβης* 548: cf. 7b | hab. v. 26b S V *L′*-694-743 *a* 307 339 404′ 542^{mg} 548^{s} 768 La Syh Arm | *καὶ μισ.*] *μισ. δε* *L′*-694-743 768 | *μισουμένῃ*] *-νω* S*; *μισουση σε* S^{c} V 339 404′ 548^{s} Syh | *ἐμπιστ.*] *εκδως* *L*-694-743 768 | *σεαυτόν*] *-τω* 705; *εαυτον* L^{-248} 795; *εαυτην* 548^{c}; *nihil* Syh

27 Ἐν ὅλῃ καρδίᾳ δόξασον τὸν πατέρα σου
καὶ μητρὸς ὠδῖνας μὴ ἐπιλάθῃ·
28 μνήσθητι ὅτι δι' αὐτῶν ἐγενήθης,
καὶ τί ἀνταποδώσεις αὐτοῖς καθὼς αὐτοὶ σοί;
29 ἐν ὅλῃ ψυχῇ σου εὐλαβοῦ τὸν κύριον
καὶ τοὺς ἱερεῖς αὐτοῦ θαύμαζε.
30 ἐν ὅλῃ δυνάμει ἀγάπησον τὸν ποιήσαντά σε
καὶ τοὺς λειτουργοὺς αὐτοῦ μὴ ἐγκαταλίπῃς.
31 φοβοῦ τὸν κύριον καὶ δόξασον ἱερέα
καὶ δὸς τὴν μερίδα αὐτῷ, καθὼς ἐντέταλταί σοι,
ἀπαρχὴν καὶ περὶ πλημμελείας καὶ δόσιν βραχιόνων
καὶ θυσίαν ἁγιασμοῦ καὶ ἀπαρχὴν ἁγίων.
32 καὶ πτωχῷ ἔκτεινον τὴν χεῖρά σου,
ἵνα τελειωθῇ ἡ εὐλογία σου.

B S A V *O L l a b c* min. La verss.

27 (29) *καρδίᾳ*] *δυναμει* A (*-μι*) 46 543 Arm: cf. $30a$ 6_{26} | *καρδίᾳ* B V-253 *L*-694-743 336 421^{c} La^{Gpl} ArmI Mal.] + *σου* rel. (La^{V} ArmII Max. p. 857 Dam. p. 292 Anton. p. 1048 Antioch. p. 1788) = Syr | *δόξασον*] *δοξαζε* 421 | *ὠδῖνας*] *-νων* Anton.; *οδυνας* 155 | *επιλαθης* *L*$^{-248}$-694 155 296-548 421 443; *επιλαθου* 743: cf. 29_{15} 37_{6} 38_{21}

28 (30) *αὐτῶν*] *-της* *O*-V 672 | *ἐγενήθης* B *a* 755 La^{Gpl} Sa] *εγεννηθης* rel.: cf. Einl. p. 103s. | *τί*] *οτι* 493; > 46 404' La | *ανταποδωσης* 253 alii | *αὐτοῖς*] *-τους* 705; + *συ* 534'; tr. ante *ἀνταποδώσεις* Chr. IV 597

29 (31) *ψυχῇ*] *καρδια* 339 Arm = H: cf. $27a$ 9_{9}; pr. *τη* 336 534' Antioch. p. 1821 | om. *τόν* *L*$^{-248}$-694 | *τ. ἱερεῖς*] *εν τοις ιεροις* 785; *τ. λειτουργους* 429: ex $30b$ | *θαύμαζε*] *δοξασον* 307 753 (*δοξαζε*) Sa Aeth Arm: cf. Syr et $30a$; *θαυμαζε· δοξασον* scholium Syh^{ms}; *sanctifica* La = H

30 (32) om. *ἐν* 679 | *δυνάμει*] + *σου* S *O L*$'^{-248}$-157'-315'-743 *a*-534' *b c*-404'-679 46 155 307 336 339 443 547 575 753 785 La^{V} verss.^{p} Dam. p. 1537 Anton. p. 1013 Antioch. p. 1821 = H; pr. *τη* 534' Antioch.: cf. 6_{26} | *ἀγάπησον*] *-πησεις* ep. Barn. 19, 2; *αγαπα* Antioch.; *δοξασον* 753 Aeth^{te} Dam. (*δοξαζε*) Anton. = Syr: cf. $29b$ | *τὸν ποιήσ.*] *τους ποιησαντας* 728 Arm | *λειτ. αὐτοῦ*] *λιτουργουντας αυτω* S*: cf. 10_{2}

31 (33—35) *δοξαζε* 421 (+ *τον*) Antioch. p. 1821 | om. *τήν* 603 743 753 797 | *αὐτῷ*] *-των* *L*$^{-248}$ 68-744 728 Dam. p. 1537 Anton. p. 1013 = H; *-του* *a*-534 *b* 157' 575 785 Sa Aeth; *-της* 253; *-τοις* 768 La^{V} (*illis*) Arm | *επιτεταλται* 254; *ενετειλατο* Dam. Anton. | *ἀπαρχήν* 1°] *-χης* B* La | om. *καὶ περί* 253; om. *περί* 694 | *καὶ δόσιν*] *και δος* 404'; *και δεσιν* 755; om. *καί* La Syh | *βραχιόνων*] *βραχιονος* S* Sa^{L}: cf. H; *μετα βραχιονος* *L*$^{-248}$; pr. *μετα* 694 | *καὶ θυσίαν*] *και θυσιας* 744' = Ald.; *και περι* 46; om. *καί* Syh = H | *ἁγίων*] *αγιαν* *b* 157' 785: cf. H; > B; + *και θυσιαν αγιασμου* 155: ex praec.

32 (36) *πτωχῷ*] *-χων* 106; *pauperibus* Arm Spec. | *τελειωθῇ*] *ευλογηθη* 755

33 χάρις δόματος ἔναντι παντὸς ζῶντος,
καὶ ἐπὶ νεκρῷ μὴ ἀποκωλύσῃς χάριν.
34 μὴ ὑστέρει ἀπὸ κλαιόντων
καὶ μετὰ πενθούντων πένθησον.
35 μὴ ὄκνει ἐπισκέπτεσθαι ἄρρωστον·
ἐκ γὰρ τῶν τοιούτων ἀγαπηθήσῃ.
36 ἐν πᾶσιν τοῖς λόγοις σου μιμνήσκου τὰ ἔσχατα,
καὶ εἰς τὸν αἰῶνα οὐχ ἁμαρτήσεις.

8 1 Μὴ διαμάχου μετὰ ἀνθρώπου δυνάστου,
μήποτε ἐμπέσῃς εἰς τὰς χεῖρας αὐτοῦ.
2 μὴ ἔριζε μετὰ ἀνθρώπου πλουσίου,
μήποτε ἀντιστήσῃ σου τὴν ὁλκήν·
πολλοὺς γὰρ ἀπώλεσεν τὸ χρυσίον
καὶ καρδίας βασιλέων ἐξέκλινεν.
3 μὴ διαμάχου μετὰ ἀνθρώπου γλωσσώδους

B S A V *O L l a b c* min. La verss.

33 (**37**) *χάρις*] *χαρισμα* S *b* | *εναντιον* 753 | *ἐπὶ νεκρῷ*] *απο νεκρων* **443**: cf. H | *ἀποκωλύσῃς*] *-σεις* **672**; *απολυσης* **578***; *αποκλησεις* **404**; *κωλυσης* **547**; *αποκολλησης* **785**: cf. 4_{23} | *χάριν*] pr. *την* **404**
34 (**38**) *ὑστέρει*] *-ρησης* 728; *αποστερει* 155 | *κλαιόντων*] *-τος* 155; *χαιροντων* **421** | *πενθούντων*] *-τος* **155***
35 (**39**) om. 35 253 | *ὄκνει*] *οκνισης* 421; *κατοκνει* 547 | *ἄρρωστον*] *-στους* Syh Sa Anton. p. 953; pr. *ανθρωπον* *l*-157′ *a*-534′ *b c*-404′ 155 307 315′ 339 421 429 542 547 575 755 785; + *ανθρωπον* S | om. *τῶν* 543 755 | *ἀγαπηθήσῃ*] *αγαθων πενθηση* 404
36 (**40**) init.] pr. *και* 755 | *ἐν π. τοῖς λ. σου*] *δια παντος* Chr. V 436 | *λόγοις*] *εργοις* 307 548 La Max. p. 952 Dam. p. 436 Anton. p. 948 = H | *μιμνήσκου*] *αναμιμν.* Chr. V 452 VIII 219(+ *γαρ*); *υπομιμν.* Anast. p. 1097. 1129 | *ἔσχατα* 307 315 603 753 = H] + *σου* rel.: cf. 28_{6} 38_{20} | *εἰς τὸν αἰῶνα*] *εις τους αιωνας* V; > Or.^{lat} VI 243 Max. Anton. | *οὐχ ἁμαρτ.*] *ου μη αμαρτησης* (vel *-σεις*) *l a*-534′ 421 Chr. VIII 219 Dam. Anast. p. 1097; *ου μη αμαρτης* 753 Chr. I 985 II 684 (om. *ου*) V 436. 452 XI 477
8 1 *μετά*] *μετ* Max. p. 933 | om. *ἀνθρώπου* *a*-534′ 336 Aeth^{ap}: cf. 2a 3a 4a 5a | *δυνατου* 46 155: cf. 7_{6} | om. *τάς* 603
2 (**2—3**) om. *ἀνθρώπου* Sa Aeth Arm: cf. 1a | *πλουσίου*] *δυναστου* 672: ex 1a | *ἀντιστήσῃ*] *-σει* 253 *L* alii; *αντιστη* A *l* 307 404 753; *-σεται* 743 785 | *σου/τὴν ὁλκήν*] *σου τη ολκη* 307; tr. S* 547 Syh; *litem* (= *μαχην*? Herk.) *tibi* La; om. *σου* 421 | om. 2c V | *ἀπώλεσεν*] *επλανησε(ν)* *b* 157′ 307 785 Spec. (*seduxit*): cf. 3_{24} 31_{7} | *καρδίας*] *καρδιαν* Dam. p. 1292 Sa; *usque* (+ *ad*^{V}) *cor* La Syh | *βασιλεως* 694*? Dam. | *ἐξέκλινεν*] *εξεστησε* *a*-534 (*-στισεν*)
3 (**4**) 3a] *γλωσσωδει ανθρωπω μη διαμαχου* Max. p. 937 Anton. p. 1168 Antioch. p. 1604(*μη διαμ. ανθρ. γλ.*) | om. *μετά* 404 | *ἀνθρ. γλ.*] tr. 613; om. *ἀνθρ.* *a*-534: cf. 1a | *καὶ μὴ ἐπιστοιβ.*] *μηδε επιστοιβαζε* Max. Anton.

καὶ μὴ ἐπιστοιβάσῃς ἐπὶ τὸ πῦρ αὐτοῦ ξύλα.
4 μὴ πρόσπαιζε ἀπαιδεύτῳ,
ἵνα μὴ ἀτιμάζωνται οἱ πρόγονοί σου.
5 μὴ ὀνείδιζε ἄνθρωπον ἀποστρέφοντα ἀπὸ ἁμαρτίας·
μνήσθητι ὅτι πάντες ἐσμὲν ἐν ἐπιτίμοις.
6 μὴ ἀτιμάσῃς ἄνθρωπον ἐν γήρᾳ αὐτοῦ·
καὶ γὰρ ἐξ ἡμῶν γηράσκουσιν.
7 μὴ ἐπίχαιρε ἐπὶ νεκρῷ·
μνήσθητι ὅτι πάντες τελευτῶμεν.
8 μὴ παρίδῃς διήγημα σοφῶν
καὶ ἐν ταῖς παροιμίαις αὐτῶν ἀναστρέφου·
ὅτι παρ' αὐτῶν μαθήσῃ παιδείαν
καὶ λειτουργῆσαι μεγιστᾶσιν.
9 μὴ ἀστόχει διηγήματος γερόντων,

B S A V *O L l a b c* min. La verss.

Antioch.; *τι επιστοιβαζεις* PsChr. VIII 597; *και μη επισταθμησης* 548 | *ἐπὶ τὸ πῦρ αὐτοῦ ξύλα*] *αυτω ξυλα εις το πυρ* 155; om. *τό c*

4 (5) init.] pr. *και* 404 728 785 | *ἀπαιδεύτῳ*] *-τοις* L'^{-248} *a*-534 543 Dam. p. 1216 Anton. p. 1096; *μετα -του* 336; pr. *homini* La Arm = H: cf. 1a | *ἀτιμάζωνται*] *-ζονται* 253 L^{-248}-315'-743 alii; *ατιμουνται* 155 | *οἱ*] *αι* 797 | *πρόγονοι*] *γονεις* Anton.; *προηγούμενοι* Kuhn I 292

5 (6) *ὀνείδιζε*] *ονειδισης* Dam p. 220 | *ἄνθρ.*] *ανδρα* 743; tr. post *ἁμαρτίας* 534; > Aeth Arm: cf. 1a | *επιστρεφοντα L'* 575 Or.^{lat} VII 438 Lo. XII 259 Lo. (*convertenti*): cf. Ier. 310 | *ἀπὸ ἁμ.*] *αμαρτωλων* 155 | *μνήσθητι*] + *γαρ* 404': cf. 7b; pr. *sed* Or. XII 259 Lo.; > *a*-534 Arm Chr. II 655 XII 742 Constit. Isid. p. 1168 | *ὅτι π.*] *π. γαρ a*-534 Chr. Constit. Isid.; + *ἕν* 106 | *ἐπιτίμοις* B*-S* A V] *-μιοις* rel. (Chr. Constit. Mal.): cf. 95 Mac. II 613 et Ra.; *επιθυμια* Or.^{ap} (PG 12, 1381 n. 52)

6 (7) *ατιμαζε* 307 | *ἄνθρ.*] *ανδρα* A *c*-404' 46 157' 315' 339 421 429 542 547 575 753 755 785 Max. p. 916 Dam. p. 1308 Anton. p. 1053 | *γηρει* B L^{-248}-694 (*γιρη*)-672 *b c*-404'-679 46 155(*-ρι*) 307 421 429 543 613 755 785 (*-ρι*) Max. Mal.: cf. 312 | *καὶ γὰρ ἐξ ἡμῶν*] *εξ ημερων γαρ και εξ ημερων* 421 | *καὶ γάρ*] + *αυτοι* 575; + *και* 785 Max. Anton. | *γηράσκ.*] *γηρασης* 694

7 (8) init.] pr. *και* 46^{s} | *νεκρῷ*] *νεκρον* 795; + *τω εχθροτατω* (vel *εχθρωτ.*) *σου O L*-694 La^{V} (*inimico tuo*) | *μνήσθητι*] + *γαρ* 404': cf. 5b | *τελευτων* 694

8 (9—10) om. *μή* 743 | *διηγηματα* 46 421 755 SaTh Anast. p. 676 = Syr: cf. 9a | *σοφῶν*] *σοφου* L^{-248}; pr. *presbyterorum* La: dupl. (cf. 9a) | *καὶ ἐν ταῖς παρ.*] *εν ταις παρ. δε* Syh Sa; om. *ἐν* La$^{G pc}$; om. *ταῖς* 753 Dam. p. 352 | *αὐτῶν* 1°] *-του* L^{-248} | *αναστρεφων* 46^{s} | *ὅτι παρ' αὐτῶν*] *οτι παρ αυτω* 547 694 = H; *ab ipsis enim* La Syh | *παιδείαν*] *σοφιαν* S 157' 307 429 547 785 Aeth; pr. *σοφιαν και* 613 La^{V} (*sapientiam et*); *doctrinam intellectus* La^{Gpl} | *λειτουργησεις l* 46 672 755 | fin.] + *ευμαρως* (*-μαθως* 493-637) *O L'*-694; + *εμενως* 743; + *νευμα* V; + *sine querela* (= *αμεμπτως* vel *αμωμως* Herk) La

9 (11—12) init.] pr. *και* 307 | *ἀστόχει*] *αποσχη* Anast. p. 676te; *αποστερει* 46^{s} | *διηγήματος*] *-ματα* 404 743 Sa Anast. Antioch. p. 1701 = Syr: cf. 8a;

καὶ γὰρ αὐτοὶ ἔμαθον παρὰ τῶν πατέρων αὐτῶν·
ὅτι παρ᾽ αὐτῶν μαθήσῃ σύνεσιν
καὶ ἐν καιρῷ χρείας δοῦναι ἀπόκρισιν.
10 μὴ ἔκκαιε ἄνθρακας ἁμαρτωλοῦ,
μὴ ἐμπυρισθῇς ἐν πυρὶ φλογὸς αὐτοῦ.
11 μὴ ἐξαναστῇς ἀπὸ προσώπου ὑβριστοῦ,
ἵνα μὴ ἐγκαθίσῃ ὡς ἔνεδρον τῷ στόματί σου.
12 μὴ δανείσῃς ἀνθρώπῳ ἰσχυροτέρῳ σου·
καὶ ἐὰν δανείσῃς, ὡς ἀπολωλεκὼς γίνου.
13 μὴ ἐγγυήσῃ ὑπὲρ δύναμίν σου·
καὶ ἐὰν ἐγγυήσῃ, ὡς ἀποτείσων φρόντιζε.
14 μὴ δικάζου μετὰ κριτοῦ·
κατὰ γὰρ τὴν δόξαν αὐτοῦ κρινοῦσιν αὐτῷ.
15 μετὰ τολμηροῦ μὴ πορεύου ἐν ὁδῷ,
ἵνα μὴ βαρύνῃ τὰ κακά σου·

B S A V *O L l a b c* min. La verss.

-*ματων* Dam. p. 1308; -*μασι* 443; -*μα* 336; *διηγουμενος* 578 | *γερόντων*] *πρεσβυτερων* 743: cf. 8a | *παρά*] *απο* 421 | *πατ. αὐτῶν*] *ανθρωπων* 578 | om. *καί* 2° 673 = H | om. *δοῦναι* *L*$^{-248}$ La$^{G pl}$

10 (13) *μη εκκαιης* Max. p. 885 Dam. p. 1568 Anton. p. 1193 La | *ἄνθρακας*] -*κα* S* *O*-V 46 694 Eus. com. Is 36$_{21}$; pr. *επ* 543 753 (*επι*) | *ἁμαρτωλοῦ* = La$^{G pc}$] -*λων* 307 578 755 La^{V} Aeth; -*λους ελεγχων* Max. Dam. Anton. La^{Z*}; + *arguens eos* (*eum*^{pc}) La | *μή* 2°] *μηποτε* 753 Sa Ambr. II 236 (*ne forte*); pr. *και* *L*$^{-248}$-672 157′ 785 La^{V}; pr. *ινα* 311 | *ἐμπυρισθῇς*] *εκπ.* V; *συμπ.* 404; *εμπρησθης* Max. | om. *ἐν* V La Anton. | *πυρὶ φλ.*] *φλογι πυρος* Max. Dam. Anton. La (*flamma ignis*) = H: cf. P. Katz, ZNW 46 (1955) 133—138 | *αὐτοῦ*] -*των* 307 Sa Aeth; *αμαρτιων αυτων* (*illius* La^{pc}; > Dam. La^{AM}) Max. Dam. Anton. La

11 (14) *ὑβριστοῦ*] pr. *αυτου* 545 | *ἐγκαθίσῃ*] -*θισης* Mal.; *εκκαθησει* 728; *εκκαθισης* 672; *επικαθιση* 339 542; *εγκαυθηση* 254^{c} (-*θιση**) 543 | *ὡς*] *ωσπερ* 542^{c}; > 543 547 | *τῷ στόμ. σου*] pr. *εν* *a*-534 694 = H

12 (15) init.] pr. *υιε* 694a | om. *ἀνθρώπῳ* Sa Aeth = Syr | *καὶ ἐάν*] *ει δε* 421; *καν* Sa | *απολελωκως* *L*$^{-248}$-106 155 307 404 421 (*απωλ.*) 534 543 547 (pr. *ο*); *απολελωκος* 339 694 728 743 795: cf. 2$_{14}$ | *γίνου*] *γεινου* B; *γενου* Dam. p. 1365; *εση* 307 755

13 (16) *ἐγγυήσῃ* 1°] -*σης* 429 545^{c}; *εγγυση* 548 797 | om. *σου* 547* | *ἀποτείσων*] -*τιζων* B*; *ἀπὸ σίτων* 672; pr. *ὁ* 157′ 785 | *φροντισον* 248: cf. 35$_{1}$ 41$_{12}$

14 (17) *μετά*] *κατα* 248-315 La (*contra*) Arm | *κριτοῦ*] *κρειττονος σου* 543 | om. *γάρ* 315 578 | *τὴν δόξαν αὐτοῦ*] *την δ. αυτων* 370; *την ευδοκιαν αυτου* Sm.; *quod dignum* (= fort. *αξιαν* Herk.; *iustum*^{V}) *est* La | *αὐτῷ*] -*τον* *L*′$^{-637}$-694 311-548* 421 543 755 verss.^{p}; > La = H

15 (18) *τολμηροῦ*] *μωρου* *a* | *ἐν ὁδῷ*] *την οδον* 543 | *βαρύνῃ τά* S* La] *βαρυνει* 694; *καταβαρυνηται* B Mal.; *βαρυνθησεται* 404; *βαρυνηται* (+ *τα* V) rel. | *κακά σου* V = H] *κακα σου* (*σοι* 694) *δι αυτου* *O* 694; *mala sua in te*

αὐτὸς γὰρ κατὰ τὸ θέλημα αὐτοῦ πορεύσεται,
καὶ τῇ ἀφροσύνῃ αὐτοῦ συναπολῇ.
16 μετὰ θυμώδους μὴ ποιήσῃς μάχην
καὶ μὴ διαπορεύου μετ' αὐτοῦ τὴν ἔρημον·
ὅτι ὡς οὐδὲν ἐν ὀφθαλμοῖς αὐτοῦ αἷμα,
καὶ ὅπου οὐκ ἔστιν βοήθεια, καταβαλεῖ σε.
17 μετὰ μωροῦ μὴ συμβουλεύου·
οὐ γὰρ δυνήσεται λόγον στέξαι.
18 ἐνώπιον ἀλλοτρίου μὴ ποιήσῃς κρυπτόν·
οὐ γὰρ γινώσκεις τί τέξεται.
19 παντὶ ἀνθρώπῳ μὴ ἔκφαινε καρδίαν σου,
καὶ μὴ ἀναφερέτω σοι χάριν.

9 1 Μὴ ζήλου γυναῖκα τοῦ κόλπου σου
μηδὲ διδάξῃς ἐπὶ σεαυτὸν παιδείαν πονηράν.

B S A C V *O L l a b c* min. La verss.

La: dupl.; *κατα σου* rel.: cf. Ier. 25$_{17}$ | *αὐτός*] *ουτος* 404 | *τὸ θέλ.*] *τα θεληματα* 315' | *πορεύσεται* Sm. = La (*vadit,vadet*^{L}) Sa et H] *ποιησει* rel. | *καί*] + *tu* Syh Aeth Arm | *συναπολῇ*] *-λειται* 613; *απολει* 679; *απολεσει σε* 311; *-λεσεις* 545^{c}

16 (19) *θυμωδου* 421 | *ποιησεις* 705 alii | om. *καί* 1° 694 La$^{G\ pl}$ SaTh | om. *μή* 2° 130 315 | *πορευου O* 248-106-545 *b* 307 755* La (*eas*) verss.^{p} Mal. | *ὅτι ὡς*] *ουτως* 248; om. *ὡς* V 753 Sa | *ἐν ὀφθ. αὐτοῦ*] *ενωπιον αυτου* 46 La (*ante illum*) Aeth^{te}; *εν οφθ. αυτω* Anton. p. 1172; om. *ἐν* 672 | *καταβ. σε*] *καταβαλλει σε* S* 46 La^{T}; + *εκει L*-694 Anton.; pr. *εκει O*

17 (20) *συμβουλευσης* 543 | *δυνήσεται*] *δυναται* 679 verss.^{p} | *λόγον στ.*] tr. L^{-248} *a*-534' 404 La verss.^{p} = H | *στέξαι* Spec. (*continere*) Antioch. p. 1625] *στεγειν* Or. III 191 (lib.); *στερξαι* 493-694 *b* 46 68-744' 130 155' 307 311-548 336 404 443 534' 542 543 545^{mg} 547 575 679 785 797 La (*diligere*): cf. 27$_{17}$

18 (21) *μὴ π.*] *μη ποιησεις* 545 alii; *μηδεν π.* Antioch. p. 1625; + *μηδεν* 613; + *aliquid* La$^{Z*\Theta}$ | *γινώσκεις* Antioch. p. 1625] *οιδας* Dam. p. 52. 104 Anton. p. 1160 Antioch. p. 1805: cf. 9$_{11}$ Prov. 3$_{28}$ 27$_{1}$ | *τί τέξεται*] *εἰ στέξεται* Grotius; + *εν αλλω* 315; + *ἡ επιουσα* Antioch. p. 1805: ex Prov. 3$_{28}$ 27$_{1}$

19 (22) *παντὶ ἀνθρ./μή*] tr. *l a*-534' La Aeth Dam. p. 52 (2°). 104 | *ἔκφαινε*] *-νου* 106-545; *εκφαναι* V; *εμφαινε* 149; *εκφερε* 547 | *καρδίαν σου*] *σην καρδιαν* B *l a*-534 *b* 155 785; pr. *την* 248-694 542 613; *τα της καρδιας σου* Antioch. p. 1625 | 19b] *ινα μη ονειδιση σε χαριν* Dam. p. 52; + *et convitietur tibi* La | om. *μή* 2° V* | *σοι*] *σου* 493 | *χάριν*] pr. *την* 545^{c}; + *ψευδη O*-V *L'*-743 La^{V} (*gratiam falsam*); pr. *inaniter* Arm

9 1 v. 1 et 2] tr. 785 | init.] pr. *μη ζηλωσης δοξαν αμαρτωλου* 315: ex 11a | *Μή*] *και* 336 | *τοῦ κ.*] *τω κολπω* 578; *του πλησιον* 421 La$^{\Psi}$ (*proximi*) | *σου*] + *ψευδη* 694: cf. 8$_{19}$ fin. | *διδάξῃς*] *-ξεις* 744 797^{c}; *δικαζης* 694; *δειξης* 358 743 La (*ostendas*$^{GL\Psi}$, *-dat*$^{V\ rel}$): cf. 30$_{37}$ 45$_{3}$ Sap. 12$_{19}$ | *ἐπὶ σεαυτόν*] *επι -τω* 46 543 672 706 728; *επι -του* 578; *αυτην επι σε l a*-534; *αυτην επι σεαυτω* 613; om. *ἐπί* L^{-248} | *παιδ. πον.*] *παιδιαν πονηρον* V; *καρδιαν πον.* S | fin.] + *μη ζηλωσης δοξαν αμαρτωλου μηδε διδαξης* (*-ξεις* 534) *αυτον* (*εαυτον* 534) *συνηθειαν κακην* 534': ex 11a et 1b

2 μὴ δῷς γυναικὶ τὴν ψυχήν σου
ἐπιβῆναι αὐτὴν ἐπὶ τὴν ἰσχύν σου.
3 μὴ ὑπάντα γυναικὶ ἑταιριζομένῃ,
μήποτε ἐμπέσῃς εἰς τὰς παγίδας αὐτῆς.
4 μετὰ ψαλλούσης μὴ ἐνδελέχιζε,
μήποτε ἁλῷς ἐν τοῖς ἐπιχειρήμασιν αὐτῆς.
5 παρθένον μὴ καταμάνθανε,
μήποτε σκανδαλισθῇς ἐν τοῖς ἐπιτιμίοις αὐτῆς.
6 μὴ δῷς πόρναις τὴν ψυχήν σου,
ἵνα μὴ ἀπολέσῃς τὴν κληρονομίαν σου.
7 μὴ περιβλέπου ἐν ῥύμαις πόλεως
καὶ ἐν ταῖς ἐρήμοις αὐτῆς μὴ πλανῶ.
8 ἀπόστρεψον ὀφθαλμὸν ἀπὸ γυναικὸς εὐμόρφου
καὶ μὴ καταμάνθανε κάλλος ἀλλότριον·
ἐν κάλλει γυναικὸς πολλοὶ ἐπλανήθησαν,

B S A C V *O L l a b c* min. La verss.

2 init.] pr. *και* 404 | *τὴν ψ. σου*] *τη ψυχη σου* 679; *την ισχυν σου* 308 (sec. H.-P.); > Anast. p. 628 | om. 2b 421 Dam. p. 1321 Anton. p. 1088: homoiot. | om. *αὐτήν* Anast. Mal.

3 *μή*] *μηδ* 421; pr. *και* Chr. II 148 | *απαντα* 248 307: cf. 12_{17} 15_{2} Sap. 6_{16}; *υπαντησης* 547 | om. *γυναικί* Dam. p. 1321 Anton. p. 1088 | *ετεριζομενη* S C alii Sa (*ετερα* = 41_{20}) Aeth | *εμπεση* 672 | *παγίδας*] *χειρας* 358

4 4/5] tr. *l a*-534′ | *ψαλλ.*] *βαλλουσης* 106-545 | 4a fin.] + *ψυχην σου* L^{-248}-694 (*την ψ. σου*)-743; + *nec audias illam* La | *ἁλῷς*] *αλωση* 404 443; *αλγης* 545 | *ἐπιχειρήμασιν* Antioch. p. 1485] *επιτηδευμασιν* *L*-315′ 543 547

5 5a fin.] + *κακοσχολων* L^{-248}-694 | *σκανδαλισθῇς*] *-σθη* 46; *-λιση σε* S *O*-V La^{pc} (*scandalizet te*) Sa (vid.); *ασχολισθης* 694 | *τοῖς ἐπιτιμ.*] *τοις αποτιμ.* 575; *ταις -μιαις* 679; *τοις επιστιμοις* 694; *τοις επιτηδευμασιν* 315 578: ex 4b; *decore* La Sa Arm; *concupiscentia* (= *ταις επιθυμιαις*?) Aeth: cf. Einl. p. 75; om. *τοῖς* 797 | *αὐτῆς*] *-τοις* 68-744 336 404 = Ald.

6 *πορνη* Dam. p. 1321 = H | 6a fin.] + *in nullo* (*ullo*^{V}) (= *κατα μηδεν* Herk.: cf. 4_{25} 7_{18}) La | 6b] *ινα μη ατιμαζωνται οι προγονοι σου* S*: ex 8_{4}b; > V

7 *ῥύμαις π.* Clem. Dam. p. 176] *πυλαις π.* 547 (+ *και ρυμαις*) Anton. p. 1109: cf. Prov. 31_{23} | 7b] *μηδε* (*μη O* La^{pc}) *πλανω εν ταις ερημιαις* (*in plateis* La Aeth) *αυτης O* La Sa Aeth Clem. | om. *ἐν* 2° 404 706 | *ταῖς*] *τοις* 248 358 603 679 | *ἐρήμοις*] *ρυμαις* S*: ex 7a; *πλατειαις* Anton.: cf. 23_{21}; *semitis viarum* Arm | *αὐτῆς*] *-ταις* 404 705*; *-του* 797

8 (8—11) *ὀφθαλμόν*] *-μους σου* 157′ Sa; *τους -μους σου* 429 Anton. p. 1088; *τον οφθ. σου* 421 (tr. post *εὐμόρφου*) 575 Dam. p. 1321; pr. *τον* 336 Clem.; + *σου* C *O*-S^{c} *l b* 296-548 358 404 443 534′ 753 Aeth; *το προσωπον σου* 785 La (*faciem tuam*) = Syr | *εὐμόρφου*] *κεχαριτωμενης* Clem. | om. *καί* 1° C | om. *ἐν* Anast. p. 636 | *κάλλει*] + *γαρ O* 429 443^{c} 575 679 Dam. Anton. = Syr; pr. *γαρ L*-694-743 755 (vid.) Clem. Antioch. p. 1492 Mal.; pr. *δε* 672 |

καὶ ἐκ τούτου φιλία ὡς πῦρ ἀνακαίεται.
9 μετὰ ὑπάνδρου γυναικὸς μὴ κάθου τὸ σύνολον
καὶ μὴ συμβολοκοπήσῃς μετ' αὐτῆς ἐν οἴνῳ,
μήποτε ἐκκλίνῃ ἡ ψυχή σου ἐπ' αὐτὴν
καὶ τῷ αἵματί σου ὀλίσθῃς εἰς ἀπώλειαν.

10 Μὴ ἐγκαταλίπῃς φίλον ἀρχαῖον,
ὁ γὰρ πρόσφατος οὐκ ἔστιν ἔφισος αὐτῷ·
οἶνος νέος φίλος νέος·
ἐὰν παλαιωθῇ, μετ' εὐφροσύνης πίεσαι αὐτόν.
11 μὴ ζηλώσῃς δόξαν ἁμαρτωλοῦ·
οὐ γὰρ οἶδας τί ἔσται ἡ καταστροφὴ αὐτοῦ.

B S A C V *O L l a b c* min. La verss.

ἐπλανήθησαν] *απεπλαν.* Clem.; *perierunt* La = H | *ἐκ τούτου*] *εκ τουτων* 336; pr. *ἡ* C 336 421 542 Anast. | *ὡς*] *ωσπερ* 155 | *ἀνακαίεται*] *αναπτεται* Chr. VI 118[ap]

9 (12—13) 9a] pr. *και μη κατακλιθης επ αγκωνα* (*επ αγκαλων* 248; *εν αγκαλωνι* 672; *εν αγκωνι* 673) *μετ αυτης L*-694-672; + *και μη συμμετακλιθης επ αγκωνα μετ αυτης* Clem. La | *ὑπάνδρου γυν.*] tr. *l a*-534′ Syh verss.[p] | *κάθου τὸ σύνολον*] *κατάθες ὠλένην* Kuhn I 293 | *συμβουλοκοπησης* 358 421 (-*σεις*) 694 (*συνβουλουκ.*) 753 755 785 Antioch. p. 1492: cf. 18_{33}; *συμβουλοποιησης O L*$^{-248}$; *συμβολας ποιει* Clem. | *μετ' αὐτῆς/ἐν οἴνῳ*] tr. S[c] | *οἴνῳ*] *οικω L*$^{-248}$ 307 613 744*-768 | *ἐκκλίνῃ*] -*νει* 68-744 alii = Ald.; *κληνη* 755 | *ψυχή*] *καρδια* Clem. La Sa Arm = H: cf. 7_{29} | *ἐπ'*] *εις* C *b* 753 785 Mal.: cf. La (*in*) | *αὐτήν*] -*τῇ* Antioch. p. 1492 | *τῷ αἵματί σου ὀλ.*] *καταξεις το πνευμα σου* 575 | *τῷ αἵματι* Clem. La Sm. = H] *το πνευμα* 575 Antioch.; *τω πνευματι* rel.: cf. Iob. 6_4 | om. *σου* ult. 797 Arm = H | *ὀλίσθῃς* S C V 248 alii] -*θη* 743 755; -*θησης* (vel -*σεις*) B *L*$^{-248}$ *c* -404 46 421 534 542 543 694 753 797 Mal.; -*θηση* A *l* 155 307 (-*σει*) 547 613 Clem. Antioch.: cf. 28_{26} Ra. et Hatch p. 251; -*θησαν* 785 | *εἰς ἀπώλειαν*] *απωλεια* 46; om. *εἰς* 46 296-548 543 797: post -*εις*

10 (14—15) init.] pr. *και* 694 | *εγκαταλειπης* A V (*ενκ.*) 637 alii; *καταλειπης* 339: cf. 2_{10} | *ἀρχαῖον*] + *σου* 421 verss.[p] | *γάρ*] *δε* 106-545 | *γὰρ πρόσφ.*] tr. 421 | *οὐκ ἔστιν/ἔφ. αὐτῷ*] tr. 743 | *ἔφισος*] *επισος* A *a*-534 *b* 155′ 157′ 315 443 768 785 Mal. Anton. p. 852; *επισης* (*εφισ.* 493-637 543) *L*-672-705 429 543 547 603 753 755 Max. p. 756: cf. 34_{27} et Thack. § $8_{3(5)}$; *ενφισως* 694; *ισος* 46 311 404 575 613; *ομοιος* 421 | *οἶνος*] + *γαρ* 421 La[Ω] (*enim*) | *φίλος νέος*] *ο νεος φιλος* 421; > Dam. p. 405 | *ἐάν*] *αν* Anton.; *ει* 421; *επαν* 694; + *δε* C *O L*′$^{-248}$-157′-694 *a*-534′ 46 336 358 404 421 542 753 785 Aeth Chr. X 126 Dam. Anton.; > La | *μετ'*] *μετα* V 307; pr. *et* La; pr. *τοτε* Chr. | *εὐφροσύνης*] -*νη* A; -*νην* 404 | *πίεσαι*] -*σε* C *L*$^{-248}$; *πιε* Dam.

11 (16) *ζηλώσῃς*] -*σεις* Anton. p. 964; *ζητησης* 315′: cf. 51_{18} | *ἁμαρτωλοῦ*] -*λων* Max. p. 829. 933 Dam. p. 1585. 68 Anton. p. 964. 1160 La[Z*] Aeth | 11b] *την δε καταστροφην αυτου ουπω γινωσκεις* 421 | *τί*] *τις* S* A V (*της*) 248 547* 575 613 Sa[Th] | *ἔσται*] *εστιν* V 248-694-*l* 46 verss.[p]; *τεξεται b* 336 Anton. p. 1160: cf. 8_{18} Prov. 3_{28} 27_1 | *καταστροφή*] *αποστροφη* 336 | *αὐτοῦ*] -*των* Anton. p. 1160

12 μὴ εὐδοκήσῃς ἐν εὐοδίᾳ ἀσεβῶν·
μνήσθητι ὅτι ἕως ᾅδου οὐ μὴ δικαιωθῶσιν.
13 μακρὰν ἄπεχε ἀπὸ ἀνθρώπου, ὃς ἔχει ἐξουσίαν τοῦ φονεύειν,
καὶ οὐ μὴ ὑποπτεύσῃς φόβον θανάτου·
κἂν προσέλθῃς, μὴ πλημμελήσῃς,
ἵνα μὴ ἀφέληται τὴν ζωήν σου·
ἐπίγνωθι ὅτι ἐν μέσῳ παγίδων διαβαίνεις
καὶ ἐπὶ ἐπάλξεων πόλεως περιπατεῖς.
14 κατὰ τὴν ἰσχύν σου στόχασαι τοὺς πλησίον
καὶ μετὰ σοφῶν συμβουλεύου.
15 μετὰ συνετῶν ἔστω ὁ διαλογισμός σου
καὶ πᾶσα διήγησίς σου ἐν νόμῳ ὑψίστου.
16 ἄνδρες δίκαιοι ἔστωσαν σύνδειπνοί σου,
καὶ ἐν φόβῳ κυρίου ἔστω τὸ καύχημά σου.

B S A C V *O L l a b c* min. La verss.

12 (17) ευδοκησεις 157 alii | om. ἐν S A C *L*-743 155 157′ 339 542 543 547 755 785 Mal. | εὐοδίᾳ Zi.] *prosperitatibus* (= ευοδιαις) Syh; ασεβειαις 755; *iniuria* (= αδικιᾳ Herk.) La; ευδοκια B A; ευδοκιαις rel. (Anast. p. 433 Mal.): cf. 11_{17} 41_{4} | ἀσεβῶν] αμαρτωλων 578 Anast.; αμαρτωλου 543 | μνήσθητι] pr. αλλα Anast. | om. ὅτι V 358 | om. μή 2° 358 | δικαιωθῶσιν] -θησει 728; δικασθωσι 673

13 (18—20) ἄπεχε] -χου 548 755; αποσχου *l*; απεχεε 694 | ἀπό] απ 296-548 | ἔχει ἐξουσίαν] εχει -σιας S*; tr. 248 157′ 404 785 La | om. τοῦ 548 | φονευσαι B* 307 694 | ὑποπτεύσῃς] -σεις 249-754 alii; -ση *a*-534; αποπτευσης 130; υποπνευσης C; υποπεσης 548 | φόβον] φοβω S*; φοβου 768 = Ald. | θανάτου] pr. του 68-744′ = Ald. | om. 13cd 575 603 Spec. | κἄν] και εαν 248-694-*l*; εαν *L*$^{-248}$ 249 339 404; και μην S* | προελθης 694 | om. μή 3° 404 | ἀφέληται] αφελη A; αφελκηται 578 | σου] + παραχρημα *O L*-672-694-743 | παγίδων] -δος A 358 Aeth; + πολλων 679; tr. post διαβαίνεις 705 755 | διαβαίνεις . . . περιπατεῖς] tr. Bas. II 744 | ἐπί] επανω Bas. | επαλξεως 548; επαλξεις 545[c] (-ξε*); ενπλαξεων 404; παλξεων V 155 755; πλεξεως 694 | πόλεως] πολεων B A S[c] *a* 46 157′ 249-754 315′ 358 542 547 785 Bas. Chr. II 156[ap] V 444 Anast. p. 640; *muri excelsi* Syh

14 (21) κατά] και μετα 548 | στοχασον 106 404 543; στολησαι 797 | τούς] του C *O* 248 *c*-404-679 429 547 755 La verss.[p] = H; τω A 307; των 694; τον 336; το 155 | om. καί 547 | σοφου Dam. p. 1293 | συμβουλεύου = 8_{17}] βουλευου S A V 248-315′-694-743 *c*-404-679 155 336 429: cf. $37_{8\ 10}$

15 (23) init.] pr. και B *a c*-679 429 547 La (exc.[XZ*]) Aeth Dam. p. 360 Anton. p. 797 | λογισμος 130* 254* 307: cf. $27_{4\ 5}$ $40_{2\ 29}$ Sap. 1_{3} | διήγησις Chr. V 434 XI 261. 478 XII 74 Dam. p. 12 Antioch. p. 1701] pr. ἡ A S[c] C *l*-157′ *b c*-404 315′ 336 339 429 443 534′ 542 694 743 785 Chr. VII 517 | ἐν ν. ὑψίστου] εν ν. υψιστω 404 797; pr. εστω Chr. VII 517 XI 478 XII 74; + εστω Chr. XI 261 Aeth

16 (22) σύνδ. σου] συνδ. σοι 672; pr. οι Dam. p. 352 (non p. 1412) | ἔστω τὸ κ. σου] εσται το κ. σου 336 694; το κ. σου διαμενει Clem.; om. σου C

17 ἐν χειρὶ τεχνιτῶν ἔργον ἐπαινεσθήσεται,
καὶ ὁ ἡγούμενος λαοῦ σοφὸς ἐν λόγῳ αὐτοῦ.
18 φοβερὸς ἐν πόλει αὐτοῦ ἀνὴρ γλωσσώδης,
καὶ ὁ προπετὴς ἐν λόγῳ αὐτοῦ μισηθήσεται.

10 1 Κριτὴς σοφὸς παιδεύσει τὸν λαὸν αὐτοῦ,
καὶ ἡγεμονία συνετοῦ τεταγμένη ἔσται.
2 κατὰ τὸν κριτὴν τοῦ λαοῦ οὕτως καὶ οἱ λειτουργοὶ αὐτοῦ,
καὶ κατὰ τὸν ἡγούμενον τῆς πόλεως πάντες οἱ κατοικοῦντες αὐτήν.
3 βασιλεὺς ἀπαίδευτος ἀπολεῖ τὸν λαὸν αὐτοῦ,
καὶ πόλις οἰκισθήσεται ἐν συνέσει δυναστῶν.
4 ἐν χειρὶ κυρίου ἡ ἐξουσία τῆς γῆς,
καὶ τὸν χρήσιμον ἐγερεῖ εἰς καιρὸν ἐπ᾽ αὐτῆς.
5 ἐν χειρὶ κυρίου εὐοδία ἀνδρός,
καὶ προσώπῳ γραμματέως ἐπιθήσει δόξαν αὐτοῦ.

B S A C V *O L l a b c* min. La verss.

17 (24) init.] pr. *και* 706 | *τεχνιτου l*-157′ *a*-534 *b* 155 753 785 Sa Aeth | *ἐπαινεσθήσεται* B*-S* A 785] -*νεθησ*. rel.: Thack. § 18_2 | om. *ὁ* 534 | *λαοῦ*] + *σου* 672 | *σ. ἐν λόγῳ αὐτοῦ*] *σ. εν λογοις αυτου* S*, *εν λογω σ.* 311

18 (25) *φοβερός*] -*ρως* V; -*ρον* 339 La$^{Tc\Theta}$ (*terribile*); pr. *ὁ* 336 | *πόλει*] *απωλεια* Clem.; *λογω* C 307 547*: ex 18b | om. *αὐτοῦ* 1° 358 Sa^{L} Dam. p. 1344 | om. *γλωσσώδης* 755 | om. *ὁ* 421 | *προπετων* 694 | om. *ἐν λόγῳ αὐτοῦ* 421; om. *αὐτοῦ* 358 Antioch. p. 1501

10 1 *παιδευει* 248-672 68-744 249-754 (-*ειν*) 443 613 La^{A} (*vindicat*) verss.^{p} | *λαὸν αὐτοῦ*] *εαυτου λαον* 694 | *συνετοῦ*] *σοφου* 603 | *τεταμενη* 248; *τεταγμενου* 404

2 *λαοῦ* Anton. p. 1000] + *αυτου* B-S* A C V *b c*-404-679 155 307 315′ 339 358 443 542 547 613 785 Mal.: cf. 1a | om. *καί* 1° S* A C *l* 155′ 307 315′ 336 339 755 Sa Aeth = H | om. *οἱ* 1° 694 Anton. p. 1093 | *λειτ. αὐτοῦ*] *λειτουργουντες αυτω* 46 429 Syh: cf. 7_{30} | om. *καί* 2° 404 603 Sa | *πάντες*] *ουτως* 46 La (*tales et*, om. *et*^{A}) = H; pr. *sic* Sa; > Aeth | *αὐτήν*] -*της* C; *εν αυτη* 421 La^{V} (*in ea*) Syh Sa Aeth Dam. p. 1205 Anton. p. 1000. 1093; > La^{Gpl}

3 *ἀπολεῖ*] *απολλυσι* 613 | *καὶ πόλις*] *π. δε* Syh Aeth | *πολεις* (+ *δε* 575) *οικισθησονται* L^{-248} 46 (*οικηθη.*) 575 La; *πολις οικοδομηθησεται* Anton p. 1029 | om. *ἐν* 404′ 672 | *συνέσει*] *συνειδησει* 578; *σοφια* 443 613 verss.^{p} | *δυναστου* 753 Anton.

4 om. *ἡ* B L^{-248}-694 46 | om. 4b-5a *a*-534 46 Aeth | *τόν*] *το* 296-548 | *εγειρει* C L'^{-248}-315-694 *c* (*ενγ.* 296-548)-404′-679 307 336 339 429 443 542 543 575 603 755 Syh verss.^{p}; *εξεγερει* 547; *εγειρων* Or. II 284 (lib.) | *εἰς κ.*] *εν καιρω* 307; *κατα καιρον* Or.; > 755 | *ἐπ᾽ αὐτῆς*] *επ αυτην* 358; *επ αυτει* (sic) 755; *επι της γης* Or.

5 *εὐοδία*] *ευωδια* 493-*l c*-679-795 alii: cf. 20_9 32_8 38_{13} 43_{26} et Thack. § 6_{30} | *προσώπῳ*] -*πον* 307 336 443*? 548 694; + *δοξης* S^{c} | *γραμματέως*] -*τεων* c-404′-679; -*τεα* 673 | *περιθησει* 358; *επι* 785 | *αὐτοῦ*] -*τω* 543; > S^{c} 106-545 *a*-534

6 Ἐπὶ παντὶ ἀδικήματι μὴ μηνιάσῃς τῷ πλησίον
καὶ μὴ πρᾶσσε μηδὲν ἐν ἔργοις ὕβρεως.
7 μισητὴ ἔναντι κυρίου καὶ ἀνθρώπων ὑπερηφανία,
καὶ ἐξ ἀμφοτέρων πλημμελὴς ἡ ἀδικία.
8 βασιλεία ἀπὸ ἔθνους εἰς ἔθνος μετάγεται
διὰ ἀδικίας καὶ ὕβρεις καὶ χρήματα.
φιλαργύρου μὲν γὰρ οὐδὲν ἀνομώτερον·
οὗτος γὰρ καὶ τὴν ἑαυτοῦ ψυχὴν ἔκπρακτον ποιεῖ.
9 τί ὑπερηφανεύεται γῆ καὶ σποδός;
ὅτι ἐν ζωῇ ἔρριψα τὰ ἐνδόσθια αὐτοῦ.

B S A C V *O L l a b c* min. La verss.

6 Ἐπί] εν *O l* 155 404′ 429 443 534′ 606 753 verss.^{p} Antioch. p. 1596 Mal. | παντος αδικηματος Dam. p. 1137 | μηνιάσῃς B C* *L*$^{-248}$-315-743 254-603 155 (-σει) 157-797 (-σεις) 534 (μανηασης) 575 (vid.) 785] μηνης 307; μηνισης rel.: cf. 28$_{7}$ 40$_{5}$; μνησικακησης Antioch.; *memineris* (= μνησης Pe.) La | τῷ πλ.] τον πλ. 155′ 336 694 706 797* Antioch.; + σου verss.^{p} Dam. Anton. p. 1140 | μὴ πρ. μηδέν] μηδεν πρ. *L*$^{-248}$ La | om. ἐν 68-744′ = Ald. | εργω 358

7 μισητή] -τον 547^{c}; -τος Antioch. p. 1573 | ἔναντι κυρίου καὶ ἀνθρ./ὑπερηφ.] tr. PsChr. V 634 | εναντιον 157′ 254* 785 PsChr. Max. p. 893 | om. καὶ ἀνθρ. 575 Caes. s. 48, 4 | ἀνθρώπων] -πω 404 705; -που Antioch. | ὑπερηφανία] pr. ἡ S^{c} 358 534′; η κενοδοξια Max. Anton. p. 1181; πας υπερηφανος Antioch.; pr. *omnis* La^{pc} | καί 2°] μη 754 | ἐξ ἀμφ.] εκ τουτων εστι Syh PsChr. | πλημμελὴς ἡ Ra.] πλημμελησῃ S* A V 315; πλημμελ(ε)ια *O*-S^{c} *L*-694; πλημμελησει rel. | ἀδικία] -κιας *O*-S^{c} *L*-694; -κιαν C 543 755 797; αδικα B Mal. (»ἀδικία ἢ ἄδικα ὡς εὕρηται ἐν ἑτέρῳ«)

8 βασιλευς 46 Sa | ἔθνους] -νος 548 785: cf. 28$_{14}$ | ἔθνος] -νους 155: cf. 28$_{14}$ | εισαγεται *l* | διά] δι 493-694-*l* 358 404 543 575 755 785 | αδικιαν Anton. p. 1012 verss.^{p} BrevGoth. p. 352 = H | om. καί 1° 785 | υβριν Anton. verss.^{p} = H; υβρεως 336 | χρήματα] -μασι 545^{c}; -ματι 336; + δολια *O* 248-694-743 Anton. p. 1012; *diversos* (= διαφορα Herk.) *dolos* La: cf. Mac. II 3$_{6}$ $_{7}$ | hab. v. $_{scd}$ Syh (sub ※) *L*′-672-694-743 339 La ($_{9a}$ + $_{10^a}$ $_{10b}$) Chr. VII 728 IX 219 Antioch. p. 1457; tr. *L*-672-743 339 La v. $_{scd}$ post v. $_{9a}$ | φιλ. (= La $_{9a}$) μὲν γάρ] οτι φιλ. Chr. IX 219; om. γάρ 743 Chr. VII 728te; om. μὲν γάρ Antioch.; φιλαργυριας (= La $_{10a}$) γαρ *l* | ἀνομώτ.] ατιμοτερον Chr. VII 728^{ap} | $_{8d}$] ο γαρ τοιουτος και εαυτον αποδιδοται Chr. VII 728: cf. Spec. (*tales enim — venundant*) | οὗτος] ουτως 672 Antioch. (ουτω) | om. καί ult. La^{pl} Antioch. | ἑαυτοῦ ψ.] ψ. αυτου Chr. IX 219 La Spec. Syh | εκπραττον 493-637-694 (-πρατον); εμπρακτον 339

9 (**9b 10c**) τί] + η C; + δε Syh | υπερηφανευται C; -νευει Anton. p. 1181; αλαζονευεται PsChr. I 1084 VI 596 | ὅτι] *et* Or. VIII 409; + και *O*-S^{c} Chr. VI 184. 185 XII 673 | om. ἐν 404 | ζωῇ] γη 547; γη αυτου S^{c}; + αυτου *O L*-743 *a* La Aeth Or.^{lat}; τη ζωη αυτου *l* 429 534′ 694 Chr. Mal. Suidas (ed. Adler IV 853) | ἔρριψα] -ψαν *L*-694-743 157′ 358; -ψε(ν) *l a*-534′ 46 785 La Or.^{lat}: cf. H; εκριψει S^{c} (-ψι) 315′ Mal. (»ἔρριψα, ἐν ἑτέρῳ εὕρηται ἐκρίψει«); *contempsit* (= εξουδενωσεν) Syh; εξουδενωται 429 Chr. VI 184. 185 XII 673 Suidas; *putrescit* (= εκσηπεται Katz) Aeth | εντοσθιδια V

10 *μακρὸν ἀρρώστημα σκώπτει ἰατρόν·*
καὶ βασιλεὺς σήμερον, καὶ αὔριον τελευτήσει.
11 *ἐν γὰρ τῷ ἀποθανεῖν ἄνθρωπον*
κληρονομήσει ἑρπετὰ καὶ θηρία καὶ σκώληκας.

12 *Ἀρχὴ ὑπερηφανίας ἀνθρώπου ἀφίστασθαι ἀπὸ κυρίου,*
καὶ ἀπὸ τοῦ ποιήσαντος αὐτὸν ἀπέστη ἡ καρδία αὐτοῦ.
13 *ὅτι ἀρχὴ ὑπερηφανίας ἁμαρτία,*
καὶ ὁ κρατῶν αὐτῆς ἐξομβρήσει βδέλυγμα·
διὰ τοῦτο παρεδόξασεν κύριος τὰς ἐπαγωγὰς
καὶ κατέστρεψεν εἰς τέλος αὐτούς.
14 *θρόνους ἀρχόντων καθεῖλεν κύριος*
καὶ ἐκάθισεν πραεῖς ἀντ᾽ αὐτῶν·

B S A C V *O L l a b c* min. La verss.

10 (11—12) *μακρόν*] *μικρον* 547* La (*brevem* 12a): cf. 13₁₀ 30₂₃ | *αρρωστηρια* 545^{c} | *σκοπτει* C 637-743 307 543 706 744; *σκοπει* l^{-130} 46 578 534(-*πη*) -613 694 728 (-*πη*) 755 Sa PsAth. IV 380; *σκωπει* 339; *κοπτει* 248-130 157′ 547 548 679 768 795; *κωπτει* 404; *κοψει* 311; *εκκοπτει* *b*; *gravat* La (11b), *praecidit* (-*det*^{Gpc}) La (12a); *sanat* Aeth | *ἰατρόν* S^{c} La (*medicum* 11b) Schleusner II 83] *ιατρος* rel. (La *medicus* 12a) | *σήμ., καὶ αὔριον*] *σημ. και αυτος αυριον* S*, *ος σημ. αυριον δε* S^{c} | *τελευτα* C La^{pc} (*moritur*) Syh
11 (13) *ἐν*] *και* 249-754 | *τῷ*] *το* L^{-248}-672-743 alii | *αποθνησκειν* 46 307 542 Meth. | *ἄνθρ.*] *αυτον* C | *κληρον.*] + *eum* Syh: cf. 19₃ | *καὶ σκώλ.*] om. *καί* B; > S*; *και σκωληκες* S$^{(c)}$-V 679 694; + *συν σηψει* *O* L^{-248}-694: cf. 19₃
12 (14—15a) *ὑπερηφ.*] *αμαρτιας* PsChr. V 632: cf. 13a | om. *ἀνθρώπου* Aeth Arm Chr. XI 470 | *ἀφίστασθαι* *a*-534 PsChr. Ra.] *αποστηναι* *O* L^{-248}-694 La (*apostatare*) Antioch. p. 1572; *το μη ειδεναι* Chr. VI 117 VIII 106 XI 470; *αφισταμενου* rel. | *ἀπὸ κυρίου*] *υπο κ.* 542 797; *απο του θεου* PsChr. La; *τον κυριον* Chr. | *ἀπό* 1° ⌒ 2° 106-545 | om. *αὐτόν* 157′ 785 | *αφεστη* C
13 (15b—16) om. *ὅτι* 743 Syh Sa | *ὑπερηφ. ἁμαρτία* Chr. IX 219] *υπερηφανια αμαρτιας* A* 542 672; *αμαρτιας υπερηφανια* *O* 248-694-743 La (pr. *omnis*) Arm(II) Chr. VIII 72 XI 470 Antioch. p. 1572 = Syr | *καί* 1°] + *οτι* 249-754; > La Sa^{L} | *αὐτῆς*] -*την* 694 Antioch. | *εξομβρισει* L^{-248} alii; *εξυβρισει* 248 578 | *βδέλυγμα*] -*ματα* 157′ 755 785: cf. 17₂₆; + *και καταστραφησεται εις τελος* *L*′-672-694-743 La (*et subvertet eos* (*eum*^{V}) *in finem* 15d) Antioch. p. 1572: dupl. ad 13d (16b) | *παρεδοξαζεν* 493 (-*ζε*)-637 | *εἰς τέλος/αὐτούς*] tr. *O* L^{-248}-694-743 (*αυτας* pro *αυτους*) 547 754 La Aeth = H | *τέλος*] *τελου* A
14 (17) *θρόνους*] *θρονου γαρ* 743; *χρονους* 68-744′ 785 = Ald. | *ἀρχόντων*] *superborum* Arm = H; + *υπερηφανων* *O*-V L^{-248}-694 La Antioch. p. 1572: dupl. (cf. 15a); + *επιφανων* 545^{c} | *καθεῖλεν*] *κατεστρεψεν* V; *destruxit* (*detraxit*^{pc}) La | *κύριος* 694 Antioch.] pr. *ὁ* rel.: cf. 15a 16a 1₂₆ | *ανεκαθησεν* 155; *αντεκαθισε* 743 | *πραεῖς*] *ταπεινους* 753: ex 15b | fin.] + *εν δοξη* *O* L^{-248}-694; + *ενδοθεν* 248 (add. *εν δοξη* 15b fin.)

15 ῥίζας ἐθνῶν ἐξέτιλεν κύριος
καὶ ἐφύτευσεν ταπεινοὺς ἀντ᾽ αὐτῶν·
16 χώρας ἐθνῶν κατέστρεψεν κύριος
καὶ ἀπώλεσεν αὐτὰς ἕως θεμελίων γῆς·
17 ἐξῆρεν ἐξ ἀνθρώπων καὶ ἀπώλεσεν αὐτοὺς
καὶ κατέπαυσεν ἀπὸ γῆς τὸ μνημόσυνον αὐτῶν.
18 οὐκ ἔκτισται ἀνθρώποις ὑπερηφανία
οὐδὲ ὀργὴ θυμοῦ ἐν γεννήμασιν γυναικῶν.

19 *Σπέρμα ἔντιμον ποῖον; σπέρμα ἀνθρώπου.*
σπέρμα ἔντιμον ποῖον; οἱ φοβούμενοι κύριον.
σπέρμα ἄτιμον ποῖον; σπέρμα ἀνθρώπου.
σπέρμα ἄτιμον ποῖον; οἱ παραβαίνοντες ἐντολάς.

B S A C V *O L l a b c* min. La verss.

15 (**18**) *ριζαν* 613^c | *ἐθνῶν*] + *υπερηφανων* *O*-V *L*′-694 La: dupl. (cf. 14a); > 543 | *ἐξέτιλεν*] *-τιλλεν* 672; *εξειλε(ν)* S* *O L*′-694; *εξηρεν* V 545^c (*εξειρε*); *εξανετειλεν* 358 743; *καθειλεν* Dam. p. 261 Anton. p. 1201: ex 14a; *εξαπεστειλεν* 443; *arefecit* (= *εξηρανεν* Herk.: cf. 17a) La | *κύριος* S 248-694-*l*] pr. *ὁ* rel.: cf. 14a | *ταπεινούς*] *πραεις* Dam. Anton.: ex 14b | *ταπεινοὺς/ἀντ᾽ αὐτῶν*] tr. *L* 795; om. *ἀντ᾽* 155 | 15b fin.] + *εν δοξη* 248: cf. 14b fin.

16 (**19**) *κύριος* V *L*-694 46 755] pr. *ὁ* rel.: cf. 14a | *αὐτάς*] *-την* 795; *-τους* 545 694 797; > 307 | *ἕως θεμ.*] *εκ θεμ.* S^c C; *ως θεμελεους* (sic) 755 | om. *γῆς* S* (vid.) 795 La

17 (**20**) init.] pr. *και* 728 753 Aeth = H | *ἐξῆρεν*] *εξηρανεν* B *a* 547 La Syh Sa: cf. 15a 19_3 | *ἐξ ἀνθρώπων* Zi.] *εξ αυτων* B-S* *O*-V *L*-315′-694 46 443 La Sa; *εξ αυτους* (sic) 743; *αυτους* (*-τας* C 753) rel. | *αὐτούς*] *-τας* C; *εξ αυτων* 753; > 755 | *κατέπ.*] *κατεστρεψεν* 46; + *αυτους* 155 | *ἀπό*] *εκ* S *l a* 46 307 613 = Ps. 33_{17} 108_{16} | *αὐτῶν*] *-του* 548

18 (**22**) *οὐκ ἔκτ.*] *ουκ εκτισθη* V 307; *ουχι εκτ.* 672; *ου συνεκτισται* Sa Arm Antioch. p. 1572 | *ἀνθρώποις*] *-πος* 248 155 543 575 | *υπερηφανιαν* 155 694 | *οὐδέ*] *ουδεν* 744 = Ald. | om. *ἐν* B-S* A C 248-694 *c* 46 155 307 534 547 753 755 La verss.

19 (**23**) init.] pr. *σπερμα ασφαλειας οι φοβουμενοι* (+ *τον* 672-694-743) *κυριον, και εντιμον φυτευμα οι αγαπωντες αυτον. σπερμα ατιμιας οι μη προσεχοντες τω νομω* (*τον νομον* 743), *και* (> 248-672) *σπερμα πλανησεως οι παραβαινοντες εντολας* (*τον νομον* 672) *L*-672-694-743: dupl. | om. 19 248; om. 19a C 307 443 575 672 743 755 = H^B; om. 19b 603 Or. II 265 = H; om. 19bc 106-545 = H^A; om. 19c 130 155 443^c 534 575 755 785 La Arm = H^A | om. *σπ. ἔντ. ποῖον* 2° *L* ArmII; om. *ποῖον* 46 Syh $verss.^p$ | *οἱ φοβ.*] *ο φοβουμενος* 254 421 La (*hoc quod timet*) = Syr; *των φοβουμενων* 679; om. *οἱ* 358 | *κύριον* V 637] *τον θεον* 753 La^V = Syr; pr. *τον* rel.: cf. 20b 2_7 | *ἄτιμον* 1°] *εντιμον* 155 339 548 672 | *σπ. ἄτ. ποῖον* 2°] *και* 421; *et semen erroris* (= *και σπερμα πλανησεως*: vide supra v. 19 init.) Syh; > *L* ArmII; om. *ποῖον* S* Aeth ArmI = H | *οἱ παραβ. ἐντ.*] *οι μη παραβ. εντ.* 155; *οι μη φοβουμενοι τον κυριον* 797; *quod praeterit* La ArmI = H | *ἐντολάς*] pr. *τας* 421 578 672

20 ἐν μέσῳ ἀδελφῶν ὁ ἡγούμενος αὐτῶν ἔντιμος,
καὶ οἱ φοβούμενοι κύριον ἐν ὀφθαλμοῖς αὐτοῦ.
21 προσλήψεως ἀρχὴ φόβος κυρίου,
ἐκβολῆς δὲ ἀρχὴ σκληρυσμὸς καὶ ὑπερηφανία.
22 προσήλυτος καὶ ξένος καὶ πτωχός,
τὸ καύχημα αὐτῶν φόβος κυρίου.
23 οὐ δίκαιον ἀτιμάσαι πτωχὸν συνετόν,
καὶ οὐ καθήκει δοξάσαι ἄνδρα ἁμαρτωλόν.
24 μεγιστὰν καὶ κριτὴς καὶ δυνάστης δοξασθήσεται,
καὶ οὐκ ἔστιν αὐτῶν τις μείζων τοῦ φοβουμένου τὸν κύριον.
25 οἰκέτῃ σοφῷ ἐλεύθεροι λειτουργήσουσιν,
καὶ ἀνὴρ ἐπιστήμων οὐ γογγύσει.

26 Μὴ σοφίζου ποιῆσαι τὸ ἔργον σου
καὶ μὴ δοξάζου ἐν καιρῷ στενοχωρίας σου.

B S A C V *O L l a b c* min. La verss.

20 (24) *μέσῳ*] + *δε* L^{-248}-743 542 | *κύριον*] pr. *τον* *c* 157′ 307 578 694 743 785: cf. 19 h

21 hab. v. 21 Syh *L*-694-743 | *προσλήψεως* 694 Syh (vid.) Fr.] *προλ.* L'^{-248}: cf. 19 18; *πρὸ λήξεως* 248; *προλήξεως* 743 | *εκβολη δε αρχης* *L*-743; pr. *και* 493; + *και* *l*

22 (25) *προσήλυτος* Sm. (cf. Sa) = H] *proselytus* (*προσηλυτος*) *et dives* Sa; *adsumptus* (*electus*[mg]: scholium) *ex gentibus* (= *προσληπτος εκ λαων*) Syh; *πλουσιος* rel. | *ξένος* Zi. (cf. Sa) = H] *ενοχος* 743; *alienus* (= *ξενος*) *et honoratus* Sa^{Th}; *ενδοξος* rel.; *αδοξος* Sm.; tr. *και ενδοξος* post *καὶ πτωχός* Syh | *καὶ πτωχός*] *και πενης* Dam. p. 1089; *πτωχος και πενης* C | *φόβος*] *δοξα* 797; *εν οφθαλμοις* 46

23 (26) *συνετόν* Max. p. 1009 Dam. p. 285. 424 Anton. p. 977] > L^{-248} La (lib.) | *οὐ καθήκει* S *O L*-672 (om. *οὐ*)-694-743 542[c] verss.] *ου -κον* 46 311 421 429 547 613 Max. Dam. p. 424 Anton. p. 977. 1104; *ουκ αφηκε* 679 755; *ου καθηκε(ν)* rel. (Mal.) | om. *ἄνδρα* 578 603 Sa^{Th} Max. | *ἁμαρτωλόν*] + *divitem* La: cf. Syr

24 (27) *μεγιστάν*] *-στας* C; *-στανες* V *L*-743 603 706 795; *-στανος* 296-548 155 307 336 443[c] 547 578 613 672 679 753; *-στασι* 46; *-σταννης* 694 | om. *καί* 1° 46 = H | *κριτής . . . δυνάστης*] tr. 672 = H^A; *κριται . . . δυνασται* *L*-743 | *δοξασθήσεται*] *-σονται* *O L*-694-743 753 verss.[p] = H; *θαυμασθησεται* (*-σονται* 603) *b* | *αὐτῶν τις*] tr. S *L*-694 311; om. *αὐτῶν* 358 543 743 = H; om. *τις* *a* 336 = H | *των φοβουμενων* A C 548 755

25 (28) *οἰκέτῃ*] *ουκ ετι* 578: cf. 37 11 42 5 | *σοφῷ*] *συνετω* S* *O*-V *L′*-694 46 307 336 421 443 753 La Dam. p. 1401 Anton. p. 1065 = H | *λειτουργουσιν* 694 (+ *αυτων*) 743* (*-σι*) La^{pl} (*serviunt*); *λειτουργησεσαν* (*-σαισαν*[1]) 543; *υπουργησουσιν* Dam. Anton. | *γογγύσει*] *γογγυζει* Dam. p. 1305; + *παιδευομενος* *O L*-672-694-743 753 768 La: cf. Syr.

26 (29) *σοφισαι* 785 | *τὸ ἔργον*] *τα εργα* 613[c] La^{Φ}; *το εργοχειρον* 755 | *δοξάζου*] *δοξα σου* S | om. *σου* 2° *l a*-534′ 68-744 443 795 La = Ald.

27 κρείσσων ἐργαζόμενος καὶ περισσεύων ἐν πᾶσιν
ἢ περιπατῶν δοξαζόμενος καὶ ἀπορῶν ἄρτων.
28 τέκνον, ἐν πραΰτητι δόξασον τὴν ψυχήν σου
καὶ δὸς αὐτῇ τιμὴν κατὰ τὴν ἀξίαν αὐτῆς.
29 τὸν ἁμαρτάνοντα εἰς τὴν ψυχὴν αὐτοῦ τίς δικαιώσει;
καὶ τίς δοξάσει τὸν ἀτιμάζοντα τὴν ζωὴν αὐτοῦ;
30 πτωχὸς δοξάζεται δι᾽ ἐπιστήμην αὐτοῦ,
καὶ πλούσιος δοξάζεται διὰ τὸν πλοῦτον αὐτοῦ.
31 ὁ δεδοξασμένος ἐν πτωχείᾳ, καὶ ἐν πλούτῳ ποσαχῶς;
καὶ ὁ ἄδοξος ἐν πλούτῳ, καὶ ἐν πτωχείᾳ ποσαχῶς;

B S A C V *O L l a b c* min. La verss.

27 (**30**) *κρεισσον* 248-743 296-548 (*κρισσον*) alii Anton. p. 1120; *κρειττων* 603: cf. Thack. § 7_{44-45}; + *γαρ* 248 *b* Sa = Syr^{L} | *ἐργαζ.*] pr. *ὁ* *L* 603; + *ἢ* S* | *καὶ περισσ./ἐν π.*] tr. S^{c} 575 753; om. *καὶ περισσ.* B C *b* 46 155 307 339 443 542 543 547 Arm(II) Dam. p. 401 Anton. Mal.; om. *ἐν π.* 315′ Aeth | *περισσευομενος* 694 | *πᾶσιν*] *παντι* 575; *πονοις* *b* | om. *περιπατῶν* S *O*-V *L*-315′-694-743 358 679 La Arm(II) Dam. Anton. = H | *δοξαζ.*] *εργαζομενος* 307: ex 27a; pr. *ἢ* B C*; pr. *ὁ* *L*-694-743 358; pr. *και* 46 421 429 755 Aeth Mal. | *καὶ ἀπ.*] *δε απ.* 421 (tr. post *ἄρτων*) | *ἀπορῶν*] *υστερων* A; *προσδεομενος* 543 | *αρτου* *O L*′-694-743 *a*-534′ 155 336 421 603 679 797 La verss. Dam. Anton.: cf. H; *αυτων* 68-744′ = Ald.: cf. Thr. 5_{6}

28 (**31**) *πραΰτητι*] *πραοτητι* 130 404′ 672 694 Dam. p. 261: cf. 1_{27}; + *σου* *L*-315′ 613 753 Aeth | *δόξασον*] *διδαξον* Sa Anton. p. 1201 (tr. post *τὴν ψ. σου*); *serva* La | *τη ψυχη* C | *δός*] *ποιησον* Chr. XII 175. 874 | *αὐτῇ*] *-της* 548; *-τοις* 694 | *τιμήν*] *τιμη* S* (corr.^{1}); pr. *την* 545 | *κατά*] *και* 336; pr. *και* 578 | *ἀξίαν*] *ταξιν* 155 (*-ξην*) Anton. p. 949te: cf. 38_{17}; *potentiam* (= *εξουσιαν* Hart) Syh

29 (**32**) init.] pr. *και* 443 | om. *τήν* 1° A 694 | *ψυχήν*] *ζωην* 358: ex 29b | *δοξ. τὸν ἀτιμάζ.*] *δοξαζει τον ατ.* S V 46 672; *δοξ. τον ατιμασαντα* 578; *ατιμασει* (*-μαζει* *a*) *τον δοξαζοντα* 106-545 *a*-534; om. *τόν* 157′ 785 | *ζωήν*] *ψυχην* 753* La Aeth = H (cf. 29a)

30 (**33**) *δι᾽ ἐπιστήμην*] *δι -μης* S^{c} 46 404′; *δια την επιστ.* 744′ = Ald.; + *και ευλαβειαν* Anton p. 889 La (*et timorem*): dupl. | om. *αὐτοῦ* 1° Anton. | om. 30b 694 755 Anton.: homoiot. | *πλούσιος*] *est homo* La; *εστιν ος* Katz | *διά*] pr. *δι επιστημης αυτου και* 404: ex 30a | *τὸν πλ.*] *το πλουτος* 358 743: cf. 21_{4}; om. *τόν* V

31 (**34**) *δεδοξασμένος*] *δε δοξαζομενος* B V *a* 155′ 404 785 La^{V} Mal.; *δοξαζομενος* S 336 534′ 679 La^{Gpl} Anton. p. 889: cf. 27b | *πτωχείᾳ* 1° . . . *πλούτῳ* 1°] tr. S V *a*-534′ *b* *c*-404′-679 336 542 543 753 Sa Arm(II) | om. *καί* 1° *O* L^{-248}–694 La verss.^{p} Anton. = H | *ἐν πλούτῳ* 1°] tr. post *ποσαχῶς* 1° La Anton.; om. *ἐν* *c*-404′-679 315 755 785; + *αυτου* 307 La^{LTc} = H | *ποσαχῶς* 1°] *-χης* V; *ποσαπλως* S *c*-404′; 1°⌒2° 307 315 336 543 547* 679 694 | om. *ὁ* 2° V 743 | *πλούτῳ* 2° . . . *πτωχείᾳ* 2°] tr. S V C *a*-534′ *c*-404′ 728 753 Sa Arm(II) | om. *καί* ult. B*-S* *O*-V *L*-672 358 La Sa Anton. Mal. = H | *ποσαχῶς* 2°] *ποσαπλως* S^{c}

11 1 Σοφία ταπεινοῦ ἀνυψώσει κεφαλὴν αὐτοῦ
καὶ ἐν μέσῳ μεγιστάνων καθίσει αὐτόν.
2 μὴ αἰνέσῃς ἄνδρα ἐν κάλλει αὐτοῦ
καὶ μὴ βδελύξῃ ἄνθρωπον ἐν ὁράσει αὐτοῦ.
3 μικρὰ ἐν πετεινοῖς μέλισσα,
καὶ ἀρχὴ γλυκασμάτων ὁ καρπὸς αὐτῆς.
4 ἐν περιβολῇ ἱματίων μὴ καυχήσῃ
καὶ ἐν ἡμέρᾳ δόξης μὴ ἐπαίρου·
ὅτι θαυμαστὰ τὰ ἔργα κυρίου,
καὶ κρυπτὰ τὰ ἔργα αὐτοῦ ἐν ἀνθρώποις.
5 πολλοὶ τύραννοι ἐκάθισαν ἐπὶ ἐδάφους,
ὁ δὲ ἀνυπονόητος ἐφόρεσεν διάδημα.
6 πολλοὶ δυνάσται ἠτιμάσθησαν σφόδρα,
καὶ ἔνδοξοι παρεδόθησαν εἰς χεῖρας ἑτέρων.

B S A C V *O L l a b c* min. La verss.

11 1 *ανυψωσε(ν)* B C (*-σαι*) *c*-679-795 429 La^{Gpc} (*exaltavit*) = 13a; *ανυψοι* 603 La^{pc} (*exaltat*); *υψωσει* 307; *ανυψωθησεται* 545^{c} (*-θη**) | om. *αὐτοῦ* B Arm | *εκαθισεν* 311 679; *καθιει* Anton. p. 889 | *αὐτόν*] *-τω* 543; *-του* 694
2 2a/2b] tr. Chr. XI 524 Anton. p. 961 | *αἰνέσῃς*] *-σεις* 68-744 alii = Ald.; *επαινεσης* *l* 336 613 679 694 Chr. II 179 Antioch. p. 1581 | *ἄνδρα*] *ανθρωπον* S Chr. II 179: cf. 2b | *κάλλει*] pr. *τω* Chr. XI 524 | *καὶ μή*] *μηδε* Chr. II 179 La | *βδελυξης* 404′ (*-λλ-*) 545^{c} 694 (*-λλ-*) Dam. p. 217 Antioch. | *ἄνθρωπον*] *ανδρα* S C 46 Chr. II 179 XI 524 Anton.: cf. 2a; + *και μη ονειδισης αυτον* Dam. | *ὁράσει*] *αρρ.* 46?; *invisibilitate* Syh?; *foeditate* Sa Aeth: cf. Ziegler, BZ N.F. 8 (1964) 281—284; *θρασει* S: cf. 40$_{6}$ Mac. I 6$_{45}$ III 5$_{33}$
3 *μικρά*] *-ρον* PsAth. IV 380; + *γαρ* 547^{c} 755 Sa^{L}: cf. Syr | *πετ.*] *πετινου* 534 | *μέλισσα*] pr. *ἡ* S C *L′*-157′-315′-694-743 *a*-534′ *b c*-404′ 155 339 358 443 547^{c} 755 768 785 Chr. II 179 V 283 XI 138 PsAth. Antioch. p. 1581 Mal. | *γλυκασματος* Antioch. La (*dulcoris*); *γλυκασμων* 443 672 Chr. II 179 | *ὁ καρπὸς αὐτῆς*] *ο πονος αυτης* 672; + *εστιν* S^{c}; pr. *habet* La; > Mal.
4 *ἐν περιβ. ἱμ.*] *εν περιβ. ιματιου* Clem.; *in vestitu* La | *μή* 1°] pr. *ου* Clem. | *καυχήσῃ*] *-σης* 545^{c}; + *ισχυι σου* L^{-248}; + *umquam* La | 4b] *μηδε επαιρου εν δοξη παση απαραμονω ουση* Clem. Syh | *δόξης*] *ευτυχιας* 421; + *παρανομου* L^{-248}-694; + *σου* 421 547 La Aeth | *θαυμαστά*] pr. *τα* 254 | *τὰ ἔργα κυρίου*] pr. *sunt* Syh verss.^{p} PsVig.; + *εστι(ν)* *L*-694; om. *τά* 315 694 | *κυρίου*] *αυτου* 694 PsAth. IV 789; *altissimi* Syh La (+ *solius* = *μονου* 545^{c}) | *τὰ ἔ. αὐτοῦ ἐν ἀνθρ.*] *απ ανθρωπων τα ε. αυτου* Syh = H | *αὐτοῦ*] *$\overline{κυ}$ του* 785 | *ἐν* B C L^{-248}-743 46 358 534′ 542 547 603 785: cf. H] > rel. | *ἀνθρ.*] pr. *τοις* *l*; > La
5 *ἐπὶ ἐδ.*] *επ εδ.* *L*-672-743 296-548 339 421 575 603 753 Chr. XI 472 XII 810 Antioch. p. 1581; *in throno* (= *επι διφρου* Sm.) La = H
6 *δυνασται* S* | *ητοιμασθησαν* 493-743-106-545* (*ητοιμαθ.*, *ητιμαθ.*^{c}) 336 339 404′ 578 | *εταιρων* B*-S 157 545*: cf. 14$_{4}$ 42$_{3}$ Sap. 14$_{24}$; *εχθρων* L^{-248}

7 *Πρὶν ἐξετάσῃς, μὴ μέμψῃ·*
νόησον πρῶτον καὶ τότε ἐπιτίμα.
8 *πρὶν ἢ ἀκοῦσαι μὴ ἀποκρίνου*
καὶ ἐν μέσῳ λόγων μὴ παρεμβάλλου.
9 *περὶ πράγματος, οὗ οὐκ ἔστιν σοι χρεία, μὴ ἔριζε*
καὶ ἐν κρίσει ἁμαρτωλῶν μὴ συνέδρευε.

10 *Τέκνον, μὴ περὶ πολλὰ ἔστωσαν αἱ πράξεις σου·*
ἐὰν πληθύνῃς, οὐκ ἀθῳωθήσῃ·
καὶ ἐὰν διώκῃς, οὐ μὴ καταλάβῃς·
καὶ οὐ μὴ ἐκφύγῃς διαδράς.
11 *ἔστιν κοπιῶν καὶ πονῶν καὶ σπεύδων,*
καὶ τόσῳ μᾶλλον ὑστερεῖται.

B S A C V *O L l a b c* min. La verss.

7 *Πρίν* B C *l* 46 155 421 443 575 679 755 Max. p. 784 Anton. p. 944. 1036 Antioch. p. 1536] + *ἤ* rel. (Mal.): cf. 8a 14_{13} 18_{19} $_{21}$ $_{23}$ 19_{17} 23_{20} 51_{13} | *ἐξετάσῃς*] *-σεις b c*-679-795 alii Max.; *-σαι l a*-534 Antioch.; + *τινα* 753 | *μέμψῃ*] *μεμφου l* 68-744′ 534 = Ald.; + *δι ακοης* L^{-248}-694 Antioch.; + *quemquam* La | *νόησον*] *εννοησον* 493 404 (*ενοησον*); pr. *αλλα* Antioch. | *πρῶτον καὶ τότε*] *πρωτος και ουτως* 421 | *επετιμα* 493-743* 358 543

8 *πρὶν ἤ* B 248-315′-694-743-*l*-157′ *b* 307 336 339 534′ 542 578] om. *ἤ* rel.: cf. 7a; *πριν τε* Clem. | *ἀκοῦσαι*] *-σεις a* 575; *-σης* 421 534; + *σε* Clem. | *ἀποκρίνου*] + *ρημα* Clem. La (*verbum*) = H | *παρεμβαλου* 130*-545 404′ 542 543 547 575 603 672 679 797; *παραβαλλου* V; *παρεβαλλου* 534; *παρεμβαλλε* 248-694; *παρεμβαλε* L^{-248} 755; *παραβαλε* 743; *επιβαλλε* Antioch.; + *ρημα* *L*-672-694-743 Antioch.: dupl. ad *περὶ πράγματος* 9a; *adiicias loqui* La

9 *περί*] pr. *και* 493 Aeth; + *δε* 68-744 = Ald. | *οὗ — χρεία*] *δ ουκ εστι σοι* 547; *οὗ ⟨οὐ⟩ μελει σοι* Mal.; *quae te non molestat* La Syh (vid.): cf. H^{A}; om. *σοι* 542; om. *χρεία* S A C* (vid.) V 248-315′-694 *a c* 307 339 429 543 547 755 Aeth Arm(II) | *ἔριζε*] *ορ.* 672; *μεριζε* 755; *ερεθιζε* Dam p. 1536; *περιεργαζου* Dam. p. 1081: ex 3_{23} | *αμαρτωλου* 694 | *συνεδρευου* 743

10 *περί*] *επι* 155; *in* Syh La | *αἱ πρ./σου*] tr. 253 443 753 | *ἐάν* 1°] *καν* 548 La (*et si*): cf. H; + *γαρ* S *L*′-157′-315′-694 *b* 336 547 613 768 785 Sa Aeth Arm Max. p. 849 Anton. p. 1192 Mal. | *πληθυνθης* L^{-248} 46 (*-θη*) 336 339 542: cf. 32a 16_{2} 23_{3} 24_{29}; *πλησθεινης* 694; *πληθυνη σου* 534 | *ἀθῳωθήσῃ*] *αθωος εση* S* L^{-248}-315′ Max. Dam. p. 361 Anton. Mal.; *eris immunis a delicto* La Sa | *διωκεις* 307 alii | *ἐκφύγῃς*] *-γοις* 603; *-γη* 578; *εκφευγης* 744 = Ald.; *φυγης* 253 | *διαδράς*] *διεδρας* 311 679 694; *διαδρασων* 743; *δι ανδρας* L^{-248} 336; *ει δρας* 603; *εαν διαδιδρασκης O*-V (*διδρασκης*) La Sa Arm

11 *κοπιῶν . . . πονῶν*] tr. *O*: cf. Syr^{W} | *πονῶν . . . σπεύδων*] tr. 46 358 547 La | *τόσῳ*] *τοσουτω* B^{c} S* 248-694 *b* 155 157 (*-το*)-797 543 (*-το*) 785 (*-το*) Mal.; *τοσουτον* 534 578 743; *ποσω* A 339: cf. 13_{9}; *το σωμα* 46 307 672 | om. *μᾶλλον* 672 | fin.] + *δι επαγγελειαν ωμων ιδιων* (> Syh) *αυτου O*; + *δι επαγγελιων* (*-λιαν* 694) *νομων* (*ωμων* 694) *αυτου ιδιων* L^{-248}-694; + *propter promissiones proprias* La^{L}

12 ἔστιν νωθρὸς καὶ προσδεόμενος ἀντιλήμψεως,
ὑστερῶν ἰσχύι καὶ πτωχείᾳ περισσεύων·
καὶ οἱ ὀφθαλμοὶ κυρίου ἐπέβλεψαν αὐτῷ εἰς ἀγαθά,
καὶ ἀνώρθωσεν αὐτὸν ἐκ ταπεινώσεως αὐτοῦ
13 καὶ ἀνύψωσεν κεφαλὴν αὐτοῦ,
καὶ ἀπεθαύμασαν ἐπ' αὐτῷ πολλοί.
14 ἀγαθὰ καὶ κακά, ζωὴ καὶ θάνατος,
πτωχεία καὶ πλοῦτος παρὰ κυρίου ἐστίν.
15 σοφία καὶ ἐπιστήμη καὶ γνῶσις νόμου παρὰ κυρίου,
ἀγάπησις καὶ ὁδοὶ καλῶν ἔργων παρ' αὐτοῦ εἰσιν.
16 πλάνη καὶ σκότος ἁμαρτωλοῖς συνέκτισται,
τοῖς δὲ γαυριῶσιν ἐπὶ κακίᾳ συγγηρᾷ κακία.
17 δόσις κυρίου παραμένει εὐσεβέσιν,
καὶ ἡ εὐδοκία αὐτοῦ εἰς τὸν αἰῶνα εὐοδωθήσεται.

B S A C (fin. 17a) V *O L l a b c* min. La verss.

12 (12—13ab) *νωθρός*] *ορθος* 404; *ορθως* 694 | *καί* 1° B S^{c} C *c*-404'-679 339 542 La^{pc} verss.^{p}] > rel. | *δεομενος* C 253: cf. 4 5 | *ὑστερῶν*] -*ρον* *L*$^{-248}$-672; *ισχυρων* 797; pr. *et* Syh Arm = Syr; pr. *plus* La | *ἰσχύι*] pr. *εν* S^{c} La$^{\Pi}$ | *πτωχ. περισσ.*] tr. *O* 248 La Sa Arm = H | *περισσεύων*] *περισσευει* B A C V *L*$^{-248}$-315'-307 (*περισευει*) 547 (pr. *και*) 679 706 755; *περισσευσει* (pr. *και* 548) *c*-404' | *οἱ ὀφθ. κυρ. ἐπέβλεψαν*] *o* (> 248-694 Dam.) *οφθαλμος κυρ. επεβλεψεν* S* V 248-694 307 La Sa ArmII Dam. p. 340 = H; om. *κυρίου* 253 | *αὐτῷ*] -*τον* 753; pr. *επ* Dam.; > 603 | *εἰς ἀγαθά*] *εις αγαθους* 545; *in bono* La verss.^{p} = H | *ανωρθωσαν* (vel *ανορθ.*) C 358 743 755 768 | *αὐτόν*] -*των* 543 | *ταπεινώσεως*] *paupertatis* Syh

13 (13cd) *ανυψωσαν* 358; *υψωσε* *l a*-534 | *κεφ. αὐτοῦ*] *αυτου την κεφ.* 547; pr. *την* Dam. p. 340 + *απο συντριβης* *O L*-694 (*απο* -*βην*) La^{L} (*a contribulatione*) Mal. (»ἔν τισι δὲ λείπει τό· ἀπὸ συντριβῆς«): cf. H | om. *καί* 2° *a* | *επεθαυμασαν* 542; *εθαυμασαν* C^{c} *O*-V *L'*-315'-694-743 *a*-534' 46 358 547 753 La Mal. | *ἐπ'*] *εν* 249-754 | fin.] + *θεωρησαντες* *O*-V *L*-694; *θεωρησας τω* 743; + *et honoraverunt deum* (*dominum*^{X}) La

14 *κακά*] *καλα* 743 | *ζωή*] pr. *ἡ* 545; + *ται* (= *τε*) 694 | *πτωχεία ... πλοῦτος*] tr. 547 Arm: cf. Syr; *πλουτος ... πενια* Chr. X 293 | om. *παρὰ κυρίου ἐστίν* V; om. *ἐστίν* 253 Aeth^{te} Chr. X 293

15 hab. v. 15-16 *O* (sub ※ Syh; om. 253 v. 15a: homoiot.)-V *L'*-672-694-743 339 La$^{V\Omega}$ Arm (om. v. 15a) = H; citat Anton. p. 1104 v. 16b | om. *καί* 1° 493 | *νόμου*] leg. *λόγου* = H | *κυρίου*] + *εστιν* *L*$^{-248}$ = H | *ἀγάπησις*] + *et sapientia* Arm | om. *ἔργων* La = H | *εστι(ν)* V-253 *l*; > La

16 *τοῖς*] *οις* *l* | *γαυριουσιν* 743 | *επι κακιαις* *l*; *επι κακα* 248-672-743; *τη κακια* Anton.; *in malis* La^{V}, *in malum*$^{\Omega}$ | *συγγηρᾷ*] *συνεγειρει* *l* | *κακία*] *κακα* *O l*-694; *τα κακα* Anton.; *in malo* La^{V}, *in mala*$^{\Omega}$

17 *κυρίου*] *θεου* 311 La; pr. *παρα* 534' | *διαμενει* *O* | *εὐσεβέσιν*] *ευλαβεσιν* S^{c}: cf. Mich. 7 2 | *ἡ εὐδοκία*] *profectus* (= *ευοδια* Herk.: cf. 9 12) La; om. *ἡ* 694 743 | *αὐτοῦ*] *αυτον ευδοκειση* 694 | *εἰς τὸν αἰ./εὐοδωθήσ.*] tr. 248-743 La Sa Aeth = H | *εὐοδωθήσ.*] *ευ δοθησεται* S; *ευοδοι* 248-743: cf. 43 26; > 694

18 ἔστιν πλουτῶν ἀπὸ προσοχῆς καὶ σφιγγίας αὐτοῦ,
καὶ αὕτη ἡ μερὶς τοῦ μισθοῦ αὐτοῦ·
19 ἐν τῷ εἰπεῖν αὐτόν Εὗρον ἀνάπαυσιν
καὶ νῦν φάγομαι ἐκ τῶν ἀγαθῶν μου,
καὶ οὐκ οἶδεν τίς καιρὸς παρελεύσεται
καὶ καταλείψει αὐτὰ ἑτέροις καὶ ἀποθανεῖται.

20 Στῆθι ἐν διαθήκῃ σου καὶ ὁμίλει ἐν αὐτῇ
καὶ ἐν τῷ ἔργῳ σου παλαιώθητι.
21 μὴ θαύμαζε ἐν ἔργοις ἁμαρτωλοῦ,
πίστευε δὲ κυρίῳ καὶ ἔμμενε τῷ πόνῳ σου·
ὅτι κοῦφον ἐν ὀφθαλμοῖς κυρίου
διὰ τάχους ἐξάπινα πλουτίσαι πένητα.
22 εὐλογία κυρίου ἐν μισθῷ εὐσεβοῦς,
καὶ ἐν ὥρᾳ ταχινῇ ἀναθάλλει εὐοδία αὐτοῦ.

B S A V *O L l a b c* min. La verss.

18 *ἔστιν*] + *γαρ* 672 | *πλουτῶν*] pr. *ὁ a* 404′ | om. *καί* 1° *O* | *σφιγγίας*] *σφιγγος* 679; *σκνιφ(ε)ιας* (*κνιφειας* 130) *l* 404′; *συσφιγγιας* 603; *σοφιας* 46 | om. *καί* 2° 534 verss.^{p} | *αὕτη*] *αυτω* 46; > La^{A} SaTh | *ἡ μερίς*] pr. *ημερα και* 404; + *αυτου O*-V *L* La^{X} (*illius*) Sa | *τοῦ μισθοῦ*] pr. *απο* S* *O*-V *L c*-404′-679 46 La^{X} (*de mercede*) Sa
19 (19—20) *φαγωμαι L*$^{-493}$-694-743* alii Mal.; *φαγωμεν* 404; *καταφαγομαι* 672; *φαγω* 753 | *ἐκ τῶν ἀγ. μου*] + *αδιαλειπτως L′*-743; pr. *αδειαλυπτως* 694; + *solus* La | *ἐκ*] *απο L′*-694 | *οἶδεν*] *ειδεν* 253 404 (-*δε*) | *καιρὸς παρελ.*] *κ. πορευσεται* V; *duxit* (= *παραλημψεται* Sm.) Syh; + *αυτον O L*-694-743 La^{pc} (*illum*) Sa; + *αυτω* 130 | *αὐτά*] -*τοις* 694; *omnia* La Aeth | om. *καὶ ἀποθ.* 603 La$^{G\,pl}$
20 (21) om. *ἐν* 1° 694 | *διαθήκῃ*] pr. *τη* 253 | *ὁμίλει/ἐν αὐτῇ*] tr. *O* La Aeth = H | *ἐν αὐτῇ*] *εν αυτω* 248 307; *αυτοις* 404; om. *ἐν* 155 429 | om. *ἐν* 3° 106-545 46 404 | om. *τῷ* 755* | *παλαιώθητι*] *καλλιωθητει* 694; *μαλακωθητι* 155
21 (22—23) *ἁμαρτωλοῦ*] -*λων O* La Aeth; *impiorum* Arm: cf. Syr | om. *δέ* B 797 Aeth Mal. | *κυρίῳ*] pr. *τω* B *l* 307 336 339 358 547 613 Mal. Max. p. 949 Anton. p. 921. 1120: cf. 2$_{10}$; *in deo* La Syh: cf. 2$_{6}$ | *ἔμμενε*] -*νων* 404; -*νω* 795 | *τῷ πόνῳ σου*] *τω εργω σου a*: ex $_{20}$b; *in loco tuo* (= *εν τοπω σου* 545^{c}) La; pr. *εν O*: cf. H; *in lumine eius* La^{CZ*} = H | om. *διὰ τάχους* 443 753 La Arm Max. Dam. p. 224 Anton. Mal. = Syr | *ἐξάπινα*] -*νης* Anton. p. 1120: cf. 5$_{7}$; tr. post *πλουτίσαι* 694; > 404′ Arm | *πένητα*] *πενοιτον* 694
22 (24) *εὐλογία*] + *γαρ l* | *ἐν μισθῷ*] *εμμεσω* A | *εὐσεβοῦς*] -*βει* 46; -*βειας* 157* | om. *καί* 46 | *ταχινῇ*] *αγαθη* 694; > Sa Aeth = H | *αναθαλει O* 315; -*θαλε* 743; -*θαλλε* 404; -*θαλλαι* 795 | *εὐοδία* Zi. = La (*processus*)] *ευφροσυνην b*; *ευλογιαν* (-*για* 46 672 694 verss.^{p}) rel.: ex $_{22a}$ (cf. $_{17b}$ 9$_{12}$) | *αὐτοῦ*] *iusti* Aeth

23 μὴ εἴπῃς Τίς ἐστίν μου χρεία,
καὶ τίνα ἀπὸ τοῦ νῦν ἔσται μου τὰ ἀγαθά;
24 μὴ εἴπῃς Αὐτάρκη μοί ἐστιν,
καὶ τί ἀπὸ τοῦ νῦν κακωθήσομαι;
25 ἐν ἡμέρᾳ ἀγαθῶν ἀμνησία κακῶν,
καὶ ἐν ἡμέρᾳ κακῶν οὐ μνησθήσεται ἀγαθῶν·
26 ὅτι κοῦφον ἔναντι κυρίου ἐν ἡμέρᾳ τελευτῆς
ἀποδοῦναι ἀνθρώπῳ κατὰ τὰς ὁδοὺς αὐτοῦ.
27 κάκωσις ὥρας ἐπιλησμονὴν ποιεῖ τρυφῆς,
καὶ συντέλεια ἀνθρώπου ἀποκάλυψις ἔργων αὐτοῦ.

B S A V *O L l a b c* min. La verss.

23 (25) init.] pr. *et* Syh Aeth | *ειποις* 672 | *Τίς*] *τι* *c*-404-679 155 754* 755 La Syh; + *ετι* *O* | *ἐστίν μου*] *εσται* 603; *εστι(ν) μοι* 311 613 672 755 La; *μοι εστι* 358 La$^{\Sigma}$ | *μου χρ.*] tr. Syh; *opus mihi* La$^{C\Theta}$; *μου η χρ.* 753; om. *μου* 404; + *αρεσκειας* *L*-672-694-743 | *τίνα*] *τινι* 248-315 157′ 404′ 547; *τι* 155 753; *την* 694 | *ἔσται*] *εστι* 46 106 | *μου* 2°] *μοι* S* V-253 248-694-130-545 307 311 336 358 613^{c} La verss^{p}.; tr. post *τίνα* 578; tr. post *ἀγαθά* Syh | om. *τά* S* *O*-V 358* 694 743

24 (26) *μή*] *και* 68-744 = Ald. | *εἴπῃς*] *ειποις* 672; + *οτι* 797 | *μοί*] *μου* 743 | om. *ἐστιν* Syh | 24a fin.] + *ἃ εχω* *O*; + *και πολλα μοι* (> 743) *ἃ* (> 493-694) *εχω* *L′*-672-694-743 | *καὶ τί*] *και τινι* *b*; *και οτι* 155; *η αιτια* 545* (*τη αιτια*^{c}); + *λοιπον* 46; om. *τί* 694; tr. *τί* post *νῦν* 578 | *κακωθησωμαι* 548 alii | fin.] + *εν ζωη* *L*-672-694

25 (27) *ἀγαθῶν* 1°] *-θη* A *l a*-534-613* *c*-679 543 672 Dam. p. 1585 Hi. ep. 77, 6, 1 et Is. 18 (*bona*); *κακων* 157′ La$^{\Lambda}$; *εορτης* GregNyss. III 1145; *ευφροσυνης* GregNaz. II 261 GregNyss. III 681 | *ἀμνησία*] *αμνηστια* 307 613^{c} 672 694 GregNaz. GregNyss.; *αμνησικακια* *l* 358 (*αμνησικια*) 404′ 797* (vid.); *μη αμνημονησης* Dam. p. 1524 (non p. 1585); *ne immemor sis* La; *πρεπει* GregNyss. III 1145 | *κακῶν* 2°] *κακη* *a*; *αγαθων* 157′ La$^{\Lambda}$ | *οὐ μνησθήσεται*] *ου -σει* 253 543 (*-ση*); *μη αμνημονησης* Dam. p. 1524; *ne immemor sis* La; *αμνησια* 157′: ex 25a; om. *οὐ* 744 = Ald. | *ἀγαθῶν* 2°] *κακων* 155* 578; *καλων* 543

26 (28) *ἔναντι κ.*] *εν οφθαλμοις κ.* A *b* 543 547 548: cf. 21c; *εναντιων κυριω* 694 | om. *ἐν* 548 672 | *τελετης* 795; *τελευτα* 46 | *ἀνθρώπῳ*] *κυριω* 548; *εκαστω* 339 755 La = Ps. 61$_{13}$ Prov. 24$_{12}$ Matth. 16$_{27}$ Rom. 2$_{6}$ Apoc. 22$_{12}$: cf. 32$_{24}$ | *τὰς ὁδούς*] *τα εργα* 248-672 La^{X} (*opera*) Sa = Ps. 61$_{13}$ Prov. 24$_{12}$ Rom. 2$_{6}$

27 (29) *κάκ. ὥρας*] *ωρα γαρ κακωσεως* Chr. XI 629: cf. H | *ἐπιλησμονήν*] *-νη* 429; *επιπλησμονην* 46 307 315′ Aeth; + *κυριου* 404 | *ποιεῖ*] *ποιειται* 542 613; > 429; tr. post *τρυφῆς* 543 | *τρυφῆς*] *τρυφως* 694; *τροφης* 155 548 753 797: cf. 14$_{16}$ 18$_{32}$ 37$_{20\ 29}$ 41$_{1}$ Sap. 19$_{11\ 21}$; + *πολλης* *O* La; pr. *πολλης* Chr. XI 629 | om. *καί* *a* | *συντέλεια* (*-αν* 248) *O*-V *L*-694 La^{Z*} Arm = H] pr. *εν* rel. | *ανθρωπων* *b* 106* | *ανακαλυψις* 672 | *αὐτοῦ*] *-των* 545

28 πρὸ τελευτῆς μὴ μακάριζε μηδένα,
καὶ ἐν τέκνοις αὐτοῦ γνωσθήσεται ἀνήρ.

29 Μὴ πάντα ἄνθρωπον εἴσαγε εἰς τὸν οἶκόν σου·
πολλὰ γὰρ τὰ ἔνεδρα τοῦ δολίου.
30 πέρδιξ θηρευτὴς ἐν καρτάλλῳ, οὕτως καρδία ὑπερηφάνου,
καὶ ὡς ὁ κατάσκοπος ἐπιβλέπει πτῶσιν·
31 τὰ γὰρ ἀγαθὰ εἰς κακὰ μεταστρέφων ἐνεδρεύει
καὶ ἐν τοῖς αἱρετοῖς ἐπιθήσει μῶμον.
32 ἀπὸ σπινθῆρος πυρὸς πληθύνεται ἀνθρακιά,
καὶ ἄνθρωπος ἁμαρτωλὸς εἰς αἷμα ἐνεδρεύει.
33 πρόσεχε ἀπὸ κακούργου, πονηρὰ γὰρ τεκταίνει,
μήποτε μῶμον εἰς τὸν αἰῶνα δῷ σοι.

B S A V *O L l a b c* min. La verss.

28 (30) 28a] *μηδενα μακαριζε προ τελευτης* 421; *μη μακαρισης ανδρα προ τελευτης αυτου* Eus. praep. (cf. Eus. ps. 39 lib.) Bas. II 104 Tht. IV 1025 et alii patres gr. et lat.; + *μη μακαριζης ανδρα προ της τελευτης αυτου* Dam. p. 1425 | *μηδένα*] *ανθρωπον* ArmII GregNaz. I 937 (lib.) = H; *hominem quemquam* La: dupl. | *καὶ ἐν*] *εν δε* 421 | *τέκνοις*] *εργοις* 358; pr. *τοις* 545 | *επιγνωσθησεται O b* | *ἀνήρ*] pr. *ὁ* 421; > A
29 (31) om. *ἄνθρ.* 613 | *εἴσαγε* Clem.] *εισαγαγε l* 46 155 254-603 296-548 307 336 404 421 547 575 606 679 694 755 Antioch. p. 1625 | *δολίου* Clem.] *διαβολου* 248-743-*l* 404 421 (-*βουλ.*) Antioch.: cf. Ziegler, Zum Wortschatz des griech. Sirach p. 284
30 (32) *πέρδιξ*] pr. *ως* 613 753 La = H | *θηρευθεις* 493 613^{c} 679 Aeth (vid.) = Compl. | *καρτάλλῳ*] + *αυτου* S* verss.^{p} | *οὕτως*] *ουτος* 637 | *καρδία*] pr. *λογος εν b* 743 | *υπερηφανων* 307 534′ 578 672 694 La | om. *ὁ O*-V *L′*-694-743 *a* 578 755 795 | *ἐπιβλέπει*] *υποβλ.* 339; *περιβλ.* 768*; *ο επιβλεπων* 613^{c} La(*videns*); *επιβας* 248 | *πτῶσιν*] *ποσιν* 694; pr. *επι* 248; pr. *εις* 547 613^{c}
31 (33) om. *γάρ* 672 = H | *εἰς*] *εισι* 106-705 | *μεταστρ. ἐνεδρ.*] -*στρεφονται ενεδρ.* 543; *ενεδρευων μεταστρεφη* 795 | om. 31b-32 106-545 542*: homoiot. | *αἱρετοῖς*] *αιρετικοις* 248 543; *αρετοις* 694 705; *ευρετοις* 130; *αινετοις* 253; *ερετοις* L^{-248} 548-706; *ετεροις* A; *εργοις* 307 | *θησει* 130-705 *a*-534 (*θεισι*) | *μῶμον*] + *πικρον* L^{-248}-694; + *μικρον* 743
32 (34) *πυρός*] *μικρας* 248 Arm = Syr; *una* (= *μιας* Herk.) La(exc.^{G}); > 443 543 La^{G} = H: cf. Is. 1_{31} | *πληθυνθησεται* B* S^{c} 130-705 *b* 534′ 542 755: cf. 10b; *πληθυναι* 694
33 (35) *κακούργου*] *πανουργου* 672: cf. 30_{35}; *κακου* 443 Anast. p. 640; *pestifero* (= *λοιμου*? Herk.) La | *τεκταινεται* S* *L′ a*-534 307 679 797: cf. 27_{22} | *μῶμον*] *subsannationem* (= *μωκον* Herk.: cf. 13_{7} 31_{21} 36_{6}) La | *δῷ σοι*] *δωσει* 493-694 (tr. post *μῶμον*) 46 155 606* 613^{c} 673 753 768 795; *δωση* 705 743 797 Anast.; *δωη σοι* 534-613*; *δως c*-679 La^{G}; tr. ante *μῶμον L*-743 (item La)

34 ἐνοίκισον ἀλλότριον, καὶ διαστρέψει σε ἐν ταραχαῖς
καὶ ἀπαλλοτριώσει σε τῶν ἰδίων σου.

12 1 Ἐὰν εὖ ποιῇς, γνῶθι τίνι ποιεῖς,
καὶ ἔσται χάρις τοῖς ἀγαθοῖς σου.
2 εὖ ποίησον εὐσεβεῖ, καὶ εὑρήσεις ἀνταπόδομα,
καὶ εἰ μὴ παρ' αὐτοῦ, ἀλλὰ παρὰ ὑψίστου.
3 οὐκ ἔστιν ἀγαθὰ τῷ ἐνδελεχίζοντι εἰς κακὰ
καὶ τῷ ἐλεημοσύνην μὴ χαριζομένῳ.
4 δὸς τῷ εὐσεβεῖ καὶ μὴ ἀντιλάβῃ τοῦ ἁμαρτωλοῦ.
5 εὖ ποίησον ταπεινῷ καὶ μὴ δῷς ἀσεβεῖ·
ἐμπόδισον τοὺς ἄρτους καὶ μὴ δῷς αὐτῷ,
ἵνα μὴ ἐν αὐτοῖς σε δυναστεύσῃ·
διπλάσια γὰρ κακὰ εὑρήσεις

B S A V *O L l a b c* min. La verss.

34 (36) *ἐνοίκισον*] *ενοικος O* | *ἀλλότριον, καί*] *αλλοτριος O*; pr. *εις* 545 | *διαστρέψει σε*] *-ψαι σε* 795; *διαστρεφει σε* 46 694 Syh; *διαστρεψεις* 68-744 296 548 315 339 543; *διατριψεις* 672 | *ταραχη* S *O*-V *L*-315'-694 *a* 46 613^{c} 797 La verss.^{p} Dam. p. 284 | *αλλοτριωσει* V (*-σι*) | *τῶν ἰδίων σου*] pr. *εκ* 248-315'-743 534' La (*a tuis (viis^{pc}) propriis*) Aeth: cf. H; *των οδων σου* 155: cf. H; om. *σου* 547

12 1 *Ἐάν*] *καν* 296-548 (*πᾶν*) La^{Z*} | *εὖ π.*] *ευ ποιεις* 253 alii; *ευ ποιησης* 743; tr. 603; *ποιης αγαθον* PsAth. IV 649 | *γνῶθι*] *βλεπε* PsAth. | *τίνι*] *τι c* | *ποιεῖς*] *benefeceris* La^{pc} = H | *χάρις*] *σοι χαριν* 694 | *τοῖς*] pr. *εν O* La Sa = H

2 *ευσεβη* 248-743-*l* alii; *-βεις* Clem. (= Anast. p. 465te); *αγαθον* 679 | *ανταποδωσιν* 339 | om. *καί* 2° 694 Caes. s. 8, 5 = H | *παρ'*] *παρα* B 311; *υπ* Clem. (= Anast.^{te}) | *αὐτοῦ*] *-τω L*$^{-248}$ Anast.^{ap} | *ἀλλά*] + *και* 307 | *ὑψίστου* B *c* 534] *τω υψιστω L*$^{-248}$ 578 Clem. (= Anast.); *του κυριου O* La; pr. *του* rel. (Dam. p. 1361. 1460 Anton. p. 1097): cf. 50$_{21}$ Sap. 5$_{16}$ 6$_{3}$

3 *ἔστιν* B *l a*-534' 307 548* 578 La verss.^{p}] *εσται* rel. (Dam. p. 1480) | *τῷ ἐνδελ.*] *εν τω δελ.* V; om. *τῷ* 307 | *ἐλεημοσύνην*] *-νη* 46; *-νης* 248; pr. *μη* S* | *χωριζομενω* 248 358

4 (4a) *δός*] *ευ ποιησον* 679: ex 2a | *τῷ εὐσεβεῖ*] om. *τῷ l* 534; + *αγαθω* 358: ex 7 | *ἀντιλάβῃ*] *-βης L*$^{-248}$; *-βου* 336 421 545 Max. p. 764 Dam. p. 101 Anton. p. 865: cf. 7; *αντιλαμβανου* A 307 | *τοῦ ἁμ.*] *τω αμαρτωλω L*$^{-248}$-694 (om. *τω*); *του πονηρου* 253 421 (om. *του*); + *‹πο›νηρου* 358; om. *τοῦ* S V 248-315'-*l a*-534' 46 307 336: cf. 7

5 (6—7ab) *ταπεινῷ*] *-νον* 705 753 Anton. p. 865; *-νου* 421; pr. *τω* B | *ἀσεβεῖ*] pr. *τω* S^{c} | *τοὺς ἄρτους* S* 694 La Zi. = H] *τον αρτον αυτου* Dam. p. 101; + *σου* V 248-743 Sa Aeth; + *αυτου* rel. | om. *καί* 2° 358 | *μή* 2°] + *και* 358^{c} | *αὐτῷ* 1°] *impio* (*ασεβης*) Sa: ex 5a | *δυναστεύσῃ*] *-σει* 339 alii; *καταδυν.* 358 | om. *γάρ* 797 | *κακὰ εὑρ.*] tr. 743 Aeth; om. *κακά* 307 La^{Ω} | *εὑρήσεις*] *-σει O L*-694 (*-ρηδσει*) Anton. p. 1149; *-σουσιν* A; *ευρης*

ἐν πᾶσιν ἀγαθοῖς, οἷς ἂν ποιήσῃς αὐτῷ.
6 ὅτι καὶ ὁ ὕψιστος ἐμίσησεν ἁμαρτωλοὺς
καὶ τοῖς ἀσεβέσιν ἀποδώσει ἐκδίκησιν,
φυλάσσει δὲ αὐτοὺς εἰς ἡμέραν ἐκδικήσεως αὐτῶν.
7 δὸς τῷ ἀγαθῷ καὶ μὴ ἀντιλάβῃ τοῦ ἁμαρτωλοῦ.

8 Οὐκ ἐκδικηθήσεται ἐν ἀγαθοῖς ὁ φίλος,
καὶ οὐ κρυβήσεται ἐν κακοῖς ὁ ἐχθρός.
9 ἐν ἀγαθοῖς ἀνδρὸς οἱ ἐχθροὶ αὐτοῦ ἐν λύπῃ,
καὶ ἐν τοῖς κακοῖς αὐτοῦ καὶ ὁ φίλος διαχωρισθήσεται.
10 μὴ πιστεύσῃς τῷ ἐχθρῷ σου εἰς τὸν αἰῶνα·
ὡς γὰρ ὁ χαλκὸς ἰοῦται, οὕτως ἡ πονηρία αὐτοῦ·
11 καὶ ἐὰν ταπεινωθῇ καὶ πορεύηται συγκεκυφώς,
ἐπίστησον τὴν ψυχήν σου καὶ φύλαξαι ἀπ᾽ αὐτοῦ

B S A V *O L l a b c* min. La verss.

672; + σοι 248 Anton. = Syr; + σοι κρυφιως *O* L^{-248}-694 (-φεως) | απασιν 253 | ἄν] εαν S A L^{-248}-315′-694-743 *b c*-679 46 157 339 443 542 543 547^{c} 755 Dam. Anton. | ποιήσῃς] -σεις 307 alii; -ση 253; ποιης S* V *L*-315′-694 358 Dam. Anton. | αὐτῷ 2°] -τον 46; + ματαιως *O* L^{-248}-694

6 (8c + 7c 4b + 7d 4c) om. καί 1° *a* 753 La^{Z*} Aeth ArmII | om. ὁ 694 68-744′ = Ald. | ἀσεβέσιν] ευσ. 613 = Compl. | ἀποδώσει] αποδω εις A | ἐκδίκησιν] εκει κρισιν Dam. p. 101 | hab. v. 6c *O L′*-694-743 La (4c) | φυλάσσει δέ] συνθλασσει δε 493; *custodiens* La | εἰς ἡμέραν = La^{VZ*}] εν ημερα 694 $La^{G\ rel}$ | ἐκδικήσεως] + κραταιαν *O* | αὐτῶν] + κραταιαν 248-743; + καρτεραν L^{-248}-694; > 672 La

7 (5) ἀντιλάβῃ] -βου A; -βοι 543; -βης 545^{c}: cf. 4 | τοῦ ἁμ.] αμαρτωλω 155; om. τοῦ S A *O L*-315′-694-743 307 339 358 542 755: cf. 4

8 Οὐκ] ου S^{c} *b* | ἐκδικηθήσεται] επιγνωσθησεται *O*-S^{c} (γνωσθ.) *l* 613 La (*agnoscetur*) = H; εκβληθησεται 248-672-743 155 339 421 542 755 Aeth (vid.); εκφανησεται L^{-248} 547 Sa Arm; εκδιωχθησεται 543; εμβληθησεται A (ενβλ.) 315; κρυβησεται *b*: ex 8b; ἐκδειχθήσεται Kuhn I 294 | om. ἐν ἀγαθοῖς — κρυβήσεται 694: homoiot. | ἐν ἀγ./ὁ φίλος] tr. 421 La^{Ω}; om. ὁ 547 = H | οὐ κρυβ./ἐν κ.] tr. 421 | κρυφθησεται 672

9 λύπῃ] πυλη 46 | ἐν τοῖς κακοῖς] εν κακια Max. p. 829 La (*in malitia*, om. *in*^{Gpl}) = H; om. ἐν 315; om. τοῖς 421 Dam. p. 1525 | om. καί 2° 155 315′ 547 La verss.^{p} = Syr | οι φιλοι διαχωρισθησονται 130 443 613 753 (διαχωριζονται) | φίλος] + αυτου 543 547 743 Sa^{L} | διαχωρ.] -ριζεται 358 Sa; διωχθησεται 46; *agnitus est* (= διαγνωρισθησεται Sm.) La

10 πιστευσεις 253; πιστευεις 705; πιστεβης 694 | om. σου 545 = H | om. γάρ 130 | ὁ] ως 358; > Anast. p. 640 = H | οὕτως] + και *l*-157′ *b* 46 307 336 358 421 443 547 613 ArmII Anast. p. 640; > La = H | om. ἡ 755

11 om. καί 1° 548 | ταπεινωθηναι 743 | om. καί 2° 755 | πορευεται 336 alii; πορευσεται L^{-248} 155 (-σηται) 421 543 | κεκυφως 307 548 578 Anast. | ἐπίστησον] + σφοδρα 358 | τη ψυχη A | φυλαξε 493 alii = Sixt.;

καὶ ἔσῃ αὐτῷ ὡς ἐκμεμαχὼς ἔσοπτρον
καὶ γνώσῃ ὅτι οὐκ εἰς τέλος κατίωσεν.
12 μὴ στήσῃς αὐτὸν παρὰ σεαυτῷ,
μὴ ἀνατρέψας σε στῇ ἐπὶ τὸν τόπον σου·
μὴ καθίσῃς αὐτὸν ἐκ δεξιῶν σου,
μήποτε ζητήσῃ τὴν καθέδραν σου
καὶ ἐπ' ἐσχάτων ἐπιγνώσῃ τοὺς λόγους μου
καὶ ἐπὶ τῶν ῥημάτων μου κατανυγήσῃ.
13 τίς ἐλεήσει ἐπαοιδὸν ὀφιόδηκτον
καὶ πάντας τοὺς προσάγοντας θηρίοις;
14 οὕτως τὸν προσπορευόμενον ἀνδρὶ ἁμαρτωλῷ
καὶ συμφυρόμενον ἐν ταῖς ἁμαρτίαις αὐτοῦ.
15 ὥραν μετὰ σοῦ διαμενεῖ,
καὶ ἐὰν ἐκκλίνῃς, οὐ μὴ καρτερήσῃ.

B S A V *O L l a b c* min. La verss.

φυλαξον a 421 755 | *ἔσῃ*] *εσται* 336 Sa | *αὐτῷ*] pr. *επ* 307 | *εκμεμαχος* (*-μηχος* 545^{c}) *l a b* 672 679 Mal.; *εκμαχος* 694; *ο εκ ιασσων* 296-548 (*-ον*); *εκμεμαθηκως* 421 | *γνώσῃ*] *επιγνωση O*: cf. 12e | om. *οὐκ O* 694 = H | *κατιωκεν* 253; *κατιωται* A 613^{c} Mal.; *κατιωσαι l* alii

12 init.] pr. *και* 613 La^{Ψ} Aeth | *στησεις* 421*; *στης* 534^{c} | *αὐτόν*] *-τω* 68-744' 694 705; *εαυτον* 534^{c} | *σεαυτῷ*] *-τον* B V 155' 542 | om. 12b *l* | *μή* 2°] *μηποτε L*-694-743 La^{V} Sa (*μηποτε*) Aeth = H; pr. *ινα O* | *αναστρεψας* S A *c* 155 157' 315 339 358 421 443* 534' 542 744' 753 754 La: cf. 16b 13 23 Sap. 7 4; *καταστρεψας* (*-ψη* 493) V *L*-694-743 (*-ψει*) | *σε στῇ*] *εστη* V 155 542 = Ald.; *εση* 744; om. *σε* 753 | *στῇ ἐπὶ τὸν τ. σου*] *εις τον τ. σου στη O*; pr. *και* 493 | *τὸν τ.*] *του τοπου* S^{c} 296-548; om. *τόν* 694 | *μή* 3°] *μηδε l* La Aeth | *ζητήσῃ*] *-σει* 637 alii; + *και* 421 | 12d fin.] + *λαβειν L'*-694 | *καί* 1°] *μη* 548; > 421 | *ἐσχάτων*] *-τω* B *O*-V La $verss.^{p}$ = H: cf. 1 13; + *σου* 315' | *ἐπιγνώσῃ*] *γνωση* 672: cf. 11d; *ευρησεις l a*-534 (*-ρισης*) 694 753: cf. 34 22 et H | *λόγους*] *λογισμους* 672 743: cf. 5 10 | *μου* 1°] *σου* 578 672 743* La^{S*} | *μου* 2°] *σου* 753 | *κατανυγήσῃ*] *-γιση* 68-744 = Ald.; *κατανοιγηση* 253 679 705* | fin.] + *μη δεσμευσεις δις αμαρτιαν εν γαρ μια ουκ αθωωθηση* B^{mg}: ex 7 8

13 (13ab) *ὀφιόδ.*] *εχιοδηκτον* Chr. II 772^{ap} III 216^{ap} | *προσάγοντας*] *προαγ. c*; *επαγ.* 358 755 (*επαιοντας*); *αγοντας* 694; *προσελθοντας* 542 Co; pr. *προσερχομενους* 358; + *εαυτους* L^{-248} Chr. II 772 | *θηριον c*-679

14 (13cd) *τον προπορευομενον* 534 548 755; *τον προσαγοντα O*: cf. 13b; *qui comitatur* La = H | *συμφυρόμ.*] *συνφυρουμ.* S; *συμφερομ.* A 155* (*συνφερωμ.*); *τον συνπεριφερομ.* 253; pr. *τον* L^{-248}; pr. *την* 694 | om. *ἐν* 253 694 728 La^{X}

15 (14) 15a fin.] + *εν στασι* V; + *εν στασει δικαια* (*δικαιων* 672) *O* 248-672-694 339 | om. *καί b* | *ἐάν*] *αν* V 694 | *εκκλινη O* La^{X} (*declinabit*) Arm | *οὐ μή*] *ουκ* 753; om. *μή b* | *καρτερήσῃ*] *-σει* L^{-248} *b* alii; *καρτερη* 155'; *αθωωθηση* 753; + (※ Syh) *απο αδικιας O*-V 339 694

16 ἐν τοῖς χείλεσιν αὐτοῦ γλυκανεῖ ὁ ἐχθρὸς
καὶ ἐν τῇ καρδίᾳ αὐτοῦ βουλεύσεται ἀνατρέψαι σε εἰς βόθρον·
ἐν ὀφθαλμοῖς αὐτοῦ δακρύσει ὁ ἐχθρός,
καὶ ἐὰν εὕρῃ καιρόν, οὐκ ἐμπλησθήσεται ἀφ᾽ αἵματος.
17 κακὰ ἐὰν ὑπαντήσῃ σοι, εὑρήσεις αὐτὸν πρότερόν σου ἐκεῖ,
καὶ ὡς βοηθῶν ὑποσχάσει πτέρναν σου·
18 τὴν κεφαλὴν αὐτοῦ κινήσει καὶ ἐπικροτήσει ταῖς χερσὶν αὐτοῦ
καὶ πολλὰ διαψιθυρίσει καὶ ἀλλοιώσει τὸ πρόσωπον αὐτοῦ.

13 1 Ὁ ἁπτόμενος πίσσης μολυνθήσεται,
καὶ ὁ κοινωνῶν ὑπερηφάνῳ ὁμοιωθήσεται αὐτῷ.
2 βάρος ὑπὲρ σὲ μὴ ἄρῃς

B S A C (init. 16d) V *O L l a b c* min. La verss.

16 (15) init. *O b* 157′ 311 443 543 547 613 La (exc.[L]) verss. Mal.] pr. *και* rel. | *γλυκανεῖ*] *-καινει* S* V (*-νι*) 694 (*-κενει*) Syh La verss.; + *σε* 336 Aeth | om. *ὁ* 1° V | 16a fin.] + *και πολλα ψιθυρισει και ερει σοι καλα λεγων* B^mg: ex 18 13 6 | 16b post *δακρύσει* tr. V-744 = Ald. | *ἐν τῇ καρδίᾳ αὐτοῦ*] *η κ. αυτου* V; om. *τῇ* S* 543; om. *αὐτοῦ* 68-744′ 534 = Ald. | *βουλευεται* 46 307 358 548 694 744* Syh verss.[p]; *βουλησεται* 315′ Mal. | *αναστρεψαι* S V *L*^-248-672-694 155 548 753 755 La: cf. 12b | *σε*] > *c* 547 603 694 755 La[X]; tr. *σε* ante *ἀνατρέψαι* 253 | *βόθρον*] *βοθυνον b* Mal.: cf. 21 10 Prov. 26 27 | *ἐν ὀφθ.*] pr. *και O L*^-248-694 Aeth = H; om. *ἐν* S* | *δακρυσεται* 705; *δακρυει* 358 La verss.[p] | om. *ὁ ἐχθρός* 2° *O*-V *L*-694 744′ Arm = Syr; om. *ὁ* 578 = H | *καὶ ἐάν*] *καν* 46; om. *καί b* Co | om. *οὐκ* C | *ἀφ᾽*] *απο* 545[c]; > La = H | *αἵματος*] + *σου* 336 verss.[p] = Syr

17 (17—18) *κακὰ ἐὰν ὑπ. σοι*] *εαν σοι υπ. κακα O* La (*si incurrerint tibi mala*): cf. H | *κακά*] *κακος* 46 | *ἐάν*] *αν* B C 155 542 755 | *ὑπαντήσῃ*] *-σει* C 493* alii; *συναντηση l a*-534′; *απαντηση* 155 358 543: cf. 9 3; *υποστηση* 254 | *πρότ. σου/ἐκεῖ*] tr. 744′ = Ald.; *illic priorem* La; om. *πρότ.* V La[X]; om. *σου* 311 | *σου ἐκεῖ*] tr. B-S* A V 155 443 743 Mal. (1°) | *ὡς*] + *ανθρωπος O* 248-694 = H | *βοηθον* V 543 743 | *ὑποσχάσει*] *-σχησει* 694; *-σκασει* 613 753; *υποσκαψει O*-V = Syr; *υποσκελισει* 307 679; *υποχαλασει c*; *suffodiet* La | *πτέρναν*] *στερονα* 694: cf. 26 18; *τας πτερνας* 253 La ArmII = Syr | *σου* 2°] *αυτου* 339

18 (19) init.] pr. *και* V 336 La[A] Aeth Arm | *τὴν κεφ. αὐτοῦ/κιν.*] tr. B; + *επι σοι l a*-534 *c*-679 157′ 542^mg 543 547 755: ex 13 7 | *ταῖς χ.*] *τας χειρας* 743; sing. La Syh = H | om. *αὐτοῦ* 2° S* *O*-V *L*-694 307 La ArmII | om. *καί* 2° *l a*-534′ 548 | *διαψιθυρίσει καί*] *-ριζει και* A; *-ριει και* V 248-*l a*-534′; *ψιθυρισει και* C *b* 543 Mal.; *ψηθυριει και* 694; *διαψιθυριζων O* La | *ἀλλοιώσει*] *αλλοτριωσει* 543 | om. *τό* 315′ 543

13 1 *πισση* 797 | *μολυνθήσεται*] *adhaerebitur* (= *κολληθησεται*) Syh = H; + *εν αυτη* 248-694 Syh La (*ab ea*) Aeth: cf. H; pr. *ου* S* | om. *ὁ* 2° 248 | *υπερηφανος* 155

2 (2—3) *ὑπέρ*] *υπο* 543 | *ἄρῃς*] *επαρης* 547; + *εν ζωη σου* 248-694-743 |

καὶ ἰσχυροτέρῳ σου καὶ πλουσιωτέρῳ μὴ κοινώνει.
τί κοινωνήσει χύτρα πρὸς λέβητα;
αὕτη προσκρούσει, καὶ αὕτη συντριβήσεται.
3 πλούσιος ἠδίκησεν, καὶ αὐτὸς προσενεβριμήσατο·
πτωχὸς ἠδίκηται, καὶ αὐτὸς προσδεηθήσεται.
4 ἐὰν χρησιμεύσῃς, ἐργᾶται ἐν σοί·
καὶ ἐὰν ὑστερήσῃς, καταλείψει σε.
5 ἐὰν ἔχῃς, συμβιώσεταί σοι
καὶ ἀποκενώσει σε, καὶ αὐτὸς οὐ πονέσει.
6 χρείαν ἔσχηκέν σου, καὶ ἀποπλανήσει σε
καὶ προσγελάσεταί σοι καὶ δώσει σοι ἐλπίδα·
λαλήσει σοι καλὰ καὶ ἐρεῖ Τίς ἡ χρεία σου;
7 καὶ αἰσχυνεῖ σε ἐν τοῖς βρώμασιν αὐτοῦ,
ἕως οὗ ἀποκενώσῃ σε δὶς ἢ τρίς,
καὶ ἐπ᾿ ἐσχάτων καταμωκήσεταί σου·

B S A C V *O L l a b c* min. La verss.

καί 1°] *μετα* 694 | *ἰσχυροτέρῳ . . . πλουσιωτέρῳ*] tr. *O* 603 Arm | om. *σου* 421 743 Syh Sa Arm | om. *καὶ πλουσ.* Max. p. 745 Anton. p. 804 | *πλουσιωτέρῳ*] *πλουσιω* 311 797; + *σου* S A *O* 248-672-694 46 254 307 358 421 534′ 542 575 679 La Sa Aeth Dam. p. 1651 = H | *κοινώνει*] *συγκοινωνησης* 421 | *κοινωνήσει*] *κοινωνια* 743* (-*νισει*[c]); *κοινωνει* 694 (*κειν.*) Syh | *λεβητας* 672 | *συνκρουση* 155

3 (4) *ἠδίκησεν*] *ηδικηται* 253 = 3b | *αὐτός* 1°] -*το* 253; -*του* *L* | *προσενεμβριμησατο* *l* 336 404 (-*βρημ.*); *προενεμβρημησ.* 46; *ενεβρ.* V 743; *προσδεηθησονται* *L*-694 (-*σεται*): ex 3b | *ἠδίκηται*] *ηδικηθη* *b*; *ηδικησε* 248 679 = 3a: cf. Syr | *δεηθησεται* 543; *προσαπειληθησεται* S (-*πιλ.*) *L*-694 Syp Antioch. p. 1552; *προσβοηθησεται* 672

4 (5) *χρησιμευσεις* 543 | *ἐργᾶται*] *εργαζεται* 768; *εργασεται* 545[c] | *υστερησεις* 296*-548 alii | *καταλείψει*] *εγκαταλ.* *l a*-534′; *καταληψεται* 672; *καταλειψουσι* 311; *καταθλιψει* 248

5 (6) init.] pr. *και* 248 Aeth | *εχεις* 253 637 alii | *συμβιώσεται*] -*βιωτευσει* 694; -*βησεται* 443 | *ἀποκενώσει*] *υποκ.* 534-613*; *αποκειμενως εις* 315 | *οὐ*] + *μη* 307 Dam. p. 408 | *πονέσει*] *πονησει* 253 L^{-248} 547* Dam. (-*ση*): cf. Thack. § 18$_1$; *ποιησει* V; *πονει* 307; *πεσει* 694; *υποπεση* 404 (om. *οὐ*)

6 (7) *χρείαν*] + *τινα* *O* | *εσχεν* Dam. p. 408 | *καί* 1°] + *αυτος* 543* | *ἀποπλαν. σε*] *αποπλανα σε* 307; *απεπλανησεν σε* Dam. p. 408 | *σοι* 1°] *σε* 578; *σου* 404 | *δώσει*] *αποδωσει* 336 | om. *σοι* 2° *a* 404 694 La (exc.[pc]) | *ελπιδας* 296-548 404 547 755 Syh | *λαλήσει*] pr. *και* 545[c] Aeth | *σοι καλά*] tr. 46; om. *σοι* S 493 797 | *καλά*] *κακα* 155 694 743 768* | *ἐρεῖ*] *ερις* A | om. *σου* ult. 797

7 (8) om. *ἐν* 248 | *αὐτοῦ* 1°] -*των* 307 | *οὗ*] *αν* 311 | *αποκενωσει* S A V *L*′-157′-315′-743 *c*-679 68-744′ alii = Ald. | *ἤ*] *και* *O* La verss.[p] | *ἐσχάτων*] -*τω* B-S* A C *O* 155 339 La verss.; -*του* 358 543: cf. 1$_{13}$ | *κατα*-

μετὰ ταῦτα ὄψεταί σε καὶ καταλείψει σε
καὶ τὴν κεφαλὴν αὐτοῦ κινήσει ἐπὶ σοί.
8 πρόσεχε μὴ ἀποπλανηθῇς
καὶ μὴ ταπεινωθῇς ἐν ἀφροσύνῃ σου.

9 Προσκαλεσαμένου σε δυνάστου ὑποχωρῶν γίνου,
καὶ τόσῳ μᾶλλόν σε προσκαλέσεται·
10 μὴ ἔμπιπτε, ἵνα μὴ ἀπωσθῇς,
καὶ μὴ μακρὰν ἀφίστω, ἵνα μὴ ἐπιλησθῇς.
11 μὴ ἔπεχε ἰσηγορεῖσθαι μετ᾽ αὐτοῦ
καὶ μὴ πίστευε τοῖς πλείοσιν λόγοις αὐτοῦ·
ἐκ πολλῆς γὰρ λαλιᾶς πειράσει σε
καὶ ὡς προσγελῶν ἐξετάσει σε.
12 ἀνελεήμων ὁ μὴ συντηρῶν λόγους

B S A C V *O L l a b c* min. La verss.

μωμησεται V 603: cf. 11$_{33}$ | *σου*] *σε b*; *σοι* 493 46 | *μετὰ τ.*] *και τ.* 672; pr. *και L*-694-743 797 La^{V} Dam. p. 408 = H; *et si* Aeth | *καταλείψει*] -*ληψει* 296 (-*ψη*) -548 alii; -*ληψεται* 543 672; *καλυψει* S: cf. 4$_{19}$ | om. *καί* ult. *a*-534 La$^{\Lambda}$ | *σοί*] *σε* 106-545 296-548

8 (10) init.] pr. *και* V La$^{L\Theta}$ | *μή* 1°] *μηποτε* 548 | *ἀποπλανηθῇς*] -*θεις* 706 743 La (*seductus*); *πλανηθης* 307 548; + *τη διανοια* (+ *σου O l* Dam.) *O*-V 248-672-694-743-*l* Dam. p. 189 | *καί*] + *ου* 493; > La | om. *μή* 2° S *b* 46 404 443 534 La Mal. Dam. p. 1529 | *ἐν ἀφροσύνῃ* 253 La (*in stultitiam*) Sa Ra. = H] *εν ευφροσυνη* rel.: cf. 34$_{27}$ $_{31}$ 50$_{23}$ | *σου*] pr. *καρδιας O*-V *L*-672-694: cf. H; > 679 La Arm = H

9 (12) *προσκαλουμενου a* Max. p. 933 Anton. p. 964 | om. *σε* 1° 672 | *δυνατου* 46 694: cf. 7$_{6}$ | *ὑποχ. γίνου*] tr. *O*; *υποχ. φευγε* 603 | *καὶ τόσῳ μ. σε*] *τοτε μαλιστα* Max. Anton. | *τόσῳ*] *τοσον* 548; *τοσουτον l*-694-743; *τοσουτω* 248: cf. 11$_{11}$; *πλεον* 575 | *μᾶλλον*] + *οσω* 578; + *οσαν αν* 534; tr. post *σε* Dam. p. 1208 | *σε προσκαλ.*] tr. B C *O* 358 603 753 Sa = H; *επεται σε* 694; om. *σε* 307; + *πλεοναζων O* 248-672-694-743

10 (13) *ἔμπιπτε*] + *αυτω* 575 Sa | *ἵνα μή* 1° B 248-315′ 157′ 336 613] *μηποτε* 575 Sa; *μη* rel. | *ἀπωσθῇς*] *αποσθεις* 743; *αποσθης* 637-315 alii; *αποστης* 545-705 575 673* (*αποσθης*^{c}) 679; + *ακριτως* (*ακριβως* 545) *L′*-694 | om. 10b 755 Sa: homoiot. | om. *μή* 3° 744 La^{GCX} | *μακράν*] -*ρους* 253; *μικραν* 744: cf. 10$_{10}$ | *αφιστων* 68-744 548 743 = Ald.; *αφιστασο* 547 613 | *ἐπιλησθῇς*] -*θησης* 545^{c}; *εμπλησθης* 248*

11 (14) *εισηγορ(ε)ισθαι* B-S A C V *L*-130-705 296-548 alii | *μετ᾽ αὐτοῦ*] *μετ αυτο* 694; *παρ αυτου* 336; *αυτω* 253 | *μη πιστευσης* 248-315′ *b* Mal. | om. *τοῖς* 694 | *ὡς*] *ωσπερ* 672 753; *ὁ* 46 | *προσγελῶν*] *γελων* 753; + *σοι* Syh Aeth Arm = H | *ἐξετάσει*] *προσγελασει* 307: ex praec. | *σε* 2°] *τα κρυπτα σου O*-V *L′*-694-743; + *de absconditis tuis* La; > Arm = Sixt.

12 (15) 12a] *ανελεημονως δε συντηρησει λογους σου O*: cf. La (*immitis animus illius conservabit verba tua*) | 12a init.] pr. *και* 797 | om. *μή* 1° 547* 578 | *συντηρῶν*] *τηρων* 754* | *λόγους*] *νομους* 753; + *σου* V 545^{c}

καὶ σὺ μὴ φείσηται περὶ κακώσεως καὶ δεσμῶν.
13 *συντήρησον καὶ πρόσεχε σφοδρῶς,*
ὅτι μετὰ τῆς πτώσεώς σου περιπατεῖς.
14 *ἀκούων αὐτὰ ἐν ὕπνῳ σου γρηγόρησον,*
πάσῃ ζωῇ σου ἀγάπα τὸν κύριον,
καὶ ἐπικαλοῦ αὐτὸν εἰς σωτηρίαν σου.

15 *Πᾶν ζῷον ἀγαπᾷ τὸ ὅμοιον αὐτῷ*
καὶ πᾶς ἄνθρωπος τὸν πλησίον αὐτοῦ·
16 *πᾶσα σὰρξ κατὰ γένος συνάγεται,*
καὶ τῷ ὁμοίῳ αὐτοῦ προσκολληθήσεται ἀνήρ.
17 *τί κοινωνήσει λύκος ἀμνῷ;*
οὕτως ἁμαρτωλὸς πρὸς εὐσεβῆ.
18 *τίς εἰρήνη ὑαίνῃ πρὸς κύνα;*
καὶ τίς εἰρήνη πλουσίῳ πρὸς πένητα;

B S A C V *O L l a b c* min. La verss.

(= La); + *μου* Sa | om. *μή* 2° 543 | *φεισεται* 253 493-705 68-744′ 249-754 307 404 543 547 548-706 613 672 679 728 743 755 797 Dam. p. 104 | *περί*] *απο a*-534 307; > 542 | *κακώσεως*] + *σου* 248-694-743

13 (16) *συντήρησον*] -*σαι* 603; + *και φυλαξον απο πονηρου* Anast. p. 640: ex 4$_{20}$; + *καιρον* Dam. p. 189 | *πρόσεχε*] *προσσχες* 248 336 (*προσχες*); *φυλαξαι* 358 | *σφοδρῶς*] -*ρα* 68-744′ Anast. = Ald.; + *του ακουειν L′*-672-694-743; + *auditui tuo* (*meo*^{pc}) La | om. *τῆς* 46 358* | *περιπατει* 46 Arm(II)

14 (17—18) hab. v. 14 *O* (sub ※ Syh) *L′*-672-694-743 613 La (v. 17-18) Dam. p. 189 (om. init. — *σου* 1°) Anton. p. 784 (om. init. — *σου* 2°) | *αὐτά*] -*του* 694; *ταυτα* 248; *vero* (*verba*^{pc}, + *verba*^{Y}) *illa quasi* La; > 613 | *ἐν ὕπνῳ*] *εν υπνοις O* La (*in somniis*^{G}, *in somnis*^{rel}); *τα ενυπνια* 613 | *σου* 1°] *vide* La | *γρηγόρησον*] *και γρηγορησεις O* La; + *εν* 613 | *σου* 2°] > *O* 248-743; *αλλ* 672 | om. *τόν* 613 Dam. | *εν σωτηρια l* La

15 (19) *Πᾶν*] *εκαστον* Cyr. VII 473 | *ὅμοιον*] + *ζωον* 694 | *αὐτῷ*] -*του* V *L′*$^{-248}$-743 68-744′ 404 421 443 534 578 753 755 Cyr. VI 997^{ap} Chr. IX 422 XI 20 Dam. p. 397: cf. 16b 27$_{9}$; > PsAth. IV 380 | om. *πᾶς b* 404 Arm Chr. II 141 IX 422 XI 20 Mal. | *ἄνθρ.*] + *αγαπα* 248 Aeth: ex 15a | *τόν*] *τω* 575 578; *το* 545 744 = Ald. | *πλ. αὐτοῦ*] *πλ. αυτω* 694*; *παραπλήσιον αὐτῷ* Kuhn I 295; om. *αὐτοῦ b*

16 (20) *π. σάρξ*] *οτι παν ορνεον* Epiph. I 458; pr. *και* 307 358 543 755 Aeth | *κατὰ γένος*] + *αυτης b* 743^{c} (*αυτων**) | *συνάγεται*] *συναπτεται* 307 404; *δοξαζεται* 797; *coniungitur* (-*getur*^{V}) La | *αὐτοῦ*] -*τω* Syh La^{pc} (*sibi*) Cyr. VII 293te; > Epiph. | *προσκολληθ.*] *κολληθησεται* Epiph.; *sociabitur* La = H | *ἀνήρ*] *ανδρι* 358

17 (21) *ἀμνῷ*] *αρνω* 443: cf. Sap. 19$_{9}$ | 17a fin.] + *η υαινα κυνι η πλουσιος πενητι* 421: ex 18 | *οὕτως*] *ουδε O* | *πρὸς εὐσεβῆ*] *ευσεβει O* La (*iusto*)

18 (22) *ὑαίνῃ*] -*νης* 404 534; -*νους* 545; *ενι* 672 | *καὶ τίς*] *ουτως ουδ* 311 | *πλουσίῳ*] -*σιον* 694; -*σιου* 753; -*σιος ων* 315 | *πρὸς πέν.*] *μετα πενητος* 311; pr. *με⟨τα⟩* V*

19 *κυνήγια λεόντων ὄναγροι ἐν ἐρήμῳ·*
οὕτως νομαὶ πλουσίων πτωχοί.
20 *βδέλυγμα ὑπερηφάνῳ ταπεινότης·*
οὕτως βδέλυγμα πλουσίῳ πτωχός.
21 *πλούσιος σαλευόμενος στηρίζεται ὑπὸ φίλων,*
ταπεινὸς δὲ πεσὼν προσαπωθεῖται ὑπὸ φίλων.
22 *πλουσίου σφαλέντος πολλοὶ ἀντιλήμπτορες·*
ἐλάλησεν ἀπόρρητα, καὶ ἐδικαίωσαν αὐτόν.
ταπεινὸς ἔσφαλεν, καὶ προσεπετίμησαν αὐτῷ·
ἐφθέγξατο σύνεσιν, καὶ οὐκ ἐδόθη αὐτῷ τόπος.
23 *πλούσιος ἐλάλησεν, καὶ πάντες ἐσίγησαν*
καὶ τὸν λόγον αὐτοῦ ἀνύψωσαν ἕως τῶν νεφελῶν.
πτωχὸς ἐλάλησεν καὶ εἶπαν Τίς οὗτος;
κἂν προσκόψῃ, προσανατρέψουσιν αὐτόν.

B S A C V *O L l a b c* min. La verss.

19 (**23**) *κυνηγος* Dam. p. 1480 | *οὕτως*] *και* 311 | *νομαί*] *νομη* *O* La (*pascua*) Arm = H | *πτωχοί* Anton. p. 885] -*χεια* 46: cf. 20b; pr. *οι* *O*-V L'^{-248}-694-743 155 157′ 311-706 336 339 358 404 543 575 679 753 755 Dam.

20 (**24**) *υπερηφανων* 253 248-315-694 *a*-534-613* 46 603 705^{c} (vid.) 706: cf. 1_{25}; -*νοις* Anton. p. 1181 | *ταπεινωσις* A (*ταπιν.*) *b* 296-548 Anton. | *πλουσιων* 46 336; -*σιου* 155 La; > 358 | *πτωχός*] -*χοι* 336 404; -*χεια* 46: cf. 19b

21 (**25**) om. 21-23 493 | om. 21b 106-545 155 336 694 753 797: homoiot. | *ταπεινός*] *πτωχο* S* 248-315′ Syh Sa Aeth Arm | *προσαποθειται* 637 alii; *προσαποθανειται* *c* | *φίλων* 2°] pr. *των* 421

22 (**26—27**) *πλουσίου*] -*σιω* 253; *πλουτου* Max. p. 793 | *ἐλάλησεν*] -*σαν* 46 358 421 534′ 575 672 Dam. p. 1480 | *ἀπόρρητα*] *αδικα* 358; *superba* La; *πλουσιος* Chr. V 224: cf. 23a | *εδικαιωσεν* 336 694 | *αὐτόν*] *πολλοι* 155: ex 22a; + *omnes* Sa | *ταπεινός*] *πτωχος* Syh Sa Aeth Arm Chr. V 224: cf. 23c; pr. *ὁ* 679; + *δε* 358 421 Aeth | *ἔσφαλεν*] *εσφαλη* A 46 (-*λλη*) 421 Dam. p. 285 Anton. p. 889: Thack. p. 286; *ελαλησε* 307 ArmII Chr. V 224 = Syr: cf. 23c; pr. *ουκ* *O* 336 | *προσεπετιμησεν* *c* 755; *προσετιμησαν* 253 106 315-672* | *αὐτῷ* 1°] -*τον* 296* 543 728 743 Dam. p. 285

23 (**28—29**) *πλούσιος*] + *μεν* 421^{c} | *ἐσίγησαν*] *εσιωπησαν* 694 (-*πισαν*): cf. 20_{7} Thr. 3_{49} | *ἀνύψωσαν*] -*σεν* 307 534; *υψωσαν* 421; tr. post *νεφελῶν* 253 La = H | om. *τῶν* 606 = H: cf. 32_{20} | *πτωχός*] + *δε* 421^{c} | *ειπον* 637-694-*l* 46 755 | *Τίς*] + *εστιν* 421 La | *ουτως* V | *κἄν*] *και εαν* 253 248 339; *και αν* 743; *και* 443 694; *εαν* 548 | *προσκοψει* 296-548 alii | *προσανατρεπουσιν* A 307 315′ 404 421 $La^{G\,pl}$ (*subvertunt*); *προσαναστρεψουσιν* V 548 694: cf. 12_{12} | *αὐτόν*] -*του* 578

24 ἀγαθὸς ὁ πλοῦτος, ᾧ μή ἐστιν ἁμαρτία,
καὶ πονηρὰ ἡ πτωχεία ἐν στόμασιν ἀσεβοῦς.

25 Καρδία ἀνθρώπου ἀλλοιοῖ τὸ πρόσωπον αὐτοῦ,
ἐάν τε εἰς ἀγαθὰ ἐάν τε εἰς κακά.
26 ἴχνος καρδίας ἐν ἀγαθοῖς πρόσωπον ἱλαρόν,
καὶ εὕρεσις παραβολῶν διαλογισμοὶ μετὰ κόπων.
14 1 μακάριος ἀνήρ, ὃς οὐκ ὠλίσθησεν ἐν στόματι αὐτοῦ
καὶ οὐ κατενύγη ἐν λύπῃ ἁμαρτιῶν·
2 μακάριος οὗ οὐ κατέγνω ἡ ψυχὴ αὐτοῦ,
καὶ ὃς οὐκ ἔπεσεν ἀπὸ τῆς ἐλπίδος αὐτοῦ.
3 ἀνδρὶ μικρολόγῳ οὐ καλὸς ὁ πλοῦτος,
καὶ ἀνθρώπῳ βασκάνῳ ἵνα τί χρήματα;

B S A C V *O L l a b c* min. La verss.

24 (80) *ἀγαθός*] + *εστιν* A La verss.^{p} | om. *ὁ πλοῦτος* 743 744*; om. *ὁ* 296-548 336 421 Dam. p. 1480 Anton. p. 881 | *ᾧ*] *ο* 443* 797; *ου* 358 | *ἐστιν*] *προσεστιν* *O*-S^{c} 248-694; *παρεστιν* *L*$^{-248}$ | *ἁμαρτία*] *πονηρον* 421 | *πονηρά*] *-ρον* 421; *-ρια* 46 | *πτωχεία*] *πενια* 755; + *ἡ* 46 | *στόμασιν* B V 336 443 542 578 753] *στοματι* rel. (Anast. p. 436): cf. 1$_{29}$ | *ἀσεβοῦς*] *ευσ.* B 753 Mal. (»*εὐσεβοῦς, ἐν δὲ ἑτέροις ἀσεβοῦς*«): cf. Iob 32$_{3}$ Eccl. 3$_{16}$; *ασεβων* 421 613^{c} verss.^{p}: cf. 7$_{17}$

25 (81) *αλλοιει* 404 547 672 705 743: cf. 25$_{17}$ 40$_{5}$; *αλλιουται* 548 | om. *τό* 542 Dam. p. 397 | om. *τε* 1° B | om. *εἰς* 1° 404 La$^{\Psi}$ | *ἀγαθά*] *-θον* 705 (*-θων*) 755 La^{pc} = H | om. *εἰς* 2° La$^{\Psi}$ | *κακά*] sing. La^{pc} = H; *πονηρα* *O* 315′: cf. 27$_{22}$; + *τη ζωη γενηται* 694 | fin.] + *και αγαθυνει προσωπον εν τερψει καρδια θαλλουσα* *O L*′-694-743 679 (tr. post 26b): dupl. ad 26a

26 (82) *ἴχνος καρδίας*] *καρδια* 672; om. *ἴχνος* 315 | *πρόσ. ἱλ.*] tr. V La$^{\Theta}$; *προσ. ιλαρυνει* 155 (*ηλ.*); *προσ. θαλλον* *L*: cf. 25 fin. et Prov. 15$_{13}$ | *ευρεσεις* A alii | *παραβολῶν*] *παρα πολλων* 46; *περιβόλων* Bret. p. 219 | *διαλογισμοί*] *-μος* *O*-V 248-694 Sa ArmII = H; *-μου* 336 534; *-μων* 307 | *κόπων*] *κοπου* B *O L*-694 307 755 (vid.) La = H; *κοσμου* V; *κοπτων* 336

14 1 *ὠλίσθησεν*] *ωλισθεν* 797: cf. 3$_{24}$; *ολισθησεται* 679 Dam. p. 1341 (non p. 1236) | om. *ἐν* 1° 743 La (hab.^{CL}): post *-εν* | *στόματι* Dam.] pr. *τω* A V *L*′-694-743 *b c* 46 307 315 336 339 358 443 542 543 547 753 755 Antioch. p. 1541; *λογω* 613 Arm; *verbo ex ore* La; *τη γλωσση* *a*: cf. 25$_{8}$ | *αὐτοῦ*] *-των* 307 | *καί*] + *ος* *l a*-534′ 543 Arm(II): cf. 2b | *ἐν* 2°] *σε* 404 | *λύπῃ*] *λυπαις* 743; *πληθει* 248-315′ | *ἁμαρτιῶν*] *-τιας* B *O*-V *l*-694 *a*-534 La Sa Aeth Clem. Isid. p. 433. 1168 Mal.; *αμαρτωλων* 307 753 797*

2 *μακάριος*] + *ανηρ* A 743 Sa ArmII: ex 1a (cf. H) | *οὗ*] *ος* 404 578 672*; *ᾧ* Dam. p. 1236; > 705 | *οὐ*] *ουκ* 694 743; > 46 744*: post *οὗ* | *κατέγνω*] *κατενυγη* 547* La (*habuit . . . tristitiam*) Aeth: ex 1b; *αγνω* 694; *εγνω* 743 | *ψυχή*] *καρδια* 542 | om. *ὅς* La Sa = H: cf. 1b | om. *ἀπό* 253 La$^{\Omega}$ | fin.] + *της επι* (+ *τον* *O*-V) *κυριον* *O*-V *L*′-694 339 Arm (sim.)

3 *σμικρολογω* 155′ 358 545^{mg} 547^{c}; *μακρολογω* 547* 694 753 | *οὐ καλός*] *ου καλον* Anton. p. 885; *ουκ αγαθος* *O* | *ἀνθρώπῳ*] *ανδρι* 248-694 421

4 ὁ συνέχων ἀπὸ τῆς ψυχῆς αὐτοῦ συνάγει ἄλλοις,
καὶ ἐν τοῖς ἀγαθοῖς αὐτοῦ τρυφήσουσιν ἕτεροι.
5 ὁ πονηρὸς ἑαυτῷ τίνι ἀγαθὸς ἔσται;
καὶ οὐ μὴ εὐφρανθήσεται ἐν τοῖς χρήμασιν αὐτοῦ.
6 τοῦ βασκαίνοντος ἑαυτὸν οὐκ ἔστιν πονηρότερος,
καὶ τοῦτο ἀνταπόδομα τῆς κακίας αὐτοῦ·
7 κἂν εὖ ποιῇ, ἐν λήθῃ ποιεῖ,
καὶ ἐπ᾽ ἐσχάτων ἐκφαίνει τὴν κακίαν αὐτοῦ.
8 πονηρὸς ὁ βασκαίνων ὀφθαλμῷ,
ἀποστρέφων πρόσωπον καὶ ὑπερορῶν ψυχάς.
9 πλεονέκτου ὀφθαλμὸς οὐκ ἐμπίπλαται μερίδι,
καὶ ἀδικία πονηρὰ ἀναξηραίνει ψυχήν.
10 ὀφθαλμὸς πονηρὸς φθονερὸς ἐπ᾽ ἄρτῳ
καὶ ἐλλιπὴς ἐπὶ τῆς τραπέζης αὐτοῦ.

B S A C V *O L l a b c* min. La verss.

4 om. *ὁ* 493 548 578 | *συνέχων* Zi.] *συναγων* codd. et verss. | om. *τῆς* Anton. p. 873 | *εντρυφησουσιν* S^{c} 46 155 543: cf. Is. 55$_{2}$ Esdr. II 19$_{25}$ | *ἕτεροι*] *socii* (= *εταιροι* Hart) Syh: cf. 11$_{6}$; *πολλοι* Anton.

5 *πονηρὸς ἑαυτῷ*] tr. La Epiph. II 152 (cf. III 372) | *ἑαυτῷ*] *σεαυτω* 253; pr. *εν* 547^{c}; > 421 | *τίνι*] *τινος* 673^{c}; *ουδεν* 421 | *ἀγ. ἔσται*] tr. 248-743; *αγ. εστι* 672 La^{L} Arm Aug. ep. 204, 5; *ἀγαθῶσαι* Katz; *πονηρωτερον* 421; om. *ἔσται* La^{C} Dam. p. 1480. 412 | *οὐ μή*] *ουκ* *L*-694 | *ευφρανθη* *O*-V 307 534′ 755 | *ἐν*] *επι* *L*$^{-248}$ *b* 155 157′ 336 339 542 543 547 548 755 | *χρήμασιν*] *αγαθοις* *O*-V La = H: cf. 4b

6 om. 6 694 | *βασκανοντος* A | *ἑαυτόν*] *-τω* 534-613* 705 753; *-του* 578; *αυτον* S* 443*; > *a* | *πονηροτερον* *l a*-534 46 336 La verss.^{p} | *τοῦτο*] + *το* 253 155 358 | *κακίας*] *καρδιας* 155: cf. 7b

7 *κἂν*] *και εαν* 248-694 307 Dam. p. 413; *και ει* 672; *και* 155; *εαν* 336 339 La^{pc} Mal. | *ποιῇ*] *ποιει* 296-548 alii; *ποιηση* 248-694 Dam. | *ἐν λήθῃ*] *εν αληθη* 315; *ουχ εκων* 248; + *ουχ εκων* 694-743 (tr. *και ουχ εκων* post *ποιεῖ*) La (*et non volens*) Dam.: dupl. (cf. Syr) | *ἐσχάτων*] *-τω* *O* La verss.: cf. 1$_{13}$ | *εκφανει* S^{c} 248 *b* 706 La^{pc} verss.^{p}: cf. 16$_{25}$ 22$_{19}$ 24$_{32}$ 27$_{6}$ 39$_{8}$; *εκφαινεται* Dam. | *κακίαν*] *καρδιαν* 578 603: cf. 6b

8 *ὀφθαλμῷ*] *-μον εαυτου* A; *-μον* 547*; *-μων* 743; *-μοις* C; *-μου* 694; pr. *ιδειν* 248; pr. *ιδιω* 694 | *ἀποστρέφων*] pr. *et* La Syh | om. *καί* 543 Sa | *ψυχάς*] *ευχας* 547*; *animam suam* La Aeth (= *ψυχην εαυτου* Sm. Katz)

9 *πλεονέκτου*] *-της* 46; + *δε* A | *ουκ εμπιμπλαται* 254 315^{c}: cf. 34$_{3}$; *ου πιμπλαται* *O*-V 248-694: cf. 2$_{16}$ | *μερίδι* Chr. XI 592 Dam. p. 1480] *-δα* A *L*$^{-248}$; *-δος* 248-672-*l* 443 753; pr. *εν* *O* La Max. p. 853 Anton. p. 897; *καρδια* 743 | om. *πονηρά* — *ὀφθαλμός* (10a) 253: homoiar. | *πονηρου* *L*-672 *a*-534 (vid.) 768 | *αναξηρανει* B V | *ψυχήν*] *-χας* 545; + *αυτου* *O*-V *L*-694 La Aeth

10 *πονηρός*] *-ρας* 253* | *φθονερός*] *-ρως* 339 548; *φθορος* V; pr. *ὁ* S^{c}; > *a* | *επ αρτων* C | *ἐλλιπής*] *εκλειπης* 547: cf. 42$_{24}$; *ανελλιπης* 754; *ελπις* 753 | *ἐπί*] *απο* 358 | *τῆς τραπ.*] *τραπεζη* 155; om. *τῆς* 754 | fin.] + *εσται* 753: cf. La (*erit*)

11 *Τέκνον, καθὼς ἐὰν ἔχῃς, εὖ ποίει σεαυτὸν*
καὶ προσφορὰς κυρίῳ ἀξίως πρόσαγε·
12 *μνήσθητι ὅτι θάνατος οὐ χρονιεῖ*
καὶ διαθήκη ᾅδου οὐχ ὑπεδείχθη σοι·
13 *πρίν σε τελευτῆσαι εὖ ποίει φίλῳ*
καὶ κατὰ τὴν ἰσχύν σου ἔκτεινον καὶ δὸς αὐτῷ.
14 *μὴ ἀφυστερήσῃς ἀπὸ ἀγαθῆς ἡμέρας,*
καὶ μερὶς ἐπιθυμίας ἀγαθῆς μή σε παρελθάτω.
15 *οὐχὶ ἑτέρῳ καταλείψεις τοὺς πόνους σου*
καὶ τοὺς κόπους σου εἰς διαίρεσιν κλήρου;
16 *δὸς καὶ λάβε καὶ ἀπάτησον τὴν ψυχήν σου,*
ὅτι οὐκ ἔστιν ἐν ᾅδου ζητῆσαι τρυφήν.

B S A C V *O L l a b c* min. La verss.

11 καθὼς ἐάν] καθως αν 155′ 336 575 694; καθο εαν 672; καθ οσον Dam. p. 1480. 412 Anton. p. 873; εως Anast. p. 369 | ἔχῃς] εχεις 253 alii Dam. Anton. = Sixt.; ευχης 606; ζης Anast. (om. εὖ π. σεαυτόν) | ποίει] ποιησον *l* 797: cf. 13a; ποιησαι 404 743: cf. 7$_{12}$ | σεαυτόν B-S 155] σαυτον A 543; σαυτω Anton.; αυτω 404 743; > V MissMoz.; σεαυτω rel.: cf. 13a 12$_{2\,5}$ | 11b] αξιως προσφερε προσφορας κυριω τω θεω σου Anast.; και κυριω προσφορας προσαγε αξιως 253; *et deo dignas* (= αξιας; *bonas*$^{G\,p1}$) *oblationes offer* La | κυρίῳ ἀξ.] tr. 493; om. κυρίῳ 694 | ἀξίως] αξιους 755; *cum festinatione* Sa; > *l* 575 743 Syh | προσαγαγε 493-672-694-743-*l b* 46 155 311 336 358 404 534′ 543 547^c 575 755 797

12 om. ὅτι 429 | θάνατος] οργη 694 (-γι); pr. ὁ S^c 253 404 547 Sa Anast. p. 369 | χρονιζει 545 La Syh | ουκ αποδειχθη 253 543; ουχ υποδιχθησεται S^c; ουχ υπελειφθη *l*; ουκ απεκαλυφθη Dam. p. 436

13 πρίν] + ἤ *l* 296-548 46 307 443 753: cf. 11$_7$ | σε τελ.] σε τελευτησει 672; tr. *l* 443 753; om. σε 46 743 | ποίει] ποιησον *l*: cf. 11a | φίλῳ] φιλον 705 753 768* | om. καί 1° 672 ArmII | om. σου 548 Arm

14 αφυστερης 542; υστερει V; υστερησης 253 | om. ἀπὸ ἀγαθῆς A | om. ἡμέρας 130 | ἐπιθ. ἀγ.] επθυμια (sic^c, -μει*) αγαθων 46; tr. 315; *boni doni* La; pr. απο 358 | σε παρελθ.] tr. 358 Syh verss.^{p}; om. σε 672 La$^{\Theta *}$ = H | παρελθάτω B C V 307 336 339 358] -θετω rel.

15 ἑτέρῳ B *O*-V 248-694 *a*-534′ 46 753 = H] ετεροις rel. | πόνους σου] εαυτου πονους 253 | κόπους] πονους 672: ex 15a (cf. 29$_4$ Sap. 3$_{15}$) | διαίρεσιν B-S* *O*-V *c*-404-679 358 543 613^c 694 753 La] -σ(ε)ις rel. (Mal. La$^{\Theta * \Psi}$) | κληρων A 307 705^c 755 Arm(II)

16 (16—17) ἀπάτησον] -τησαι 797; απαιτησον S* 46 753 Sa (απαιτει): cf. 34$_{31}$; αποτησον A 358; απωτησον 68; αποτισον 613 (suprascr.); αγιασον *O*-S^c-V *L′ c*-404-679 534′ 542^c 744′ 755 ArmI (lib.); αγαπησον 315 336 ArmII: cf. 30$_{23}$ Ps. 77$_{36}$; παυσον 543; *iustifica* (= δικαιωσον Herk.) La; »ἀγάπησον, ἐν ἑτέροις δὲ ἀπάτησον ἔχει τὴν ψυχήν σου, καὶ ἐν ἄλλῳ δὲ ἔτι ἁγίασον τὴν ψ. σου« Mal. | om. τήν 672 | om. σου 797 | om. ἐν 603 | αδη A V-253 755 (αδει): cf. 17$_{27}$ 41$_4$ | ζητῆσαι] ζητουσα 694; *invenire* La; μνησθηναι *O*; > *c*-679 Arm | τρυφης A; τρυφη 311 358 Arm; τροφην 248 706 La (*cibum*); τροφη 296-548-679: cf. 11$_{27}$; ζωην *O*

17 πᾶσα σὰρξ ὡς ἱμάτιον παλαιοῦται·
ἡ γὰρ διαθήκη ἀπ' αἰῶνος Θανάτῳ ἀποθανῇ.
18 ὡς φύλλον θάλλον ἐπὶ δένδρου δασέος,
τὰ μὲν καταβάλλει, ἄλλα δὲ φύει,
οὕτως γενεὰ σαρκὸς καὶ αἵματος,
ἡ μὲν τελευτᾷ, ἑτέρα δὲ γεννᾶται.
19 πᾶν ἔργον σηπόμενον ἐκλείπει,
καὶ ὁ ἐργαζόμενος αὐτὸ μετ' αὐτοῦ ἀπελεύσεται.

20 Μακάριος ἀνήρ, ὃς ἐν σοφίᾳ μελετήσει
καὶ ὃς ἐν συνέσει αὐτοῦ διαλεχθήσεται,
21 ὁ διανοούμενος τὰς ὁδοὺς αὐτῆς ἐν καρδίᾳ αὐτοῦ
καὶ ἐν τοῖς ἀποκρύφοις αὐτῆς ἐννοηθήσεται.
22 ἔξελθε ὀπίσω αὐτῆς ὡς ἰχνευτὴς
καὶ ἐν ταῖς εἰσόδοις αὐτῆς ἐνέδρευε.
23 ὁ παρακύπτων διὰ τῶν θυρίδων αὐτῆς

B S A C V *O L l a b c* min. La verss.

17 (18a 12c) *ἱμάτιον*] *foenum* La: cf. Is. 40₆ | *παλαιωθησεται* 307 La^V (*veterascet*) | om. *γάρ* 797 | *διαθήκη*] + *ἡ* *L*-315′ 613 | *ἀπ' αἰῶνος*] *huius mundi* La; om. *ἀπ'* 336 = H; + *εως αιωνος l* | *Θανάτῳ*] -*του* 46 | *ἀποθανῇ*] -*νει* 253 alii; -*νειν* 404 578 Syh; -*ν(ε)ιται* S* V La (*morietur*); *τελευτα l*

18 (18b—19) *θαλλον* 296-548; *θαλλος* 545; > 754 Sa Arm Mal.: homoiot. | *δενδρον* 336 694 744 = Ald. | *δασεως* S A 253 637 *c*-679* alii: Thack. § 12₉ | 18b/18c] tr. S* | *τά*] *το* 744 = Ald. | *καταβαλει* 315 | *ἄλλα*] *ετερα* 336 | *οὕτως*] + *και* S A C *L*′-157′-743 *c*-404-679 155 307 339 443 542 547 613 755 La^C verss.^p | *γενεά*] *γενεαι* Sm. | om. *καί* 673 797 | *ἑτ. δέ*] *η δε* 743 797; *η δε ετ.* 542; *αλλη δε* 155 | fin.] + *δια προσταγματος κυριου O*

19 (20—21) *ἐκλείπει*] -*λειψει O* La: cf. H; + *κατα ποιησιν O* 694: dupl. | *ἐργαζόμ.*] *εορταζομ.* 694 | *αὐτό*] -*τον* 694; -*τω* 548 alii; -*τα* 613 | *μετ'*] *μετα* 755 | *επελευσεται* 130 339; *απολειται* *L*^-248

20 (22) om. *ἀνήρ* 46 | *μελετήσει* (-*τα* 705) *O*-S^c *L*′-694 La (*meditabitur* 22b) Arm Ra. = H] *morabitur* (22a = *μελλησει* Herk.: ex *μελετησει*) La^V; *τελευτησει* (-*τα* 307) rel. (Anast. p. 677 Mal.; *morietur* 22a La^G pl); + *καλα O L*′-694 | om. *ὃς* 2° *O* La Arm = H | om. *αὐτοῦ O a*-534 La | *διαλεχθήσ.*] *διαδεχθησ.* A V *b*; *διαλεγησεται* 253: Thack. § 21₄; + *αγια O*-V *L*-694-743; + *circumspectionem dei* La

21 (23ab) om. *ὁ* A *a*-534′ 46 155 336 339 358 443 542 543 672 755 | *τὰς ὁδούς*] *εφοδους* 542^txt | *αὐτῆς* 1°] -*του* 248-743 46 307 613 | *αὐτοῦ*] -*της* 155 | *ἀποκρύφοις*] *ἀτραποῖς* Hart | *αὐτῆς* 2°] -*τοις* 493 alii; -*του* 46 68-744′ 542 = Ald. | *νοηθησεται* B; *διανοηθησ.* 548; *ενουθετησεν* 578

22 (23cd) init.] pr. *και* 46 | *ταῖς*] *τοις* A 548* 578 694 743 | *εἰσόδοις* B^c (*ειοδοις**) = H] *οδοις* rel.: cf. Einl. p. 54 | *αὐτῆς* 2°] -*του* 336 443 672; -*τοις* 743* 744; *αυτως* 694

23 (24) om. *ὁ* 728 | *διά*] *επι* 797 | *της θυριδος* 613* La^pc = H | *αὐτῆς* 1

καὶ ἐπὶ τῶν θυρωμάτων αὐτῆς ἀκροάσεται,
24 *ὁ καταλύων σύνεγγυς τοῦ οἴκου αὐτῆς*
καὶ πήξει πάσσαλον ἐν τοῖς τοίχοις αὐτῆς,
25 *στήσει τὴν σκηνὴν αὐτοῦ κατὰ χεῖρας αὐτῆς*
καὶ καταλύσει ἐν καταλύματι ἀγαθῶν,
26 *θήσει τὰ τέκνα αὐτοῦ ἐν τῇ σκέπῃ αὐτῆς*
καὶ ὑπὸ τοὺς κλάδους αὐτῆς αὐλισθήσεται,
27 *σκεπασθήσεται ὑπʼ αὐτῆς ἀπὸ καύματος*
καὶ ἐν τῇ δόξῃ αὐτῆς καταλύσει.

15 1 *Ὁ φοβούμενος κύριον ποιήσει αὐτό,*
καὶ ὁ ἐγκρατὴς τοῦ νόμου καταλήμψεται αὐτήν·
2 *καὶ ὑπαντήσεται αὐτῷ ὡς μήτηρ*
καὶ ὡς γυνὴ παρθενίας προσδέξεται αὐτόν·
3 *ψωμιεῖ αὐτὸν ἄρτον συνέσεως*
καὶ ὕδωρ σοφίας ποτιεῖ αὐτόν·

B S A C V *O L l a b c* min. La verss.

⌒2° V | om. *καί* 545 La^{Y*} Sa | *ἐπί*] *εκ* 694 | *θυρωμάτων*] *θυρων* 743 | *ακρυαται* 679 La^{X}

24 (25ab) *καταλύων*] *καταβάλων* 542^{txt} | om. 24b 68-744 = Ald. | om. *καί* S^{c} 753 | *πήξει πάσσ.*/*ἐν τοῖς τοίχ. αὐτῆς*] tr. *O*-V *L*-694 La = Syr | *πήξει*] *πησσει* A | *τοίχοις*] *τειχ.* 493-743 679; *οικοις* S*: cf. Sap. 13$_{15}$ Esdr. I 6$_{8}$

25 (25cd) om. v. 25a 679 Sa^{L} = Syr | *στήσει*] *θησει* 493^{c}: cf. 26a | *αὐτοῦ*]-*της* 744′ = Ald.; > Syh | *χεῖρας*] -*ρα* *L a*-534 336 339 358 542 543 La$^{Q\Phi}$ Syh = H: cf. 25$_{26}$; -*ρος* 443; pr. *τας* C | *αὐτῆς*] -*του* 46 | *ἐν καταλ.*] *εν καταλυμασιν* 613; *εγκαταλυματα* 548 | *αγαθω* *O*-V 46 155′ 336 542 679 La Aeth

26 init.] pr. *και* S* A C 336 358 Aeth = H | *θήσει*] *στησει* (-*ση* 296-548) S* A C *c* 155′ 157′ 307 315′ 339 358 542 543 755 La (*statuet*): cf. 25a | *αὐτοῦ*] -*της* V | *ἐν*] *επι* 694; *sub* La Sa | om. *τῇ* A *c* | *σκέπῃ*] *σκηνη* S*: cf. 31$_{19}$ | *του κλαδου* 46; *τας κλαδους* 545

27 init.] pr. *και* S* 358 La$^{\Sigma}$ Aeth = H | *ὑπʼ αὐτῆς*] *απ αυτης* S* A 248-*l a*-534 *c* 542: cf. 28$_{19}$; *εν τη σκεπη αυτης* *O*-V La = H: cf. 26a | *ἀπό*] *υπο* 637 | *καύματος*] *καυσωνος* 253; *καλυματος* 443

15 1 *κύριον*] pr. *τον* C *O*-V 248-672-694 46 311-548 547 578 753 755: cf. 2$_{7}$ | *αὐτό* = La$^{G\,rel}$] -*τα* *O*-V *L*′-672-694 *a*-534: cf. H; *bona* La$^{V\Omega}$; *αγαθον* 768 BrevGoth. (*bonum*): cf. Einl. p. 44 | *ἐγκρατής*] *ειληφως* *O*-V | *τοῦ ν.*] *γνωσιν ν.* *O*-V; *γνωσεως ν.* *L*-694; om. *τοῦ* 743 753; *iustitiae* La | *καταλήμψεται*] -*λειψεται* *c*; *εγκαταληψεται* 249-754; *αντιληψεται* *l a*-534; *ευρησει* *O*-V *L*-694-743 | *αὐτήν*] -*τον* A 543 768 La^{pc} (*illum*); -*των* *l a*; -*τω* 534; -*το* 578 BrevGoth. (*illud*); -*της* 613 797

2 om. 2a 307 694 | *καὶ ὑπαντ.*] *απαντησεται γαρ* *O*-V | *ὑπαντ. αὐτῷ*/*ὡς μ.*] tr. *L* | *ὑπαντήσεται*] *απ.* *O*-V: cf. 9$_{3}$; *υπαντησει* S A *L*′-157′-743 *a*-534′ *b* 46 155 336 358 443 679 753 Mal.: cf. Thack. § 20$_{3}$ Hatch p. 250 | *παρθενος* 46 311 755 Aeth | *αὐτόν*] -*τω* 728 797; > 106-545

3 (3ab) *ψωμισει* *l* 534′; *ψωμιεις* V | *ποτισει* B 130 534′ 543: cf. 24$_{31}$; *ποιησει* V

4 στηριχθήσεται ἐπ᾽ αὐτὴν καὶ οὐ μὴ κλιθῇ,
καὶ ἐπ᾽ αὐτῆς ἐφέξει καὶ οὐ μὴ καταισχυνθῇ·
5 καὶ ὑψώσει αὐτὸν παρὰ τοὺς πλησίον αὐτοῦ
καὶ ἐν μέσῳ ἐκκλησίας ἀνοίξει στόμα αὐτοῦ·
6 εὐφροσύνην καὶ στέφανον ἀγαλλιάματος
καὶ ὄνομα αἰῶνος κατακληρονομήσει.
7 οὐ μὴ καταλήμψονται αὐτὴν ἄνθρωποι ἀσύνετοι,
καὶ ἄνδρες ἁμαρτωλοὶ οὐ μὴ ἴδωσιν αὐτήν·
8 μακράν ἐστιν ὑπερηφανίας,
καὶ ἄνδρες ψεῦσται οὐ μὴ μνησθήσονται αὐτῆς.
9 οὐχ ὡραῖος αἶνος ἐν στόματι ἁμαρτωλοῦ,
ὅτι οὐ παρὰ κυρίου διεστάλη·

B S A C V *O L l a b c* min. La verss.

4 (**8c—4a**) *στηριχθήσεται*] *στηρισθ.* S A C V-253 339 358: cf. 39_{32} 42_{17} et Thack. § 18_3; *σταθησεται* 547* | *ἐπ᾽ αὐτήν*] *επ αυτη* 679; *εν αυτη* *O*-V Aeth; *υπ αυτης* *l a*-534; *επ αυτον* S* 613^{c} (vid.) 728; *in illo* (*illa*$^{\Theta c}$) La | *κλιθῇ*] *κλισθη* S; *σαλευθη* 743 | $_4$b/$_5$] tr. *a*-534 130 | *ἐπ᾽* 2°] *υπ* 613 | *αὐτῆς*] -*τη* A *O*-S^{c} *a b c* 157′ 339 358 542; -*την* V *L*$^{-248}$-694-743 155 336 547 548 755 | *ἐφέξει*] *αφ.* 545; *εφελξει* 672; *εξεφη* 307; *ενφευξει* 694; *φθεγξεται* 130 534 | *κατεσχυνθειη* 694

5 (**4b—5**) *αὐτόν*] -*την* 336 La^{X} (*illam*) | *τούς*] *τον* 755 Aeth | om. *αὐτοῦ* 1° 753 | om. *καί* 2° *b* | *ἐκκλησίας*] + *αυτου* 534 | *ανοιξαι* 336 | *στόμα* B *O*-V 248-694 *a*-534′ 339 542 Mal. Zi.] pr. *το* rel. | *αὐτοῦ* 2°] -*της* 155; > 534 | fin.] + *και επ αυτης φθεγξεται και ου μη καταισχυνθη* *l*: ex $_4$b

6 *ἀγαλλιάματος*] *αγαλλιασεως* 155 307 613 768* 797; + *ευρησει* S* A *L*′-315′-694-743 *a*-613 (+ *εν αυτη*) 542^{c} (-*σεις*) = H; + *thesaurizabit* (= *θησαυρισει* Hatch p. 266 Sm.) *super illum* La | *αἰῶνος*] -*νιον* B *l a*-534′ 307 339 358 679 694 (-*νον*) 753 La verss.^{p} Mal. (»*αἰῶνος ἢ αἰώνιον, ὡς ἐν ἑτέρῳ*«): cf. 2_9 | *κληρονομησει* *l a*-534′: cf. 4_{16}; + *αυτον* S^{c} 248-694-743 La = H

7 (**7abc**) init.] pr. *και* *O*-V *L*$^{-493}$-672-694 *a* 542 Aeth | *καταλήμψονται*] -*λημψωνται* *L*$^{-493}$ alii; *καταλαβωσιν* 311 | *ἄνθρ. ἀσύν.*] tr. *l* | *ἀσύνετοι*] *συνετοι* 637 Syh; pr. *απαιδευτοι και* 534 | *ἄνδρες*] *ανθρωποι* A *l a*-534′ *b c* 155 307 315′ 339 542 547 755 La (*homines*): cf. $_7$a | *ἁμαρτωλοί*] *ασυνετοι* 46 La (*stulti*): ex $_7$a; *ονομαστοι* 543 | *οὐ μή* 2°] *ουκ* 637 | *ειδωσιν* V 637: cf. 33_3 46_{10} 48_{11} Sap. 2_{17}

8 (**7d—8**) *ὑπερηφανίας*] -*νων* 637 Aeth = H; pr. *απο* *L*′-672-694-743 679 La Syh Sa Aeth = H | *ψευδεις* V | om. *μή* *b* 679 | *μνησθήσονται*] -*σωνται* 753; *μνησωνται* S*; *μνησθωσιν* 493-*l* 311 613 672; *ιδωσιν* *a*: ex $_7$b | *αὐτῆς*] -*την* *a* 336 | fin.] + ($_8$bc) *ανδρες αληθευοντες ευρεθησονται εν σοφια και ευοδωθησονται εως επισκοπης κυριου* Anton. p. 841 La (*et viri veraces inveniuntur* (-*ientur*^{V}) *in illa et successum habebunt usque ad inspectionem dei*)

9 (**9—10 a**) *αἶνος*] *υμνος* Chr. XI 363 PsChr. V 538; pr. *ὁ* *c* 429 694 Greg Nyss. I 484^{ap} Chr. IX 255; *laus dei* Or. VI 203 Lo. | *στόματι*] pr. *τω* Ath. I 544te Chr. IX 255 | *ἁμαρτωλοῦ*] -*λων* 254 694; pr. *του* Ath.^{te} | om. *οὐ* 46 La | *κυρίου*] pr. *του* *b* | *διεστάλη* Hart] *απεσταλη* (-*λην* 493-743-545*) codd. et verss.; + *αυτω* (-*την* 545*, -*τη*^{c}) *L*′-694 = H

10 ἐν γὰρ σοφίᾳ ῥηθήσεται αἶνος,
καὶ ὁ κύριος εὐοδώσει αὐτόν.

11 Μὴ εἴπῃς ὅτι Διὰ κύριον ἀπέστην·
ἃ γὰρ ἐμίσησεν, οὐ ποιήσει.
12 μὴ εἴπῃς ὅτι Αὐτός με ἐπλάνησεν·
οὐ γὰρ χρείαν ἔχει ἀνδρὸς ἁμαρτωλοῦ.
13 πᾶν βδέλυγμα ἐμίσησεν κύριος,
καὶ οὐκ ἔστιν ἀγαπητὸν τοῖς φοβουμένοις αὐτόν.
14 αὐτὸς ἐξ ἀρχῆς ἐποίησεν ἄνθρωπον
καὶ ἀφῆκεν αὐτὸν ἐν χειρὶ διαβουλίου αὐτοῦ.
15 ἐὰν θέλῃς, συντηρήσεις ἐντολὰς
καὶ πίστιν ποιῆσαι εὐδοκίας.
16 παρέθηκέν σοι πῦρ καὶ ὕδωρ·
οὗ ἐὰν θέλῃς, ἐκτενεῖς τὴν χεῖρά σου.

B S A C V *O L l a b c* min. **La** verss.

10 (**10bcd**) om. *γάρ* V* 46 Aeth = H | *ῥηθήσεται*] *astabit* (= *σταθησεται* Sm., = *τεθησεται* Pe.) **La** | 10^{a} fin.] + *εν στοματι ευσεβων πληθυνθησεται ανθρωπος* (*ανος* ex *αινος* Herk.) Anton. p. 769; + *et in ore fideli abundabit* **La**: cf. *σοφία ἐν στόματι πιστῶν* Clem. II 125 (vide H et **31**$_{8}$) | om. *ὁ* 534

11 *ειποις* 673: cf. 5_{3} | om. *ὅτι* **La** Aeth = H: cf. 12^{a} 5_{1} | *Διὰ κύριον*] *παρα κυριου* 753 | *ἀπέστην*] *-στη* S* $\mathbf{La}^{Z*\Theta}$ (*recessit*); *-στης* 797; *απεσταλην* C 358 768*; *απεστιν* 155 534 (*-τι*) **La** (*abest*): cf. 27_{20} | *ἃ*] *ὅ* 534 578 | *ἐμίσησεν*] *εποιησεν* 307; pr. *εκεινος* 613 | *ποιήσει* 768 Sm. **Ra.**] *μισησει* 307; *ποιησεις* rel.

12 *ειποις* 672: cf. 11^{a} | om. *ὅτι* S *O*-V *L′*-694 46 307 339 443 679 753 **La** Aeth Anast. p. 332 = H: cf. 11^{a} | *Αὐτός*] *ο θεος* Anast. | *ἐπλάνησεν*] *επλασεν* V *L′*-157′-743 249-754 *c* 307 336 543^{c} 547 613 Anast. | *εχω* 637

13 *πᾶν*] + *δε* 637 307; + *γαρ* $\mathbf{La}^{X\Omega}$ (*enim*) Aeth Anast. p. 332 | *κύριος* B] pr. *ὁ* rel.: cf. 1_{26} | *ἔστιν*] *erit* (= *εσται*) **La** | *ἀγαπητόν*] *ἀπαντητόν* Knabenbauer | om. *τοῖς* 694

14 *αὐτός*] *ο θεος* **La** Arm Anast. p. 485 (tr. post *ἀρχῆς*) p. 617 = H; *ος αυτα* 673; *ουτος* V; + *γαρ* 155 358 $\mathbf{La}^{\Omega}$ (*enim*) | *ἄνθρ.*] pr. *τον* *l* 46 443 679 753 = H^{A} | *ἀφ. αὐτόν*] tr. 672 | *χειρί*] pr. *τη* C | *διαβολιου* 157 336* 543 753 754 755

15 (**16**) *θελεις* 307 alii; *θελησης* S*: cf. 6_{32} | *συντηρήσεις*] *-σης* 68-744 alii = Ald.; *-σαι* *O*-S^{c}(*-σε*)-V L^{-248}-694 *b* 157 542 534-613* **La**; *-σειν* 679; *διατηρησεις* 307; *τηρησαι* 797 | *ἐντολάς*] *-λην* 46 $\mathbf{La}^{X}$ Aeth | *ποιῆσαι*] *-σεις* 637-694-*l* 543 613^{c} verss.^{p}; *τηρησαι* 797 Syh: ex praec.; *ποιηται* 744 = Ald.

16 (**17**) *σοι*] *σε* 307; *σου* 315 | om. *καί* 797 | *οὗ*] *οπου* *a*-534′; > 548 | *θελεις* 253 alii; *εθελης* 753 | *ἐκτενεῖς* Chr. X 117] *εκτεινεις* 157 254 Syh; *εκτεινης* 797; *εκτεινοις* Dam. p. 1109; *εκτεινον* L^{-493}-315′-743 **La** (*porrige*) Chr. II 756 Antioch. p. 1764 = H^{A}: cf. 7_{32} 14_{13} | *τὴν χ.*/*σου*] *τας χειρας σου* 253 Arm = H; tr. Chr. II 756 Antioch.

17 *ἔναντι ἀνθρώπων ἡ ζωὴ καὶ ὁ θάνατος,*
καὶ ὃ ἐὰν εὐδοκήσῃ, δοθήσεται αὐτῷ.
18 *ὅτι πολλὴ ἡ σοφία τοῦ κυρίου·*
ἰσχυρὸς ἐν δυναστείᾳ καὶ βλέπων τὰ πάντα,
19 *καὶ οἱ ὀφθαλμοὶ αὐτοῦ ἐπὶ τοὺς φοβουμένους αὐτόν,*
καὶ αὐτὸς ἐπιγνώσεται πᾶν ἔργον ἀνθρώπου.
20 *οὐκ ἐνετείλατο οὐδενὶ ἀσεβεῖν*
καὶ οὐκ ἔδωκεν ἄνεσιν οὐδενὶ ἁμαρτάνειν.

16 1 *Μὴ ἐπιθύμει τέκνων πλῆθος ἀχρήστων*
μηδὲ εὐφραίνου ἐπὶ υἱοῖς ἀσεβέσιν·
2 *ἐὰν πληθύνωσιν, μὴ εὐφραίνου ἐπ' αὐτοῖς,*
εἰ μή ἐστιν φόβος κυρίου μετ' αὐτῶν.
3 *μὴ ἐμπιστεύσῃς τῇ ζωῇ αὐτῶν*
καὶ μὴ ἔπεχε ἐπὶ τὸ πλῆθος αὐτῶν·

B S A C (fin. 1a) V *O L l a b c* min. La verss.

17 (18) init.] pr. *και* 547; pr. *quia* Arm | *εναντιον* 339 534-613^{c} Antioch. p. 1764; -*τιω* 694; -*τια* Dam. p. 1109 | *ἀνθρώπων* Anast. p; 485. 617^{ap}] -*που* *a* 429 613^{c} La Arm Antioch. = H; -*πω* 336 Anast. p. 617te; -*πον* Dam.; pr. *των* 753 | om. *ἡ* et *ὁ* *L*$^{-248}$-694 755 Antioch. = H | om. *καί* 2° 315′ La = H^{A} | *ὅ*] *ᾧ* 443*; *σε* 253; *οὗ* Antioch. | *ἐάν*] *αν* 253 694 | *εὐδοκήσῃ*] -*σει* A 493 alii; -*σεν* Anast. p. 485 (non p. 617)

18 (19) om. *ἡ* B-S* C 679: post -*η* | *σοφία*] *ευδοκια* 307 | *τοῦ κυρίου*] *του θεου* *l* La = Syr; pr. *παρα* 534: cf. 1$_{1}$; om. *τοῦ* 46 307 797; *αυτου* Dam. p. 1080 | *ἰσχυρός*] pr. *και* *L′*-743 La = Syr

19 (20) om. *καί* 1° La Sa = H: cf. 31$_{19}$ | om. *οἱ* 307 | *αὐτοῦ*] *κυριου* 46 542 La^{V} (*dei*$^{G\,pl}$ = H): cf. 31$_{19}$ Ps. 32$_{18}$ 33$_{16}$ | *επι τοις φοβουμενοις* 543 755 | om. *καί* 2° 679 Aeth | *επιγνωται* 743 | *ἀνθρώπου*] -*πων* S* *a* 155 315′ Sa = Syr; *αυτου* A 336

20 (21) init.] pr. *και* B 46 547* Aeth (*et ipse*) Mal. | *οὐδενὶ ἀσ.*] tr. *L*-743 755; *τινι ασ.* 307; *ουδενι ασεβων* 795 | om. *καί* 795 | *εδωσεν* A: Thack. § 23$_{10}$ | *ἄνεσιν οὐδ.*] tr. *l a*-534′; *αινεσιν ουδ.* C; *ανθρωπων ουδ.* V | *αμαρτειν* C: cf. 20$_{21}$ 42$_{1}$ et 19$_{28}$

16 1 (15$_{22}$—16$_{1a}$) *ἐπιθύμει*] -*μησης* Anton. p. 1052 | *τέκνων πλ.*] *τεκνον πλ.* S^{c} *L*$^{-248}$-130* alii; *τεκνων πληθους* 672; tr. La Syh verss.^{p} Chr. V 312 Anton. = H; tr. *τέκνων* post *ἀχρ.* 358* Arm; om. *τέκνων* Antioch. p. 1720 | *ἀχρήστων*] *αχρητων* 637 706; -*στον* A C *L′*$^{-637}$-743 *a*-534′ *b* 46 155 307 339 358 443 542 543 547 679 753 755 797 | *μηδέ*] *μη* 106 La^{V} = Sixt. | *ἐπί*] *εφ* 493-743-*l* 46 307 443; *εν* 543 La Syh Aeth = H^{A}: cf. 2a 27$_{29}$

2 (1bc) *ἐάν*] + *δε* 358; pr. *et* Aeth Zeno = H | *πληθύνωσιν* B-S* A *O* (*πληθυνουσιν* 253)-V 248 421 443 679 753] *πληθυνθωσι(ν)* rel.: cf. 11$_{10}$ 23$_{3}$ | *ἐπ'*] *εν* V Syh Aeth Zeno = H: cf. 1b | *εἰ*] *εαν* 578 | *φ. κυρίου μετ' αὐτῶν*] *φ. μετ αυτων θεου* Chr. I 354; *μετ αυτων φ. θεου* Arm Chr. V 312 = H | *μετ' αὐτῶν*] *επ αυτων* 421; *επ αυτοις* 155 La^{V} (*in illis*) Aeth

3 (2—4) *ἐμπιστεύσῃς*] *εκπ.* 68-744 = Ald. | *την ζωην* *l* | om. 3b *l* 307 672 La^{Q} Chr. I 354 Antioch. p. 1720 | om. *μή* 2° 754 | *τὸ πλῆθος* Chr. V 312] *τον*

στενάξεις γὰρ πένθει ἀώρῳ,
καὶ ἐξαίφνης αὐτῶν συντέλειαν γνώσῃ.

κρείσσων γὰρ εἷς ἢ χίλιοι
καὶ ἀποθανεῖν ἄτεκνον ἢ ἔχειν τέκνα ἀσεβῆ.
4 ἀπὸ γὰρ ἑνὸς συνετοῦ συνοικισθήσεται πόλις,
φυλὴ δὲ ἀνόμων ἐρημωθήσεται.

5 Πολλὰ τοιαῦτα ἑόρακεν ὁ ὀφθαλμός μου,
καὶ ἰσχυρότερα τούτων ἀκήκοεν τὸ οὖς μου.
6 ἐν συναγωγῇ ἁμαρτωλῶν ἐκκαυθήσεται πῦρ,
καὶ ἐν ἔθνει ἀπειθεῖ ἐξεκαύθη ὀργή.
7 οὐκ ἐξιλάσατο περὶ τῶν ἀρχαίων γιγάντων,
οἳ ἀπέστησαν τῇ ἰσχύι αὐτῶν·

B S A V *O L l a b c* min. La verss.

τοπον B 46; *τον κοπον* 679 La (*labores*) | hab. 3cd S^c 339 679 Chr. I 354 Antioch. p. 1720 (om. 3d) | *ἐξαίφνης*] *εξαπινα* Chr. | *γνώσῃ*] *-σεται* S^c | *κρείσσων*] *-σσον* V (*κρισσον*) L^{-493}-743 296-548 alii: cf. 10_{27}; *βελτιον* Chr. IX 74 | om. *γάρ* 421 La^{pc} Aeth | *εἷς*] + *δικαιος* *L*-743 Max. p. 1017; + *υιος δικαιος* Anton. p. 1052; + *δικαιος* (> Chr. = H) *ποιων το* (> S^c 315 Mal.) *θελημα κυριου* (*του θεου* Arm Antioch.) S^c 315′ Chr. II 259 III 65/67. 518 IV 186. 193 (om. *το*) 363 V 312 IX 74. 189. 203 XI 350 XII 169. 188 (om. *το*) 614 Antioch. p. 1720. 1721 Mal. (»*ἐν ἑτέρῳ τῷ ἄλλως γεγραμμένῳ*«) = H^B; + *υιος αγαθος* 421; + *timens deum* La | *χίλιοι*] + *αμαρτωλοι* 493 Antioch.; + *παρανομοι* 315′ Mal.; + *υιοι ασεβεις* Anton. La (*filii impii*): cf. 3f; *μυριοι παρανομοι* S^c Chr. Max. Antioch.; *υπερ χιλιους μωρους* 421 | *καί*3°] *δικαιον* S^c Antioch. p. 1721: cf. 10_{23}; + *utile* (+ *est*^{V}) La; *κρεισσον* 421 Anton.: ex 3e; + *melius* Aeth | *ἔχειν τέκνα ἀσ.*] *εχειν τα τ. ασ.* 254; *ασ. τεκνα εχειν* Max.; *τεκνα κτησασθαι ασεβη* 421 (*ασεβει*) Syh; *relinquere filios impios* La; + *και κρεισσων εις ποιων το θελημα κυριου η μυριοι παρανομοι* Chr. V 312

4 (5) *φυλή*] *αυλη* 296-548; *φυλακη* 755: cf. 33_{13a} 44_{23} 48_{10} | om. *δέ* 797 | *ἀνόμων*] *ασεβων* *L* La (*impiorum*) | fin.] + *εν ταχει* L'^{-493}-743 Max. p. 1017 Anton. p. 55

5 (6) *τοιαῦτα*] *ταυτα* 603 | *ἑόρακεν ὁ ὀφθ.* = H] *εωρακαν* (*-κασιν* 493) *οι οφθαλμοι* 493 307 547; *εωρακα* (*εορ.* B*) *εν* (+ *τοις* *b*) *οφθαλμοις* B A *l*-157′ *b c*-679-795 155′ 336 578 | *ισχυροτερον* 46 | *τούτων*] *αυτων* 542 | *μου* 2°] *σου* A

6 (7) *ἁμαρτωλῶν*] *ασεβων* *a* = H; *ανομων* 534: cf. 21_{9} | *πῦρ*] pr. *το* 637 | *ἀπειθεῖ*] *ασεβει* 307 | *εκκαυθησεται* 637 307 543 547 548 $verss.^p$ = 6a; *exardescit* (*-cet*^{V}) La

7 (8) init.] pr. *και* *b* Aeth | *ἐξιλάσατο*] *-σαντο* 46 755 La; *εξιλατο* A: cf. 45_{23} et Thack. § 24 p. 271 | *γιγάντων*] pr. *παντων* 248: cf. Ez. 32_{27} | *ἀπέστησαν*] *αντεστ.* 155 336 613 743; *επεστ.* 705; *confidebant* (= *επιστευσαν* Herk.) Aeth; *destruxerunt* (*destructi sunt*^{V}) *confidentes* La: cf. Aeth (dupl.) | *τῇ ἰσχύι*] pr. *εν* *L′* Syh Sa (*propter*) Aeth = H; + *της αφροσυνης* (*ευφρ.* 637: cf. 13_{8}) *L′* | *αὐτῶν*] *-τω* 296^c; *-του* 795

8 οὐκ ἐφείσατο περὶ τῆς παροικίας Λωτ,
οὓς ἐβδελύξατο διὰ τὴν ὑπερηφανίαν αὐτῶν·
9 οὐκ ἠλέησεν ἔθνος ἀπωλείας
τοὺς ἐξηρμένους ἐν ἁμαρτίαις αὐτῶν.
ταῦτα πάντα ἐποίησεν ἔθνεσιν σκληροκαρδίοις,
καὶ ἐπὶ πλήθει ἁγίων αὐτοῦ οὐ παρεκλήθη.
10 καὶ οὕτως ἑξακοσίας χιλιάδας πεζῶν
τοὺς ἐπισυναχθέντας ἐν σκληροκαρδίᾳ αὐτῶν
μαστιγῶν ἐλεῶν τύπτων ἰώμενος
κύριος ἐν οἰκτιρμῷ καὶ παιδείᾳ διεφύλαξεν

11 Κἂν ᾖ εἷς σκληροτράχηλος,
θαυμαστὸν τοῦτο εἰ ἀθῳωθήσεται·
ἔλεος γὰρ καὶ ὀργὴ παρ' αὐτῷ,
δυνάστης ἐξιλασμῶν καὶ ἐκχέων ὀργήν.
12 κατὰ τὸ πολὺ ἔλεος αὐτοῦ, οὕτως καὶ ὁ ἔλεγχος αὐτοῦ·

B S A V *O L l a b c* min. La verss.

8 (9) *εφεισαντο* 46 753 | *αποικιας* L^{-248} *a b* 46 753 | οὓς ἐβδελ.] *αλλ εβδελ. αυτους* L^{-248}-743 La (*et execratus est eos*); pr. *sed percussit eos* La^{pc}: dupl. | ὑπερηφανίαν] + *των εργων* L^{-248}-743; + *verbi* La | αὐτῶν] -*του* 493
9 (10) init.] pr. *και* 106 Syh Aeth = H | ἠλέησεν] pr. *ημελησεν και ουκ* 155: dupl. | ἔθνος] *εθνη* 46 679; pr. *παν* 493-743 La (*gentem totam*) | ἀπωλείας] *χαναaν* S^{c} | ἐξηρμένους] *εξηρημ.* 613 706 (*εξειρ.*) 753; *εξηρτημ.* 672; *εξερημωμενους* *b* (*εξηρ.*) 307 542; *εξερχομενους* L^{-493} | ἐν ἁμαρ.] *δια τας αμαρτιας* Mal.; om. ἐν 637 | fin. 9b] + *ας* (*αις* 493-637) *εποιουν* *L*-743 | hab. v. 9cd post 9b S^{c} (pr. ※ 10ab) et post 10b 339 679
10 (11ab) om. v. 10 249: homoiot. | *εξακοσιαι χιλιαδες* 46 613^{c} | τ. ἐπισυναχθ.] *των -χθεντων* 613^{c}; *τας -χθεισας* 603; *τ. επισυσχεθ.* 743 | σκληροκαρδίᾳ] -*διαις* *l a*-534′ *b* 307 679 743; pr. ᾗ *εσχον* Clem. | om. αὐτῶν Clem. | hab. v. 10cd *L′*-672-743 249-754 Clem. | ἐλ. τύπτων] tr. 705; *ελ. πιπτων* 743 | om. κύριος Clem. | *εν οικτιρμων* (sic) 743 | *παιδιω* 493 | *διεφυλαξατο* 672: cf. 41 16
11 (11cd—12) Κἂν] *και εαν* L^{-493}-743; *εαν* 249 296-548 339 578 795; *και ει* Antioch. p. 1720 | ᾖ εἷς] *ειη* 493-743 46 155 (*ηει*) 307 443 679; *ει* 728; tr. 637-672 La; *ει ης* 706; om. εἷς 336 534 Antioch.; om. ᾖ 795 | σκληροτράχ.] *σκληροκαρδιος* V 307 339 679; pr. *σκληροκαρδιος και* 155; + *εν λαω* L'^{-493}-743; + *εν τω λαω* 672 | om. τοῦτο 253 *a*-534 La verss.^{p} | εἰ] *η* 548; *αει* 534 | *αθωωθησονται* 673; *αφεθησεται* 795 | παρ' αὐτῷ] *παρ αυτου* B Aeth: cf. 5 6; *παρ αυτων* 578 743; *παρα κυριου* S^{c} Antioch.; *μετ αυτου* Clem. La (*cum illo*) = H; + *δια ταχους* L^{-493}-743 | δυνάστης] -*στων* A; -*στας* 753; *potens* (= *δυνατος*) La | ἐξιλασμῶν] *ευιλασμον* Clem.^{ap}; *exoratio* (= *εξιλασμος* Bendtsen) La | om. καί 2° La^{S*Yc} Clem.
12 (13) τὸ πολὺ ἔλ. Clem.] *multitudinem misericordiae* Syh = H; om. πολύ 493 La | ἔλεος αὐτοῦ] tr. 743 | om. καί La Aeth = H | ὁ ἔλεγχος 248 (*το ελ.*) 254 La Sa Aeth Clem. Dam. p. 316 = H] *ο πολυς ελ.* S* *a*; *πολυ*

ἄνδρα κατὰ τὰ ἔργα αὐτοῦ κρινεῖ.
13 οὐκ ἐκφεύξεται ἐν ἁρπάγματι ἁμαρτωλός,
καὶ οὐ μὴ καθυστερήσει ὑπομονὴ εὐσεβοῦς.
14 πάσῃ ἐλεημοσύνῃ ποιήσει τόπον,
ἕκαστος κατὰ τὰ ἔργα αὐτοῦ εὑρήσει.
15 κύριος ἐσκλήρυνε Φαραω μὴ εἰδέναι αὐτόν,
ὅπως ἂν γνωσθῇ ἐνεργήματα αὐτοῦ τῇ ὑπ' οὐρανόν.
16 πάσῃ τῇ κτίσει τὸ ἔλεος αὐτοῦ φανερόν,
καὶ τὸ φῶς αὐτοῦ καὶ τὸ σκότος ἐμέρισε τῷ Αδαμ.

17 Μὴ εἴπῃς ὅτι Ἀπὸ κυρίου κρυβήσομαι,
καὶ ἐξ ὕψους τίς μου μνησθήσεται;
ἐν λαῷ πλείονι οὐ μὴ γνωσθῶ,
τίς γὰρ ἡ ψυχή μου ἐν ἀμετρήτῳ κτίσει;
18 ἰδοὺ ὁ οὐρανὸς καὶ ὁ οὐρανὸς τοῦ οὐρανοῦ,
ἄβυσσος καὶ γῆ ἐν τῇ ἐπισκοπῇ αὐτοῦ σαλευθήσονται·
ἅπας ὁ κόσμος γεγονὼς καὶ γινόμενος ἐν θελήματι αὐτοῦ.

B S A V *O L l a b c* min. La verss.

ελ. V; *πολυς ο ελ.* rel. (Anast. p. 332. 353 Antioch. p. 1545): ex praec. | 12a fin.] + *εστιν* Dam. p. 316 | om. *αὐτοῦ* 3° 253 | *κρινεῖ*] *κτινι* A: cf. Einl. p. 99

13 (14) init.] pr. *και* 130-705 443 795 Aeth; pr. *quia* Arm | *ἁρπάγματι*] *-μασιν* B *l* 307 443 547 753 Sa Mal.; *απαργματι* 637; *πραγματι* 578; + *αυτου* 534′ Arm | *ἁμαρτωλός*] pr. *ὁ* 743 | *καθυστερηση* S 637 alii; *-ριση* 248; *καθηστερη* 755: Thack. § 24 p. 288 | *ὑπομονή*] *-νην* B V; *-νης* 443; *εν -νη* 547 | *εὐσεβοῦς*] *ασ.* 339 = Compl.

14 (15) *πασα ελεημοσυνη* 545^c 672 755 (*π. η ελ.*) La; *πασης -νης* 253; *πασιν -νη* 679 | *ποιήσει*] *-σεις* 443 613 753; *-σον L* Antioch. p. 1732; *ποιει b* La^{pc} | *τόπον*] *πότον* Kuhn I 296; *τόκον* Pe. | *ἕκαστος*] + *γαρ L′*-743 Arm Antioch.; pr. *και* 797; *et omnis homo* Aeth = H | om. *τά* Dam. p. 1521

15—16 hab. v. 15-16 L'^{-493} Arm = H 15 *Φαραω*] pr. *cor* Arm | *αὐτοῦ*] *λυτρον l* 16 om. *τῇ l* | *τῷ Αδαμ* Sm.] *inter homines* Arm = H; *τω αδαμαντι* codd. gr.

17 (16—17) om. *ὅτι* L^{-493} 429 679 753 La $verss.^p$ Max. p. 941 Anton. p. 924 = H: cf. 5 1 | *Ἀπὸ κυρίου κρυβ.*] *αποκρυβησομαι* Max. Anton. | *Ἀπό*] *παρα* A: cf. 3 16 | *καί*] *μη* B | *ὕψους τίς μου*] *υψιστου* S* | *ἐν* 1°] + *γαρ* 254* (vid.) 307 PsVig. | *γνωσθῶ*] *-θη* 46 307 673; *μνησθω* B L^{-493}-705* *b* 336 753 | om. *γάρ* 679 La^{pc} = H | *ἡ ψυχή/μου*] tr. *l*-157′ *a*-534′ 336; *εν ψ. μου μερις* 547 | *κτίσει*] *κτησει* V 493 alii Mal.: cf. Einl. p. 90; + *εστιν* 637

18 *ὁ οὐρανός* 1°⌒2° *l* 672 755*; om. *ὁ* 1° 534* 548 744 = Ald.; om. *ὁ* 2° 155 743 | 18a fin.] + *του θεου* B Mal. (»*ἔν τινι πρόσκειται τό· τοῦ θεοῦ*«) | *ἄβυσσος*] pr. *και* 46 Aeth Arm = H | *γῇ*] *μη* 637; pr. *ἡ* S 296-548 315′ 545 Mal.; pr. *universa* La Aeth Arm; + *και* (> 637 $La^{ΠΩ}$) *τα εν αυτοις L′*-672-743 La Max. p. 941 Anton. p. 924; > 578 | *ἐν τῇ ἐπισκ. αὐτοῦ/σαλ.*] tr. B Aeth | *ἐν* 1°] *επι* 797; > Max. | *σαλευθήσ.* Anton.] *σαλευονται O*-S^c-V 46 679 $verss.^p$; *-θησεται* L^{-493} 155 296* 543 603 Max. | hab. v. 18c L^{-493}-672-743

19 ἅμα τὰ ὄρη καὶ τὰ θεμέλια τῆς γῆς
ἐν τῷ ἐπιβλέψαι εἰς αὐτὰ τρόμῳ συσσείονται.
20 καὶ ἐπ' αὐτοῖς οὐ διανοηθήσεται καρδία,
καὶ τὰς ὁδοὺς αὐτοῦ τίς ἐνθυμηθήσεται;
21 καὶ καταιγίς, ἣν οὐκ ὄψεται ἄνθρωπος,
τὰ δὲ πλείονα τῶν ἔργων αὐτοῦ ἐν ἀποκρύφοις.
22 ἔργα δικαιοσύνης τίς ἀναγγελεῖ;
ἢ τίς ὑπομενεῖ; μακρὰν γὰρ ἡ διαθήκη
καὶ ἐξέτασις ἁπάντων ἐν τελευτῇ.
23 ἐλαττούμενος καρδίᾳ διανοεῖται ταῦτα,
καὶ ἀνὴρ ἄφρων καὶ πλανώμενος διανοεῖται μωρά.

B S A V *O L l a b c* min. La verss.

19 *τά* 1° ⌒ 2° *a* | *ἐπιβλέψαι*] -*βλεπειν* 155 542; *επιστρεψαι* 547 679: cf. 29a Is. 63_{15} $64_{9(8)}$ Ion. 2_{5} Thr. 1_{12} | *εἰς αὐτὰ τρ. συσσ.*] *σε ταραχθησονται επι σου ορη* Chr. V 97 (non citat 19a) | *εἰς αὐτά*] *επ αυτα* 248-743 296 542 543; *εις αυτο* 358 (-*τω*); om. *εἰς* 548 672 La verss.[p]; pr. *κυριον* 493-*l*; + *κυριον* L^{-493}-672-743; + *deus* La | *τρόμῳ συσσ.*] tr. 248 | *συσσ.*] *σ⟨ε⟩ισθησονται* 358; *σειονται* 155 (*σιον.*) Mal.

20 (20—21a) *καί* 1°] + *αξιως* L^{-637}-743 | *ἐπ' αὐτοῖς*/*οὐ διανοηθήσ.*] tr. L^{-637}-743 Sa | *ἐπ' αὐτοῖς*] *εν αυτοις* 336; *επ αυτους* 155; *επ αυτω* 339 542 Aeth | om. *καί* 2° 679 Sa Aeth | *αὐτοῦ*] -*της* 155 578 | *ἐνθυμηθήσ.*] *εξαριθμησεται* 336

21 (21b—22a) init.] pr *και καθο* (*καθως* 404) *ποιει* (*καν κακοποιη* Sm.) *ανθρωπος* (+ *ουκ* Sm.) *οψεται ο οφθαλμος αυτου* S[c] 404′ | *καὶ καταιγίς, ἣν*] *κατ' ἴσην γε* Kuhn II 100 | om. *καί* L^{-637}-743 Max. p. 941 | *καταιγίς*] *laqueus* (= *παγις*: cf. 36_{2}) Arm | *οὐκ ὄψ. ἄνθρ.*] *ληψεται ανθρ.* 545; *nec oculus videbit hominis* La: cf. H | *ἄνθρωπος*] pr. *πας* S*; pr. *ὁ* 404; + *επελευσεται αυτω* S[c] 315′ 404′ (om. *αυτω*) Mal. (»*πρόσκειται ἐν τῷ ἑτέρῳ· ἐπελεύσεται αὐτῷ*«) | *αὐτοῦ*] -*των* A; *του θεου* Or. III 99 Or.[lat] V 346 | *ἐν ἀποκρ.*] *εν αποκρυφω* 46; pr. *εστιν* *L* 307 Or. III 99; pr. *sunt* La Sa; + *sunt* Aeth Arm Or. V 346 VIII 363

22 (22bcd) *δικαιοσύνης*] + *αυτου* *L′*-672-743 *a* 46 358 404′ 443 753 La[V] Syh Mal. (»*ἔν τινι τῶν ἀντιγράφων*«) | *αναγγελλει* S: cf. 25b 19_{30} | *ὑπομενεῖ*] -*μονει* A; *ὑπομονή* Hart = H | *μακρα* *l c*-404′ 336 534 547 578 743 | om. *γάρ* 46 | *διαθήκη*] + *τισι* L^{-248}; + *a quibusdam* La | hab. v. 22c *L′*-672-743 La (v. 22d)

23 *ελαττονουμενος* A 155 753: cf. $19_{6\ 7\ 23}$ 25_{2} 28_{8} 30_{24}; *ελασσουμενος* 46: cf. Thack. § 7_{44-45} | *καρδίᾳ*] -*ιαν* 46; > 248 | *διανοεῖται* 1°] *νοειται* 545 768* | *ταῦτα*] *ματαια* L^{-248}-743 La (*inania* = *κενα* 545[c] (*καινα*)) | om. *καί* 2° L^{-637} Sa | *πλαν. διαν.*] tr. 248 | *πλανώμενος*] *παρανομος* *a*; *διεστραμμενος* *l* 443; *μωρος* 534 | *διανοεῖται* 2°] *διανοηθησεται* 679 | *μωρά*] *μωρος* 336; *πονηρα* 543*; pr. *τα* 404′

24 Ἄκουσόν μου, τέκνον, καὶ μάθε ἐπιστήμην
καὶ ἐπὶ τῶν λόγων μου πρόσεχε τῇ καρδίᾳ σου·
25 ἐκφανῶ ἐν σταθμῷ παιδείαν
καὶ ἐν ἀκριβείᾳ ἀπαγγελῶ ἐπιστήμην.

26 Ἐν κτίσει κυρίου τὰ ἔργα αὐτοῦ ἀπ' ἀρχῆς,
καὶ ἀπὸ ποιήσεως αὐτῶν διέστειλεν μερίδας αὐτῶν.
27 ἐκόσμησεν εἰς αἰῶνα τὰ ἔργα αὐτῶν
καὶ τὰς ἀρχὰς αὐτῶν εἰς γενεὰς αὐτῶν·
οὔτε ἐπείνασαν οὔτε ἐκοπίασαν
καὶ οὐκ ἐξέλιπον ἀπὸ τῶν ἔργων αὐτῶν·
28 ἕκαστος τὸν πλησίον αὐτοῦ οὐκ ἐξέθλιψεν,
καὶ ἕως αἰῶνος οὐκ ἀπειθήσουσιν τοῦ ῥήματος αὐτοῦ.
29 καὶ μετὰ ταῦτα κύριος εἰς τὴν γῆν ἐπέβλεψεν

B S A V *O L l a b c* min. La verss.

24 *μάθε*] *μαθηση* 307 | *τον λογον* 130-705 613 672 679 Sa; *τω λογω* 443; *τοις λογοις* 547 | om. *μου* 2° 637 | *προσεχετω b* 534′ 743 (-*χεω*) | *τῇ καρδίᾳ*] *ἡ κ. b* 534′ | *σου*] *μου* 545*; > 155 La$^{G\,pc}$ = H
25 *εκφαινω* B *c* (*και φαινω* 548) 155 (-*νων*) 307 315 336 542 705 755 La (*et dico* 25d) Syh verss.^{p}: cf. 14$_{7}$ | om. *ἐν* 1° S* | *παιδείαν*] *πενιαν* 547; + *παρ αυτου* 637 | *απαγγελλω* B 542 La (*enuntio* 25f) Syh: cf. 22a; *επαγγελλω* 155 744; *επαγγελω* 358 768; *παραγγελω a* | *ἐπιστήμην*] + *αυτου L′*-743; + *σου* Aeth
26 init.] pr. *και L*$^{-493}$ La^{pc} | *κτίσει* Sm.: cf. Arm (*creatione*) = H] *κρισει* rel.: cf. 43$_{25}$ | *κυρίου*] *αυτου* 543 Sa Aeth Arm | *αὐτοῦ*] *domini* Sa Aeth Arm | *ποιήσεως*] -*σει* 493 | *αὐτῶν* 1°] -*του a* 68-744′ 543 = Ald. | *διεστελλεν* B-S* | *μεριδα l* 46 358 578 743: cf. 44$_{23}$ | *αὐτῶν* 2°] -*τω* 543
27 *αἰῶνα*] pr. *τον* A: cf. 41$_{13}$ 47$_{11}$ | om. *τά* 637 | *αὐτῶν* 1° S 253 443 La = Syr] *αυτου* rel. (Eus. praep.) | *τὰς ἀρχὰς αὐτῶν*] *αι* (> 637) *αρχαι αυτου* (-*των l*) *L′*; *τας απαρχας αυτων* 46 547; pr. *εν χειρι αυτου* 248; + *εν χειρι αυτου* (-*των* 493) *L′*$^{-248}$ | *αὐτῶν* 3°] *γενεων L′*: cf. 24$_{33}$ 44$_{14}$ 45$_{26}$ | om. 27cd 68-744′ = Ald. | *ἐπείνασαν*] -*σεν* 637-743-*l* 339 578 Aeth; *ἐπόνεσαν* Katz | *ἐκοπίασαν*] -*σεν* 637-743-*l* 578 Aeth | 27c fin.] + *ουτε ησθενησαν* S 157′ 404′ 542^{mg}; + *εν ποιημασιν αυτου* 248; + *ποιηματα αυτου* 637-743 (-*μα*)-*l* | om. *οὐκ* V La^{Z*} | *ἐξέλιπον*] -*πε(ν)* V *L′*$^{-248}$-672-743 336 578 (-*λοιπεν*) Aeth | *ἀπό*] *εκ* 797; > V-253 *L′*$^{-248}$-743 | *αὐτῶν* ult.] -*του L′*-672-743 728 | fin.] + *ουθεν L′*$^{-248}$-672-743
28 (28—29) *αὐτοῦ* 1°] -*των* 534; > S* V-253 Arm(II) | om. *οὐκ* 1° 637 | *ἐξέθλιψεν*] -*ψαν* 534; *εθλιψεν* B 543 797 (-*ψε*) | om. *ἕως αἰῶνος* V | *αἰῶνος*] pr. *του* 157 307: cf. 39$_{9}$ | *οὐκ* 2°] *ου μη* V | *απειθουσι* 307 339 542 Syh | *τοῦ ῥήμ.*] *τω ρηματι O*-V 157′ 404′ 672; *των ρηματων* S^{c} Arm(II); *τω λογω L′*$^{-248}$; *τον λογον* 248; om. *τοῦ c* 336 358 | *αὐτοῦ* 2°] -*των* 155
29 (30) om. *καί* 1° 679 La | *κύριος*] pr. *ὁ* 248 358 797: cf. 1$_{26}$; tr. post *ἐπέβλεψεν L*$^{-493}$; > 797 | *εἰς τὴν γῆν/ἐπέβλ.*] tr. *l* Syh Aeth | *εἰς* Eus.

καὶ ἐνέπλησεν αὐτὴν τῶν ἀγαθῶν αὐτοῦ·
30 *ψυχῇ παντὸς ζῴου ἐκάλυψεν τὸ πρόσωπον αὐτῆς,*
καὶ εἰς αὐτὴν ἡ ἀποστροφὴ αὐτῶν.

17 1 *Κύριος ἔκτισεν ἐκ γῆς ἄνθρωπον*
καὶ πάλιν ἀπέστρεψεν αὐτὸν εἰς αὐτήν.
2 *ἡμέρας ἀριθμοῦ καὶ καιρὸν ἔδωκεν αὐτοῖς*
καὶ ἔδωκεν αὐτοῖς ἐξουσίαν τῶν ἐπ' αὐτῆς.
3 *καθ' ἑαυτὸν ἐνέδυσεν αὐτοὺς ἰσχὺν*
καὶ κατ' εἰκόνα αὐτοῦ ἐποίησεν αὐτούς.
4 *ἔθηκεν τὸν φόβον αὐτοῦ ἐπὶ πάσης σαρκὸς*
καὶ κατακυριεύειν θηρίων καὶ πετεινῶν.
5 *ἔλαβον χρῆσιν τῶν πέντε τοῦ κυρίου ἐνεργημάτων,*
ἕκτον δὲ νοῦν αὐτοῖς ἐδωρήσατο μερίζων,
καὶ τὸν ἕβδομον λόγον ἑρμηνέα τῶν ἐνεργημάτων αὐτοῦ.

B S A V *O L l a b c* min. La verss.

praep.] *επι* A *b* 46 307 336 743: cf. Ps. 101 20 | om. *τήν* 248 | *ἐπέβλ.*] *επεστρεψε* 606: cf. 19 b | *ἐνέπλ.*] *κατενεπλ.* *l*; *επληρωσεν* 155: cf. 17 7 | *τῶν ἀγ.*] *omni benedictione* Aeth: cf. Syr

30 (31) *ψυχῇ*] *-χην* B A V-253 *L*-743 *b* 46 307 336 534 La$^{\Sigma}$ (*animam*) Eus. praep.: cf. Ra. | *ἐκάλυψεν*] *ενεπλησεν* 339 Aeth: ex 29 b | *αὐτῆς*] *-του* 493 46 534 542* Sa | *αὐτήν*] *-τον* 46 | om. *ἡ* 679 | *αὐτῶν*] *-του* 534; *-της* 443

17 1 (1a 2a) *Κύριος*] *και* 106 578 | *ἐκ γῆς*] *εις γην* 797 | *επεστρεψεν* *c* 315' | *αὐτόν*] *-τος* 797 | *αὐτήν*] *γην* 46; *την γην* 672

2 (3) *ἡμ. ἀρ.*] *ημ. αριθμον* 672; *ημ. αριθμους* Dam. p. 1100; *numerum dierum* La verss.^{p} = Syr | *καιρόν*] *-ρων* 637 (*κερων*) 543 753 Arm; *-ρου* 249-754; *-ρους* 672 | *αὐτοῖς* 1°] *-τω* 358 578 La Sa Dam.; *-της* 68-744' 155 315* (vid.) 335 795; 1°⌒2° 106-545 | 2a fin.] + *εν υπαρξει* L^{-248}: cf. Syr | om. 2b 68-744 = Ald. | *αὐτοῖς* 2°] *-της* 795; *-τω* 358 La Dam.; > 679 | *ἐξουσίαν*] + *παντων* L'^{-248}-743 Aeth: cf. Syr | *ἐπ' αὐτῆς*] *επ αυτοις* 637-106 *a* 46; *υπ αυτης* 543 679; *επ αυτη* 404'; *quae sunt super terram* La; + *γενομενων* (vel *γιν.*) L'^{-248}-743

3 (2b 1b) init.] pr. *και* 46 La Aeth | *καθ' ἑαυτόν* Grotius Ra. La (*secundum se*)] *καθ εαυτους* (*-του* 679; *αυτους* 744' = Ald.) rel.; tr. *καθ εαυτους* post *αὐτούς* 1° *L* (om. *καθ ε.* 637) | *ἐνέδυσεν*] *-σε δε* L^{-493} | *αὐτούς* 1°] *illum* La | *ισχυι* V (*-υη*) 768 La^{V} | om. *καί* 672 Sa | *αὐτοῦ*] *εαυτου* S A V-253 493-*l*-157' *c*-404'-679 46 307 315' 339 358 443 542 543 547 743 755 | *αὐτούς* 2°] *αυτον* Dam. La (*illum*)

4 *ἔθηκεν*] *εδωκε* 797; pr. *και* B 46 Aeth Dam. p. 1100 | om. *καί* 1° *a*-534 46 307 verss.^{p} Dam. | *κατακυριευει* V La$^{\Sigma}$ (*dominatur*); *dominatus est* (= *κατεκυριευεν* Herk.) La | *πετεινῶν*] *ερπετων* Dam.; + *εν ομοιωματι* L^{-637}-743 404'

5 hab. v. 5 *L* (248 om. v. 5a) 404' (om. v. 5bc) | *κυρίου*] *θεου* 404' | *νοῦν*] *ουν* 493 | *ἑρμηνέα* 637] *-νεια* 248-493

6 διαβούλιον καὶ γλῶσσαν καὶ ὀφθαλμούς,
ὦτα καὶ καρδίαν ἔδωκεν διανοεῖσθαι αὐτοῖς.
7 ἐπιστήμην συνέσεως ἐνέπλησεν αὐτοὺς
καὶ ἀγαθὰ καὶ κακὰ ὑπέδειξεν αὐτοῖς.
8 ἔθηκεν τὸν φόβον αὐτοῦ ἐπὶ τὰς καρδίας αὐτῶν
δεῖξαι αὐτοῖς τὸ μεγαλεῖον τῶν ἔργων αὐτοῦ,
καὶ ἔδωκεν δι' αἰώνων καυχᾶσθαι ἐπὶ τοῖς θαυμασίοις αὐτοῦ.
10 καὶ ὄνομα ἁγιασμοῦ αἰνέσουσιν,
9 ἵνα διηγῶνται τὰ μεγαλεῖα τῶν ἔργων αὐτοῦ.
11 προέθηκεν αὐτοῖς ἐπιστήμην
καὶ νόμον ζωῆς ἐκληροδότησεν αὐτοῖς
εἰς τὸ νοῆσαι ὅτι θνητοὶ ὄντες ὑπάρχουσι νῦν.
12 διαθήκην αἰῶνος ἔστησεν μετ' αὐτῶν
καὶ τὰ κρίματα αὐτοῦ ὑπέδειξεν αὐτοῖς.
13 μεγαλεῖον δόξης εἶδον οἱ ὀφθαλμοὶ αὐτῶν,
καὶ δόξαν φωνῆς αὐτοῦ ἤκουσεν τὸ οὖς αὐτῶν.

B S A C (init. 12) V *O L l a b c* min. La verss.

6 (5bc) *διαβουλιαν* S* | *γλῶσσαν*] *δοξαν* Dam. p. 1100 | om. *καί* 3° Syh | *αὐτοῖς*] *-τους* S^{c} 493-705 543; *-τον* 542*

7 (5d 6c) init.] pr. *και* 755 La Dam. p. 1100 | *ἐπιστήμην*] *-μη* 68-744′ = Ald. | *ἐνέπλησεν*] *επλησεν* 797: cf. 2$_{16}$; *επληρωσεν* 155: cf. 16$_{29}$ | *αὐτούς*] *-τον* Dam. | om. *καί* 1° 46 155 679 753 La^{ΛΓ} Sa = Syr | *κακά*] *καλα* 744 | *επεδειξεν* 578 | *αὐτοῖς*] *-τους* 578 679 728; *-τω* Dam.

8 (7) init.] pr. *και* A *a*-534′ *c*-404′ 155 157′ 307 358 547 755 Aeth | *φόβον b* 155′ 547 Syh^{mg} Aeth Sm.] *οφθαλμον* rel. | *αὐτοῦ* 1°] *-των* S La$^{G\ pl}$ Sa; > Aeth | *ἐπὶ τὰς κ.*] *εν ταις καρδιαις* 679 | 8a fin.] + *και ονομα αγιασμου αινεσουσιν* 637: ex 10 | om. 8b 248 | *τα μεγαλεια* 155 157′ 547 La = Syr: cf. 9 | *αὐτοῦ* 2°] *-των* 672 La^{pc} | hab. v. 8c S^{c} *L′*-743 *b* 404′ 679 La (8b), tr. v. 8c post v. 9 315′ 339 Sa | om. *καί L′*-743 | om. *ἔδ. δι' al.* S^{c} 315′ 339 404′ 679 La Sa | *δι'*] *δε* 637 | *αιωνος* 493-637 | *καυχησασθαι l* | *ἐπί* 2°] *εν* S^{c} 315′ 339 404′ 679 La | *θαυμαστοις* 637 254

10 (8a) 10/9] tr. *L′*-743 Arm | 10-9 tr. post 13 *a*; 10-9 tr. post 22 679; om. 10-9 68-744′ 155 534 797 = Ald. | *ἁγιασμοῦ*] *-μον* 672; + *αυτου L′*-743 | *αἰνέσουσιν*] *αινωσιν l*; *αινεσιν* 315′; + *αυτον* 613; + *εκλεκτοι L′*-743 *b*

9 (8c) *διηγουνται* A 493 *c*-404′ 46 336 358 755 | *τὰ μεγ.*] *το μεγαλειον b* Sa Aeth Arm (*gloriam*); *τα εργα L′*; pr. *τα μελλοντα και* 404 | om. *τῶν ἔργων L′* 679 Arm | *αὐτοῦ*] + *συνετοι* (*-τως* 248) *L′*

11 (9) init.] pr. *και* S Aeth | *προέθηκεν* Edersheim Sm. = Syr] *προσεθηκεν* codd. et verss. | om. *αὐτοῖς* 1° 443 | *νομον* 728 | *ζωην* 358 | *εκληρονομησεν* 578 | *αὐτοῖς* 2°] *-τους* A S^{c} *l* 46 358 443 753; *-τον* 315 | hab. v. 11c *L*$^{-493}$-743 | *νοῆσαι*] *νοεισθαι* 743

12 (10) init.] pr. *και* 358 753 La^{LΓ} Arm | *αἰῶνος*] *-νιον* A 753 La: cf. 2$_{9}$; pr. *την απ* 155 | *μετ' αὐτῶν*] *αυτοις* 542^{txt} 797 Aeth | *ὑπέδειξεν*] *εδειξεν* 797; *ουκ εδωκεν* 339

13 (11ab) *αὐτῶν* 1°] *-του* 543; 1°⌒2° 249 La^{ΛΠ*} | *αὐτοῦ*] *-των* B A 248-106-157′; > La | *ηκουτισε* 679 | *αὐτῶν* 2°] *-του* 315 547* 705

14 *καὶ εἶπεν αὐτοῖς Προσέχετε ἀπὸ παντὸς ἀδίκου·*
καὶ ἐνετείλατο αὐτοῖς ἑκάστῳ περὶ τοῦ πλησίον.

15 *Αἱ ὁδοὶ αὐτῶν ἐναντίον αὐτοῦ διὰ παντός,*
οὐ κρυβήσονται ἀπὸ τῶν ὀφθαλμῶν αὐτοῦ.

16 *αἱ ὁδοὶ αὐτῶν ἐκ νεότητος ἐπὶ τὰ πονηρά,*
καὶ οὐκ ἴσχυσαν τὰς καρδίας αὐτῶν
ἀντὶ λιθίνων ποιῆσαι σαρκίνας·

17 *ἐν γὰρ μερισμῷ τῶν ἐθνῶν τῆς γῆς πάσης*
ἑκάστῳ ἔθνει κατέστησεν ἡγούμενον,
καὶ μερὶς κυρίου Ισραηλ ἐστίν,

18 *ὃν πρωτόγονον ὄντα τιθηνεῖ παιδείᾳ*
καὶ μερίζων φῶς ἀγαπήσεως οὐκ ἀνίησιν αὐτόν.

19 *πάντα τὰ ἔργα αὐτῶν ὡς ὁ ἥλιος ἐναντίον αὐτοῦ,*
καὶ οἱ ὀφθαλμοὶ αὐτοῦ ἐνδελεχεῖς ἐπὶ τὰς ὁδοὺς αὐτῶν.

20 *οὐκ ἐκρύβησαν αἱ ἀδικίαι αὐτῶν ἀπ' αὐτοῦ,*
καὶ πᾶσαι αἱ ἁμαρτίαι αὐτῶν ἔναντι κυρίου.

B S A C V *O L l a b c* min. La verss.

14 (11c—12) *ειπον* 307 | *προσεχειν* 358 | *ἑκάστῳ*] *-του* 253 358 534 548 753; *-τος* 46; *-τον* 613[c] | *τοῦ*] *τον* 534 | *πλησιου* 637: cf. 27_{18} 34_{15}

15 (18) init.] pr. *και* 534′ Aeth | 15a/15b] tr. 248 | *αὐτῶν*] *-του* A 155 358 534′ 542*(?) 672 753 755 | *ἐναντίον*] *ενωπιον* S C 155′ 358 755: cf. 32_{8} 39_{20} Sap. 7_{9} | *αὐτοῦ* 1°] *-των* 534 755 | 15b init.] pr. *και* Syh *a* Aeth = Syr | om. *οὐ* 672 | *κρυβησεται* 155 | *αὐτοῦ* 2°] *-των* A 253 637 542*

16—17a hab. v. 16-17a *L′*-672-743 Arm (lib.; om. v. 16) Mal. (»*ἰστέον δὲ ὡς ἐν τῷ ἄλλως ἐν πολλοῖς τόποις γεγραμμένῳ τῶν ἀντιγράφων παρὰ τὰ πλείονα καὶ ταῦτα πρόσκειται*«) | *αἱ ὁδοὶ αὐτῶν*] *αι ο. αυτου* 493-637; *πας δε ανθρωπος* 248-672-743 Mal. | *το πονηρον* 637-672-743-*l* Mal. | *ισχυσε* 493-743 | *λιθων* 637 | om. *τῶν ἐθνῶν* 637 Mal. | *τῶν ἐ. τῆς γ. π.*] *πασης γης των εθνων l*

17bc (14—15) *κατέστησεν*] *-σας* 797; *-σαν* 744 = Ald. | *μερίς — ἐστίν*] *προσελαβετο τον ισραηλ εαυτω* (*-των* 545) *μεριδα L′* Arm Mal.

18 hab. v. 18 *L′* Mal. | *τιθηνησει l* | *παιδείᾳ*] *-δειαν* 493; *-δια* 637

19 (16) init.] pr. *διο L*; pr. *διοτι l*; pr. *et* La[V] Aeth | *απαντα* B V-253 46 157′ 307 443 753 | *αὐτῶν* 1°] *-του* S* A 46 307 315′ 679 705 743 | om. *ὁ* 672 743 | *εναντι* 358 | *αὐτοῦ* 1°] *-των* 253; *dei* (+ *sui*[XZ*]) La; + *εστι* V (*-τιν*) *L′* Syh La[L] (*sunt*) Mal. | om. *καί a*-534′ | om. *οἱ* 253 155 | *αὐτοῦ* 2°] *-των* A | *ενδελεχως L*-672 | *ὁδούς*] *ποδας* 130* (*ποδους*[c]) | *αὐτῶν* 2°] *-του* 543 672; *των ανθρωπων* S*: cf. 23_{19}

20 (17) *ου κρυβησονται b* | *αἱ ἀδικίαι*] *αι ακοαι* 46; om. *αἱ* 249-754; *testamenta per iniquitatem* (= *διαθηκαι δι αδικιαν* Hart) La: dupl. | *ἀπ' αὐτοῦ*] *απ αυτων* 46 296* 744*; *απο των οφθαλμων αυτου b* | *π. αἱ ἁμαρτίαι*] *π. αι αδικιαι* 358 La; om. *αἱ* 311 679 | *αὐτῶν* 2°] *-του* 548; + *απ αυτου* S* (del.[1]) | *εναντιον* 307; *απεναντι* 672

21 *κύριος δὲ χρηστὸς ὢν καὶ εἰδὼς τὸ πλάσμα αὐτοῦ,*
οὔτε ἀνῆκεν αὐτοὺς οὔτε ἐγκατέλιπε φειδόμενος αὐτῶν.
22 *ἐλεημοσύνη ἀνδρὸς ὡς σφραγὶς μετ᾽ αὐτοῦ,*
καὶ χάριν ἀνθρώπου ὡς κόρην συντηρήσει
μερίζων υἱοῖς αὐτοῦ καὶ θυγατράσι μετάνοιαν.
23 *μετὰ ταῦτα ἐξαναστήσεται καὶ ἀνταποδώσει αὐτοῖς*
καὶ τὸ ἀνταπόδομα αὐτῶν εἰς κεφαλὴν αὐτῶν ἀποδώσει·
24 *πλὴν μετανοοῦσιν ἔδωκεν ἐπάνοδον*
καὶ παρεκάλεσεν ἐκλείποντας ὑπομονήν.

25 *Ἐπίστρεφε ἐπὶ κύριον καὶ ἀπόλειπε ἁμαρτίας,*
δεήθητι κατὰ πρόσωπον καὶ σμίκρυνον πρόσκομμα·
26 *ἐπάναγε ἐπὶ ὕψιστον καὶ ἀπόστρεφε ἀπὸ ἀδικίας·*
αὐτὸς γὰρ ὁδηγήσει ἐκ σκότους εἰς φωτισμὸν ὑγείας,
καὶ σφόδρα μίσησον βδέλυγμα.
27 *ὑψίστῳ τίς αἰνέσει ἐν ᾅδου*
ἀντὶ ζώντων καὶ διδόντων ἀνθομολόγησιν;

B S A C V *O L l a b c* min. La verss.

21 hab. v. 21 *L'*-672 | om. *δέ l* | *οὔτε* 1°] *ουδε l* | *αὐτούς*] -*τα* 705 | *οὔτε* 2°] *οτι* 106
22 (18) *ἐλεημοσύνη*] + *γαρ* (*δε* 493) *L* | om. *καί* 421 Aeth | *χάριν*] -*ρις* 68-744 La^G pl^ verss.^p^ = Ald. | *κόρην*] -*ραν* S V-253: cf. Thack. § 10 3; + *οφθαλμου* Sa Aeth Arm Max. p. 772 Anton. p. 876. 1072. 1148 | *συντηρήσει*] -*σον* 421 Max. Dam. p. 1560 Anton. | hab. v. 22c *L'*-672 | *μεριζω* 672 | *αὐτοῦ*] -*των* 705
23 (19) init.] pr. *και* S* 46 157' 315' 336 La Aeth Mal. | *ταῦτα*] + *τα* 253: dittogr. | *ἐξαναστ.*] + *κυριος* Max. p. 929 Anton. p. 837 | *αὐτοῖς*] *πασι* Max. Anton. | om. 23b *l* Arm | om. *καί* 2° 672 La | *αὐτῶν* 1°] -*τοις* 743; -*του* Anton. | *κεφαλας* V Syh Arm(II) Max. Anton. | *αὐτῶν* 2°] -*του* A | *ανταποδωσει* S C V *L*-315' 404' 443 534' 547 Max. (-*σεις*) Anton.: cf. 23a 32 13 23
24 (20) *μεταν.*] pr. *τοις* C Epiph. II 370 (lib.) | *επαρεκαλεσεν* 578 | *ἐκλείπ.*] *εκλιπ.* S C V alii; pr. *τους b* | *ὑπομονήν*] -*νη* 46 336 613; -*μενειν* 679 La; *εις υπομ. αυτων L'*^−248^-672; pr. *εις* 157'
25 (21—22) *Ἐπίστρεφε*] -*στρεψον* C; + *ουν L* | *ἐπί*] *προς L* 543 Mal.: cf. 29b 5 7 | *καὶ ἀπόλ.*] *καταλιπε* S*: cf. Sap. 8 13 | *ἁμαρτίας*] -*τιαν* V verss.^p^; pr. *απο* 46 534' 548 | *σμίκρυνον*] -*ναι* V; -*νε* 637 | *προσκομματα* 130-705 404' 443 545^c^ La^V^ verss.^p^
26 (23) *επαναγαγε* S C *L'*-157'-743 *a*-534' *b* 46 155 315* 336 339 358 404 542 543 547 755 Mal.; *επιγαγε* 744 = Ald. (*ἐπείγαγε*); *επειγε* 768: cf. Einl. p. 44 | *ὕψιστον*] -*στω* 547; pr. *τον* 404 | *αποστρεψον* 578; *επιστρεφε* V 679 | om. *ἀπό L*^−493^ | hab. v. 26b *L'*^−637^-672 | *ὁδηγήσει*] + *σε* 672 | *υγιειας* 493 | *βδελυγματα* 130-705 307: cf. 10 13
27 (25) *υψιστον l* 46 743 768 Dam. p. 28: cf. 51 12 et Helb. Kas. p. 15—17 | om. *αἰνέσει* 637 | *αδους* B*: cf. Tob. 3 10 S*; *αδη* S* 46 613* Dam.: cf. 14 16; *οδει* 755 | *ζώντων*] + *και ζωντων* B: dittogr. | *ἀνθομολόγησιν*] -*γησαι* 795; -*γησουσιν* 797; *εξομολογησιν* 46 336 339 358 543 548 753: cf. 28a

28 ἀπὸ νεκροῦ ὡς μηδὲ ὄντος ἀπόλλυται ἐξομολόγησις·
ζῶν καὶ ὑγιὴς αἰνέσει τὸν κύριον.
29 ὡς μεγάλη ἡ ἐλεημοσύνη τοῦ κυρίου
καὶ ἐξιλασμὸς τοῖς ἐπιστρέφουσιν ἐπ' αὐτόν.
30 οὐ γὰρ δύναται πάντα εἶναι ἐν ἀνθρώποις,
ὅτι οὐκ ἀθάνατος υἱὸς ἀνθρώπου.
31 τί φωτεινότερον ἡλίου; καὶ τοῦτο ἐκλείπει·
καὶ πονηρὸν ἐνθυμηθήσεται σὰρξ καὶ αἷμα.
32 δύναμιν ὕψους οὐρανοῦ αὐτὸς ἐπισκέπτεται,
καὶ ἄνθρωποι πάντες γῆ καὶ σποδός.

18 1 Ὁ ζῶν εἰς τὸν αἰῶνα ἔκτισεν τὰ πάντα κοινῇ·
2 κύριος μόνος δικαιωθήσεται,
καὶ οὐκ ἔστιν ἄλλος πλὴν αὐτοῦ.

B S A C V *O L l a b c* min. La verss.

28 (26—27) *νεκροῦ*] *-ρων* 155; pr. *γαρ* L'^{-248}; + *enim* La^{X} | *ὡς*] *ος* 637 548 | *μηδέ*] *μηκετι* 753 | *οντως* 296* alii | *απολειται* 46 336 | *ἐξομολόγησις*] *-γησιν* 578 754* 755* (vid.); *εξηγησις* 315; pr. *ἡ* 603; *confiteberis* (= *εξομολογησεις* A) La (pr. *confessio*^{V}: dupl.) | *ὑγιής*] + *τη καρδια* *L*; + *καρδια* 672 | *αἰνέσει*] *laudabis* (= *αινεσεις*) La (pr. *confiteberis et*: dupl.) Aeth | om. *τόν* 743
29 (28) om. *ἡ* V 404 754: post *-η* | *τοῦ κυρίου* = La^{V}] *dei* $La^{G\ omnes}$; + *του* (*και* 637; > 248) *θεου ημων* L'^{-493}; om. *τοῦ* *l* | om. *καί* 155 | *ἐξιλασμός*] *εξειλασμον* S*, *ο εξειλασμος*^{c} | *ἐπ' αὐτόν*] *προς αυτον* 307 443 753: cf. 25 a; *εις αυτον* 311; *επ αυτω* 613; *αυτω* 534; + *οσιως* L'^{-493}
30 (29) om. *γάρ* 578 | *δύναται*] *-τα* 307 547; *-ναντai* 534′ | *πάντα εἶναι*] *παντας ειναι* 68-744 = Ald.; tr. Mal.; om. *πάντα* 547; pr. *τα* 493 | *υἱός*] pr. *ὁ* A 637
31 (30) *τί*] *το* S* | *καί* (1°)] *αλλ* 421; pr. *αλλα* Chr. VI 186; pr. *αλλ ομως* Arm Chr. III 133 | *τοῦτο ἐκλ.*] *αυτο εκλ.* 679; *εκλειπη ποτε και αυτος* 421 | *πονηρόν*] *-ρος* B*-S* C; *-ρα* 753; *-ροτερον* 307 315′; *τι -ροτερον* S^{c} La; pr. *τι* 157′; *ανηρ ος* *O*-V L^{-637}: cf. Syr | *ενθυμησεται* B 307 315 339: Thack. § 21_{7}; *ενθυμ<ε>ιται* S^{c} | *σάρξ*] *σαρκα* B*-S *O*-V L^{-637} | fin.] + *και τουτο ελεγχθησεται* (*ελεχθ.* 797) 157′ La (*et hoc arguitur* vel *-guetur*)
32 (31) *δύναμιν*] *-μεις* 307 768 (*-μις*) = Syr: cf. 24_{2}; *δυναμει η* V; pr. *και* 603 Aeth | *υψος* 755 797 | *οὐρ.*] *ανθρωπου* 155: cf. $43_{1\ 12}$ 45_{16} | *αὐτός*] pr. *και* S* | *ἐπισκέπτ.*] *-σκωπτ.* 493; *-σκεψεται* 155 La^{T} | *ἄνθρ. π.*] tr. *b* La; pr. *οι* B C Mal.
18 1 (1a) *Ὁ*] *και* 637; > 404 578 613 | *εις τους αιωνας* 493-*l* 613^{c} Arm | *ἔκτισεν*] *-τησε(ν)* V alii; *εκτισται* 404 | om. *τά* *l* 307 336 404 543 547: cf. 43_{26} | *κοινῇ* = 50_{17}] *-να* 547 743; > 493 679 Arm; *εν* (*και* 603) *λογω και ταξει* *b*
2a (1b) *μόνος*] *μονω* 797 | *δικαιωθήσ.*] *δικαιος* *L′*-743 Aeth: cf. Syr |
2b—3 hab. v. 2b-3 *L′*-743 (*l* tr. v. 3 post v. 4a) **3** *ὁ* Grabe] > codd. gr. | *πάντων*] + *των* *l* | *κράτει*] pr. *τω* *l* | om. *ἐν* ult. *l*

3 *ὁ οἰακίζων τὸν κόσμον ἐν σπιθαμῇ χειρὸς αὐτοῦ,*
καὶ πάντα ὑπακούει τῷ θελήματι αὐτοῦ·
αὐτὸς γὰρ βασιλεὺς πάντων ἐν κράτει αὐτοῦ,
διαστέλλων ἐν αὐτοῖς ἅγια ἀπὸ βεβήλων.
4 *οὐθενὶ ἐξεποίησεν ἐξαγγεῖλαι τὰ ἔργα αὐτοῦ·*
καὶ τίς ἐξιχνιάσει τὰ μεγαλεῖα αὐτοῦ;
5 *κράτος μεγαλωσύνης αὐτοῦ τίς ἐξαριθμήσεται;*
καὶ τίς προσθήσει ἐκδιηγήσασθαι τὰ ἐλέη αὐτοῦ;
6 *οὐκ ἔστιν ἐλαττῶσαι οὐδὲ προσθεῖναι,*
καὶ οὐκ ἔστιν ἐξιχνιάσαι τὰ θαυμάσια τοῦ κυρίου·
7 *ὅταν συντελέσῃ ἄνθρωπος, τότε ἄρχεται·*
καὶ ὅταν παύσηται, τότε ἀπορηθήσεται.

8 *Τί ἄνθρωπος, καὶ τί ἡ χρῆσις αὐτοῦ;*
τί τὸ ἀγαθὸν αὐτοῦ, καὶ τί τὸ κακὸν αὐτοῦ;
9 *ἀριθμὸς ἡμερῶν ἀνθρώπου πολλὰ ἔτη ἑκατόν·*
ἀλόγιστος δὲ ἑκάστου πᾶσιν ἡ κοίμησις.
10 *ὡς σταγὼν ὕδατος ἀπὸ θαλάσσης καὶ ψῆφος ἄμμου,*

B S A C V *O L l a b c* min. La verss.

4 (2—3) *οὐθενί*] *τινι L* Spec. (*cui*); *quis* (*qui*[pc]) La = Syr; pr. *και* 753 Syh Aeth | *ἐξεποίησεν*] *εποιησεν* 336 543: cf. 42₁₇ | *απαγγειλαι* 315′ | om. *αὐτοῦ* 1° 253 | *ἐξιχνιάσει* Mal. Dam. p. 1081] *-νιασε* 248; *-νευσει* S A C 253 *c*-404 307 339 443 542 672 753 755 795; *-νευσεν* 155-743 (*-σε*): cf. 6₂₇ | *τὰ μεγ.*] *intellectum* (= *συνεσιν* Sm.) Sa | *αὐτοῦ* 2°] *του κυριου* C Syh; *του θεου* 755 Dam.

5 (4) *αὐτοῦ* 1°] *εαυτου* S* | *εξαριθμηθησεται* S* V* 542; *εξαριθμησει* 493-*l* 46 547 613 679; *enuntiabit* La | om. *τίς* 2° 768 La[Π] | *προσθήσει*] *-σεται* V 578 | *ἐλέη*] *εργα* C; *μεγαλεια* 307 336

6 (5) *ελαττουσθαι* C*? | *οὐδέ*] *ουτε* 795 | om. *καί* 797 | om. *ἔστιν* 2° Syh Spec. | *θαυματα* Dam. p. 1081 | *τοῦ κυρίου*] *αυτου* 543; om. *τοῦ* S *l*-672-743 797 Dam.

7 (6) 7a/7b] tr. 253 | *συντελεσει* A 253 alii | *ἄνθρ.*] pr. *ὁ* 253 744′ Dam. p. 1081 = Ald. | *ἄρχ.*] *ερχεται* A 336* (vid.) Sa (vid.) | om. *καί* 753 | *παυσεται* 253 543 679; *παυση* 358 578 Dam. | om. *τότε* 2° 637 La | *ἀπορηθήσεται*] *εξαπ.* Dam.; *απορησεται b*; *αποκρηθησεται* 404-795 (*-κριθ.*)

8 (7) init.] pr. *και* 248; pr. *ποθεν ηκει L*[−248] | *Τί* 1°] *τις* S* *l* 155 672 753 Syh | *ἄνθρ.*] pr. *ὁ* 404 | *τί* 2°] *τις* 253 *L′*[−493]-743 *a c*-404′-679 155 307 443 547 755 La | *ἡ χρῆσις*] *gratia* (= *χαρις* Herk.) La | om. *αὐτοῦ* 2° 679 La | om. *αὐτοῦ* 3° 743

9 (8a) *ἡμερῶν* = 41₁₃] *ετων a*-534 | *ἀνθρώπου*] *αυτου* C 543 Aeth; *hominum* La | hab. v. 9b *L′*-743 | *αλογιστω* 248; *-στως* 493-637

10 (8bc) om. *ὡς* 404 | *υδατα* 106-545* | om. *ἀπό* 795 La[V] | om. *καί* 534 | *ψῆφος*] *-φις* 547 755; *ψαμμος* V-253 603 (*ψαμος*); *ψημος* 339; pr. *ως L*[−493] 358 La Sa Aeth (*sicut unus*) = Syr | *ἄμμου*] *ψαμμου l*: cf. 1₂ |

οὕτως ὀλίγα ἔτη ἐν ἡμέρᾳ αἰῶνος.
11 διὰ τοῦτο ἐμακροθύμησεν κύριος ἐπ᾽ αὐτοῖς
καὶ ἐξέχεεν ἐπ᾽ αὐτοὺς τὸ ἔλεος αὐτοῦ.
12 εἶδεν καὶ ἐπέγνω τὴν καταστροφὴν αὐτῶν ὅτι πονηρά·
διὰ τοῦτο ἐπλήθυνεν τὸν ἐξιλασμὸν αὐτοῦ.
13 ἔλεος ἀνθρώπου ἐπὶ τὸν πλησίον αὐτοῦ,
ἔλεος δὲ κυρίου ἐπὶ πᾶσαν σάρκα·
ἐλέγχων καὶ παιδεύων καὶ διδάσκων
καὶ ἐπιστρέφων ὡς ποιμὴν τὸ ποίμνιον αὐτοῦ.
14 τοὺς ἐκδεχομένους παιδείαν ἐλεᾷ
καὶ τοὺς κατασπεύδοντας ἐπὶ τὰ κρίματα αὐτοῦ.

15 Τέκνον, ἐν ἀγαθοῖς μὴ δῷς μῶμον
καὶ ἐν πάσῃ δόσει λύπην λόγων.

B S A C V *O L l a b c* min. La verss.

ὀλίγα ἔτη] *χιλια ετη* L'^{-493}-743: cf. Ps. 89$_4$ Petr. II 3$_8$; *ολιγοστη* 46; *centum anni* Arm; + *εκατον* 795; + *εκ των* 404 | om. *ἐν* S* | *ἡμέρᾳ*] *-ραις* C *O*-V L^{-637}-315′ *a* 46 336 358 547 578 679 753 755 verss.^{p} Dam. p. 1117: cf. 24a 1$_{31}$; + *ημερας* 543

11 (9) init.] pr. *propter hoc patiens erat excelsus* (= *δια τουτο εμακροθυμησεν ο υψιστος*) Syh: ex 11a | *μακροθυμει* L^{-493} La verss.^{p} = Syr et Luc. 18$_7$ | *κύριος*] pr. *ὁ* S *O*-V 46 315′ Mal.: cf. 1$_{26}$ | *ἐπ᾽* 1°] *εν* A*? 155 La | *αὐτοῖς*] *-τους* *l b* 307 753: cf. 32$_{22}$; *-των* 358; *-τω* 46 | *ἐξέχεεν*] *διαχεει* L^{-493} | *ἐπ᾽ αὐτοὺς/τὸ ἔλ. αὐτοῦ*] tr. L'^{-493} verss.^{p} Mal. | *αὐτούς*] *-τοις* 543 706

12 (10—11) *εἶδεν*] *οιδεν* 296-548 Syh; + *κυριος* 547 | *ἐπέγνω*] *εγνω* 315′ | *αναστροφην* 315 679 | *αὐτῶν*] *-του* 307 672 743* | 12b init.] pr. *και* 336^c | *αὐτοῦ*] *-των* 603 (*-τον*) 755 Mal.; + *in illis* La

13 (12—13) *ἔλεος* 1° 2°] *ἵλεος* 493: cf. 5$_6$ | *τόν*] *τω* 753 795; > 106-545 | om. *δέ* *l* | *κυρίου*] *θεου* Chr. XII 855 (2°) La Arm = Syr | 13c] *ανυψων και φωτιζων οφθαλμους* Antioch. p. 1833: ex 31$_{20a}$ | *ἐλέγχων* Clem.] *qui misericordiam habet* (= *ελεημων* Sm.) La | *παιδ./καὶ/διδ.* Dam. p. 316] tr. 547 603 La (*docet et erudit*); *νουθετων* Max. p. 816; om. *καὶ διδ.* 46 Aeth Mal. | om. *καὶ ἐπιστρέφων* 603 La Clem.; om. *καί* S^c C *a*-534′ 155′ 307 315′ 336 339 542 543 755 Sa | *ὡς*] *ὁ* 548 | om. *τό* 547 | *αὐτοῦ* 2°] *-των* C

14 *τούς* 1°] + *δε* 743 | *ἐλεᾷ* Clem.] *ελεει* B^c *L′*-672 *b c*-404′ 443 534′ 547 753 755 Dam. p. 316 Mal.: Thack. § 22$_1$; *αγαπα* 307 | 14b] *και τους κατασπουδαζοντας εις κολλησιν* (leg. *κολασιν* Hart) *αυτω* Clem.

15 init.] pr. tit. *εγκρατεια ψυχης* S: ex 30 init. | *ἀγαθοῖς*] pr. *τοις* Dam. p. 424; *αθωοις* Dam. p. 1392 | *μῶμον*] *νομον* 155 | *καί*] *μηδε* *L* | *πάσῃ*] *-σι* 46 alii | *δόσει*] *δος* 46 672; *δεησει* 248; *δωσει* 493 339 795; *dabis* Sa; + *non des* (= *μη δως* 545^c) La: dupl. | *λυπη* 493 307; *τη λυπη* 46 | *λογω* C 755; *λογου* 336 358 543 679 753 768 verss.^{p} Chr. I 656^{ap}; *λογον* 46; *λογου πονηρου* *L′* 542 La (*verbi mali*)

16 οὐχὶ καύσωνα ἀναπαύσει δρόσος;
οὕτως κρείσσων λόγος ἢ δόσις.
17 οὐκ ἰδοὺ λόγος ὑπὲρ δόμα ἀγαθόν;
καὶ ἀμφότερα παρὰ ἀνδρὶ κεχαριτωμένῳ.
18 μωρὸς ἀχαρίστως ὀνειδιεῖ,
καὶ δόσις βασκάνου ἐκτήκει ὀφθαλμούς.

19 Πρὶν ἢ λαλῆσαι μάνθανε
καὶ πρὸ ἀρρωστίας θεραπεύου.
20 πρὸ κρίσεως ἐξέταζε σεαυτόν,
καὶ ἐν ὥρᾳ ἐπισκοπῆς εὑρήσεις ἐξιλασμόν.
21 πρὶν ἀρρωστῆσαί σε ταπεινώθητι
καὶ ἐν καιρῷ ἁμαρτημάτων δεῖξον ἐπιστροφήν.
22 μὴ ἐμποδισθῇς τοῦ ἀποδοῦναι εὐχὴν εὐκαίρως
καὶ μὴ μείνῃς ἕως θανάτου δικαιωθῆναι.
23 πρὶν εὔξασθαι ἑτοίμασον σεαυτὸν

B S A C V *O L l a b c* min. La verss.

16 *οὐχί*] *ως* 603 | *καυσων* A C 548 705 | *ἀναπαύσει*] *παυσει* 46 404′; *ανασπασει* 548 | *κρείσσων*] *κρεισσον* V 248 alii Chr. (passim); *κρειττων* 155′: cf. 10_{27}; *κρισις* 46 | *λόγος*] *λογοι* 339; + *αγαθος* Arm Chr. X 271 XII 575 Max. p. 772 (*ο λ. αγ.*) Anton. p. 876: cf. 17a

17 17a] *αγαθος λογος υπερ δομα* Epiph. I 27 Max. p. 772 Anton. p. 876 et alii auctores gr. et lat. | *οὐκ ἰδού*] *ουχι* 753; *μη* Sa; *και ιδου* Chr. X 271 XII 575; *ιδου γαρ* Chr. I 656 Isid. p. 656. 1193; pr. *και* 155 | *λόγος*] + *αγαθος* 404 547 | *δόμα*] *παν l* | *ἀγαθόν*] -*θος* L^{-248} Chr. X 271 (non XII 575); > 404 547 | *παρά*] *παρ* 249-754 705 Isid.; > 315 429 | *ἀνδρί*] -*ρων* 46; *ανθρωπω* L^{-493} La (*homine*) | *κεχαριτωμενα* 248 46 679; -*μενη* 339; *κεχαρισμενω* 606

18 *αχαριστος* V 493-315′-743* *b* alii; *αχρηστος* 705: cf. 20_{19} 29_{17} | *βασκάνου*] *βασκαινουσα* 578 | *εντηκει* 603; *εκπικει* 68-744 = Ald.; *εκπινει* 768 | *οφθαλμον* 46

19 (**19—20a**) om. *ἤ* S 421 753: cf. 21a 23a 11_{7} | *λαλῆσαι*] -*σεις* 795; *ακουσαι* 543 | *μανθανειν* 421 | *πρό*] *προς* 106 534 | *θεραπευε* 421

20 (**20bc**) *ἐξέταζε*] *ετοιμαζε L*: ex 23a | *σεαυτόν*] *σαυτον* 743; *αυτον* 744 = Ald.; + *καλλιεργειν* (-*ιουργ.* 637) L^{-493} | *ιλασμον* A 130* Dam. p. 1312: cf. 32_{6}

21 *πρίν*] + *ἤ* 493-*l a* 443 543 743 753: cf. 19a | *ἀρρωστῆσαι*] *ασθενησαι b* | om. *σε* 155′ 429 547 548 | 21a fin.] + *εγκρατεια* (*εν εγκρ.* 637) *L′* | *καιρῷ*] *ωρα b*; pr. *ημερα και* 421 | *αναστροφην* 307

22 *ἐμποδισθῇς* Antioch. p. 1757] -*δισης* 248 46 753 Max. p. 808 Anton. p. 924 | om. *τοῦ* 307 | *αποδιδοναι* 755 | *εὐκαίρως*] *ευχερως* 672; *εν καιρω* 753 Dam. p. 1437 Antioch. | *μή* 2°] pr. *ου* 493 | *μείνῃς*] *εμμεινης* 679; *μηνησης* 307

23 *πρίν*] + *ἤ* 613: cf. 19a | *ευξεσθαι* C; + *σε* S[c] C *l* 46 443 613 753 | *ετοιμαζε* 336 Antioch. p. 1757 | *σεαυτόν*] *εαυτον* 253 493; *δε αυτον* 673;

καὶ μὴ γίνου ὡς ἄνθρωπος πειράζων τὸν κύριον.
24 μνήσθητι θυμοῦ ἐν ἡμέραις τελευτῆς
καὶ καιρὸν ἐκδικήσεως ἐν ἀποστροφῇ προσώπου.
25 μνήσθητι καιρὸν λιμοῦ ἐν καιρῷ πλησμονῆς,
πτωχείαν καὶ ἔνδειαν ἐν ἡμέραις πλούτου.
26 ἀπὸ πρωίθεν ἕως ἑσπέρας μεταβάλλει καιρός,
καὶ πάντα ἐστὶν ταχινὰ ἔναντι κυρίου.

27 Ἄνθρωπος σοφὸς ἐν παντὶ εὐλαβηθήσεται
καὶ ἐν ἡμέραις ἁμαρτιῶν προσέξει ἀπὸ πλημμελείας.
28 πᾶς συνετὸς ἔγνω σοφίαν
καὶ τῷ εὑρόντι αὐτὴν δώσει ἐξομολόγησιν.
29 συνετοὶ ἐν λόγοις καὶ αὐτοὶ ἐσοφίσαντο
καὶ ἀνώμβρησαν παροιμίας ἀκριβεῖς.
κρείσσων παρρησία ἐν δεσπότῃ μόνῳ
ἤπερ νεκρᾷ καρδίᾳ νεκρῷ ἀντέχεσθαι.

B S A C V *O L l a b c* min. La verss.

animam tuam (= την ψυχην σου) La Sa (ψυχη); την ευχην σου S^c Aeth = Syr | om. ὡς *l a*-534 429 Antioch. | εκπειραζων 542

24 θυμοῦ] -μον 603; θεου S* | εν ημερα S C^c L'^{-248}-315′-743 *a*-534′ 46 155 307 336 358 404 443 542 543 753 797 La $verss.^p$ Antioch. p. 1760 Mal.: cf. 25 b 24 25 26 27 45 15 46 7 50 8 c 51 10 | τελευτῆς] + σου 542 | καιρου *l*; καιρων 613 | επιστροφη C *c*-679-795 155′ 755 La $verss.^p$; υποστροφης πτωχειας 404: ex 25 b

25 καιρόν] -ρων *a* 429 443^c 613 797; -ρον 46 543 Chr. V 137 (non II 127 III 417); pr. κατα A | καιρῷ] ημεραις A *b* 743; ημερα L^{-248} $verss.^p$ Chr. II 127 (non III 417 V 137) | πλησμονῆς] επιστροφης 404′: ex 24 b; + σου 421 | πτωχ. καὶ ἔνδ.] πτωχειας και ενδειας 46 Chr. V 137; πτωχον και ενδιαν V; pr. και 575 755 La = Syr | εν ημερα 248-743 46 155 404 755 La Sa Arm Chr. III 417 V 137 Max. Dam.: cf. 24 a

26 πρωι 155 311 336 543 Chr. V 332 Max. p. 829 | ἑσπέρας] οψε Chr. | μεταβάλλει κ.] μεταβαλει κ. 307 548 706 743 La^V Dam. p. 1524; μεταβολαι πολλαι Chr. | καιρός] pr. ὁ Max. p. 829 | πάντα] + ταυτα *L* = Syr; pr. *haec* La: cf. 26 5 | ἐστίν] εσται *a*; > La Aeth Chr. | ταχ.] ταπεινα 46 | ἔναντι κ.] -τιον κ. 547; ενωπιον αυτου Chr.

27 om. 27 a 248 | om. καί A *c* La^{Θ} | αμαρτιαις 46 | προσαξει *l* 613 755 | fin.] + και αφρων ου συντηρησει καιρον *L′*: ex 20 7

28 ἔγνω] εξει 307; ευρε Mal. Aeth (*inveniet*) | σοφίαν] συνεσιν 307 Arm; + και παιδειαν *L′* | om. αὐτήν 679

29 συνετος 545 755 | εν λογω 613 La^{Π} (*in verbo*) | ανωμβρησον 253; ανομβρησας 307; ανωμησαν 603^c; ανωμβρωσαν C | παροιμιαις *a* 543; εν -μιαις A* | ἀκριβεῖς] -βως S*; *et iudicia* (= και κρισεις Sm. = και κριματα Hart) La; + εις ζωην *L*-130-743 | hab. v. 29 cd 248-130-672 | κρεισσον 672 | ειπερ 248 | νεκρῷ] νεκρων 130-672 | αντεχεται 672

Ἐγκράτεια ψυχῆς

30 Ὀπίσω τῶν ἐπιθυμιῶν σου μὴ πορεύου
καὶ ἀπὸ τῶν ὀρέξεών σου κωλύου·
31 ἐὰν χορηγήσῃς τῇ ψυχῇ σου εὐδοκίαν ἐπιθυμίας,
ποιήσει σε ἐπίχαρμα τῶν ἐχθρῶν σου.
32 μὴ εὐφραίνου ἐπὶ πολλῇ τρυφῇ,
μὴ προσδεηθῇς συμβολῇ αὐτῆς.
33 μὴ γίνου πτωχὸς συμβολοκοπῶν ἐκ δανεισμοῦ,
καὶ οὐδέν σοί ἐστιν ἐν μαρσιππίῳ·
ἔσῃ γὰρ ἐπίβουλος τῆς ἰδίας ζωῆς.
19 1 ἐργάτης μέθυσος οὐ πλουτισθήσεται,
καὶ ὁ ἐξουθενῶν τὰ ὀλίγα κατὰ μικρὸν πεσεῖται.

B S A C V *O L l a b c* min. La verss.

30 *Ἐγκράτεια ψ.*] *περι εγκρατειας ψυχης* (> 637 543 753 La^{LS*}) 637 *b* 307 336 358 543 547 672 679 743 753 795 La$^{G\,pl}$; *εγκρατιαν ψυχων* 755; *περι επιθυμιων* 578; > *O*-V 493-106 46 157 728 La^{Vpc} Aeth ArmII; »*περὶ ἐγκρατείας ψυχῆς. ἐν δὲ ἑτέρῳ τῶν παλαιῶν ἀντιγράφων· ἐγκράτεια ψυχῆς*« Mal. | om. *μή* C | *πορεύου* Clem.] *πορευθης* Meth. | om. *τῶν* 429 | *κωλύου*] pr. *μη* A 542

31 *ἐάν*] + *γαρ b* 755 Sa Max. p. 964 = Syr; pr. *et* Aeth | *χορηγήσῃς*] -*σεις* B* alii; *επιχορ.* 46 358 443 753; *επιχωρηγησεις* 795; *ευδοκησεις* A 543 (-*σῃς*): cf. 9 12 | om. *τῇ* L^{-248} | *εὐδ. ἐπιθ.*] *ευδοκιας επιθυμιαν O* 46 (-*κιαν* -*μιαν*); *επιθυμιαν ευδοκιας L* Sa; *χορηγιαν επιθ.* Anton. p. 909; *concupiscentiam* (-*tias*^{V}) *eius* La; + *αυτης L*-743 Mal. | *ποιήσει σε*] *ποιησεις* S* A *L*-315′ *a* 155 339 543 755 795 Aeth Arm Max. Dam. p. 1333; om. *σε* 753 | *τῶν ἐχθρῶν σου*] *εχθροις σου* L^{-248}: cf. 6 4; *εχθρων* 46; *inimicis* (+ *tuis*^{V}) La; om. *τῶν b* Max. Dam. Anton.; om. *σου* Arm = H | fin.] + *οι βασκανουσι σε* 248: cf. 14 6

32 *μή* 1°] *και* V | *εὐφρ.*] *ευφρανθης δε* Clem.; + *μη* 46 | *ἐπί*] *εν* V *b* 543 679 Syh | *πολλῇ*] *μικρα* (*μιαρα*^{M2}) Clem. | *τρυφῇ*] *τροφη* 493: cf. 11 27; + *σου* 248 | *μή* 2° B S A *O* 46 307 339 358 542 679 Aeth Mal.] *και μη* L^{-248} 534′; *και* V; *και μηδε* 155; *μηδε* rel. | *προσδεθης* B *O*-S^{c} L^{-248} *a* 307 358 543 754 Sa Arm; *συνδεθης l* 443 | *συμβολῇ*] -*λης* A 613; -*βουλη* 253 L'^{-248} *a*-534 155 311 358 443 542 578 603 679 755 795; -*βουλης* 248-315′ 46 547; -*βουλην* 336; pr. *εν c*-679-795 339 543 Mal.; pr. *τη* S^{c} L^{-248}

33 *μή*] *μηδε* 672 La$^{\Omega}$ | *συμβουλοκοπων* 493 155 315 336 358 547 679 753 755: cf. 9 9 | *ἐκ δανεισμοῦ*] *εκ* -*σματων* 543 Dam. p. 81; *εν δανεισμοις* 797 | *καί*] *καν a* | om. *σοί* 753 = H | *μαρσιππίῳ*] -*σιππω* A C V *l*-157 *c*-795 339 358 443 534′ 542 753; -*σιπω* 307 336 797; -*σηπω* 311; *βαλλαντιω* S^{c} | hab. v. 33c *L′*-672 La Dam. | *τῆς ἰδίας ζ.*] *της ζ. σου l* La^{V}; + *λαλητος* 248-672

19 1 1a/1b] tr. 534′ | *ἐργάτης*] + *γαρ* 575 Arm | *καί* S^{c} *L*-672-743 *a* 421 La = H] om. rel. | om. *ὁ* V-253 578 743 | *τὰ ὀλ.*] *κατα ολ.* 46; *haec verba* (= *ταυτα λογια*) Sa | fin.] + *και ου μεγαλυνθησεται* 421

2 οἶνος καὶ γυναῖκες ἀποστήσουσιν συνετούς,
καὶ ὁ κολλώμενος πόρναις τολμηρότερος ἔσται·
3 σήπη καὶ σκώληκες κληρονομήσουσιν αὐτόν,
καὶ ψυχὴ τολμηρὰ ἐξαρθήσεται.

4 Ὁ ταχὺ ἐμπιστεύων κοῦφος καρδίᾳ,
καὶ ὁ ἁμαρτάνων εἰς ψυχὴν αὐτοῦ πλημμελήσει.
5 ὁ εὐφραινόμενος κακίᾳ καταγνωσθήσεται,
ὁ δὲ ἀντοφθαλμῶν ἡδοναῖς στεφανοῖ τὴν ζωὴν αὐτοῦ.
6 ὁ ἐγκρατευόμενος γλώσσῃ ἀμάχως βιώσεται,
καὶ ὁ μισῶν λαλιὰν ἐλαττονοῦται καρδίᾳ.

B S A C V *O L l a b c* min. La verss.

2 (2—3a) *γυναῖκες*] *γυνη* Bas. II 816 (non III 652) | *ἀποστήσ.*] *απολλυσι* 336 Arm (*perdunt*) | *συνετούς* Clem.] *σοφους* 421 La Aeth Arm (*sapientiam*); *καρδιας σοφων* Bas. II 816; *καρδιας συνετων* Antioch. p. 1485: cf. H (*cor*) | 3b] *τον δε τολμηρον εκ πορνειας γεγεννημενον* 421 | om. *ὁ* 46 | *πόρναις* Clem.] *-νη* 307 358 534 verss.^{p} | *τολμηρος* S C *O L'*-157' *a*-534' *b c*-795 315 336 339 358 542 575 753 Sa; *τολμηρωτατος* 155; *πονηρος* 672 La (*nequam*): cf. 3b; *συνετωτερος* 46 | *ἔσται*] *εκβησεται* Clem.: cf. 30_{8}

3 (3bcd) *σήπη* B* A C S^{c} 46 155 339 548 (*σηπι*) 679 706 795 Aeth (vid.)] *σηπες* S* 130 307 311 421 547 728; *σηπαι b* 336; *σηψις O*-V (*-ψεις*) 753 Clem. La (*putredo*): cf. Is. 14_{11}; *σητες* B^{c}-68-744' 248-315'-743-*l*-157' *a*-534' 358 (*σηται*) 443 542 543-578 (*κηταις*) 575 603 Sa Mal.; *σης* 493^{c} (*γης**)-637; *εμπης* (sic) 755 | *σκώληκες*: cf. 10_{11}] *σκωληξ* L^{-248} La^{pc} (*vermis*) Clem.: cf. 7_{17} | *αὐτόν*] *-των* 797; *την γην* S*; > 421 | om. *καί* 2° 679 Sa Aeth | *ψ. τολμηρά*] *ψ. -ρας* S*; *ψ. πονηρα l b* 46 339 443 613^{c} 753: cf. 6_{4}; > *L* La (3c) Clem. | *ἐξαρθήσεται*] *επαρθ.* 797; *ξηρανθησεται* 248: cf. 10_{17}; *tolletur de numero* (= *εξαριθμηθησεται*) La (3d); + *εν παραδειγματισμω μειζονι L'*-743 Clem. La (*in exemplum maius* 3c): cf. 23_{1} fin.

4 (4ab + 6a) om. *Ὁ* S* 336 | *ταχυς* L^{-248} 542 706 | *ἐμπιστ.*] *εμπιπτων* 358 | *καρδίᾳ*] *-διαν* 672; *-διας* Dam. p. 400; pr. *εν* 613 verss.^{p} | om. *ὁ* 2° 493 744' = Ald. | *ἁμαρτάνων*] *ουκ εγκρατης* L^{-248} | *ψυχήν*] pr. *την b* 753 | *πλημμελήσει*] *πλημμελει* S* Syh; *insuper habebitur* La (4b); *paenitebit* (= *μεταμελησει*) La (6a) Sa

5 (5a + 6b) *ὁ*] + *δε* 673; > 578 | *κακίᾳ* Schleusner II 152 Nestle p. 94] *πονηρια O*-V *l* 404' 443 La = Syr: cf. 6; *πονηρα* S*; *επι κακοεξια L*; *λαλια b*: ex 6; *καρδια* (*-διαν* 672) rel.: cf. 6 | *καταγνωσθήσεται*] pr. *γνωσθησεται και ο ευφραινομενος πονηροις* 613 | hab. v. 5b *L*-672 613 Clem. Dam. p. 241 Anton. p. 809 | *ηδονη* Clem. | om. *τήν* Dam. Anton. |

6 (5b + 5c) hab. v. 6a *L'*-672 613 Antioch. p. 1541 | *ὁ*] + *δε l* | *γλωσσης l* 613 | *αμαχω* 248; *-χος* 673 Antioch. | *συμβιωσεται* 248 | *λαλιάν* = *loquacitatem* La (5c)] *λαλιων* 673; *correptionem* La (5b) | *ἐλαττονοῦται* = (*con*)*minuetur*(*-itur*) La (5b)] *-νειται* 249-754; *ελαττουται* S *L'*-672 *a*-534 Dam. p. 1341 Antioch. Anton. p. 989: cf. 7b 16_{23}; *ελαττωθησεται* 296-548; *extinguit*(*-et*) La (5c) | *καρδίᾳ* A: cf. 5 16_{23} et Syr] *κακιαν l* 404' 443 543 672 La (*malitiam* 5c) Dam. Antioch.; *κακα* 249*; *vita* La (5b); *κακια* rel.

7 μηδέποτε δευτερώσης λόγον,
καὶ οὐθέν σοι οὐ μὴ ἐλαττονωθῇ.
8 ἐν φίλῳ καὶ ἐχθρῷ μὴ διηγοῦ,
καὶ εἰ μή ἐστίν σοι ἁμαρτία, μὴ ἀποκάλυπτε·
9 ἀκήκοεν γάρ σου καὶ ἐφυλάξατό σε,
καὶ ἐν καιρῷ μισήσει σε.
10 ἀκήκοας λόγον, συναποθανέτω σοι·
θάρσει, οὐ μή σε ῥήξει.
11 ἀπὸ προσώπου λόγου ὠδινήσει μωρὸς
ὡς ἀπὸ προσώπου βρέφους ἡ τίκτουσα.
12 βέλος πεπηγὸς ἐν μηρῷ σαρκός,
οὕτως λόγος ἐν κοιλίᾳ μωροῦ.

B S A C V *O L l a b c* min. La verss.

7 *μηδέποτε*] *μηποτε* S L^{-248}; *μη* 578 744* La Sa(vid.) | *δευτ. λ.*] *δευτερωσεις λ.* 315 alii; *λ. σου δευτ.* 421; + *εν ευχη* S^{c} 404′ (+ *σου*); + *εν προσευχη σου* 253: ex 7_{14}; + *μηδεποτε* 578; + *nequam et durum* La | *σοι/οὐ μή*] tr. 307; om. *οὐ μή* *L*-743; *σοι ουδεποτε* 797 | *ἐλαττονωθῇ*] *-νηθη* A *l b* 311 315′ 336 (*ελλαττων.*) 534 (*ελλαττων.*)-613 547 679 755 797 Mal.; *ελαττωθη* *a* 421: cf. 6; *εσται εν ελαττωσει* *L*-743

8 *ἐν φίλῳ καὶ ἐχθρῷ*] *εν φ. και εν ε.* B 339 679 Syh Mal.; *επι φιλου και εχθρου* Antioch. p. 1541; *εν εχθρω και φιλω* 421; om. *καί* 578 | om. *μή* 1° V* | *διηγοῦ*] *εκδιηγου* 548; + *βιους αλλοτριους* *L* Antioch.; + *βιους αλλ επαινους* Dam. p. 1297; + *sensum tuum* (= *διανοιαν σου* 545^{c}) La | om. *εἰ* 743 | om. *μή* 2° 753 La Dam. | *ἐστίν σοι*] tr. *L* Dam.; pr. *τις* 421 | *ἁμαρτία*] *χρεια* *l*-157′ 443 | *εκκαλυπται* 421

9 *ακηκοα* S* | *γάρ σου*] *γαρ σε* 547; tr. C Syh; om. *σου* 421 754 La$^{\wedge}$ | *σε* 1°] *σου* 606 705 | 9b] *καὶ εὐχερῆ* (vel *ἄκαιρον*) *νομίσει σε* Kuhn II 100 Katz: cf. Syr | *μισήσει*] *μισει* 248 155 336 679

10 *ηκουσας* Chr. II 55 V 433 XII 152. 847 Anton. p. 993 | *λόγον*] *λεγων* S* | *συναποθανέτω*] *-νειτω* C; *εναποθ.* *O* L^{-248} 547 575 613 679 Chr. II 55 V 433 XII 152 (non XII 847); *αποθ.* V 46 | 10b init.] pr. *και* 248 Aeth | *θάρσει*] *θαρρει* V (*θαρρι*) 548 (*θαρει*): cf. Thack. § 7_{47}; *ευθαρσης γινου* 248 | *οὐ*] + *γαρ* *L*; pr. *quoniam* La | *ρηξη* V-253 L^{-493} alii; *διαρρηξει* 421; *ριψη* 679

11 11a] *ηκουσε λογον ο μωρος και ωδινησεν* Chr. XII 152 | *προσώπου* 1°] + *σου* 679 | *λογος* 46 | *ὠδινήσει*] *-σεν* V La^{L}; *-σια* 672; *οδυνησει* 548 679 (*-ση*); *σου δινησει* 578; *ονειδισει* 248 543 (*-δησει*): cf. 43_{17} | 11b init.] pr. *και* 578 | *βρέφους*] *βελους* 46: ex 12a; tr. ante *προσώπου* 2° 106 | om. *ἡ τίκτ.* 578

12 *πεπηγως* B-S C 637 | *μηρῷ*] *κοιλια* 672: ex 12b | *σαρκός*] *ἀνδρός* Sm. Arm = Syr: cf. 30a | *λόγος*] *λογον* 155; pr. *ὁ* 336 339 | *κοιλίᾳ*] *καρδια* 155′ 613 679 705 755 La Arm: cf. 23_{6} 36_{23} 51_{21} Ps. 39_{9} Thr. 2_{11} | *μωροῦ*] *μορος* 155

13 Ἔλεγξον φίλον, μήποτε οὐκ ἐποίησεν,
καὶ εἴ τι ἐποίησεν, μήποτε προσθῇ.
14 ἔλεγξον τὸν πλησίον, μήποτε οὐκ εἶπεν,
καὶ εἰ εἴρηκεν, ἵνα μὴ δευτερώσῃ.
15 ἔλεγξον φίλον, πολλάκις γὰρ γίνεται διαβολή,
καὶ μὴ παντὶ λόγῳ πίστευε.
16 ἔστιν ὀλισθάνων καὶ οὐκ ἀπὸ ψυχῆς,
καὶ τίς οὐχ ἥμαρτεν ἐν τῇ γλώσσῃ αὐτοῦ;
17 ἔλεγξον τὸν πλησίον πρὶν ἢ ἀπειλῆσαι
καὶ δὸς τόπον νόμῳ ὑψίστου.
18 φόβος κυρίου ἀρχὴ προσλήψεως,
σοφία δὲ παρ᾿ αὐτοῦ ἀγάπησιν περιποιεῖ.
19 γνῶσις ἐντολῶν κυρίου παιδεία ζωῆς,
οἱ δὲ ποιοῦντες τὰ ἀρεστὰ αὐτῷ ἀθανασίας δένδρον καρπιοῦνται.

B S A C V *O L l a b c* min. La verss.

13 om. 13-14 493: homoiar. | *φίλον*] pr. *τον* Mal.; > 254 Chr. XI 491 | *ἐποίησεν* 1°] *ειπε* Mal.; 1°⌒2° 106-545 | om. 13b-14a A | *εἴ*] *ἤ* C V 548: cf. 14b; *ετι* 68-744′ = Ald. | *τι* B-S* C 130-705 *c*-795 443 Dam. p. 1137] > rel. | *ἐποίησεν* 2°] -*σαν* 795*; *πεποιηκε* 543; *ειρηκε* Mal. | *μήποτε* 2°] *ινα μη* S 637-315′-*l a*-534′ 358 429 443 542 753 795 La verss.[p] Chr. Antioch. p. 1632: cf. 14b | *προσθῇ*] -*θηση τα αυτα* Antioch.; *προστεθη* 155′; *δευτερωση* Mal.: ex 14b; *iterum addat facere* La

14 *ελεγξεις* Antioch. p. 1632 | *τὸν πλ.*] *τω πλ.* 578; *τον φιλον* B La[TC] Sa Aeth Dam. p. 1137: ex 13a 15a; + *σου* 106[c] verss.[p] Antioch.: cf. 17a; > Chr. XI 491 | *εἶπεν*] *εποιησε* 672 Antioch.: ex 13a | 14b] *ει δε και εποιησεν ινα μη προσθηση* Antioch.: ex 13b | *εἰ*] *ἤ* S A C 548: cf. 13b; + *τι* Sa: ex 13b; > 545 | *εἴρηκεν*] *ειπε* 46 797 (*ειπεν*): ex 14a | *ἵνα μή*] *μηποτε* 46 La (*ne forte*): cf. 13b; om. *ἵνα* 307 | *δευτερωσει* A 253 alii

15 (15—16a) *φίλον*] pr. *τον* 46 | *διαβολή*] -*λευς* 46; pr. *ἡ* 753; + *ματαια* 248 = Syr; *commissio* (= *συμβολη* Herk.) La | om. *μή* 46 La[Σ*] | *π. λόγῳ πίστ.*] *πιστευετε π. λογω* Chr. I 781 | *πίστευε*] *πιστευετω η καρδια σου* 248-*l* = Syr

16 (16b—17a) *ὀλισθάνων* B-S* A 637 307 443* 542 706 728] *ο μη θανων* V; *ολισθαινων* rel.: cf. 21$_{7}$; + *λογω* (*εν λ.* 106) *L′*; + *λογον* 743; + *lingua* La | *καὶ τίς*] + *εστιν ος* *L′* La (*quis est enim qui*) Aeth Arm: cf. 34$_{9}$ | *ἥμαρτεν*] -*τησεν* B[c] S *O*-V 315 679; -*τηκεν* 673 Mal.; *ωλισθησεν* 248 = Syr | om. *ἐν* *O*-V 443 679 La[G pc]: post -*εν* | om. *τῇ* *L*$^{-248}$ 46 706: cf. Ps. 38$_{2}$ | *γλώσσῃ*] *γλωττη* 795: cf. 4$_{24}$; *ψυχη* 307

17 (17b—18a) om. *τόν* *c* | *πλησίον*] + *σου* B A C *l*-157′ *b c*-679-795 46[c] 155 307 315′ 339 443 542 547 verss. = Lev. 19$_{17}$: cf. 14a | *πρὶν ἤ*] *προ του* *b*; om. *ἤ* 46 155 443 755: cf. 11$_{7}$ | *ἀπειλῆσαι*] *επιλησαι* V; *απολει σε* 672; *αδικησαι* Sm. | *τόπον*] *τυπον* 493 | *νόμῳ*] *νομου* V; *νομον* C 315*?; *timori* La: cf. 28$_{7 (8)}$ 37$_{12 (15)}$ | *ὑψίστου*] -*τω* 534 578; + *γινομενος αμηνης* (sic 248, *αμινης* 493-637; leg. *ἄμηνις* Schleusner I 152 Sm.) *L*

18—19 hab. v. 18-19 *L*-672 **18** *προληψεως* 493, *προλημψ.* 637: cf. 10$_{21}$ | *σοφία*] *σφοδρα* 493-637: cf. 6$_{20}$ | *περιποιεῖ* 248] -*ποιου* 493-637; -*ποιειται* 672

19 *καρπουνται* 248-672

20 *Πᾶσα σοφία φόβος κυρίου,*
καὶ ἐν πάσῃ σοφίᾳ ποίησις νόμου,
καὶ γνῶσις τῆς παντοκρατορίας αὐτοῦ.
21 *οἰκέτης λέγων τῷ δεσπότῃ Ὡς ἀρέσκει οὐ ποιήσω,*
ἐὰν μετὰ ταῦτα ποιήσῃ, παροργίζει τὸν τρέφοντα αὐτόν.
22 *οὐκ ἔστιν σοφία πονηρίας ἐπιστήμη,*
καὶ οὐκ ἔστιν βουλὴ ἁμαρτωλῶν φρόνησις.
23 *ἔστιν πανουργία καὶ αὕτη βδέλυγμα,*
καὶ ἔστιν ἄφρων ἐλαττούμενος σοφίᾳ·
24 *κρείσσων ἡττώμενος ἐν συνέσει ἔμφοβος*
ἢ περισσεύων ἐν φρονήσει καὶ παραβαίνων νόμον.
25 *ἔστιν πανουργία ἀκριβὴς καὶ αὕτη ἄδικος,*
καὶ ἔστιν διαστρέφων χάριν τοῦ ἐκφᾶναι κρίμα,
καὶ ἔστι δικαιῶν κρίσει σοφός.
26 *ἔστιν πονηρευόμενος συγκεκυφὼς μελανίᾳ,*
καὶ τὰ ἐντὸς αὐτοῦ πλήρης δόλου·

B S A C V *O L l a b c* min. La verss.

20ab (18bcd) *φόβος*] *νομος* 157′; *παρα* C 543; + *παρα* *L*-743: ex 1_{1} | *ποίησις νόμου*] *νομος κυριου και ποιησις αυτου* 795

20c—21 hab. v. 20c–21 *L*-672 | *παροργίζει*]-*ζη* 493

22 (19) init. *L* 157′ 336 679 La^{pc} Sa Arm = Syr] pr. *και* rel. | *σοφία πον.* Clem. Or. I 264] *πονηρια σοφιας* 130-705 443 Sa | *επιστημην* 797 | *ἔστιν* 2°] *εστη* 797 | *βουλή*] pr. *οπου* B *O*-S^{c}-V 248 339; pr. *εν* 547 613

23 (20) *ἔστιν* 1°] *et* La^{GY*} (vid.); pr. *και* 672 La^{Ω} | *πανουργία* V-253 L^{-248}-130 Ra.] *πονηρια* rel. (Mal.): cf. 25a 31_{11} | om. *καί* 2° 46 358 $La^{\Lambda\Omega}$ | om. *ἄφρων* 672 | *ἐλαττούμενος*] *ελαττονουμενος* *l* 339 543 547 672: cf. 16_{23}; pr. *και* 358 | *σοφιας* 296-548 542

24 (21) *κρειττων* B-S (*κριττ.*) A^{c} (*κριττ.*) *l c* 155 336 339 429 578 Dam. p. 1420; *κρεισσον* 672 679 743 Anton. p. 1140: cf. 10_{27}; *κρειττον* 307 358 543; *περιττων* 548 | *ἡττώμενος*] *ηττημ.* 542; *ηλαττωμενος* B^{c}-68-744′ = Ald.; *ελαττουμ.* 443: cf. 23b 25_{2} 47_{23}; *πτοουμενος* 248 | om. *ἐν* 1° *l* 155 La $verss.^{p}$ | *συνέσει*] *φρονησει* 429: ex 24b; *σοφια* 613^{c} = La (*sapientia . . . sensu*: dupl.) | *ἔμφοβος*] *εν* (*και* 743) *φοβω θεου* 155-743 La (*in timore*, + dei^{pc}); *timens dominum* Aeth Arm^{ap} ($pius^{te}$) | *ἢ περισσεύων . . . παραβαίνων*] *του περισσευοντος* (-*ττ*- 493) . . . *παραβαινοντος* *L* | *ἐν φρον.*] *εν συνεσει* A: ex 24a; *φρονησεως* Anton.; om. *ἐν* *l* 358 443 534′ La Dam. p. 1420; *σοφια* 46; *sollertia* La^{X}: cf. 25a (22a) | *νόμον*] *νομω* 543; *νομιμα υψιστου* 248 La (*legem altissimi*); + *domini* Aeth

25 (22—23a) *ἔστιν* 1°] *εσται* 672; *οτι* 795 | *πανουργία*] -*γος* 755; *πονηρια* V 307 Sa (*πονηρια*): cf. 23a | *ἄδικος*] *ενδ.* 603; *βδελυγμα* 336 (-*λλ*-) 543: ex 23a | *ἔστιν* 2°] *εσται* 543 | *διατρεφων* 358 | *τοῦ ἐκφ.*] *την εκ του φαναι* 545 | hab. v. 25c 248-*l* | *κρισις* 106-545; *κρισιν* 130-705 | *σοφον* 545*

26 (23bc) *πονηρευόμενος*] *πορευομενος* *l*-157′ *a*-534 339 358 547 679* Syh Arm: cf. 12_{11} | *συνκεκρυφως* V: cf. 27a | *μελανιαν* 672; *μελαινα* *c* (-*λανα* 706)-795 (-*λανα*) | om. *αὐτοῦ* 603 | *πληρη* S* *l a*-613 311 443^{c} 672 679; *πληρεις* A; *πληρις* 253 296 797: cf. Iob 21_{24} et Thack. § 12_{6}(e) | *δόλου*] + *πυρωδους* 248

27 *συγκύφων πρόσωπον καὶ ἐθελοκωφῶν,*
ὅπου οὐκ ἐπεγνώσθη, προφθάσει σε·
28 *καὶ ἐὰν ὑπὸ ἐλαττώματος ἰσχύος κωλυθῇ ἁμαρτεῖν,*
ἐὰν εὕρῃ καιρόν, κακοποιήσει.
29 *ἀπὸ ὁράσεως ἐπιγνωσθήσεται ἀνήρ,*
καὶ ἀπὸ ἀπαντήσεως προσώπου ἐπιγνωσθήσεται νοήμων·
30 *στολισμὸς ἀνδρὸς καὶ γέλως ὀδόντων*
καὶ βῆμα ἀνθρώπου ἀναγγελεῖ τὰ περὶ αὐτοῦ.

20 1 *Ἔστιν ἔλεγχος ὃς οὐκ ἔστιν ὡραῖος,*
καὶ ἔστιν σιωπῶν καὶ αὐτὸς φρόνιμος.
2 *ὡς καλὸν ἐλέγξαι ἢ θυμοῦσθαι,*
3 *καὶ ὁ ἀνθομολογούμενος ἀπὸ ἐλαττώσεως κωλυθήσεται.*

B S A C V *O L l a b c* min. La verss.

27 (24) *συνκρυφων* B* S^{c}: cf. $_{26}$a; *συγκυπτων* *L*′$^{-248}$ 311 542 613 755 Mal.; *συγκεκυφως* 249-754 = $_{26}$a 12_{11} | *προσωπω* *l a*-534 542 547^{c} 755 | *ἐθελοκωφῶν* *O*-V (-*κοφ*.) 248-743 *a* Ra.] *ετεροκωφων* rel. | *οπου ουκ εγνωσθη* C *O*-V 46 155′ 443 534′; *ου εαν επιγνωσθη* *L*; *quod* (= *οπερ* Hart = *οτι* Sm.) *ignoratum est* La | *προφθ. σε*] *προφθανει σε* 254; *προφασει σε* 358 443*; *φθασει σε* 315; om. *σε* 336; > 672 La; pr. *και* *L*$^{-248}$ | fin.] + *κακοποιησαι* (-*σει σε* 493-637) *L*-743 Syh: ex $_{28}$b

28 (25) om. *καί* S* 542 Sa | *ἐάν* 1°] *αν* 46 | *ὑπό*] *απο* 358 | *ελαττωμενος* 578 (-*ττομ*.) 743* | om. *ἰσχύος* 254 | *κωλυθης* S | *αμαρτανειν* *a*-534 *b* 307 543 672 (-*νει*): cf. 15_{20} | *ἐάν* 2°] + *δε* 672 | *ευροι* 743 | fin.] + *σε* A *L*$^{-248}$ 46 547 613 679 755 Aeth; + *σοι* 307

29 (26) init.] pr. tit. *λογοι παραβολων* (+ *του αυτου* 493) *L*$^{-248}$ 679 Sa; pr. *και* C* | *ἀνήρ*] *νοημων* S*: ex $_{29}$b; pr. *ὁ* 421 | *ἀπαντήσεως*] -*τηματος* 339; *απατησεως* 547*: cf. 34_{31} | *προσώπου*] *ανθρωπου* Clem.: cf. 31_{3} | *ἐπιγνωσθήσεται* 2°] *γνωσθ*. Dam. p. 397 | *νοήμων*] *ανθρωπος* Clem.

30 (27) *ἀνδρός* Clem.] *corporis* (= *σαρκος*: cf. $_{12}$a) La | *καὶ γέλως ὀδ.*/*καὶ β. ἀνθρ.*] tr. 575 Clem. Chr. II 776 Dam. p. 1361 Pal. | *βῆμα* Clem. Chr. I 960 II 776 III 566 VI 51 et cat. IV 26 Dam.] *βηματα* B-S* A V *b* 315 336 421 578 706 795 Syh | *ἀνθρώπου*] *ανδρος* 296-548; *ποδος* *L*′$^{-248}$ *a*-534′ 307 429 542 575 Clem. Chr. Dam.; pr. *ποδος* S^{c}; *ποδων* 421 Arm Pal.; pr. *ποδων* 672 | *ἀναγγελεῖ*]-*γελλει* B 795 La verss.^{p} Chr. (passim): cf. 16_{22}; *απαγγελει* 307: cf. 37_{14} 44_{3}; + *σοι* C *L*$^{-248}$ Sa | om. *τά* *O*-V 534 679 La Sa = Syr | *αὐτοῦ*] *εμου* A

20 1 (19_{28}) *ὅς*] *και* Chr. V 433 Anton p. 989. 993

2 (1a) *ὡς κ.*] *ωσπερ κ.* Antioch. p. 1632; om. *ὡς* Syh Aeth; + *εστιν* 248-*l* La verss.^{p} Antioch. | *ελεγχειν* Antioch. | *θυμοῦσθαι*] + *κρυπτως* *L*′ Antioch.

3 (1b) om. *καί* 578 603 | om. *ὁ* 253* *c* 155 705 | *ἀνθομολογούμενος*] + *τω κυριω* Mal. (»*ἐν τῷ ἄλλως ἔχοντι παρὰ τὰ πλείω τῶν ἀντιγράφων ὁ ἀνθομολογούμενος τῷ κυρίῳ εὕρηται*«) | *ἀπὸ ἐλ.*] *απο ελαττωματος* *L*′ 613; tr. post *κωλυθήσεται* *L* Syh

4 *ἐπιθυμία εὐνούχου ἀποπαρθενῶσαι νεάνιδα,*
οὕτως ὁ ποιῶν ἐν βίᾳ κρίματα.
5 *ἔστιν σιωπῶν εὑρισκόμενος σοφός,*
καὶ ἔστιν μισητὸς ἀπὸ πολλῆς λαλιᾶς.
6 *ἔστιν σιωπῶν, οὐ γὰρ ἔχει ἀπόκρισιν,*
καὶ ἔστιν σιωπῶν εἰδὼς καιρόν.
7 *ἄνθρωπος σοφὸς σιγήσει ἕως καιροῦ,*
ὁ δὲ λαπιστὴς καὶ ἄφρων ὑπερβήσεται καιρόν.
8 *ὁ πλεονάζων λόγῳ βδελυχθήσεται,*
καὶ ὁ ἐνεξουσιαζόμενος μισηθήσεται.
ὡς καλὸν ἐλεγχθέντα φανερῶσαι μετάνοιαν·
οὕτως γὰρ φεύξῃ ἑκούσιον ἁμάρτημα.

9 *Ἔστιν εὐοδία ἐν κακοῖς ἀνδρί,*
καὶ ἔστιν εὕρεμα εἰς ἐλάττωσιν.

B S A C (fin. 5a) V *O L l a b c* min. La verss.

4 (2—3) *ἀποπαρθενῶσαι*] *-σεν* C V 155 545^{c} (*-σε*) La (*devirginavit, -nabit*^{V}); *-νευσαι* L^{-248} 755 Epiph. II 362 | *νεάνιδα*] *νεανιν O* L^{-248} 679 Bas. III 1345 Chr. VII 749 Dam. p. 1564 Mal.; *mulierem* Sa; pr. *γυναικα* 578: cf. 30_{20} | om. *ὁ* 768 = H | *ἐν βίᾳ κρίμ.*] *opera iniqua* (= *εν βια πραγματα*: cf. 30_{20} fin.) Sa; om. *ἐν* S* | *βίᾳ*] *βιω* 248 46 673 679 768; *κακια* 755 | *κρίματα*] *κριμα* L^{-248} verss.^{p} = H; *iudicium iniquum* (*inique* $^{G\ pc}$) La

5 om. v. $_{5}$ 68-744 = Ald. | *σιωπῶν*] *τις σιγων* Chr. V 433 Anton. p. 989. 993 | *εὑρισκόμ.*] pr. *και* 534′ Chr. Anton. = H | om. *καί* 606 | *μισητός*] *μισουμενος* 315′ 547 | *πολλων* 672 | *λαλιᾶς* Clem.] + *αυτου L* 575 768 verss.^{p} = Syr

6 *οὐ γὰρ ἔχει*] *ου γαρ ειχεν* 307; *ο μη εχων* 543 La (*non habens*) | om. *καί* S* *c* La$^{\Omega}$ Arm | *εἰδώς*] *ιδως* A alii; *videns* (= *ιδων* Hart) Sa = H: cf. 15_{7}; pr. *quia* Arm = H; pr. *ουκ* A*? 307

7 *σιγήσει*] *σιωπησει* S 46 315′ 755: cf. 13_{23} | *λαπιστής*] *ραπ.* 542; *σαλπιστης* L^{-248} *a* 296-548 157′; *λαλητης* 311; *πιστης* 743; *απιστης* 545 547; *ψευστης* 705; pr. *ψευστης* B^{mg} 672; *squamatus* (= *λεπιστης* Sm.) Syh; > 755 | *ἄφρων*] *αφιων* A | *ὑπερβήσεται*] *non servabunt* (= *οὐ συντηρήσει* Katz et H) La: cf. 18_{27c} | *καιρω* S*

8 *ὁ πλ.*] *ο δε πλ.* 429; *πλ. γαρ* Clem.; om. *ὁ* 578 | *λόγῳ*] *λογων* 68-744′ 545^{c} 673 = Ald.; *λογον* A *l*-157′ 296-548 336 547 672 679 743 755 Clem. Dam. p. 1344 Antioch. p. 1541; pr. *εν a*-534′ 339 Chr. V 433 Anton. p. 993; plur. La | *βδελυχθήσ.* Dam. Antioch.] *βδελυττεται την ψυχην αυτου* Clem. La (*laedit* (*laedet*^{V}) *animam suam*); *μισηθησεται* 543 Chr. V 433 (om. $_{8}$b) Anton.: ex $_{8}$b | om. *ὁ* 2° 547 744 755 | *εξουσιαζομενος* A V-253 336 603 | *μισηθήσ.*] *μνησθησεται* 248 | hab. v. $_{8}$cd *L*-672 613 La (v. $_{4}$) Antioch. p. 1661 | *ελεχθεντα* 248 | *φανερουσθαι μετανοια* 613 | *εκφευξει* 672 | *αμαρτιαν* 613 Antioch.

9 *εὐοδία*] *ευωδια* A 253 L^{-248} *c* alii: cf. 10_{5}; *ευδοκια* 248 679 Dam. p. 348: cf. 32_{8} 38_{13} 43_{26}; *ευδια* 755 | *κακοῖς*] *καλοις c*-795 Sa | *ἀνδρί*] *ανδρος* 336; + *αμαρτωλω L′*-743; + *indisciplinato* (= *απαιδευτω* Hart) La | *εὕρεμα*] *εὔροια* Kuhn II 101 | *ελαττουσιν* 253

10 *ἔστιν δόσις, ἣ οὐ λυσιτελήσει σοι,*
καὶ ἔστιν δόσις, ἧς τὸ ἀνταπόδομα διπλοῦν.
11 *ἔστιν ἐλάττωσις ἕνεκεν δόξης,*
καὶ ἔστιν ὃς ἀπὸ ταπεινώσεως ἦρεν κεφαλήν.
12 *ἔστιν ἀγοράζων πολλὰ ὀλίγου*
καὶ ἀποτιννύων αὐτὰ ἑπταπλάσιον.
13 *ὁ σοφὸς ἐν ὀλίγοις ἑαυτὸν προσφιλῆ ποιήσει,*
χάριτες δὲ μωρῶν ἐκχυθήσονται.
14 *δόσις ἄφρονος οὐ λυσιτελήσει σοι,*
ὁμοίως δὲ καὶ βασκάνου δι' ἀνάγκην αὐτοῦ·
οἱ γὰρ ὀφθαλμοὶ αὐτοῦ ἀνθ' ἑνὸς πολλοί·
15 *ὀλίγα δώσει καὶ πολλὰ ὀνειδίσει*
καὶ ἀνοίξει τὸ στόμα αὐτοῦ ὡς κῆρυξ·
σήμερον δανιεῖ καὶ αὔριον ἀπαιτήσει,
μισητὸς ἄνθρωπος ὁ τοιοῦτος.
16 *μωρὸς ἐρεῖ Οὐχ ὑπάρχει μοι φίλος,*
καὶ οὐκ ἔστιν χάρις τοῖς ἀγαθοῖς μου·

B S A V *O L l a b c* min. La verss.

10 *ἧς*] *εις* 307 578; *η* V^{c}; > 155 | om. *τό* 493 | *διπλοῦν*] *απλουν* V
11 *ἔστιν* 1°] pr. *και* 754 Aeth; + *et* La^{X} | *ελαττων* A | *ἕνεκεν*] *-κα* 603 672: Thack. § 9_{8}; tr. post *δόξης* 795: cf. 38_{17}
12 init.] pr. *και* 106-545 542 Aeth Arm | *ἀγοράζων*] pr. *ὁ* A 254-603 339 | *ολιγα* 307 705 | *καί*] + *εστιν* *O*-V 336 La^{pc} Arm Dam. p. 348 | *αποτιγνυων* 545; *αποτιννυναι* 797 | *αὐτά*] *-τους* 545* (*-τα εις*^{c} = *ea in* La^{V}) | *ἑπταπλάσιον*] *-σια* S L^{-248}-315′ *a*-534 *c*-795 157′ 336 339 358 443 543 547 Dam. Mal.; *-σιονα* *O*-V 248-743-*l* 429 613; *-σιως* 46 155 307 679 728: cf. 7_{3}
13 om. *ὁ* 253 358 542 578 | *ὀλίγοις* 253 Zi.: cf. H] *λογω* B 155 547 673^{c} Mal.; *λογοις* rel. | *ἑαυτὸν προσφ.*] tr. 253 | *προσφιλῆ*] *-λους* 545*; *αγαπητον* 545^{c} (= *amabilem* La) | *ποιει* 307 La^{VGpl} verss.^{p} | om. *δέ* 755 verss.^{p} | *ἐκχυθήσονται*] *εκχυνθ.* 493; *confundentur* (= *αισχυνθησονται*) Arm
14 *λυσιτελει* 421 verss.^{p} | *σοι*] + *λαβοντι* 248 Anton. p. 1069 | hab. v. 14b *L′*-672 | *δι'*] *δια* 248 | om. *αὐτοῦ* 1° 493-637 | *ο γαρ οφθαλμος* 307 | *ἀνθ' ἑνὸς πολλοί*] *septemplices* (= *επταπλασιονες* Herk.) *sunt* La: cf. Syr | *πολλοί*] *πολλα* 493 545^{c} Anton. p. 1069; *πολυ* 130; *πολλυ* 705; pr. *εις το λαβειν* *L′* Anton.: cf. Syr (*ad retributionem*)
15 (**15—16**) *ὀλίγα*] *-γον γαρ* 421; + *enim* La^{Λ}; pr. *et* Aeth | *πολλά*] *πολλυ* 421 | *ονειδιει* L^{-248} *b* 542 547 = 18_{18} | om. *τό* 543 603: cf. 51_{25} | *δανιεῖ*] *δανεισει* *b* 421 (*-νισει*) 795 (*-νησει*): cf. 29_{1}; *δωσει* 543 | *ἀπαιτήσει*] *απαιτει* Anton. p. 1069 La (*expetit*); *αποτισει* A 493 315 358 542 547* | *ἄνθρωπος*] *-ποις* 307; *κυριω* (*θεω* (*τω θεω* 545) *l*) *και ανθρωποις* *L′*-743 Anton. = Syr: cf. 10_{7}; pr. *domino* La^{L}
16 (**17—18a**) *ἐρεῖ*] *δε λεγει* Dam. p. 1217 | om. *Οὐχ* 534 | om. *μοι* A | om. *καί* 248 | *ἔστιν*] *erit* (= *εσται*) La (cf. 17a) | *χάρις*] *αχαρις* V |

οἱ ἔσθοντες τὸν ἄρτον αὐτοῦ φαῦλοι γλώσσῃ,
17 ποσάκις καὶ ὅσοι καταγελάσονται αὐτοῦ;

οὔτε γὰρ τὸ ἔχειν ἐν ὀρθῇ αἰσθήσει εἴληφε,
καὶ τὸ μὴ ἔχειν ὁμοίως ἀδιάφορον αὐτῷ.

18 Ὀλίσθημα ἀπὸ ἐδάφους μᾶλλον ἢ ἀπὸ γλώσσης,
οὕτως πτῶσις κακῶν κατὰ σπουδὴν ἥξει.
19 ἄνθρωπος ἄχαρις, μῦθος ἄκαιρος·
ἐν στόματι ἀπαιδεύτων ἐνδελεχισθήσεται.
20 ἀπὸ στόματος μωροῦ ἀποδοκιμασθήσεται παραβολή·
οὐ γὰρ μὴ εἴπῃ αὐτὴν ἐν καιρῷ αὐτῆς.

21 Ἔστιν κωλυόμενος ἁμαρτάνειν ἀπὸ ἐνδείας,
καὶ ἐν τῇ ἀναπαύσει αὐτοῦ οὐ κατανυγήσεται.
22 ἔστιν ἀπολλύων τὴν ψυχὴν αὐτοῦ δι' αἰσχύνην,
καὶ ἀπὸ ἄφρονος προσώπου ἀπολεῖ αὐτήν.

B S A V *O L l a b c* min. La verss.

τοῖς ἀγ.] pr. *in* La^{pc} | *μου*] *αυτου* S* La (*illius*) | *ἔσθοντες* B-S A *a b* 315 443 578 706] *εσθιοντες* rel.: cf. 24_{21} | om. *τόν* V | *αὐτοῦ* Bret. Ra. = La (*illius*)] *μου* codd. et verss. | *φαυλη* 493-672-743-106-705* 547 548 603 613 La^{V} (*falsae*); *εν φαυλη* 307 | *γλώσσῃ*] *γλωσσης* S* 679 706 La (*linguae*); *γλωσσων* 358; pr. *τη* *L* 768

17 (18b—19) *ποσάκις*] *πολλακις* V 679 | *ὅσοι*] *οση* 743; *ουτοι* 797 | hab. v. 17bc *L'*-672 La (v. 19; om. *ἀδιάφ. αὐτῷ*) | *διειληφε(ν)* 493-637-130-705 | *αδιαφορων* 493-637; *διαφορα* 672 | *αὐτῷ*] *αρτων* 493-637: cf. Thr. 5_{6}

18 (20) om. *ἀπό* 1° 249-754 | *ἐδάφους*] *αδελφου* 155 | *μᾶλλον*] *ὁμαλοῦ* Kuhn II 101 Katz (del. *ἢ ἀπὸ γλ.*) | *ἤ*] + *ολισθημα* Chr. II 228 Aeth: ex praec. | om. *ἀπό* 2° 797* | *κακω* Anton. p. 1081 | om. *ἥξει* *b*

19 (21) *ανθρωποις* V | *ἄχαρις*] *αχρηστος* 755: cf. 18_{18} | *μῦθος*] *θυμος* 254-603 307 | *ἄκαιρος*] *αδικος* 307 | v. 19b = v. 24b | 19b init.] pr. *και* 613 La^{pc} | *στομασιν* 358: cf. 1_{29} | *ἀπαιδεύτων*] -*του* S; -*τω* V 68-744' 307 = Ald.: cf. 24b; *ανθρωπου απαιδευτου* 336

20 (22) *αποδικασθησεται* 358 | *ειπεν* 155

21 (23) *αμαρτειν* V L^{-248} 547: cf. 15_{20}; > 743* | om. 21b 46 Sa | *αὐτοῦ οὐ κατανυγ.*] *πλούτου οὐ κατευθυνθήσεται* Sm. Katz: cf. Syr | *οὐ*] + *μη* 795; > 578 La

22 (24) *απολυων* L^{-248}-743-705 336 534*-613^{c} 679: cf. 49_{7} | *δι' αἰσχ.*] *δια αισχ.* 248 307; *χαριν αισχυνης* *b*: cf. 23a | om. *καί* 672 | *ἄφρ. προσ.*] tr. 613 679 Syh Mal. | *ἄφρονος* = La (*imprudenti* 24b)] *ληψεως* 248 La (*acceptione* 24c) Sa Arm Anton. p. 1041. 1156 Mal. (»*ἐν ἑτέρῳ τῷ ἀλλοίως γεγραμμένῳ· ἀπὸ λήψεως προσώπου ἀπολεῖ αὐτήν*«) | *προσώπου*] *ανθρωπου* 534* 743* | *ἀπολεῖ*] *απολλει* 315'; *απωλλει* 307; *απολλυει* A 542 755: Thack. § 23_{2}; *απολυσει* 679; *απολεσει* *l* 443: Thack. § 20_{1} (IV)

23 ἔστιν χάριν αἰσχύνης ἐπαγγελλόμενος φίλῳ,
καὶ ἐκτήσατο αὐτὸν ἐχθρὸν δωρεάν.

24 Μῶμος πονηρὸς ἐν ἀνθρώπῳ ψεῦδος,
ἐν στόματι ἀπαιδεύτων ἐνδελεχισθήσεται.
25 αἱρετὸν κλέπτης ἢ ὁ ἐνδελεχίζων ψεύδει,
ἀμφότεροι δὲ ἀπώλειαν κληρονομήσουσιν.
26 ἦθος ἀνθρώπου ψευδοῦς ἀτιμία,
καὶ ἡ αἰσχύνη αὐτοῦ μετ᾽ αὐτοῦ ἐνδελεχῶς.

Λόγοι παραβολῶν

27 Ὁ σοφὸς ἐν ὀλίγοις προάξει ἑαυτόν,
καὶ ἄνθρωπος φρόνιμος ἀρέσει μεγιστᾶσιν.
28 ὁ ἐργαζόμενος γῆν ἀνυψώσει θημωνιὰν αὐτοῦ,
καὶ ὁ ἀρέσκων μεγιστᾶσιν ἐξιλάσεται ἀδικίαν.

B S A V *O L l a b c* min. La verss.

23 (**25**) *ἔστιν*] + *οτε τις* Anton. p. 1153 | *χαρις* 106-545 155 578 | *απαγγελλομενος* 315′ | om. *αὐτόν* 743 | *εχθρω* 130 | om. *δωρεάν* Dam. p. 1249
24 (**26**) *ἐν ἀνθρ./ψ.*] tr. 248; om. *ἐν* 311 Spec. | *ἀνθρώπῳ*] *-ποις O*-V *a*-534′ | *ψεῦδος*] pr. *το* S^{c} | *ἐν* 2°] + *δε L′*; pr. *et* La = Syr | *απαιδευτω* 493-130 68-744′ 307 La^{M} = Ald.: cf. 19b | om. *ἐνδελεχ.* — *ὁ* (25a) 253: homoiar.
25 (**27**) *αιρετωτερον* 421 795 La: cf. Sus. 23 *θ′* Mac. II 7_{14} Prov. 22_{1}; *ινετον* (sic) 578; *laudat* (= *αινετον*) La^{XZ*} | *κλέπτης* = La^{V}] *-τειν* 679; *furem* La$^{G\ pl}$ | *ἤ*] *ηγουν* 315; > A 155 421 La^{XZ*} | *ὁ ἐνδελεχ.*] om. *ὁ* B* A 130* 315 578 603 728 743 Mal.; *ενδελεχιζειν* 679; > 421 | *ψεύδει*] *-δη* V *L*$^{-248}$ alii; *-δης l*; *-δος* 545 548; *ψευστου* 421; *viri mendacis* La | *αμφοτερον* 545*; *-ρα* 613^{c} | *δέ*] *γαρ* 307 La^{Z*} (*enim*); > 421 Dam. p. 433
26 (**28**) *ἦθος*] *εθος* 493 *b* 795 | *ψευδοῦς*] *-δος* B^{c} A 46 155: cf. La (*mendacium*); *-δης* 672; *-δου* 743; *ψευστου* (= *mendacis* La^{pc}) 545^{c}: cf. 25a | *ἀτιμία*] *εστιν μια* 548 | om. *ἡ* 46 307 | om. *ἐνδελεχῶς* 46
27 (**29**) *Λόγοι π.*] *λογος π.* 254 315 795 La^{Gpl}; + *σειραχ* 548; + *του σοφου σειραχ* 336^{mg}; *λ. παρεμβολων* 545; > *O*-V *L*$^{-248}$-106 157 755 La^{Vpc} Sa Aeth | om. *Ὁ* 311-706 | *ὀλίγοις* Zi.: cf. Syr] *λογω* 358 542; *λογοις* rel. | *προσαξει* A *L*$^{-248}$; *προαναξι* V; *πραξει* 743 | *ἑαυτόν*] *αυτον L*$^{-248}$ 543 755 | *αρεσκει* S* verss.^{p}; *αναρεσει* 755
28 (**30**) *γῆν*] + *αυτου* 248 La Sa; pr. *την L*$^{-248}$ 307 Dam. p. 1309; pr. *την εαυτου* 679 = Prov. 12_{11} | *ανυψοι l*-157′; *ανυψωσε* Dam.; *υψωση* 728 | *θημωνιάν*] *θιμ.* B-S V alii; *θειμωνιαν* A^{c} (*-νιων**) 253: cf. Einl. p. 90; *θυμον* 46 | *αὐτοῦ*] *εαυτου c*-795 755 | om. *καί* 672 | *εξιλασκεται L*$^{-248}$ *b* 157′ 534′: cf. 3_{3}; *εξελασεται* 755: cf. 28_{5}; *εξελευσεται* Kuhn II 102; *effugiet* La | *ἀδικίαν*] *-κιας* A *L*$^{-248}$ *a* 358 542; + *αυτου* 248-130-705 *b*; + *εαυτοις* 534

29 ξένια καὶ δῶρα ἀποτυφλοῖ ὀφθαλμοὺς σοφῶν
καὶ ὡς φιμὸς ἐν στόματι ἀποτρέπει ἐλεγμούς.
30 σοφία κεκρυμμένη καὶ θησαυρὸς ἀφανής,
τίς ὠφέλεια ἐν ἀμφοτέροις;
31 κρείσσων ἄνθρωπος ἀποκρύπτων τὴν μωρίαν αὐτοῦ
ἢ ἄνθρωπος ἀποκρύπτων τὴν σοφίαν αὐτοῦ.
32 κρείσσων ὑπομονὴ ἀπαραίτητος ἐν ζητήσει κυρίου
ἢ ἀδέσποτος τροχηλάτης τῆς ἰδίας ζωῆς.

21 1 Τέκνον, ἥμαρτες, μὴ προσθῇς μηκέτι
καὶ περὶ τῶν προτέρων σου δεήθητι.
2 ὡς ἀπὸ προσώπου ὄφεως φεῦγε ἀπὸ ἁμαρτίας·
ἐὰν γὰρ προσέλθῃς, δήξεταί σε·
ὀδόντες λέοντος οἱ ὀδόντες αὐτῆς
ἀναιροῦντες ψυχὰς ἀνθρώπων.

B S A V *O L l a b c* min. La verss.

29 (**31**) *εκτυφλοι a* 755 = Exod. 23_{8} Deut. 16_{19}; *αποτυφλουσιν* 429 La verss. | *σοφῶν*] *iudicum* La Bo | *ἐν*] *επι l a*-534; > Chr. VIII 359 | *στόματι*] *σωματι a*: cf. 23_{16} 37_{22} 38_{16} 51_{2} Sap. 1_{4}; pr. *τω* Anton. | *αποστρεφει b* 130 543 613 Chr. VIII 359 (non XII 138) Anton.; *-στρεψει* L^{-248} 336 La$^{G\,pc}$ (*avertet*); *αποτρεμει* A | *ελεγμον* 46 La^{pc} verss.^{p}; *ελεγχους O*-V *L a* 307 613* Chr. VIII 359 XII 138^{ap}: cf. 21_{6}
30 (**32**) *σοφία*] + *γαρ* 358 Ath. II 413: cf. 41_{14} | om. *καί* 534 Arm | *τίς*] *τι* 421 | *ἐν*] *επ* 543
31 (**33**) *κρειττων* S (*κριττ.*) A (*κριττ.*) *b* 155′ 307 315 542 755; *κρεισσον* 421 alii La$^{G\,pl}$ (*melius*): cf. 10_{27} | *ἄνθρ.* 1°] *stultus* Aeth; *in hominibus* La$^{G\,pc}$; > La^{V} | *ἄνθρ.* 2°] *σοφος* 155 421 743 Aeth; *quidam* Sa^{L}; > La$^{G\,pl}$ Arm | *ἀποκρύπτων* 2°] *-καλυπτων* S; > 421 | *αὐτοῦ* 2°] *εαυτου* 706
32 hab. v. $_{32}$ 248
21 **1** *μηκέτι*] *ετι L′*-743 249-754 575 795 La Chr. IX 620 XII 156 XIII 812 (non I 306) Anast. p. 361 Dam. p. 109 Antioch. p. 1664 | *προτέρων*] *αμαρτιων* 543; + *peccatorum* Sa Aeth Arm(II) | om. *σου* 248 La Arm(II) | *δεήθητι*] pr. *ολοσχερως επιστρεψας* L^{-248}; + *ut tibi dimittantur* La
2 (**2—3**) *ὡς ἀπὸ πρ. ὄφεως/φ. ἀπὸ ἁμ.*] tr. 421 verss.^{p}; *απο προσωπου γαρ γυναικος ως απο πρ. οφεως φευγε* Bas. III 541 | *ὄφεως*] *εχθρου* 155 | *ἀπὸ ἁμ.*] *αμαρτιας* 358 548^{c} La; *αμαρτιαν* 548* La$^{Z*\Pi}$ Or.^{lat} XI 85. 89 | om. *γάρ O*-V *b* 46 578 Spec. verss.^{p} Chr. IX 463 XI 681 Anton. p. 817 | *προσέλθῃς*] + *αὐτῇ* 248-672-743-*l*; + *προς αυτην* Chr. = Syr; + *ad illa* (*ad illam*^{pc}, *ad illum*^{Z*}) La | *δήξεται*] *δεξεται* (*-ξηται* 493-637) *L*-106^{c}-545 *c* 46 307 336 443 534′ 547* 578 679 La (*suscipient*, *-piet*^{TZ*}) Aeth Chr. XI 682; *δειξεται* 157 315; *ἕξεται* Dam. p. 1157 | *λεοντες* S* V 755; *-των* L^{-248} 307 Anton. | om. *οἱ* 248 | *αὐτῆς*] *-τῇ* 248; *-του* Sa Anton.; *eorum* La$^{\Sigma}$ Gi. | *ἀναιροῦντες*] *-ται* 545* 578 La^{A*} (*interficient*); pr. *και* 130-705 Aeth Max. p. 865 = Syr | om. *ψυχὰς ἀνθρ.* Spec.; om. *ἀνθρ.* Dam.

3 ὡς ῥομφαία δίστομος πᾶσα ἀνομία,
τῇ πληγῇ αὐτῆς οὐκ ἔστιν ἴασις.
4 καταπληγμὸς καὶ ὕβρις ἐρημώσουσιν πλοῦτον·
οὕτως οἶκος ὑπερηφάνου ἐκριζωθήσεται.
5 δέησις πτωχοῦ ἐκ στόματος ἕως ὠτίων αὐτοῦ,
καὶ τὸ κρίμα αὐτοῦ κατὰ σπουδὴν ἔρχεται.
6 μισῶν ἐλεγμὸν ἐν ἴχνει ἁμαρτωλοῦ,
καὶ ὁ φοβούμενος κύριον ἐπιστρέψει ἐν καρδίᾳ.
7 γνωστὸς μακρόθεν ὁ δυνατὸς ἐν γλώσσῃ,
ὁ δὲ νοήμων οἶδεν ἐν τῷ ὀλισθάνειν αὐτόν.
8 ὁ οἰκοδομῶν τὴν οἰκίαν αὐτοῦ ἐν χρήμασιν ἀλλοτρίοις
ὡς συνάγων τοὺς λίθους αὐτοῦ εἰς χῶμα.
9 στιππύον συνηγμένον συναγωγὴ ἀνόμων,

B S A V *O L l a b c* min. La verss.

3 (4) *ἀνομία*] *αμαρτια* L'^{-248}-743 Dam. p. 1152 Anton. p. 817 | 3b init.] pr. *και* A La^{L} Aeth Arm = Syr | *αὐτῆς*] -*των* 578

4 (5) *καταπληγμός*] *κακων πληθος* B^{mg} 613 Mal. (»*ἔν τινι τῶν παλαιῶν ἀντιγράφων διπλῶς εὕρηται γεγραμμένον· καταπληγμὸς καὶ ὕβρις ἢ κακῶν πλῆθος καὶ ὕβρεις*«) | *υβρεις* V *b* alii La (*iniuriae*) Mal. (vide supra) | *πλουτος* 545* | *οὕτως*] *ουτω ο* V | *οἶκος* = La^{V} (*domus* 5b)] *πλουτος* 46 La (*substantia* 5c) | *υπερηφανων* A S^{c} 248-672-743-*l*-157′ *a*-534′ *c*-795 155 336 339 443 542 547 578 755 $verss.^{p}$ Mal. (1°) | *ἐκριζωθήσεται* Sm. = La (*eradicabitur* 5c): cf. 3_9 49_7] *ομοιωθησεται* 46; *ερημωθησεται* rel. (Mal.)

5 (6) *πτωχοῦ*] *ασεβους b* | *ἐκ*] *απο* 339 679 | *εως ωτιου* 547

6 (7) *μισῶν*] pr. *ὁ* 311 768 | *ἐλεγμόν*] *ελεγχον* A 339: cf. 20_{29}; *ελεγμους* 130-705 | *ιχνεσιν b* 534′ | om. *ὁ* 744 = Ald. | *κύριον*] *τον θεον* A La = = Syr; pr. *τον* 547 548 672 744; cf. 2_7 | *επιστρεφει* 613^{c} La^{pc} (*convertit*) Clem. | *ἐν καρδίᾳ*] *επι καρδιαν αυτου* Clem. La (*ad cor suum*); *εκ καρδιας αυτου* L^{-248} = Syr; + *αυτου* 248 358 verss.

7 (8) *μακρ. ὁ*] *μακροθυμος* 421 | *γλώσσῃ*] pr. *τη* 705; *λογω* 547; *λογοις* 743* | *ὀλισθάνειν* B-S* A 253 637 358 706] -*θαινειν* rel.: cf. 19_{16}

8 (9) om. *ὁ* 613 | *τὴν οἰκ. αὐτοῦ*/*ἐν χρ. ἀλλ.*] tr. 672 | *αλλοτριου* Dam. p. 1480 | om. *ὡς* 336 534 548 = Syr | *συνάγων*] pr. *ὁ* S *L′* 46 336 421 443 534′ 542 543 547 548 768 795 La Max. p. 853 Dam. Anton. p. 896 Mal. (»*ἐν δὲ τῷ ἑτέρῳ· ὡς ὁ συνάγων ἑαυτῷ λίθους εἰς χῶμα ταφῆς αὐτοῦ*«); + *εαυτω* 248 Mal.; + *αὐτῷ l* | *τοὺς λίθους*/*αὐτοῦ*] tr. B V 443; om. *τούς L′* 543 Mal.; om. *αὐτοῦ L′* La^{A} $verss.^{p}$ Mal. = Syr; *lapides in sinu suo* La^{X} | *εἰς χῶμα* Sm. = Arm et Syr] *εις χωμα ταφης αυτου L′* La^{X} (+ *ad fossa sepulture*) Mal. (»*ἐν δὲ τῷ ἑτέρῳ*«); *εις τον χειμαρρουν* Max. Dam. Anton.; pr. *επι χιονα* 548*; *εν χειμωνι* 679 La (*in hieme*); *εις χ(ε)ιμωνα* rel.

9 (10) init.] pr. *ως* 795 Aeth | *στιππύον* B-S 253 248 alii] *στυππιον* A *a* 157 alii; *στιπποιον* 637; *στυππειον* 493-*l c*-795 alii; *στιππειον* 547; *στυπειον* 46 106 311 755 Mal.; *στυππυον* 68 728 797; *ετι πτυον* V | *συναγωγή*] *εισαγωγη* A; pr. *εν* L^{-248} 358 | *ἀνόμων*] *ανεμων* 421; *αμαρτωλων* L^{-248} La Aeth: cf.

καὶ ἡ συντέλεια αὐτῶν φλὸξ πυρός.
10 *ὁδὸς ἁμαρτωλῶν ὡμαλισμένη ἐκ λίθων,*
καὶ ἐπ' ἐσχάτων αὐτῆς βόθρος ᾅδου.

11 *Ὁ φυλάσσων νόμον κατακρατεῖ τοῦ ἐννοήματος αὐτοῦ,*
καὶ συντέλεια τοῦ φόβου κυρίου σοφία.
12 *οὐ παιδευθήσεται ὃς οὐκ ἔστιν πανοῦργος,*
ἔστιν δὲ πανουργία πληθύνουσα πικρίαν.
13 *γνῶσις σοφοῦ ὡς κατακλυσμὸς πληθυνθήσεται*
καὶ ἡ βουλὴ αὐτοῦ ὡς πηγὴ ζωῆς.
14 *ἔγκατα μωροῦ ὡς ἀγγεῖον συντετριμμένον*
καὶ πᾶσαν γνῶσιν οὐ κρατήσει.
15 *λόγον σοφὸν ἐὰν ἀκούσῃ ἐπιστήμων,*
αἰνέσει αὐτὸν καὶ ἐπ' αὐτὸν προσθήσει·
ἤκουσεν ὁ σπαταλῶν, καὶ ἀπήρεσεν αὐτῷ,
καὶ ἀπέστρεψεν αὐτὸν ὀπίσω τοῦ νώτου αὐτοῦ.

B S A C (init. 12) V *O L l a b c* min. La verss.

16$_6$ | om. *καί* 679 | om. *ἡ* 106-545 421 743 | *αὐτῶν*] *-του* 548 673^c 679 | fin.] + *εις απωλειαν* 248-*l*: ex 41$_{10}$

10 (11) *ἐκ*] *υπο* 248; *απο* Max. p. 1013 Anton. p. 980. 1081 | *ἐπ' ἐσχάτων*] *επ -τω* B 339 542; *επ -του* S *O*-V 248-315' *a* La (*in fine*) Max. Anton. Mal.: cf. 1$_{13}$; *finis* Spec.^S Sa Arm = Syr | *αὐτῆς*] *-του l* (> 106); *-τοις* 795; *illorum* La Arm | *βόθρος*] *βοθυνος* Mal.: cf. 12$_{16}$

11 (12—13) *νόμον*] + *κυριου L'* Aeth Max. p. 973 Anton. p. 976; *iustitiam* La | *κατακρατησει* S 336 La (*continebit*); *κρατει L* Max. Anton.; *κατακριν⟨ε⟩ι* V | om. *τοῦ ἐννοήμ. αὐτοῦ* S* | *νοηματος* S^(c) 155 672 | om. *καί* 248 613 La | *συντέλεια*] pr. *ἡ* L^{-248} *b*; + *δε* 248; + *γαρ* 613 | *τοῦ φόβου*] *του φοβουμενου* 547; *του νομου* 339; om. *τοῦ l* 443 795 | *σοφία*] *σοφιας προσληψις* 248: cf. 10$_{21}$; *sapientia et sensus* La: dupl.

12 (14—15) *δέ*] *γαρ* 248 Arm; > B 603 672 | *πανουργία*] *-γιαν* 358; *-γου* 315 | *πικρίαν*] *-ια* 68-744 578 La (*amaritudo* 15 b) = Ald.; *παιδιαν* A; *κακιαν* L^{-248} *a* 46 La (*in malo* 15 a); *σοφιαν* 547^c; *σοφια* 755

13 (16) *γνῶσις*] *lingua* (= *γλωσσα*) La^pc; + *δε* 613 | *αὐτοῦ*] *-της* 679; *-των* C; *σοφου* Dam. p. 1293: ex 13 a | om. *ὡς* 534 Anton. p. 800 | *πηγή*] + *αγνη* 248

14 (17) om. *ὡς* C 155' Anast. p. 677 | om. *καί* 248-106-545 Sa | *κρατήσει*] *συγκρ.* Anast. p. 677; *κρατει* 358; + *εν ζωη αυτου L'*: cf. Syr

15 (18) *σοφων* 106 673; *sapientis* (= *σοφου*) Aeth = Syr; *intelligentiae* (= *σοφιας*) Sa; > Bas. IV 964 | *ἐὰν ἀκ. ἐπιστ.*] *δεξαμενος σοφος* Bas. | *ἐπιστήμων*] *νοημων* 705^txt (*και επιστ.*^mg) | *ἐπ' αὐτόν* Or.] *επ αυτω* L^{-248} 358 | *ἤκουσεν*] + *αυτον L'*-743 verss.^p | *ὁ σπατ.*] *ασυνετος L'* Aeth = Syr; + *ασυνετος* 743: dupl. | *απηρεισεν* 672; *επηρεσεν* 130; *ἐπηρέασεν* Hart | *αὐτῷ*] *-τον* 336* 543 547 672 679 755; *-των* 157 | *ἀπέστρεψεν*] *απεσεισεν* 679; *proiiciet* (= *απερριψεν* Sm. = Syr: cf. 6$_{21}$) La | *τοῦ νώτου*] *του νοτου* 493-743 alii; *τωνωτων* (= *των ωτων*?) A; > 534

16 ἐξήγησις μωροῦ ὡς ἐν ὁδῷ φορτίον,
ἐπὶ δὲ χείλους συνετοῦ εὑρεθήσεται χάρις.
17 στόμα φρονίμου ζητηθήσεται ἐν ἐκκλησίᾳ,
καὶ τοὺς λόγους αὐτοῦ διανοηθήσονται ἐν καρδίᾳ.
18 Ὡς οἶκος ἠφανισμένος οὕτως μωρῷ σοφία,
καὶ γνῶσις ἀσυνέτου ἀδιεξέταστοι λόγοι.
19 πέδαι ἐν ποσὶν ἀνοήτου παιδεία
καὶ ὡς χειροπέδαι ἐπὶ χειρὸς δεξιᾶς.
20 μωρὸς ἐν γέλωτι ἀνυψοῖ φωνὴν αὐτοῦ,
ἀνὴρ δὲ πανοῦργος μόλις ἡσυχῇ μειδιάσει.
21 ὡς κόσμος χρυσοῦς φρονίμῳ παιδεία
καὶ ὡς χλιδὼν ἐπὶ βραχίονι δεξιῷ.
22 ποὺς μωροῦ ταχὺς εἰς οἰκίαν,
ἄνθρωπος δὲ πολύπειρος αἰσχυνθήσεται ἀπὸ προσώπου.

B S A C V *O L l a b c* min. La verss.

16 (19) *εξηγησεις* A; *διηγησις* Dam. p. 1377 | *ὡς*] *ωσει* 155′; > S* 542 Arm Ambr. II 215 (hab. II 258) | *χειλου* A (*χιλου*) 155 578; *χειλος* *b* 755; *χειλεσι(ν)* *l* *c*-795 336 547 La verss. Dam. p. 1377; *χειλη* Max. p. 813 Anton. p. 928 | *συνετοῦ*] -*τους* 744 = Ald.; *σοφου* *l b* 795 | *χάρις*] *παραβολη* S^{c}; > A

17 (20) *στόμα*] + *δε* S* | *φρονιμον* 603 | om. *ἐν* 1° 743 | 17b/18a] tr. 248; om. 17b 339 | om. *τούς* 548 | *διανοηθησεται* B L'^{-248}-743 336 358 443 547 578 679; *διανοησονται* 534 548: cf. 3_{29} | *ἐν καρδίᾳ*] *εν καιρω* 613; *καρδιαι* V; *καρδια* 336; *in cordibus suis* La

18 (21) init.] pr. *και* 575 | *Ὡς*] *ωσπερ* Anast. p. 677 | *οὕτως*] pr. *και* 603 | *σοφία*] *σοφω* 797; + *et scientia* La^{171} | *καὶ γνῶσις*] *inprudentia* La^{171}; + *δε* 253 | *ἀσυνέτου* Or. II 77. 163] -*τω* Anast.; *συνετου* S* 336 La^{p0} Spec.; *ασυνετους* 744 = Ald. | *ανεξεταστοι* 795; *αδιεξοδευτοι* Anast.^{te}

19 (22) *πέδαι*] *πεδες* 296-548 (*παιδες*) 728 Sa (*παιδες*); *πεδαις* 336 358 443^{c} 744^{c} (*παιδαις**) 797: cf. 6_{24} | *ποσίν*] *πασιν* C | *ἀνοήτου*] -*τοις* B *O*-V 248 Aeth Arm Spec. (*stultorum*); *νοητου* 578^{c}; *ανομια* A | *παιδεία*] *του παιδιου* A; *σοφια* 339 358 443 705 Arm | om. *ὡς* S* | *χειροπαιδες* A V 637 548* 728 Sa (*παιδες*); -*πεδαις* 493 296 336 358 443^{c} 755 | *δεξια* V

20 (23) *μωρός*] pr. *ὁ* Max. p. 996; *αφρων* Antioch. p. 1724 | *φωνήν* Clem. Max. Antioch.] pr. *την* S A C *b c*-795 155 157′ 315′ 336 339 421 429 443 542 547 578 613 755 | *πανοῦργος* Clem.] *φρονιμος* 543; *νοημων* 575; *σοφος* Max. La verss.^{p} = Syr | *μόλις*] *μογις* *a* 106-545^{c} 443 547 Sa Clem.; *εμογις* 130-545*-705$^{(mg)}$: cf. 26_{29} 29_{6} 35_{7}; pr. *και* 106; > 705^{txt} La^{C} = Syr

21 (24) om. *ὡς* 1° La Clem. | *χρυσου* 68^{c}-744′ = Ald. Sixt.: cf. 35_{6} 45_{12}; *χρυσος* 46 358 | *φρονίμῳ*] -*μων* 795; pr. *εν* *l* 613^{c} | *χελιδων* C* 253 68$^{c?}$-744 672 795 = Ald.; *χλιω* 106; *χλιδω* 545 | *επι βραχιονος δεξιου* *L*: cf. Regn. II 1_{10}

22 (25) *πούς*] *πλους* 672; *νους* 578 | *αἰσχυνθ.*] *διεσχυνθησεται* V | *ἀπὸ προσ.*] *απ αυτου* 248; *ab hominibus* Sa; om. *ἀπό* 542; + *potentis* (= *δυναστου* 545^{c}) La

23 ἄφρων ἀπὸ θύρας παρακύπτει εἰς οἰκίαν,
ἀνὴρ δὲ πεπαιδευμένος ἔξω στήσεται.
24 ἀπαιδευσία ἀνθρώπου ἀκροᾶσθαι παρὰ θύραν,
ὁ δὲ φρόνιμος βαρυνθήσεται ἀτιμίᾳ.
25 χείλη ἀλλοτρίων ἐν τούτοις διηγήσονται,
λόγοι δὲ φρονίμων ἐν ζυγῷ σταθήσονται.
26 ἐν στόματι μωρῶν ἡ καρδία αὐτῶν,
ἐν δὲ καρδίᾳ σοφῶν στόμα αὐτῶν.
27 ἐν τῷ καταρᾶσθαι ἀσεβῆ τὸν σατανᾶν
αὐτὸς καταρᾶται τὴν ἑαυτοῦ ψυχήν.
28 μολύνει τὴν ἑαυτοῦ ψυχὴν ὁ ψιθυρίζων
καὶ ἐν παροικήσει μισηθήσεται.

B S A C V *O L l a b c* min. La verss.

23 (**26**) *θύρας*] *θυριδος* 542 613^{c} La: cf. 14_{23} Prov. 7_{6} | *παρακυψει* V-253 *L'* 421 613^{c} 679 La verss.^{p} | om. *δέ* 315 | *ἔξω στήσεται*] *εξωσθησεται* 543

24 (**27**) *ανθρωπω O* 46 336 547 679 Arm = Syr; *-πων* V La^{Γ} (*hominum*) | *ακροασασθαι* S: cf. 6_{35} | *θυρας* C 548; *θυραις* L^{-248}; *ὠτία* Sm. Katz | *ἀτιμίᾳ* B 637 755 Syh] *-μιας* 545; *-μιαν* rel.

25 (**28**) *ἀλλοτρίων*] *-τρια* S^{c}; *πολυλαλων* 248 Anton. p. 993 Mal. (»*ἐν δὲ τῷ ἑτέρως γεγραμμένῳ· χείλη πολυλάλων τὰ οὐκ αὐτῶν διηγήσονται*«); *multorum* (= *πολλων*) Sa; *imprudentium* La; *λαλητόρων* sive *λαλήθρων* Kuhn II 103 | *ἐν τούτοις*] *εν ταυτοις* S*; *τα ουκ αυτων* 248 Anton. Mal.; *stulta* La; *ad eum* Sa (tr. post *διηγήσ.*); *ἐν ἑαυτοῖς* Sm.; *ἐν ὠτίοις* Kuhn II 103 | *διηγήσονται*] *-σεται* 248; *βαρυνθησεται* B A *c*-679 46 339 358 534 547: ex $_{24}$b; *βαρυνθησονται* C *l a* 336 La^{171} (*grababuntur*) Mal. (»*διηγήσονται ἢ βαρυνθήσονται ὡς ἐν ἑτέρῳ τῶν παλαιῶν*«) | om. $_{25}$b 106-545 578 Sa: homoiot. | om. *δέ c* Aeth | *σταθμησονται* 534-613 (*σταθμηθησ.*); *σταθησεται* 672

26 (**29**) *μωρω* 578 | *ἡ*] *εν* B* | om. $_{26}$b 155 578 | *ἐν δὲ καρδίᾳ L* 768 La (*et in corde*) Arm] *εν κ. δε* 130-705; *ἡ κ. δε* 543; *και κ.* 744 Aeth; *καρδια* 672; *καρδια δε* rel. | *σοφῶν*] *φρονιμων* A: ex $_{25}$b | *στόμα*] pr. *το L'* 768; *εν στοματι* 443 795 | fin.] + *εν καρδια σοφων το στομα αυτων* 743: dupl.

27 (**30**) om. $_{27}$ 429 672 | *ἐν τῷ καταρ. ἀσεβῆ*] *ασεβεις καταρωμενος* 421 | *καταρᾶσθαι*] *καταρασασθαι* A *b* 679 705: cf. 4_{5} | *ἀσεβῆ*] pr. *τον* S C *c*-679-795 157' 315 358 534' 542 543 743 754 755 Sa | *σατανᾶν*] *-να* $B^{*vid.}$ 336 543: Thack. § $11_{6(1)}$; *δικαιον* 743; *συνετόν*? Sm.; *ἀναίτιον*? Kuhn II 103 | om. *αὐτός* 421 | *καταρᾶται*] *-ρασσεται* 705; tr. post *τὴν ἑ. ψυχήν* 421 | *τὴν ἑ. ψυχήν*] *την ψ. αυτου* A La verss.^{p}; *την εαυτην* 253; > 336*

28 (**31**) *ψιθυρίζων*] *ψιθυρος L* 755 La (*susurro*) Antioch. p. 1533: cf. 5_{14} 28_{13} | om. *καί b* | *ἐν παροικήσει*: cf. *in omnibus* (leg. *domibus*) La ($_{31}$b)] *οὗ εαν* (*αν* 534; *δ' αν* 613) *παροικηση* (vel *-κησει*, *-κισει*) C *O*-V *L'*-315'-743 *a*-534' *b c*-679-795 46 155 336 339 358 429 543 547 755 La (*qui cum eo* (leg *quocumque*) *manserit* $_{31}$c) ArmII Dam. p. 436 Mal. | fin.] + ($_{31}$d) *ο σιγηρος και νοημων τιμης αξιωθησεται* Anton. p. 989 La (*tacitus et sensatus honorabitur*)

22 1 *Λίθῳ ἠρδαλωμένῳ συνεβλήθη ὀκνηρός,*
καὶ πᾶς ἐκσυριεῖ ἐπὶ τῇ ἀτιμίᾳ αὐτοῦ.
2 *βολβίτῳ κοπρίων συνεβλήθη ὀκνηρός,*
πᾶς ὁ ἀναιρούμενος αὐτὸν ἐκτινάξει χεῖρα.
3 *αἰσχύνη πατρὸς ἐν γεννήσει ἀπαιδεύτου,*
θυγάτηρ δὲ ἐπ' ἐλαττώσει γίνεται.
4 *θυγάτηρ φρονίμη κληρονομήσει ἄνδρα αὐτῆς,*
καὶ ἡ καταισχύνουσα εἰς λύπην γεννήσαντος·
5 *πατέρα καὶ ἄνδρα καταισχύνει ἡ θρασεῖα*
καὶ ὑπὸ ἀμφοτέρων ἀτιμασθήσεται.
6 *μουσικὰ ἐν πένθει ἄκαιρος διήγησις,*
μάστιγες δὲ καὶ παιδεία ἐν παντὶ καιρῷ σοφία.
7 *τέκνα ἐν ἀγαθῇ ζωῇ τὴν τροφὴν ἔχοντα*
τῶν ἰδίων γεννητόρων κρύψουσι δυσγένειαν.

B S A C V *O L l a b c* min. La verss.

22 1 *ηρδαλωμενως* 68-744 = Ald. | *συνεβλήθη*] *παρεβλ.* L^{-248}; *παρασυνεβλ.* Antioch. p. 1549; *εβληθη* V-253: cf. 2a; *συνεκληθη* 548; *συνεθληβην* (sic) 545; *ελιθοβοληθη* S^{c} La (*lapidatus est*): cf. 2a | *ὀκνηρός*] pr. *ὁ* *a* 315' 339 542 543 547 603 679 755 Sa Antioch.: cf. 2a; ⌒ *ὀκνηρός* (2a) 68-744 311 542* = Ald. | *πᾶς*] + *ὁ* *c* | *τῇ ἀτ.*] *την ατιμιαν* 358 672; om. *τῇ* 248 | *αὐτοῦ*] *ειναι* 46

2 *βολβιτων* 545^{c} | *κοπριω* S A 254-603; *κοπρων* 547; *κοπριας* 358 Antioch. p. 1549 | *συνεβλήθη*] *εβληθη* S^{c}-V-253: cf. 1a; *lapidatus est* La: cf. 1a; *παρομοιουται* Antioch. | *ὀκνηρός*] pr. *ὁ* *a* 315' 339 542 543 547 603 613 679 755 Sa Antioch.: cf. 1a | om. *ὁ* 542 | *αὐτόν*] *-την* 672; *-τος* 705 | *εκτιναξαι* C

3 *ἐν γενν. ἀπαιδ.*] *εν γενν. απαιδευτων* 315'; *εν γεννηματι απαιδευτω* Dam. p. 380 Anton. p. 1052 | *θυγ. δέ*] om. *δέ* 358; + *μωρα* 613 743 La^{pc} (*fatua*) Aeth; + *inprudens* La^{171}; + *mala* (= *πονηρα*) Sa | *ἐπ' ἐλ.*] *επι ελ.* V 744' Anton. = Ald.; *επ ελαττωσιν* 679 | *γενναται* L^{-248} = Syr

4 *θυγ.*] + *δε* 744 Aeth: ex 3b | *φρονίμη*] *-μος* 248 613: Thack. § 12₁; *-μου* 46 | *κληρονομήσει*] *τιμησει* 443; *hereditas* (= *κληρονομια* Sm.) La | *ἄνδρα*] *ανδρος* 248; *viro* (= *ανδρι* Sm.) La; pr. *τον* *a* | *εαυτης* S 672 | *γεννήσ.*] *ενγεννησ.* S*; pr. *του* 336; > La^{171}

5 *πατέρα*] *μητερα* 493 578; + *δε* 155 613 | om. *καί* 1° 603 | *ἄνδρα*] *matrem* La^{X} Arm = Syr | *ἡ θρασεῖα*] *η θρησκια* A; om. *ἡ* 336 755 797 | *ὑπό*] *υπ* L^{-248} 254 578 (*ηπ*); *υπερ* 358 | *ἀτιμασθήσ.*] *ατιμωθησ.* 603; *ετοιμασθησεται* 46: cf. 11 6

6 *μουσικη* 46 768 Dam. p. 29 | *δέ*] *γαρ* Clem.; > B 339 543 679 755 La $verss.^{p}$ Mal. | *παντὶ καιρῷ* Clem.] tr. 672; om. *παντί* 248-106-545 534 Sa^{L}; om. *καιρῷ* Aeth | *σοφία* S* 46 La ($exc.^{C}$) et La^{171} $verss.^{p}$ Dam. p. 296 Sm. = Syr] *et in sapientia* Sa; *σοφιας* rel. (Clem.)

7—8 hab. v. 7-8 *L'*-672 Anton. p. 1052 A C 7 *τροφήν*] *αναστροφην* Anton. | *κρυπτουσι(ν)* *l* 8 *γεγαυριωμενα* 248; *γεγαυρισμενα* 672 | *μολ. τήν*] *μολυνει* Anton.

8 τέκνα ἐν καταφρονήσει καὶ ἀπαιδευσίᾳ γαυριώμενα
συγγενείας ἑαυτῶν μολύνουσι τὴν εὐγένειαν.

9 συγκολλῶν ὄστρακον ὁ διδάσκων μωρόν,
ἐξεγείρων καθεύδοντα ἐκ βαθέος ὕπνου.
10 διηγούμενος νυστάζοντι ὁ διηγούμενος μωρῷ,
καὶ ἐπὶ συντελείᾳ ἐρεῖ Τί ἐστιν;
11 ἐπὶ νεκρῷ κλαῦσον, ἐξέλιπεν γὰρ φῶς,
καὶ ἐπὶ μωρῷ κλαῦσον, ἐξέλιπεν γὰρ σύνεσιν·
ἥδιον κλαῦσον ἐπὶ νεκρῷ, ὅτι ἀνεπαύσατο,
τοῦ δὲ μωροῦ ὑπὲρ θάνατον ἡ ζωὴ πονηρά.
12 πένθος νεκροῦ ἑπτὰ ἡμέραι,
μωροῦ δὲ καὶ ἀσεβοῦς πᾶσαι αἱ ἡμέραι τῆς ζωῆς αὐτοῦ.

B S A C V *O L l a b c* min. La verss.

9 (7—8) *συγκ. ὄστρ./ὁ διδ. μωρόν*] tr. La; pr. *ως ο* 575 La Co Aeth Arm = Syr | *οστρακων* S alii; *οστρακα* *O*-V; *testam ad testam* Sa | *ὁ*] *νοω* 672; *και* Clem.; pr. *ουτως* 575 Arm = Syr; > V | *ἐξεγείρων*] *και εξεγειρει* 248-743 ArmII; pr. *ως ο* Anton. p. 1129 La; pr. *et quasi* Co = Syr | *καθεύδοντα* Clem.] -*τας* V *L*′-157′-315′ 155 534′ 542 Syh Anton. | *βαθέος ὕ.*] *βαθεως υ.* V-253 L^{-248}-743 744′ alii = Ald.: Thack. § 12_9; *βαθεου υ.* A: Thack. § 12_8; *βαθεων υπνων* 672

10 (9) om. *διηγούμ. νυστάζ.* 797 La$^{G\ pl}$ Gi. Arm Anton. p. 1129 | *διηγούμενος* 1°] *διηγειται* 248-*l* La (*loquitur*^{V}); *εξηγουμ.* 493; pr. *και ως ο* 575; pr. *ως ο* 679 Co Aeth; pr. *και* 613 | *ὁ διηγούμ.*] *ο διγ.* 155′; *οδηγ.* 705; pr. *ουτως* 679 La$^{X\Gamma}$ Gi. Aeth; pr. *ως* 543*; > 548 | *μωρῷ*] *μωρον* 543; *αφρονι* Anton. | 10b init.] pr. *και επι τελει ερει τι τουτο* Anton. | *Τί*] *τις* 253 *c* 429 743 La (exc.^{pc} Gi.) | *ἐστιν*] *προτερον* Anton.; *dixisti* Aeth = Syr; + *hic* La; + *quod primum dixeras* La^{pc} Gi.; + *aut quid dixisti* Arm

11 (10—12) *ἐπὶ νεκρῷ/κλαῦσον*] tr. verss. Chr. I 1022 Isid. p. 376; *κλαυσατε τεθνηκοτα* Didym. p. 692: cf. Ier. 22_{10} | *κλαῦσον* 1°] -*σαν* 545* (*εκλαυσαν*^{c}); 1°⌒3° 315 | *ἐξέλ. γὰρ φῶς*] *οτι εξελιπε* (*εκλελοιπε* Isid.) *φως* Sa Didym. Isid. | *ἐξέλιπεν γάρ* 1°⌒2° 106-545 421 744 | om. *καί* 339 La^{171} | *ἐπὶ μωρῷ/κλαῦσον*] tr. 339 verss.^{p} | *ἐξέλιπεν* 2°] *απελιπε* 543 | *σύνεσιν*] -*σις* B^{c} *L*′-672-743 *b* 157 311 336 421 443^{c} 606 613 679 755 La verss.^{p} Chr. Max. p. 981 Dam. p. 1216 Anton. p. 800 Mal.; *φρονησις* 534 (-*σης*); *συνεσις και σοφια* 575 | *ἥδιον*] *ηδειον* S 253 alii; *ιδιον* A C 336 alii: Thack. § 8_3(4); *ιδειον* 339; *ἅδιστα* 493; *ολιγον* Chr.; *modicum* (= *ἧσσον* Thielm. p. 516) La | *κλαῦσον* 3°] -*σαι* 443 547 679 | *ενεπαυσατο* 755; *αναπεπαυται* Chr. | *δέ*] *γαρ* S* A *O*-V *L*-315′-743 46 339 679 La = Syr; > C 155 358 547 755 | *μωροῦ*] *νεκρου* 46*; + *γαρ* 547^{b} 755 | *ὑπὲρ θάν./ἡ ζωή*] tr. 543 | *θάνατον*] pr. *τον* 339 Chr. | om. *ἡ* A 336 | *πονηρά*] *μοχθηρα* 547; > 248

12 (13) *πένθος*] -*θους* 157′ 534; + *γαρ* 155 = Syr | *νεκροῦ*] *επι νεκρω* 421 | *επτα ημερας α* 46 Dam. p. 1216. 29; *ημερας επτα* 421 | *ἡμέραι* 1°⌒2° 106-545 | 12b] *τω δε μωρω απασιν* 421 | *μωροῦ δέ*] *του δε μωρου* Dam. p. 1216 Anton. p. 780 | om. *καὶ ἀσεβοῦς* Aug. Gn q 172: cf. Syr | *ἡμέραι* 2°] + *αυτων* 155 | *αὐτοῦ*] -*των* A 311 575 La verss.^{p}; > 155

13 μετὰ ἄφρονος μὴ πληθύνης λόγον
καὶ πρὸς ἀσύνετον μὴ πορεύου·
ἀναισθητῶν γὰρ ἐξουθενήσει σου τὰ πάντα.
φύλαξαι ἀπ' αὐτοῦ, ἵνα μὴ κόπον ἔχης
καὶ οὐ μὴ μολυνθῇς ἐν τῷ ἐντιναγμῷ αὐτοῦ·
ἔκκλινον ἀπ' αὐτοῦ καὶ εὑρήσεις ἀνάπαυσιν
καὶ οὐ μὴ ἀκηδιάσῃς ἐν τῇ ἀπονοίᾳ αὐτοῦ.
14 ὑπὲρ μόλιβον τί βαρυνθήσεται;
καὶ τί αὐτῷ ὄνομα ἀλλ' ἢ μωρός;
15 ἄμμον καὶ ἅλα καὶ βῶλον σιδήρου
εὔκοπον ὑπενεγκεῖν ἢ ἄνθρωπον ἀσύνετον.

16 Ἱμάντωσις ξυλίνη ἐνδεδεμένη εἰς οἰκοδομὴν
ἐν συσσεισμῷ οὐ διαλυθήσεται·
οὕτως καρδία ἐστηριγμένη ἐπὶ διανοήματος βουλῆς
ἐν καιρῷ οὐ δειλιάσει.

B S A C V *O L l a b c* min. La verss.

13 (14—16) *μὴ πληθ./λόγον*] tr. 429 Arm | *πληθυνεις* 637 339; *-νε* 106 315′ | *λογους* Max. p. 981 Dam. p. 1216 Anton. p. 800 Arm (*verba tua*) | *πορεύου*] *πονηρευου* 106 | hab. v. 13c *L′*-672 Anton. p. 1129 | *αναισθητος l* | *εξουδενωσει* 493-637; *-θενει* Anton. | *σου τὰ πάντα*] *σε* 493-637 | *φύλαξαι*] *-ξε* B A L^{-248}; *-ξον* 545: cf. Einl. p. 45 | *εχεις* 253 493*-545* alii; *σχης* 542 | om. *μή* 4° 315 | *μολυνθῇς*] *-θεις* 253 alii; *κωλυθης* 543 | *εν τω εκτιναγμω O* L^{-248}-315′-743-545-705 155 613 744′ 795 = Ald.: cf. Nah. 2$_{11}$; *εν τω* (> *a* 547) *τιναγμω a* 46 157′ 358 547 Mal.; *εν τω εντιναγματι* A 542 (*εκτ.*) 534: cf. Is. 28$_{2}$ α′ σ′ θ′ Is. 32$_{2}$ α′ | *αὐτοῦ* 2°] *-των* Mal. | *ἀπ' αὐτοῦ* 2°] *απο κακου a* | *εὑρήσεις*] *ποιησει* 797 | *ακηδιασεις* S 253 alii; *κηδιασης* A | *υπονοια* C 46^{c} | om. *αὐτοῦ* ult. V

14 (17) *μολιβδον* 493-106-130-545 46 68-744′ 336 339 421 543 548^{c} 603 613 672 755 795 Mal.; *μολυβδον* 547 705 743; *μολυβον* 248 679: cf. 47$_{18}$ et Thack. § 6$_{44}$ 7$_{34}$; *βολιβον* A: cf. Thack. § 7$_{19}$ | *αὐτῷ ὄνομα*] tr. S *b* 157′ 311 542 547 795 verss. (*nomen eius*) | *μωρός*] *μολυβος* 248^{txt}: ex 14a

15 (18) *αλας* 248-545 260-606 *c*-795 421^{c} 429 547 613 672 755 797 Max. Dam.; *αλλας* 253 149: cf. 39$_{26}$ 43$_{19}$ | *βολον* 253 alii; *βωλην* 795 | *σιδηρουν* S* A 339 421 534 Max. p. 981 Dam. p. 1216 Anton. p. 800; *-ρων* 578 | *εὔκοπον*] *ευκοπωτερον* (vel *-ποτ.*) *L′*-157′-315′-743 *a*-534′ *c*-795 339 358 421 429 443 542 La (*facilius est*) Dam. Mal.; *ακοπωτερον* Max. Anton.; *συγκοπον* 68-744 = Ald.; > 336 | *ἀσύνετον*] *αφρονα* Max. Anton.

16 (19—20) *Ἱμάντ.*] *ως μαντωσις* 493; pr. *ως* 421 La^{pc} Co Arm (*et sicut*) = Syr | *ἐνδεδ.*] *δεδ.* 728; *ενδεδυμενη* 336 421 534 543 547 672; > A; tr. post 16a A^{s} | *σεισμω* 358 421 543 797^{c} (*συσμω**) Max. p. 732 | om. *οὐ* 1° 46 754* La^{171} | *διαλυθ.*] *διαλειφθησεται* 705 | *οὕτως*] + *et* La: cf. 18c 24b | *καρδία*] *διανοια* 254 | *εστηρισμενη* V | *διανοηματι* 421; *-μασι* Max. p. 732 Dam. p. 1293 | *καιρῷ*] *παντι καιρω* (+ *φοβω* 248 La) *L′* La Sa: cf. Syr | *δειλιάσει*] *διαλυθησεται c*: ex 16b

17 καρδία ἡδρασμένη ἐπὶ διανοίας συνέσεως
ὡς κόσμος γλύμματος τοίχου ξυστοῦ.
18 χάλικες ἐπὶ μετεώρου κείμενοι
κατέναντι ἀνέμου οὐ μὴ ὑπομείνωσιν·
οὕτως καρδία δειλὴ ἐπὶ διανοήματος μωροῦ
κατέναντι παντὸς φόβου οὐ μὴ ὑπομείνῃ.

19 Ὁ νύσσων ὀφθαλμὸν κατάξει δάκρυα,
καὶ ὁ νύσσων καρδίαν ἐκφαίνει αἴσθησιν.
20 ὁ βάλλων λίθον ἐπὶ πετεινὰ ἀποσοβεῖ αὐτά,
καὶ ὁ ὀνειδίζων φίλον διαλύσει φιλίαν.
21 ἐπὶ φίλον ἐὰν σπάσῃς ῥομφαίαν,
μὴ ἀφελπίσῃς, ἔστιν γὰρ ἐπάνοδος·

B S A C (fin. 19) V *O L l a b c* min. La verss.

17 *ἡδρασμένη*] *contritum* La^{171} | om. *ἐπί* 155 | *διανοια* A *O*-S^{c}-V *L'*-315' *a*-534 *c*-679-795 46 155 336 339 543 547 755 Mal.; *διανοηματος* 542: ex 16c; > 358 | *συνέσεως*] *συνετου* 336 | *γλύμματος* Sm. Katz = Syr: cf. 38$_{27}$ 45$_{11}$] *ψαμμωτος* (*ψαλμωτος* 155 315; *ψαμμω* 613) rel. (tr. ante *κόσμος* V-253) | *τοίχου*] *τυχους* V; pr. *επι* *O*-V 248 La^{pc} (*in pariete*) | *ξεστου* S^{c}-V(-*τους*)-253 *L*$^{-248}$: cf. Am. 5$_{11}$ Mac. I 13$_{27}$; *κτιστου* 336

18 (**21—23**) *χάλικες*] *χαρακες* B-S *O*-V 248^{txt} 46 336 verss.^{p} Mal. (»*ἐν δὲ ἑτέρῳ· ἀντὶ τοῦ χάρακες χάλικες*«); *pali* (= *χαρακες*) . . . *caementa* (= *χαλικες*) La: dupl.: cf. Thack. § 7$_{20}$ | *ἐπί* 1°] *υπο* 603 | *μετεωρω* 311 | *κειμεναι* 543 797; -*νου* 534 | *ἀνέμου*] -*μων* 706 Arm; pr. *παντος* 358 Co | *οὐ μή* 1°] *ουκ* C; om. *οὐ* 493 | *ὑπομείνωσιν*] -*μενουσιν* A; *υπομεινουσιν* C (-*μιν*.) 743 795; *μεινωσιν* S* (*μιν*.) *O L'* 679; *μεινουσιν* V (*μιν*.) 705; *υπομ⟨ε⟩ινη* 534 | *οὕτως*] + *και* 68-744' La = Ald.: cf. 16c | *δειλή*] *ηδρασμενη* 46 (*ιδρ*.): ex 17a | *ἐπί* 2°] *απο* 155 | *διανοηματι* 248: cf. 16c | *μωροῦ*] *βουλης* 46: ex 16c | *κατέν. παντός*] *contra impetum* (= *δυναμεως*?) La | om. *οὐ* 2° A* | *ὑπομείνῃ*] -*μενη* 578; -*νωσιν* *L*$^{-248}$: ex 18b; *μ⟨ε⟩ινη* V

19 (**24**) init.] pr. *και* 575 Mal. | *Ὁ νύσσων* 1°] *ὁ ορυσσων* *L*$^{-248}$; *ορυσσων* 130-705 | *οφθαλμους* A | *κατάξει*] *καταρει* 744 = Ald. | *δακρυον* 296-548 46 679 Aeth Or.^{lat} VI 112. 177 | om. *καί* 743 | *ὁ νύσσων* 2°] om. *ὁ* B-S* *O*-V 679 (tr. *νύσσων* post *καρδίαν*) | *εκφανει* *b* 613^{c} verss.^{p}: cf. 14$_{7}$; *εκφερει* 296-548 (-*φαιρει*); *profert* (-*feret*$^{G\,pc}$) La; *producit* Or.: cf. 39$_{8}$

20 (**25**) *ὁ βάλλων*] om. *ὁ* B A *O*-S^{c}-V *L b* 46 155 339 358 443 543 679 706 755 795 La Max. p. 756; *βαλών* 547 | *λίθον*] + *τις* Max. | *αποσοβησει* 248 La; -*βησεται* 797; *επισοβει* 744 Max.; *εποσοβει* 68-768 = Ald. | om. *ὁ* 2° 248 542 744 Max. | *φίλον*] + *αυτου* Anton. p. 853 verss.^{p} | *διαλύσει* Dam. p. 220 Anton.] -*λυει* *b* 155' 543 547 La (*dissolvit*, -*vet*^{pc}) verss.^{p}; *δειλιασει* 336 | *φιλίαν*] + *αυτου* V Syh verss.^{p}

21 (**26**) om. 21a *c* | *ἐάν*] + *και* *O*-V 613 ArmII Chr. XI 74; pr. *et* La = Syr | *σπάσῃς*] *εκσπ*. 339 679; *σπαση* 248 155 358 La$^{G\,pc}$ | *ῥομφαίαν* Chr.] *μαχαιραν* *L* | *ἀφελπίσῃς* B-S *L*$^{-248}$ 336 578 706 Mal.] *απελπ*. rel.: cf. 27$_{21}$ et Thack. § 8$_{3(1)}$

22 ἐπὶ φίλον ἐὰν ἀνοίξῃς στόμα,
μὴ εὐλαβηθῇς, ἔστιν γὰρ διαλλαγή·
πλὴν ὀνειδισμοῦ καὶ ὑπερηφανίας καὶ μυστηρίου ἀποκαλύψεως
καὶ πληγῆς δολίας,
ἐν τούτοις ἀποφεύξεται πᾶς φίλος.
23 πίστιν κτῆσαι ἐν πτωχείᾳ μετὰ τοῦ πλησίον,
ἵνα ἐν τοῖς ἀγαθοῖς αὐτοῦ ὁμοῦ πλησθῇς·
ἐν καιρῷ θλίψεως διάμενε αὐτῷ,
ἵνα ἐν τῇ κληρονομίᾳ αὐτοῦ συγκληρονομήσῃς·
οὐ καταφρονητέον γὰρ ἀεὶ τῆς περιγραφῆς,
οὐδὲ θαυμαστὸς πλούσιος νοῦν οὐκ ἔχων.
24 πρὸ πυρὸς ἀτμὶς καμίνου καὶ καπνός·
οὕτως πρὸ αἱμάτων λοιδορίαι.
25 φίλον σκεπάσαι οὐκ αἰσχυνθήσομαι
καὶ ἀπὸ προσώπου αὐτοῦ οὐ μὴ κρυβῶ,
26 καὶ εἰ κακά μοι συμβήσεταί δι' αὐτόν,
πᾶς ὁ ἀκούων φυλάξεται ἀπ' αὐτοῦ.

B S A V *O L l a b c* min. La verss.

22 (27) *ἀνοίξῃς*] -*ξεις* 106; -*ξῃ* A La^{Gpl} | *στόμα*] pr. *το l a* 358 613 755 (vid.) Chr. XI 74: cf. 26_{12} 29_{24} | $_{22}$b init.] pr. *οὐ* 339 | *εὐλαβηθῇς*] *απογνως* Chr. | *πλήν*] *ανευ* Chr. | *ὀνειδισμοῦ . . . ὑπερηφανίας*] tr. L^{-248} | *μυστηρίου* Chr. IX 285] -*ριων l* Chr. XI 74 La^{pc} | *δολίας*] *καρδιας* L^{-248}: ex 25_{13} $_{23}$ | *τούτοις*] + *omnibus* La; + *γαρ L*-672 613 Arm (lib.) | *αποφευγει* Chr. XI 74 | om. *πᾶς* 106 La Arm (lib.) Chr. XI 74 | *φίλος*] pr. *ὁ* A
23 (28—29) *πιστον* S* | *ἐν πτωχ./μ. τοῦ πλ.*] tr. 578 La; om. *ἐν πτωχ.* Dam. p. 284 Mal. | *ἐν* 1°] *επι* V | *τοῦ πλ.*] *του πλησιου* 578; *πλουσιον* 603 | *ἐν* 2°] *επι* A | *αὐτοῦ* 1°] *σου* 358 Sa^{Th} | *ὁμοῦ πλησθῇς* B Mal. (»*εὐφρανθῇς ἢ ὁμοῦ πλησθῇς ὡς ἐν ἑτέρῳ*«)] *ευφρανθης* (-*θη* 46; + *συ* A) rel. | $_{23}$c init.] pr. *υπομεινον* Max. p. 920 | *διάμενε*] -*ναι* A 743; pr. *και* Max. | *αὐτῷ*] *αυτον* 578; *μετ αυτου* 613; pr. *εν l*; *εαυτω* 744 = Ald.; > 743 | *ἐν τῇ κληρονομίᾳ*] *την κληρονομιαν* 248; om. *τῇ* 130* | *αὐτοῦ* 2°] -*της* 155 | hab. v. $_{23}$ef *L'* | *καταφρ. γάρ*] *περιφρ. γαρ l*; tr. 493-637 | *οὐδέ*] *ο δε l* | *νοῦν*] *νυν l*
24 (30) *πρό* 1°] *προς* 315 606 705; *απο* V-253 | *καμίνου*] *καπνου* 339 795 | *οὕτως*] *και* 575 = Syr; + *et* La: cf. $_{16}$c | *πρό* 2°] *γαρ* 672^c (*καν**)-673 | *αἱμάτων*] -*τος* V La verss.; *μαχης* 542; pr. *μαχης* 575 | *λοιδορια* 249-754^c
25 (31ab) *σκεπάσαι*] *salutare* (= *ασπασαι* Schleusner III 50 Herk.) La | *οὐκ αἰσχ.*] *ου κατεσχ.* S*: cf. 24_{22}; *ουκ επαισχ.* 429; *non confundaris* $La^{G\,pl}$: cf. Syr | *οὐ μὴ κρυβῶ*] *κρυβησομαι* Dam. p. 405; *non te abscondas* La^{pc} = Syr
26 (31cd—32) *καὶ εἰ*] *και εαν* V Sa (*καν*) | *κακια* 46; *κακον* 542 | *συμβήσεται* B* *l*] *συμβη* B^{c} V-253 (-*βει*) L^{-248} *a* 46 542 547 613^c 679; *συμβαινει* 336 743; *συμβαιοι* 534-613* 548; *συμβησονται* 248 La; *συνεβη* S* (*συνβεη*^c) Dam. p. 405; *συμβεβηκεν* A; *συμβαιη* rel. | *δι'*] *απ* 795 | *αὐτόν*] -*των* 46 | *πᾶς*] *πως* 443 | om. *ὁ* A *a*-534' 157' | *ακουσας* 358 | *φυλάξεται*] *φυλασσεται* 797*; *φευξεται* L^{-248} *a* | *αὐτοῦ*] -*τω* 155; -*των* 743*

27 *Τίς δώσει ἐπὶ στόμα μου φυλακὴν*
καὶ ἐπὶ τῶν χειλέων μου σφραγῖδα πανοῦργον,
ἵνα μὴ πέσω ἀπ᾽ αὐτῶν
καὶ ἡ γλῶσσά μου ἀπολέσῃ με;
23 1 *κύριε πάτερ καὶ δέσποτα ζωῆς μου,*
μὴ ἐγκαταλίπῃς με ἐν βουλῇ αὐτῶν,
καὶ μὴ ἀφῇς με πεσεῖν ἐν αὐτοῖς.
2 *τίς ἐπιστήσει ἐπὶ τοῦ διανοήματός μου μάστιγας*
καὶ ἐπὶ τῆς καρδίας μου παιδείαν σοφίας,
ἵνα ἐπὶ τοῖς ἀγνοήμασίν μου μὴ φείσωνται
καὶ οὐ μὴ παρῇ τὰ ἁμαρτήματα αὐτῶν,
3 *ὅπως μὴ πληθυνθῶσιν αἱ ἄγνοιαί μου*

B S A V *O L l a b c* min. La verss.

27 (**33**) init.] pr. *τις επιστησει επι του διανοηματος μου μαστιγας b*: ex 23_{2a}; pr. *και* 755 | *δώσει*] + *μοι* B *O*-V *L*-130-705 443 795 verss.; + *μου* 68-744′ = Ald. | om. *ἐπί* 1° 429 La | *στόμα*] *στοματι* A *O*-V *a*-534 *c*-795 315′ 358 542 543 547 La Mal.; *τω στοματι* S^{c} *l* 429 443 Chr. II 228; *στοματος* *L*-743 46 155 157′ 336 339 613 679 755 768; *του στοματος* Max. p. 940 Dam. p. 1341 | *χειλέων*] *χειρων* 672 | *πανοῦργον* Chr. II 229 V 432] *-γων* S A *a c*-795 336 429 743 Or. III 48; *-γου* 311; > Max. Dam. | *πέσω*] *πεσων* 679; *εμπεσω* Max.; *εκπεση* Dam. | *ἀπ᾽ αὐτῶν*] pr. *αιφνιδιως* 248; + *αιφνιδιως* *l*; *in ore meo* Sa | *ἀπ᾽*] *επ* 578 672 743 744; *in* La^{pc} verss.^{p}: cf. 23_{1} | *αὐτῶν* V 46 La Katz = Syr] *αυτης* rel. | om. *καί* 2° 679 | *ἀπολέσῃ*] *-σει* 296 alii La$^{S\Sigma}$ (*perdet*); pr. *μη* *O*-V 248-*l*-157′ 613 Aeth = Syr | fin.] + *εν ασχημοσυνη μου* (> 106) *l* 613

23 1 init.] pr. tit. *ευχη* 543 679 (*ψυχη*) La$^{M\Psi}$ (+ *ad deum*^{M}) | *κύριε*] *θεε* 679 Spec. (*deus*) | *πατηρ* A 706: cf. $_{4a}$; + *ημων* Syh; + *μου* Aeth = Syr | om. *καί* 1° 754* La$^{S*\Pi}$ verss.^{p}: cf. $_{4a}$ | *δέσποτα*] *θεε* A: ex $_{4a}$ | *ζωῆς*] pr. *της* 672 743 Meth.: cf. $_{4a}$ | *μου*] *απασης L* | *ἐγκαταλ. με*] *εγκαταλειπης με* A 253 637 alii; tr. *b* Meth.^{ap} | *βουλῇ*] *ζωη* Meth.^{ap} | om. *καί* 2° B-S* *O*-V 46 679 La$^{G\,171}$ | *ἀφῇς*] *αφησης* 155; *εασης* 311 | *ἐν αὐτοῖς*] *επ αυτοις* 547 679: cf. 22_{27}; + *εν παραδειγματισμω* *L*′$^{-248}$-743: cf. 19_{3} fin.; *in illa exprob(r)atione* La^{pc}

2 *ἐπιστήσει*] *-ση* A 545; *επιθησει* 130-705 157′ 443; *δωσει* Or. III $48_{22\ 25}$ Or.^{lat} XII 300 Lo. Chr. V 436. 438 Ambr. VI 208 | *τοῦ διανοήμ.*] *διανοιας* Chr. V 438 (non V 436); *του διαδηματος* 296-311-548 (*διαβημ.*) | *επι την καρδιαν* 336 578 | *παιδείαν*] *-διας* A | *ἵνα*] + *μη* 248-705 578 | *ἐπί* 3°] *εν* 339 755 La$^{\Lambda}$ Chr. V 436; > La | *ανομημασι* 795; *εννοημασιν* 336 | *μου* 3°] *eorum* La; > V | *φείσωνται*] *-σονται* 253 alii; *φεισομαι* *L*$^{-248}$; *φειση συ κυριε* 248: cf. Syr; *parcant* (*-cat*^{pc}) *mihi* La | $_{2c}$ fin.] + *τας δε υβρεις των* (*αυτων l*) *εν επαγγελια αμαρτωλων μη παρης* 248-*l* | om. $_{2d}$ 248 Sa Mal.; hab. $_{2d}$ sub ※ S^{c} | $_{2d}$] *και επι της καρδιας μου παιδειαν σοφιας* 46: ex $_{2b}$; *και αι αμαρτιαι μου μη απολεσωσιν με* Or. III 48; *et peccata mea non praetereantur* (= *παριηται* Herk.) Or. XII 300 Lo. | om. *καὶ οὐ* 106-545 | *παρῇ*] *επαρη* 613

3 om. *μή* 679 La^{pc} | *πληθυνωσιν* B *O*-V: cf. 11_{10} 16_{2} | *αἱ ἄγνοιαι* = *ignorantiae* La ($_{3a}$)] *αι ανομιαι* *a*-534 443 La (*delicta* $_{3b}$) | om. *μου* 2° 358 |

καὶ αἱ ἁμαρτίαι μου πλεονάσωσιν
καὶ πεσοῦμαι ἔναντι τῶν ὑπεναντίων
καὶ ἐπιχαρεῖταί μοι ὁ ἐχθρός μου,
ὧν μακράν ἐστιν ἡ ἐλπὶς τοῦ ἐλέους σου;
4 κύριε πάτερ καὶ θεὲ ζωῆς μου,
μετεωρισμὸν ὀφθαλμῶν μὴ δῷς μοι
5 καὶ ἐπιθυμίαν ἀπόστρεψον ἀπ' ἐμοῦ·
6 κοιλίας ὄρεξις καὶ συνουσιασμὸς μὴ καταλαβέτωσάν με,
καὶ ψυχῇ ἀναιδεῖ μὴ παραδῷς με.

Παιδεία στόματος

7 *Παιδείαν στόματος ἀκούσατε, τέκνα,*
καὶ ὁ φυλάσσων οὐ μὴ ἁλῷ.

B S A V *O L l a b c* min. **La** verss.

πλεονάσωσιν] *-σουσι(ν)* 248-743*-106-545-705* 155 336 548-706 673 755; *-ναζωσιν* 443; + *εις συντριβην L* | *εναντιον* V 157' 336 339 534 (*-τιων*) | *ὑπεναντίων*] + *μου* 155 La^{V} verss. | *επιχαριειται* 795 797; *επιχαρη l* | *μοι*] *με* 705; > La$^{G\ pl}$ | hab. v. 3e *L'*-672 | om. *σου l*

4 (4—5a) 4a] *κυριε παντοκρατορ της αειγενους κτισεως σου, μη* (+ *με* 130-705) *καταλιπης* (*-λειπης* 705; + *με* 545^{c}) *εν τοις απελπιζουσι(ν) την αδιαλειπτον επισκοπην l*; + *παντοκρατορ της αειγενους κτισεως σου* 672; + (4b) *ne derelinquas me in cogitatu illorum* La: ex 1b (cf. Syr) | *πατηρ* 68-744' = Ald.: cf. 1a; *θεε* 575; *παντοκρατορ* 421; > 534; pr. *και* 578 Aeth; + *ημων* Syh; + *μου* Aeth = Syr | om. *καί* 429 534 La^{X} Sa: cf. 1a | *θεέ*] *δεσποτα* 575: ex 1a; + *μου* 534 | *ζωῆς*] pr. *της* 421 575 603 613 743: cf. 1a; pr. *και* 534 673 | om. *μου* 534 | *μετεωρισμόν*] pr. *μητε l*; pr. *et* La^{pc} | *ὀφθ.*/*μὴ δ. μοι*] tr. 613; om. *μή* 106-545 | *ὀφθαλμῶν*] *-μου* 46 | *μὴ δῷς μοι*] *μη δως μου L*$^{-248}$; *μη δωης μοι* 575; *μη μοι δως* 248-743-106-545 421 429 542; *αφελε απ εμου* Meth. | fin.] + *και γιγαντωθη ψυχην* 248

5 (5b) 5] *αποστησον* (+ *ταυτα l*) *δια παντος* (> Clem.) *απο του δουλου* (*των δουλων* Clem.; *δουλων* 248) *σου, ελπιδας κενας και επιθυμιας* (+ *απρεπεις* Clem.) *αποστρεψον απ εμου, και κρατησεις τον* (*τα* 130) *θελοντα σοι δουλευειν δια παντος* 248-*l* (om. *και κρατ. τον θελ. σοι* 106-545) Clem. (om. *και κρατησεις*—fin.) | *καὶ ἐπιθυμίαν*] *et omne desiderium* (+ *meum*^{A}; + *pravum*^{pc}) La; pr. *ελπιδας καινας* (*κενας*^{c}) 743: ex 248 (vide supra)

6 6a] *κυριε παντοκρατωρ ο θεος της σωτηριας μου* Dam. p. 265 Anton. p. 1172 | *κοιλίας*] *καρδιας* Meth. p. 12 (non p. 446): cf. 19$_{12}$ | *ὄρεξις* Clem.] *-ξεις O*-V*L'*$^{-248}$ alii; *concupiscentias* (*-tiam*$^{C\Theta}$) La | *συνουσιασμός* Clem.] *-μοι* 672; *-μου l* 421 | *καταλαβέτωσάν με*] *καταβαλετωσαν με l* 46 (*-λλ-*) 429: cf. 7$_{7}$; tr. 421 Dam. p. 1333 | *ἀναιδεῖ*] *-δως* 534; *ανδρος αναιδους* Dam. p. 265 Anton. | om. *με* 2° 155 | fin.] + *τον οικετην σου* 248-*l* Mal. (»*ἐν δὲ τῷ ἑτέρῳ πρόσκειται*«)

7 *Παιδεία στ.*] *παιδειας στ.* 68-744 = Ald.; *παιδειαν στ.* 534 545-705 La$^{S*\Gamma}$; *περι παιδειας στοματος* (> 637 La^{L}) 637 547 795 La^{pl}; > S A *O*-V 493-106 46 157 339 358 679 728 755 La^{Vpc} SaTh Aeth ArmI | *Παιδ. στόμ.*/*ἀκούσατε, τέκνα*] tr. 248 Co Aeth | *στόματος*] + *μου* 705 verss.^{p} = Syr; + *αληθινου* 248-*l*-157 | om. *ὁ* 728

8 ἐν τοῖς χείλεσιν αὐτοῦ ^{8}καταληφθήσεται ἁμαρτωλός,
καὶ λοίδορος καὶ ὑπερήφανος σκανδαλισθήσονται ἐν αὐτοῖς.
9 ὅρκῳ μὴ ἐθίσῃς τὸ στόμα σου
καὶ ὀνομασίᾳ τοῦ ἁγίου μὴ συνεθισθῇς·
10 ὥσπερ γὰρ οἰκέτης ἐξεταζόμενος ἐνδελεχῶς
ἀπὸ μώλωπος οὐκ ἐλαττωθήσεται,
οὕτως καὶ ὁ ὀμνύων καὶ ὀνομάζων διὰ παντὸς
ἀπὸ ἁμαρτίας οὐ μὴ καθαρισθῇ.
11 ἀνὴρ πολύορκος πλησθήσεται ἀνομίας,
καὶ οὐκ ἀποστήσεται ἀπὸ τοῦ οἴκου αὐτοῦ μάστιξ·
ἐὰν πλημμελήσῃ, ἁμαρτία αὐτοῦ ἐπ' αὐτῷ,

B S A V *O L l a b c* min. La verss.

8 ἐν 1°] + γαρ 443 795 = Syr; pr. ουτε S^{c} L^{-248}; pr. *et* Sa^{L} Bo Aeth | ἐν τοῖς χείλ. αὐτοῦ] bis scr. Syh: trah. 1° ad ἀλῷ v. 7 fin. ut 253 alii La verss., 2° ad καταλ. v. 8 init. | καταλειφθησεται B-S A *O* V (-λιφθ.) 248-l^{-130}-315′ 155 339^{c} 358 443 534 542 543 706 755 797 La^{171}: cf. 48$_{15}$ Ier. 3$_{8}$; pr. εν τη αφροσυνη αυτου 248-743 157 (tr. post ἁμαρτωλός) La (*in vanitate sua*) Mal. (»οὕτω γὰρ καὶ ἐν τῷ ἑτέρως γεγραμμένῳ εὕρηται· ἐν τῇ ἀφροσύνῃ αὐτοῦ καταληφθήσεται ὁ ἁμαρτωλός«) | ἁμαρτωλός] pr. ὁ 248-743 Mal.; pr. αμα 315; pr. αιμα 672; pr. *et* La$^{\Sigma}$ | om. καί 1° 46 | λοίδορος] -ριαι S* | σκανδαλισθησεται V 672 La verss.^{p}

9 (9—10) ορκων 68-744 = Ald. | ἐθίσῃς] ενθησης 336; ενθεισης 743* (-θισ.^{c}); επιθησης 795; *assuescat* (= εθιση) La: cf. 13a (17a) | καὶ ὀνομασίᾳ = *nominatio vero* La (10a)] και ονομα 254-603; και ονομασι 46 La (*et nominibus* 10b); μηδε τω ονοματι Chr. IX 91 (om. μή 2°) | τοῦ ἁγίου] του υψιστου A S^{c}; *dei* La (10a); *sanctorum* La (10b); + επι ματαιω L'^{-248}: ex Exod. 20$_{7}$ | συνεθισθῇς] -εθισης 339 542 Antioch. p. 1621

10 (11) ὥσπερ] ως 548 797 | om. γάρ V-253 *l*-157′ *b* 46 336 578 verss.^{p} | ἐξεταζ. ἐνδ.] tr. Syh Chr. XII 773 | εταζομενος 672 Chr. II 152; εργαζομενος 315; ἐξουσιαζόμενος? Sm. | ἐνδελεχῶς] συνεχως Anton. p. 1157; > Dam. p. 220 | μώλωπος] -πων 547; μαστιγος Anton. | οὐκ ἐλαττωθήσεται] ουκ αθωωθησεται L^{-248} 575 = Syr; ου καθαρισθησεται 358 (add. post ὀμνύων) Syh Chr. II 152 IX 91 XII 773 | καί 1°] ουδε Chr. IX 91; > *O*-V 248-743 46 155 679 La verss. Chr. II 152 XII 773 Max. p. 892 Anton. p. 1157: cf. 22$_{16}$ | om. ὁ 755* | ὀνομάζων] pr. ὁ S A 253 *a c*-679-795 46 315′ 336 358 543 575 613 755 797 | διὰ παντός] pr. τον θεον Chr. II 152 Max. (om. τον) La^{X}; + το ονομα κυριου A S^{c} *b* 157′ 534′ 743 Aeth Chr. XII 773 (το ον. του θεου) Dam. p. 220 (το ον. του κ.; om. διὰ π.): ex Lev. 24$_{16}$ | ἀπὸ ἁμ./οὐ μὴ καθ.] tr. 248 verss.^{p} Dam. Antioch.; om. ἀπό 672; pr. ανθρωπος Max. | οὐ μὴ καθαρισθῇ] ου καθαρισθησεται Chr. II 152te (ουκ αθωωθησεται^{ap}) XII 773 Max.; ουκ ελαττωθησεται Dam.: ex 10b

11 (12—14) ἀνομίας] αμαρτιας 315′ 548* 575 | οὐκ] ου μη 336 | απωσθησεται 315′: cf. 12c 39$_{9}$ | ἀπὸ τοῦ οἴκου] εκ του οι. *c*-795 Anton. p. 1157; απ Antioch. p. 1621 | om. αὐτοῦ 1° 358 | ἐάν] + γαρ 548 Arm; pr. και La Aeth Mal. | πλημμελήσῃ] -σει 336 alii; -ληθη V; πλημελη 755 | ἁμαρτία] pr. ἡ L^{-248} 311 336 613 | ἐπ'] εν 46 Sa | αὐτῷ] -τον 578; -του 679; + *erit*

κἂν ὑπερίδῃ, ἥμαρτεν δισσῶς·
καὶ εἰ διὰ κενῆς ὤμοσεν, οὐ δικαιωθήσεται,
πλησθήσεται γὰρ ἐπαγωγῶν ὁ οἶκος αὐτοῦ.

12 *Ἔστιν λέξις ἀντιπαραβεβλημένη θανάτῳ,*
μὴ εὑρεθήτω ἐν κληρονομίᾳ Ιακωβ·
ἀπὸ γὰρ εὐσεβῶν ταῦτα πάντα ἀποστήσεται,
καὶ ἐν ἁμαρτίαις οὐκ ἐγκυλισθήσονται.
13 *ἀπαιδευσίαν ἀσυρῆ μὴ συνεθίσῃς τὸ στόμα σου·*
ἔστιν γὰρ ἐν αὐτῇ λόγος ἁμαρτίας.
14 *μνήσθητι πατρὸς καὶ μητρός σου,*
ἀνὰ μέσον γὰρ μεγιστάνων συνεδρεύεις,
μήποτε ἐπιλάθῃ ἐνώπιον αὐτῶν
καὶ τῷ ἐθισμῷ σου μωρανθῇς
καὶ θελήσεις εἰ μὴ ἐγεννήθης
καὶ τὴν ἡμέραν τοῦ τοκετοῦ σου καταράσῃ.

B S A V *O L l a b c* min. La verss.

La; + *κρυψει αυτην υπο την γλωσσαν αυτου b* 534′ 743: ex Iob 20_{18} | *κἄν*] *και εαν* S L^{-248}-315′ -*c*-795 46 157′; *εαν* 339; *και* 578 La^{Π} | *ὑπερίδῃ*] *υπερειδη* A L^{-248} alii; *ὑβρίσῃ* Kuhn II 104 | *εἰ*] *εαν* 795 | *ὤμοσεν*] *ημαρτεν* 603: ex 11d | *δικαιωθήσ.*] *διασωθησ.* 339 | om. *γάρ* 534 | *ἐπαγ.*/*ὁ οἶκος αὐτοῦ*] tr. 155 679 743 Co | *ἐπαγωγῶν*] *επαγωγης* 248 La verss.^{p}; *απαγωγων* 744 = Ald.: cf. 38_{19} 40_{9} Deut. 32_{36} Is. 10_{4} 14_{17}

12 (15—16) *ἀντιπαραβεβλ.* *O*-V L^{-248}-315′-130-705 *a*-534′ *c*-795 La (*contraria*) Arm] *αντιπεριβεβλ.* (*αντιπεριβλ.* 68-744′ = Ald.; *περιβεβλ.* 106; *αντιβεβλ.*. 547) rel. | *θανάτῳ*] -*των* V; -*του* 728 755 795 | *εὐσεβῶν*] *ασ.* 130 336 443 744: cf. 27_{29} 28_{22} | *ἀποστήσεται*] -*σονται* *l*-157′ *a*-534′ *b* *c*-795 155 339 542 547 755; *αποσθησονται* 743; *απωσθησεται* 46 672: cf. 11b | *ἐν ἁμ.*/*οὐκ ἐγκυλ.*] tr. *l* verss.^{p} | *ἁμαρτίαις*] -*τια* Mal. Aeth; + *σου* 744′ = Ald.; + *illius* La^{X} | *εγκυλισθησεται* 679

13 (17) *ἀπαιδευσίαν*] -*σια* S^{c} *b* *c*-795^{c} 358 534 543 545^{c} 672 743 La (vid.) Syh Mal.; -*σιας* 613 795*; *ακολασια* 248 | *ἀσυρῆ*] *υβρει* 613* (-*ριν*^{c}); *ασεβη* 547*; *ορκου* 248 249-754 ArmI: ex 9a; *loquelae* La^{V}; > 336 547^{c} 672 755 La^{Gpl} ArmII: cf. Syr | *συνεθιση* 253 L^{-248} 542 La: cf. 9a; -*θιζης* 68-744′ = Ald.; *εθισης* (vel *εθησ.*) S* 248 46 613 543 548; *ηθησει* 336 | *ἔ. γὰρ ἐν αὐτῇ*] *εν αυτη γαρ εστι* 603 | *γάρ*] *και* 358 | *λόγος*] *λογισμος* V 744′ = Ald.: cf. 5_{10}

14 (18—19) *πατρός*] + *σου* S A *l* *c*-795 336 443 534′ Spec. Co Aeth | om. *σου* 1° 46 Spec. | om. *γάρ* 106-545 534 672 | *μεγιστάνων*] *παγιδων* 155′: cf. 9_{13}; *μαστιγίων* KuhnII 104 | *συνεδρεύεις*] -*ευει* B*; -*ευσεις* S *O* 248 768 Sa Mal. (»*συνεδρεύεις· ἐν δὲ τῷ ἑτέρως ἔχοντι συνεδρεύσεις*«); *ενεδρευεις* 46 548 743; *μη συνεδρευσης* 672 | *μηποτ’* 68-744′ = Ald. | *ἐπιλάθῃ*] -*θης* 68-744 545^{c} 613 = Ald. | om. *τῷ* 543 | *μωρανθῇς*] *μαρανθης* 672 = Compl. | om. 14e *l*: homoiot. | *θελήσεις*] -*σει* 706; -*σης* 46 alii Mal. | *εγενηθης* 46 336 744 = Ald.: cf. 7_{28} | om. *καί* ult. 603 | *καταράσῃ*] -*σης* 545^{c} 755; pr. *μη* B 253^{s} 311-706 $La^{G\ pc}$ Aeth; pr. *ου μη* 795; > A

15 *ἄνθρωπος συνεθιζόμενος λόγοις ὀνειδισμοῦ*
ἐν πάσαις ταῖς ἡμέραις αὐτοῦ οὐ μὴ παιδευθῇ.

16 *Δύο εἴδη πληθύνουσιν ἁμαρτίας,*
καὶ τὸ τρίτον ἐπάξει ὀργήν·
ψυχὴ θερμὴ ὡς πῦρ καιόμενον,
οὐ μὴ σβεσθῇ ἕως ἂν καταποθῇ·
ἄνθρωπος πόρνος ἐν σώματι σαρκὸς αὐτοῦ,
οὐ μὴ παύσηται ἕως ἂν ἐκκαύσῃ πῦρ·
17 *ἀνθρώπῳ πόρνῳ πᾶς ἄρτος ἡδύς,*
οὐ μὴ κοπάσῃ ἕως ἂν τελευτήσῃ.
18 *ἄνθρωπος παραβαίνων ἀπὸ τῆς κλίνης αὐτοῦ*
λέγων ἐν τῇ ψυχῇ αὐτοῦ Τίς με ὁρᾷ;
σκότος κύκλῳ μου, καὶ οἱ τοῖχοί με καλύπτουσιν,
καὶ οὐθείς με ὁρᾷ· τί εὐλαβοῦμαι;
τῶν ἁμαρτιῶν μου οὐ μὴ μνησθήσεται ὁ ὕψιστος.

B S A V *O L l a b c* min. La verss.

15 (20) *συνεθιζ.*] *συναισθησομενος* 46; pr. *ὁ* 543 | *λόγοις*] pr. *εν* 575 La Dam. p. 332 | *ονειδισμοις* 545 | *ἐν π. τ. ἡμ. αὐτοῦ*] *εις τον αιωνα* Max. p. 988 (non p. 913)

16 (21—23) *αμαρτιαν c*-795 358 543 Syh verss.^{p} | *τὸ τρ.*] *ο τριτος* 578 | *ἐπάξει*] *παταξει* 336: cf. Ier. 25_{13}; *επεγειρει* 358 | *ψυχὴ θ.*] *ψυχην θ.* 743; *θερμη ψυχης* 547 | *ὡς* Ath. III 1376] *ωσπερ* L^{-248}-315′ | *καιομενη* 46 542 | *οὐ μὴ σβεσθῇ*] *ου σβεσθησεται* Dam. p. 252; *ου μη παυσηται* 46: ex 16f; pr. *ὁ* 336; pr. *και* 797 | *ἂν* 1°] *οὐ* Dam. | *καταποθῇ*] *καταπιη τι* S^{c} La (*aliquid glutiat*) Arm | *ἄνθρ.*] pr. *και O*-V L^{-248} La verss.; pr. *ουτως και ο* Dam. | *πόρνος*] *nequam* (= *πονηρος* 545^{c}) La | *σώματι*] *ore* (= *στοματι*) La: cf. 20_{29} | om. *αὐτοῦ* 547 Arm | *οὐ μὴ παύσ.*] *ου μη παυσεται* 249-754 alii; pr. *και* 672 Sa | *ἂν* 2°] *οὐ* 253 | *ἐκκαύσῃ*] -*σει* 253 alii; -*σηται* 672; *εκκαυθη* V

17 (24) *ἀνθρ.*] *ανδρι* Chr. XI 546 (non XI 471) | *κοπάσῃ*] -*σει* 249-754 alii; *κοπιαση* V-253 (-*σει*) *c* 429 (-*σει*) 542 543 613 Dam. p. 252 Anton. p. 816 (-*σει*): cf. 43_{23} 46_{7} et 43_{30}; *κακοπαθηση* 493; *παυσηται* 46 Chr. XI 471: cf. 16f; *καταπαυση* 339: cf. 39_{28} | *τελευτήσῃ*] -*σει* A alii; *καταποθη* Chr. XI 471

18 (25—26) *ἄνθρ.*] + *πορνος* A: ex 16e 17a; pr. *ὁ* Clem.; pr. *omnis* La | *παραβ.*] *ο αναβαινων* Clem. | *ἀπό*] *επι* Clem. Sa = Syr; *in* La^{X} Ambr. II 214 An. Mt h | om. *τῆς* 429 768* | *κλίνης* Clem.] *κοιτης* A: cf. Regn. II 4_{11} | *αὐτοῦ* 1°] *εαυτου* 253 | *λέγων*] pr. *ὁ* 249-754 Clem. | om. *ἐν τῇ ψ. αὐτοῦ* 358; om. *ἐν* A; om. *τῇ* S* 315; om. *αὐτοῦ* Clem. | *κύκλῳ μου . . . με καλύπτ.*] tr. PsBas. II 728 (*καλυπτει*) Ambr. I 686 VI 60. 80 | *μου* 1°] *σου* 106*-545* | *οἱ τοῖχοι* Clem.] *οι τειχοι* 493; om. *οἱ* S* Chr. III 216 | om. *με καλύπτ.* — *ὁρᾷ* 2° Chr. Ambr. II 214 V 179 | *με καλύπτ.*] *μου καλ.* 795; *σκεπη μου* Clem. | 18d] pr. ※ S^{c}; om. 18d 429 Ambr. V 11 | *οὐθείς*] *τις* PsBas. | *με ὁρᾷ* 2°] *μοι ορα* 797; *βλεπει τας αμαρτιας μου* Clem. (om. *τῶν ἁμ. μου*) | *τί* Clem.] *τινα* A La Sa; > 315 | om. *οὐ* Clem. | om. *μή* V *b* 679 | *μνησθη* 358 613 Dam. p. 252

19 *καὶ ὀφθαλμοὶ ἀνθρώπων ὁ φόβος αὐτοῦ,*
καὶ οὐκ ἔγνω ὅτι ὀφθαλμοὶ κυρίου
μυριοπλασίως ἡλίου φωτεινότεροι
ἐπιβλέποντες πάσας ὁδοὺς ἀνθρώπων
καὶ κατανοοῦντες εἰς ἀπόκρυφα μέρη.
20 *πρὶν ἢ κτισθῆναι τὰ πάντα ἔγνωσται αὐτῷ,*
οὕτως καὶ μετὰ τὸ συντελεσθῆναι.
21 *οὗτος ἐν πλατείαις πόλεως ἐκδικηθήσεται,*
καὶ οὗ οὐχ ὑπενόησεν, πιασθήσεται.
22 *Οὕτως καὶ γυνὴ καταλιποῦσα τὸν ἄνδρα*
καὶ παριστῶσα κληρονόμον ἐξ ἀλλοτρίου.
23 *πρῶτον μὲν γὰρ ἐν νόμῳ ὑψίστου ἠπείθησεν,*
καὶ δεύτερον εἰς ἄνδρα αὐτῆς ἐπλημμέλησεν,
καὶ τὸ τρίτον ἐν πορνείᾳ ἐμοιχεύθη
καὶ ἐξ ἀλλοτρίου ἀνδρὸς τέκνα παρέστησεν.

B S A V *O L l a b c* min. La verss.

19 (27—28) om. 19ab 106-545 | *ὀφθαλμοί* 1°] -*μος* 679; -*μοις* 358; *εν* -*μοις* V; pr. *οι* 253 336 606 Dam. p. 252; 1°⌒2° 253 | *φόβος*] + *εστιν* 130-705 | *αὐτοῦ*] -*των* 46 547*; *κυριου* 315 | *καὶ οὐκ ἔγνω*] *ου γαρ γινωσκει* Clem.; *και ουκ οιδεν* c-795 336 429 | *κυρίου*] + *του υψιστου* 248-130-705 Clem. (om. *του*) | *μυριοπλασιον* 429 542 613 Dam. p. 1077 | *ἡλίου*] + *οφθαλμοι αυτου* 545[c] | *φωτεινότεροι*] + *εισιν L* La[V] Clem. PsVig. | *ἐπιβλέπ.*] pr. *οι* 248; *οι επιβλεπουσι* Clem.; *circumspiciunt* PsVig.; pr. *και a* Aeth; *βλεποντες* Chr. III 216 | *π. ὁδοὺς ἀνθρ.*] *π. τας οδους των ανθρ.* Dam.; *εις τα εργα των ανθρ.* Chr.; pr. *επι* S[c] *L*[-248] 542 | *κατανοουσιν* Clem. PsVig. (*intuentur*) | om. *εἰς* A

20 (29) om. *ἤ* V: cf. 11 7 | *τὰ π./ἔγν. αὐτῷ*] tr. V-253 743; + *τα παντα* 248 | *τὰ πάντα*] *απαντα* 155; om. *τά* 755; pr. *και* 547 | om. *καί* 606 Aeth | *συντελ.*] *τελεσθηναι* A 672: cf. 38 27; + *καθορα τα παντα L*-743 La (*respicit omnia*)

21 (30—31) *οὗτος*] -*τως* 253 *L*[-248]-743* alii; *ουτε* 106-545 | *ἐκδικηθήσεται*] *εκζητηθησεται* 679 | *οὗ*] *ος* A; > 493*-545 358 534 543 548 744 755 | *πιασθήσεται*] *κολασθησεται* A; pr. *οτι* 543

22 (32) *Οὕτως*] *ομοιως* 248-743; > *l* | om. *καί* 1° 755 Arm | *γυνή*] pr. *ἡ* 542 797 | *καταλειπουσα* A *O*-V *L*-315-743-705 *c* alii La (*relinquens*) | *τὸν ἄνδρα*] + *αυτης* 248-743-*l*-157′ 155 358 613 679 La verss. | *παριστῶσα*] *περ.* 768 = Compl.; *καθιστωσα* 797 | *κληρονόμον*] -*νομιαν* 248-*l a* La; -*νομου* 358 744′ = Ald. | *ἀλλοτρίου*] -*ριων* 46 679 Dam. p. 1321; *αλλου O*-V 248: cf. 23 d

23 (33) om. *γάρ* 543 verss.[p] | *ὑψίστου*] -*στω* A La[Q]; *κυριου l a*-534′ 547 743 Aeth; pr. *κυριου* 311 | *ἠπείθησεν*] -*σαν* 543; *ἠπάτησε* (= Syr) Kuhn II 105: cf. 1 28 | om. *καί* 1° 743 La[V] Sa Arm | *δεύτ.*] pr. *το* 542 | *ἄνδρα*] pr. *τον* V | om. *αὐτῆς ἐπλημμέλ.* V | *αὐτῆς*] *εαυτης* B | om. *καί* 2° La Sa Arm | om. *τό l* 249 315′ 534 543 547 728 | *ἐν π.*] *εις πορνειαν* 358; + *αυτης* 296-548 Aeth | *εμοιχευσε* 248 | om. *καί* 3° B 249-754 | *ἀλλοτρίου*] *αλλου O*-V 248 La: cf. 22 b | om. *ἀνδρός* 578 Sa | *τέκνα*] *ανδρα* 542

24 αὕτη εἰς ἐκκλησίαν ἐξαχθήσεται,
καὶ ἐπὶ τὰ τέκνα αὐτῆς ἐπισκοπὴ ἔσται.
25 οὐ διαδώσουσιν τὰ τέκνα αὐτῆς εἰς ῥίζαν,
καὶ οἱ κλάδοι αὐτῆς οὐκ οἴσουσιν καρπόν.
26 καταλείψει εἰς κατάραν τὸ μνημόσυνον αὐτῆς,
καὶ τὸ ὄνειδος αὐτῆς οὐκ ἐξαλειφθήσεται,
27 καὶ ἐπιγνώσονται οἱ καταλειφθέντες
ὅτι οὐθὲν κρεῖττον φόβου κυρίου
καὶ οὐθὲν γλυκύτερον τοῦ προσέχειν ἐντολαῖς κυρίου.
28 δόξα μεγάλη ἀκολουθεῖν θεῷ,
μακρότης δὲ ἡμερῶν τὸ προσληφθῆναί σε ὑπ' αὐτοῦ.

Σοφίας αἴνεσις

24 1 Ἡ σοφία αἰνέσει ψυχὴν αὐτῆς
καὶ ἐν μέσῳ λαοῦ αὐτῆς καυχήσεται·
2 ἐν ἐκκλησίᾳ ὑψίστου στόμα αὐτῆς ἀνοίξει

B S A V *O L l a b c* min. La verss.

24 (84) *εἰς ἐκκλ.*] *εν εκκλησια L*-315′ 768 La^{pl} (*in ecclesia*); om. *εις* 744 = Ald. | *ἐξαχθήσ.*] *αχθησ.* 155; *contumelia afficietur* (= *εξατιμηθησεται* Hart) Syh | om. $_{24}$b 545 Dam. p. 1321 | om. *ἐπί* 603 La^{C} | om. *τά* 249-754 358 534 Mal. | *ἐπισκ. ἔσται*] *επισκ. εστιν* 336; *επισκοπησεται* 46 La (*respicietur*); *επισκ. ουκ εσται* 547 ArmII

25 (85) init.] pr. *και* 797 Aeth | *διαδιδωσι l* 534 (*διαδηδ.*) | *τὰ τέκνα αὐτῆς*] *υιοι αυτων* 248 | *εἰς ῥίζαν*] *radices* La; om. *εις L* Syh verss.^{p} Dam. p. 1321 = Syr | *οὐκ οἴσ.* = La^{Z*} (*non ferunt*)] *ου δωσουσιν* B La (*non dabunt*); *ου ποιησουσιν* V ArmII = Syr

26 (86) init.] pr. *και* V 68-744′ La^{pc} Aeth = Ald. et Syr; pr. *quia* Arm | *καταλείψει*] *-ψις* A; *-ληψει* 637-545 alii | om. *εις* 672 | om. *τό* 2° 679

27 (87) *καταλειφθησονται* 679 | *οὐθέν* 1°] *ουκ L*$^{-248}$ | *κρεῖττον*] *κρειττων* 493-637 (*-ττω*) 336: cf. 30_{30} 40_{28}; *κρεισσον b* 755: cf. 10_{27}; pr. *εστι(ν) L*-743; + *est* La^{V} | *φόβου*] *φοβος* 443 545*; pr. *του* 755 | *κυρίου* 1°] *θεου l*-157′ *b c* 155 315′ 339 429 542 547 613 755 (*του θεου*) La = Syr | *οὐθέν* 2°] pr. *τι* 744 | om. *τοῦ* V-253 46 | *προσεσχειν* V; *προσεχοντος* 248 | *εντολας* 130 339 797 | *κυρίου* 2°] *θεου* 253 *L*-743 *b* 46 Arm; *eius* Sa BrevGoth. 958B = Syr; > 443 543

28 (88) hab. v. $_{28}$ *L*-672-743 La (v. $_{38}$) | *θεῷ* = La^{pc}] *κυριω* 493-637 La^{VGpl} | om. *σε* 672

24 1 *Σοφίας αἴν.*] tr. B *l a* 679 Sa; *σοφια αινεσεως* 248 613; *αιν. περι σοφιας* 547; > *O*-V 106 157 728 La^{Vpc} Aeth Arm | om. *Ἡ* S* V 106* 679 755 | *αινει c*-795 | *ψ. αὐτῆς*] *ψ. εαυτης* 578; pr. *την* 443 534′ | *καυχήσεται*] *-σονται* A 311

2 init.] pr. *και* 613 679 La | *στόμα αὐτῆς/ἀν.*] tr. 542 La Aeth; pr. *το* S 248-315′ *a* 443 542 613 679 768 795 Mal.: cf. 15_{5}; om. *αὐτῆς b* | *εναντιον*

καὶ ἔναντι δυνάμεως αὐτοῦ καυχήσεται
3 Ἐγὼ ἀπὸ στόματος ὑψίστου ἐξῆλθον
καὶ ὡς ὁμίχλη κατεκάλυψα γῆν·
4 ἐγὼ ἐν ὑψηλοῖς κατεσκήνωσα,
καὶ ὁ θρόνος μου ἐν στύλῳ νεφέλης·
5 γῦρον οὐρανοῦ ἐκύκλωσα μόνη
καὶ ἐν βάθει ἀβύσσων περιεπάτησα·
6 ἐν κύμασιν θαλάσσης καὶ ἐν πάσῃ τῇ γῇ
καὶ ἐν παντὶ λαῷ καὶ ἔθνει ἡγησάμην.
7 μετὰ τούτων πάντων ἀνάπαυσιν ἐζήτησα
καὶ ἐν κληρονομίᾳ τίνος αὐλισθήσομαι.
8 τότε ἐνετείλατό μοι ὁ κτίστης ἁπάντων,
καὶ ὁ κτίσας με κατέπαυσεν τὴν σκηνήν μου
καὶ εἶπεν Ἐν Ιακωβ κατασκήνωσον
καὶ ἐν Ισραηλ κατακληρονομήθητι.
9 πρὸ τοῦ αἰῶνος ἀπ᾽ ἀρχῆς ἔκτισέν με,
καὶ ἕως αἰῶνος οὐ μὴ ἐκλίπω.
10 ἐν σκηνῇ ἁγίᾳ ἐνώπιον αὐτοῦ ἐλειτούργησα
καὶ οὕτως ἐν Σιων ἐστηρίχθην·

B S A V *O L l a b c* min. **La** verss.

358 | *δυνάμεως*] plur. **Sa** Arm = Syr: cf. **17_{32}** | *καυχήσεται*] *δοξασθησεται* **542**: cf. **10_{24}**

3 (5—6) *ἀπό*] *εκ* GregNyss. II 1296: cf. **La** (*ex*) | 3a fin.] + *πρωτοτοκος πασης κτισεως* **755** **La** (*primogenita ante omnem creaturam* 5b): ex Col. 1_{15} | *ὡς ὁμ.*] *ως ομιχλην* **A**; *nebulam* PsVig.^{te}; om. *ὡς* **La**^{X} Cypr. | *κατεκάλ.*] *κατεκαμψα* **548**: cf. 38_{18} $_{30}$ 40_{11} | *γῆν*] pr. *την* **493-672*** **Sa**; pr. *omnem* **La**

4 (7) *ἐγώ*] *και b*

5 (8ab) *ἐκύκλωσα*] *εκαλυψα* **679**

6 (8c—10) init.] pr. *και* **254 743 797 La** (exc.^{V}) Aeth | *κυματι* **248-315′**: cf. **29_{18}**; *κυκλωμασι* **443 795** | *ἐν* 2°] *επι L*$^{-248}$; > **V 336 443** | *λαῷ*] *οδω* **V**; *καιρω* **705** | om. *καί* ult. **S* 578** | *ἔθνει*] *εθνη* **V** alii; *in omni gente* **La** Co Aeth | *ἡγησάμην* **S**^{c} **La** (*primatum habui*): cf. Syr] *εκτησαμην* rel.; *ἐκδήμησα* Kuhn II 105

7 (11) init.] pr. *και L* 613 797 **La** Aeth Arm = Syr | *ἀνάπ. ἐζήτ.*] tr. **A** | *ἀνάπαυσιν*] *ανεσιν* 155′; *ἀνὰ πᾶσιν* 315 | *εζητηκα* 613 | *αυλισθησεται* 315 679

8 (12—13) *ἁπάντων*] *παντων* **V** Clem.; pr. *των* **493 797**; + *θεος* **315′** | om. *με* **547 754*** | om. *καί* 2° *b* Co = Syr | *εἶπεν*] + *μοι b* 358 **La** Co Aeth Arm (+ *dominus*) = Syr | om. *Ἐν* 1° **A 534 755**: post *-εν* | *Ιακωβ*] *ιερουσαλημ* **46** | *κατασκηνωσαι* **46** | *ἐν* 2°] *επι* **130** | *Ισρ.*] *ιερουσαλημ* **248-672 46 358 728** | *κληρονομηθητι* **A**: cf. **46_{1}**

9 (14ab) *ἀπ᾽ ἀρχῆς*] *απαρχην* **A** | *αἰῶνος* 2°] *-νων* **S A V-253 248-315′** *c*-**795 339 443 542 755** | *εκλειπω* **A 253** *L* (*ἐλλείπω* **248**)-**672-743** alii

10 (14c—15a) *ἐνώπ. αὐτοῦ*] tr. *l* | *ελειτουργουν* **A** | *εστηριχθη* **V 493 46 578**

11 ἐν πόλει ἠγαπημένῃ ὁμοίως με κατέπαυσεν,
καὶ ἐν Ιερουσαλημ ἡ ἐξουσία μου·
12 καὶ ἐρρίζωσα ἐν λαῷ δεδοξασμένῳ,
ἐν μερίδι κυρίου κληρονομία μου.
13 ὡς κέδρος ἀνυψώθην ἐν τῷ Λιβάνῳ
καὶ ὡς κυπάρισσος ἐν ὄρεσιν Αερμων·
14 ὡς φοῖνιξ ἀνυψώθην ἐν Αιγγάδοις
καὶ ὡς φυτὰ ῥόδου ἐν Ιεριχω,
ὡς ἐλαία εὐπρεπὴς ἐν πεδίῳ,
καὶ ἀνυψώθην ὡς πλάτανος.
15 ὡς κιννάμωμον καὶ ἀσπάλαθος ἀρωμάτων
καὶ ὡς σμύρνα ἐκλεκτὴ διέδωκα εὐωδίαν,
ὡς χαλβάνη καὶ ὄνυξ καὶ στακτὴ
καὶ ὡς λιβάνου ἀτμὶς ἐν σκηνῇ.

B S A V *O L l a b c* min. La verss.

11 (15bc) init.] pr. *και* L^{-248} 155 358 La Aeth | *ἐν πόλει*] *εντολη* 744′ = Ald. | *ἠγαπημένῃ*] *ηγιασμενη* 248 La Aeth ArmII | *ομοιαις* 106-545* | *με κατέπ.*] tr. 755; om. *με* S V 339 578 672 | *Ιερουσ.*] *ισραηλ* 249-754 | *ἡ ἐξουσία*] *εξουσιαν* A; om. *ἡ* V 155 534′ 754 768

12 (16) *ερριζωκα* 46: cf. 3_{28} | *λαῷ*] *ναω* 543: cf. 36_{19} | *δεδοξ.*] *δεδοκιμασμενω* S^c | *κληρονομία a* 672 La (*hereditas*) ArmII] *-μιας* rel. | *μου* Bret.] *domini* Sa; *dei* Arm; *αυτου* rel.

13 (17) *ανυψωθη* 46 (+ *ἡ*) 68-744 672 755; *υψωθην* 248: cf. 14a | *ὄρεσιν*] *ορει* A 672 La Arm | *Αερμων*] *sion* La

14 (18—19) *ἀνυψώθην* 1°] *-θη* 46 315′; *υψωθην* Mal.: cf. 13a; + *εν τω λιβανω* 543: ex 13a; + *και* V | *Αιγγάδοις* Ra.: cf. Ez. 47_{10}] *ενγαδδοις* S^c; *εγγαδοις* 253 (*ενγαδοις*) *c* (*ελαδοις* 548) 315; *αγγαδοις* 672; *αινγαδ* Syh = Syr; *γαδοις* 443 795; *γαδδι* 248-743; »*ἐν αἰγιαλοῖς· ἐν ἑτέρῳ δέ· ἐν γάδδῃ*« Mal.; *cades* (leg. *engades* Zi.) La; *γαλγαλοις l* 679; *κλαδοις* V; *αιγιαλοις* rel. | *ὡς* 3° B *O*-V *L*-743 *a*-534′ 336 358 542 La^V] *και ωσει* 797; pr. *και* rel.: cf. 15c | *ἐλαία*] pr. *ἡ* 543 | *εὐπρεπής*] *ενπρ.* 672; *ευπρεπεστατη* 679; *ευπρασης* 46 | *πεδίῳ*] + *ωραιω* 248-743 | *ἀνυψ.*/*ὡς πλάτ.*] tr. 248-743 La | *ὡς* ult.] *ωσει* V-253 | fin.] + *εφ* (*αφ* 248) *υδατος L*-743 157′ La Arm (*in cursu aquarum*) = Syr; + *in plateis* (= *εν πλατειαις*: ex *ὡς πλάτανος*? Sm.) La

15 (20—21) init.] pr. *και c*-795 Sa Aeth ArmII | *κιναμωμος* 493 | *ἀσπάλαθος*] *παλ.* 248-672 46 336 534′; *απαλ.* V 705; *σπαλ.* 543; fort. *κάλαμος* Sm.; pr. *ως O*-S^c-V 248-672 46 336 534′ 543 Aeth ArmII | 15a fin. *O*-V 248 = Syr] + *δεδωκα* (*διεδωκα a*; *εδωκα* L^{-248} 358 542 755: cf. 15b; *δεδωκεν* 46) *οσμην* (*-μη* S^c) rel.: ex 15b | *μυρνα εκλ.* 253 155 311-548 336 443* 578 672 744; *ζμυρναν εκλεκτην* S* | *διέδωκα*] *δεδωκα* S* A 155 315′ 543 613 679 755 Mal. La (*dedi*); *εδωκα* 248: cf. 15a; *διεδωκεν* 46 | *εὐωδίαν*] *-διας* 253; *ευοσμιαν* 315′ | 15c init.] pr. *και* A *b c*-795 130 155 157′ 315′ 339 542 613 743 755 La Sa^L Aeth = Syr: cf. 14c | *χαλβάνη*] *χαλδανη* 534 | *ὄνυξ … στακτή*] tr. 679 La^{Ω} | om. *καί* ult. 534′ 547 La^{Σ} | *ἀτμίς*] *-μης* 545 alii; *ατιμης* 743; *ατμος* 248 155 | *σκηνῇ*] *σκηνω* 155; *καμινω* 543

16 *ἐγὼ ὡς τερέβινθος ἐξέτεινα κλάδους μου,*
καὶ οἱ κλάδοι μου κλάδοι δόξης καὶ χάριτος.
17 *ἐγὼ ὡς ἄμπελος ἐβλάστησα χάριν,*
καὶ τὰ ἄνθη μου καρπὸς δόξης καὶ πλούτου.
18 *ἐγὼ μήτηρ τῆς ἀγαπήσεως τῆς καλῆς καὶ φόβου*
καὶ γνώσεως καὶ τῆς ὁσίας ἐλπίδος,
δίδωμι δὲ σὺν πᾶσι τοῖς τέκνοις μου
ἀειγενεῖς τοῖς λεγομένοις ὑπ' αὐτοῦ.
19 *προσέλθετε πρός με, οἱ ἐπιθυμοῦντές μου,*
καὶ ἀπὸ τῶν γενημάτων μου ἐμπλήσθητε·
20 *τὸ γὰρ μνημόσυνόν μου ὑπὲρ τὸ μέλι γλυκύ,*
καὶ ἡ κληρονομία μου ὑπὲρ μέλιτος κηρίον.
21 *οἱ ἔσθοντές με ἔτι πεινάσουσιν,*
καὶ οἱ πίνοντές με ἔτι διψήσουσιν.
22 *ὁ ὑπακούων μου οὐκ αἰσχυνθήσεται,*
καὶ οἱ ἐργαζόμενοι ἐν ἐμοὶ οὐχ ἁμαρτήσουσιν.

B S A V *O L l a b c* min. La verss.

16 (**22**) *ἐγώ*] + *δε* A; + *quoque* La^{AC} Beda | om. *κλάδοι* 2° *O*-V 248 358 La (hab.^{C}) | om. *καί* 2° V | fin.] + *και πλουτου* 613: ex 17b

17 (**23**) om. *ἐγώ* 578 | *βλαστησασα* B Mal. | *χάριν*] *ευωδιαν* 248-743 (-*διας*) La (*suavitatem odoris*): ex 15b | *καρπός*] -*πον* 578; -*ποι* 339 Sa | *πλούτου*] -*τος* 155′ 543 545 672; -*τους* 315; *χαριτος* 755: ex 16b

18 (**24**) hab. v. 18 *L*; hab. v. 18ab 672 La | *τῆς ἀγαπήσεως*] *τις αγαπησει με ως* 672 | *καλῆς*] *αγαθης* 493-637 | *ὁσίας*] + *κυριου* 672 | *δίδωμι*] -*μαι* 493; -*με* 637 | *δὲ σὺν π.*] *ουν π.* 493-637; *δὲ σύμπασι* Grotius Fr. | *ἀειγενεῖς* 248] -*νης* rel.; *ἀεὶ γενέσθαι* Grotius | *τοῖς λεγ.*] *εκλεγομενοις* Grotius Fr.

19 (**26**) *προσέλθετε*] -*θατε* S A V-253 637 46 155 315 (vid.) 336 339; -*θοντες* 705; tr. post *με* 578 | *πρός με*] *προς εμε* S*; + *παντες* S La Aeth = Syr: ex Matth. 11_{28}?; > 358 | *μου* 1°] *με* L^{-248} 157′ 543* 755 Antioch. p. 1828 | *εμπλησθησεσθε* (vel -*σθαι*) 106-545 (-*σεται*) c-795 155′ 613* Aeth Antioch.; *επλησθητε* 46; *μη εμπλησθητε* 542^{ms}

20 (**27**) *ὑπὲρ τὸ μέλι/γλυκύ*] tr. 534′ Sa | *τὸ μέλι*] om. *τό* B 248 358 797 Dam. p. 360 Antioch.; + *το* S* A 339 | *γλυκύ*] *γλυκαζων* 545 | *κληρονομία*] *καρδια* 679 | *μ. κηρίον l a*-534 296-548 315′ Ra.] *μ. κηρου* B-S = Sixt.; *μ. κυρου* 744 = Ald.; tr. 613; *μ. και κηριον* 706 795; *μελι και κηριον* 130 311 679 La = Ps. 18_{11} 118_{103}; *μελιτος* (+ *και* A) *κηριου* rel.

21 (**29**) init.] pr. *η σοφια φησιν* 429 | *ἔσθοντες* S A 637-545-705 *a b* 157 315 443] *εσθιοντες* rel.: cf. 20_{16}; *τρωγοντες* GregNyss. III 301: cf. Ioh. $6_{48\ 56-58}$ | *ἔτι* 1° 2°] *ουκετι* 543 795; + *ου* 755; *non* Aeth: cf. Ioh. 4_{14} | om. *με* 2° *b* 672 744′ = Ald.

22 (**30**) *μου*] *με* 797 | *οὐκ αἰσχ.*] *ου καταισχυνθησεται* S* (*κατεσχ.*) L^{-248}-315′ *a* 249-754 542 547: cf. 22_{26}; + *δια παντος* 248 Antioch. p. 1828

23 Ταῦτα πάντα βίβλος διαθήκης θεοῦ ὑψίστου,
νόμον ὃν ἐνετείλατο ἡμῖν Μωυσῆς
κληρονομίαν συναγωγαῖς Ιακωβ.
24 μὴ ἐκλύεσθε ἰσχύειν ἐν κυρίῳ,
κολλᾶσθε δὲ πρὸς αὐτόν, ἵνα κραταιώσῃ ὑμᾶς.
κύριος παντοκράτωρ θεὸς μόνος ἐστίν,
καὶ οὐκ ἔστιν ἔτι πλὴν αὐτοῦ σωτήρ.
25 ὁ πιμπλῶν ὡς Φισων σοφίαν
καὶ ὡς Τίγρις ἐν ἡμέραις νέων,
26 ὁ ἀναπληρῶν ὡς Εὐφράτης σύνεσιν
καὶ ὡς Ἰορδάνης ἐν ἡμέραις θερισμοῦ,
27 ὁ ἐκφαίνων ὡς φῶς παιδείαν,
ὡς Γηων ἐν ἡμέραις τρυγήτου.
28 οὐ συνετέλεσεν ὁ πρῶτος γνῶναι αὐτήν,
καὶ οὕτως ὁ ἔσχατος οὐκ ἐξιχνίασεν αὐτήν·

B S A V *O L l a b c* min. La verss.

23 (**82—83**) om. *πάντα* 754 | *θεοῦ*] *υιου* 797; > 46 543 679 La Aeth | $_{23}$b init.] pr. *εκ του δευτερονομιου* 248: $24_{23\,bc}$ = Deut. 33_4 | *νομος O L* 542 Sa Mal. (»*νόμον . . . ἐν δὲ τῷ ἑτέρως γεγραμμένῳ νόμος*«); *νομου* 744 = Ald. | *ἡμῖν*] *υμιν* V 106-545 157′ 339 672 706 728 Sa; > B 547 La Aeth^{te} Mal. | *Μωυσῆς*] *μωσης* S *O* 543 La^{GA} (*moses*): cf. $45_{1\,15}$ $46_{1\,7}$ et Thack. § 11_6(2); pr. *ὁ* 545 | *κληρονομια* 157′ Syh Sa (vid.) = Syr | *συναγωγαῖς*] *-γης* 542 797; *congregationi* (= *συναγωγῇ*) Sa Aeth = Syr; *domui* La; pr. *εν L*-743

24 hab. v. $_{24}$ *L* | *ἰσχύειν*] *ισχυν* 493-637 | *κυρίῳ*] + *ινα κραταιωση υμας αυτος* 248 | *κολλασθαι* 493-637 | om. *δέ* 248 | *ἵνα κραταιώσῃ ὑ.*] *ινα -σει υ.* 637; > 248 | *θεός*] pr. *ὁ* 248-637

25 (**85**) *ὁ*] *ος* S*; > 248 46 249-754 679 | *πιπλων* S* (*πειπλ.*) A 157′; *εμπιπλων L c*-679-795 46 249-754 358 755: cf. 34_5 37_{24} et 2_{16} | *σοφίαν*] *παντα της σοφιας αυτου* 248 | om. *καί* 768 | om. *ὡς* 2° 743 | *εν ημερα* 46: cf. $_{26}$b $_{27}$b 18_{24} 50_{8a} Num. 28_{26}

26 (**86**) *ὁ*] *και* 493; > 578 | *Εὐφρ.*] *εφρ.* 315 Aeth Arm; *ευφρατιν* 46; *φρατης* 578 | *Ἰορδ.*] pr. *ὁ* S *O*-V 249-754 *c*-679-795 46 157′ 443 534 543 545 547 755 | *εν ημερα* 46 578: cf. $_{25}$b 50_{8c}; *in tempore* La | *θερισμοῦ*] *θερους b*: cf. 50_{8c}; pr. *τρυγητου* 755*: ex $_{27}$b

27 (**87**) *ὁ ἐκφαίνων*] *ο εκφερων* 547: cf. 39_8; om. *ὁ* 578 | *παιδείαν*] *σοφιαν* 797; + *γνωσεως* 248-743 | $_{27}$b init.] pr. *και L*-743 *b* 46 336 443 534′ 543 547 795 Syh Sa Aeth Arm = Syr; pr. *et assistens* La | *Γηων*] *γεων* 493-743-705 296-548 46 542; *γαιων* 106 336 672 679; *γιων* 155 706 728; *γυων* 545^c; *γνων* V 545*; *γιεων* 358; *γηνων* 68-744′ = Ald.; *γιχων* Syh = Syr; *γης* 315; *γη ουσα* 755 | *εν ημερα* 578 La (*in die, in tempore*^{pc}): cf. $_{25}$b

28 (**88**) *αὐτήν* 1°⌒2° 106-545 336 358 755 | *οὕτως*] *-τος* 130-705 157*-797 613; *ουτε* 311 | om. *οὐκ c* | *ἐξιχνίασεν*] + *γνωναι* 130-705

29 ἀπὸ γὰρ θαλάσσης ἐπληθύνθη διανόημα αὐτῆς
καὶ ἡ βουλὴ αὐτῆς ἀπὸ ἀβύσσου μεγάλης.

30 Κἀγὼ ὡς διῶρυξ ἀπὸ ποταμοῦ
καὶ ὡς ὑδραγωγὸς ἐξῆλθον εἰς παράδεισον·
31 εἶπα Ποτιῶ μου τὸν κῆπον
καὶ μεθύσω μου τὴν πρασιάν·
καὶ ἰδοὺ ἐγένετό μοι ἡ διῶρυξ εἰς ποταμόν,
καὶ ὁ ποταμός μου ἐγένετο εἰς θάλασσαν.
32 ἔτι παιδείαν ὡς ὄρθρον φωτιῶ
καὶ ἐκφανῶ αὐτὰ ἕως εἰς μακράν·
33 ἔτι διδασκαλίαν ὡς προφητείαν ἐκχεῶ
καὶ καταλείψω αὐτὴν εἰς γενεὰς αἰώνων.
34 ἴδετε ὅτι οὐκ ἐμοὶ μόνῳ ἐκοπίασα,
ἀλλὰ πᾶσιν τοῖς ἐκζητοῦσιν αὐτήν.

B S A V *O L l a b c* min. La verss.

29 (**39**) om. *γάρ* 768 Syh Aeth | *ἐπληθύνθη*] *-θησαν* 547 613; *επληθυνε(ν)* L^{-248} 155 (*-νον*): cf. 11_{10}; *επληρωθη* 46: cf. 6_5 | *διανόημα* B-S 46 157′ La Syh Aeth] *τα διανοηματα* 248-315′ 542 Mal.; *διανοηματα* rel. | *βουλή*] *βοηθεια* 155′ | *αὐτῆς* 2°] *-του* A

30 (**40—41**) *Κἀγώ*] *εγω η σοφια* 248 La (40): cf. 25_1 | *διῶρυξ*] *διορυξ* 130^c 443^c alii; *δωρυξ* 443* La^{Gpl} (*doryx* vel *dorix*); *διωρυξα* 106 La^{Z*} (*effodi*): cf. Einl. p. 25 s. | om. *ἀπό* 336 | *εἰς παράδ.*] *εκ παραδεισου* 543 La ArmII

31 (**42—43**) *εἶπα*] *ειπον* *L* 46 755; *ειτα* 254 744 | *Ποτιῶ* B*-S V-253 L^{-248}-130-157′ 339] *ποτισω* (*-σον* 548) rel.: cf. 15_3 | *κῆπον*] + *τον αριστον* 248 | om. *καί* 1° 421 | *μεθύσω*] *ποτισω* 493: ex 31 a? (cf. 39_{22}) | *πρασιάν*] + *την δικαιαν* 248 | *μοι*] *μου* A *c*-795 46 155 339; > 421 La^{Y} | *ἡ διῶρυξ*] *ὁ δ.* 543 (tr. post *ποταμόν*); *ἡ διωρυξις* 421 672; *εἰς διόρυξ* 542; om. *ἡ* 46 | *εἰς ποτ.*] *ποταμου* 744; *ποταμον* 68 = Ald.; *εις τον ποτ.* 315; *abundans* La | *μου* ult.] *μοι* 336 358 542 797; > L^{-248}-743-106-545 421 534′ Arm | *ἐγένετο* 2°] *εγενηθη* 421; + *μοι* *l*-157′ 46 443 534′ 543 743 755 Syh Sa La^{171} Aeth Arm

32 (**44**) *ἔτι*] *επι* 46 157′ 443: cf. 41_1 Sap. 10_7; *οτι* L^{-493}-545 *a*-534 249-754 296-548 336 339 542 578 768 795 La: cf. 33 a 39_{12} 51_{13} Sap. 19_8 | *παιδείαν*] *παιδα* 46; *sapientiam* (*σοφια*) Sa; + *μου* 311 = Syr | om. *ὡς* 155 | *ὄρθρον*] *ορθον* B; *ορθιον* V; *ορθρω* 543; *θρονον* 46 | *φωτιῶ*] *illumino* La^{VGpl} Syh | *εκφαινω* S *c*-795 155′ 315′ 336 755 La^{X} (*enarro*) La^{171} (*manifesto*) Syh $verss.^{p}$: cf. 14_7; *εμφαινω* A; *εμφανω* *a* 358: cf. 27_6 39_8 | *αὐτά*] *-τας* S 311 534 543; *-την* *L′*-157^c 336 339 542 613^c 679 795 La $verss.^{p}$; > 672 | *ἕως*] *ως* 637 | om. *εἰς* 315 797

33 (**46**) *ἔτι*] *οτι* 248 157^c 249 296-548 339 542 578: cf. 32 a | *εἰς*] pr. *εως* 795 | *γενεαν* S A L^{-248}-130 *c*-795 157′ 339 358 755 Syh Sa | *αἰώνων* Mal. (»*οὕτω γὰρ ἔχει τὰ πλείω τῶν ἀντιγράφων*«)] *γενεων* 543: cf. 16_{27}; pr. *των* 248; *αιωνος* *O*-V L'^{-248} 46 336 358 679 797 La^{X} (*saeculi*) Sa; *usque in aevum sanctum* La

34 (**47**) *ειδετε* 637 alii | *εκοπιασεν* 46: cf. 30_{26} | *ἀλλά*] + *και* 443 795 $La^{\Sigma c \Pi}$ | *απασιν* S*: cf. Einl. p. 111 | *εκζητησουσιν* 578; *ζητουσιν* L^{-248} *b* 443 Mal.: cf. 30_{26} | *αὐτήν*] *veritatem* La: cf. 30_{26}; *me* Aeth

25 1 Ἐν τρισὶν ἡράσθη ἡ ψυχή μου,
καὶ ταῦτά ἐστιν ὡραῖα ἔναντι κυρίου καὶ ἀνθρώπων·
ὁμόνοια ἀδελφῶν, καὶ φιλία τῶν πλησίον,
καὶ γυνὴ καὶ ἀνὴρ ἑαυτοῖς συμπεριφερόμενοι.
2 τρία δὲ εἴδη ἐμίσησεν ἡ ψυχή μου
καὶ προσώχθισα σφόδρα τῇ ζωῇ αὐτῶν·
πτωχὸν ὑπερήφανον, καὶ πλούσιον ψεύστην,
γέροντα μοιχὸν ἐλαττούμενον συνέσει.

3 Ἐν νεότητι οὐ συναγείοχας,
καὶ πῶς ἂν εὕροις ἐν τῷ γήρᾳ σου;
4 ὡς ὡραῖον πολιαῖς κρίσις
καὶ πρεσβυτέροις ἐπιγνῶναι βουλήν.
5 ὡς ὡραία γερόντων σοφία
καὶ δεδοξασμένοις διανόημα καὶ βουλή.

B S A V *O L l a b c* min. La verss.

25 1 (1—2) init.] pr. *εγω η σοφια* 672: cf. 24_{30} | *ἠράσθη — ὡραῖα* Zi.: cf. Einl. p. 76-78] *ωραισθην* (+ *εκοιμηθην* S*; *ωραις εκοιμηθην* 613) *και ανεστην* (-*στιν* 545 alii; *εστιν* 253; *εισιν* 679; + *ως* 493) *ωραια* (-*αν* 315; *ωραι* 744) codd. gr. et verss. | *ἔναντι κυρ.*] *εναντιον κυρ.* 46 155 613 Max. p. 905; bis scr. 248 | *ὁμόνοια*] -*αν* 248; pr. *εν* 493-637 | *φιλία*] -*αν* 248-672; *ειρηνη* Max. | *τῶν πλ.* Chr. V 385 Dam. p. 1196] *του πλ.* 248 Max.: cf. 18a; *τω πλ.* 543 672 755 Sa; *των πλησιων* L^{-248} *c* alii | *γυνή . . . ἀνήρ*] tr. *O*-V *L* 336 443 La Sa Aeth Chr. V 385 = Syr | *καὶ ἀνὴρ ἑ. συμπ.*] *ανδρι συμπεριφερομενη* Chr. XI 135 | *ἑαυτοῖς*] -*της* 578; *αυτης* 548; *αυτοις* 672; *αλληλοις* Chr. V 385
2 (3—4) om. *δέ* V 429 443* 575 603 743 La verss.^{p} = Syr | om. *σφόδρα* 493 *a*-534 $La^{\Sigma *}$ | *τῇ ζωῇ*] *τη ψυχη* 679 La; *operibus* Sa | *αὐτῶν*] *μου* 429 | om. *καί* 2° 705 La^{V} | *γέροντα*] pr. *και* *L′*-672-743 603-754 542 575 768 La (exc.^{V}) Sa Aeth = Syr | *μοιχόν*] *μωρον* V La Syh = Syr: cf. 36_{6}; pr. *μωρον και* S^{c} | *ἐλαττούμενον*] *ελασσ.* S^{c} 336; *ελαττονουμενον* *c*-795 755: cf. 16_{23}; pr. *και* S^{c} 534′ 543 547 La Arm = Syr | *συνέσει*] -*σιν* 358 Anton. p. 1056; pr. *εν* *O* 315 797; pr. *σοφια και* 547
3 (5) init.] pr. *ἃ* A L'^{-248}-157′-743 *a*-534 *b c*-795 155 339 358 421 429 443 542 543 547 755 La^{V} La^{171} Aeth | *νεότητι*] + *σου* 248 421 La La^{171} Aeth Anton. p. 1125 = Syr | om. *οὐ* 578* 603 755 | *συνηγαγες* 248; *συναγει* 358 | om. *καί* L^{-248}-743 421 429 578 La^{V} Sa Aeth Mal. = Syr | *ἂν εὕροις*] *αν ευρης* V 248-315′-743-106 *c*-679-795 68-744′ alii; *ευρισκης* 421 | om. *τῷ* Anton. | *γηρει* L^{-248}-315′-743 *b c*-679-795 46 429 542 613 755 Mal.: cf. 3_{12}
4 (6) init.] pr. *ωραια* 679 | om. *ὡς* 548 Aeth | *πολιαῖς*] -*λιας* L^{-248} 744′ = Ald.; *πολιαι* 155; *δολιαις* 545* | *κρισεις* 795 alii | *πρεσβυτερος* 46 | *γνωναι* *L* | *βουλη* 68-744 = Ald.
5 (7) om. 5a 68-744 Sa^{Th} = Ald. | *γερόντων*] -*τος* 315′ La^{pc} (*veterani*) | *σοφία*] *βουλη* 534; pr. *βουλη* 155*: ex 5b; *παιδεια* 743 | *διανοηματα* 543 Max. p. 917te Anton. p. 1053 | *καὶ βουλή*] *και βουλην* V? 705 743; *βουλης* Max. Anton.; *σοφια* 534: ex 5a

6 στέφανος γερόντων πολυπειρία,
καὶ τὸ καύχημα αὐτῶν φόβος κυρίου.

7 Ἐννέα ὑπονοήματα ἐμακάρισα ἐν καρδίᾳ
καὶ τὸ δέκατον ἐρῶ ἐπὶ γλώσσης·
ἄνθρωπος εὐφραινόμενος ἐπὶ τέκνοις,
ζῶν καὶ βλέπων ἐπὶ πτώσει ἐχθρῶν·
8 μακάριος ὁ συνοικῶν γυναικὶ συνετῇ,
καὶ ὃς ἐν γλώσσῃ οὐκ ὠλίσθησεν,
καὶ ὃς οὐκ ἐδούλευσεν ἀναξίῳ ἑαυτοῦ·
9 μακάριος ὃς εὗρεν φρόνησιν,
καὶ ὁ διηγούμενος εἰς ὦτα ἀκουόντων·
10 ὡς μέγας ὁ εὑρὼν σοφίαν·
ἀλλ' οὐκ ἔστιν ὑπὲρ τὸν φοβούμενον τὸν κύριον·
11 φόβος κυρίου ὑπὲρ πᾶν ὑπερέβαλεν,
ὁ κρατῶν αὐτοῦ τίνι ὁμοιωθήσεται;

B S A V *O L l a b c* min. La verss.

6 (8) om. *καί* 46
7 (**9—10**) *ὑπονοήματα*] *διανοηματα* 157; *υπομνηματα* 755; *ανυπονοητα* S^{c} La (*insuspicabilia*): cf. Syr | *ἐν καρδίᾳ*] *εν τη κ.* A Mal.; *cordis* La; + *μου* S A *O L'*-157'-315' *a*-534' *b* 358 443 542 575 679 La^{171} La^{Z*} verss. Dam. p. 1236 | *δέκατον*] *δευτερον* 254; *τεταρτον* 603 | om. *ἐρῶ* 339 | *ἐπὶ γλ.*] *απο γλ.* A 679; *επι γλωσση* V 755; *εν τη γλωσση μου* 248 La (om. *μου*) La^{171} Sa Aeth (*in verbo meo*); + *μου* 534'; + *hominibus* La | om. 7cd *l* | *εὐφρ./ἐπὶ τ.*] tr. 248 | *πτωσεις* 358; *πτωσης* V; *πτωσιν* Dam.
8 (**11**) init.] pr. *ανθρωπος* 575 | *συνοικῶν*] *συνων* Dam. p. 1236 | *γυν. συνετῇ*] tr. 493-672; *μετα γυναικος συνετης* 358; *γυν. πιστη* 547; pr. *εν* 548 | om. *ἐν* 603 755 La^{V} | *γλώσσῃ*] *γνωσει* 679; + *αυτου* 543 La La^{171} verss.; + *αυτης* *L*$^{-248}$ | *ωλισθε* 603 797: cf. 3$_{24}$ | *ἀναξίῳ*] *αξιω* S* 548: cf. Ier. 15$_{19}$; *αναξιως* 336; *αναξιωτερω* 545^{c} | *ἑαυτοῦ*] *αυτου* B-S 339 534 795
9 (**12**) *μακάριος*] + *ανηρ* S* Arm | om. *ὃς* — *καί* Clem. II 121. 326 Or. III 51 (lib.) III 108 Chr. III 364 IV 40. 377 V 499 VI 120 PsChr. IX 710; om. *ὃς* 744 = Ald. | 9b] *εις ωτα ακουοντων λαλει* Cyr. VI 245. 640. 992; *λαλει εις ωτα ακ.* Isid. p. 253 Tert. Marc IV 16 | *ὁ διηγούμ.*] *οδηγουμ.* A* V (*οδιγ.*) 296*-548* 315 534 743 (*οδιγ.*) Dam. p. 1236; *ο λεγων* Clem. Or. Chr.; *ο λαλων* PsChr. IX 710; om. *ὁ* et add. *αυτην* 421
10 (**13**) *ἀλλ'* — *τὸν φοβ.*] *ουδεν ισον του φοβουμενου* Chr. XI 240 (lib.?) | om. *ἀλλ'* 130 Spec. | *ὑπὲρ τὸν φοβ.*] *ως ο φοβουμενος* 542; *υπερ του φοβουμενου* 743; *υπερ των φοβουμενων* 46 548 575 679 La^{Gpc} (*super timentes*)
11 (**14—15**) 11a/11b] tr. 534' | *φόβος*] *ο φ. γαρ* Chr. XI 204; *αγαπησις δε* 248 | *κυρίου*] *θεου* 603 La = Syr; pr. *του* Chr. XI 204 (non X 248) | om. *ὑπέρ* *b* 336 Chr. XI 204 (non X 248) | *παντα* 248-*l*-157' *b c*-795 155 336 339 429 443 613 La (*omnia*) verss.^{p} Chr. XI 204 (non X 248) | *υπερεβαλλε(ν)* 672 679 705; *υπερηρεν* 534; *ηρεν* *a*; + *εις φωτισμον* 248-743 | 11b init.] pr. *και* *L'*$^{-248}$-157'-315'-743 *b c*-795 155 339 429 443 542 755 Aeth ArmII | *αὐτοῦ*] *-τον* 248-705 548: cf. 1$_{19}$

12 φόβος κυρίου ἀρχὴ ἀγαπήσεως αὐτοῦ,
πίστις δὲ ἀρχὴ κολλήσεως αὐτοῦ.

13 Πᾶσαν πληγὴν καὶ μὴ πληγὴν καρδίας,
καὶ πᾶσαν πονηρίαν καὶ μὴ πονηρίαν γυναικός·
14 πᾶσαν ἐπαγωγὴν καὶ μὴ ἐπαγωγὴν μισούντων,
καὶ πᾶσαν ἐκδίκησιν καὶ μὴ ἐκδίκησιν ἐχθρῶν.
15 οὐκ ἔστιν κεφαλὴ ὑπὲρ κεφαλὴν ὄφεως,
καὶ οὐκ ἔστιν θυμὸς ὑπὲρ θυμὸν γυναικός.
16 συνοικῆσαι λέοντι καὶ δράκοντι εὐδοκήσω
ἢ συνοικῆσαι μετὰ γυναικὸς πονηρᾶς.
17 πονηρία γυναικὸς ἀλλοιοῖ τὴν ὅρασιν αὐτῆς
καὶ σκοτοῖ τὸ πρόσωπον αὐτῆς ὡς ἄρκος·
18 ἀνὰ μέσον τῶν πλησίον αὐτοῦ ἀναπεσεῖται ὁ ἀνὴρ αὐτῆς
καὶ ἀκουσίως ἀνεστέναξεν πικρά.

B S A V *O L l a b c* min. La verss.

12 (16) hab. v. 12 *L* La (v. 16): cf. Syr
13 (17—19) init.] pr. *και b* | om. *μή* 1° 336 | om. *καί* 2° V Sa Arm Mal. = H | *πονηρίαν* 2°]*-ριας* 744 = Ald.
14 (20—21) init.] pr. *και* S A *b c*-795 46 130-705 155′ 157′ 315′ 336 339 358 443 542 755 La Aeth | *ἐχθρῶν*] *-ρου a*-534 = Syr
15 (22—23a) *κεφαλή*] *-λην* 315 578; *κακια* 429; + *nequius* La Sa Aeth Arm: cf. Syr | *κεφαλήν*] *-λης* 155 = Compl.; *κακιαν* 429 | *ὄφεως*] *γυναικος* 429 | 15b] *και ουκ εστι κακια υπερ κακιαν γυναικος* 795 (pr.) PsChr. VIII 487. 488 Dam. p. 1325: cf. 19a | om. *καί* 249-754 | *θυμόν*] *θυμοῦ* Compl. | *γυναικός* 795 La Arm PsChr. Dam. Sm. = Syr] *εχθρου* (*-ρων* 613^c) rel.: ex 14b
16 (23bc) *λέοντι . . . δράκοντι*] tr. *O*-V La^X | *δράκοντι*] *παρδαλι* 543 | *εὐδοκήσω* B-S* 253 157′ Sa] *-κω* 248-315′ 339 421 443 547^c 755 Syh; *-κησα* 706 PsChr. VIII 486 (*-σας*^{ap}); *placebit* (= *ευδοκησει* 545^c) La; *αμεινον* Antioch. p. 1484; *ευδοκησε* A: cf. *placuit* La^Q; *ευδοκησαι* rel. (Max. p. 909 Dam. p. 1321. 1325 Anton. p. 1089 Mal.) | 16b] *γυναικι δε πονηρα ουδαμως* 421 | *συνοικῆσαι* 2°] *ενοικ.* B-S*; *συνοικειν* 542; *οικησαι l* 679 La (*habitare*); *συνοικησις* 755; > 429 743 PsChr. Antioch. | *πονηρᾶς*] *πορνης* 46; + *και γλωσσωδους* PsChr.: ex 20b; + *et furiosae* (= *θυμωδους* Pe.) Sa
17 (24) *πονηρία*] + *γαρ* 672 | *αλλοιει* 672 728 744: cf. 13_{25}; *αλλοτριοι* 248: cf. 12_{18} | *τὴν ὅρ.*] *το προσωπον* 248 157′ 339 795 La (*faciem*) Sa: cf. 12_{18} 13_{25} et 17b | *σκοτει* 68-744 672 679 743 = Ald. | *τὸ πρόσ.*] *την ορασιν* 254 795: ex 17a; om. *τό* 315 | *ὡς ἄρκος* = *tamquam ursus* La (24b)] *ως αρκτος* 311 705*: cf. 47_3; *ως σακκον* B La (*quasi saccum* 24c) Sa Aeth (*quasi saccum ursum*) Mal. (»*σάκκος ἢ ὡς ἄρκος ὡς ἐν ἑτέροις*«): cf. Syr; *ως ασαρκος* 493; *ως σαρκος* 336; *ὡς ἄρκυς* Hatch p. 270
18 (24d—25) *τῶν O*-V 248 542 La Aeth Ra. = H] *του* rel.: cf. 1c | *πλησιων* 542 548 | *αὐτοῦ*] *-της* 548 755; > 339 La^{pc} = H | *αναπεσεται* 46; *ανεπεσεν* 155′ | *ὁ ἀ. αὐτῆς/καί*] tr. 155 | *ἀκουσίως* 248 Mal. (»*ἐν δὲ τῷ ἑτέρῳ*«) Ra.] *ακουσασα c*-795 547^c 755; *ακουσας* rel. | *εστεναξεν* 336 543 (*-ξε*); *αναστεναξει* 248 Mal. La^{Gpl} (*suspirabit*) | *πικρά*] *πικρως* L^{-248} 155 (*-ρος*) 679; *μεικρα* S*: cf. 11 9a 29_{25}; *modicum* (= *μικρως*) La: dupl.; *δι αυτην* 248 Mal.; > Arm = H

19 μικρὰ πᾶσα κακία πρὸς κακίαν γυναικός,
κλῆρος ἁμαρτωλοῦ ἐπιπέσοι αὐτῇ.
20 ἀνάβασις ἀμμώδης ἐν ποσὶν πρεσβυτέρου,
οὕτως γυνὴ γλωσσώδης ἀνδρὶ ἡσύχῳ.
21 μὴ προσπέσῃς ἐπὶ κάλλος γυναικὸς
καὶ γυναῖκα μὴ ἐπιποθήσῃς.
22 ὀργὴ καὶ ἀναίδεια καὶ αἰσχύνη μεγάλη
γυνὴ ἐὰν ἐπιχορηγῇ τῷ ἀνδρὶ αὐτῆς.
23 καρδία ταπεινὴ καὶ πρόσωπον σκυθρωπὸν
καὶ πληγὴ καρδίας γυνὴ πονηρά·
χεῖρες παρειμέναι καὶ γόνατα παραλελυμένα
ἥτις οὐ μακαριεῖ τὸν ἄνδρα αὐτῆς.
24 ἀπὸ γυναικὸς ἀρχὴ ἁμαρτίας,
καὶ δι' αὐτὴν ἀποθνῄσκομεν πάντες.
25 μὴ δῷς ὕδατι διέξοδον
μηδὲ γυναικὶ πονηρᾷ παρρησίαν·

B S A V *O L l a b c* min. La verss.

19 (26) *μικρά*] *πικρα* **315**: cf. 18b; + *γαρ* **421** | om. *πᾶσα* La^{G*} = H | *αμαρτωλων* **548** La Arm (*malorum*) Mal.* | *ἐπιπέσοι*] -*ση* V **315 548** Anton. p. 1089; -*σει* **155′ 543 797** La^{pc} (*cadet*) Dam. p. 1321; *εμπεσοι* **679** | *αὐτῇ*] -*την* S (vid.) **336 547**; -*της* **443**; *επ αυτη* *l* = H; *επ αυτην* Dam. Anton. La (*super illam*)
20 (27) init.] pr. *ως* *L*-**672-743** La^{V} Sa Aeth (*sicut fatigat*) Arm = H | *ψαμμωδης* **336 603** | *ἐν*] *επι* **248** | *πρεσβυτερων* **443*** verss.^{p}; *πρεσβυτου* **248** Mal.: cf. 35$_{3}$ Sap. 2$_{10}$ | *γυνὴ γλ.*] *γυναικι γλωσσωδι* **795**; tr. post *ἡσύχῳ* **157** | *ἀνδρί*] pr. *και* **253** | *ησυχιω* **679 705**: cf. Is. 66$_{2}$
21 (28) *ἐπί*] *προς* *O*-V *L*$^{-248}$ **534**; *εις* **248-315′**: cf. La (*in*); > **106** La^{pc} Aug. | *καλλους* S^{c} *a*; *καλλει* **155′ 429** | *γυναῖκα* B V-**253** *L*-**743** Sa Arm] + *εν καλλει* rel.: ex 21a | *ἐπιποθήσῃς*] *επιθυμησης* *a*-**534′** *b c* **315-672** (-*σεις*) **429 443 705* 755**; + *εις τρυφην* *L*-**743**
22 (29—30) *μεγάλη*] *πονηρα* Anton. p. 1156 = Syr; > Sa^{L} = H | *γυνὴ ἐάν*] tr. Dam. p. 1249 Anton. | *ἐπιχορηγῇ*] -*γει* **493** alii; *επιχωρη* **46**; + *contraria est* (= *αντικειται* **545**^{c}) La: cf. 23b fin. | *τον ανδρα* **679**
23 (31—32) init.] pr. *και* **613** | *ταπ.*] *πονηρα* Anton. p. 1089 | 23b fin.] + *αντιτασσομενη τω ανδρι αυτης* Anton. La^{X} Spec.: ex 22b | *παρειμέναι*] *πονηραι* *l* | 23d init.] pr. *γυνη* *L*$^{-248}$ La Sa Aeth = H | *μακαριεῖ*] -*ρισει* **672**; *παρακαλεσει* **248**; *consentit* La^{X} Spec. | fin.] + *εν στενωσει* **248** La^{X} Spec.
24 (33) *ἀπό*] + *γαρ* **339** | *δι αυτης* **404 534′ 542 578 705 768** Dam. p. 1321 Anton. p. 1089 Antioch. p. 1480
25 (34) om. *ὕδατι διέξ. μηδέ* **429** Anton. p. 1089 | *ὕδατι διέξ.*] *υδ. εξοδον* **421 755** Antioch. p. 1480; tr. **248** verss.^{p} | *μηδέ*] *και* Antioch. | *παρρησίαν*] *εξουσιαν* B Mal.: cf. 30$_{11}$; *ανεσιν* Dam. Anton.; + *εξοδον* **248**; *veniam* (*venam*^{pc}, *fiduciam*^{Z*}) *prodeundi* La; + *του λαλειν* **443**

26 εἰ μὴ πορεύεται κατὰ χεῖράς σου,
ἀπὸ τῶν σαρκῶν σου ἀπότεμε αὐτήν.

26 1 Γυναικὸς ἀγαθῆς μακάριος ὁ ἀνήρ,
καὶ ἀριθμὸς τῶν ἡμερῶν αὐτοῦ διπλάσιος.
2 γυνὴ ἀνδρεία εὐφραίνει τὸν ἄνδρα αὐτῆς,
καὶ τὰ ἔτη αὐτοῦ πληρώσει ἐν εἰρήνῃ.
3 γυνὴ ἀγαθὴ μερὶς ἀγαθή,
ἐν μερίδι φοβουμένων κύριον δοθήσεται·
4 πλουσίου δὲ καὶ πτωχοῦ καρδία ἀγαθή,
ἐν παντὶ καιρῷ πρόσωπον ἱλαρόν.

5 Ἀπὸ τριῶν εὐλαβήθη ἡ καρδία μου,
καὶ ἐπὶ τῷ τετάρτῳ προσώπῳ ἐφοβήθην·
διαβολὴν πόλεως, καὶ ἐκκλησίαν ὄχλου,
καὶ καταψευσμόν, ὑπὲρ θάνατον πάντα μοχθηρά.

B S A V *O L l a b c* min. La verss.

26 (**35—36**) *χεῖρας* S 155′ 358 404′ 542[c] 543 672 679 728 Anton. p. 1089] *χειρα* rel. (Dam. p. 1321): ante *σ* (cf. 14_{25}) | *ἀπὸ τῶν σ. σου/ἀπότ. αὐτήν*] tr. 421 Sa Constit. | *ἀπό*] *εκ b* | *τῶν σαρκῶν σου*] *της σαρκος σου* 493 (om. *της*) 404; *των σων σαρκων* 672 | *αποτεμνε* Constit.[te] | fin.] + *διδου και απολυσον* 248

26 1 *ὁ ἀνήρ*] om. *ὁ* 493-672* *c* 429 728 744 754; + *αυτης* 336 verss.[p] = H: cf. 2a | *ἀριθμός* Anton. p. 1085] pr. *ὁ* A *O*-V *L′*-157′-672-743 *a*-534′ *b c*-404′-679 46 155 429 575 755 | *τῶν ἡμ.*] *των ετων a*-534 429 La ArmII: cf. 26d; om. *τῶν* 315′ 336 543 547 | *διπλάσιος*] -*σιον* A 336; -*σιων* 311; -*σια* 296-548; -*σει* 795; -*σιασει* 46

2 *ἔτη*] + *της ζωης* 248 La = Syr | *εἰρήνῃ*] *ευφροσυνη* 46 = Syr H[C] (vid.)

3 *ἀγαθή* 1°] pr. *ανδρεια και* 106: ex 2a | *μερίς*] + *αυτου* 404′ | 3a fin.] + *εν παντι καιρω προσωπον ιλαρον l*: ex 4b | *ἐν μερ.*] *εν μερι δε* 253; pr. *και* Dam. p. 1316 Anton. p. 1085 = H[C] | *κύριον*] pr. *τον* A *L*-315′-743 *b* 336 443 578 768 Mal.: cf. 2_{7} | *δοθήσ.*] *σωθησεται* 336

4 om. *δέ* S[c] 547 578 Sa | *καρδία*] + *δοθησεται* 46*: ex 3b | *ἀγαθή*] + *προς κυριον* 248 603 | *ἱλαρόν*] *εχοντες ιλ. γαυριασουσιν* 248; + *εχοντες γαυριασουσιν* 603

5 (**5—7**) *ηυλαβησθη* 679: cf. 7_{6}; *ηυλισθη* 443; *ηυληθη* 315; *ευλαβηθησεται c*-404′ | *ἡ καρδία/μου*] tr. 248; *η ψυχη μου* L^{-248}; om. *ἡ* A Dam. p. 297 | *τετ. προσ.*] *προσ. τετάρτου* Pe. | *προσώπῳ*] -*πον* 706; *ασωπω* 46; *facies mea* La | *ἐφοβήθην*] -*θη* 613 743 La (*metuit*); *εφοβηθη η καρδια μου* 578: ex 5a; *εδεηθην* B 46 336 Mal. (»*ἐν ἑτέρῳ*«); *εδοθην* S* V Syh; *ηυλαβηθην* 130: ex 5a; *εδειλιασε* 679; *ἐδεδίειν* Kuhn II 105 (cf. Sm.) | om. *καί* 2° 358* 603 | *ὄχλου*] -*λος* 155; -*λον* 358; *εν οχλω* 404; > A* | *καταψ. ὑ. θάν.*] *καταψηφισμὸν ὑπὲρ θανάτου* Kuhn II 105 | *καταψευσμος* V-253 | *ὑπέρ*] *υπο* 578 | *πάντα*] + *ταυτα* 311; pr. *haec* Sa: cf. 18_{26} | *μοχθηρά*] -*ρον* 358 575; *πονηρα* 543 Sa: cf. 27_{16}; + *πονηρα* 673; *λυπηρα* Dam.

6 ἄλγος καρδίας καὶ πένθος γυνὴ ἀντίζηλος ἐπὶ γυναικὶ
καὶ μάστιξ γλώσσης πᾶσιν ἐπικοινωνοῦσα.
7 βοοζύγιον σαλευόμενον γυνὴ πονηρά,
ὁ κρατῶν αὐτῆς ὡς ὁ δρασσόμενος σκορπίου.
8 ὀργὴ μεγάλη γυνὴ μέθυσος
καὶ ἀσχημοσύνην αὐτῆς οὐ συγκαλύψει.
9 πορνεία γυναικὸς ἐν μετεωρισμοῖς ὀφθαλμῶν
καὶ ἐν τοῖς βλεφάροις αὐτῆς γνωσθήσεται.
10 ἐπὶ θυγατρὶ ἀδιατρέπτῳ στερέωσον φυλακήν,
ἵνα μὴ εὑροῦσα ἄνεσιν ἑαυτῇ χρήσηται·
11 ὀπίσω ἀναιδοῦς ὀφθαλμοῦ φύλαξαι
καὶ μὴ θαυμάσῃς, ἐὰν εἰς σὲ πλημμελήσῃ·
12 ὡς διψῶν ὁδοιπόρος στόμα ἀνοίξει
καὶ ἀπὸ παντὸς ὕδατος τοῦ σύνεγγυς πίεται,

B S A V *O L l a b c* min. La verss.

6 (8—9) *ἄλγος*] *αχθος* 248; *σαλος* 679; *αλογος* 545; + *δε O* | *πένθος*] *πονος* 542* | *γυνή*] *γυναικι* 404; *γυναικος* 575 | *ἀντίζ.*] *-ζηλωμα* 575; pr. *ἡ* 672 | om. *ἐπί* 248 | *γλώσσης*] + *επι γυναικι ἡ* 404: ex $_{6a}$ | *π. ἐπικοιν.*] *επικινουσα πασι* 795; tr. 404 Sa

7 (10) init.] pr. *ως l* La Aeth | *βοοζύγιον*] *υποζ.* 493; *ζυγιον l* Syh verss.^{p} = Syr | om. *ὁ* 1° 795 | *αὐτῆς*] *-την* 705: cf. 1_{19} | om. *ὁ* 2° A *O*-V 248-*l*-157′ *b* 46 336 358 404 443 679 | *δρασσ.*] *δεσποζων* 672 | *σκορπίου*] pr. *απο* 155

8 (11) *μέθυσος* Clem.] *πονηρα* 336; + *και ρεμβας* 248 Spec. (*et erronea*) = Syr: cf. Prov. 7_{12} | *καί*] *οτι* Clem. | *ἀσχημοσύνην*] *-νη* 534 578; pr. *την* 248 | *οὐ* Clem.]+ *μη* S A *l*-157′ 155 315′ 336 339 358 404′ 443 542 543 755: cf. 28_{22} | *συγκαλύψει*] *-ψη* 106-130-705 alii; *-λυπτει O* (*-τη* 253) La^{pc} verss.^{p} Clem. = Syr

9 (12) *πορνεία*] *πονηρια* 404′ 547: cf. 41_{17} | *μετεωρισμω* Clem. La (*extollentia*) Syh verss.^{p} = Syr: cf. 23_{4}; *μετεωροις* 336 Dam. p. 1321 | *ὀφθαλμῶν* Clem.] *-μου* 46; *-μοις* 795; + *αυτης* 130 542 575 verss.^{p} | *αὐτῆς*] *-τοις* 493 alii

10 (13) *επι θυγατερα* 768 | *ἀδιατρέπτῳ* (cf. $_{25a}$)] *-τως* B; *αδιαστρεπτω* S 46 443*?: cf. 42_{11}; *αδιατροπω* Dam. p. 49 | *φυλ.*] pr. *το προς* (*προ* 336) 336-728 | *ἄνεσιν*] *αναπαυσιν b*: cf. 6_{28} 11_{19} etc. | *ἑαυτῇ*] *αὐτῇ* Sm. | *χρησεται* 253 493 alii; *καταχρησηται* 545^{c}

11 (14) *ὀφθαλμοῦ* = La^{pc}] *-μων* S* 744* La^{V} = Syr; *-μους* A*? 534; *-μοις O*-V La^{Gpl} | *πλημμελησει* A 493* alii

12 (15) *στόμα ἀνοίξει*] pr. *ad fontem* La; + *ευρων πηγην* 248: cf. Syr (*ad aquas frigidas*) | *στόμα*] pr. *το* B-S* *O*-V 46 315′ 336 358 404′ 443 542 547 613: cf. 22_{22}; + *αυτης* 613 verss.^{p} | *ἀνοίξει* 1°] *ανοιγει* B-S* verss.^{p} Mal. | om. *παντός* 1° 46 | om. *ὕδατος* 336 | $_{12c}$ init.] pr. *και* 155 613 La Sa Aeth = Syr | *παντός* 2°] pr. *του* 545; > 797 | *καθήσεται*] *καυθησεται*

κατέναντι παντὸς πασσάλου καθήσεται
καὶ ἔναντι βέλους ἀνοίξει φαρέτραν.

13 *Χάρις γυναικὸς τέρψει ἄνδρα αὐτῆς,*
καὶ τὰ ὀστᾶ αὐτοῦ πιανεῖ ἡ ἐπιστήμη αὐτῆς.
14 *δόσις κυρίου γυνὴ σιγηρά,*
καὶ οὐκ ἔστιν ἀντάλλαγμα πεπαιδευμένης ψυχῆς·
15 *χάρις ἐπὶ χάριτι γυνὴ αἰσχυντηρά,*
καὶ οὐκ ἔστιν σταθμὸς πᾶς ἄξιος ἐγκρατοῦς ψυχῆς.
16 *ἥλιος ἀνατέλλων ἐν ὑψίστοις κυρίου*
καὶ κάλλος ἀγαθῆς γυναικὸς ἐν κόσμῳ οἰκίας αὐτῆς·
17 *λύχνος ἐκλάμπων ἐπὶ λυχνίας ἁγίας*
καὶ κάλλος προσώπου ἐπὶ ἡλικίᾳ στασίμῃ·
18 *στῦλοι χρύσεοι ἐπὶ βάσεως ἀργυρᾶς*
καὶ πόδες ὡραῖοι ἐπὶ πτέρνοις εὐστάθμοις.

B S A V *O L l a b c* min. La verss.

578; *se reclinabit* (= κλιθησεται?) La^{X} | *καὶ ἔν.*] κατεναντι S*: cf. 29 13 | *βέλους*] -λος 578; pr. παντος 358 La = Syr | *ἀνοίξει* 2°] ανυψοι 679 705

13 (**16**) χαριν 606 | *τέρψει*] ευφραινει Anton. p. 1085 La^{pc} (*delectat*) Sa | *ἄνδρα αὐτῆς*] καρδιαν 679; pr. τον B *O*-V L'^{-248}-157′ *a*-534′ *b* 46 443 543 547 Dam. p. 1317 Anton. p. 1085 | *τὰ ὀστᾶ*] *annos* (= τα ετη Hart) Syh; om. *τά* 603 743 | *αὐτοῦ*] -της 155 | πιαινει S 336 339 358 Dam. Anton. verss.^{p}; πιανιει L^{-248} | *ἡ*] τη V; εν 679; > L^{-248}-106 296-548 578 Dam.

14 (**18**) *γυνὴ σιγ.*] tr. L^{-248} | *σιγηρά*] σιδηρα 106 672; + και ευνους *L*; pr. *sensata et* La; *mansueta* Arm: cf. Syr (*bona*) | *ἀντάλλ.*] + ουδεν Max. p. 820 Anton. p. 932 | *ψυχῆς*] γυναικος 404

15 (**19—20**) *χάρις*] -ριν 706 La^{T} | *χάριτι*] -τα 547 | γυναικι 548 (γην.) | *αἰσχυντηρά*] -ρια 404′: cf. 35 10; αισχροτερα 46; σιγηρα Anton. p. 1085: ex 14a; + και πιστη 248; pr. *sancta et* La | *οὐκ ἔστιν*] ουκετι 548 | *πᾶς*] απας 542; > L^{-248} Aeth Anton. | *ἄξιος*] επαξιος L^{-248} | *ψυχῆς*] + αυτης *O*-S^{c}-V 248 613 La^{TCZ*} (*illius*) verss.^{p} Anton.

16 (**21**) *ἀνατέλλων*] + κοσμω 157 La (*mundo, in mundo*^{pc}): ex 16b; εκλαμπων PsChr. VIII 630: ex 17a | *κυρίου*] κυριος 547 La^{Q} (*deus*); κυριω 755 La^{pc} (*deo*); > L^{-248} La^{AS*Y*}: cf. 43 9 | *ἀγ. γυν.*] tr. 248 La Syh Sa = Syr | *αὐτῆς*] -του B*

17 (**22**) *ἐκλάμπων*] λαμπων 358; pr. ὁ 543 | *κάλλος*] + αγαθης 404 | *προσώπου*] pr. προ 106-545 | *ἐπί* 2°] εν 534′ Dam. p. 81 | *ἡλικίᾳ στασ.*] ιλικιαν στασ. A; ηλικιας στασιμου 46; ηλικιας στασιμης 404′

18 (**23**) χρυσεως A; χρυσοι 315′ | επι βασεσιν αργυραις 248 La Syh Arm; επι βασεις αργυρας 679 | ποδας 404 | ωραιοις 358; *firmi* (= βεβαιοι Herk. = στερεοι Sm.) La | *ἐπὶ πτέρνοις* S* 358 545 613 (-νης) La (*super plantas*) Sm.] επι στερνοις (-νους 254; -νου 797; -νης 311) rel. | *εὐστάθμοις* S* Sm.] -μους 673 744; ευσταθεσι 248-705 46 Arm(II); ευσταθεις 545; *stabilis* (-*les*^{pc}) *mulieris* (= γυναικος 545^{c}) La; ευσταθους rel.

19 τέκνον, ἀκμὴν ἡλικίας σου συντήρησον ὑγιῆ,
καὶ μὴ δῷς ἀλλοτρίοις τὴν ἰσχύν σου.
20 ἀναζητήσας παντὸς πεδίου εὔγεων κλῆρον,
σπεῖρε τὰ ἴδια σπέρματα πεποιθὼς τῇ εὐγενείᾳ σου.
21 οὕτως τὰ γενήματά σου περιόντα,
καὶ παρρησίαν εὐγενείας ἔχοντα μεγαλυνοῦσι.
22 γυνὴ μισθία ἴση σιάλῳ λογισθήσεται,
ὕπανδρος δὲ πύργος θανάτου τοῖς χρωμένοις λογισθήσεται.
23 γυνὴ ἀσεβὴς ἀνόμῳ μερὶς δοθήσεται,
εὐσεβὴς δὲ δίδοται τῷ φοβουμένῳ τὸν κύριον.
24 γυνὴ ἀσχήμων ἀτιμίαν κατατρίψει,
θυγάτηρ δὲ εὐσχήμων καὶ τὸν ἄνδρα ἐντραπήσεται.
25 γυνὴ ἀδιάτρεπτος ὡς κύων λογισθήσεται,
ἡ δὲ ἔχουσα αἰσχύνην τὸν κύριον φοβηθήσεται.
26 γυνὴ ἄνδρα ἴδιον τιμῶσα σοφὴ πᾶσι φανήσεται,
ἀτιμάζουσα δὲ ἐν ὑπερηφανίᾳ ἀσεβὴς πᾶσι γνωσθήσεται.
γυναικὸς ἀγαθῆς μακάριος ὁ ἀνήρ·
ὁ γὰρ ἀριθμὸς τῶν ἐτῶν αὐτοῦ διπλάσιος ἔσται.
27 γυνὴ μεγαλόφωνος καὶ γλωσσώδης
ὡς σάλπιγξ πολέμων εἰς τροπὴν θεωρηθήσεται.
ἀνθρώπου δὲ παντὸς ψυχὴ ὁμοιότροπος τούτοις,
πολέμου ἀκαταστασίαις τὴν ψυχὴν διαιτηθήσεται.

28 Ἐπὶ δυσὶν λελύπηται ἡ καρδία μου,
καὶ ἐπὶ τῷ τρίτῳ θυμός μοι ἐπῆλθεν·
ἀνὴρ πολεμιστὴς ὑστερῶν δι' ἔνδειαν,
καὶ ἄνδρες συνετοὶ ἐὰν σκυβαλισθῶσιν,

B S A V *O L l a b c* min. La verss.

19—27 hab. v. 19-27 *L*-743 = Syr (sim.); hab. v. 27ab Arm; citat v. 22 Clem., v. 23a Dam. p. 1329, v. 19a Anton. p. 1060, v. 24a p. 1053, v. 24b p. 1052, v. 27ab p. 1089; om. v. 27cd 493-637; v. 26cd = 26 1

19 *ὑγιῆ*] *ασφαλη* Anton. | *δῷς*] *δος* 743 **20** *ἀναζητήσας*] *ἂν ζητήσης* 493; *ἂν ζητήσας* 637 | *εὔγεων* Compl. Grabe] *ευγεον* codd. gr.; *ευγειον* Ra. | *σπ. τὰ ἴδια σπ.*] *σπειρεται διασπερματα* 493[txt]; om. *ἴδια* 743 **21** *γεννηματα* 248 | om. *εὐγενείας* 743 **22** *ἴση σιάλῳ* 248 Clem.] *εἰς ἠσιαλῶ* 493-637: cf. Ziegler, Die Münchener griech. Sirach-Hs. 493 p. 102s.; *ισῃ σοι* 743 | *λογισθήσεται* 1°⌒2° 743; om. *λογισθήσεται* 2° Clem. | *πύργος θανάτου*] cf. Nestle p. 52 et Skehan, CBQ 16 (1954) 154 | **23** *γυνή*] + *δε* 734 | *ἀσεβής*] *πονηρα* Dam. | *δοθήσεται*] + *αντι των εργων αυτου* Dam. | *ευσεβη* 743 | *φοβουμένῳ*] *αγαπωντι* 493-637 **24** *κατατρίψει*] *καταῤῥίψει* Fr. **26** *ἐν ὑπερηφανίᾳ/ἀσεβής*] tr. 248-743 (*ασεβως*) | *γνωσθήσεται*] *λογισθησεται* 493-637 | *ἀνήρ*] + *αυτης* 493: cf. 1a | *ἐτῶν*] *ημερων της ζωης* 493-637: cf. 1b | *διπλασιον* 493-637 | om. *ἔσται* 743: cf. 1b **27** *ὡς σάλπιγξ*] *ωσπερ σ.* Anton.; > 248-743 | *πολεμιων* 248 Anton.; *-μιον* 743 | *θεωρηθήσ.*] *θησεται* 743 | *ὁμότροφος* Grotius; *ἀνομοιότροπος* Katz | *τούτοις, πολ.*] *ταυτης πολεμων* 743 | *διαιτηθήσεται*] *διαιρεθησεται* 743

28 (25—27) *ἡ καρδία/μου*] tr. V-253 248 | *ἐπί*2°] *εν* 358: cf. La (*in*) | *επι το τριτον* L^{-248} 547 548 (*τω τριτον*) | *δι ενδειας* 296-548 | *επαναγαγων* 155′ Anast. p. 353; *επαναγαγοντα* L^{-248}; pr. *και* 404′ La Aeth Arm | *ἐπί* ult.

ἐπανάγων ἀπὸ δικαιοσύνης ἐπὶ ἁμαρτίαν·
ὁ κύριος ἑτοιμάσει εἰς ῥομφαίαν αὐτόν.
29 Μόλις ἐξελεῖται ἔμπορος ἀπὸ πλημμελείας,
καὶ οὐ δικαιωθήσεται κάπηλος ἀπὸ ἁμαρτίας.
27 1 χάριν διαφόρου πολλοὶ ἥμαρτον,
καὶ ὁ ζητῶν πληθῦναι ἀποστρέψει ὀφθαλμόν.
2 ἀνὰ μέσον ἁρμῶν λίθων παγήσεται πάσσαλος,
καὶ ἀνὰ μέσον πράσεως καὶ ἀγορασμοῦ συντριβήσεται ἁμαρτία.
3 ἐὰν μὴ ἐν φόβῳ κυρίου κρατήσῃ,
κατὰ σπουδὴν ἐν τάχει καταστραφήσεται αὐτοῦ ὁ οἶκος.
4 Ἐν σείσματι κοσκίνου διαμένει κοπρία,
οὕτως σκύβαλα ἀνθρώπου ἐν λογισμῷ αὐτοῦ.
5 σκεύη κεραμέως δοκιμάζει κάμινος,
καὶ πειρασμὸς ἀνθρώπου ἐν διαλογισμῷ αὐτοῦ.

B S A V *O L l a b c* min. La verss.

Chr. I 306] *εις* 248-672-130 603 755 Dam. p. 1173 Anton. p. 1117 | *αμαρτιας* 578 | *ὁ κύριος*] om. *ὁ* 339 404 | *ετοιμαζει* Chr.^{ap} La^{X} Spec. | *εἰς ῥομφ./αὐτόν*] tr. *O*-V *L* La Aeth | *αὐτόν*] -*των* 547* alii; -*τω* Chr.^{ap} Anton.; -*τον* 130* 534 575

29 (28) *μογις* 545^{mg} Sa: cf. 21$_{20}$ | *ἐξελεῖται* = La^{pc} (*exuetur*)] *εξαιρειται* 248-130 679 797 La (*exuitur*) = Syr; *εξαλειται* 249-754 | *πλημμελείας*] *αμαρτιας* *L*$^{-248}$ Syh verss.^{p}: ex $_{29}$b | *οὐ*] + *μη* *c* | *ἀπό* 2°] *περι* Constit.^{ap}

27 1 *διαφόρου* S* 404 547 705* Ra.] *αδιφορου* 358 744 = Ald.; *αδιαφορου* rel.: cf. 7$_{18}$ | om. *ὁ* 155 | *πληθηναι* 548 743 = Ald.; *πλησθηναι* 404 | *αποστρεφει* *b* 336 La (exc.^{Λ*Σ}) Syh; *υποστρεψει* 545 | *ὀφθαλμόν*] -*μους* 46 404′ 443 679 Sa; + *αυτου* *L* La (exc.^{S*Γ}) verss.^{p}; *φωτισμων* 155

2 (2—3) $_{2}$] *ως γαρ ο πασσαλος ανα μεσον δυο λιθων συντριβησεται, ουτως η αμαρτια ανα μεσον αγοραζοντος και πωλουντος* Epiph. II 372 | *λίθων*] *λιθινων* S^{c} 253 *L a* 46 339 358 543 613^{c} 753 | *πάσσ.*] pr. *και* 744′ = Ald. | *πρασεις* 548; *πρατου* Dam. p. 312 | *αγορας* 575 Chr. XIII 436; *αγοραστου* Dam. | *συντριβήσεται* = *conteretur* La ($_{3}$a)] *γενησεται* Aeth Chr.: cf. scholium Syh^{mg} »*conteretur*: *committetur*«; *angustiabitur* (= *συνθλιβησεται* Herk.) La ($_{2}$b) | *ἁμαρτία*] pr. *πασα* 249-754; pr. *ἡ* Chr.

3 (4) om. *ἐν* 1° 339 La^{Yc} | *κρατήσῃ*] -*σει* 548 alii; *κατακρατηση* 755; *tenueris* (+ *te*^{V}) La; *καταρρήσσῃ* Kuhn II 106; + *ο τιμιουλκων* *L*$^{-248}$: cf. Ziegler, Die Münchener griech. Sirach-Hs. 493 p. 57s. | *καταστραφ.*] *συντριβησεται* 46: ex $_{2}$b; pr. *και* 443 | *αὐτοῦ/ὁ οἶ.*] *αυτω ο οι.* 46; *ο οι. αυτης* V; tr. *O* 679 743 755 verss.^{p}; *domus tua* La

4 (5) *σείσματι*] *στηματι* 253; *σωματι* 705 | *κοκκινου* S* | *διαμένει*] *διαβαινει* 603* | *σκύβαλα*] *σκυλα* *L* | *ἐν λογ.*] *εν διαλογισμω* *O* 493 542: cf. $_{5}$b; *εκ λογισμου* V

5 (6) tr. v. $_{5}$ post v. $_{6}$ *l*; tr. v. $_{5}$ post v. $_{8}$ 578; om. v. $_{5}$ 46 254 755 = Syr: homoiot. | *δοκιμα* S* (item 34$_{26}$): Thack. § 20$_{1}$(II) et § 24 p. 265; *δοκειμασει* A; *δοκιμαζεται* 443 | *κάμινος*] *καπνος* 542 | *πειρασμός*] -*μοις* 404; *περισπασμος* Anton. p. 1212: cf. Eccl. 3$_{10}$ 4$_{8}$ 5$_{2}$ $_{13}$ 8$_{16}$ | *ανθρωπων* 404 La | *διαλογισμῷ*] -*μοις* 336 404 Arm; *λογισμω* A S^{c} *b* 155 358 753: cf. $_{4}$b $_{7}$a | *αὐτοῦ*] -*των* 404

6 γεώργιον ξύλου ἐκφαίνει ὁ καρπὸς αὐτοῦ,
οὕτως λογισμὸς ἐνθυμήματα καρδίας ἀνθρώπου.
7 πρὸ λογισμοῦ μὴ ἐπαινέσῃς ἄνδρα·
οὗτος γὰρ πειρασμὸς ἀνθρώπων.

8 Ἐὰν διώκῃς τὸ δίκαιον, καταλήμψῃ
καὶ ἐνδύσῃ αὐτὸ ὡς ποδήρη δόξης.
9 πετεινὰ πρὸς τὰ ὅμοια αὐτοῖς καταλύσει,
καὶ ἀλήθεια πρὸς τοὺς ἐργαζομένους αὐτὴν ἐπανήξει.
10 λέων θήραν ἐνεδρεύει,
οὕτως ἁμαρτία ἐργαζομένους ἄδικα.
11 διήγησις εὐσεβοῦς διὰ παντὸς σοφία,
ὁ δὲ ἄφρων ὡς σελήνη ἀλλοιοῦται.
12 εἰς μέσον ἀσυνέτων συντήρησον καιρόν,
εἰς μέσον δὲ διανοουμένων ἐνδελέχιζε.

B S A V *O L l a b c* min. La verss.

6 (7) *γεωργιου* 534 | *ξυλον* 68-744 673 = Ald. | *εκφανει* *b* 315′ La$^{\Lambda *}$: cf. 14 7; *εμφαινει* 728: cf. 24 32; *ευφραινου* 755 | *οὕτως*] *ουτος* 155 alii | *λογισμός* *O*-V *L* 543 Zi. = H] *λογος* rel. | *ἐνθυμήματα* 547 613 Aeth (sing.) Grotius] *-ματος* rel. | *καρδίας*] *-διαν* V 575 Syh Sa; *-δια* A 46; *εν καρδια* 248 Arm; *διανοημα* 578 | *ανθρωπων* 679 La^{X} (*hominum*) = Syr

7 (8) *πρὸ λογ.*] *ante sermonem* (= *προ λογου* Sm.) La | *ἐπαινέσῃς*] *-σεις* 253 alii; *επαινει* A | *οὗτος*] *ουτως* 130 alii | *ἀνθρώπων* Max. p. 924] *-που* V *a* 443 547* verss.^{p} Dam. p. 1564; *-πω* 311 358

8 (9) *διώκῃς*] *-κεις* 296-548 alii; *διωξης* 672 | *τὸ δίκ.* = *iustitiam* La] *τον δικ.* L^{-248} 336 339 | *καταλήμψῃ*] + *αυτο* 248 La (*illam*) verss. = Syr; + *αυτον* L^{-248} | *αὐτό*] *-τον* L^{-248}-672 336; > La | *ποδαριον* 755

9 (10) *πετεινά*] *-νον* Anton. p. 841; pr. *τα* 421 | *αὐτοῖς*] *-της* 493-106-705 alii; *αυτων* A 311$^{c?}$ 421; *τουτοις* 679; > Dam. p. 1205. 352 Anton. p. 841. 1093 | *καταλυει* L'^{-248}-157′-315′ *c* 155 339 534 543 755 verss.^{p} Max. p. 897 Dam. Anton.; *καταλυσουσι* 547; *conveniunt* La | *ἀλήθεια*] pr. *ἡ* S L^{-248}-315′ 336 542 Mal. | *πρός* 2°] *εις* Max. | *αὐτήν*] pr. *επ* 547; > 248 | *ἐπανήξει*] *καταληξει* 672

10 (11) *θήραν ἐνεδρ.*] *θηρᾳ ενεδρ.* 578 755 Max. p. 868; tr. Anton. p. 896 | *ἁμαρτία*] *-τιαι* B *c*-679 443 La; *-τιαν* 795; *-τιας* 68-744′ = Ald. | *ἐργαζομένους*] *-νος* 578 728 753; *-νη* 672 705*; pr. *τους* Max. Dam. p. 1480 Anton.; *τοις -νοις* 248 | *ἄδικα*] *-κια* S* 358; *-κιαν* *O*-S^{c}-V L^{-248} La^{pc} (*iniquitatem*) verss.^{p}; *κακιαν* 248; *eam* Aeth

11 (12) 11a] *ανθρωπος ευσεβης εν σοφια μενει ως ηλιος* Anton. p. 769 La (*homo sanctus in sapientia manet sicut sol*); *sapiens sicut sol permanet* Or.^{lat} X 190 et multi alii patres lat. | *εὐσεβοῦς*] *σοφου* A: cf. Syr (*sapientium*) | *σοφία*] pr. *εν* *L* = Syr

12 (13) *ἀσυνέτων* Clem.] *-του* 336; *συνετων* 534 La^{pl} (*sensatorum*) | om. *δέ* 315 | *διανοουμένων* Clem.] *-νου* B 248

13 *διήγησις μωρῶν προσόχθισμα,*
καὶ ὁ γέλως αὐτῶν ἐν σπατάλῃ ἁμαρτίας.
14 *λαλιὰ πολυόρκου ἀνορθώσει τρίχας,*
καὶ ἡ μάχη αὐτῶν ἐμφραγμὸς ὠτίων.
15 *ἔκχυσις αἵματος μάχη ὑπερηφάνων,*
καὶ ἡ διαλοιδόρησις αὐτῶν ἀκοὴ μοχθηρά.

16 *Ὁ ἀποκαλύπτων μυστήρια ἀπώλεσεν πίστιν*
καὶ οὐ μὴ εὕρῃ φίλον πρὸς τὴν ψυχὴν αὐτοῦ.
17 *στέρξον φίλον καὶ πιστώθητι μετ' αὐτοῦ·*
ἐὰν δὲ ἀποκαλύψῃς τὰ μυστήρια αὐτοῦ,
μὴ καταδιώξῃς ὀπίσω αὐτοῦ.
18 *καθὼς γὰρ ἀπώλεσεν ἄνθρωπος τὸν νεκρὸν αὐτοῦ,*
οὕτως ἀπώλεσας τὴν φιλίαν τοῦ πλησίον·
19 *καὶ ὡς πετεινὸν ἐκ χειρός σου ἀπέλυσας,*

B S A C (init. 19) V *O L l a b c* min. La verss.

13 (14) *διηγησεις* A Arm: cf. 39 2; *δικησις* 545[txt] | *μωρῶν*] *-ρου* 46 534 679 Dam. p. 1377; *ωρων* 545[txt]; *peccantium* La | *προσόχθ.*] *ενδελεχισμα* 46; pr. *και* A | om. *ὁ* 672 | *αὐτῶν*] *-του* 46 728; *ασυνετων* Antioch. p. 1724: ex 12a | *ἐν*] *ως* S 315′

14 (15) *λαλιαν* 106-545*; *δειλια* 679 | *πολυόρκου* Chr. X 186] *-κων* *L*[-248] 613* Syh; *-κος* Dam. p. 221 La (*multum iurans*); *πολιορκου* 46 alii | *ἀνορθώσει* Chr.] *ορθωσει* B-S *O*-V 248 46 543 679 Dam. | *τριχα* 335 Syh | *ἡ μάχη*] *ἡ ἤχημα* Kuhn II 107 Katz (*μάχη* ex 15a) | *αὐτῶν*] *-του* 307 443 La Sa; *-της* 130 | *ἐμφραγμός*] *εκφρ.* 404; *εν φραγμω* 548; *στεναγμος* S*

15 (16) *εκχυσεις* A | om. *ἡ* 578 603 | *διαλοιδορησεις* A V | *μοχθηρά*] *-ριας* 106[c] (*-ρια**)-545[c] (*μηχθηριας**) 404′; *πονηρα* S[c] V Sa(vid.): cf. 26 5

16 (17) om. *Ὁ* 545 679 | *μυστήρια*] *-ριον* 578 Aeth Antioch. p. 1624 = Syr: cf. 17b 21c; + *amici* La: cf. 17b; + *proximi sui* Aeth | *απολωλε* 672; *απολει* Antioch. La (*perdet*, *-dit*[V]) verss.[p] | om. *τήν* S*

17 (18—19) *στέρξον*] *στερεον* 672 Syh(vid.; = *στερεωσον* Hart, = *στηριξον* Sm.); *στεναξον* *l*; *serva* Aeth; *στέξον* Sm.: cf. 8 17 | *μετ'*] *απ* 336 | *τὰ μυστ. αὐτοῦ*] *μυστηριον του φιλου σου* Antioch. p. 1624: cf. 16a; om. *τά* 339 | *μή*] pr. *ου* B-S* *O*-V *L′*-157′-672 *b* 46 307 339 358 404 443 543 613 679 753 Antioch. Mal. | *καταδιώξῃς*] *-ξεις* V alii; *-ξει* 534 | *ὀπ. αὐτοῦ*] tr. 336

18 (20) *γάρ*] *δε* 315′; > 336 Aeth | *τὸν νεκρόν* 157 La[SX] (*mortuum*) Zi.] *τον εχθρον* rel. | *ἀπώλεσας*] *-σε(ν)* S* *O*-V (*απολεσεν*) *L*-705 *c*-404′ 46 358 443; *απολεσει* 547; *ο απολεσας* 336 La (*qui perdit*) | *τὴν φιλίαν*] + *αυτου* 578; > 248 | *τοῦ πλ.*] *τον πλ. αυτου* 248; *του πλησιου* 744′ = Ald.: cf. 17 14; *αυτου* 404′ Arm; *proximi sui* La; *proximi tui* Sa Aeth = Syr

19 (21) *ὡς*] *ωσπερ* 404′ 443 613 Antioch. p. 1624 | *πετεινόν*] *ταπεινον* 130 | *ἐκ χ. σου/ἀπέλ.*] tr. 404 Aeth | *χειρός*] *χειρων* 404 Sa; pr. *της* Antioch. | *ἀπέλυσας*] *απολυσας* *L* 307 La (*qui dimittit*); *απωλεσας* 157 404′ 543 679 728

οὕτως ἀφῆκας τὸν πλησίον καὶ οὐ θηρεύσεις αὐτόν.
20 μὴ αὐτὸν διώξῃς, ὅτι μακρὰν ἀπέστη
καὶ ἐξέφυγεν ὡς δορκὰς ἐκ παγίδος.
21 ὅτι τραῦμα ἔστιν καταδῆσαι,
καὶ λοιδορίας ἔστιν διαλλαγή,
ὁ δὲ ἀποκαλύψας μυστήρια ἀφήλπισεν.

22 Διανεύων ὀφθαλμῷ τεκταίνει κακά,
καὶ ὁ εἰδὼς αὐτὸν ἀποστήσεται ἀπ᾽ αὐτοῦ·
23 ἀπέναντι τῶν ὀφθαλμῶν σου γλυκανεῖ στόμα αὐτοῦ
καὶ ἐπὶ τῶν λόγων σου ἐκθαυμάσει,
ὕστερον δὲ διαστρέψει τὸ στόμα αὐτοῦ
καὶ ἐν τοῖς λόγοις σου δώσει σκάνδαλον.
24 πολλὰ ἐμίσησα καὶ οὐχ ὡμοίωσα αὐτῷ,
καὶ ὁ κύριος μισήσει αὐτόν.

B S A C V *O L l a b c* min. La verss.

Antioch.: ex $_{18b}$; *ἀπολέσας* 336 | *ἀφῆκας*] *αφησεις c*; *απελυσας* C 705: ex $_{19a}$; *απωλεσας* 358: ex $_{19a}$ | *τὸν πλ.*] *την φιλιαν του πλ.* 753: ex $_{18b}$; + *σου* *c*-404′ 542 La verss.^{p} Antioch. | *οὐ θηρεύσεις*] *ου μη θηρευσης* 307 358 603 679; *ουχ ευρησεις* C (*-σις*) *a*-534 155 (*ευρισης*) | *αὐτόν*] *-τω* 578

20 (22ab) *καταδιωξεις* L^{-248} *a* (*-ξης*): cf. $_{17c}$ | *ἀπέστη*] *απεστι O* La (*abest*): cf. 15$_{11}$; *απεχει* Antioch. p. 1624 | om. *και* 753 Aeth | *εφυγεν a*-534 | *ὡς*] *ωσπερ* 358 542 | *παγίδος*] *-δων* 155; *βροχων* S^{c}: ex Prov. 6$_{5}$

21 (22c—24) om. *ὅτι* 429 | *καταδῆσαι*] *-δικασαι* 755; *καταλυσαι* 155 | *λοιδορίας*] *-ρια* 547; *αμαρτιας l* | *διαλλαγή*] *καταλλαγη a*-534′ *c*-404′-679 155 578 Antioch. p. 1624; *απαλλαγη* 429; *διαλλαξαι* 46 | *ὁ δὲ ἀποκαλ.*] *ο δε αποκαλυπτων* 46 753 755: cf. $_{16a}$; om. *δέ* 706 | *μυστήρια*] *-ριον* S C *c*-679-795 155 307 339 443 542 543 672 La^{pc} verss.^{p} Antioch. = Syr: cf. $_{16a}$ | *ἀφήλπισεν* B* A C 307 336 339 548] *απηλπ.* rel.: cf. 22$_{21}$; *απωλεσε πιστιν* 248 Antioch.: ex $_{16a}$

22 (25) *Διανεύων*] *-νευεται* 578; *και εννευων* A: cf. Prov. 6$_{13}$ 10$_{10}$; pr. *και* 307; pr. *ὁ* C 534′ | *ὀφθαλμῷ*] *-μοις a* 46 705 La^{G*} (*oculos*) Sa Aug.: cf. Prov. 10$_{10}$ Ps. 34$_{19}$; *-μος* 358 La^{Z*} | *τεκταινεται* S^{c} *c* 46 543: cf. 11$_{33}$; *τετεκει* 578 | *κακά*] *πονηρα O*-V *L*-705 = 11$_{33}$: cf. 13$_{25}$; *iniqua* (= *αδικα* Hart) La | *ὁ εἰδώς L* Arm(II): cf. Schleusner II 605] *ουδεις* (*-δις* A) rel. | *αὐτόν* B-S *O*-V *L* 46 443 755 La verss.^{p} Mal.] *αυτα* (*-τας* 543) rel. | *ἀποστήσεται L* Arm] *αποστησει* rel. (*abiiciet* La) | *ἀπ᾽ αὐτοῦ*] *απ αυτων* A; > La

23 (26) om. *σου* 1° 307 | *γλυκαινει* S* *O* 339 547 verss.^{p} Dam. p. 408: cf. 12$_{16}$; *γλυκανεις* 755; *βασκανει* 155 | *στόμα* 1° B 603 Mal. (»*ἔν τινι τῶν παλαιῶν ἀντιγράφων*«)] pr. *το* rel. (Mal. »*ἐν τοῖς ἑτέροις*«): cf. 15$_{5}$ | *αὐτοῦ* 1°] *σου* B La^{Gpl} | *ἐπί*] *απο* 307 | *τῶν λ.*] *τον λογον* L^{-248}-672-705 46 613 679; *τω λογω* 404 Arm | *θαυμασει L*: cf. 43$_{18}$ | om. *δέ b* Sa | *σου* ult.] *αυτου* 547 La$^{\Omega}$ | *δώσει*] *-σεις* 404′ 578

24 (27) *ωμοιοσω* 404; *ομοιως* 543 679; *ομοιος* 755 | *αὐτῷ*] *-τον* V 46 315*; *-τοις* A | *μισήσει*] *μισει* S* (*μεισει*) C L^{-248}-315′ *a* 157 307 336 339 358 443 542 547 755 verss.^{p} Dam. p. 408: cf. 36$_{2}$; *εμισει* A; *εμισησεν l* 155 797 | *αὐτόν*] *-τα* 155; > 248

25 ὁ βάλλων λίθον εἰς ὕψος ἐπὶ κεφαλὴν αὐτοῦ βάλλει,
καὶ πληγὴ δολία διελεῖ τραύματα.
26 ὁ ὀρύσσων βόθρον εἰς αὐτὸν ἐμπεσεῖται,
καὶ ὁ ἱστῶν παγίδα ἐν αὐτῇ ἁλώσεται.
27 ὁ ποιῶν πονηρά, εἰς αὐτὸν κυλισθήσεται,
καὶ οὐ μὴ ἐπιγνῷ πόθεν ἥκει αὐτῷ.
28 ἐμπαιγμὸς καὶ ὀνειδισμὸς ὑπερηφάνῳ,
καὶ ἡ ἐκδίκησις ὡς λέων ἐνεδρεύσει αὐτόν.
29 παγίδι ἁλώσονται οἱ εὐφραινόμενοι πτώσει εὐσεβῶν,
καὶ ὀδύνη καταναλώσει αὐτοὺς πρὸ τοῦ θανάτου αὐτῶν.

30 Μῆνις καὶ ὀργή, καὶ ταῦτά ἐστιν βδελύγματα,
καὶ ἀνὴρ ἁμαρτωλὸς ἐγκρατὴς ἔσται αὐτῶν.

B S A C V *O L l a b c* min. La verss.

25 (28) om. ὁ A 46 307 339 744′ = Ald. | βαλων 421 443 548 Chr. I 719 Antioch. p. 1593 | εἰς ὕ.] εφ υψους 547; επ αυτον 534; > Dam. p. 84: cf. Syr | ἐπί] εις Chr. | κεφαλήν] -λης 248; pr. την 130 155 534′ 542 575 578 753 Or. IV 541. 573 X 468 Chr. Dam. p. 1285. 84; την κεφ. την Antioch. | αὐτοῦ] εαυτου *c* 753 Chr. Antioch. | βάλλει] βαλει 443 548 La (exc.^{pc}); εβαλε Chr. | om. $_{25}$b 336 421 429 | πληγην δολειαν 404 | διελεῖ] διαιρει 248 La^{T} Spec.^{S} verss.^{p}; ελει A* | τραυμα 248 46 339 358 543 verss.^{p}

26 (29) om. ὁ 1° 358 | βόθρον] + τω πλησιον *a*-534′ 547 (τον πλ.) Aeth Arm; pr. τω πλησιω Antioch. p. 1593: cf. Prov. 26_{27} | εἰς αὐτὸν/ἐμπεσ.] εις αυτον πεσ. *l* 755 795; tr. *L* 336 La^{V} verss. Chr. XI 699 Antioch. | om. καί 421 | om. ὁ 2° 542 | ἐν αὐτῇ/ἁλ.] tr. 248 421 La ($_{29}$b et $_{29}$c) verss.^{p} Chr. Antioch. | ἐν αὐτῇ] εις αυτην 358 548 (αυτον*); εν ταυτη S* | ἁλώσεται] αλλωθησεται 421; απολειται V La (*peribit* $_{29}$c); *offendet* (*-dit*^{pc}) La ($_{29}$b)

27 (30) init.] pr. και 753 La^{CZ*} Antioch. p. 1593 | om. $_{27}$a C Aeth | ὁ ποιῶν] ποιουντι 248 La Antioch.; om. ὁ 547 | εἰς αὐτόν B-S* V 339 Sa Max. p. 724] επ αυτον 248 La Antioch.; εν αυτη 705; εις αυτα rel. | εγκυλισθησεται *l*-157′ *b* 404 (εγκελυσθ.)-795 421 (εγκλησθ.) 443 543 547 575 Dam. p. 1521: cf. 37_{3}; αυλισθησεται 248; εμπεσειται 336 = Syr: ex $_{26}$a | γνω *b* | ηξει *c*-404′-679 705 La^{pl} verss.^{p}; ηκεν 46 443^{c} (ηκε*) | om. αὐτῷ 578

28 (31) ἐμπαιγμός] εμπεγμω 534 | ονειδος S(-νιδ.) 543 | ὑπερηφάνῳ 46 155 307 311^{c} 339 534′ 753 Ra.] -νων rel. | om. ἡ L^{-248} 155 547 755 | ενεδρευει L^{-248}-315′-545 46 155 336 358 534 542 548 La^{pc} | αὐτόν] -τω 46 157* 307 315 705 755; -των 443; -τους V *L* Aeth; -τοις *a*; -την 795

29 (32) παγιδα A* 106-545 307 534 744 797 | αλωθησονται Antioch. p. 1609 | εὐφραιν.] ὑφαινόμενοι Kuhn II 107 | πτώσει] -σιν 68-744′ = Ald.; πτωμασιν 443; pr. επι (εν 248) *L* *c*-404′-679 358 443 543 613 753 Sa Anton. p. 1104 Antioch.: cf. 16_{1} | ασεβων 130 548 603 744 Syh = Ald.: cf. 23_{12} | ανταναλωσει Antioch. | om. τοῦ S* | αὐτῶν] -του C; > 534

30 (33) om. καί 2° S 46 Aeth | ταῦτα] αυτα 358 542 | ἐστιν] εσται 157′ | βδελυγμα V L^{-248} 46 155 336 358 542 | ἁμαρτωλός] μακροθυμος 46 | ἐγκρ. ἔσται] εγκρατησεται C 307 Sa | εαυτων 548

28 1 ὁ ἐκδικῶν παρὰ κυρίου εὑρήσει ἐκδίκησιν,
καὶ τὰς ἁμαρτίας αὐτοῦ διατηρῶν διατηρήσει.
2 ἄφες ἀδίκημα τῷ πλησίον σου,
καὶ τότε δεηθέντος σου αἱ ἁμαρτίαι σου λυθήσονται.
3 ἄνθρωπος ἀνθρώπῳ συντηρεῖ ὀργήν,
καὶ παρὰ κυρίου ζητεῖ ἴασιν;
4 ἐπ' ἄνθρωπον ὅμοιον αὐτῷ οὐκ ἔχει ἔλεος,
καὶ περὶ τῶν ἁμαρτιῶν αὐτοῦ δεῖται;
5 αὐτὸς σὰρξ ὢν διατηρεῖ μῆνιν,
τίς ἐξιλάσεται τὰς ἁμαρτίας αὐτοῦ;
6 μνήσθητι τὰ ἔσχατα καὶ παῦσαι ἐχθραίνων,
καταφθορὰν καὶ θάνατον, καὶ ἔμμενε ἐντολαῖς.
7 μνήσθητι ἐντολῶν καὶ μὴ μηνιάσῃς τῷ πλησίον,
καὶ διαθήκην ὑψίστου καὶ πάριδε ἄγνοιαν.

B S A C V *O L l a b c* min. La verss.

28 1 init.] pr. *και* 106-545 | *ἐκδικῶν*] *εκδιωκων* 46 | *αὐτοῦ*] -*των* 253 *a*-534-613* *b* 157′ 336 358 | *διατηρῶν* (-*ριων* 155 547^{c}; > 249) *διατηρήσει* 248-*l b* 155 336 534 547^{c} 578 La Anton. p. 1145 Mal. (»*ἐν ἄλλοις*«)] *διατηριων διατηρη* 755; *διαστηριων* (-*ριζων* 315 753) *διαστηρισει* (-*ριει* S* L^{-248}; *διατηρησει* V) rel. (Aug. c. Faust. 19, 28 *confirmans confirmabit*)

2 *ἀδίκημα* Anton. p. 1136. 1140] -*ματα* S 315′ 336 429 443 679 755 (*δικηματα*); pr. *το L* Antioch. p. 1596 | *τῷ πλ.*] *του πλ.* L^{-248}; *των πλησιων* 336 | om. *σου* 1° *L*-315′ *a* 339 543 La^{Q*} Spec. | om. *σου* 2° 578 | *αἱ ἁμ. σου/λυθήσ.*] tr. 603 672 $verss.^{p}$ | *ἁμαρτίαι*] *ανομιαι* 753 | om. *σου* ult. La | *διαλυθησονται* 358

3 *συντηριει* 493; *συντηρων* 797; *διατηρει* Anton. p. 1145 | *κυρίου* Chr. I 401 XII 81] *του θεου* L^{-248} La Chr. VII 723 (om. *του*) Antioch. p. 1596 (om. *του*) = Syr | *ζητεῖ*] *ζητων* 797; *ουκ εχει* 603

4 init.] pr. *και* 248 46^{c} La^{G*pc} | *ἐπ'*] *επι l*-157′ | *ὅμοιον*] pr. *τον* S* 443 542; *τον ομοτιμον* Chr. I 401 | *αὐτῷ*] -*του c*-795 155 542 Chr. Dam. p. 1140 Anton. p. 1145 | *ελεον* 248 443: cf. 2_{7} | *δεεται O*-V L^{-248} 542 543 795: Thack. § 22_{8}

5 *αὐτός*] pr. *ὁ* 578 | *σάρξ*] *εξω* 753 | *ὢν διατηρεῖ*] *τηρει* 307 | *μῆνιν*] *μνημην* V 672 | $_{5b}$ init.] pr. *και L*-672 *c*-679-795 336 358 429 La^{Qc} Chr. I 401 Dam. p. 1140 Anton. p. 1145 Antioch. p. 1596 | *εξελασεται* 578: cf. 20_{28}; *εξελειται* Dam. | *ταις αμαρτιαις* 155 | *αὐτοῦ*] -*των b*

6 (6—7) *ἔσχατα*] + *σου* 493-705 Syh verss. Dam. p. 1137. 1140. 436 Anton. p. 1140. 1145 Antioch. p. 1596: cf. 7_{36} | $_{6a}$ fin.] + *και μη μηνισης τω πλησιον L*: ex $_{7a}$ | *καταφθοράν*] *μεταφθ.* 548

7 (8—9) *ἐντολῶν*] *εντολης* Aeth Anton. p. 1140 (non p. 1145) = Syr; pr. *των O*; *timorem dei* La: cf. 19_{17} | *μηνιάσῃς* Katz p. 284] *μηνισης* codd. gr.: cf. 10_{6} 40_{5}; *αμελησης* Anton. p. 1140 (non p. 1145) | *τῷ*] *του* Anton. p. 1140 | *πλησίον*] *εχθρω* 307; + *σου* S 46 542 $verss.^{p}$ Anton. = Syr | *διαθηκης L′ a* 311^{c}? 542 613 768: cf. La (*testamenti*); *διαθηκη* 679 | *παριδης* Anton. | *ἄγνοιαν*] pr. *σου* 672

8 Ἀπόσχου ἀπὸ μάχης, καὶ ἐλαττώσεις ἁμαρτίας·
ἄνθρωπος γὰρ θυμώδης ἐκκαύσει μάχην,
9 καὶ ἀνὴρ ἁμαρτωλὸς ταράξει φίλους
καὶ ἀνὰ μέσον εἰρηνευόντων ἐμβαλεῖ διαβολήν.
10 κατὰ τὴν ὕλην τοῦ πυρὸς οὕτως ἐκκαυθήσεται,
καὶ κατὰ τὴν στερέωσιν τῆς μάχης αὐξηθήσεται·
κατὰ τὴν ἰσχὺν τοῦ ἀνθρώπου ὁ θυμὸς αὐτοῦ ἔσται,
καὶ κατὰ τὸν πλοῦτον ἀνυψώσει ὀργὴν αὐτοῦ.
11 ἔρις κατασπευδομένη ἐκκαίει πῦρ,
καὶ μάχη κατασπεύδουσα ἐκχέει αἷμα.
12 ἐὰν φυσήσῃς εἰς σπινθῆρα, ἐκκαήσεται,

B S A C V *O L l a b c* min. La verss.

8 (10—11a) *Ἀπόσχου*] *απολιπε* S^{c} | *μάχης*] *μεθης* S^{c} 46 | *ελατωνησεις* 755: cf. 16_{23} | *ἁμαρτίας* Antioch. p. 1596] *-τιαν* *b* 311 La$^{Z*\Theta}$ Spec. Dam. p. 172; pr. *τας* 606; pr. *απο* 575 | *ἄνθρ.*] *ανηρ* 575 | *γάρ*] *δε* 358; > 157′ 429 575 verss. Spec. | *θυμω* 46 | *εκκαιει* 542 La (exc.$^{\Pi}$) verss.^{p} Antioch. p. 1508

9 (11bc) om. 9a C* | om. *καί* 1° *L*-672 421 Antioch. p. 1508 | *ταράξει*] *κακοι* C$^{(c)}$; *παροξυνει* Anton. p. 1161 | om. *καί* 2° 744 = Ald. | *ἐμβαλεῖ*] *-βαλλει* 547 679 La^{Gpl}; *εκβαλλει* B C *O c* 46 358 543 755 verss.^{p}; *εκβαλει* V 106-545 339 542; *βαλει* 421 (*-λη*) 603 Max. p. 784 Dam. p. 172 Anton. p. 944. 1104; *βαλλει* Anton. p. 1161 | *διαβολήν*] *διαστολην* 106-545

10 (12) om. *τοῦ* 1° B-S* A C 46 155 315′ 336 339 578 | *ἐκκαυθήσεται*] *εκκαησεται* 336: cf. 12a 22b 23b 40_{30} et Thack. § 21_{4} | om. 10b 46 155 296-548 336 339 358 672 797 La Mal. (»*ἔν τισιν τῶν ἀντιγράφων οὐ κεῖται*«): homoiot.; tr. 10b post 10d B Mal. | om. *καί* 1° 248 542 | *στερέωσιν*] *στειρωσιν* 578; *στειρησιν* 543 | *τῆς μάχης*] *της κακιας* 534; om. *τῆς* 706; + *το πυρ* 248 768; + *σου ουτως* S; + *ουτως* L^{-248} *a b* 315 443 542 795 Arm(II) | *αὐξηθήσεται* *L* 768 = Syr] *κατακαυθησεται* 795; *εκκαυθησεται* rel.: ex 10a | 10c init.] pr. *και* S *a*-534 *b* 311 543 547 705 795 La | *ὁ θυμός*] pr. *ουτως* 672 753 La^{V} Dam. p. 1480 (+ *και*) = Syr | *ἔσται*] *εστι* 672 La^{C}; > C 543 La$^{Z*\Lambda}$ Spec. Aeth Dam. = Syr | *τὸν πλοῦτον*] om. *τόν* 797; + *αυτου* S L^{-248}-315′ 336 358 542 795 La verss.^{p}; + *του ανθρωπου* 248: ex 10c | *ανυψοι* 248; *υψωσει* *a*

11 (13) *ἔρις*] *μερις* L^{-248} 46 755 | *κατασπευδομένη*] *-νων* 46; *-σπουδαζομενη* *a*-534 547 679 Antioch. p. 1604; *καταψευδομενη* 493 307 315 603 797 | *ἐκκαίει*] *συνκαιει* 336; *εκχεει* 603: ex 11b; *εγειρει* 543 | *κατασπεύδουσα*] + *θυμον* 443^{c} | *ἐκχέει*] *-χεαι* S; *εκχαιει* 339 alii; *εκκαιει* 307 Dam. p. 172: ex 11a

12 (14) *φυσηση* S* 46 706; *εμφυσηση* 307; *εμφυσισης* 543 | om. *εἰς* B-S V-253 46 155 421 443 543 547 679 755 795 La^{CZ*} ArmII | *καησεται* 248; *εκκαυθησεται* 336 548 679 753 755 Antioch. p. 1604; *καυθησεται* 421: cf. 10a; *εκβησεται* 46 | om. 12b 248 547* 548 755* Spec.: homoiot. | om.

καὶ ἐὰν πτύσῃς ἐπ' αὐτόν, σβεσθήσεται·
καὶ ἀμφότερα ἐκ τοῦ στόματός σου ἐξελεύσεται.

13 Ψίθυρον καὶ δίγλωσσον καταράσασθε·
πολλοὺς γὰρ εἰρηνεύοντας ἀπώλεσεν.
14 γλῶσσα τρίτη πολλοὺς ἐσάλευσεν
καὶ διέστησεν αὐτοὺς ἀπὸ ἔθνους εἰς ἔθνος
καὶ πόλεις ὀχυρὰς καθεῖλεν
καὶ οἰκίας μεγιστάνων κατέστρεψεν.
15 γλῶσσα τρίτη γυναῖκας ἀνδρείας ἐξέβαλεν
καὶ ἐστέρησεν αὐτὰς τῶν πόνων αὐτῶν.
16 ὁ προσέχων αὐτῇ οὐ μὴ εὕρῃ ἀνάπαυσιν
οὐδὲ κατασκηνώσει μεθ' ἡσυχίας.
17 πληγὴ μάστιγος ποιεῖ μώλωπα,

B S A C V *O L l a b c* min. La verss.

καί 1° 493 Sa | *ἐάν* 2°] *αν* 755 | *πτυση* 46; *εμπτυσης* Antioch. | *ἐπ' αὐτόν*] *εις αυτον* A C *b* 307 339 534′ 543 547 753 755 Antioch.; *επ αυτους* 130; om. *ἐπ' α* 155; > 421 | *καὶ ἀμφ.*] *αμφ. δε* 421; *αμφ. γαρ* Chr. IV 705; *και -ραι* 706 795; *και -ροι* 797 | om. *τοῦ* 421 | *σου*] *αυτου* 46; > 358 543 La Sa Aeth Antioch. p. 1605 | *ἐξελεύσεται*] *-σονται* C *l*-157′ *b* 307 336 575 672 706 755 795 Syh; *εκπορευεται* B 253 *L* 443 (*-σεται*) 613 679 Chr. ^{ap}Antioch. = Prov. 3_{16}; *πορευεται* V Chr.^{te}; *proficiscuntur* (*-centur*^{L}) La

13 (15) *ψιθυρισμων και διγλωσσων* 443 | *καταράσασθε*] *-σθαι* S* C V-253 L^{-248}-545-705 *c*-679 alii Dam. p. 436; *-σσεσθε* 672; *-σεσθαι* 443; *καταρασθε a* 46^{c} 249 547; *καταρασθαι* B S^{c} 46* 336 534 755 Sa Antioch. p. 1533: cf. 4_{6}; *καταραθητε* 575; *καταρασας* 307; + *αξιον* 547^{c} 755 Sa Antioch. | *εἰρην. ἀπώλ.*] tr. L^{-248} La Sa Antioch.; om. *εἰρην.* 578 | *απωλεσαν* B C *O*-V 248-672 254 679 Arm Antioch. Mal.

14 (16—17) om. 14a 548 679: homoiot. | *τρίτη*] *τριττη a* 46 155 157-797^{c} 543 672 Constit. (lib.); *δισση L* 547^{c} 755 Sa Dam. p. 1385 (*διττη*) Antioch. p. 1533 Mal. (»*ἐν δὲ τῷ ἄλλως γεγραμμένῳ βιβλίῳ*«); *τρανη* 358: cf. 15a | *πολλα* 46 | *ἐσάλ.*] *απωλεσε* 307: ex 13b | *διέστησεν*] *-σαν* 679; *διεστειλεν* 755 (*-στηλ.*) Dam.; *dispersit* (= *διεσπειρεν* 545^{c}) La = Syr | om. *αὐτούς* 578^{c} | *ἔθνους*] *-νος* S* 493 548 728: cf. 10_{8} | *ἔθνος*] *-νους* 315*? 443 705: cf. 10_{8} | om. *καί* 2° L^{-248} *b* La Mal. | *ὀχυράς*] *ισχ.* 744′ = Ald. | *καθειλον* 679 | *κατεστρεψαν* 679

15 (19) *τρίτη*] *τριττη a* 46 155 543 672 797; *τρητη* 679^{c} vid.; *δισση L* 157 547^{c} 755 Sa Dam. p. 1385 (*διττη*); *τρανη* 358: cf. 14a | *εξεβαλλε* 679; *κατεβαλεν* 404-795 (*-λε*) | *ἐστέρησεν*] *-ρεσεν* B*-S; *-ρεσαν* A; *εστηρισεν* 744 = Ald.; *εστερεωσεν* 307; *εστησεν* 797 | *αὐτάς*] *-τα* 307 | fin.] + *ισχυν λαων διεκοψεν και εθνη ισχυρα κατελυσεν* 755 = La (v. 18)

16 (20) om. *ὁ* 543 | *αὐτῇ*] *-τω* 46; *-την* 578 | *ευροι* 603 Mal.; *ευρησει* 547 | *ἀνάπαυσιν*] *-πασιν* 744; *-βασιν* 46 | *οὐδέ*] + *μη* 637 358 543; *ουδ ου μη* 493; *και ου μη* 753 | *κατασκηνώσει*] *-ση* 637 alii; *-σιν* 672; *-σον* 673 | *μεθ'*] *μετ* 315 alii; *μετα* 248 46 336 339 542 753 Dam. p. 1385

17 (21) init.] pr. *ο προσεχων αυτη* 404 | *ποιεῖ μώλωπα . . . συγκλ. ὀστᾶ*]

πληγὴ δὲ γλώσσης συγκλάσει ὀστᾶ.
18 πολλοὶ ἔπεσαν ἐν στόματι μαχαίρας,
καὶ οὐχ ὡς οἱ πεπτωκότες διὰ γλῶσσαν.
19 μακάριος ὁ σκεπασθεὶς ἀπ' αὐτῆς,
ὃς οὐ διῆλθεν ἐν τῷ θυμῷ αὐτῆς,
ὃς οὐχ εἵλκυσεν τὸν ζυγὸν αὐτῆς
καὶ ἐν τοῖς δεσμοῖς αὐτῆς οὐκ ἐδέθη·
20 ὁ γὰρ ζυγὸς αὐτῆς ζυγὸς σιδηροῦς,
καὶ οἱ δεσμοὶ αὐτῆς δεσμοὶ χάλκειοι·
21 θάνατος πονηρὸς ὁ θάνατος αὐτῆς,
καὶ λυσιτελὴς μᾶλλον ὁ ᾅδης αὐτῆς.
22 οὐ μὴ κρατήσῃ εὐσεβῶν,
καὶ ἐν τῇ φλογὶ αὐτῆς οὐ καήσονται.
23 οἱ καταλείποντες κύριον ἐμπεσοῦνται εἰς αὐτήν,

B S A C V *O L l a b c* min. La verss.

tr. 578 | *ποιησει O*-V 248 Aeth | *μωλωπας* B 404 542 543 728 753 | *συνθλασει* (*-θλαττει* 493 613) *L* 358 443 613: cf. Ps. 45₁₀; *συντριβει* Antioch. p. 1533; *comminuit* La^pc | *οστεα* 248

18 (22) *πολλοί*] *ου τοσουτοι* Chr. V 432 | *επεσον L' a*-534' *b c*-404' 46 Chr. II 228 V 432 cat. I 32: cf. 50₁₇; *ενεπεσαν* 547; *εποιησαν* 307 | *ἐν στ. μαχ.* Chr. cat. I 32] *εν στ. μαχαιρης* 307; *εν στ. ρομφαιας* C; *δια μαχ.* Chr. II 228; *απο μαχ.* Chr. V 432; *in gladio* Aeth: cf. Syr; om. *ἐν* 547 | *καί*] *αλλ* 753 La Arm Chr. II 228 = Syr; > Chr. V 432 | *οὐχ ὡς οἱ πεπτ.*] *ου τοσουτοι οσοι* Chr. (om. *ου τοσ.* V 432) | *οἱ πεπτ.*] *ο πεπτωκως* A; *οι πεσοντες* Chr. cat. I 32; om. *οἱ* 249-754 | *δια γλωσσης* 46 155 443 542 543 Chr. II 228 (*δια γλωττης*) et cat. Dam. p. 1345; *απο γλωττης* Chr. V 432: cf. 4₂₄

19 (23) *ὁ σκεπ.*] *ος σκεπ.* 358 578 679 755; *ος σκεπασθησεται* 336 | *ἀπ'*] *επ* 315 543; *υπ* 155: cf. 14₂₇; *δι* 307 534; *απο προσωπου L* Antioch. p. 1536 | *αὐτῆς* 1°] *γλωσσης* Antioch.; *lingua nequam* La | 19b init.] pr. *και* S^c *b* 542 La^pc Aeth Arm(II) = Syr | om. *οὐ* 296*-311-706 | *διῆλθεν*] *διειλεν* 307 | om. *ἐν* 1° 404' La^Ψ: post *-εν* | om. *τῷ* 543 | *ὅς* 2°] *και l*-157'; pr. *και b* 443 534 La verss. | *τὸν ζυγόν*] *εν τω ζυγω* 307 Sa (*sub iugo*) = Syr; *τον θυμον* 336 | *αὐτῆς* 3°] *-του* 679 | *ἐν τοῖς δ.*] *των δεσμων* 755; om. *ἐν* A C *a*-534' 155 157' 339 543 547 603 753 La^pc Spec. | om. *αὐτῆς* ult. 358 672* | *ἐδέθη*] *εδεηθη* 315 603: cf. Sap. 17₁₈; *εδεσθη* 545 755 = Compl.

20 (24) *σιδηρου* 46 358 | om. *δεσμοί* 2° 336 Aeth | *χάλκειοι*] *-κιοι* B* S^c alii; *-κεοι* S* A V-253 L^{-248}-130 155 311-706 315 358 547 679: cf. Iob 41₇; *-κοι* C 248 296-548 542 543 613 755

21 (25) om. 21b 307 545 755: homoiot.

22 (26) *κρατησει* S V alii | *εὐσεβῶν*] *ασ.* 672: cf. 23₁₂; *vias iniustorum* (*iustorum*^pc) La | om. *καί b* La^pc | om. *τῇ* 336 | *αὐτῆς*] *-των l* | *οὐ* 2°] + *μη* S A C 248 *a*-534' *b c*-404' 155 307 315' 336 339 443 542 543 547 753 755: cf. 26₈ | *καήσονται*] *-σωνται* 311 alii; *κατακαησονται* L^{-248} 578^c; *καησεται* 795 797; *κακησονται* 606; *καυθησονται* 705: cf. 10a 23b

23 (27) *καταλιποντες* S V *l*-157' *a*-613 alii; *εγκαταλ(ε)ιποντες* L^{-248} 307 339: cf. 13₄ | *κύριον*] *θεον* C La; pr. *τον* V 248 *b* 46 534' 578 755 | *πεσουνται*

καὶ ἐν αὐτοῖς ἐκκαήσεται καὶ οὐ μὴ σβεσθῇ·
ἐπαποσταλήσεται αὐτοῖς ὡς λέων
καὶ ὡς πάρδαλις λυμανεῖται αὐτούς.
24a *ἴδε περίφραξον τὸ κτῆμά σου ἀκάνθαις*
25b *καὶ τῷ στόματί σου ποίησον θύραν καὶ μοχλόν.*
24b *τὸ ἀργύριόν σου καὶ τὸ χρυσίον κατάδησον*
25a *καὶ τοῖς λόγοις σου ποίησον ζυγὸν καὶ σταθμόν.*
26 *πρόσεχε μήπως ὀλίσθῃς ἐν αὐτῇ,*
μὴ πέσῃς κατέναντι ἐνεδρεύοντος.

29 1 *Ὁ ποιῶν ἔλεος δανιεῖ τῷ πλησίον,*
καὶ ὁ ἐπισχύων τῇ χειρὶ αὐτοῦ τηρεῖ ἐντολάς.

B S A C (fin. 25a) V *O L l a b c* min. La verss.

307; *εμπεσειται* C | *ἐν*] pr. *ὁ* 548 | *αὐτοῖς* 1°] -*της* 548 797; -*τη* 307 336 358 404 672 Sa | *εκκαησονται* S *l* (*εκκαυθησονται* 705: cf. 22b)-157′ 336 547 672; *καησονται* 307 358 404; *εκκαυθησεται* 248; *εκκλησιασεται* V | *σβεσθησεται* 545^{c}; *σβεσθωσιν* 404 | *εξαποσταλησεται* B *c*-404-679-795 (-*στελ.*) 46 130 (-*στελ.*): cf. Sap. 11$_{16}$ | *αὐτοῖς* 2°] *αυτης* 679; *επ αυτους* L^{-248} *c*-404′ 358 543 La^{GVpl} (*in illos*); *επ αυτης* 672; *επ αυτω* 46; *επ αυτοις* B 315′ 336 La^{pc} (*in illis*) Mal. | *λυμανει* 336 672 753 | *αὐτούς*] -*την* 672

24a (**28a**) *ἴδε*] *συ δε* 493 307; *οδε* 404 679; *οιδε* 545; *και* 68-744 = Ald.; > La PsChr. XII 939 | *περιεφραξον* 545; *περισφιγξον* PsChr.; *παραφραξον* 603 | *τὸ κτῆμα*] *το στομα* S 358 547; *το τριμμα* 672; *aures* La = *τα ωτια* Schleusner II 331

25b (**28c**) *L* hab. bis v. 25b: 1° *και τω στοματι σου ποιησον θυρωματα και μοχλους* (= La 28c) post *ἀκάνθαις* (24a fin.) et 2° *και τω στ. σου π. θυραν και μοχλον* (ut omnes codd. gr.) post *σταθμόν* (25a fin.) | *τῷ στόμ.*] *το στομα* 336 578* | *μοχλους* 404 Chr. II 228: cf. 49$_{13}$

24b (**29a**) *ἀργ.*] pr. *γαρ* 106-545 | *τὸ χρυσίον*] + *σου* S C *O L′*-157′-315′ *a b* 46 155 307 339 543 548 613 679 744′ 755 795 La^{V} verss. Dam. p. 1344; om. *τό* 248 | *κατάδησον*] -*σαι* 672; -*σε* 404; -*δυσαι* 795; *conf la* (= *κατατηξον* Hart Kuhn II 107) La

25a (**29b**) 25a] *ζυγον και σταθμον ποιησαι τη σαυτου γλωττη* Chr. V 433 | *τοῖς λόγοις*] *του λογου* 248 | *σου*] *σοι* 155; > 744′ Cass. ps. 38, 2 (hab. 140,3) = Ald. | *ζυγὸν καὶ σταθμόν* Or. X 53] tr. 46 336 Arm; *ζυγοσταθμον* 248; om. *ζυγὸν καί* 545 = Syr

26 (**30**) init.] pr. *και L* 613 La verss.^{p} | *προσχες* 253 | *μηποτε* 542 Sa | *ὀλίσθῃς* S* A V *a b* 155 315′ 336 339 679] -*θησις* S^{c}; -*θησῃς* rel.: cf. 9$_{9}$ | *ἐν αὐτῇ*] *εν αυτοις L′*-157′ *a*-534-613* *b* 155 307 336 542 543 547 753 755 Mal.; *εν αυτω* Dam. p. 1345; *in lingua* (*tua*) La Aeth Arm: cf. 25$_{8(11)}$ | *μή*] *et* La; pr. *και* 404′ 542 | *πέσῃς*] *πταισῃς a*-534 | *ενεδρευοντων* 404 Sa^{L} (+ *tibi*); *inimicorum insidiantium tibi* La: cf. Syr

29 1 *ελεον* Dam. p. 1460: cf. 28$_{4}$ | *δανεισει* 542: cf. 20$_{15}$; *δανειοι* 46 106 | *τῷ*] *τον* 679: cf. 2a | *πλησίον*] -*σιω αυτου* Antioch. p. 1464 La^{V} verss. = Syr | *την χειρα* L^{-248} 46 La^{X} | om. *αὐτοῦ* V La Arm = Syr | *τηρεῖ*] *συντηρ⟨ε⟩ι* V; *τηρησει* 542 La^{Γ} (*servabit*) Dam. p. 1460; *ποιει* A; *ποιησει* 46 Aeth | *εντολην* 46 Aeth = Syr

2 δάνεισον τῷ πλησίον ἐν καιρῷ χρείας αὐτοῦ
καὶ πάλιν ἀπόδος τῷ πλησίον εἰς καιρόν·
3 στερέωσον λόγον καὶ πιστώθητι μετ' αὐτοῦ,
καὶ ἐν παντὶ καιρῷ εὑρήσεις τὴν χρείαν σου.
4 πολλοὶ ὡς εὕρεμα ἐνόμισαν δάνος
καὶ παρέσχον κόπον τοῖς βοηθήσασιν αὐτοῖς.
5 ἕως οὗ λάβῃ, καταφιλήσει χεῖρας αὐτοῦ
καὶ ἐπὶ τῶν χρημάτων τοῦ πλησίον ταπεινώσει φωνήν·
καὶ ἐν καιρῷ ἀποδόσεως παρελκύσει χρόνον
καὶ ἀποδώσει λόγους ἀκηδίας
καὶ τὸν καιρὸν αἰτιάσεται.
6 ἐὰν ἰσχύσῃ, μόλις κομίσεται τὸ ἥμισυ
καὶ λογιεῖται αὐτὸ ὡς εὕρεμα·
εἰ δὲ μή, ἀπεστέρησεν αὐτὸν τῶν χρημάτων αὐτοῦ,
καὶ ἐκτήσατο αὐτὸν ἐχθρὸν δωρεάν·
κατάρας καὶ λοιδορίας ἀποδώσει αὐτῷ
καὶ ἀντὶ δόξης ἀποδώσει αὐτῷ ἀτιμίαν.

B S A V *O L l a b c* min. La verss.

2 *τῷ* 1°] *τον* 679: cf. 1a | *πλησίον* 1°] -*σιω* 296 Antioch. p. 1464; + *σου* Dam. p. 1137. 1365 La verss. = Syr; 1°⌒2° 253 | *ἐν καιρῷ χρ. αὐτοῦ*] *κατα δυναμιν σου* Dam. p. 1137: ex 20a | om. 2b *L*$^{-248}$ | *εἰς καιρόν*] *εις τον κ.* B *O*-V 248 *a c*-404'-679 46 358 429 443 575 613; *εν καιρω* 155 315' = La (*in tempore*): cf. 2a; pr. *εν καιρω* 768; + *αυτου* 404' 443 La Sa

3 *λόγον*] *φιλον* 307; + *σου L* Aeth = Syr | om. *καί* 1° *c* La$^{\Psi *}$ | om. *μετ'* 797 | om. *παντί* 339 SaTh | *καιρῷ*] + *αποδωσεως* 339: ex 5c | *ευρησει* V

4 om. *ὡς* 543 | *ἐνόμισαν*] *ηγησαντο* 543 | *δάνος*] pr. *το L*; > V | *παρεχον* 548 744 | *κόπον*] *κοπους* 155 694a La$^{\Upsilon}$ (*molestias*) Dam. p. 1365 Anton. p. 1073; *πονον* B: cf. 14_{15} Sap. 3_{15}; *κολπον* 307 543: cf. Sap. 10_{10} | *βοηθ. αὐτοῖς*] *βοηθημασιν αυτην* 797

5 (5—6) *ἕως οὗ*] *και οταν* 694a; *εως αν* 311 | *λάβῃ*] *λαμβαννη* 694a; *καταλαβη c* | *καταφιλήσει*] -*φιλει* 248 307 La Sa = Syr; pr. *και* 755 | *χεῖρας*] -*ρα* B *L*$^{-248}$ 46 307 795 La^{Gpl} Arm^{ap} Mal.; *χερτωνας* V; *caput* Aeth; pr. *τας* 613 | *αὐτοῦ*] *σου* S^{c} Aeth; *του διδοντος* 694a La: cf. Syr | om. 5b *l* | *ἐπὶ τῶν χρ.*] *επι των ρηματων L*$^{-248}$: cf. 40_{13}; *πιστων χρ.* 296-548; *in promissionibus* La | *τοῦ πλ.*] *του πλησιου* 744^{c} = Ald.; *του πλουσιου* 744*: cf. 14a Ier. 24_{1}; > La | *ταπ. φωνήν*] *ταπεινωθησεται* 755; *ταπ. την φ. αυτου* 694a La verss.: cf. Syr | *ἀποδόσεως*] -*σεων* 679 | *λόγους*] *λογον* 248 404 | *ἀκηδίας*] *αδικηας* (= *αδικιας*) 404 | *καιρόν*] *χρονον a*-534' *c*-404' 155 307 336 339 542 543 547 755

6 (7—9) *ἐάν*] pr. *και* S 542 Arm; + *δε L* La | *ἰσχύσῃ*] -*σει* 253 637 alii; *ισχυη* 679; + *ο δους L* | *μογις a*-534 46 358 547 Sa: cf. 21_{20} | *κομιειται* A 248 46 443 543 679 753: Thack. § $20_{1(1)}$; *κομισειται* 155 548; *κομιει L*$^{-248}$; *κομισαι* 694a | *λογιεῖται*] *λογιει* 694a (-*γηει*) | *αὐτό*] -*τω* 493 46 339 578 613^{c} 673 Syh = Syr | *ὡς*] *εις* 613* | *εστερησεν* 46 | om. *αὐτοῦ* Syh | *αὐτόν* 2°] *τον* 155 | *ἐχθρὸν δ.*] tr. 248 La^{Y} (om. *δωρεάν**) | *δωρεάν*] pr. *ου* B-S* | *αὐτῷ* 1°] -*τον* 307; + *ατιμιαν* 694a: ex 6f; 1°⌒2° 672 | om. *καί* ult. 248 La$^{\Sigma}$ MissMoz.

7 πολλοὶ οὐ χάριν πονηρίας ἀπέστρεψαν,
ἀποστερηθῆναι δωρεὰν εὐλαβήθησαν.

8 Πλὴν ἐπὶ ταπεινῷ μακροθύμησον
καὶ ἐπ' ἐλεημοσύνῃ μὴ παρελκύσῃς αὐτόν.
9 χάριν ἐντολῆς ἀντιλαβοῦ πένητος
καὶ κατὰ τὴν ἔνδειαν αὐτοῦ μὴ ἀποστρέψῃς αὐτὸν κενόν.
10 ἀπόλεσον ἀργύριον δι' ἀδελφὸν καὶ φίλον,
καὶ μὴ ἰωθήτω ὑπὸ τὸν λίθον εἰς ἀπώλειαν.
11 θὲς τὸν θησαυρόν σου κατ' ἐντολὰς ὑψίστου,
καὶ λυσιτελήσει σοι μᾶλλον ἢ τὸ χρυσίον.
12 σύγκλεισον ἐλεημοσύνην ἐν τοῖς ταμιείοις σου,
καὶ αὕτη ἐξελεῖταί σε ἐκ πάσης κακώσεως·
13 ὑπὲρ ἀσπίδα κράτους καὶ ὑπὲρ δόρυ ὁλκῆς
κατέναντι ἐχθροῦ πολεμήσει ὑπὲρ σοῦ.

B S A V *O L l a b c* min. La verss.

7 (10) *οὐ* *O*-S^c-V 307 La Aeth Mal. (»*ἐν ἑτέρῳ*«) Ra.] *γουν* 547; *ergo non* La^{CZ*}; > B Sa (vid.) Mal.; *ουν* rel. | *πονηρίας*] *κοινωνιας* 672 | *ἀπέστρεψαν*] *αντεστρ.* 547; + *τον ανθρωπον* 248; + *χειρα* *l*-157′ *b* 534′ Mal.; + *χειρα τον ανθρωπον* L^{-248}: dupl. | *ἀποστερηθῆναι*] *-ρεθ.* V; pr. *και* L^{-248} 753 Aeth; pr. *sed* La = Syr; + *δε* *O*-V 248-315′ *b* 534′ Mal. (»*ἐν ἑτέρῳ*«) | *δωρεάν*] *δωρα* 613^c; *δορεας* 755; > 248 La^{Π} | *ηυλαβηθη* 296-548 578
8 (11) *ἐπί*] *εν* *c* | *ταπεινῷ*] *-νωσει* 248 | sa fin.] + *και εχεις χαριν παρα κυριου* 694a | *ἐπ'* B-S V-253 753] > 336; *επι* rel. | *ἐλεημοσύνῃ*] *-νην* B 336 339 547 679 Dam. p. 1460; *-νης* 307 | *μὴ παρελκύσῃς*] *παρελκυσεις* B; *μη παριδης* 358: cf. 7_{10} | *αὐτόν*] *σεαυτον* V Syh (vid.); *αυτω* 315 728; *αυτην* 339
9 (12) *ἐντολῆς*] *ελεημοσυνης* Aeth | *πενητι* 155; *πενητα* 705 | om. *καί* Syh | *αὐτόν*] *σαυτον* 679 | *κενόν*] *καινον* S alii; > V 248
10 (13) init.] pr. *φιλαργυρου δε ουδεν ανομοτερον* 694a; pr. *και* 705 | *δι'*] *δια* A V-253 248 *a*-534′ *b* *c*-679-795 46 307 358 443^c 543 753 797 Mal. Antioch. 1464 | *ἀδελφὸν καὶ φίλον*] tr. 248 Aeth (*amicum . . . proximum*); om. *καὶ φίλον* Antioch. p. 1464 | *ἰωθήτω*] *σωθητω* V; *εαθητω* 679; *κατακρυβε αυτο* *L* La: cf. Syr | *τὸν λίθον*] *των λιθων* 130-705 46 543 706; *τον οικον σου* 672; *τον ηλιον* 547 679; + *σου* 315 336; om. *τόν* 603
11 (14) *κατ' ἐντολάς*] *και εντ.* 296-548; *κατ εντολην* 46 verss.; *κατεναντι* 534 Syh | *ὑψίστου*] pr. *του* *b* 404′ 443 534 545 753: cf. 37_{15} | om. *μᾶλλον* 404′ | *τὸ χρυσίον*] *το αργυριον* 155; om. *τό* A*
12 (15) om. *ἐν* 613 | *ταμιείοις* A L^{-248}-130 *b* 46 157 315′ 339 542 706 753 795] *ταμιοις* B*-S V-253 155 421 443* 545-705 548* Sa (*ταμιον*); *ταμειοις* rel. (B^c 248 alii Mal. Max. Dam. Anton.): cf. Thack. § 5(3) | *ἐξελ. σε*] *pro te exorabit* (= *εξιλασεται* Herk.) La; tr. 421 Max. p. 764 Dam. p. 1460 Anton. p. 865; om. *σε* 315 | *κακώσ.*] *κολασεως* Max. Anton.
13 (16—18) *κράτους*] *κρανους* 157′ 705* | om. *καί* 797 | om. *ὑπέρ* 2° *b* 543 679 La^X Sa Mal. | *δόρυ*] *δωρου* 679; *δωσεως* 404 | *ὁλκῆς*] *αλκης* B A* 248-315′ 336 339 443 547 613 755 Max. p. 764 Anton. p. 865 Mal.: cf. Regn. II 21_{16} Mac. II 12_{28}; > La | *κατέναντι*] *και εναντι* V: cf. 26_{12} 37_5; pr. *et* Sa Arm = Syr | *εχθρων* 679

14 Ἀνὴρ ἀγαθὸς ἐγγυήσεται τὸν πλησίον,
καὶ ὁ ἀπολωλεκὼς αἰσχύνην ἐγκαταλείψει αὐτόν.
15 χάριτας ἐγγύου μὴ ἐπιλάθῃ·
ἔδωκεν γὰρ τὴν ψυχὴν αὐτοῦ ὑπὲρ σοῦ.
16 ἀγαθὰ ἐγγύου ἀνατρέψει ἁμαρτωλός,
17 καὶ ἀχάριστος ἐν διανοίᾳ ἐγκαταλείψει ῥυσάμενον.
18 ἐγγύη πολλοὺς ἀπώλεσεν κατευθύνοντας
καὶ ἐσάλευσεν αὐτοὺς ὡς κῦμα θαλάσσης·
ἄνδρας δυνατοὺς ἀπῴκισεν,
καὶ ἐπλανήθησαν ἐν ἔθνεσιν ἀλλοτρίοις.
19 ἁμαρτωλὸς ἐμπεσεῖται εἰς ἐγγύην
καὶ διώκων ἐργολαβίας ἐμπεσεῖται εἰς κρίσεις.
20 ἀντιλαβοῦ τοῦ πλησίον κατὰ δύναμίν σου
καὶ πρόσεχε σεαυτῷ μὴ ἐμπέσῃς.

B S A V *O L l a b c* min. La verss.

14 (**19** + **23**) *τὸν πλ.*] *τω πλ.* L^{-248}-315 578 613: cf. La (*proximo*); *τον πλουσιον* V: cf. 6b; *φιλον* 336; + *αυτου* 429 La verss. | *ὁ ἀπολ. αἰσχ.*/*ἐγκαταλ. αὐτόν*] tr. 311; om. *ὁ* V-253 248-106-545 *a b* 315 336 548 Mal. | *απολελωκως* L^{-248}-106-705 (-*λοκως*) 155 307 (*απωλ.*) 336 404′ 543 547 548 672 Mal.: cf. 2_{14} | *καταλειψει* B 315 358 543 753: cf. 17 2_{10}; *εγκαταληψεται* 404-795 (-*λειψ.*) | *αὐτόν*] -*την* 797; > 545

15 (**20**) *χάριτας*] -*τος* 404′ | *ἐγγύου*] *εγγυητου* 248[mg] (*εγγυς σου*[txt])-493 *b* 404′ 534′ 547: cf. 16a; *εγγυουν* 679 | *ἐπιλάθῃ*] -*θου c*-404′ 429 603; -*θης* 534: cf. 7_{27} | *ἔδωκεν*] *εθηκε* 578: cf. 45_5 Sap. 12_{21} | om. *τήν l*-157′ *b*

16 (**21**—**22a**) *ἀγ. ἐγγ.*] *αγ. εγγυητου* 404′ 534′: cf. 15a; *αγαθην εγγυην* 248; *bona repromissionis* La[X] | *αναστρεψει* 68-744′ 797 = Ald.; *ανατρεπει* 358 La | *ἁμαρτωλός*] -*λους* 46 404′ 443; *αμαρτιαν* V | v. 16] + *εγγυων φευξεται αμαρτωλος* 248; pr. *repromissorem fugit peccator et immundus* La

17 (**22b**) *ἀχάριστος*] *αχρηστος* 248 Anton. p. 1073 (non p. 1149): cf. 18_{18}; pr. *ὁ* 543 | om. *ἐν* L^{-248} La Mal. | *καταλειψει L a*-534′ 307 (-*ληψ.*): cf. 14b; *εγκαλυψει* 358: cf. 4_{19} | *ῥυσάμενον*] *ρυομενον* 358: cf. Sap. 19_9; *τον ρυσ. αυτον L*; *liberantem se* La

18 (**24**—**25**) om. *καί* 1° 155 La[Ω*] | *εσαλευσαν* 578 | om. *αὐτούς* 443 | *κυματα* 46 315′ 706: cf. 24_6 | *ἀπῴκισεν*] *ἀπεκένωσε* Sm.: cf. Syr | *ἐπλανήθησαν*] *επλανησεν αυτους a*-534′ verss.[p]

19 (**26**) *ἁμαρτωλός*] + *παραβαινων εντολας* (*mandatum* La[V]) *κυριου L* La = Syr | *ἐμπεσεῖται* 1°] -*σων* B-S* Mal. (»*ἐν ἄλλῳ*«); -*σετω* V-253 *a* 315′ 339 543 755 Sa Mal. (»*ἐν ἄλλῳ*«); -*σατω* 547; -*σοι c*; -*σῃ* 311 404′ | *διώκων*] pr. *ὁ c*-404′ 543 Dam. p. 1536 (non p. 361) | *ἐργολαβίας*] -*βειαν* 358 (-*βιαν*) Dam. Anton. p. 1192; *εργον ασεβειας* 315′ Arm (*malum*) Mal. (»*ἐν ἑτέρῳ*«); *αργολαβιας* Mal.[lem]; *αργολογιαν* 46 | *ἐμπεσεῖται* 2°] -*σετω* 543 755 Sa; *συμπεσειται* 404 | *κρισιν* V 46 155 315′ 404 768 La verss. Dam. p. 1536 (non p. 361); *εγγυην* A: ex 19a

20 (**27**) *τοῦ*] *τω* 534; *τον* 336 603 | *δύναμιν*] pr. *την* 315 429 753 | *σεαυτῷ*] -*τον* 534*; *αυτω* 679 | *μή*] *μηποτε* Sa; pr. *και* 311

21 Ἀρχὴ ζωῆς ὕδωρ καὶ ἄρτος καὶ ἱμάτιον
καὶ οἶκος καλύπτων ἀσχημοσύνην.
22 κρείσσων βίος πτωχοῦ ὑπὸ σκέπην δοκῶν
ἢ ἐδέσματα λαμπρὰ ἐν ἀλλοτρίοις.
23 ἐπὶ μικρῷ καὶ μεγάλῳ εὐδοκίαν ἔχε,
καὶ ὀνειδισμὸν παροικίας οὐ μὴ ἀκούσῃς.
24 ζωὴ πονηρὰ ἐξ οἰκίας εἰς οἰκίαν,
καὶ οὗ παροικήσεις, οὐκ ἀνοίξεις στόμα·
25 ξενιεῖς καὶ ποτιεῖς εἰς ἀχάριστα
καὶ πρὸς ἐπὶ τούτοις πικρὰ ἀκούσῃ
26 Πάρελθε, πάροικε, κόσμησον τράπεζαν,
καὶ εἴ τι ἐν τῇ χειρί σου, ψώμισόν με·
27 ἔξελθε, πάροικε, ἀπὸ προσώπου δόξης,

B S A V *O L l a b c* min. La verss.

21 (28) *ζωῆς* = La^{Gpc}] + *ανθρωπου* A (sup. ras.) *L'*-157' *b c*-404' 155 542 La^{Vpc} Syh Arm Chr. IV 265 Anton. p. 901 Mal. (»*ἡ ζωῆς ἀνθρώπου ὡς ἐν ἑτέροις*«) = Syr; + *ανθρωποις* Tht. in Is. (ed. Möhle); + *ανθρωπων* Dam. p. 1293 La^{pc}: ex 39$_{26}$ | *ὕδωρ . . . ἄρτος*] tr. A (sup. ras.) V *l*-157' *a*-534' *c*-404'-679 307 315' 336 358 421 542 543 547 753 La^{L} Sa Aeth Chr. Tht. Dam. Anton. = Syr; *aqua ignis panis* Arm: cf. 39$_{26}$ | om. *καί* 2° 254 | *καὶ οἶκος*] pr. *περι οικου* 336; > Anton. | *καλυπτον* 768* Anton. | *ἀσχημοσ.*] *αισχυνην* 534*: cf. 30$_{13}$; + *ανδρος* S^{c}; + *αυτου* L^{-248} Anton.

22 (29) *κρεισσον* S* (*κρισσ.*) 253 alii La$^{C\Sigma}$ (*melius*): cf. 10$_{27}$ | *βίος*] *οικος* 358: ex 21 b | *ὑπό*] *υπερ c* | *δοκῶν*] + *αυτου* 613 Arm | *εδεσμα* 421 | *λαμπρά*] *πολλα l*-157' 421 613 679 Sa Arm: cf. Syr | *ἐν*] *επ* 336 443

23 (30) *ἐπί*] *εν* 339 543 | *μικρῷ . . . μεγάλῳ*] *μικρα . . . μεγαλα* 248; *μακρω . . . μεγαλω* 672; tr. La$^{\Sigma}$ Syh Arm = Syr | *μεγάλῳ*] pr. *επι* 613 | 23 b S^{c} *L*-672 *a* 404' 679 La Ra.] > rel. | *παροικίας οὐ μή* Bret. Ra. = La (*peregrinationis non*)] *οικιας ου μη* 404 679; *οικιας σου μη* rel.: cf. 28 b | fin.] + *εστιν γαρ ο ταπεινων και υψων O*: ex Regn. I 2$_{7}$

24 (31) *παροικησει* B L^{-248} 307 753 La Syh Sa Dam. p. 1404. 184: cf. Syr; -*κησις* V^{c} (-*κης**) | *ανοιξει* B L^{-248} 155 307 706 753 La Syh Sa Dam.: cf. Syr | *στόμα*] pr. *το* 307 443: cf. 22$_{22}$

25 (32) *ξενιει* 547 La Sa; *ψωμιεις* 358 | *ποτιεῖς*] *potabit* La Sa | om. *εἰς* S* A *l*-157' *a*-534' *b c*-404' 46 155 307 339 358 443 543 547 La Dam. p. 1229 Anton. p. 1149 Mal. = Syr: post -*εις* | *ἀχάριστα*] -*στους* 106-545 La; -*στον* 46 Syh (vid.) Sa Dam. Anton. | *επι τουτω* Dam. | *πικρὰ ἀκ.*] *παρακουσης* 404 | *πικρά*] *μικρα* 68-744' Anton. = Ald.: cf. 25$_{18}$ | *ἀκούσῃ*] -*σει* 155 alii La Sa; -*σης* 637-545* 548-706; -*σεις* L^{-637}-106^{c}-545^{c} 296-311 679 795 Dam.; *ακουειν* S*

26 (33) *πάροικε*] -*κι* V; -*κους* 46 | *κόσμησον*] -*μισον* 543 548; *κομισον* L^{-248} 307: cf. 42$_{21}$ Ez. 16$_{58}$; *κωσμεση* V; pr. *και* L^{-248}-672 404' 443 La; + *μοι* L^{-248} | *εἴ τι*] + *εστιν* 542; > 547* | om. *τῇ* 358 | *με*] *μοι* 706

27 (34) init.] pr. *και* 315' | *πάροικε*] *πανοιξε* 672 | *δόξης*] *δοχης* 358;

ἐπεξένωταί μοι ὁ ἀδελφός, χρεία τῆς οἰκίας.
28 βαρέα ταῦτα ἀνθρώπῳ ἔχοντι φρόνησιν,
ἐπιτίμησις παροικίας καὶ ὀνειδισμὸς δανειστοῦ.

Περὶ τέκνων

30 1 Ὁ ἀγαπῶν τὸν υἱὸν αὐτοῦ ἐνδελεχίσει μάστιγας αὐτῷ,
ἵνα εὐφρανθῇ ἐπ' ἐσχάτων αὐτοῦ·
2 ὁ παιδεύων τὸν υἱὸν αὐτοῦ ὀνήσεται ἐπ' αὐτῷ
καὶ ἀνὰ μέσον γνωρίμων ἐπ' αὐτῷ καυχήσεται·
3 ὁ διδάσκων τὸν υἱὸν αὐτοῦ παραζηλώσει τὸν ἐχθρὸν
καὶ ἔναντι φίλων ἐπ' αὐτῷ ἀγαλλιάσεται.
4 ἐτελεύτησεν αὐτοῦ ὁ πατήρ, καὶ ὡς οὐκ ἀπέθανεν·

B S A V *O L l a b c* min. La verss.

pr. της 248 | *επιξενωται* 248; *απεξ.* 315 578 (-*τε*) | *ἐπεξέν. μοι ὁ ἀδελφός,/ χρ. τῆς οἰκίας*] tr. *L* La | *μοι*] *μου* 548; > 797 | *ὁ ἀδ.*] *φιλος* 543; om. *ὁ* L^{-248} | *τῆς*] *τοις* 68-744 545* = Ald. | *οἰκίας*] *ξενιας* B*

28 (35) *βαρεια* 547 Dam. p. 220 | *βαρ. τ./ἀνθρώπῳ ἔχ. φρόν.*] tr. 672; om. *ἀνθρώπῳ* 248 | *φρόνησιν*] *συνεσιν* 547 | *επιτιμησεις* S A | *παροικίας* Sm. = *hospitalitatis* La^{Z*}] *οικιας* codd. et verss.: cf. 23b 41 5 | *ὀνειδισμός*] -*μον* S*; -*μοι* 46; *δανεισμος* Herk. Nestle p. 55 = Syr | *δανειστοῦ*] -*στων* 672; *faenoris* La^{Z*}; *hospitalitatis* La^{A}; *ὀνειδιστοῦ* Kuhn II 108; pr. *δυναστου και* 575

30 1 *Περὶ τέκνων* = La^{Gpc}] *περι παιδευσεως τ. l* La^{pl}; *περι παιδιας τ.* 547; + *παιδειας* 404 (-*διας*)-795; > *O*-V 493-106 46 157 575 728 La^{Vpc} | *ἀγαπῶν*] *παιδευων* 429: ex 2a | om. *αὐτοῦ* 1° Arm: cf. 2a 3a | *ἐνδελεχίσει*] -*χησει* B-S A L^{-248}-672 *a*-534 155 249-754 307 311-706 339 358 404' 753 755; -*χεσι* 253; -*λεγχησει* 421 (tr. post *αὐτῷ*); -*χιζει* 336 547 613 La Syh Arm: cf. 41 6 | *μάστ. αὐτῷ*] tr. 155 307 La | *μαστιγα* 46 La^{Y} Caes. vg. | *αὐτῷ*] -*του* 155 679 768 | *ἐπ'*] *επι των* 534' | *ἐσχάτων*] -*τω* B^{c} A La Syh verss.: cf. 10b 1 13; > *l* | *αὐτοῦ* 2°] -*τω l* 155 429; *επ αυτω* 753 | fin.] + *και ου μη ψηλαφηση θυρας των πλησιων* 547^{mg} 755 La^{V} (1c)

2 *παιδεύων*] *αγαπων* 493^{txt}-637: ex 1a | om. *τόν* 248 | om. *αὐτοῦ* 358 La$^{\Theta*}$ Arm: cf. 1a | *ὀνήσεται*] *ονηθησεται* 679; *αινεθησεται* S^{c} La (*laudabitur*) Sa Aeth; *ἡσθήσεται l*; *ευφρανθησεται L* Aug.^{te} (*laetabitur*) Anton. p. 1044 = Syr | *ἐπ' αὐτῷ* 1°] *επ αυτων* 155 157; *εαυτω* 315; + *δωρον* 421 | *ἐπ' αὐτῷ* 2°] *επ αυτων* 744 = Ald.; > 358 ArmI: cf. 3b

3 *διδάσκων*] *παιδευων* Anton. p. 1044: ex 2a | om. *αὐτοῦ* 248 358 547 679 La^{T} Arm Dam. p. 296: cf. 1a | *διαζηλωσει* Dam. Anton. | *τὸν ἐχθρόν*] *τω εχθρω* 603; + *αυτον* S* *l* 315' 336 421 542 Sa Aeth = Syr | *ἔναντι*] *in medio* La: cf. 2b | *φίλων*] -*λου* 404 | *ἐπ' αὐτῷ/ἀγ.*] *εν αυτω αγ.* 404' Syh; tr. *L*; *gloriabitur in illo* La ArmII = Syr: cf. 2b

4 *αὐτοῦ/ὁ πατήρ*] *αυτω ο π.* 797; tr. 254 421 La verss. Ath. I 368; om. *αὐτοῦ* Spec. | *ὡς οὐκ*] tr. A; *ουχ ως* S *a* 307 358 542 755; om. *ὡς* 46 421

ὅμοιον γὰρ αὐτῷ κατέλιπεν μετ' αὐτόν.
5 *ἐν τῇ ζωῇ αὐτοῦ εἶδεν καὶ εὐφράνθη*
καὶ ἐν τῇ τελευτῇ αὐτοῦ οὐκ ἐλυπήθη·
6 *ἐναντίον ἐχθρῶν κατέλιπεν ἔκδικον*
καὶ τοῖς φίλοις ἀνταποδιδόντα χάριν.
7 *περιψύχων υἱὸν καταδεσμεύσει τραύματα αὐτοῦ,*
καὶ ἐπὶ πάσῃ βοῇ ταραχθήσεται σπλάγχνα αὐτοῦ.
8 *ἵππος ἀδάμαστος ἐκβαίνει σκληρός,*
καὶ υἱὸς ἀνειμένος ἐκβαίνει προαλής.
9 *τιθήνησον τέκνον, καὶ ἐκθαμβήσει σε·*
σύμπαιξον αὐτῷ, καὶ λυπήσει σε.
10 *μὴ συγγελάσῃς αὐτῷ, ἵνα μὴ συνοδυνηθῇς,*
καὶ ἐπ' ἐσχάτων γομφιάσεις τοὺς ὀδόντας σου.
11 *μὴ δῷς αὐτῷ ἐξουσίαν ἐν νεότητι,*
καὶ μὴ παρίδῃς τὰς ἀγνοίας αὐτοῦ.

B S A C (init. 8) V *O L l a b c* min. La verss.

548 768 Arm Ath.[ap] | 4b] *κατελιπε γαρ τω βιω μνημοσυνον* Ath. (lib.?) | *αὐτῷ*] *-του l* 311; > *b* La[pc] Spec. ArmII | *κατελειπε(ν)* A 253 637 alii | *μεθ αυτον* A *a* 155; *μεθ εαυτον* 307 755

5 5a fin.] + *επ αυτω* 248 La (*in illo*); + *in filio suo* Aeth | om. *τῇ* 2° 336 | *τελευτησει* 443 | om. *αὐτοῦ* 2° 613 | *ελυπηθην* 46; *απελυπηθη* 672

6 *εναντι* 542 | *ἐχθρῶν*] pr. *των* L^{-248}-315′ *c*-404′; *εθνων* 155 (*αιθ.*): cf. 33 12 46 6 51 8 Sap. 10 5 | *εγκατελιπεν* 547 755: cf. 13 4 | *ενδικον* 296-548; *ενδικων* V* (*εισδικων*[c]) | *καί*] *εν* 753 | *φίλοις*] + *αυτου* 547 verss.[p] | *αποδιδοντα* 307 (*-δουντα*) 547 753; *ανταποδιδουνται* 755; *ανταποδεδωται* 404

7 *περιψύχων*] *-ψήχων* 248; *περὶ ψυχῶν* B-S 46 307 339 547 548 679 795 La Sa(sing.) Aeth(sing.) Mal. (»*ἐν ἑτέρῳ*«) Sw.; pr. *ὁ* L^{-248} Chr. III 330 VII 543 | *υἱόν*] *υιων* B-S* 46 296[c] 307 543 545[c] 547 548 679 705 795 La Aeth Mal. (»*ἐν ἑτέρῳ*«); *υμων* V; *τον υιον αυτου* Chr. (*τον εαυτου* pro *αυτου* III 330) | *καταδεσμεύσει*] *-σεις* 404; *-μενει* 542 768; *-μουσει* V; *-μουντα* 753; *καταδησει* Chr. VII 543 | *τραύματα*] *τραυμα* 46 Arm; pr. *τα* Chr. III 330 | *αὐτοῦ* 1°] *-των* S* 46 Sa | *σπλάγχνα*] pr. *τα* L^{-248} 336 339 404′ 542

8 *ἐκβαίνει* 1° Clem.] *αποβ.* B Anton. p. 1045; *εκβαιη* 534 | *καὶ υἱός*] *υιος δε* 429 | *προαλής* Clem.] *-λας* 307; *προθαλης* 358; *προαυλης* 493 (*-λεις*)-637; *προωλης* 429 603 613[c] 672 679 797; *παραλοιας* 575; *πατραλοιας* 705

9 *τέκνον*] *τον υιον σου* Anton. p. 1045: cf. La (*filium*, + *tuum*[pc]) et 13a | *εκθαμβωσει* V | *σε* 1°] *σοι* 315 705* 795; 1°⌒2° 548 Anton. | *συμπεζον* C

10 *μή* 1°] *και* 68-744 = Ald.; pr. *και* 755 Arm Anton. p. 1045 | om. *αὐτῷ* 542 | *οδυνηθης* *O*-V *L* 542 (*οδυνθης*) 547* La (*doleas*); *συλλυπηθης* Anton. | *ἐσχάτων*] *-τω* B-S 315 La Syh verss. = Syr: cf. 1b; + *σου* 578 Aeth | *γομφιάσεις*] *-σης l*-157′ *a* 46 alii; *-σει* (*-ση* 249-754) L^{-248}-315 *b* 339 534 542 Syh verss. Anton. = Syr; + *εις* 68-744′ = Ald. | om. *σου* 248 La[X]

11 *δῷς*] *δωσεις* 429 | *αὐτῷ ἐξ.*] tr. 543 Sa | *εν νεοτητος* (sic) 706 | hab. v. 11b *L* 404′ 547 La Arm (sim.) Anton. p. 1045 = H

12 κάμψον τὸν τράχηλον αὐτοῦ ἐν νεότητι,
θλάσον τὰς πλευρὰς αὐτοῦ, ὡς ἔστιν νήπιος,
μήποτε σκληρυνθεὶς ἀπειθήσῃ σοι,
καὶ ἔσται σοι ἐξ αὐτοῦ ὀδύνη ψυχῆς.
13 παίδευσον τὸν υἱόν σου καὶ ἔργασαι ἐν αὐτῷ,
ἵνα μὴ ἐν τῇ ἀσχημοσύνῃ αὐτοῦ προσκόψῃς.

14 Κρείσσων πτωχὸς ὑγιὴς καὶ ἰσχύων τῇ ἕξει
ἢ πλούσιος μεμαστιγωμένος εἰς σῶμα αὐτοῦ.
15 ὑγίεια καὶ εὐεξία βελτίων παντὸς χρυσίου,
καὶ πνεῦμα εὔρωστον ἢ ὄλβος ἀμέτρητος.

Περὶ βρωμάτων

16 Οὐκ ἔστιν πλοῦτος βελτίων ὑγιείας σώματος,
καὶ οὐκ ἔστιν εὐφροσύνη ὑπὲρ χαρὰν καρδίας.

B S A C V O *L l a b c* min. La verss.

12 hab. v. $12a$ *L* La Arm Anton. p. 1045 = H: ex 7_{23} | θλάσον] κλασον Constit.^{te}; pr. και *L* La = H | τὰς πλ./αὐτοῦ] τα πλευρα αυτου 46; tr. 547; pr. τας καρδιας και 404 | ὡς] εως A *l*-157′ *b* 46 155 315′ 336 339 358 421 443 534′ 543 753 | ἔστιν νήπ.] ετι νηπ. εστιν L^{-248} La (om. ετι) Cass. ps. 102, 13 | σκληρυνθης L^{-248} alii | ἀπειθήσῃ] -σει S (απιθησει) V-253 493 *c*-795 alii; επιθησει 155 | hab. v. $12d$ *L*′-672 404′ 547 La Anton. p. 1045 = H | ἔσται σοι] εξεστι 705; om. σοι 493-637 $La^{\Gamma c\Theta}$ | om. ἐξ αὐτοῦ *L*-672 La | ψυχῆς] τη ψυχη σου 493-637 La^{pc}
13 παιδευσαι 679*; -δευε 543 | om. τόν V 637 | om. σου 404 | καὶ ἐργ. ἐν αὐτῷ] ως εστιν νηπιος C: ex $12b$ | εργασον 68-744′ = Ald. | om. ἐν 1° 606 | om. μή 46 547* 672 | ἀσχημοσύνῃ] αισχυνη *c*-404′-679: cf. 29_{21} | αὐτοῦ] σου B 705 Mal. (»ἔν τινι τῶν παλαιοτέρων«) | προσκοψη B Mal.; -ψει 744; -ψεις 339*; προκοψης 336 547* Dam. p. 296
14 init.] pr. tit. περι υγ(ι)ειας B^{c2} *a*-534 *c*-679-795 336 543 ArmII Mal., περι βρωματων 637-672-545-705 *b* 613: cf. 16 init. | κρεισσον 253 296* alii: cf. $17a$ 10_{27} | τῇ ἕξει] pr. εν 672 Sa La^{Ω} = H | μεμαστιγ.] pr. ὁ V | εἰς σῶμα] εν σωματι 753 = H; εις το σωμα *L*
15 ὑγίεια A B^{c} L^{-248} alii] υγια B* V-253 alii; υγεια S C 248 alii Mal.: cf. 1_{18} | om. καί 1° 744 Sa = Ald. | εὐεξία] ευσεβεια 547 | βελτειον S; -τιον 248 alii; -τιω 493 46 543 797; > 578 | χρυσίου] πλουτου 542 Aeth: cf. 34_{5} | πνεῦμα Sm. = H] σωμα codd. et verss. | ὄλβος] -βιος 548; πλουτος 421 795 | μετρητος *c*
16 *Περὶ βρωμάτων* B*-S 248 155 542 755 795 Arm Mal.] περι υγιας A; > rel. | πλουτου 46 | βελτιον 637 alii; -τιω 46 | ὑγιείας A B^{c} L^{-248} alii] υγιας B* C V-253 alii; υγειας S 248 alii Mal.; υγεια 46 155; υγια 421; υγιεια 548: cf. 1_{18} | χαράν] χαριν S*

17 *κρείσσων θάνατος ὑπὲρ ζωὴν πικρὰν*
καὶ ἀνάπαυσις αἰῶνος ἢ ἀρρώστημα ἔμμονον.
18 *ἀγαθὰ ἐκκεχυμένα ἐπὶ στόματι κεκλεισμένῳ*
θέματα βρωμάτων παρακείμενα ἐπὶ τάφῳ.
19 *τί συμφέρει κάρπωσις εἰδώλῳ;*
οὔτε γὰρ ἔδεται οὔτε μὴ ὀσφρανθῇ·
(20) *οὕτως ὁ ἐκδιωκόμενος ὑπὸ κυρίου.*
(21) 20 *βλέπων ἐν ὀφθαλμοῖς καὶ στενάζων*
ὥσπερ εὐνοῦχος περιλαμβάνων παρθένον καὶ στενάζων,
οὕτως ὁ ποιῶν ἐν βίᾳ κρίματα.

(22) 21 *Μὴ δῷς εἰς λύπην τὴν ψυχήν σου*
καὶ μὴ θλίψῃς σεαυτὸν ἐν βουλῇ σου.
(23) 22 *εὐφροσύνη καρδίας ζωὴ ἀνθρώπου,*

B S A C V *O L l a b c* min. La verss.

17 *κρεισσον* 296-548^{c} alii $La^{\Sigma *}$ (*melius*): cf. 14a | *πικράν*] *πονηραν a b* 753 Sa = H | *καὶ ἀνάπ. αἰῶνος* (*-νιος* $S^{(c)}$ La) S^{c} L^{-248}-315′ 336 547 753 La = H] > rel.: cf. Ziegler, Die Münchener griech. Sirach-Hs. 493 p. 52—54 | *ἔμμονον*] *εμμενον* 307 (*-νων*) 315′ 768 Dam. p. 188 (non p. 24)

18 init.] pr. tit. *περι βρωματων a*-534 *c* 336 753 La^{L} Sa (+ *quae est utilitas*): cf. 16 init. | *ἀγαθά*] pr. *ωσπερ* Anast. p. 688; *sicut escae* (= *εδεσματα* Dillm. p. 116) Aeth | *ἐκκεχυμένα*] *κεχυμενα* 548 (*-χημ.*) Max. p. 940; *κεκλεισμενα* 248 = Syr: ex sq.; *abscondita* (= *κεκρυμμενα*? Sm.) La | *ἐπί* 1°] *εν* 547 | *στοματος κεκλεισμενου* 534 (*-κλησ.*) | 18b init.] pr. *ἤ l* 672 Anast. (= Epiph. II 363); pr. *et* Sa; pr. *quasi* La Arm (*et quasi*) = Syr; pr. *sic* Aeth | *θεμα* B Syh (vid.); *θυματα* 755; *πεμματα l* (tr. post *βρωμάτων*); *εδεσματα* verss. Anast.; *θεαμα* 358 Dam. p. 1280 | *βρωμάτων*] *προβατων* V | *παρακειμενων* Dam.; *παρατιθεμενα* 336 | *ἐπί* 2°] *εν* L^{-248}-672 155 Aeth; *ante* Syh = H; > 248 La | *τάφῳ*] *-φου* V-253; pr. *τω* 336

19 (**19—20**) *εἰδώλῳ*] *-λων* 443*? 543 673 706 verss.^{p} | *οὔτε* 1°] *ου* 493 | *εχεται* 795 | *οὔτε* 2°] *ουδε* 253 Sa^{Th}; + *γαρ* 755 La^{pc} | *μὴ ὀσφρ.*] *μην οσφρ.* 46 603 679; *οσφραινεται* Anast. | *ουτος* 493 | *ὁ ἐκδιωκ.*] *qui vindicatur* (= *ο εκδικουμενος* Hart Sm.) Syh: cf. 39$_{30}$ | *ὑπό*] *παρα* 46

20 (**21**) *βλέπων*] pr. *ὁ* 248 575 | *ἐν ὀφθ.*] *τοις οφθ.* 248 La; + *αυτου* C *l* 46 542 575 verss.^{p} = H | *καὶ στεν.* 1°] *καταστεναζων* 130 | *ὥσπερ*] *ως* 307 PsBas. II 800; + *γαρ* 542 | *εὐνοῦχος*] pr. *ὁ* 548 | *περιλαβων* 358; *παραλαμβανων c*-679 | *παρθένον*] *-νων* 253; *γυναικα* 672; > *c* | hab. v. 20c B^{mg} *O*-V *L′*$^{-248}$-315′ *b* 534′ 753 Mal. = H et 204b | *κρίματα*] *κριμα* 534′ = H; *πραγματα* L^{-248}-315′ Mal. (»*κρίματα ἢ πράγματα ὡς ἐν ἑτέρῳ*«)

21 (**22**) *δῷς εἰς*] *δωσεις* 613 728; *δωσης* 155 336 542; om. *εἰς* 358 547* 548 La: cf. 31$_{6}$ 38$_{20}$ | *τη ψυχη* 155 336 358 542 547* 613 679 La; *την καρδιαν* 46 Sa: cf. 38$_{20}$ | *καὶ μή*] *μηδε* 155 | *θλίψῃς*] *-ψεις* 637 | *σεαυτόν*] *εαυτον* L^{-248}-705 46 548 753 | *ἐν β.*] *τη β.* 613; *εν τη β.* 543; *εν ζωη* C; *in animo* La^{X}

22 (**23**) *ζωή*] pr. *αὕτη* 248 La (+ *est*) = H; > 534 | *ανθρωπω* 46; *-πων* 542 | 22a fin.] + (23b) *et thesaurus sine defectione sanctitatis* La: cf. *θησαυρος αδιαπτωτος η θεοσεβεια* Anton. p. 768 et *σοφιας δε θησαυροι ανεκλειπ-*

καὶ ἀγαλλίαμα ἀνδρὸς μακροημέρευσις.
(24) 23 ἀπάτα τὴν ψυχήν σου καὶ παρακάλει τὴν καρδίαν σου
καὶ λύπην μακρὰν ἀπόστησον ἀπὸ σοῦ·
(25) πολλοὺς γὰρ ἀπώλεσεν ἡ λύπη,
καὶ οὐκ ἔστιν ὠφέλεια ἐν αὐτῇ.
(26) 24 ζῆλος καὶ θυμὸς ἐλαττοῦσιν ἡμέρας,
καὶ πρὸ καιροῦ γῆρας ἄγει μέριμνα.
(**30** 27) **33** 13b λαμπρὰ καρδία καὶ ἀγαθὴ ἐπὶ ἐδέσμασιν
τῶν βρωμάτων αὐτῆς ἐπιμελήσεται.

34 (**31**) 1 Ἀγρυπνία πλούτου ἐκτήκει σάρκας,
καὶ ἡ μέριμνα αὐτοῦ ἀφιστᾷ ὕπνον.
2 μέριμνα ἀγρυπνίας ἀποστήσει νυσταγμόν,
καὶ ἀρρώστημα βαρὺ ἐκνήψει ὕπνον.
3 ἐκοπίασεν πλούσιος ἐν συναγωγῇ χρημάτων
καὶ ἐν τῇ ἀναπαύσει ἐμπίπλαται τῶν τρυφημάτων αὐτοῦ.

B S A C V *O L l a b c* min. La verss.

τοι Clem. I 284 (cf. Luc. 12_{33}) et *θησαυροι . . . και πλουτος ανεκλιπης . . . σοφια* Clem. II 340 | *ἀνδρός*] *καρδιας l* 672 Aeth: ex 34_{28} | *μακροημέρευσις*] *-σεις* S[c] 705; *μεγαλοημερευσεις* S*

23 (**24**—**25**) *ἀπάτα*] *-τω* 253; *αγαπα* B-S* A 248 *a*-534 157[c] 404 543 575 753 Mal.: cf. 14_{16}; *miserere* La | *παρακάλει*] pr. *μη* 672 | *μακράν*] *μικραν* 706: cf. 10_{10} | *ἀπόστησον*] *-στερησον* 547 | *ἀπὸ σοῦ*] *απο μου* 744*; *απ εμου* 253 | *ἀπώλεσεν* Dam. p. 24] *απεκτεινε(ν)* B *O*-V (*-τινεν*) *b* 46 307 358 443 534 547 753 La Aeth Antioch. p. 1512 Mal. = H; + *και απεκτεινεν* 248: cf. Syr; tr. *ἀπώλ.* post *λύπη* 421 | om. *ἡ* A V-253 *a*-534′ *b c*-404′-679 155 307 315 429 443 547* | om. 23d 248 547 = Syr | om. *καί* ult. 404′ | *ὠφ./ἐν αὐτῇ*] tr. 429 | *ὠφέλεια*] *οφελος* Dam.: cf. 31_{30} Cor. I 15_{32} Jac. $2_{14\ 16}$ | *ἐν αὐτῇ*] *εν αυτω* 755; *in tristitia* (= *εν λυπη*) Aeth ArmI = H

24 (**26**) *ζῆλος*] *οργη* Max. p. 837 | *ελαττονουσιν* C V 755: cf. 16_{23} | *καὶ πρὸ κ. γῆρας ἄγει*] *γηρας προ κ. φερει* 421 | *γῆρας ἄγει*] tr. Dam. p. 236 | *γῆρας*] *γηρους* S[c] | *μεριμναν* S 46 315 534 679 797 La[T*]

33 13b (**30**$_{27}$) 13b] cf. Thomas, VT 10 (1960) 456 | *ἐδέσμασιν*] *-ματων* 358 542 755 768; *-ματα* 672 | *τῶν βρ.*] *σιτων βρ.* 672; > 768 | *ἐπιμελήσεται*] *-ληθησεται* 315; *obliviscetur* (= *επιλησθησεται* Hart) Syh; *πιμελώσεται* Kuhn II 108: cf. Prov. 3_{8} 13_{4}; *πιμελὴς ἔσται* Katz

34 (**31**) **1** *πλούτου*] *et divitiae* Syh; *divitis* (= *πλουσιου*) Sa = H | *σαρκα* 46 603 = H | *αφιστατο* A

2 *ἀποστήσει* 336 543 La Bret. Ra.] *απαιτησει* (*απαρτ.* 768) rel. (Anton. p. 920 Max. p. 880) | *νυσταγμόν*] *υπνον* 575: ex 1b 2b | *βαρύ*] *μακρυ* 336; *αυτου* 46 | *ἐκνήψει*] *εκνιψει l* 249-754 alii Grotius; *εκτηξει* 603: ex 1a; *εκνισι* V; *εκριψει* 672 | *ὕπνον* B*c2 C *a*-534′ *c*-679 46 307 358 443 verss.[p] Mal.*] *animam* La; *υπνος* rel.

3 *εκοπασε* 358 | *ἐν τῇ ἀναπαύσει*] *in requie sua* La Arm: cf. 4b; om. *ἐν τῇ* 606; om. *ἐν* La[X]; om. *τῇ* 149-260 | *εμπιμπλαται* B 157 254 315[c] 443: cf. 14_{9}; *εμπιπλανε* 578 | om. *τῶν* 248 46[c]

4 *ἐκοπίασεν πτωχὸς ἐν ἐλαττώσει βίου*
καὶ ἐν τῇ ἀναπαύσει ἐπιδεὴς γίνεται.

5 *Ὁ ἀγαπῶν χρυσίον οὐ δικαιωθήσεται,*
καὶ ὁ διώκων διάφορα ἐν αὐτοῖς πλανηθήσεται.
6 *πολλοὶ ἐδόθησαν εἰς πτῶμα χάριν χρυσίου,*
καὶ ἐγενήθη ἡ ἀπώλεια αὐτῶν κατὰ πρόσωπον αὐτῶν.
7 *ξύλον προσκόμματός ἐστιν τοῖς ἐνθουσιάζουσιν αὐτῷ,*
καὶ πᾶς ἄφρων ἁλώσεται ἐν αὐτῷ.
8 *μακάριος πλούσιος, ὃς εὑρέθη ἄμωμος*
καὶ ὃς ὀπίσω χρυσίου οὐκ ἐπορεύθη·
9 *τίς ἐστιν, καὶ μακαριοῦμεν αὐτόν;*
ἐποίησεν γὰρ θαυμάσια ἐν λαῷ αὐτοῦ.
10 *τίς ἐδοκιμάσθη ἐν αὐτῷ καὶ ἐτελειώθη;*
καὶ ἔσται αὐτῷ εἰς καύχησιν.
τίς ἐδύνατο παραβῆναι καὶ οὐ παρέβη,

B S A C V *O L l a b c* min. La verss.

4 *πτωχός*] *πλουσιος* 46*; *βροτος* 795; *malus* Syh | *βίου*] *πλουτου* 548* | *ἐν τῇ ἀναπ.*] + *αυτου* 248 *a*-534′ 547 797 Arm: cf. 3b; *in fine* La | *ἐπιδεὴς γίν.*] *ενδεης γιν.* 603 755; *εμπιπλαται* 46*: ex 3b

5 *χρυσίον*] *-σιου* 768; *-σον* Anast. p. 436: cf. 7 18; *τον πλουτον* Anton. p. 885: cf. 30 15 | *δικαιωθήσ.*] *διασωθησεται a*-534 | om. 6b *l* 755 Anast. | om. *ὁ* 2° 534 795 | *διάφορα* Sm. Ra.: cf. 7 18] *consumptionem* La; *multa* La^Z* Spec.; *φθοραν* 358 443* 603; *διαφθοραν* rel. | *ἐν αὐτοῖς* Sm. Ra. = *in illis* La^Z* Spec.: cf. H] *αυτοις* 315; *αυτης* 768 Mal.; *αυτα* 493; *ουτος* S 248; > La; *αυτος* rel. | *πλανηθήσεται* Sm. = *inplanabitur* Spec.] *inplicabitur* La^Z* Paulin.: cf. Einl. p. 17; *πλησθησεται* (*εμπλ.* 542 795) rel.; + *αυτης c*-679-795 358 547 La (*ex ea*)

6 *ἐδόθησαν*] *εδεθησαν* 248: cf. H; *εφθαρθησαν* Antioch. p. 1457 | *εἰς πτῶμα*] *εις -ματα* 578 Antioch.; *εις πτωσιν* 307; > 248 | om. *χάριν* La Dam. p. 1480 Antioch. | om. *ἐγενήθη* Anast. p. 436 | om. *ἡ* B A C *a c*-679 46 339 543 547* Anast.: post *-η* | om. *αὐτῶν* 1° 339 | *κατὰ πρόσ.*] *ενωπιον* 336

7 *ξ. προσκόμμ.*] *ουδε προσταγματος* S*; *ξ. προσκομματι* 46 | *ἐστιν*] *επι* 578 | *τοῖς*] pr. *πασι* 336 Sa Aeth; > 307 | *ἐνθουσιάζουσιν* S* *l*-157′ *a b c* 315′ 358 543 Sa (vid.) Aeth] *ενουσιαζ.* 307; *θυσιαζ. O*-V 248 Dam. p. 1480; *ενθυσιαζ.* rel. | *αὐτῷ* 1°] *-το* 547 613 679 | *ἁλώσ.*] *αλλοιωσεται* 339 | *ἐν*] *επ* 534′; > 155 795* (add.[1])

8 *πλούσιος*] *ανθρωπος* 336 Antioch. p. 1457 La^T MissRom. et alii testes lat. = H; pr. *ὁ* V *b* 547 613 | *ὃς εὑρέθη/ἄμ.*] tr. 797 | *χρυσίου οὐκ*] *κυριου* 339

9 *ἐστιν*] + *ουτος L′*-315′ 613 La = H | om. *καί* 254 verss.^p | *αὐτόν*] *-τω* 728 | om. *γάρ* C Aeth | *θαυμαστα c*-795: cf. 39 20 48 14

10 10a/10b] tr. 253 | *ἐδοκιμάσθη*] *εδικαιωθη* 307 | *ἔσται O*-S^c-V *L*-106 *b* 46 547 La Ra.] *εστω* rel. | *αὐτῷ O*-S^c-V *L*^-248 46 547 La Aeth Arm Ra. = H] > rel. | *καύχησιν*] *-χημα L* 547; + *αυτω* 613 | *οὐ παρέβη*] *ουκ*

καὶ ποιῆσαι κακὰ καὶ οὐκ ἐποίησεν;
11 *διὰ τοῦτο στερεωθήσεται τὰ ἀγαθὰ αὐτοῦ,*
καὶ τὰς ἐλεημοσύνας αὐτοῦ ἐκδιηγήσεται ἐκκλησία.

12 *Ἐπὶ τραπέζης μεγάλης ἐκάθισας;*
μὴ ἀνοίξῃς ἐπ᾽ αὐτῆς φάρυγγά σου
(13) *καὶ μὴ εἴπῃς Πολλά γε τὰ ἐπ᾽ αὐτῆς·*
(14) 13 *μνήσθητι ὅτι κακὸν ὀφθαλμὸς πονηρός.*
(15) *πονηρότερον ὀφθαλμοῦ τί ἔκτισται;*
διὰ τοῦτο ἀπὸ παντὸς προσώπου δακρύει.
(16) 14 *οὗ ἐὰν ἐπιβλέψῃ, μὴ ἐκτείνῃς χεῖρα*
(17) *καὶ μὴ συνθλίβου αὐτῷ ἐν τρυβλίῳ.*

B S A C V *O L l a b c* min. La verss.

επαρεβη 543 797 | om. *καί*4° La^{V} Dam. p. 1480 | *κακά*] *κακιαν* 248 = H; *κακον* 443 La^{GZ*} Sa Anast. p. 356 Ambr. II 500^{ap} Caes. s. 140,1 141,1

11 *διὰ τοῦτο L* La Katz = H] > rel. | 11a fin.] + *εν ισραηλ* 339 | om. *τάς* Dam. p. 1480 | *διηγησεται* 603 Mal. | *ἐκκλησία*] *-σιας* 755 768*; *σοφια* A; pr. *εν* 542 603 672 797 Aeth; pr. *ἡ* Dam.

12 (12—13) init.] pr. tit. *περι βρωματων* 254-603 404′ 547, *περι τραπεζης και βρωματων* 336: cf. H, *περι εστιασεως και οπως δει εστιασθαι l*, *περι εγκρατειας* 249-754 La^{Gpl} (+ *ciborum*^{Y}), *περι απληστιας* 679 | init.] pr. *υιε* 694a = H; pr. *si* Sa Aeth (*et si*) = H; pr. *φαγε ως ανθρωπος εαν* Dam. p. 1412: ex 16a | *μεγάλης ἐκάθ.*] *μεγ. καθισας* 248; *εκαθ. μεγιστης* 404; om. *μεγάλης L*$^{-248}$ | 12b init.] pr. *και* 315′ | *ἀνοίξῃς*] *-ξεις* 296-548 alii; *-ξας* S*; *ανοιγης* 421 | *ἐπ᾽ αὐτῆς/φάρ. σου*] tr. 248 307 Sa Antioch. p. 1440 | *ἐπ᾽ αὐτῆς* 1°] *επ αυτη* S *a c*-404′-679 157′ 254-603 315′ 336 339 429 443 575 613 La^{Y*} (*super illa*); *επ αυτην l* 155 249-754 358 543 Dam.: cf. La (*super illam*); *επ αυτο* 694a; *εν αυτη* 307; > 421 | *φάρυγγα*] pr. *τον* B* 307 336 421 | om. *μή* 2° A C 307 339 421 578 | *γε*] *σοι* 705 | *ἐπ᾽ αὐτῆς* 2°] *επ αυτη* 358 421; *εν αυτη* 694a 768 Aeth; *εν αυτης* (sic) 68-744 548 = Ald.

13 (14—15) init.] pr. *φυλαξον* Dam. p. 217 | *κακόν*] + *ει* 336; + *est* La^{V} Syh | *ὀφθ. πον.*] *οφθαλμον πον. αυτου* 421 | 13b] *μηδεν πονηροτερος κεκτισται* 421; pr. *και* 493 Sa = H | *ὀφθαλμοῦ*] + *πονηρου* 307: ex 13a | *τί*] *τις* 68-744 La^{S*} (vid.) = Ald. | *εκτισθη* V | *ἀπό*] *επι* 547 | *π. προσώπου*] *π. ανθρωπου* 548; tr. 404′ | *δακρυσει* 46 (*-σεις*) La Syh Dam. p. 217

14 (16—17) *οὗ ἐάν*] *ον αν* 493; *ους εαν* 755 | *ἐπιβλέψῃ*] *-ψει* 296-548 alii; *-ψης* S* 155 543 694a Syh Dam. p. 1413 Antioch. p. 1440 | *ἐκτείνῃς*] *εκτινι* V | *χεῖρα*] pr. *την* 307 603 613 694a Dam. Antioch.: cf. 18b; + *σου* 248 694a La verss. Dam. Antioch. = Syr: cf. 18b | om. *καί* 705 La^{V} | *συνθλίβου*] *συντριβου* 307 797 (*συνθρ.*); *συμβάλλου* Katz | *αὐτῷ*] *-του* Mal.; *αντ αυτου L*$^{-248}$-315′; *μετ αυτου* 358 Sa Or. IV 465 = H; *οινω* 545^{c}; > 694a La | *τρυβλίῳ*] pr. *τω* S C *L*$^{-248}$-315′ *a*-534′ 46 155 542 543 547 694a 755 Or. Antioch. Mal.

(18) 15 νόει τὰ τοῦ πλησίον ἐκ σεαυτοῦ
καὶ ἐπὶ παντὶ πράγματι διανοοῦ.
(19) 16 φάγε ὡς ἄνθρωπος τὰ παρακείμενά σοι
καὶ μὴ διαμασῶ, μὴ μισηθῇς.
(20) 17 παῦσαι πρῶτος χάριν παιδείας
καὶ μὴ ἀπληστεύου, μήποτε προσκόψῃς·
(21) 18 καὶ εἰ ἀνὰ μέσον πλειόνων ἐκάθισας,
πρότερος αὐτῶν μὴ ἐκτείνῃς τὴν χεῖρά σου.

(22) 19 Ὡς ἱκανὸν ἀνθρώπῳ πεπαιδευμένῳ τὸ ὀλίγον,
καὶ ἐπὶ τῆς κοίτης αὐτοῦ οὐκ ἀσθμαίνει.
(24) 20 ὕπνος ὑγιείας ἐπὶ ἐντέρῳ μετρίῳ·
ἀνέστη πρωί, καὶ ἡ ψυχὴ αὐτοῦ μετ᾽ αὐτοῦ.
(23) πόνος ἀγρυπνίας καὶ χολέρας
καὶ στρόφος μετὰ ἀνδρὸς ἀπλήστου·

B S A C V *O L l a b c* min. La verss.

15 (18) om. *τά* 46 La^{Gpl} | *τοῦ πλ.*] *του πλησιου* 578 744 = Ald.: cf. 17$_{14}$; *των πλ.* Antioch. p. 1440 | *ἐκ σεαυτοῦ*] *εξ εαυτου* 253 *L*$^{-248}$ 443 547 679 Dam. p. 1137 Anton. p. 1140 Antioch.; *εκ σεαυτον* (sic) 694a; pr. *ως O* = H | *πράγματι*] *ρηματι* 248; > 404′ Mal.

16 (19) *παρακείμ.*] *παρατιθεμενα* 542 755 = Luc. 10$_{8}$; *προκειμενα* 694a | *σοι*] *σου* 68-744 = Ald.; > Clem. | om. $_{16}$b Clem. | *μή* 1°] *μηποτε* Sa; > 106 | *διαμασῶ*] *-σου* S*; *ἀμειδιάσῃς* Kuhn II 108 | *μή* 2°] pr. *ινα l*-157′ 311 336 404′ 547 613 Antioch. p. 1440: cf. H; *μηποτε* 307 755 Sa = H; > 534

17 (20) *πρωτον* 248 46 534; > 755* | om. $_{17}$b Clem. | om. *καί* 46 La^{C} | om. *μή* Antioch. p. 1440 | *ἀπληστεύου*] *-σταινου* 705; + *επι τραπεζης* Dam. p. 1332 Anton. p. 909 | *μήποτε*] *μητε* 728; *μη* Antioch.; *ινα μη* 797; *και* 534 | *προσκόψῃς*] *προτερος κοψης* Antioch.; *μισηθης* 534: ex $_{16}$b; *εν μεσις* (sic) 694a

18 (21) *καὶ εἰ*] *καν* Clem.^{P}; om. *καί b* 311 Sa Aeth; om. *εἰ* 797 | *πλειόνων*] *πλησιων* 694a | *καθισαι* V | *πρωτερον* 534 694a | *αὐτῶν*] *-τος* 336 429 | *τὴν χεῖρά σου*] om. *τήν b* 542; om. *σου* 543; *χειρα* Clem. = H et $_{14}$a

19 (22) *Ὡς*] *το* Clem.; > Syh | *ἱκανόν*] *-νω* 548 | *τὸ ὀλ.*] *οινος* Clem.; *vinum exiguum* (= *ολιγος οινος* 545^{c}) La: cf. Tim. I 5$_{23}$ | om. *καί b* | *οὐκ ἀσθμαίνει*] *ουκ ασθενει* (*-νη* 296-548-795) C *c*-679-795 46 336 429 613; *ουκ αναστενασει* 404; *αναπαυσεται* (leg. *αναπνευσεται*?) Clem.; *ο⟨υ⟩ μη βλαβοι* 694a

20 (24 23) *ὑγιείας* A B^{c} alii] *υγιας* B*-S C 253 alii; *υγειας* 248 alii Mal.; *υγεια* Dam. p. 373; *υγιεις* 155: cf. 1$_{18}$ | *ἐπὶ ἐντ. μ.*] *επι εντερων μετριων* Max. p. 804; *εν εντ. μ.* Chr. IX 133 Mal.; *εν σπλαγχνω εντ.* Chr. I 346; *επι ετερω μ.* 106-545 404 (*ενετερω*) 679 694a | *ψυχή*] *ισχυς* 404 | *αὐτοῦ* 2°] *-τοις* 694a | *πόνος*] + *δε* S Clem.; + *γαρ* 613 | *αγρυπνια* 603 | *χολερα* 248 443 603 795 La Clem. = H; *-ρου* 797; *σχολερας* 493; *σχολερα* 672 | *στρόφος* Clem.] *στρεφομενος* S*; *ira* (*οργη*) Sa^{L}

(25) 21 *καὶ εἰ ἐβιάσθης ἐν ἐδέσμασιν,*
ἀναστὰς ἔμεσον πόρρω, καὶ ἀναπαύσῃ.
(26) 22 *ἄκουσόν μου, τέκνον, καὶ μὴ ἐξουδενώσῃς με,*
καὶ ἐπ᾽ ἐσχάτων εὑρήσεις τοὺς λόγους μου·
(27) *ἐν πᾶσιν τοῖς ἔργοις σου γίνου ἐντρεχής,*
καὶ πᾶν ἀρρώστημα οὐ μή σοι ἀπαντήσῃ.
(28) 23 *λαμπρὸν ἐπ᾽ ἄρτοις εὐλογήσει χείλη,*
καὶ ἡ μαρτυρία τῆς καλλονῆς αὐτοῦ πιστή.
(29) 24 *πονηρῷ ἐπ᾽ ἄρτῳ διαγογγύσει πόλις,*
καὶ ἡ μαρτυρία τῆς πονηρίας αὐτοῦ ἀκριβής.

(30) 25 *Ἐν οἴνῳ μὴ ἀνδρίζου·*
πολλοὺς γὰρ ἀπώλεσεν ὁ οἶνος.
(31) 26 *κάμινος δοκιμάζει στόμωμα ἐν βαφῇ,*
οὕτως οἶνος καρδίας ἐν μάχῃ ὑπερηφάνων.

B S A C (fin. 22) V *O L l a b c* min. La verss.

21 (25) om. *καί* 1° 613 Aeth | om. *εἰ* 706 | *εβιασθη* 672 SaTh; *ενεβιασθης* 336; *εκβιασθης* 578 | *ἀναστάς* V L^{-248}] *αναστα* rel. | *ἔμεσον πόρρω a*-534] *εμεσον* V* (*επεσον*^{c}) L^{-248} Sa; *μεσοπωρων* B A C *c* 443*; *μεσοπορων* S^{c} 253 *l b* alii: Thack. § 6$_{30}$; *μεσοπωρον* S* 542; *μεσόπορον* 547; *μεταπορων* 578; *πεζοπορων* 575; *e medio evome* (*et vome*^{Gpl}) La Syh; *μεσοπορων εμεσον* 248 Mal. (»*ἐν δὲ ἄλλως γεγραμμένῳ*«) | *ἀναπαύσῃ*] *-σει* 296-548 alii; *-σαι* 542; *-παυει* 543; *-παυη* 578; *-πανου* 547; *-παησῃ* 307; *υγιης εσῃ* V
22 (26—27) *εξουθενησης* B (*-δεν.*) *b* 46 (*-νισης*) 157′ 307 358 443 542 613^{c}: cf. 31b | *ἐσχάτων*] *-τω* B-S* *O*-V 339 La verss.; *-του* A C 155 543: cf. 1$_{13}$ | *εὑρήσεις*] *επιγνωσῃ b*: cf. 12$_{12}$ | *μου* 2°] *σου* 339 | *ἔργοις*] *λογοις* A 493 *a*-534 *b* 307 542 Sa: cf. 4$_{29}$ | *γεινου* S V; *γενου* 755 | *ἐντρεχής*] *-τραχεις* 404; *εντεχνης* 358 | *σοι ἀπ.*] tr. 547 La Syh Sa = H | *σοι*] *σε* 336 404 548 Anton. p. 1120 | *ἀπαντήσῃ*] *-σει* L^{-248} *b* alii; *-σοι* 46 797; *υπαντησει* 672; *απατησει* 404: cf. 43$_{22}$
23 (28) *λαμπρω b* 336 534; *λαμπρος* 46 | *αρτω b* 336 534 verss.^{p}: cf. 24a | *ευλογησαι* 248 | om. *καί* 248 | om. *ἡ* B-S* 253 248 443 543 547* | *μαρτ. τῆς καλλ.*] *μαρτ. της πονηριας* 534: ex 24b; *καλλονη της μαρτυριας* 339
24 (29) *πονηρῷ*] *-ρον* 547 La$^{\Theta}$ | *ἐπ᾽ ἄρτῳ*] *επ αρτοις l*-157′ La$^{\Theta}$: cf. 23a; *επαρχω* 543 672 | *γογγυσῃ* 705 | *μαρτ. τῆς πον.*] *πονηρια της μαρτυριας* 706
25 (30) *ἀνδρίζου* Clem. Antioch. p. 1448] *σοφιζου c*-404′-679 155 429 755 | *ἀπώλεσεν*] *ηχρειωσεν* Clem. | om. *ὁ* Antioch. = Compl.
26 (31) init.] pr. *ως* 493 La$^{\Gamma c}$ (*sicut*) Clem. | *δοκιμα* S*: cf. 27$_{5}$ | *στόμωμα*] *στομα* 253 46 157′ 443 534* 603 672 | *οὕτως οἶ.*] *ουτος οι.* 106 728; *ο δε οι.* 404; *οι. δε* Clem. | *καρδίας*] *-διαν* Sa ArmII Clem.; *εν καρδια* 248 155 547 Aeth; *cordibus* Syh | om. *ἐν μάχῃ L* La Aeth Clem. | *ὑπερηφάνων*] + *εν μεθῃ L* Clem.; + *arguet in ebrietate* (= *εν μεθῃ* Zi.) *potatum* La

(32) 27 ἔφισον ζωῆς οἶνος ἀνθρώποις,
ἐὰν πίνῃς αὐτὸν ἐν μέτρῳ αὐτοῦ.
(33) τίς ζωὴ ἐλασσουμένῳ οἴνῳ;
(35) καὶ αὐτὸς ἔκτισται εἰς εὐφροσύνην ἀπ᾽ ἀρχῆς.
(36) 28 ἀγαλλίαμα καρδίας καὶ εὐφροσύνη ψυχῆς
οἶνος πινόμενος ἐν καιρῷ αὐτάρκης·
(39) 29 πικρία ψυχῆς οἶνος πινόμενος πολὺς
ἐν ἐρεθισμῷ καὶ ἀντιπτώματι.
(40) 30 πληθύνει μέθη θυμὸν ἄφρονος εἰς πρόσκομμα
ἐλαττῶν ἰσχὺν καὶ προσποιῶν τραύματα.
(41) 31 ἐν συμποσίῳ οἴνου μὴ ἐλέγξῃς τὸν πλησίον
καὶ μὴ ἐξουδενώσῃς αὐτὸν ἐν εὐφροσύνῃ αὐτοῦ·
(42) λόγον ὀνειδισμοῦ μὴ εἴπῃς αὐτῷ
καὶ μὴ αὐτὸν θλίψῃς ἐν ἀπαιτήσει.

B S A V *O L l a b c* min. La verss.

27 (**32—35**) *επισον* A 248 *b* 315 358 534′ 547 755 Mal; *επισος* *l*-157′ *a*: cf. 9_{10}; *εφισος* 307 336; *εφισοις* 404′; *επισης* L^{-248}-672-673 (-*σοις*); *εφισου* 339; *εφοσον* V; *επι ησσον* 46 | *οἶνος*] *αινος* 106: cf. 40_{20}; pr. *ὁ* *c*-404′-679 339 | *ἀνθρώποις*] -*πω* B Sa Aeth = H; -*που* 443 La^{Zc2} | *αὐτόν*] -*τω* 155 | *ἐν μέτρῳ*] *μετρου* 548; *εν μετριω* 705; om. *ἐν* B-S* A *c*-679 Mal. | *ζωή*] *ζωης* 404′; *ζων* 534 578 | *ἐλασσουμένῳ*] -*νων* 578; -*νη* L^{-248} La (exc.^{V}); -*νος* 534; -*νου* 404 (*ελλασσομ*.)-795 542 (*ελαττουμ*.) 706 (*ελασσομ*.); *ελαττουμενω* 46 443: cf. 16_{23} | *οἴνῳ*] *οινου* A *a*-534 *b* *c*-404′-679 155 307 315 339 358 542 543 755 Mal.; pr. *εν* S^{c} Mal. (»*ἐν τῷ ἑτέρως ἔχοντι τῶν ἀντιγράφων*«): cf. 41_{2} | *καὶ αὐτὸς ἔκτ. εἰς εὐφρ.*] *οινος εις ευφρ. και ουκ εις μεθην εκτισθη* Dam. p. 217 La | *εὐφροσύνην*] *αφρ*. 672: cf. 31b 13_{8} | *ἀπ᾽ ἀρχῆς* Dam. La Sm. = H] *ανθρωπων* S* L^{-248}-315′ 443; *ανθρωποις* (pr. *τοις* 311) rel.: ex 27a

28 (**36**) *καρδίας καὶ εὐφρ. ψ.*] *ψ. και καρδιας* Clem. La | *καρδίας*] -*δια* *c*; *ανδρος* *b*: ex 30_{22} | om. *καί* 534 La^{M*} | *ψυχη* 296-548 | *οἶνος πιν. ἐν κ.*] *εκτισται απ αρχης* (ex 27d) *πιν*. Clem.; pr. *ὁ* 548 | *οἶνος πιν.* ⌒ *οἶνος πιν.* (29a) 578 Syh | *καιρῷ*] pr. *τω* 404; + *αυτου* L^{-248} Aeth = H | *αυταρκως* 547 La (*moderate*) Clem.^{F} PsAth. IV 381 (lib.)

29 (**38—39**) *πικρία ψ.* = La (39)] > La (38a) Clem. | *πικρία*] + *γαρ* 755 | *πιν.*] *γινομενος* A | om. *πολύς* 705* Aeth (vid.) = H | *ἀντιπτώματι*] -*πτωμα* S*; *παντι πτωματι* Clem.; *εν πτωματι* 46 157

30 (**40**) *πληθύνει*] trah. La Clem. ad 29b (38b) | *μέθη θ.*] *μεθυ θ.* 673* 795 Kuhn II 109; *μεθην θυμος* 358; tr. 248 543 | *αφρονον* 795; -*νων* 336 | *ἐλαττῶν*] -*ττουσα* 311; *ελαττουμενος* 46: cf. 27c; *πλαττων* 296-548; *ελασσον* 755: cf. 16_{23} | *προσποιῶν*] -*ποιουσα* 311; *ποιων* 672 La (*faciens*) verss.^{p} Dam. p. 157 | *τραυμα* L^{-248} 46 296 547 verss.^{p} Dam.

31 (**41—42**) *συμποσιου* 307 404: cf. 35_{6} 49_{1} | om. *οἴνου* Arm Clem. | *μὴ ἐλ./τὸν πλ.*] tr. 253 La$^{\Omega}$ | *ἐλέγξῃς*] -*ξεις* 296*-548^{c}; *ελεγχε* Max. p. 884 | *τὸν πλ.*] *τω πλ.* 543; om. *τόν* 672; *φιλον* 534′ = Syr; + *σου* Dam. p. 1568 La^{C} verss. | *εξουθενησης* B *b* 155 157′ 315-672 (-*σεις*) 443 542 547: cf. 22a | *αφροσυνη* 547 672 679: cf. 27d | *αὐτοῦ*] *σου* 534 | *αὐτῷ*] -*τον* 296-548 | *αὐτὸν θλ.*] *αυτω θλ.* 404; tr. 705 La Syh verss.^{p} = Syr | *θλίψῃς*] -*ψεις* 296-548 | *ἀπαιτήσει*] *απατησει* 253 547 613*: cf. 14_{16}; *απαντησει αυτου* 248: cf. 19_{29}; *απεταση* 404

35 (32) 1 Ἡγούμενόν σε κατέστησαν, μὴ ἐπαίρου·
γίνου ἐν αὐτοῖς ὡς εἷς ἐξ αὐτῶν,
(2) φρόντισον αὐτῶν καὶ οὕτω κάθισον·
2 καὶ πᾶσαν τὴν χρείαν σου ποιήσας ἀνάπεσε,
(3) ἵνα εὐφρανθῇς δι' αὐτοὺς
καὶ εὐκοσμίας χάριν λάβῃς στέφανον.

(4) 3 Λάλησον, πρεσβύτερε, πρέπει γάρ σοι,
(5) ἐν ἀκριβεῖ ἐπιστήμῃ, καὶ μὴ ἐμποδίσῃς μουσικά.
(6) 4 ὅπου ἀκρόαμα, μὴ ἐκχέῃς λαλιὰν
καὶ ἀκαίρως μὴ σοφίζου.
(7) 5 σφραγὶς ἄνθρακος ἐπὶ κόσμῳ χρυσῷ
σύγκριμα μουσικῶν ἐν συμποσίῳ οἴνου·
(8) 6 ἐν κατασκευάσματι χρυσῷ σφραγὶς σμαράγδου
μέλος μουσικῶν ἐφ' ἡδεῖ οἴνῳ.

B S A V *O L l a b c* min. La verss.

35 (32) 1 (1—2a) init.] pr. tit. *περι ηγουμενων* B^{c2}, *περι ηγουμενου* 795, *περι καθηγουμενον ευταξιας* 679, *περι εξουσιας* 358 | om. 1a 68-744 = Ald. | *κατεστησα* 679 Anton. p. 1013 (non p. 1109) Antioch. p. 1777; *-σεν* 336 | *γεινου* S V; *γενου* 543 575 755 | om. *ἐν αὐτοῖς* 795 SaTh Arm = Syr; om. *ἐν* S 248 *a*-534' La^{x} Anton. p. 1109 PsCypr. | *αὐτῶν* 2°] *-τον* V 493-106-545* alii; *-τω* 358

2 (2b—3) *ποιήσας*] *ποιησον και ευδοκιμησας L* | *ἀνάπεσε* Anton. p. 1109 Antioch. p. 1777] *-σον* A *l*-157' *a*-534' 155 339 358 443 543 547 575 755 Dam. p. 1537; *-σαι* L^{-248} *c* 46 429 542 603; *αναπαυσαι* 248 | om. *δι'* 358 | *αὐτούς*] *-του* 705; *-των* 797 | *εὐκ. χάριν*] *ευδοκιας χ.* Dam.; *ευκοσμιαν* 755 | *στέφανον* B *O*-V *L b* 46 358] pr. *δι αυτων* S^{c}; pr. *τον* rel.

3 (4—5) *λαλει* 534 | *πρεσβύτερε* Clem.] *-τα c*-679-795 46^{c} 358 429 542 547 Mal.^{com}: cf. 25$_{20}$; *-τατε* 543; *-του* 755; *-τερω* 248 La^{S}; *-τεροις* 46*; *προς θυγατερα* V; + *εν συμποσιω* Clem. | *πρεπον* 46* | *σοι*] *σε* 578 | 3b init.] pr. *αλλ απαραποδιστως λαλησον και* Clem. | *ἀκριβεῖ*] *-βεια* 248 46 155 Clem.: cf. 16$_{25}$; + *δε* 248 46^{c} Chr. XII 523 | *επιστημης* 248 46 Clem. | om. *καί* S* 339 | *μὴ ἐμπ.*] *εμποδισεις* 248 46^{c} Chr. | *μουσικον* 46*

4 (6) *ἐκχέῃς*] *εκθης* 155; *ενποδεισης* 534: ex 3b | *ἀκαίρως*] *ευκ.* 672; tr. post *σοφίζου* 429

5 (7) *χρυσεω* 46 | *μουσικω* 548; *-κον* 155 603 613 679: cf. 6b | *συμποσια* A: cf. Marc. 6$_{39}$ D; *-σιου* 307 339* 545 672*: cf. 34$_{31}$ | *οινω* 578 672*

6 (8) *ἐν*] *και* 744 = Ald.; pr. *και* 68 Sa; pr. *et sicut* Aeth; pr. *sicut* La = H | *χρυσου* L^{-248}: cf. 21$_{21}$; *-σιου b* La (*auri*) = H: cf. 5a | *σμαράγδου*] *μαρ.* 493* 358 578 679; *μαργαρου* 672 | *μέλος*] *μελη a* 358 SaTh: cf. 44$_{5}$; *τελος* 296-548 | *μουσικω* 249-754; *-κον l* 307 311 336 547 613: cf. 5b | *ἡδεῖ*] *ηδυ* 46 547; *ειδει* 307 336 | *οινου* L^{-248} 315 336 358 443 534 542

(10) 7 *Λάλησον, νεανίσκε, εἴ χρεία σου,*
(11) *μόλις δὶς ἐὰν ἐπερωτηθῇς·*
(12) 8 *κεφαλαίωσον λόγον, ἐν ὀλίγοις πολλά·*
γίνου ὡς γινώσκων καὶ ἅμα σιωπῶν.
(13) 9 *ἐν μέσῳ μεγιστάνων μὴ ἐξουσιάζου*
καὶ ὅπου γέροντες μὴ πολλὰ ἀδολέσχει.
(14) 10 *πρὸ βροντῆς κατασπεύδει ἀστραπή,*
καὶ πρὸ αἰσχυντηροῦ προελεύσεται χάρις.
(15) 11 *ἐν ὥρᾳ ἐξεγείρου καὶ μὴ οὐράγει,*
ἀπότρεχε εἰς οἶκον καὶ μὴ ῥαθύμει·
(16) 12 *ἐκεῖ παῖζε καὶ ποίει τὰ ἐνθυμήματά σου*
καὶ μὴ ἁμάρτῃς λόγῳ ὑπερηφάνῳ.
(17) 13 *καὶ ἐπὶ τούτοις εὐλόγησον τὸν ποιήσαντά σε*
καὶ μεθύσκοντά σε ἀπὸ τῶν ἀγαθῶν αὐτοῦ.

B S A V *O L l a b c* min. La verss.

7 (10—11a) *Λάλησον, νεανίσκε*] *λαλ. νεανισκω* 46; tr. La Clem. | *εἰ χρ. σου* Clem. Chr. XII 523] *ἡ χρ. σου* 307 545* (*τη*^{c}) alii; *ἡ χρ. γαρ σου* 336; *εν χρ. σου* 547 La (*in tua causa*); *εν χρ. σοι* 672; *ει χρ. σοι* 46 311 Chr. V 433 Dam. p. 185; *εις χρειαν σου* 705; *εις χρεια σου* 493; *ει εστι* (*ετι* 443) *σοι χρ.* 443 575 795 | *μόλις δὶς/ἐὰν ἐπερ.*] tr. L^{-248} | *μογις a*-534′ Sa: cf. 21_{20} | *δὶς ἐάν*] *δε εαν μη* Dam.; om. *ἐάν* 545 797 Spec. Clem. | *επερωτηθεις* 637-545 339 706 Spec. Clem.
8 (11b—12) om. *λόγον* S Eus.dem. Chr. V 433 XII 523 | *ἐν ὀλ. πολλά*] *εν λογοις π.* 542; *in multis* (*inter multos loquentes*^{CZ*}) La; om. *πολλά* Aeth Clem. | om. *ὡς* A *b c*-679 155 307 339 429 543 755 Aeth Antioch. p. 1748 | *καὶ ἅμα*] tr. *l* 155 Antioch.
9 (13) *ἐξουσιάζου* S La (*praesumas*)] *εξισταζου* 253: cf. H; *εξισασον* Dam. p. 1208; *εξισαζου* rel. (Dam. p. 84 Anton. p. 964 Max. p. 933) | *ὅπου γέροντες* Compl. Bendtsen p. 44 Sm. = La (*ubi sunt senes*) Sa: cf. H] *οπου* (*οὗ* V) *λεγοντες* V 248 Syh Arm(II); *αλλου λεγοντος* 253 46 547 755; *ετερου λεγοντος* rel. | *πολλὰ ἀδολ.*] *πολλακις αδολ.* Dam. p. 348; tr. 339; om. *πολλά* 543 Arm(II): cf. 7_{14}
10 (14a 14b + c) *πρό* 1°] *υπο* Anton. p. 1153 | *πρό* 2°] *απο* Anton. | *αισχυντηριου* L^{-248} 249 358 795: cf. 26_{15}; *-τηλου* 755: cf. 42_{1} | *προελεύσεται* Chr. VII 485 XI 120 = La (*praeibit* $_{14}$b)] *προσελευσεται b* La (*accedet tibi* $_{14}$c)
11 (15) *ὥρᾳ*] *τη ωρα σου* Anton. p. 1120; *πασιν εργοις σου* Dam. p. 401: ex 34_{22} | *ἐξεγείρου καί*] *αναστασεως* Clem. La (*surgendi*) | *μή* 1°] pr. *ου* L^{-248} 339 543 755 795; > V | *οὐράγει*] *-γης* 545^{c}; *ουραιει* V; *ραγης* L^{-248}; *ραγη* 543 755; *αργει* 46 Dam.; *βραδυνης* Anton. | *ἀπότρεχε*] pr. *και* Clem.; *praecurre autem prior* La | *οἶκον*] + *σου* Clem. La verss.^{p} = H | om. *καὶ μὴ ῥαθ.* Clem. | *ῥαθύμει*] *αθυμει* A: cf. Gen. 42_{1}
12 (16) *επιθυμηματα* 534-613*; *καταθυμια* V | *ἁμάρτῃς*] *-τησης* A 336 542; *-τανε* 46; *αμαρτια* S* *O*-V; Arm(II); *εν αμαρτιαις* 248 La (*in delictis*) | *λόγῳ*] pr. *και* S* *O*-V 248 La Arm(II)
13 (17) om. *καί* 1° 542 La^{pc} Aeth Arm | *εὐλόγησον*] *ευλογη θεον* 548; + *τον κυριον* Dam p. 1357; + *dominum* (*deum*^{pc}) La | *μεθυσαντα* 253 | om. *ἀπό* 543 Spec.

(18) 14 Ὁ φοβούμενος κύριον ἐκδέξεται παιδείαν,
καὶ οἱ ὀρθρίζοντες εὑρήσουσιν εὐδοκίαν.
(19) 15 ὁ ζητῶν νόμον ἐμπλησθήσεται αὐτοῦ,
καὶ ὁ ὑποκρινόμενος σκανδαλισθήσεται ἐν αὐτῷ.
(20) 16 οἱ φοβούμενοι κύριον εὑρήσουσιν κρίμα
καὶ δικαιώματα ὡς φῶς ἐξάψουσιν.
(21) 17 ἄνθρωπος ἁμαρτωλὸς ἐκκλινεῖ ἐλεγμὸν
καὶ κατὰ τὸ θέλημα αὐτοῦ εὑρήσει σύγκριμα.

(22) 18 Ἀνὴρ βουλῆς οὐ μὴ παρίδῃ διανόημα,
ἀλλότριος καὶ ὑπερήφανος οὐ καταπτήξει φόβον.
(24) 19 ἄνευ βουλῆς μηθὲν ποιήσῃς
καὶ ἐν τῷ ποιῆσαί σε μὴ μεταμελοῦ.
(25) 20 ἐν ὁδῷ ἀντιπτώματος μὴ πορεύου
καὶ μὴ προσκόψῃς ἐν λιθώδεσιν.

B S A V *O L l a b c* min. La verss.

14 (18) *κύριον*] pr. *τον* S L^{-248} 307 Antioch. p. 1681 Mal.: cf. 16a 2_{7} | *ἐκδέξεται*] *δεξεται* V; *εκδεχεται* 155 (*εγδ.*) 728; *δεχεται* 336; *εκλεξεται* B^{c} 443 613^{c} 795: cf. 6_{18} Prov. $24_{47\,(32)}$ Is. 66_{4} | *παιδείαν*] pr. *την* 248; + *αυτου* 248 46^{c} La Aeth | *ὀρθρίζοντες*] + *προς αυτον* L^{-248} 307 542 679 La verss. = H: cf. 4_{12} 6_{36} | om. *εὑρήσουσιν* 755 | *εὐδοκίαν*] *benedictionem* (= *ευλογιαν* Herk.) La: cf. 36_{22}

15 (19) *νόμον*] pr. *τον* 339 443 534′ | *ἐμπλησθ.*] *επιλησθησεται* S* | *αὐτοῦ*] *-τω* 755

16 (20) *κύριον*] pr. *τον* 547: cf. 14a | *κρίμα*] *χαριν* S*: cf. 6_{18} | *δικαιωμα* *b* La^{pc} (*iustitiam*) | *ἐξάψουσιν*] *εξαπτουσιν* 548; *εκλαμψουσιν* L^{-248}-315′ 46 336 339 358 547 Dam. p. 1089

17 (21) *ἄνθρ. ἁμ.*] tr. La Clem. | *ἐλεγμόν*] pr. *εις* 672 | *εὑρήσει*] *-σεις* 68 = Ald.; *-σῃς* 744; *εξευρισκει* 248; *ευρη* 755

18 (22—23) 18/19] tr. 315′ Arm(II) | 18a/18bc] tr. 534′ | 18ab/18c-19] tr. 543 | *διανόημα*] *νοημα* 547; *διηγημα* 358: ex 8_{8}; *δωρημα*? Ry. p. 105 | *ἀλλότριος*] + *δε* *L* 307 679; pr. *και* 68-744 = Ald. | om. *καί* 493 Sa | *καταπτήξει*] *-πτησσει* *a*-534-613* (*-πτησει*) La^{Gpl}; *μη -πτηξῃ* 46 315; *μη -πληξει* 672 | fin. L^{-248} 157′ 543 795] + (※ S^{c}) 18c (23a) *και μετα* (*μεγα* 336) *το ποιησαι* (*ταυτα ποιησει* pro *το π.* 542 705; + *σε* 613) *μετ αυτου* (*-των* 336; *μεθ εαυτου* 248) *ανευ βουλης* (om. *ανευ β.* 68-744 106 307 547*) rel.: ex 19b + 19a

19 (24) 19a] *μετα βουλης παντα ποιει* Didym. p. 1120 Bas. III 1037. 1156 PsBas. II 196 $Or.^{lat}$ XII 219 Lo. | *ἄνευ*] + *δε* 155 | *μηθὲν ποιήσῃς*] *μηδεν -σεις* 307 alii; *μηδεν ποιει* L^{-248}-315′ *b* 311 429; *μη ποιησῃς μηδεν* *a* 543 Syh = H | *ἐν τῷ*] *μετα το* 534′ 547 La = H: cf. 18c | om. *σε* 248 155 543 La Mal.: post *-σαι* (*-σε*) | *μή*] *μηδεν* 534′; > 336 358 Syh | *μεταμεληθου* 795

20 (25ab) *μη πορευθῃς* 542 | *προσκόψῃς*] *-ψεσιν* 795; *-ψεις* 548 = Compl. | *λιθώδεσιν*] *λίθῳ δίς* Hart = H

21 μὴ πιστεύσῃς ἐν ὁδῷ ἀπροσκόπῳ
(26) 22 καὶ ἀπὸ τῶν τέκνων σου φύλαξαι.
(27) 23 ἐν παντὶ ἔργῳ πίστευε τῇ ψυχῇ σου·
καὶ γὰρ τοῦτό ἐστιν τήρησις ἐντολῶν.
(28) 24 ὁ πιστεύων νόμῳ προσέχει ἐντολαῖς,
καὶ ὁ πεποιθὼς κυρίῳ οὐκ ἐλαττωθήσεται.

36 (33) 1 Τῷ φοβουμένῳ κύριον οὐκ ἀπαντήσει κακόν,
ἀλλ' ἐν πειρασμῷ καὶ πάλιν ἐξελεῖται.
2 ἀνὴρ σοφὸς οὐ μισήσει νόμον,
ὁ δὲ ὑποκρινόμενος ἐν αὐτῷ ὡς ἐν καταιγίδι πλοῖον.
3 ἄνθρωπος συνετὸς ἐμπιστεύσει λόγῳ,
καὶ ὁ νόμος αὐτῷ πιστὸς (4) ὡς ἐρώτημα δήλων.
4 ἑτοίμασον λόγον καὶ οὕτως ἀκουσθήσῃ,
σύνδησον παιδείαν καὶ ἀποκρίθητι.

B S A V *O L l a b c* min. La verss.

21 (**25cd**) init.] pr. *και* A *a*-534′ *c*-679-795 155 307 315 542 755 La^{V} SaTh | *πιστεύσῃς*] *προσκοψης* 795: ex $_{20b}$ | *ἀπροσκόπῳ*] -*πως* 296-548 547*; -*πτω* 68-744 311 578 603 705 = Ald. Compl.; *laboriosae* (= *προσκοπω* Sm.) La

23 (**27**) init.] pr. *και* 443 Aeth | *ἔργῳ*] + *αγαθω* 248 | *πίστευε*] *πιστευσαι* 106; pr. *μη* 358 575 | *την ψυχην* 728 | *σου*] *μου* V | *ἐντολῶν*] -*λης* A *a b* 157′ 311-706 339 543 Aeth = H

24 (**28**) *ὁ πιστ.*] *ο προσεχων* *c*-679-795 358 | *νόμῳ*] *νομον* 336 548 578 744; *κυριω* 248 La (*deo*): cf. $_{24b}$ | *ἐντολαῖς*] -*λας* 578 755: cf. 32_{2}; -*λη* S V-253 248 307 547 Aeth; -*λης* 315 | *κυρίῳ*] pr. *εν* 547; pr. *επι* Syh; *επ αυτω* 248 La (*in illo*): cf. $_{24a}$

36 (**33**) **1** *κύριον* B A *a* 249-254 155 315′ 339 543] pr. *τον* rel. (Dam. p. 1089): cf. 2_{7} | *ἀπαντήσει*] -*σεται* V 547: cf. 15_{2}; *απαιτησει* 672: cf. 34_{31} | *κακόν*] *κακα* 46 La; *δεινον* 578 | *ἀλλ'*] *αλλα* 755 | *ἐν πειρ. καί*] *ει και πειρ. εμπεσει* 575 | om. *καί* La Sa = H | *πάλιν*] *πάλῃ* *a* 336 Dam.: cf. Eph. 6_{12}; > La Sa^{L} Aeth | *ἐξελεῖται*] *εξαιρειται* 248: cf. La$^{G\ pl}$ (*conservat*); + *αυτον* S^{c} *L a* 679 La verss.^{p}

2 *μισει* L^{-248} 307 547 La: cf. 27_{24} | *ενυποκρινομενος* S 130-705 307 336 | om. *ὡς* 672 = H | *καταιγίδι*] *παγιδι* 493: cf. 16_{21} | *πλοιου* L^{-248}; *πολλων* 248

3 *ἄνθρ.*] *ανηρ* *a* 679 | *συνετός*] *πιστος* 46 | *εμπιστευει* V (*ενπ.*) L^{-248} 155 307 358 (*ενπ.*) 543 613; *πιστευει* 46 La (*credit*) verss.^{p}; *εκπιστευσει* 795; *ἐπιστήσει* Kuhn II 109 | *λόγῳ* Zi. = H] *νομω* (*νομον* *b* 578) rel. | om. *καί* 672 La^{LX} | *ὡς*] *ωσπερ* 339 | *επερωτημα* S 46 336 339: cf. Dan. 4_{14} *θ'* | *δήλων*: cf. 45_{10}] *δηλῶν* 548-706 alii La Sa; *δῆλον* L'^{-248} alii; *δηλωσει* 543; *δικαιων* B

4 om. *καί* 1° 797 La^{Z*} Sa | *ἀκουσθήσῃ . . . ἀποκρίθητι*] *αποκριθητι . . . ακουσθητω* 336 | *καί* 2°] + *τοτε* *O*-V 248 *b* 46 157′ 358 443 547 613* 795 La Sa (*τοτε*) Mal. = H; + *ουτως* S L'^{-248}-315′ *a* 307 336 542 613^{c} Dam. p. 1293: ex $_{4a}$ | *αποκριθησῃ* Dam.

5 τροχὸς ἁμάξης σπλάγχνα μωροῦ,
καὶ ὡς ἄξων στρεφόμενος ὁ διαλογισμὸς αὐτοῦ.
6 ἵππος εἰς ὀχείαν ὡς φίλος μωκός,
ὑποκάτω παντὸς ἐπικαθημένου χρεμετίζει.

7 Διὰ τί ἡμέρα ἡμέρας ὑπερέχει,
καὶ πᾶν φῶς ἡμέρας ἐνιαυτοῦ ἀφ' ἡλίου;
8 ἐν γνώσει κυρίου διεχωρίσθησαν,
καὶ ἠλλοίωσεν καιροὺς καὶ ἑορτάς·
(10) 9 ἀπ' αὐτῶν ἀνύψωσεν καὶ ἡγίασεν
καὶ ἐξ αὐτῶν ἔθηκεν εἰς ἀριθμὸν ἡμερῶν.
10 καὶ ἄνθρωποι πάντες ἀπὸ ἐδάφους,
καὶ ἐκ γῆς ἐκτίσθη Αδαμ·
11 ἐν πλήθει ἐπιστήμης κύριος διεχώρισεν αὐτοὺς
καὶ ἠλλοίωσεν τὰς ὁδοὺς αὐτῶν·
12 ἐξ αὐτῶν εὐλόγησεν καὶ ἀνύψωσεν
καὶ ἐξ αὐτῶν ἡγίασεν καὶ πρὸς αὐτὸν ἤγγισεν·

B S A V *O L l a b c* min. La verss.

5 *τροχός*] *τρομος* 547 | *σπλάγχνα*] *εγκατα* Dam. p. 1217 | *ἄξων*] *αμαξων* 46^{c}: ex 5a | om. *ὁ* 542 672 795 | om. *αὐτοῦ* *b* Mal.

6 6a] *adulter sicut ⟨equus⟩ admissarius* Or.^{lat} XVI 89 Lo. | *εἰς ὀχείαν* B S^{c} 248 336 (*οχιαν*) 547^{c} (*ωχειον**) 755 Clem.] *ισοχιος* (-*χειος* 253) *O* 543 613^{mg}; *ισοχιον* A 307 (-*χιων*); *εις ευθηαν* 534; *ισχυων* 795; *εις οχ(ε)ιον* rel. | om. *ὡς* S^{c} 613 Clem. = H | *φίλος μωκός*] *φιλος μοιχος* V L^{-248}; *φιλομοιχος* *b*; *φιλος μωρος* S^{c} 547: cf. 25$_{2}$; *φιλος μωμος* 534: cf. 11$_{33}$ 31$_{21}$; *ο φιληδονος και ο μοιχος* Clem. | *ὑποκ. παντός*] tr. Clem. | *επικαθημενω* 443; *υποκαθημενου* V 254-603 315*; *καθημενου* 155 307 | *χρεμετίζει* Clem.] *χρεμετισει* A 155 547; *χρεμετιει* 248-*l*-157′ *b* *c*-679 307 315′ 358 534 543 755; *χρεματιζει* 795; *χρηματιζει* V 339 (-*τιει*)

7 *ἡμ. ὑπερέχει*] tr. 248 | *πᾶν*] *iterum* (= *παλιν* Herk.) La | om. *ἡμέρας*2° Syh = H

9 (10ab) init.] pr. *και* 248 La^{pc} | *ἀπ'*] *εξ* 253 La (*ex*): cf. 9b; *επ* 493 795: cf. 12c; *εν* 543 | *αὐτῶν* 1°] *αυτω παν* 543 | *ἀνύψ. καὶ ἡγ.*] *υψ. και ηγ.* 307 543; *ηγ. και ανυψ.* (*υψ.* 534) S 534′ Aeth; *ηυλογησεν* (= H) *και ανυψ.* *O*-V: cf. 12a; *ανυψ. και εδοξασε* 547; *exaltavit et magnificavit deus* La | om. *καί*2° 307 La^{pc} Sa | om. *εἰς* *b* La$^{\Phi\Theta}$ | *ἀρ. ἡμ.*] *αριθμων ημ.* 443 578 795; *αριθμους ημ.* 613* Sa^{L}; tr. 548* = H

10 (10cd) *ἐκ γῆς/ἐκτ.*] tr. S; tr. *ἐκ γῆς* post *Αδαμ* Sa | *ἐκτ. Αδαμ*] tr. *a c*; *εκτ. ο αδαμ* 613

11 init.] pr. *και* *b* La$^{\Theta}$ | *κύριος*] *κυριου* 46 La^{Gpl} = Syr (*dei*) | *ἠλλοίωσεν*] *separavit* (= *διεχωρισεν*) Syh: ex 11a | *τὰς ὁδοὺς/αὐτῶν*] tr. *b*; *τας ο. αυτου* 311

12 init.] pr. *και* 315 547 705 La^{Gpc} Aeth | *εὐλόγ. καὶ ἀνύψ.*] *ανυψωσε και ηυλογησε* 46: cf. 9a | *πρὸς αὐτόν*] *πρὸς αὑτόν* 253 alii; *προς εαυτον* L^{-248} 443 545^{c} = La (*ad se*) | *ἤγγισεν*] -*σαν* 534; *ηγγικε(ν)* *c*-679-795 672; *προσε-*

ἀπ' αὐτῶν κατηράσατο καὶ ἐταπείνωσεν
καὶ ἀνέστρεψεν αὐτοὺς ἀπὸ στάσεως αὐτῶν.
13 ὡς πηλὸς κεραμέως ἐν χειρὶ αὐτοῦ
(14) πλάσαι αὐτὸ κατὰ τὴν εὐδοκίαν αὐτοῦ,
οὕτως ἄνθρωποι ἐν χειρὶ τοῦ ποιήσαντος αὐτοὺς
ἀποδοῦναι αὐτοῖς κατὰ τὴν κρίσιν αὐτοῦ.
(15) 14 ἀπέναντι τοῦ κακοῦ τὸ ἀγαθόν,
καὶ ἀπέναντι τοῦ θανάτου ἡ ζωή,
οὕτως ἀπέναντι εὐσεβοῦς ἁμαρτωλός·
15 καὶ οὕτως ἔμβλεψον εἰς πάντα τὰ ἔργα τοῦ ὑψίστου,
δύο δύο, ἓν κατέναντι τοῦ ἑνός.

16a Κἀγὼ ἔσχατος ἠγρύπνησα
30 (**33**) 25 ὡς καλαμώμενος ὀπίσω τρυγητῶν·
(17) ἐν εὐλογίᾳ κυρίου ἔφθασα
καὶ ὡς τρυγῶν ἐπλήρωσα ληνόν.
26 (18) κατανοήσατε ὅτι οὐκ ἐμοὶ μόνῳ ἐκοπίασα,
ἀλλὰ πᾶσιν τοῖς ζητοῦσιν παιδείαν.

B S A C (init. 25) V *O L l a b c* min. La vers.

λαβετο L^{-248}; *υψωσεν* **46**: ex 12a | 12c init.] pr. *και c*-**679-795** La (exc.^{pc}) Aeth = Syr | *ἀπ'*] *επ* **493** *b* **155 543**; *ex* La: cf. 9a | *κατηρατο c*-**795** (-*τω*) | *ἐταπείν.*] *προς αυτον ηγγισεν* A: ex 12b | *ανετρεψεν* **248 315 336 358 443 543 797** | *ἀπὸ στάσεως*] *απο -σεων* **248-672** *c*-**679-795**; *απο αποστασεως* A La (*a separatione*)

13 (13—14) *πηλον* S* V | *πλάσαι αὐτό* L^{-248} La (*plasmare illud*)] *πασαι* (*και π.* **613** Aeth) *αι οδοι αυτου* (-*των* **307 543**) rel.; + *et disponere.* (14) *omnes viae eius* La: dupl. | *ανθρωπος L'* **613** La Dam. p. 1080 = Syr | *αὐτούς*] -*τον L*-**672 542 613** La Dam. = H | *αὐτοῖς*] -*τους* **254 797***; -*τω* L^{-248} **613** La^{V} Dam.: cf. Syr; *omnibus* Aeth | *τὴν κρίσιν αὐτοῦ*] *κρισιν* Dam.

14 (15abc) *κακοῦ τὸ ἀγ.*] *αγαθου το κακον* **534**; *δικαιου το αγ.* **315'** | *εὐσ. ἁμαρτ.*] *ευσ. ο αμαρτ.* **336**; *αμαρτωλου ευσεβης O*-V; *του αμαρτωλου ο ευσεβης L*-**672**; pr. *του* S *l*-**157'** *c*-**795**; + *και ουτως απεναντι ανδρος ευσεβους ο αμαρτωλος* **248** (dupl.): cf. La (15b *sic et contra virum iustum peccator*)

15 (15de) om. *καί* **307** | *εμβλεψονται* **543** | om. *πάντα* **46** La^{X} | *τοῦ ὑψ.*] *αυτου* **797**; pr. *dei* La^{X}; pr. *domini* SaTh; om. *τοῦ* **534 543** | om. *δύο* 2° **253 672** | om. *ἓν* S **543** | *κατέναντι*] *κατα* L^{-248} | om. *τοῦ* 2° **578 705**

16 (16a) *εσχατως* **46 336 613**^{c} Sa (vid.)

30 25 (33 16b—17) *καλαμώμενος*] -*μουμ.* C **336**; pr. *ὁ* **753** | *τρυγητου b* **296-548 307 443** Syh Aeth; -*τον* **545**^{c} | *εφθασαν* **155**; -*σε* **46** | om. *καί* **547*** verss.^{p} | *ἐπλήρωσα*] *επλησα* V *L* **46**^{c} (*ετρυγησε**) **443**: cf. 45 15

26 (18) *κατανοήσατε*] -*σετε* **46**; -*νοησον* **613**^{c} La^{AΠ} (*respice*); *κατενοησατε* **534**; pr. *ecce* Aeth; + *και ιδετε* **46** Arm: ex 24 34 | *ἐκοπίασα*] -*σεν* **46***: cf. 24 34; -*σατε* C | *ἀλλά*] + *και* S^{c} *c*-**679-795 155** La^{CS} Aeth (vid.); + *in* La^{Z*} | *εκζητουσι(ν)* S^{c} **336 705** La: cf. 24 34 | *παιδείαν*] -*ας* **253**; *σοφιαν* C *a*-**534** *c*-**679-795 46 155 336 358 797** Aeth Arm

27 (19) ἀκούσατέ μου, μεγιστᾶνες λαοῦ,
καὶ οἱ ἡγούμενοι ἐκκλησίας, ἐνωτίσασθε.

28 (20) Υἱῷ καὶ γυναικί, ἀδελφῷ καὶ φίλῳ
μὴ δῷς ἐξουσίαν ἐπὶ σὲ ἐν ζωῇ σου·
καὶ μὴ δῷς ἑτέρῳ τὰ χρήματά σου,
ἵνα μὴ μεταμεληθεὶς δέῃ περὶ αὐτῶν.
29 (21) ἕως ἔτι ζῇς καὶ πνοὴ ἐν σοί,
μὴ ἀλλάξῃς σεαυτὸν ἐν πάσῃ σαρκί·
30 (22) κρεῖσσον γάρ ἐστιν τὰ τέκνα δεηθῆναί σου
ἢ σὲ ἐμβλέπειν εἰς χεῖρας υἱῶν σου.
31 (23) ἐν πᾶσιν τοῖς ἔργοις σου γίνου ὑπεράγων,
μὴ δῷς μῶμον ἐν τῇ δόξῃ σου.
32 (24) ἐν ἡμέρᾳ συντελείας ἡμερῶν ζωῆς σου
καὶ ἐν καιρῷ τελευτῆς διάδος κληρονομίαν.

B S A C V *O L l a b c* min. La verss.

27 (19) om. *μου* 248 La^{XZ*} | *λαοῦ*] *λαων b* Arm = Syr; *et omnes populi* La; > 248 | om. *οἱ* S 493-106-315′ 336 603 755 | *ἡγούμενοι*] + *λαου* 534′: ex 27a | *ἐκκλησίας*] *-σιων* 547 Sa; *populorum* Aeth | fin.] + *μου* 543 Aeth

28 (20) *ἀδελφῷ καὶ φίλῳ*] *και φιλω και αδελφω* 755 Dam. p. 1404; pr. *και* 46 358 429 603 672 Sa Aeth = Syr | *ἐπὶ σέ*] *επι σεαυτω* 248; *σεαυτω* 543; *επι σου* 679 | *ζωῇ*] pr. *τη* 358 547 | om. *καί* 3° 339 421 La^{Gpl} Sa^{L} Dam. = H | *ἑτέρῳ*] *aliis* La^{pl} Syh = Syr | *τὰ χρήματα*] *την δοξαν* Dam. | *μεταμ. δέῃ*] *μεταμ. δεξη* 545; *μεταμεληθης δεη* 493-106-130* alii; *μεταμεληθης* 336 429 575 578 603 | om. *περὶ αὐτῶν* 603

29 (21) init.] pr. *και* 548 | *ἕως*] *ως* 46 155 548 Dam. p. 1404 | *ἔτι*] *ετη* 443* alii; *οτου* V Mal.; *οτε* 421 | *ζῇς*] *ζωη a*; *ζωης* 543 797 | *πνοὴ ἐν σοί*] *πνοης μοι* V; *ζωη εν σοι* 339; *aspiras* La; pr. *εστι* 248 Aeth; pr. *ετι b*; + *εστιν* 421 Arm(II) | *μὴ ἀλλάξῃς*] *non immutabit* La | *σεαυτόν*] *σαυτον* 253 672; *εαυτον* 543 548*; *αυτον* V | *ἐν πάσῃ σ.* Dam.] *επι π. σ.* 307 358; om. *ἐν* B-S* V *L′* 46 443 534′ 547 verss.^{p}; *πασα σαρκι* 253; *omnis caro* La

30 (22) *κρεισσων* 253 L^{-248}-545 alii: cf. 23 27; *κρηττον* 155: cf. 10 27 | om. *τά* 315 421 547* | *δεηθ. σου*] *δεηθ. σε* 534; tr. 46 421 La: cf. H | *βλεπειν* 429 534′ 672 679 755 | *χεῖρας*] pr. *τας* 421* | *υἱῶν σου*] *εχθρων σου* 705*; *αυτων* 421 Arm: cf. Syr; pr. *των* 543^{c} (*αυτων**)

31 (23—24a) *ἔργοις σου*] *σοις* 336; om. *σου* 315 Arm | *γεινου* S V; *γενου* 755 | *ὑπεράγων*] *υπερανω* C Sa (vid.) = Syr | 31b init.] pr. *και* S^{c} *L b* 46 542 547 795 Syh Aeth Arm Mal. = H | *μῶμον*] *μωρον* 421 | *δόξῃ*] *ζωη* 613^{c}: ex 28b | fin.] + *και εν ημερα δοξης μη επαιρου* Max. p. 776. 933 Anton. p. 964. 1029: ex 11 4b

32 (24bc) init.] pr. *και l* 542 (tr. 32a/32b) = Syr | *τελευτῆς*] + *σου* 744′ La verss.^{p} = Ald. | *κληρονομίαν*] + *σου* 46 547 La verss.^{p} Dam. p. 1404

33 (25) *Χορτάσματα καὶ ῥάβδος καὶ φορτία ὄνῳ,*
ἄρτος καὶ παιδεία καὶ ἔργον οἰκέτῃ.
34 (26) *ἔργασαι ἐν παιδείᾳ, καὶ εὑρήσεις ἀνάπαυσιν·*
ἄνες χεῖρας αὐτῷ, καὶ ζητήσει ἐλευθερίαν.
35 (27) *ζυγὸς καὶ ἱμὰς τράχηλον κάμψουσιν,*
καὶ οἰκέτῃ κακούργῳ στρέβλαι καὶ βάσανοι·
36 (28) *ἔμβαλε αὐτὸν εἰς ἐργασίαν, ἵνα μὴ ἀργῇ,*
37 (29) *πολλὴν γὰρ κακίαν ἐδίδαξεν ἡ ἀργία·*
38 (30) *εἰς ἔργα κατάστησον, καθὼς πρέπει αὐτῷ,*
κἂν μὴ πειθαρχῇ, βάρυνον τὰς πέδας.
καὶ μὴ περισσεύσῃς ἐπὶ πάσῃ σαρκὶ
καὶ ἄνευ κρίσεως μὴ ποιήσῃς μηδέν.

B S A C V *O L l a b c* min. La verss.

33 (25) init.] pr. tit. *περι δουλων* B^{c2} C^{mg} L^{-493}-315′ *a*-534′ *b c*-679 336 543 755 ArmII, *περι οικετων* 307 | *χορτασμα* A 254 Sa Arm = H | *φορτιον* 358 421 613^c 795 La verss. = H: cf. 21_{16}; *φορτος* 46 | *ονων* 336 672; *ονον* 421 | *ἄρτος καί*] pr. *et* Sa; *α. δε και* Dam. p. 1401 Anton. p. 1068; > 421 | *παιδεία*] + *δε* 421 | om. *καί* ult. S* = H | *εργα* 248 | *οικετης* 315; *οικετην* 421

34 (26) *ἔργασαι*] *operatur* (= *εργαται* Herk.) La | *ἐν*] *επι* 543 | *παιδείᾳ* V (*-δια*) 248-705 46 421 547* La Arm Dam. p. 1401] *παιδιω* 358* (*πεδιω*^{c}); *παιδι* (*τω π.* 296-548) rel.: cf. Ziegler, Zum Wortschatz des griech. Sirach p. 284 | *εὑρήσεις*] *ευρεις* 421; *ζητησει* 248 La (*quaerit*) = H | om. *ἀνάπαυσιν* *c* | *χειρα* 339 672 verss.^{p} Anton. p. 1068 | *αὐτῷ*] *-του* 46 verss.^{p} | *ζητήσει*] *-σεις* S* A* 548; *ζητει* 336 606 La (*quaerit*)

35 (27—28a) *τράχηλον*] *-λου* V; tr. post *κάμψ.* B 248 La Aeth Mal. | *καμπτουσι(ν)* C *L* 613^c La verss.^{p}; *καψουσι* 68-744 795 = Ald. | om. *καί* 2° La Anton. p. 1068 | *οικετην κακουργον* 421 672 795 Anton.; *οικετη πανουργω* 603 613: cf. 11_{33} | *στρεβλοι* 548 | *βασανος* 755; *βασκανοι* 106; *μαστιγες* 543 (*-γαις*)

36 (28b) *εμβαλλε* 673 Mal. Dam. p. 1401; + *δε* 795 | *αὐτόν*] *οικετην* 429 Aeth | *ἐργασίαν*] *εργον* Chr. III 194 | *αργει* 296-548

37 (29) *πολλήν*] *απασαν* 575; *πασαν* Chr. I 429 III 194 IV 113 VIII 249 cat. II 5 | *κακίαν*] pr. *την* Chr. III 194 IV 113 | *ἐδίδαξεν*] *εδειξεν* 358 545 728: cf. 9_1

38 (30) *εις εργον* 797 Syh La^{pc} (*in opere*) verss.^{p} | *κατάστησον*] + *αυτον* 542 543 613 La verss. Anton. p. 1068 | *καθώς*] *ως* Anton.; *και* 46 | *πρέπει*] *ευπρεπειαν* 46 | om. *αὐτῷ* 543 | *κἄν*] *και εαν* *L* Anton.; *εαν* 296-548 339 Sa; *και* 315 | *πειθαρχῇ*] *-χει* 637 (*πιθ.*) 307 alii; *-χων* 755 | *βάρυνον*] *βαρησον* 46; *βαρενον* 672; *βαρυνθη* V | *τὰς πέδας*] *τας παιδας* V C alii Sa (*παιδες*); *τους παιδας* 728: cf. 6_{24}; *ταις πεδαις* 307; *πεδαις* 358 (*-δες*); *illum compedibus* La; + *αυτου* B* S^c *L* 46 542 547 verss.^{p} Anton. | *περισσευση* 672; *credas* (= *πιστευσης*) Aeth; *περπερεύσῃς* Grotius | *ἐπί*] *εν* B *l* 46 543 679 Syh verss.^{p} Mal.; *εν επι* (sic) 315; > *L* Aeth | om. *καί* ult. 307 Aeth | *ποιησεις* 545 alii | *μηδέν*] *ουδεν* 46

39 (31) Εἰ ἔστιν σοι οἰκέτης, ἔστω ὡς σύ,
ὅτι ἐν αἵματι ἐκτήσω αὐτόν·
εἰ ἔστιν σοι οἰκέτης, ἄγε αὐτὸν ὡς ἀδελφόν,
ὅτι ὡς ἡ ψυχή σου ἐπιδεήσεις αὐτῷ·
40 (32) ἐὰν κακώσῃς αὐτὸν καὶ ἀπάρας ἀποδρᾷ,
(33) ἐν ποίᾳ ὁδῷ ζητήσεις αὐτόν;

31 (34) 1 Κεναὶ ἐλπίδες καὶ ψευδεῖς ἀσυνέτῳ ἀνδρί,
καὶ ἐνύπνια ἀναπτεροῦσιν ἄφρονας.
2 ὡς δρασσόμενος σκιᾶς καὶ διώκων ἄνεμον
οὕτως ὁ ἐπέχων ἐνυπνίοις·
3 τοῦτο κατὰ τούτου ὅρασις ἐνυπνίων,
κατέναντι προσώπου ὁμοίωμα προσώπου.
4 ἀπὸ ἀκαθάρτου τί καθαρισθήσεται;
καὶ ἀπὸ ψευδοῦς τί ἀληθεύσει;

B S A C V *O L l a b c* min. La verss.

39 (31) *ἔστιν* 1°] *εσται* 672 | *οἰκέτης* 1°] *ικ.* 157*: cf. 6 11; 1°⌒2° 155 Syh Aeth | *ἔστω*] *εσται* *a*-534 307; + *σοι* L^{-637} La | *σύ*] *σοι* C L^{-248} 443 728; *σου* 542; *η ψυχη σου* 248 La = H | *ὅτι* 1°] *επει* 542 | om. *ἐν* Anton. p. 1064 | om. *εἰ ἔ. σοι οἰκέτης* 2° 106 La; om. *εἰ* S* | *οἰκέτης* 2°] + *αγαπησον αυτον και ει εστι σοι χρησιμος* Anton.: cf. 7 21a 22b | *αγαγε* 155 | *ἀδελφόν*] *σεαυτον* B Arm Mal. (»*καθ' ἕτερον τῶν παλαιῶν ἀντιγράφων*«); + *σου* 443 Aeth | om. 39d La | om. *ὡς* 3° 421 547^{c} 575 755 Anton. | *ἡ ψυχή*] *τῆς ψυχῆς* Grotius Katz | *σου*] *αυτου* L^{-248}-315′ | *ἐπιδεήσεις*] *-σει* V C (*-σι*) 493 Anton.; *επιδεης εις* 421 547^{c} 575 755; *ligabis* (= *επιδησεις*) Sa; *amabis* Aeth | *αὐτῷ*] *αυτου* 253 547*(vid.) 744′ = Ald.; *εαυτου* V; *αυτον* 311 421 534 542 547^{c} 575 755 Sa Aeth

40 (32—33) init.] pr. *και* 575 La$^{\Pi}$ Aeth | *αὐτόν* 1°] *τον παιδα σου* Anton. p. 1064; + *αδικως* *L* La (*iniuste*) | *ἀπάρας*] *επ.* 307 545 578 (*εμπ.*); > 421 | *ἀποδρᾷ* Anton. p. 1064] *-δραση* V-253 421 534 542 575 744′ Dam. p. 1373; *-δρασει* 248 547; *απεδρα* (*επ.* 548) *c*-795 315; + *απο σου* 534 | *ποιω* 46 | *ζητησης* 253 alii; *ζητησει* 358 744 = Ald. | *αὐτόν* 2°] *-τω* 155 534; > 253

31 (34) 1 *κεναις* 253; *κενα* 548 | *ἐλπίδες*] pr. *αι* 248 | *ἀσυν. ἀνδρί*] tr. 46 La^{V} Syh verss.; om. *ἀνδρί* 797 | om. *καί* 2° 106 Arm(II) | *αναπτερωσουσιν* 543

2 *ὡς*] *ωσπερ* Antioch. p. 1688 | *δρασσόμενος*] pr. *ὁ* 248 421 542 547 575 La(vid.) Dam. p. 1425 Anton. p. 921 Antioch. | *σκιαν* 797; *σκιως* 795* | *διώκων . . . ἐπέχων*] tr. 578 | *διώκων*] *ο διαγων* Antioch. | *ανεμους* 248 307 421 Sa Dam. Anton. Antioch. | om. *οὕτως* 421 | om. *ὁ* 404 755 | *ἐπέχων* Antioch.] *προσεχων* L^{-248}-315′ 336 358 429 542 Dam. Anton.; + *ὁ* S; + *εν* 797

3 init.] pr. *αρα* 46 | *τοῦτο*] *-τω* 679 | *τούτου* B A C 254-603 130 336 339 443 534′ 542 755 (vid.)] *τουτο* rel. | *ενυπνιοις* V; *-νιου* 46 Aeth; *-νιω* 157*-797 | *ὁμ. προσ.*] *ομ. προσωπω* 46; *οποια προσωπου* 534; *σου* 578

4 init.] pr. *και* A La$^{X\Theta}$ = Syr | *τί* 1°] *τις* 744′ La$^{\Theta}$ = Ald. | *καθαρθησεται* Max. p. 897 | om. *καί* 493 | *ἀπὸ ψ./τί ἀλ.*] tr. 421 Sa | *αψευδους* 672 | *τί* 2°] *τις* 493 46 768 | *αληθευει* 548* Antioch. p. 1688 La^{S*X}

5 μαντεῖαι καὶ οἰωνισμοὶ καὶ ἐνύπνια μάταιά ἐστιν,
καὶ ὡς ὠδινούσης φαντάζεται καρδία·
6 ἐὰν μὴ παρὰ ὑψίστου ἀποσταλῇ ἐν ἐπισκοπῇ,
μὴ δῷς εἰς αὐτὰ τὴν καρδίαν σου·
7 πολλοὺς γὰρ ἐπλάνησεν τὰ ἐνύπνια,
καὶ ἐξέπεσαν ἐλπίζοντες ἐπ' αὐτοῖς.
8 ἄνευ ψεύδους συντελεσθήσεται νόμος,
καὶ σοφία στόματι πιστῷ τελείωσις.

9 Ἀνὴρ πεπλανημένος ἔγνω πολλά,
καὶ ὁ πολύπειρος ἐκδιηγήσεται σύνεσιν·
10 ὃς οὐκ ἐπειράθη, ὀλίγα οἶδεν,

B S A C (fin. 5) V *O L l a b c* min. La verss.

5 (**5—6a**) *μαντεια* 253 248-672 *b* 358 421 575 797 La (*divinatio erroris*) Aeth | *οἰωνισμοί*] *ονειδισμοι* 404′ 672 | om. *καὶ ἐνύπνια* 797 La^{X} | *μάταια*] *αμαρτια* 307 Dam. p. 1425 | *εισι* 46 421 543 672 | *καὶ ὡς ὠδινούσης*] *και ως -σα* 534 La^{X} Dam.; *και ως οδυνουσης* 404′ 543 (*οδιν.*) 548 679; *και οσω δειλιας* L^{-248}; *quae si timuerit* (= *δεινουσης* Zi.) La$^{Z*\Theta}$: cf. de Br. p. 33 | *φαντάζ.*] *φωτιζεται* 46 | *καρδία*] *-διας* 679 768; *-διον* 543; pr. *σου η* *L*; pr. *τη* Dam.; + *σου* 637 La

6 (**6bc**) init.] pr. *και* 797 La^{Z*} | *π. ὑψ./ἀποστ.*] tr. S 336 542 | *παρά* B-S *O*-V *L* 46 307 443 542 547 Dam. p. 1425] *απο* rel. (Mal.) | *ὑψίστου*] *κυριου* 46 307 Sa Aeth: cf. Syr (*dei*) | *ἀποσταλῇ*] *σταλη* 106* 543 | *ἐν ἐπισκ.*] *εις επισκοπην* 307; *εν επιστολη* 672; om. *ἐν* 106-705 358 421 542 728 La Arm; + *σου* *L* | *δῷς εἰς*] *δωσεις* B (vid.) 679 728 (*-σις*); *δωσεις εις* Dam.; *δωσεις επ* 768; *δωσης* 46 307 336 358; om. *εἰς* L^{-248} 421 543*-578 La^{pc}: cf. 30$_{21}$ | *αὐτά*] *-τη* V 46; tr. post *σου* 358 | *τήν κ.*] *τη καρδια* 307 336 547* 679; *εν τη καρδια* 358; om. *τήν* Dam.

7 om. *γάρ* B-S La$^{\Omega\Theta}$ | *επλανησαν* 106 307 311-706 315′ 336 404′ 421 (tr. post *ἐνύπνια*) 547 578 679 Dam. p. 1425 Antioch. p. 1688 | *ἐνύπνια*] + *αυτων* 534′ | *εξεπεσον* B A *L′*-157′ *a*-534-613 (tr. post *ἐλπίζοντες*) *b* 339 404 421 755 Antioch.; *ησθενησαν* Dam. | *ἐλπίζοντες*] pr. *οι* 130-705 *c*-795 421 547^{c} 755 Dam. | *ἐπ' αὐτοῖς*] *επ αυτους* 755 768*; *εν αυτοις* S* Syh: cf. La (*in illis*); *επ αυτα* *b* 575 Mal.; *εις αυτα* *l*-157′ Dam.

8 init.] pr. *και* 534 | *ψευδος* 548 | *συντελ.*] pr. *οὐ* c | *νόμος*] *ανομος* L^{-248}; *verbum* (= *λογος*; + *legis*^{V}) La: cf. 32 (35)$_{1}$ | *στόματι*] *-τος* *a*-534; pr. *εν* Clem. La | *πιστῷ* = *fideli* La^{pc} Aug.: cf. 15$_{10}$] *πιστων* *O*-V 296-548 Arm Clem.; *πιστου* *a*-534; *fidelis* La^{VGpl} | *τελείωσις*] *-σης* 797*; *-σεις* 339; *complanabitur* (= *λειωθησεται* Herk.) La; > Clem.

9 (**9bc**) *πεπλανημένος*] *πεπαιδευμενος* B A 253 *l*-157′ *b* 46 155 358 534′ 547 755 Aeth ArmI Mal.: cf. Syr (*sapiens*) et 11; *ξενιτευσας* Dam. p. 208. 261; *in multis expertus* (= *πεπειραμενος* s. *πολυπειρος* Sm.) La | *επεγνω* 307 | om. *ὁ* 603 | *διηγησεται* 534; *εγνω* 548: ex **9a** | *σύνεσιν*] + *αυτου* 542

10 (**9a** + **10a** + **11a**) *ὅς*] *ως* 493; *τις* 404 | *επειρασθη* S (*επιρ.*) V (*επιρ.*)-253 *L′*-315′ *a*-534′ 155 254-603 307 336 339 443 542 543 547 697 755 (*-θην*) Dam. p. 261 Mal. (»*ἐπειράθη ἢ ἐπειράσθη*«): cf. Thack. p. 221. 281 | *ὀλ. οἶδεν*] tr. 248 Sa | *οἶδεν*] *ειδεν* 578 705 (*ειδε*); *εγνω* 672: ex **9a**

11 ὁ δὲ πεπλανημένος πληθυνεῖ πανουργίαν.
12 πολλὰ ἑόρακα ἐν τῇ ἀποπλανήσει μου,
καὶ πλείονα τῶν λόγων μου σύνεσίς μου·
13 πλεονάκις ἕως θανάτου ἐκινδύνευσα
καὶ διεσώθην τούτων χάριν.
14 πνεῦμα φοβουμένων κύριον ζήσεται·
15 ἡ γὰρ ἐλπὶς αὐτῶν ἐπὶ τὸν σῴζοντα αὐτούς.
16 ὁ φοβούμενος κύριον οὐδὲν εὐλαβηθήσεται
καὶ οὐ μὴ δειλιάσει, ὅτι αὐτὸς ἐλπὶς αὐτοῦ.
17 φοβουμένου κύριον μακαρία ἡ ψυχή·
18 τίνι ἐπέχει; καὶ τίς αὐτοῦ στήριγμα;
19 οἱ ὀφθαλμοὶ κυρίου ἐπὶ τοὺς ἀγαπῶντας αὐτόν,
ὑπερασπισμὸς δυναστείας καὶ στήριγμα ἰσχύος,
σκέπη ἀπὸ καύσωνος καὶ σκιὰ ἀπὸ μεσημβρίας,

B S A V *O L l a b c* min. La verss.

11 (10b + 11b) *ὁ δέ* = *qui autem* La (10b)] *και ο* V La^{pc} (*et qui* 11b) = Syr; om. *δέ* 534 La^{V} (11b) Dam. p. 261 | *πεπλανημένος*] *πεπαιδευμενος* *l*-157′ *b* 534′: cf. 9a; *πεπειραμενος* 443 = Syr
12 *ἑόρακα ἐν τῇ ἀποπλ.*] *τοιαυτα εωρακαν οι οφθαλμοι* 46; *εωρακεν τη αποπλ.* 404 | *ἀποπλ.*] *ποιησει* V | *πλείονα*] *πλεονα* S*; *πλειω τα* Dam. p. 208 (non p. 261); *τα πλασματα* 248; pr. *τα* S *O*-V *L* 46 547 | om. *μου* 2° 106 La | *σύνεσις*] *-σεις* V; *-σιν* 545^{c}; *consuetudines* (= *συνηθειαι* Herk.) La | om. *μου* ult. *L*$^{-248}$ La
13 *πλεονάκις*] *πολλακις* 603 | *εσωθην* 545: cf. Sap. 14 5 | *τούτων χ.*] *τουτου χ.* 46 307 547; *gratia dei* (= *θεου χαριν* de Br.) La
14 *φοβουμενον* Aeth Clem. | *κύριον* Clem.] pr. *τον L a b* 543: cf. 16a 17a 2 7 | *ζήσεται* Clem.] *quaeretur* (*-ritur*^{V}, = *ζητησεται* Herk. vel *ζητηθησεται* Zi.: cf. 37 26 39 9) La
15 (15a) om. *αὐτῶν* Clem. | *αὐτούς*] *-τοις* 253*; *-του* 534
16 *οι φοβουμενοι* Antioch. p. 1832: cf 6 17 | *κύριον*] pr. *τον* 248-672*-705 *c* 547 578 603 755 Antioch. Mal.: cf. 14a | *οὐδέν*] *ου μη* B 46: cf. 16b; *πολλα* A 534; tr. post *εὐλαβ.* 543; > 672 | *ευλαβηθησονται* Antioch. | *οὐ μή*] *ουδεν* 253; pr. *ουδεν* 672: cf. 16a | *δειλιάσει*] *-ση* B^{c} *L*$^{-493}$ alii; *δειλιασουσιν* Antioch. | *ὅτι αὐτός*] *το αυτο* 46 | *ἐλπὶς αὐτοῦ*] pr. *est* La verss.^{p}; + *εστιν* 534′ | *αὐτοῦ*] *-τω* 46 543; *-των* 705 Antioch.
17 *φοβουμένου*] *-νω* S* V 358; *-νων* 315 La^{pc} (*timentibus*); *-νος* 755; pr. *του L*$^{-248}$ 339^{c} | *κύριον b* 542 547] pr. *τον* rel.: cf. 14a | *ψυχή*] + *αυτου* 157′ La^{VGpc} Arm(II) = Syr
18 *επεχοι* 679 | *τίς*] *τι* 358 | *αὐτοῦ στήρ.*] tr. B (*αντιστηρ.**) La Syh; *αυτω στηρ.* 46 = Syr
19 (15b + 19a 19bc—20a) om. *οἱ* Dam. p. 1089 | *ἀγαπ.* La (15b) Antioch. p. 1833] *φοβουμενους* 46 307 La (19a): ex 15 19 | om. *δυναστείας* 307 | *σκέπη*] *spes* (*ελπις*) *eorum* Sa | *καύσωνος*] *καυματος c*-795 336 358 613 Sa; *καυσεως* 339 | *σκιά* 547* 795 La (*umbraculum*)] *σκηνη* 768: cf. 14 26; *μεση* 68-744 = Ald.; *σκεπην* A; *σκεπη* rel.: ex praec. | *μεσημβρίας*] *πτωματος*

φυλακὴ ἀπὸ προσκόμματος καὶ βοήθεια ἀπὸ πτώσεως,
20 *ἀνυψῶν ψυχὴν καὶ φωτίζων ὀφθαλμούς,*
ἴασιν διδοὺς ζωῆς καὶ εὐλογίαν.

21 *Θυσιάζων ἐξ ἀδίκου προσφορὰ μεμωμημένη,*
22 *καὶ οὐκ εἰς εὐδοκίαν δωρήματα ἀνόμων.*
23 *οὐκ εὐδοκεῖ ὁ ὕψιστος ἐν προσφοραῖς ἀσεβῶν*
οὐδὲ ἐν πλήθει θυσιῶν ἐξιλάσκεται ἁμαρτίας.
24 *θύων υἱὸν ἔναντι τοῦ πατρὸς αὐτοῦ*
ὁ προσάγων θυσίαν ἐκ χρημάτων πενήτων.
25 *ἄρτος ἐπιδεομένων ζωὴ πτωχῶν,*
ὁ ἀποστερῶν αὐτὴν ἄνθρωπος αἱμάτων.
26 *φονεύων τὸν πλησίον ὁ ἀφαιρούμενος ἐμβίωσιν,*

B S A V *O L l a b c* min. La verss.

336: ex $_{19d}$ | *φυλακή*] pr. *και* 493 La^{Gpl}; + *δε* 46 | *ἀπό* ult.] *υπο* 315; > 248 La | *πτώσεως*] *πτωματος* B-S 336 542: cf. Iob 15$_{23}$; *πταρσεως* (sic) 46
20 (20bc) *ψυχήν*] *φωνην* 46 307 339; pr. *την* 797; > Antioch. p. 1833 | om. $_{20}$b 106-545 | *ἴασιν*] *πασιν* V 339 | *ζωῆς* Pe.: cf. Prov. 16$_{24}$] *και ζωην* 493 (tr. post *εὐλογίαν*) 606 La^{V}; *ζωην* rel. | om. *καί* 2° 606
21 (21a) *ἀδίκου*] *-κων b* Anast. p. 448 Dam. p. 1480. 1536 | *προσφοραν* 46 672; *θυμιαμα* Anast.^{te}; *θυσια* Anast.^{ap} Dam. | *μεμωμημένη*] *μεμωκημενη* B-S *O* 248 *b c*-679-795 46 (*-μενην*) 307 336 (*-κωμημ.*) 358 755 Arm Dam. p. 1536 Mal.: cf. 36$_{6}$; *μονω και μονη* V; *μεμιασμενη* 672 (*-μενην*) Dam. p. 1480
22 (21b) *οὐκ εἰς*] *ου δωσει* 336 | *δωρήματα* S^{mg} *L*-672 547 La (*dona* $_{22}$a) Aeth Arm(II) Dam. p. 1536 = Syr] *μωμηματα* A S^{c} *l*-157′ *a*-534′ 68-744′ 155 307 315 443 543 755 Sa Mal. (»*μωμήματα ἢ μωκήματα*«); *μωμητα* *c*-795 336 358 542; *μωκηματα* B-S* *O*-V (*-κεμ.*) *b* 46 339 679 (*μυκ.*) La (*subsannationes* $_{21}$b) Mal. | *ἀνόμων*] *νομου* 672
23 init.] pr. *και* 253 46 Aeth | om. *ἐν* 1° 248 755 | *θυσιῶν*] *δωρων* 358 = Syr; *ασεβων* 46* | *εξιλασεται* 358 443 La: cf. 3$_{3}$
24 $_{24}$a/$_{24}$b] tr. La Sa Arm | init.] pr. *ως* La Syh verss. Chr. VII 526 Anast. p. 448. 460 = Syr (*sicut homo*) | $_{24}$a] *ως ο αποκτενων τον* (> ^{ap}) *υιον* (+ *αυτου*^{ap}) *εμπροσθεν του πατρος αυτου* Chr. VII 526 (= Anast. p. 460) La^{167} | *εναντιον* 339 534′ | om. *τοῦ* S 46 315′ 336 429 542 Dam. p. 1480. 1536 Anton. p. 897 Anast. p. 448 | $_{24}$b init.] pr. *ουτως* 336 Aeth Chr. Dam. p. 1536 Anast. = Syr | om. *ὁ* 336 | *προσαγαγων* S | *θυσίαν*] *-σιας* 706 verss.^{p} | *πενήτων*] *-τος* 534 Syh Sa Spec.; *iniquitatis* Aeth; *alienorum* ArmII
25 *επενδεομενων* S A *l*-157′ *b c* 155 339 534 542 543 755 | *πτωχῶν*] *-χου L*$^{-248}$ 358 La$^{Gpl 167}$ Sa^{L} Aeth | $_{25}$b init.] pr. *και* 578 Aeth Arm = Syr | *αὐτὴν ἄνθρ.*] tr. 404 | *αὐτήν*] *-τον* S^{c} 248-545 336 543 613^{c} La Sa; *eos* Arm | *αἱμάτων*] *-τος* 404 (+ *αυτος εστιν*) La (+ *est*^{V}) Sa (+ *est*)
26 *φον. τὸν πλ.*] *τον πλ. αυτου και αρτον φονευει αυτον* Chr. XII 176 (non p. 875) | *ἐμβίωσιν* (vel *ἐνβ.*) S A *O*-V 155 315 336 339 542 543 La Chr. XII 176: cf. 38$_{14}$] *εκβ.* 672; *συμβ.* rel. (Chr. XII 875 Mal.): cf. Sap. 8$_{3}$ $_{9}$ $_{16}$

27 *καὶ ἐκχέων αἷμα ὁ ἀποστερῶν μισθὸν μισθίου.*
28 *εἷς οἰκοδομῶν, καὶ εἷς καθαιρῶν·*
τί ὠφέλησαν πλεῖον ἢ κόπους;
29 *εἷς εὐχόμενος, καὶ εἷς καταρώμενος·*
τίνος φωνῆς εἰσακούσεται ὁ δεσπότης;
30 *βαπτιζόμενος ἀπὸ νεκροῦ καὶ πάλιν ἁπτόμενος αὐτοῦ,*
τί ὠφέλησεν ἐν τῷ λουτρῷ αὐτοῦ;
31 *οὕτως ἄνθρωπος νηστεύων ἐπὶ τῶν ἁμαρτιῶν αὐτοῦ*
καὶ πάλιν πορευόμενος καὶ τὰ αὐτὰ ποιῶν·
τῆς προσευχῆς αὐτοῦ τίς εἰσακούσεται;
καὶ τί ὠφέλησεν ἐν τῷ ταπεινωθῆναι αὐτόν;

32 (35) 1 *Ὁ συντηρῶν νόμον πλεονάζει προσφοράς,*
2 *θυσιάζων σωτηρίου ὁ προσέχων ἐντολαῖς.*

B S A V *O L l a b c* min. La verss.

27 27α/27β] tr. Sa PsChr. IX 691 | *καί*] *ως ο* La (om. *ως*) Sa PsChr.; + *ως ο* 336 404; + *ὁ* 795 | *ὁ*] *και* A 155 339 755 La^{167}; pr. *et* La = Syr | *μισθίου*] *μισθου* 542; *μισθωτου* V 248-*l c*-404′-679 613 PsChr. Anton. p. 1076; + *ως ο εκχεων αιμα* 421: ex praec.; + *αυτου* Dam. p. 184 verss.^{p}

28 *οἰκοδ.*] pr. *ὁ* 603 | *καθαιρῶν*] *καθερων* 339 548; *καθελων* 358; *καταλυων* 248 Anast. p. 837 | *τί*] *τις* Dam. p. 1536 | *ὠφέλησαν*] *-σε* A (*-σεν*) 155 (*οφελησεν*) 543 679 La^{pc} (*prodest illi*); *-σει O*-V ArmII: cf. La^{L} (*proderit*); *-σουσι a*-534-613* 339 Antioch. p. 1613; *ωφελουσι* 248 ArmI; *ωφελει* Dam. p. 185 = La (*prodest*); *ωφελεια* Dam. p. 1536 | *πλεῖον ἤ*] *πλεον ἤ l*-157′ *c* 307 336* 339 358 429 575 613 Mal. Chr. Dam. Antioch.; *πλειους ἤ* 404; *πλην ἤ* 543; *αλλ ἤ* Anast. La (*nisi*); om. *πλεῖον* 315 795 | *κοπου* B V-253; *κοπος* 672 La verss. Dam.; *κοπον* 46 Chr. I 306te

29 29a] *ενος προσευχομενου και ενος καταρωμενου* 421 | *εὐχόμενος ... καταρώμ.*] *καταρων* (sic) ... *ευχομενος* 705 | *φωνην* 307 575 Antioch. p. 1613: cf. La (*vocem*); *φωνη* 155 705; > Sa^{L} | *εισακουεται* 603 La^{X} (*exaudit*); *ακουσεται* 336 358 706 755 768 Chr. VIII 92 Mal.; *ηκουσεται* 744 = Ald. | *ὁ δεσπ.*] *κυριος* 543 Sa La$^{Z*\Omega}$ (*dominus*); *deus* La Arm = Syr; > Aeth

30 *νεκροῦ*] *λουτρου* 46: ex 30b | om. *αὐτοῦ* 1° Antioch. p. 1613 | *ὠφέλησεν*] *οφελος* 248: cf. 30₂₃ | *ἐν τῷ λουτρῷ* = La^{167}] *το λουτρον* Antioch. La^{V} (*lavatio*) Aeth; om. *ἐν* B La^{Gpl}: post *-εν*; om. *τῷ* Anast. p. 353

31 om. *οὕτως* 575 | *ἄνθρ. νηστ.*] tr. Antioch. p. 1613; pr. *ὁ* Dam. p. 1172; *ὁ* (> 404′) *ανθρ. ὁ νηστ.* 404′ 755 | *ἐπὶ τῶν ἁμ.*] *αμαρτιαις* 404′ | *ἐπί* Max. p. 865 Anton. p. 1117 Antioch.] *απο a* 336 603 755 Chr. I 306 Dam. Anast. p. 353 Mal.*; *περι* 46 | om. *τῶν* 754 | *τὰ αὐτά*] *ταυτα* 248 = Syr | 31c/31d] tr. 358 La | *εἰσακούσεται*] *υπακ.* 575; *εισακουεται* Max. p. 865; *ακουσεται* 249 755 (*-σηται*) La$^{GX\Sigma}$ (*audiet*): cf. 29b; *ακουσθησεται* 548* | *ταπεινουσθαι* 155 755 Anast. Antioch.

32 (35) 1 *νόμον*] *verbum* (= *λογον*) La^{pc}: cf. 31 (34)₈ | *πλεονασει* 336 | *προσφοράς* = La^{Z*} (*oblationes*)] *-ραν* V 307 La (*oblationem*^{V}; *orationem*$^{G\ rel}$) verss.^{p}; *συμφορας* B; *εντολας* *L*$^{-248}$ Arm: cf. 2

2 (2a) *θυσιάζων*] *θυσια* A^{c} 613 La: cf. 4 | *σωτηρίου*] *-ριας* 46; *-ριαν* 493; *-ριω* 336; *salutare* La | *εντολας* V* 130* 249-754 404 672: cf. 35₂₄

3 ἀνταποδιδοὺς χάριν προσφέρων σεμίδαλιν,
4 καὶ ὁ ποιῶν ἐλεημοσύνην θυσιάζων αἰνέσεως.
5 εὐδοκία κυρίου ἀποστῆναι ἀπὸ πονηρίας,
καὶ ἐξιλασμὸς ἀποστῆναι ἀπὸ ἀδικίας.
6 μὴ ὀφθῇς ἐν προσώπῳ κυρίου κενός·
7 πάντα γὰρ ταῦτα χάριν ἐντολῆς.
8 προσφορὰ δικαίου λιπαίνει θυσιαστήριον,
καὶ ἡ εὐωδία αὐτῆς ἔναντι ὑψίστου.
9 θυσία ἀνδρὸς δικαίου δεκτή,
καὶ τὸ μνημόσυνον αὐτῆς οὐκ ἐπιλησθήσεται.
10 ἐν ἀγαθῷ ὀφθαλμῷ δόξασον τὸν κύριον
καὶ μὴ σμικρύνῃς ἀπαρχὴν χειρῶν σου.
11 ἐν πάσῃ δόσει ἱλάρωσον τὸ πρόσωπόν σου
καὶ ἐν εὐφροσύνῃ ἁγίασον δεκάτην.
12 δὸς ὑψίστῳ κατὰ τὴν δόσιν αὐτοῦ
καὶ ἐν ἀγαθῷ ὀφθαλμῷ καθ' εὕρεμα χειρός·

B S A V *O L l a b c* min. La verss.

3 (4a) init.] pr. *και* 248 | *προσφέρων*] -*φορων* V; *ο προσεχων* 336 672; pr. *ὁ O* L'^{-248}-157'-315 *b* 46 307 358? 534' 542 547; pr. *ως* 248

4 (4b) om. *ὁ* L^{-248}-106 155 336 | *θυσιάζων*] *θυσια* S* ArmII: cf. $_{3}$; *θυσιαν* 46 339 534: cf. $_{3}$; *offert* La | *αἰνέσεως*] -*σιν c*-404'-679; *sacrificium* (+ *laudis*^{T}) La

5 (5 + 2b + 3) om. *ἀπό* 1° 2° 543 | *πονηρίας* Anton. p. 1101] *αμαρτιας l b* 443; *αμαρτιων* 547; *αδικιας* 157' 307 La (*iniquitate* $_{5a}$) Dam. p. 1257 | om. $_{5b}$ 307 La^{pc}: homoiot. | *ἐξιλασμός*] *ειλασμος* S*: cf. 18$_{20}$ | *ἀδικίας*] *αμαρτιας* 157' Dam.

6 *ἐν προσ. κ.*] *εν -που κ.* V 358; *ενωπιον κ. L* 46 443 Sa Aeth Dam. p. 1240 = Deut. 16$_{16}$ (cf. Exod. 23$_{15}$ 34$_{20}$); *εν προσ. μου* 672; *εν κυριω* 339

7 *πάντα . . . ταῦτα*] tr. 46 La Sa: cf. 39$_{27}$ $_{29}$ 40$_{10}$ 42$_{23}$ | *χαρις* 106-545; *χωρις* 336

8 *λειπανει* 706; *λιπαναι* 307 | om. *ἡ b* | *εὐωδία*] *ευοδια* V 130* 543: cf. 10$_{5}$; *ευδοκια b* 315' 358: cf. 20$_{9}$ | *αὐτῆς*] -*του a*-534 155 Aeth | *ἔναντι*] -*τιον b*; *ενωπιον* 768: cf. 17$_{15}$; *εν παντι* 68-744 = Ald. | *ὑψίστου*] *κυριου* 358 Arm(II); *dei* La$^{\Omega}$; pr. *κυριου* 613; pr. *του* L^{-248}: cf. 39$_{5}$ 50$_{16}$

9 *αὐτῆς*] -*του a* 358 | *ἐπιλησθήσ.*] *εμπλησθησ.* 547* 755; *εξαλειφθησεται* 46: cf. 39$_{9}$; *obliviscetur dominus* La

10 *ἀγ. ὀφθ.*] tr. 603 Syh Sa | *τὸν κύριον*] *τον θεον* 155 La; + *θεον* S | om. *μή* 315 | *σμικρύνῃς*: cf. 17$_{25}$] -*νεις* 493-705; *μικρυνης* B-S* A 155 307: cf. Os. 4$_{3}$ Ier. 36$_{6}$; *μακρυνης* 157' | *χειρος* 493 443 613

11 *δόσει*] *δοξη* 307 755 | *ἱλάρωσον*] -*ρυνον* 155 755 Dam. p. 1240. 409: cf. 7$_{24}$; *ιλαρον* 578 (-*ρων*) 672: cf. 13$_{26}$ 26$_{4}$ | *τὸ πρόσ./σου*] tr. 578; om. *τό* 754 | *δεκάτην*] *δεκτην* 755: cf. $_{9a}$

12 *δὸς ὑψ.*] *δοσις υψιστου* L^{-248} | *αὐτοῦ*] *σου* A | *καθ' εὕρ.*] *καθαιρεμα* S; *καθαρευμα* 542 603 755 (*καθερ.*); *κατευθυμα* 106-545 46; *καθευδεμα* 548

13 ὅτι κύριος ἀνταποδιδοὺς ἐστιν
καὶ ἑπταπλάσια ἀνταποδώσει σοι.

14 Μὴ δωροκόπει, οὐ γὰρ προσδέξεται,
15 καὶ μὴ ἔπεχε θυσίᾳ ἀδίκῳ·
ὅτι κύριος κριτής ἐστιν,
καὶ οὐκ ἔστιν παρ᾽ αὐτῷ δόξα προσώπου.
16 οὐ λήμψεται πρόσωπον ἐπὶ πτωχοῦ
καὶ δέησιν ἠδικημένου εἰσακούσεται·
17 οὐ μὴ ὑπερίδῃ ἱκετείαν ὀρφανοῦ
καὶ χήραν, ἐὰν ἐκχέῃ λαλιάν·
18 οὐχὶ δάκρυα χήρας ἐπὶ σιαγόνα καταβαίνει
19 καὶ ἡ καταβόησις ἐπὶ τῷ καταγαγόντι αὐτά;
20 θεραπεύων ἐν εὐδοκίᾳ δεχθήσεται,
καὶ ἡ δέησις αὐτοῦ ἕως νεφελῶν συνάψει·
21 προσευχὴ ταπεινοῦ νεφέλας διῆλθεν,
καὶ ἕως συνεγγίσῃ, οὐ μὴ παρακληθῇ·

B S A V *O L l a b c* min. La verss.

13 om. *ὅτι* 755 | *κύριος*] pr. *ὁ* 307^{c} 443 755: cf. 15b 4_{13} | *ἐστιν*] *εσται* 157′; + *ημιν* Dam. p. 1241 | *ἑπταπλάσια*] *-σιονα l* 296-548: cf. 7_{3}; *-σιον* Dam.; *επταπλα* B; tr. post *σοι L* 358 | *ανταποδιδωσιν* S^{c} (*-σειν*) 336 575 (*-σι*); *αποδωσει* A 46 155 797 Mal. Dam.: cf. 23a 17_{23} | om. *σοι* 248 795

14 *δωροκοπτει* 296-548 (*δορ.*); *δωροκοπον* 545; *δωροδοκει* L^{-248}: cf. Mac. III 4_{19} | *δεξεται* 744′ = Ald.; + *σε* 443 613 Aeth; + *illa* La

15 *μή*] pr. *ου* 744′ = Ald. | *επεχεε* 545; *επιχαιρε* 672: cf. 5_{1} | *θυσίᾳ*] *-σιαν* 307 545^{c} (+ *εκ*) 613; *επι θυσια* 46; *in sacrificium* $La^{L\Pi}$ | *ἀδίκῳ*] *-κων* 613 Arm; *-κως* 106^{c} | *κύριος κριτής*] tr. *L*; pr. *ὁ* 307 545 603: cf. 13a | *οὐκ ἔστιν*] *ουκ εσται* 545; > 744 = Ald. | *αὐτῷ*] *-του* L^{-248} 728; *-τα* 253

16 *λήμψεται*] + *κυριος* 248 La | *επι πτωχω* 253 248; *in paupere* La^{pc} | *δεησις* Anton. p. 896 | *αδικουμενου* 339 Dam. p. 209 Anton. | *εισακουσθησεται* Anton.

17 *παριδη* A Dam. p. 209: cf. 7_{10} 8_{8} | *ἱκ. ὀρφ.*] *ορφανον* Mal. | *ἱκετείαν*] *-ας* 672; *ικεσιαν* V-253 547 744 Dam.: cf. 51_{9} Mac. II 3_{18} 10_{25} 12_{42}; *ικετηριαν* 543 (*οικ.*)-578; *οικετειαν* 106 548 Sa: cf. 51_{9} | *χηρα* S 358; *χηρας* 404′ 547 Dam. | om. *ἐάν* 493 358 543 | *εκχεει* 296-548 alii

18 (**18a**) *δακρυον L* La^{GTX} Spec. $verss.^{p}$ = H | om. *χήρας* La^{Gpc} Spec. Aeth = H | *σιαγονας* S 404 $verss.^{p}$; *-νι* A (*-νει*) 46; *-νος* 542 | *καταβησεται* Dam. p. 209

19 (**18b**) *ἡ καταβόησις*] *η -σεις* A; *καταβοησεις* V; *η καταπτωσις* S; + *αυτης* 248 La $verss.^{p}$ | *τῷ*] *το* 404; *τον* 706; > 744′ = Ald. | *καταγοντι a*-534 *c*-679 46 307 339 429 547 672 Dam. p. 209; *καταγαγοντα* 404 | *αὐτά*] *-το* 248 $La^{L\Pi}$ (*eam*) Arm(II)

20 *ἡ δέησις*] *η καταβοησις* 315′: ex 19; om. *ἡ* 795 | *αὐτοῦ*] *-των* 339 578 613^{c} | *νεφελῶν*] *των νεφων* 637; pr. *των L b* 404′ 443 543 768 Mal.: cf. 13_{23}

21 *νεφέλας*] *εως νεφελων* 46: ex 20b | *ἕως* 1°] + *αν* 311 | *συνεγγισει*

καὶ οὐ μὴ ἀποστῇ, ἕως ἐπισκέψηται ὁ ὕψιστος
22 *καὶ κρινεῖ δικαίοις καὶ ποιήσει κρίσιν.*
καὶ ὁ κύριος οὐ μὴ βραδύνῃ
οὐδὲ μὴ μακροθυμήσῃ ἐπ' αὐτοῖς,
ἕως ἂν συντρίψῃ ὀσφὺν ἀνελεημόνων
23 *καὶ τοῖς ἔθνεσιν ἀνταποδώσει ἐκδίκησιν,*
ἕως ἐξάρῃ πλῆθος ὑβριστῶν
καὶ σκῆπτρα ἀδίκων συντρίψει,
24 *ἕως ἀνταποδῷ ἀνθρώπῳ κατὰ τὰς πράξεις αὐτοῦ*
καὶ τὰ ἔργα τῶν ἀνθρώπων κατὰ τὰ ἐνθυμήματα αὐτῶν,
25 *ἕως κρίνῃ τὴν κρίσιν τοῦ λαοῦ αὐτοῦ*
καὶ εὐφρανεῖ αὐτοὺς ἐν τῷ ἐλέει αὐτοῦ.
26 *ὡραῖον ἔλεος ἐν καιρῷ θλίψεως*
ὡς νεφέλαι ὑετοῦ ἐν καιρῷ ἀβροχίας.

B S A C (init. 22b) V *O L l a b c* min. **La** verss.

l (130c) 249-754 alii | *ἕως* 2°] + *αν* 248-*l*-157′ 307 311 358 543 Anton. p. 889; + *οὐ* L^{-248}-672 46 249-754 336: cf. 24a | *επισκεψεται* V-253 *a*-613 68-744′ alii = Ald.; *επιβλεψηται* 46 La (*aspiciat*); *επιστη* 672 | *ὁ ὕψ.*] *κυριος* A 336 (*ο κ.*) Aeth: cf. 42_{18}; om. *ὁ* Anton.

22 om. *καί* 1° *L* | *κρινη* 253 alii | *δικαιους* *L* 46 311 755: cf. La (*iustos*); *δικαιως* B S^c *a*-534′ 296-548 336 404′ 443 543 547^c Mal. (»*δικαίως ἢ δικαίοις ὡς ἐν ἑτέροις*«) | *ποιηση* 46 311 | *βραδυνει* L^{-248}-672-705 | *οὐδὲ μή*] *ουδ ου μη* *b* 336; *και ου μη* 358 La Sa; om. *μή* 155 672 | *μακροθ. ἐπ' αὐτοῖς*] pr. *fortissimus* La; + *ο κραταιος* *L*: cf. H | *μακροθυμησει* B C V 493 alii | *επ αυτους* 755 | *ἕως ἄν*] *εως ου* *b* 46; om. *ἄν* C | *συντριψει* V-253 637 alii; *τριψη* 248; *εκτριψη* 307 | *ὀσφύν*] *ισχυν* 46; pr. *την* 493; *dorsum* La | *ἀνελεημόνων*] *-νος* 311 = H; *ipsorum* La; > Aeth

23 *ανταποδιδωσι* C La^{T*} (*reddit*); *αποδωσει* V 46: cf. 13b | *ἕως*] + *αν* L'^{-248} 311 542 755 768*: cf. 21c | *εξαρει* 296-548 alii | *ἀδίκων*] *-κα* 46; *δικαιων* A 307 | *συντριψη* S A C V-253 493 alii; *συντριβη* 249-754

24 *ἕως*] + *αν* L'^{-248} 542 755; + *οὐ* 543 672: cf. 21c | *ανταποδοι* S* 315: cf. Thack. § 23_{10}; *ανταποδωσει* 248-545 613 797 La^{Σ} (*reddet*) | *ἀνθρώπῳ*] *εκαστω* 797: cf. 11_{26} | *τὰ ἔργα*] pr. *κατα* 307 La Aeth | *τῶν ἀνθρ.*] *αγιων* V; om. *τῶν* 253 248 547*; *adae* La = H: cf. 16_{16} | *κατά* 2°] *και* A 155 547; pr. *et* La Aeth; > 307 | *αὐτῶν*] *-του* 248-672 La = H

25 *ἕως*] + *αν* S^c *L*-672 311 613: cf. 21c | *κρινει* C 637-*l*-157′ *a*-534-613* *b* alii | om. v. 25b C | *ευφρανη* 307 alii; *ευφραινει* 253 404 (*-νη*) 706 | *αὐτούς*] *-τοις* 797*; *iustos* La | *ἐν*] *επι* 106-545; > La | *ἐλέει*] *λαω* 672: cf. 50_{4} Sap. 9_{1}

26 init.] pr. *ως* S *L*-130-315 542 543 547 Sa Arm Antioch. p. 1464; pr. *και ως* 672 | *ὡραῖον*] *ωραιος* 613 Antioch.; *ο ποιων* 421 Anton. p. 865 | *ελεον* 307 358 543 744* Anton.; *ελαιον* 534 578: cf. 2_{9} | *θλίψεως* S *O* 248 alii Zi.] *χρειας αυτου* L^{-248}-315′: cf. 8_{9} 29_{2}; + *αυτου* B A C V *l*-157′ *a*-534′ *b* *c*-404′-679 46 155 307 339 547 755 768 (*εαυτου*) Aeth | *ὡς*] *εως* S* | *νεφελη* *a*-534-613* 358 421 542 755 Aeth Max. p. 764 Anton. = Syr | *καιρῷ* 2°] *ημερα* 336; *terra* Aeth

33 (36) 1 Ἐλέησον ἡμᾶς, δέσποτα ὁ θεὸς πάντων,
2 καὶ ἐπίβαλε τὸν φόβον σου ἐπὶ πάντα τὰ ἔθνη·
3 ἔπαρον τὴν χεῖρά σου ἐπὶ ἔθνη ἀλλότρια,
καὶ ἰδέτωσαν τὴν δυναστείαν σου.
4 ὥσπερ ἐνώπιον αὐτῶν ἡγιάσθης ἐν ἡμῖν,
οὕτως ἐνώπιον ἡμῶν μεγαλυνθείης ἐν αὐτοῖς·
5 καὶ ἐπιγνώτωσάν σε, καθάπερ καὶ ἡμεῖς ἐπέγνωμεν
ὅτι οὐκ ἔστιν θεὸς πλὴν σοῦ, κύριε.
6 ἐγκαίνισον σημεῖα καὶ ἀλλοίωσον θαυμάσια,
7 δόξασον χεῖρα καὶ βραχίονα δεξιόν·
8 ἔγειρον θυμὸν καὶ ἔκχεον ὀργήν,
9 ἔξαρον ἀντίδικον καὶ ἔκτριψον ἐχθρόν.
10 σπεῦσον καιρὸν καὶ μνήσθητι ὁρισμοῦ,
καὶ ἐκδιηγησάσθωσαν τὰ μεγαλεῖά σου.

B S A C V *O L l a b c* min. La verss.

33 (**36**) **1** init.] pr. tit. *ευχη* B^{mg} 543, *αρχη λογου* 307, *oratio hiesu filii sirach* La^{Z*} | *δέσποτα/ὁ θεός*] tr. 603; pr. *κυριε* 307; om. *δέσποτα* A 543 548* La = H | *πάντων*] *ο παντοκρατωρ* L^{-248} Aeth; *παντοκρατορ* 603: cf. 50_{22}
2 init. 672 Mal. Aug. civ. 17, 20 = H] pr. *και ελεησον* 603: ex 1; pr. *και επιβλεψον* rel. | om. *καί* 46 Aeth Arm La^{Z*} | *επιβαλλε* 46; *επιβαλον* 336 534 755 Mal.; *επιβλεψον* 155 (*-ψλεψον*): ex praec. | *τὸν φόβον*] *τον θυμον* 443 = Syr; *τους ποδας* 672 | om. *πάντα* La Sa^{Th} = Syr | *ἔθνη*] + *τα μη εκζητουντα σε* 248 La = Syr: cf. 39_{23} (28 b) et Ps. 78_6 Ier. 10_{25}
3 *τας χειρας* 672 | *ἐπί*] *επ* 248 | *ἔθνη*] pr. *τα* 545 768; + *τα* 768 | *ἰδέτωσαν*] *ειδετωσαν* 253 46 296 = Syr (*cognoscant*): cf. 15_7; *επι εθνη* S*: ex 3a
4 *ὥσπερ*] *ως* 545 | *ἐνώπ. αὐτῶν*] tr. 613 | *ἡγιάσθης*] *-θη* 547* 728; *εθαυμασθης* S*; + *και* L^{-248} 46 | *οὕτως*] + *και* 613 | *ἐνώπιον* 2°] *εναντιον* V-253 *L* | *ἡμῶν*] *υμων* 545^c Mal.*; *αυτων* 46 672: ex 4a | *μεγαλυνθης* S* C V 339 (*-θεις*); *-θητι* 46; *-θειοις* 673 797
5 (**5** + **2b** + **18b**) *καθωσπερ* 155 | om. *καὶ ἡμεῖς* 307 Sa^L PsVig. = H; om. *καί* 578 Aeth | *ἐπέγνωμεν*] *-γνωκαμεν* L^{-248}; *εγνωμεν* *O*-V 248 547 548; *επιγνωμεν* 315′; pr. *σε* V-253 248 339 358 443 $PsVig.^{te}$; + *σε* S A L'^{-248}-157′-315′ *a*-534 *b c*-679-795 46 155 307 336 542 755 Sa Aeth Mal. Aug. civ. 17, 20 | *ὅτι*] *και* 534
6 *σημειον* 249-754 Aeth (+ *σου*) = H; *σοφιαν* 307 | *αλλοιωσιν θαυμασιαν* 543
7 *χειρας* L^{-248} | *δεξιόν*] *υψηλον* 307 339 547 755 Syh; + *σου* 795 Aeth Arm | fin.] + *οπως διηγωνται* (sic 248; *-γουνται* 493-637) *τα θαυμασια σου* *L*; + *ut* (et^V) *enarrent magnalia* (= *τα μεγαλεια*: cf. 10b) *tua* La (2c = 13c)
8 *ἔκχεον*] *εκχεε* 253 248 547 728; *εκχεει* V
9 init.] pr. *και* 728 La^L Aeth = H | *ἔξαρον*] *επαρον* 248; *αρον* 728 La^{VL} | *ἔκτριψον*] *συντρ.* 46: cf. 48_{21} Sap. 11_{19}
10 *ὁρισμοῦ* S *O*-V *c*-679 46 547 La (*finis*) Sa Arm Sm.] *οργης* 248 Mal. (»*ἐν δὲ ἄλλως γεγραμμένῳ*«); *ορφανου* 755; *ορκων* C; *ορκισμου* (*-μον* 358) rel.: cf. Mac. I 6_{62} | *διηγησασθωσαν* 46 534; *ενδιηγ.* 613; *εκδιηγεισθωσαν* L^{-248}; + *σοι* 248 | *μεγαλεῖα*] *θαυμασια* 248 339 543 La: cf. 7b 42_{17}

11 ἐν ὀργῇ πυρὸς καταβρωθήτω ὁ σῳζόμενος,
καὶ οἱ κακοῦντες τὸν λαόν σου εὕροισαν ἀπώλειαν.
12 σύντριψον κεφαλὰς ἀρχόντων ἐχθρῶν
λεγόντων Οὐκ ἔστιν πλὴν ἡμῶν.
(13) 13a συνάγαγε πάσας φυλὰς Ιακωβ
36 16b καὶ κατακληρονόμησον αὐτοὺς καθὼς ἀπ' ἀρχῆς.
(14) 17 ἐλέησον λαόν, κύριε, κεκλημένον ἐπ' ὀνόματί σου
καὶ Ισραηλ, ὃν πρωτογόνῳ ὡμοίωσας.
(15) 18 οἰκτίρησον πόλιν ἁγιάσματός σου,
Ιερουσαλημ τόπον καταπαύματός σου·
(16) 19 πλῆσον Σιων ἀρεταλογίας σου
καὶ ἀπὸ τῆς δόξης σου τὸν ναόν σου.
(17) 20 δὸς μαρτύριον τοῖς ἐν ἀρχῇ κτίσμασίν σου

B S A C (fin. 13a) V *O L l a b c* min. La verss.

11 καταβρωθήτω] -θησεται *L*$^{-248}$; *devorentur* La$^{C\Sigma}$ BrevGoth. 734 B. 860 A | ὁ σῳζ.] ο μη σωζ. S* 547 795 Sa; pr. ο ασεβης S^{c}; *peccator* La^{X}; *peccatores* BrevGoth.; *qui adversatur* La^{Z*}; *inimicus* Arm = Syr: cf. de Br. p. 34; > La^{C} | κακοῦντες] αδικουντες B; κατοικουντες A* C 493 *c* 106*?-545 307 336 339 358; κατεχοντες 106^{c}
12 κεφ. ἀρχ. ἐ.] οσφυν ανελεημονων V: ex 32_{22} | ἐχθρῶν: cf. Deut. 32_{42}] εθνων *L*'-157'-672 46* 155 (εθνων εχθρων: dupl.) 358 534' 547 603 755 795 Mal.: cf. 30_{6}; *iniquorum* La$^{X\Sigma}$; *malorum* Arm | λεγόντων] pr. των 613
13a init.] pr. και *L*$^{-248}$ Aeth | συναγε B-S; συναγαγεται C* (συναγαγε τας^{c} vid.) | παντας 534 | φυλάς] φυλακας 603: cf. 16_{4}; pr. τας *L*$^{-248}$
36 16b (13d) κατακληρονόμησον *L*$^{-248}$ Ra.] *hereditabis* (= κατακληρονομησεις 106^{mg} et Sw.) La; κατεκληρονομησα rel. (ad praecedentem ἠγρύπνησα 36_{16a} adapt.): cf. Ra. | αὐτούς] -του *L*$^{-248}$; > 768 = H | ἀπ'] εξ 548
17 (14) init.] pr. tit. ευχη B^{mg} 543 679 | ἐλέησον] -σα 578; κατελεησον 705; + κυριε ελεησον 545; + με 106-130; + *nos* Aeth | λαόν, κύριε] tr. *L*'$^{-248}$ 296-548 358 534' 547 755 Syh Aeth; om. κύριε S V-253 46 545 La Sa = H; tr. κύριε post κεκλημ. 578 | κεκλημένον] κεκληρωμενον 547 | ἐπ'] επι 672; επι το 548; > 46 | πρωτογόνῳ] -γονον 248 157'; -γονοις 336; πρωτοτοκω S^{c} 358 (-κον) 613: cf. Exod. 4_{22} Mich. 7_{1} | ὡμοίωσας] ωνομασας 248 157' 358: cf. H
18 (15) οικτειρον *L*; οικτειρησας 755 | πολεις 672 | Ιερουσ.] ισραηλ 155 534 797 | τόπον] πολιν B-768 La Aeth (+ τοπον: dupl.); πολις 68-744 = Ald.: ex $_{18a}$ | καταπαύματος B-S A *a*-534 *b* 155 339 443] -παυσεως rel.: cf. Is. 66_{1}
19 (16) πλῆσον] -σιον B^{c1} *c*-679-795 336 | ἀρεταλογίας B*] αρρητα λογια *O* 545^{c} La (*inenarrabilibus verbis*); *inenarrabilibus virtutibus* La$^{T^{c}X\Omega}$ Sa (vid.); αραι (αρε S A 637 307 339 548; αρετα 307; αρα 672; αρον 311) τα λογια rel.: Thack. § 6_{7} (1) | ναόν Zi. = H] λαον codd. et verss.
20 (17) μαρτυριαν 336 | ἐν ἀρχῇ] *ab initio* La = H | κτημασι 68-744'

καὶ ἔγειρον προφητείας τὰς ἐπ᾽ ὀνόματί σου·
(18) 21 δὸς μισθὸν τοῖς ὑπομένουσίν σε,
καὶ οἱ προφῆταί σου ἐμπιστευθήτωσαν.
22 εἰσάκουσον, κύριε, δεήσεως τῶν οἰκετῶν σου
(19) κατὰ τὴν εὐδοκίαν περὶ τοῦ λαοῦ σου,
καὶ γνώσονται πάντες οἱ ἐπὶ τῆς γῆς
ὅτι σὺ εἶ κύριος ὁ θεὸς τῶν αἰώνων.

(20) 23 Πᾶν βρῶμα φάγεται κοιλία,
ἔστιν δὲ βρῶμα βρώματος κάλλιον.
(21) 24 φάρυγξ γεύεται βρώματα θήρας,
οὕτως καρδία συνετὴ λόγους ψευδεῖς.
(22) 25 καρδία στρεβλὴ δώσει λύπην,
καὶ ἄνθρωπος πολύπειρος ἀνταποδώσει αὐτῷ.
(23) 26 πάντα ἄρρενα ἐπιδέξεται γυνή,
ἔστιν δὲ θυγάτηρ θυγατρὸς κρείσσων.

B S A V *O L l a b c* min. La verss.

679 705* (vid.) = Ald.: cf. 38_{34} | om. καί 797 | προφητείας] -τειαν 336: cf. H; -τας 248 46^{c} Aeth: cf. 21b | τάς] την 336; *quas locuti sunt* La: cf. H; > S* 68-744 155 672 Aeth | ἐπ᾽ ὀν.] εν ον. 543 La Sa = H: cf. 47_{13}; επ ονοματος 339 | fin.] + *prophetae priores* La: cf. Syr

21 (18ab) τοῖς ὑπομ. σε] pr. *domine* La^{Ω}; + κυριε 46 Sa^{Lc} | οἱ προφ. σου] εν προφηταις ου V; om. σου 443 | ἐμπιστευθήτωσαν B *O*-V *L* 46 307 336 358 547 755 La verss.] -θησονται rel.

22 (18c—19) εἰσάκ., κύριε] tr. Sa; om. κύριε La | οἰκετῶν S A alii Zi.] ικ. B 637-130-545-705 *a*-534′ *b* 296-706 155 157′ 307 339 358 443 578 797 Syh: cf. 6_{11} Ps. 73_{23} | εὐδοκίαν 307 534 Zi. = H] ευλογιαν rel.; add. ααρων (ανδρων V) codd. et verss. | περί] υπερ 547 | λαοῦ] υιου S* | γνωτωσαν L'^{-248}-157′ La | πάντες/οἱ ἐπὶ τῆς γῆς] tr. 543; om. τῆς 542 | om. σύ B A *l*-157′ *c*-679 155 307 339 543 755 | εἶ κύριος S 358 795 La (*es deus*) Syh verss.] om. ει V-253 *L*-315 *a* 336 547 = H; κυριε 46 534′ 672; κυριε ει *b*; κυριε εἶς Mal.; κυριος εἶς 296-548; tr. rel. | ὁ θεός] *conspector* La: cf. 3_{34}; om. ὁ 296-548 Mal.; > 248

23 (20) κοιλία] καρδια 429: cf. 19_{12} | ἔστιν δέ] και εστιν 443 La Aeth; + και 547; om. δέ V | βρώματος κ.] βρωτος κ. V; tr. 336 Syh verss.[p]

24 (21) φάρυγξ] βαρυγξ A; λαρυγξ L'^{-248} 336 339 (-ρυξ) 404 (-ρηξ) 575 603: cf. 6_{5}; pr. ως 493 La^{Z*} | γευσεται S 744′ = Ald.; γευγεται 296-548 | βρώματα] -τος 404; βρωμα 547 La | συνετή] -του 613; ασυνετου 46*; ασυνετη 106^{c} = La^{pl} (*insensatum*); αγαθη 548 | ψευδεῖς] αληθεις 296^{mg}-311-706 358 404′ 679 755; αγαθους 296^{txt}-548

25 (22) στρεβλή] ψευδης 672 | λύπην] αυτην 542: cf. $38_{17\ 18\ 20}$ | αὐτῷ] -τη *a*-534 679; -τοις 46

26 (23) επιδειξεται 795; υποδεξ. 46: cf. 51_{26}; προσδεξ. 443; επιλεξ. 339: cf. 6_{18} | ἔ. δέ] εστι γαρ 248 155; *et est* La | θυγατρός] -τηρος S* (corr.[1]) | κρεισσον B 543: cf. 10_{27}

(24) 27 *κάλλος γυναικὸς ἱλαρύνει πρόσωπον*
καὶ ὑπὲρ πᾶσαν ἐπιθυμίαν ἀνθρώπου ὑπεράγει·
(25) 28 *εἰ ἔστιν ἐπὶ γλώσσης αὐτῆς ἔλεος καὶ πραΰτης,*
οὐκ ἔστιν ὁ ἀνὴρ αὐτῆς καθ᾽ υἱοὺς ἀνθρώπων.
(26) 29 *ὁ κτώμενος γυναῖκα ἐνάρχεται κτήσεως,*
βοηθὸν κατ᾽ αὐτὸν καὶ στῦλον ἀναπαύσεως.
(27) 30 *οὗ οὐκ ἔστιν φραγμός, διαρπαγήσεται κτῆμα·*
καὶ οὗ οὐκ ἔστιν γυνή, στενάξει πλανώμενος.
(28) 31 *τίς γὰρ πιστεύσει εὐζώνῳ λῃστῇ*
ἀφαλλομένῳ ἐκ πόλεως εἰς πόλιν;
οὕτως ἀνθρώπῳ μὴ ἔχοντι νοσσιὰν
καὶ καταλύοντι οὗ ἐὰν ὀψίσῃ.

37 1 *Πᾶς φίλος ἐρεῖ Ἐφιλίασα κἀγώ·*
ἀλλ᾽ ἔστιν φίλος ὀνόματι μόνον φίλος.
2 *οὐχὶ λύπη ἐγγιεῖ ἕως θανάτου*

B S A V 964 (init. 28b) *O L l a b c* min. La verss.

27 (24) init.] pr. *και* 542 La$^{\Phi *}$ | *κάλλος*] + *δε* 672 | *γυναικός*] -*κων* 613 | *ἱλαρύνει*] *αμαυρυνει* 797 | *πρόσωπον*] + *αυτης* Dam. p. 1317. 81 Sa = Syr; + *ανδρος* 307; + *viri sui* (= *ανδρος αυτης* 545^{c}) La | *ἐπιθ. ἀνθρ.*] *περιφανειαν ανθρ.* 543; tr. 336; om. *ἀνθρ.* Sa
28 (25) init.] pr. *και* 672 Aeth = H | *εἰ*] *ης* 155; > V | *ἐπὶ γλώσσης αὐτῆς*] *επι γλωττης αυτης* 296-548 578 672: cf. 4_{24}; *επ αυτης* 336 543; *επι στοματος* Dam. p. 1317 | *πραΰτης*] *πραοτης* 336 542 613 672 768$^{c\ vid}$ 797 Dam.: cf. 1_{27}; + *και ιασις* *L*: cf. La (*lingua curationis*) | *ὁ ἀνὴρ αὐτῆς*] om. *ὁ* 797 Dam.; om. *αὐτῆς* 358 | *καθ᾽ υ. ἀνθρ.* 964] *καθ υ. των ανθρ.* 493; *καθως υιος ανθρωπου* 46
29 (26) *κτήσεως* 964] *κτισεως* V 493 alii: cf. 16_{17}; pr. *της* 404 | 29b init.] pr. *και* 46; pr. *et erit* La^{Z*}; pr. *quia* Aeth: cf. Syr | *βοηθόν . . . στῦλον*] tr. 46 | *κατ αυτου* 404; *καθ᾽ αὐτόν* *a* La^{Z*} (*secundum se*); *κατα ταυτον* A | *στυλος* 545^{c} 755 La (*columna*) | *αναπαυσεων* Sixt.
30 (27) *διαρπαγήσεται*] *διαρραγησεται* 248 | om. *καί* 795 | *οὗ* 2°] *ᾧ* *l*-157′ 307 543; > 404 755 768 | om. *γυνή* 358 | *στεναζει* 106-545 578 La
31 (28) *πιστευει* *a* 46 545 La (exc.^{AQ}); *πιστευσεται* 443 | *εὐζώνῳ*] -*νη* 964; *εν ζωνω* 68-744 = Ald.; *αζωνω* 755; *εν οδω* 547* | *εφαλλομενω* 248-672-*l* 336 404 443^{c} 547* 578 603; *εφαλλειωμ.* 155; *αφαλλουμενου* L^{-248}; *αφανομενω* 548; *σφαλλομενω* B; *ασφαλλομενω* 795 | *ἐκ*] *απο* 547 Dam. p. 80 | *πόλιν*] *πεδιον* *c*-679 | *μή*] *ουκ* Mal. | *νοσσιάν*] *νομον* V | *οὗ ἐάν*] *ου αν* 964 679; *ους αν* 543; om. *οὗ* 307 | *οψισει* 336 alii; *οψισθη* 679
37 1 (1ab) *Ἐφιλίασα* 964] -*σαι* 296-548; -*λησασα* S^{c}; -*λησα* V 336 542 543 547* 603 672 679; + *αυτω* B | *κἀγώ*] *εγω* 543 La^{G*Z*} | *μόνον φ.*] *μονω φ.* 613 797; *μονόφιλος* 404; tr. 493; *φιλος μονω* 795; om. *μόνον* Anton. p. 853 = H
2 (1c—2) *ἐγγιεῖ* Katz] *ενι* B*-S* A 964 *O* (Syh^{txt})-V 46 339 La (*inest*);

ἑταῖρος καὶ φίλος τρεπόμενος εἰς ἔχθραν;
3 *ὦ πονηρὸν ἐνθύμημα, πόθεν ἐνεκυλίσθης*
καλύψαι τὴν ξηρὰν ἐν δολιότητι;
4 *ἑταῖρος φίλου ἐν εὐφροσύνῃ ἥδεται*
καὶ ἐν καιρῷ θλίψεως ἔσται ἀπέναντι·
5 *ἑταῖρος φίλῳ συμπονεῖ χάριν γαστρός,*
καὶ ἔναντι πολέμου λήμψεται ἀσπίδα.
6 *μὴ ἐπιλάθῃ φίλου ἐν τῇ ψυχῇ σου*
καὶ μὴ ἀμνημονήσῃς αὐτοῦ ἐν χρήμασίν σου.

7 *Πᾶς σύμβουλος ἐξαίρει βουλήν,*
ἀλλ' ἔστιν συμβουλεύων εἰς ἑαυτόν.
8 *ἀπὸ συμβούλου φύλαξον τὴν ψυχήν σου*

B S A V 964 *O L l a b c* min. La verss.

μενει (-*νι* S^c) rel.: cf. Einl. p. 76 | *ἑταῖρος*] *ετερος* S V alii: cf. 4a 5a 40_{23} | *καί*] *δε* 336; *autem* ($>^Q$) *et* ($>^\Theta$) La; > 155 | *τρεπόμενος* = *conversus* La^Θ] -*νοι* *O*-V La (*convertentur*); *επομενος* 46; *στρεφομενος* *b* *c*-404'-679 155 339 543 755 | *ἔχθραν* 964] *εχθρας* 797; *εχθρον* A L^{-248}-315' *b* *c*-404'-679 46 155 307 336 358 443 542 543 755 Aeth = H: cf. 6_9

3 om. *ὦ* 493 Aeth | *ἐνεκυλίσθης*] -*κυκλ.* 964; *εκυλ.* 248-315': cf. 27_{27}; *ενεκυλησθη* 404': cf. La^{pc} (*creata est*); -*θησαν* 705; *ανεκυλισθης* 68-744' = Ald.; *ενεκαινισθης* 542; *creata es* (= *εκτισθης* Sm. = *ενεκτισθης* Pe.) La: cf. H | *καλύψαι*] -*ψον* 443; -*ψας* 768; *μιαναι* 547 | *ξηράν* 964] *γην* 543 verss. = Syr: cf. 39_{22}; *εχθραν* 336: ex 2b

4 *ἑταῖρος*] -*ρου* 578; *ετερος* S V *l* alii: cf. 2b | *φίλου*] *φιλω* *L* La: cf. 5a; *φιλος* 155 307 336 545^c $La^{\Sigma\Theta}$: cf. 5a; + *συνδιαιτα* 248: cf. H | om. *ἐν* 1° 248-672-*l* | *εὐφροσύνῃ*] -*ναις* 768 La^V (*oblectationibus*); -*νης* 744 = Ald.; *εὐφόρῳ* Kuhn II 110 | *ἥδεται*] *εδεται* 307 542; *δεεται* 547*; *ιδεται* 253; *ᾄδεται* Dam. p. 408; *συνέδεται* Kuhn II 110; > 248 | 4b/5b] tr. V | *ἔσται*] *εστιν* 493; *εστη* 637: cf. H (*stabit*) et 9b

5 *ἑταῖρος*] *ετερος* S V *l* alii: cf. 2b | *φίλῳ* 964] *φιλος* S V *b* 155 336 545^c 548 (*φιλως*) $La^{\Sigma c}$: cf. 4a | *συμπονεῖ*] *συμπίνει* Lévi Ry.; + *φιλω* S 545^c | *καί* *L* 404' 443 547 613 La Sa Aeth Katz = H] > rel. (964) | *ἔναντι* B-S 964 V-253 *L* 307 547 613 Dam. p. 408] *απεναντι* rel.; + *δε* 311 336 Syh Dam. | *πολέμου*] *πολεμιου* V 248 La = H: cf. 46_{3} 6 Sap. 11_3 Is. 14_{21} | *ἀσπίδα*] + *αυτου* 613

6 *επιλαθου* A 964 L^{-637}-705 *b* 157 336 543 Mal.: cf. 7_{27} | om. *τῇ* 253 | *ἀμνημονήσῃς* 964] -*σεις* 253; *μνημονευσης* S* 248 | *αὐτοῦ* 964] -*τω* A; -*τον* 249-754 | *χρήμασιν*] *suavitate* (= *χρηστοτητι* Hart) Syh | fin.] + *μη βουλευου μετα του υποβλεπομενου σε* (*σου* 493) *και απο των ζηλουντων σε κρυψον* (-*ψαι* 493*) *βουλην* *L* La (v. 7) = 𝔊 (v. 10) et H (v. 10)

7 (8) *ἐξαίρει* 964] *εξαρει* S* 307 $La^{G\ pc}$ (*prodet*) Sa Aeth; *εξερει* V *c*-795; *εξεγερει* 547 Sa; *εξευρε* 705 | *ἔστιν* 964] + *σοι* S | *ἑαυτόν* 964] *αυτον* B* 155 358 404 705 755; *σεαυτον* 315 548-706 $La^{Z*\Sigma}$

8 (9—10) *συμβούλου*] -*λιας* 46: cf. 42_{21}; -*λης* 744' = Ald.; pr. *κακου* Antioch. p. 1685; + *malo* La^{pc} Arm (plur.) = Syr | *φυλαξαι* 248 315 358 |

καὶ γνῶθι πρότερον τίς αὐτοῦ χρεία·
καὶ γὰρ αὐτὸς ἑαυτῷ βουλεύσεται,
μήποτε βάλῃ ἐπὶ σοὶ κλῆρον
9 καὶ εἴπῃ σοι Καλὴ ἡ ὁδός σου,
καὶ στήσεται ἐξ ἐναντίας ἰδεῖν τὸ συμβησόμενόν σοι.
10 μὴ βουλεύου μετὰ τοῦ ὑποβλεπομένου σε
καὶ ἀπὸ τῶν ζηλούντων σε κρύψον βουλήν,
11 μετὰ γυναικὸς περὶ τῆς ἀντιζήλου αὐτῆς
καὶ μετὰ δειλοῦ περὶ πολέμου,
μετὰ ἐμπόρου περὶ μεταβολίας
καὶ μετὰ ἀγοράζοντος περὶ πράσεως,
μετὰ βασκάνου περὶ εὐχαριστίας
καὶ μετὰ ἀνελεήμονος περὶ χρηστοηθείας,
μετὰ ὀκνηροῦ περὶ παντὸς ἔργου

B S A C (init. 11) V 964 *O L l a b c* min. La verss.

τήν **964**] > S* 248 46 | om. *σου* 46 155 | om. *καί* 1° S* 542 La Aeth | *γνωσει* 155 336 | *χρεία*] pr. *ἡ* 46 | *καί* 2°] *καν* 672 | *γάρ*] + *και* 755; > 254 | *ἑαυτῷ*] *αυτω* 307; *εν αυτω* 795; *εαν* 705; *animo suo* La: cf. H; *καθ εαυτον* Syh (vid.); pr. *εν* S 130 157′ 336 404 542 Aeth: cf. H | *βουλευεται* 964 46 155 307 336 443 Antioch.; *βουλευσηται* 672; *συμβουλευεται* 248 578 (-*λεβεται*); *συμβουλευσηται* 705: cf. 10a | *βάλῃ* 964] *βαλλη* 493-705 46 254 755; *επιβαλη* c-404′-679 307 | *σοί*] *σε* 46 336 548 | *κλῆρον*] *καιρον* V*: cf. 40$_{23}$ Ps. 30$_{16}$; *σκληρον* 404′ = Grotius Grabe

9 (11) *καὶ εἴπῃ*] *μη ειποι* 672 | om. *ἡ* 248: post -*η* | *στησει* 106 | *συμβησ.*] *συμβαινον* 307 534 | om. *σοι* ult. 358 672 Antioch. p. 1685

10 (7) om. v. 10 *L*$^{-248}$ La: vide v. 6 fin. | *βουλεύου* 964] *συμβουλ.* 248 Max. p. 957 Dam. p. 52 (non p. 413) Anton. p. 968: cf. 8c | *μετὰ τοῦ*] *μετ αυτου* 672; om. *τοῦ* 578 Max. Anton. Antioch. Mal. | *αποβλεπομενου* 315; *υποκλεπτομ.* 603; *υποβλεποντων* Antioch. | *σε* 1°] *σου* 964 575 Max. Dam. p. 413 | om. *καί* Max. Dam. Anton. | *ζηλούντων*] *ζητουντων* 964 46 130-545 157′ 307 315 336 358 404 (*λιαν ζητ.*) 443 547* 613ᶜ Aeth; *ζητουμενων* 672: cf. 51$_{18}$ | *σε κρύψον*] *σοι κρ.* 429; om. *σε* 755 Dam. p. 413 = H; *εγκρυψον* Dam. p. 52; *εκκρυψον* Anton. | *βουλήν*] + *σου* Max. Dam. p. 52 413 (*την β. σου*) Anton.; *verba tua* Sa Aeth (sing.) Arm

11 (12—14) *περί* 1° 964] > B | om. *τῆς* 248 768 | *ἀντιζ. αὐτῆς*] *συμζ. εαυτης* 964; *αντιζηλιας αυτης* 404′ | *δειλοῦ*] *δηλου* 157* alii; *ζηλου* 964 | *μετά* 3°] *περι* 578; pr. *και* B* *a* 339 603 Syh Sa Arm = Syr; + *δε* 964; 3°⌒5° c-679 | *ἐμπόρου*] *ευπ.* C | om. *περί* 3° 755* La^{Z*} | *μεταβολίας* 964] -*βολης* S V 637-130 157′ 358 404′ 534′ 542 Sa (*μεταβολη*); -*βουλιας* 248-705 46 (-*λειας*) 307 315 755; -*βουλης* 336; *παραβολης* 493; *μεταμελειας* 155 672 | om. *καί* 2° 46 La | *περὶ πράσεως*] *π. πτωσεως* 797; *μετα πρ.* 155 | *μ. βασκάνου*] pr. *και* 307 Sa Arm: cf. Syr (*vel*) | om. *καί* 3° La Sa | *ελεημονος* C 358* | om. 11g *b*: homoiar. | *μ. ὀκνηροῦ*] pr. *και* 705 Sa Arm = Syr | *περὶ παντὸς*

καὶ μετὰ μισθίου ἐπετείου περὶ συντελείας,
οἰκέτῃ ἀργῷ περὶ πολλῆς ἐργασίας,
μὴ ἔπεχε ἐπὶ τούτοις περὶ πάσης συμβουλίας·
12 *ἀλλ' ἢ μετὰ ἀνδρὸς εὐσεβοῦς ἐνδελέχιζε,*
ὃν ἂν ἐπιγνῷς συντηροῦντα ἐντολάς,
ὃς ἐν τῇ ψυχῇ αὐτοῦ κατὰ τὴν ψυχήν σου,
καὶ ἐὰν πταίσῃς, συναλγήσει σοι.
13 *καὶ βουλὴν καρδίας στῆσον,*
οὐ γάρ ἐστιν σοι πιστότερος αὐτῆς·
14 *ψυχὴ γὰρ ἀνδρὸς ἀπαγγέλλειν ἐνίοτε εἴωθεν*
ἢ ἑπτὰ σκοποὶ ἐπὶ μετεώρου καθήμενοι ἐπὶ σκοπῆς.
15 *καὶ ἐπὶ πᾶσιν τούτοις δεήθητι ὑψίστου,*
ἵνα εὐθύνῃ ἐν ἀληθείᾳ τὴν ὁδόν σου.

B S A C V 964 *O L l a b c* min. La verss.

ἔργου] *περι πολεμου* **46**: ex 11b; om. *περί* **315**; om. *παντός* Aeth = H | *καὶ μ. μισθίου* **964**] om. *καί* S* *a*-**534′** **249**-**754** La Sa | *ἐπετείου*] *επετιου* S^{c} **637** alii; *επαιτιου* A **493** **755** (*υπ.*) alii; *επεστιου* C; *εφετιου* **443** Ra.; *εφεστιου* S* **964** *O*-V **46** **336** (*-σθιου*) **542**; *αφεστιου* B: cf. Einl. p. 107s. | *π. συντελείας*] *επι συντ.* **548**; *π. εργασιας* **547***: ex 11i; *π. πλημμελειας* **46**; ÷ *anni* La | *οἰκέτῃ*] *ουκετι* **443***: cf. 10_{25}; *ουκ εστιν* **68**-**744′** Aeth (vid.) = Ald.: cf. 42_{5}; pr. *cum* (= *μετα*) La Sa (*et cum* = Syr) | *πολλῆς ἐργ.*] *πολυεργιας b*; om. *πολλῆς* La^{X} = H: cf. 11g | *ἔπεχε*] *-χεε* **964**; *επιχεε* **705**; *επε* **543**: cf. 5_{1} | *ἐπὶ τ.*] *εν τ.* **755**; *επι πλουτοις* **307**; > La^{S*Π} | *περί* ult.] *επι* C **672** La (*in*); > La^{X} | *πάσης* **964**] *παση* C; > A Arm | *συμβουλίας*] *-λια* C; *-λης* **336**; *συντελειας a*: ex 11h

12 (**15—16**) *ἀλλ' ἤ*] *αλλα* **336** **534** **755** La^{V} Syh; > La^{G*pl} Spec. Aeth = Syr | *ὅν*] *ο* C | *ἄν*] *εαν* S **964** **336** **542** | *ἐπιγνῷς* **964**] *-γνω* A; *-γνοις a*; *εγνως* **46**; *ιδης* Dam. p. 352 | *συντηρουντας* **964** | *ἐντολάς* **964**] *-λην* **296**-**548** Sa = H^{txt}; + *κυριου* **248** Syh Arm (*dei*); *timorem dei* La: cf. Aeth (lib.) Syr | *ὃς ἐν τῇ ψ. αὐτοῦ*] *ος εστιν* (*ειη* **404**) *η ψ. αυτου* L^{-248} **404** La (*cuius anima est*); *ως* pro *ὅς* **249**-**754**; om. *τῇ b* | *κατα της ψυχης* L^{-248} | *πταίσῃς*] *-σεις* **548** **795**; *πτεσης* B* C V; *πεσης* L^{-248} **542** **543**: cf. 2_{8} | *συναλγήσει*] *-σεις* **315**; *συναλλασι* V

13 (**17**) om. *καί* **339** La^{V} Arm | *καρδιαν* S*; *καρδια* **155** **672** **755** | *σοι*] + *προς* **534**; > **578** Mal. | *πιστότ.*] *προτερος* **603**

14 (**18**) *ψυχην* **443** **534**; *ευχη* **249** | om. *γάρ* V L^{-248}-**672** La = H | *αναγγειλειν* **964**: cf. 19_{30}; *επαγγελλειν* **543**; *απαγγελειν* V **307** **443** **534** (*-λην*) **545** **548**; *απαγγελλει* **315** **336** **404′** **797**^{c} La (*enuntiat*); *απαγγελει* **705** **755** (*απαγκαιλει*) **797*** | *εἴωθεν*] *vera* (= *αληθινα* **106**^{mg}) La; pr. *το αληθες* **157′** | *ἤ*] *οι* **336**; *και* **249**-**754**; > **46** | *ἐπὶ μετ.*/*καθήμενοι* **964**] tr. S **248** **547** La^{V}; tr. *ἐπὶ μετ.* post *σκοπῆς* Sa; om. *ἐπὶ μετ.* La^{Gpl} = H | *μετεώρου*] *-ρω* **578** | *καθήμ.*] *κειμενοι* **534** | *ἐπὶ σκοπῆς*] *επι -ποις* **404**; *επι κοιτης* V; *ἐπισκοπῆς* **253** *L′* **68**-**744′** alii = Ald. Compl.

15 (**19**) om. *καί* **249**-**754** Sa Aeth | *πᾶσιν τ.*] *πασι τουτων* **358**; tr. La Syh verss.; om. *πᾶσιν* **46** **443** | *ὑψίστου* **964**] pr. *του L′*-**157′** *a* **46** **339** **542** **543** **547** **754**: cf. 29_{11} | *ἵνα*] *ιν c* **429** | *ευθυνει* **106**-**545*** alii | *εὐθ.*/*ἐν ἀλ.*] tr. **46** | *ἐν ἀλ.*/*τὴν ὁδόν σου*] tr. *a*-**534′** Sa | *ἐν ἀλ.*] *ἡ αλ.* **248**; *εν αληθει* **155**

16 Ἀρχὴ παντὸς ἔργου λόγος,
καὶ πρὸ πάσης πράξεως βουλή.
17 ἴχνος ἀλλοιώσεως καρδία·
18 τέσσαρα μέρη ἀνατέλλει,
ἀγαθὸν καὶ κακόν, ζωὴ καὶ θάνατος,
καὶ ἡ κυριεύουσα ἐνδελεχῶς αὐτῶν γλῶσσά ἐστιν.

19 Ἔστιν ἀνὴρ πανοῦργος πολλῶν παιδευτής,
καὶ τῇ ἰδίᾳ ψυχῇ ἐστιν ἄχρηστος.
20 ἔστιν σοφιζόμενος ἐν λόγοις μισητός,
οὗτος πάσης τρυφῆς καθυστερήσει·
21 οὐ γὰρ ἐδόθη αὐτῷ παρὰ κυρίου χάρις,
ὅτι πάσης σοφίας ἐστερήθη.
22 ἔστιν σοφὸς τῇ ἰδίᾳ ψυχῇ,
καὶ οἱ καρποὶ τῆς συνέσεως αὐτοῦ ἐπὶ σώματος.

B S A C V 964 *O L l a b c* min. La verss.

16 (20) om. *πρό* 404′ | *πράξεως*] *κτησεως* 547
17 (21a) *ἴχνος*] *λυχνος* 249-754 | *καρδία* B*-S* 964 V *L*$^{-248}$-672 339 Sa Mal. = H] *χαρας* 248; *επι καρδιας* 130-705 542; *καρδιας* rel. (Mal. »*ἐν ἑτέροις*«); + *προσωπον* C 248 155 613 755 Mal. (»*ἐν ἑτέροις*«): cf. 13$_{25\ 26}$
18 (21bcd) *τέσσ.*] + *δε* 46 | *μέρη*] *μελη* 315; > *L*$^{-248}$ | *ἀνατέλλει*] *-τελει* 543; *-τελη* 315; *αναγγελει* 46 307 339 | *ἀγαθὸν καὶ κακόν*] *αγαθα και κακα* 46 336 = 11$_{14}$ 17$_{7}$ 39$_{4}$; om. *καί* 248 404 | *ζωὴ καὶ θάν.*] *ζωην και θανατον* 46; om. *καί* 248 | *ἡ κυριεύουσα*] *κυριευσα* S; om. *ἡ* B 964 *O*-V *a* 336 339 Mal. | *ἐνδ. αὐτῶν*] tr. C *L* 296-548 547 679 755 La Sa = H; om. *ἐνδ.* 307 | *αὐτῶν* 964] *-τω* A 706 744′ = Ald.; *-του* 603; *-της* 404′ | *γλωσσης* 404 | om. *ἐστιν* 797
19 (21ef + 22) *Ἔστιν*] *ὁ* 547*; + *δε* 545 | *ἀνὴρ παν.*] *εν καιρω ανηρ* Anast. p. 677; om. *ἀνήρ O* | *πολλῶν παιδ.* 964] *π. παιδευτων* 404; tr. Syh Sa Anast.; pr. *και* B | *ἐστιν ἄχρ.*] tr. *L* La = Sixt.; om. *ἐστιν* 547^{c} 755 Arm | *ἄχρηστος* = *inutilis* La^{V} (21f), = *insuavis* La^{AL*Q} (22b)] *χρηστος* V La$^{VG\ rel}$ (*suavis* 22b)
20 (23) *ἔστιν*] *ὁ* Dam. p. 76 La (vid.); + *ὁ* 248 | *σοφιζ.*] *λογιζομενος* 336 | *οὗτος*] *ουτως* 637 315; *και αυτος* C | *πάσης τρ.*] tr. 547 | *τρυφῆς* Sa (*τρυφη*) Zi.] *σοφιας* S* *O*-V *L*′-157′-672 46 336 534 542 679 Arm Mal. (»*ἐν δὲ ἑτέροις*«): ex 21b; *χρειας* Dam. p. 76 = La (*re*); *τροφης* rel. (964 Mal.) | *καθυστερειται* 964; *εστερηθη* 534 (*-θει*): ex 21b; *υστερησεν* Dam.; *και ου στερησει* 253
21 (24) *π. κυρίου/χάρις*] tr. 679 795 Arm Dam. p. 76 | *κυρίου*] *-ριω* 578; *χριστου* 307 ($\overline{\chi\upsilon}$) | om. *πάσης* 603 | *εστερεθη* V; *υστερηθη* 106-545 548 (*ιστ.*): cf. 20b 7$_{21}$
22 (25) *ἐπὶ σώματος* Zi. = H] > 543 672 La; *επι στοματος* (*-τι* S 339) rel. | fin. Zi.] + *αινετοι L* La; + *σοφοι* 797; + *πιστοι* (*-στων l*; *-στου* 253 547; *-στη* 679) rel. (964): ex 23b

23 ἀνὴρ σοφὸς τὸν ἑαυτοῦ λαὸν παιδεύσει,
καὶ οἱ καρποὶ τῆς συνέσεως αὐτοῦ πιστοί.

24 ἀνὴρ σοφὸς πλησθήσεται εὐλογίας,
καὶ μακαριοῦσιν αὐτὸν πάντες οἱ ὁρῶντες.
25 ζωὴ ἀνδρὸς ἐν ἀριθμῷ ἡμερῶν,
καὶ αἱ ἡμέραι τοῦ Ισραηλ ἀναρίθμητοι.
26 ὁ σοφὸς ἐν τῷ λαῷ αὐτοῦ κληρονομήσει τιμήν,
καὶ τὸ ὄνομα αὐτοῦ ζήσεται εἰς τὸν αἰῶνα.

27 Τέκνον, ἐν ζωῇ σου πείρασον τὴν ψυχήν σου
καὶ ἴδε τί πονηρὸν αὐτῇ καὶ μὴ δῷς αὐτῇ·
28 οὐ γὰρ πάντα πᾶσιν συμφέρει,
καὶ οὐ πᾶσα ψυχὴ ἐν παντὶ εὐδοκεῖ.
29 μὴ ἀπληστεύου ἐν πάσῃ τρυφῇ
καὶ μὴ ἐκχυθῇς ἐπὶ ἐδεσμάτων·

B S A C V *O L l a b c* min. La verss.

23 (**26**) om. v. 23 249-754 543 672 La^{pc} Arm(I): homoiot.; tr. v. 23 post 24a 315 336 | *ἑαυτοῦ*] *αυτου* 155 | *παιδευει* 253 *L* 443 La | om. 23b 547 755 | *συνέσεως*] *συνειδησεως* 307 | *πιστοί*] + *επι στοματος αυτου* 575: ex 22b; > *c*

24 (**27**) *ενπλησθησεται* A: cf. 24$_{25}$; *πληθυνθησεται* 548 (*-θηνθ.*) | *εὐλογίας*] *εὐωχίας* Kuhn II 111: cf. 38$_{11}$ | om. *καί* A 307 315′ 336 543 755 | *μακαριουντες* 797 | om. *αὐτόν* 336 La | om. *πάντες* La | *ὁρῶντες* Anton. p. 1013] + *αυτον l a* 336 La verss. Dam. p. 360 = H^{D}

25 (**28**) *ζωή*] *οργη* 315 | om. *αἱ* 547: post *καί*

26 (**29**) om. *ὁ L* | *σοφός*] *φοβος* 548 | *τῷ λαῷ*] *λογω* 46; *τη ζωη* 157: ex 27a; om. *τῷ* L^{-248} *c*-404′-679 443 Anton. p. 1013 (hab. p. 1029) | *τιμήν* Sm.] *δοξαν L* La = H: cf. Prov. 3$_{35}$; *gratiam* Aeth; *πιστιν* rel. (Anton.) | *ζήσεται*] *ζησει* A: Thack. § 20$_{3}$; *εσται L*; *erit vivens* La; *ζητηθησεται b*: cf. 31$_{14}$ | om. *τόν* 315* (vid.)

27 (**30**) *ζωῇ σου πείρ.*] pr. *τη* B 443 547 Max. p. 1012 Mal.; *πραυτητι δοξασον* Max. p. 953: ex 10$_{28}$ | *τη ψυχη* 603; *την ζωην c*: ex praec. | *ἴδε τί*] *ιδε το* V; *ειδε τι* 315 alii; *si fuerit* (= *ει δε τι*) La | *πονηρόν*] *περι* 254 | *αὐτῇ* 1°] *-της* 547; *-τα* 795; pr. *εν* 46 155 679 797; > 543 | *αὐτῇ* 2°] *-τω* C; pr. *εν* 797

28 (**31**) *οὐ* 1°] *ουχι* 672 | *γὰρ π. πᾶσιν/συμφ.*] tr. 672 | *πάντα π.*] tr. 358 547 La^{pc}; pr. *τα L* = H^{B}; + *παντα* 307; + *συμπασι* 404 | *ἐν παντί*] *εν πασιν* 46; > C | *εὐδοκεῖ*] *-κιμει L*

29 (**32**) init.] pr. *υιε* 694a Arm | om. *ἐν* Mal. | *πάσῃ*] *multa* (= *πολλη*) Sa: cf. 18$_{32}$ | *τρυφῇ*] *τροφη* 46 755 Aeth: cf. 20b; *ψυχη* C | *ἐκχυθῇς*] *εκλυθης b*; *εκθεις* 404-795 (*-θης*); *αισχυνθης* 443 | *ἐπί*] *επ* 307; *υπο* 421 | *ἐδεσμάτων*] *-μασιν* L'^{-248}-315′46 429; pr. *πολλων* Antioch. p. 1452; *omnem escam* La Aeth: cf. H^{B}; *diversas escas* Arm; + *πολλων οτι εστιν βρωμα βρωματος καλλιον* 694a: ex 36$_{23}$b

30 *ἐν πολλοῖς γὰρ βρώμασιν ἔσται νόσος,*
καὶ ἡ ἀπληστία ἐγγιεῖ ἕως χολέρας·
31 *δι' ἀπληστίαν πολλοὶ ἐτελεύτησαν,*
ὁ δὲ προσέχων προσθήσει ζωήν.

38 1 *Τίμα ἰατρὸν πρὸς τὰς χρείας αὐτοῦ,*
καὶ γὰρ αὐτὸν ἔκτισεν κύριος·
2 *παρὰ γὰρ ὑψίστου ἐστὶν ἴασις,*
καὶ παρὰ βασιλέως λήμψεται δόμα.
3 *ἐπιστήμη ἰατροῦ ἀνυψώσει κεφαλὴν αὐτοῦ,*
καὶ ἔναντι μεγιστάνων θαυμασθήσεται.
4 *κύριος ἔκτισεν ἐκ γῆς φάρμακα,*
καὶ ἀνὴρ φρόνιμος οὐ προσοχθιεῖ αὐτοῖς.
5 *οὐκ ἀπὸ ξύλου ἐγλυκάνθη ὕδωρ*
εἰς τὸ γνωσθῆναι τὴν ἰσχὺν αὐτοῦ;

B S A C V *O L l a b c* min. La verss.

30 (**33**) om. *γάρ* 358 | *εστιν* 336 | *νόσος*] *πονος* B C Mal. (»*ἐν ἑτέρῳ*«): cf. 38$_{7}$ | om. $_{30}$b *c* 421 429 | *εγγιση* V

31 (**34**) init.] pr. *και c* 421 429 Aeth | *δια απληστ(ε)ιαν* S A C 253 L^{-493}-130-545 *a*-534' *b* 155 157' 307 339 443 542 543 575 679 755 Mal.; *δι απληστιας* 768 795 (-*στειας*); *εν απληστ(ε)ια c* 429

38 1 *πρός*] *επι* 336*; *πρό* Herk. = H^{B} | *τὰς χρ.* Dam. p. 61] *ταις χρειαις* 543; *τας χειρας* V-253 545 547^{b} 755 Aeth (sing.): cf. 39$_{21\ 31}$; om. *τάς* 336; *χρειαν* Clem. La = H | *αὐτοῦ* Clem.] *animae tuae* (= *σαυτου*) Arm = H^{mg}; > B C 248 La Mal. Dam. | $_{1a}$ fin. Clem. = H] + *τιμαις* (-*μας* 754; -*μης* Dam.) *αυτου* (-*τον* 249-754) B-S* A C *O*-V 248 *a*-534 *b* 155 307 339 358 542 547* Aeth Dam.: dupl. | *ἔκτ. κύριος*] tr. 429 | *κύριος*] pr. *ὁ* S C *L'*-157' *b c*-679 155 307 336 358 429 443 534' 542 543 547 755 768 Dam.: cf. $_{12a}$ 1$_{26}$; *ο υψιστος* Clem. La

2 *παρὰ γάρ*] *και παρα a*-534; *παρα δε* 755 Aeth Arm (*sed ab*) Clem.; om. *γάρ* S* 358 La^{Gpl} Dam. p. 61 | *ὑψίστου*] *κυριου* Aeth Clem.; pr. *κυριου* 613; *deo* La = Syr; *domino deo* Sa | om. *ἐστίν* 543 | *δόμα*] *δοματα* 547 Dam. = H; *δωρα* 46; *δοξαν O* (Syh^{txt})-V 248 Sa

3 *ἰατροῦ*] *καιρου* S* | *ἀνυψώσει*] -*σειεν c*; -*σε* 679^{c} La^{pc} (*exaltavit*); *υψωσει* 548; *υψωσεν* 336 | *κεφαλήν*] pr. *την* S | *εναντιον* 336 | *θαυμαστωθησεται* Max. p. 948 Anton. p. 952

4 *γῆς*] pr. *της* 336 | *φάρμακα* = La^{V}] -*κον* V 46 La^{Gomnes} Sa | *προσοχθισει* 248 534 (-*ωχθεισει*)-613 547; -*θησει* 155 307 | *αὐτοῖς*] -*τους* 548*; *illa* La^{V}; *αυτης* 155 679; sing. La^{Gpl}; pr. *εν* 578 La^{pc} = H: cf. 6$_{25}$

5 (**5—6a**) *οὐκ*] *nonne* La verss.^{p} = H; pr. *και* 548; *ου γαρ* 534: cf. Syr | *γνωσθῆναι*] *γνωναι* 315 358; *γνωρισθηναι* 155 (*γνορ.*); *ad agnitionem* La | *τὴν l. αὐτοῦ*] + *απο* (*υπο* 493-637) *ανθρωπου L*: cf. H; om. *τήν* 543; *hominum virtutis* (*virtus*^{V}) *illorum* La

6 καὶ αὐτὸς ἔδωκεν ἀνθρώποις ἐπιστήμην
ἐνδοξάζεσθαι ἐν τοῖς θαυμασίοις αὐτοῦ·
7 ἐν αὐτοῖς ἐθεράπευσεν καὶ ἦρεν τὸν πόνον αὐτοῦ,
8 μυρεψὸς ἐν τούτοις ποιήσει μεῖγμα,
καὶ οὐ μὴ συντελεσθῇ ἔργα αὐτοῦ,
καὶ εἰρήνη παρ᾽ αὐτοῦ ἐστιν ἐπὶ προσώπου τῆς γῆς.

9 Τέκνον, ἐν ἀρρωστήματί σου μὴ παράβλεπε,
ἀλλ᾽ εὖξαι κυρίῳ, καὶ αὐτὸς ἰάσεταί σε·
10 ἀπόστησον πλημμέλειαν καὶ εὔθυνον χεῖρας
καὶ ἀπὸ πάσης ἁμαρτίας καθάρισον καρδίαν·
11 δὸς εὐωδίαν καὶ μνημόσυνον σεμιδάλεως
καὶ λίπανον προσφορὰν ὡς μὴ ὑπάρχων.
12 καὶ ἰατρῷ δὸς τόπον, καὶ γὰρ αὐτὸν ἔκτισεν κύριος,

B S A C V *O L l a b c* min. La verss.

6 (**6bc**) *αὐτός*] -*το* 249; -*τα* 672; > La = H | *ἀνθρώποις*] -*πω* A La^{Gpl}; *αυτοις* 249-754; pr. *τοις* 755 | *ἐπιστήμην*] + *αυτου* 613; + *altissimus* La | *ενδοξαζεσθε* S; *ενδοξασεσθαι* 755 (-*θε*); *ενδοξασθηναι* *b* 534

7 (**7a**) *τὸν πόνον*] *τους πονους* V La^{Z*} (*dolores*); *παν πονον* A C(vid.) 157′ 315′ 336 339 542 Aeth; *παντα πονον* *L*$^{-248}$ 307 543 575 Mal.; *παν νοσον* 155: cf. 37_{30}; om. *τόν* 248 | *αὐτοῦ* B-S* A 253 248 46 155 358 547] *αυτης* V; *αυτω* 672; > La = H; *αυτων* rel.

8 (**7b** + **7c** **7d**—**8**) init.] pr. *και* La Clem. = H | om. *ἐν τούτοις* La Clem. | *ποιήσει*] -*σεται* 543; *εποιησεν* V 705 (-*σε*); tr. post *μεῖγμα* 46 | *μεῖγμα*] *πιγμα* 578; *σμηγμα* 755: cf. Ioh. 19_{39} et Einl. p. 89 | *συντελεση* B 534 (*συμτελεσι*) | *ἔργα*] pr. *τα* *L*-157′-315′ *b* 307 336 542 543 613 Mal. | *αὐτοῦ* 1°] *eorum* Syh | *εἰρήνη*] *ἡ ειρ. ἡ* Dam. p. 1352 | *αὐτοῦ* 2°] -*των* 534 547 Dam.; -*τοις* V | *ἐπί*] *απο* 534 543 548 = Syr | *προσωπον* 155 = La (*faciem*) | *τῆς γῆς*] pr. *πασης* *b*

9 *αρρωστημασι(ν)* A *c* 130 155 336 429 (vid.) 672 Anton. p. 953; -*στια* 795; -*στιαις* 46; *ασθε*[illegible]*ια* 421; *καιρω αρρωστηματος* Ath. II 1320 | *παράβλεπε*] *περιβλ.* 575; -*βλεψης* Ath.; -*βλαπτε* 296-548 | *ευξα* 672; *ευξεται* 534 | *κυρίῳ*] -*ριων* 672; pr. *τω* 613; *ad* (>^{V}) *dominum* (*deum*^{pc}) La = H | om. *αὐτός* 603 | *ἰάσ. σε*] tr. *L*′$^{-248}$-157′ 46 155 358 547; *ιαται σε* 248; *ιλασεται σε* 307: cf. Hab. 3_{17}; om. *σε* 336 421 = H

10 om. *ἀπόστησον* — *καὶ ἀπό* *l* | *πλημμέλειαν*] -*λειας* V (-*λιας*) *L* 336 421; *απο* -*λειας* 46 La Dam. p. 213 (+ *σου*) = H; -*λημα* 755 | *ευθυνε* 315 | *χεῖρας*] -*ρα* 248 46 La^{Σ} Aeth; + *σου* 46 Sa Aeth | om. *καί* 2° 542 La^{LΣ} | *καθάρ. καρδίαν*] *την καρδιαν καθαρ.* 421 | *καρδίαν*] -*ιας* 545; *χειρας* 534; *χειρα σου* Dam.; + *σου* 46 307 443 543 795 La Sa Aeth = Syr

11 (**11ab**) *εὐωδίαν*] *ευωχιαν* 443: cf. Mac. III 6_{35} | *μνημόσ.*] *μνημονευσον* *c*-679-795 429 443 534 755 Anton. p. 953 | *σεμιδαλην* 311-548 | *προσφορας* 542 La^{Π} (*oblationes*) | om. *ὡς μὴ ὑπ.* 429 La

12 (**11c**—**12**) om. *καί* 1° 543 | *ἰατρῷ*] -*ρον* 307; pr. *εν τω* 421 | *δός*] *παρεχε* 421 | *τοπου* 672 | om. *καί* 2° — *κύριος* 429 La^{CΣ} = H | *ἔκτ. κύριος*] tr. 248 421 La Sa Aeth | *κύριος*] pr. *ὁ* *L*′ *b* *c*-679-795 46 307 336 339 358 443 543 547 613 755 Dam. p. 61 Anton. p. 953: cf. 1_{b}; *ο θεος* 542 La^{S} |

καὶ μὴ ἀποστήτω σου, καὶ γὰρ αὐτοῦ χρεία.
13 ἔστιν καιρὸς ὅτε καὶ ἐν χερσὶν αὐτῶν εὐοδία·
14 καὶ γὰρ αὐτοὶ κυρίου δεηθήσονται,
ἵνα εὐοδώσῃ αὐτοῖς ἀνάπαυσιν
καὶ ἴασιν χάριν ἐμβιώσεως.
15 ὁ ἁμαρτάνων ἔναντι τοῦ ποιήσαντος αὐτὸν
ἐμπέσοι εἰς χεῖρας ἰατροῦ.

16 Τέκνον, ἐπὶ νεκρῷ κατάγαγε δάκρυα
καὶ ὡς δεινὰ πάσχων ἔναρξαι θρήνου,
κατὰ δὲ τὴν κρίσιν αὐτοῦ περίστειλον τὸ σῶμα αὐτοῦ
καὶ μὴ ὑπερίδῃς τὴν ταφὴν αὐτοῦ.
17 πίκρανον κλαυθμὸν καὶ θέρμανον κοπετὸν
καὶ ποίησον τὸ πένθος κατὰ τὴν ἀξίαν αὐτοῦ
ἡμέραν μίαν καὶ δύο χάριν διαβολῆς
καὶ παρακλήθητι λύπης ἕνεκα·

B S A C (fin. 15) V *O L l a b c* min. La verss.

γάρ 2°] + *και* 311 | *αὐτοῦ χρ.*] *αυτου χρειαν εχεις* 547 (om. *εχεις*[c]); *χρειαν εχεις αυτου* 421; pr. *εστιν* 613; + *εστιν* L^{-248}; *opera eius sunt necessaria* La

13 *καιρὸς ὅτε*] tr. 248 | om. *καί* 493 358 La verss. = H | *αυτω* V *a* | *ευωδια* S C 253 *a c*-795 46 307 315′ 429 542 543 547: cf. 10_{5}; *ευωδη* 755; *ευοδουται* L^{-248}; *ευδοκια* V *l*-157′ *b* 339 358 679: cf. 20_{9}; *incurras* La; + *γινεται b* 534 Aeth

14 14] *και δεηθησεται* (= H) *γαρ κυριου ινα υγιη σε ποιησει* 421 | om. *γάρ* S* | *αὐτοί*] -*του* 543; pr. *και c* 155 | om. *ἵνα* 534 | *ευοδωσει* C V 637-545* alii; *ευοδωσωσιν* 106; *δω* Anton. p. 953 | *αὐτοῖς*] -*τους* 46 296-548; -*τω* 429? = H; -*της* 744 | *ἀνάπαυσιν*] *εν πασι* (*απασι*[c]) 46; *ἀνάλυσιν* Sm. | *χάριν*] pr. *και* 155 | *βιωσεως* 493

15 init.] pr. *και* V Aeth | *εναντιον* 248-*l* | *τοῦ ποιήσ. αὐτόν*] *κυριου* 421: cf. Syr (*dei*) | *ἐμπέσοι*] -*σει l* 336 543 613*; -*ση* 421; -*σειται* V *b* 547 755 La[V] (*incidet*) Dam. p. 61 Anton. p. 953 | *ἰατροῦ*] -*ρων* 603; *αυτου* A 672 La[X] (*eius*)

16 om. *Τέκνον* 421 Sa Arm GregNaz. I 757 | *καταγε* S 358 421 547; *μεταγαγε* 672 | *ἔναρξαι*] -*ξε* L^{-248} 797* = Sixt. | *θρήνου*] -*νων* 248; -*νον* 296-548 578 672; -*νους* 315; *plorare* La | *δέ*] *γαρ* 548 | *τὸ σῶμα αὐτοῦ*] *το σ. σου* 307; *το στωμα* (sic) *αυτου* 315*: cf. 20_{29}; *αυτον* 249-754 | om. *καί* ult. 672 | om. *τήν* 2° 603 | *αὐτοῦ* ult.] -*τω* 155; > 68-744 = Ald.

17 (**17a 18 17b**) *κοπετόν*] *καρδιαν* 339 | *ποίησον*] *ποιη* 545 | *τὸ πένθος*] om. *τό* 253 358 603 Max. p. 901; + *αυτου* 542 = H | *ἀξίαν*] *ταξιν* L^{-248}-315′ 155 Max.[te] Dam. p. 29: cf. 10_{28} | *αὐτοῦ*] -*της* 68-768 = Ald.; > Syh | *ἡμ. μίαν*] tr. 542 La | *καὶ δύο*] *ἢ δυο a* 46 358 La Arm | *διαβολῆς*] *μεταβ.* 46[c]; *mandati* (= *διαταγης* Dillm.) Aeth | *λύπης ἕν.*] *αυτης ενεκεν* V: cf. 20_{11} et 18a 36_{25}; tr. Syh Aug. ep. 263, 3 = H

18 ἀπὸ λύπης γὰρ ἐκβαίνει θάνατος,
καὶ λύπη καρδίας κάμψει ἰσχύν.
19 ἐν ἐπαγωγῇ παραμένει καὶ λύπη,
καὶ βίος πτωχοῦ κατάρα καρδίας.
20 μὴ δῷς εἰς λύπην τὴν καρδίαν σου,
ἀπόστησον αὐτὴν μνησθεὶς τὰ ἔσχατα·
21 μὴ ἐπιλάθη, οὐ γάρ ἐστιν ἐπάνοδος,
καὶ τοῦτον οὐκ ὠφελήσεις καὶ σεαυτὸν κακώσεις.
22 μνήσθητι τὸ κρίμα αὐτοῦ, ὅτι οὕτως καὶ τὸ σόν·
ἐμοὶ ἐχθὲς καὶ σοὶ σήμερον.
23 ἐν ἀναπαύσει νεκροῦ κατάπαυσον τὸ μνημόσυνον αὐτοῦ
καὶ παρακλήθητι ἐν αὐτῷ ἐν ἐξόδῳ πνεύματος αὐτοῦ.

B S A V *O L l a b c* min. La verss.

18 (19) *λύπης γάρ*] tr. S L'^{-248}-157′ 421 542 543 Max. p. 901 Dam. p. 29; *γαρ αυτης* 336: cf. 17d; om. *γάρ* 575 = H | *θάνατος*] pr. *ὁ* 421 | *κάμψει* = La^{Gpc} (*flectet* 19c)] *καμπτει* S* (-*τι*) 534′ La^{V} (*flectit* 19c); *παυσει* 603; *καυση* 795; *cooperiet* (-*rit*^{V}, = *καλυψει* Herk.: cf. 30b 24$_{3}$) La (19b) | *ἰσχύν* = La (*virtutem* 19b)] -*χυως* 578; *cervicem* (= *αυχενα* Sm.) La (19c)
19 (20) *εν απαγωγη* B Mal. (»*ἐν δὲ ἑτέροις· ἐν ἐπαγωγῇ*«) La (*in abductione*): cf. 23$_{11}$; *επαναγωγη* 358 | *παραμένει*] *παραβαινει* B | *καὶ λύπη*] om. *καί* S^{c} L^{-248}-315′-705 404′ 443 547 603 La Sa Aeth; *λυπην* 307 $La^{AΨ}$ (*tristitiam*) | *καί* 2°] + *γαρ* 547: cf. Syr | *πτωχω* 672 | *κατάρα* *L b* 542 547* (*καθαρα*) = Syr] *κατα* rel. | *καρδιαν* 46 404′ La (+ *eius*) Sa (+ *eius*); -*δια* 547*; -*διως* 311
20 (21) *δῷς εἰς*] *δωσης* 68-744 307 = Ald.; *δωσεις* Antioch. p. 1512: p. 1512: cf. 30$_{21}$ | *τη καρδια* 679 Antioch.; *την ψυχην* 307: cf. 30$_{21}$ | *ἀπόστησον*] -*στηθι* L^{-248} 547; pr. *αλλα* Antioch. La | *αὐτήν*] -*της* 603; *απ αυτης* L^{-248} 543 547; *eam a te* La; *tristitiam* (= *λυπην* cf. 36$_{25}$) *a te* Sa Aeth | *μνησθείς*] -*θητι* *c*-404 429 La (*et memento*) Antioch. = 28$_{6}$ et H; -*θησαν* 755 | *τὰ ἔσχ.* Mal. (»*ὡς ἐν τοῖς πλείοσιν*«) Dam. p. 24] + *σου* L^{-248}-315′ 296-548 Sa Mal.: cf. 7$_{36}$; + *αυτης* Antioch.
21 (22) init. — *γάρ*] *γνωθι γαρ οτι ουκ* Max. p. 901 Dam. p. 29 | *επιλαθης* 46 672: cf. 7$_{27}$ | *τοῦτον*] -*του* 545^{c}; -*των* 548$^{(*?)}$; + *γαρ* Max. Dam. | *σαυτον* Max. | *κακώσεις*] -*σεως* 795; *βλαψεις* 705*
22 (23) *μνήσθητι*] + *οτι* B*; + *ως* 336 | *τὸ κρ.*] *του κριματος* 547^{c} 755: cf. La | *αὐτοῦ* B $La^{Π}$ Mal. (»*ἐν δὲ ἑτέροις*«) = H] *σου* 315 603: cf. Syr; > S 443; *μου* rel. | om. *ὅτι* B* $La^{Π}$ | *οὕτως*] *ουτω ως* B; + *erit* La | *ἐμοί*] *μη* 404 | *χθες* B^{c} *L*-315′-705 46 157′ 307 311 404′ 429 443^{c} 534′ 542 543 547 755 | *σοί*] *συ* 797*
23 (24) *ἐν* 1°] *επ* 404′ 534′ 547 | *νεκροῦ*] *καιρου* 46; *μικρου* 534 | *κατάπαυσον*] -*σαν* 706; *καταταξον* *l*-157′ | *ἐν αὐτῷ*] *εν εαυτω* V; *επ αυτω* 248 *b* Sa; *illum* La; om. *ἐν* 336 548; > 46 = H | om. *ἐν* ult. 358 | *αὐτοῦ* ult.] *σου* 46 La^{Q}

24 *Σοφία γραμματέως ἐν εὐκαιρίᾳ σχολῆς,*
καὶ ὁ ἐλασσούμενος πράξει αὐτὸς σοφισθήσεται.
25 *τί σοφισθήσεται ὁ κρατῶν ἀρότρου*
καὶ καυχώμενος ἐν δόρατι κέντρου,
βόας ἐλαύνων καὶ ἀναστρεφόμενος ἐν ἔργοις αὐτῶν,
καὶ ἡ διήγησις αὐτοῦ ἐν υἱοῖς ταύρων;
26 *καρδίαν αὐτοῦ δώσει ἐκδοῦναι αὔλακας,*
καὶ ἡ ἀγρυπνία αὐτοῦ εἰς χορτάσματα δαμάλεων.
27 *οὕτως πᾶς τέκτων καὶ ἀρχιτέκτων,*
ὅστις νύκτωρ ὡς ἡμέρας διάγει·
οἱ γλύφοντες γλύμματα σφραγίδων,
καὶ ἡ ἐπιμονὴ αὐτοῦ ἀλλοιῶσαι ποικιλίαν·
καρδίαν αὐτοῦ δώσει εἰς ὁμοιῶσαι ζωγραφίαν,
καὶ ἡ ἀγρυπνία αὐτοῦ τελέσαι ἔργον.
28 *οὕτως χαλκεὺς καθήμενος ἐγγὺς ἄκμονος*
καὶ καταμανθάνων ἔργα σιδήρου·

B S A V *O L l a b c* min. La verss.

24 (25) *ευκαιριαις* 253 *c*-679-795; *ευχερια* 543 | *ἐλασσούμενος*] *ελασσομ.* 443; *ελαττουμ.* V-253 *L′* (*ελαττωμ.* 106*)-157′ 46 155 307 336 358 542 543 547 679: cf. 16$_{23}$ | *πράξει*] pr. *εν* 547; *laborabit et* Arm | *αὐτός* Kuhn II 111 = *ipse* Aug. Jo 57,3 GregM. Jb 18,68 IsidHis. sent 2,1,4 Sa Arm(II) et H] *αυτο* V; *εαυτου* 672; *saeculi* (= *αιωνος*) La^{Z*}; > La; *αυτου* rel. | *σοφισθήσεται*] pr. *και* V-253; pr. *οὐ* *L* 547

25 (26) *τί σοφ.*] *τις σοφ.* V 358 548 755; *τις οφθησεται* A: cf. 39$_{4}$; *και* 672: homoiot. | *αροτρον* 755: cf. 1$_{19}$ | om. $_{25}$b 315 336 = Syr | *καί* 1° B 493 46 358 La Aeth Arm Dam. p. 1309 = H] > rel. | *κέντρου*] *βουκενδρου* 543 | *συναναστρεφομενος* *b* | *ἔργοις*] pr. *τοις* 679 | *αὐτῶν*] -*του* *l* 46 315′ 542 543 603 Sa Arm Dam. | om. *ἡ* V 534′ 672 755 Dam. | *αὐτοῦ*] -*των* B*-S* 307 336* 543 | om. *ἐν* ult. 336*

26 (27) om. *αὐτοῦ* 1° Dam. p. 1309 | *δώσει*] *εκδωσει* 534 705 (-*δοσει*) | *ἐκδοῦναι*] *δουναι* 705; *βαθυ εις τεμειν* Dam.; tr. post *αὐλ.* 543 | *αυλακα* 46^{s} verss.^{p} | om. *ἡ* V | *αὐτοῦ* 2°] + *εσται* 307 | *εἰς*] *ως* 797 | *δαμαλεως* V *l b* 315′ 358 534-613* 547 679 795 Aeth Dam. = H

27 (28) *τέκτων καὶ ἀρχιτ.*] *εκ των αρχειτεκτων* 755 | *νύκτωρ ὡς*] *νυκτωρος* 795; *νυκ. εις* 755 | *ἡμέρας*] -*ρα* B 307 534 (*ειμ.*) 672; -*ραν* 248 46 679 La Sa Mal. | $_{27}$c init.] pr. *ουτως* Mal. | *γλύμματα*] *γραμματα* S* 336 | *σφραγίδων*] -*δι* 46; *γραφιδων* 672 | om. *καί* 2° 672 La^{L} | om. *ἡ* 1° 46 | *ἐπιμονή*] *υπομονη* B 46 543 672 Sa (*υπομονη*) Mal.; *επιμελεια* *a*-534 | *ἀλλοιῶσαι*] -*σει* *l*; *ηλλοιωσε* 613; *variat* (*varia*^{AQ}) La | *ποικιλιας* 755; *τρικιλιαν* 672 | om. *εἰς* S^{c} *a*-534′ 542: post -*σει* | *ὁμοιῶσαι*] pr. *το* *L* 249-754 543 547 755 768 795 | *ζωγραφιας* 534 | *συντελεσαι* *O*-S^{c}-V *L a* 336 542: cf. 23$_{20}$; *τελεσει* 155 755; *συντελεσει* 547; *perficit* (-*ciet*^{V}) La | *ἔργον*] *εργοις* *c*-795

28 (29—31) om. *καί* 1° 358 443 755 La^{X} Sa | *ἔργα*] *εργον* A *L′*$^{-248}$-157′ *a* 307 336 358 547 (+ *εργω*) 613^{c} La Sa Aeth ArmII; *εργω* V 46 315 339; *εν εργω* 248 Syh; *εργου* 253; *εργασιαν* 155; *αργω* B ArmI (lib.): cf. 37$_{11}$ |

ἀτμὶς πυρὸς τήξει σάρκας αὐτοῦ,
καὶ ἐν θέρμῃ καμίνου διαμαχήσεται·
φωνὴ σφύρης καινιεῖ τὸ οὖς αὐτοῦ,
καὶ κατέναντι ὁμοιώματος σκεύους οἱ ὀφθαλμοὶ αὐτοῦ·
καρδίαν αὐτοῦ δώσει εἰς συντέλειαν ἔργων,
καὶ ἡ ἀγρυπνία αὐτοῦ κοσμῆσαι ἐπὶ συντελείας.
29 οὕτως κεραμεὺς καθήμενος ἐν ἔργῳ αὐτοῦ
καὶ συστρέφων ἐν ποσὶν αὐτοῦ τροχόν,
ὃς ἐν μερίμνῃ κεῖται διὰ παντὸς ἐπὶ τὸ ἔργον αὐτοῦ,
καὶ ἐναρίθμιος πᾶσα ἡ ἐργασία αὐτοῦ·
30 ἐν βραχίονι αὐτοῦ τυπώσει πηλὸν
καὶ πρὸ ποδῶν κάμψει ἰσχὺν αὐτοῦ·
καρδίαν ἐπιδώσει συντελέσαι τὸ χρῖσμα,
καὶ ἡ ἀγρυπνία αὐτοῦ καθαρίσαι κάμινον.

31 Πάντες οὗτοι εἰς χεῖρας αὐτῶν ἐνεπίστευσαν,
καὶ ἕκαστος ἐν τῷ ἔργῳ αὐτοῦ σοφίζεται·

B S A V *O L l a b c* min. La verss.

σιδηρω B | *τήξει*] *πηξει* B V(-*ξι*)-253 | *διαμαχηθησεται* 155 | *φωνή*] *in voce* (= *φωνῇ*) Syh; > 797 | *σφύρης*] -*ρας* *L*′-157′-672 *a b* (exc. 254) *c*-679-795 336 547 613 Mal.; *σφαιρας* 755; + *και ακμονος* (-*μων*. 637) *L*: ex 28a | *καινιεῖ*] *κενιει* A *O*-V *a* 315 339 613^{c} 679; *κινιει* 534-613*; *κινει* 542 543; *καιει* 547; *κηνισει* 155; *exsurdabit* Aeth Arm; *aggravabit* Sa: cf. Einl. p. 32s. | *καὶ κατέν*.] *και* -*τιον* 46; om. *καί* 358 Sa | *ὁμοιώματος*] -*τι* 307 672 795; pr. *παντος* 358 Aeth; > 603 | *καρδίαν*] pr. *ως* 493 | om. *εἰς* 795 | *ἔργων*] *εργου* 547 705 verss.^{p} | *ἡ ἀγρ*.] *οι οφθαλμοι* Mal.: ex 28f; om. *ἡ* 679 | *κοσμῆσαι*] -*σει* 155 578 = La (*ornabit*, -*vit*^{pc}); *κοσμη ως* 672 | *συντελείας*] -*λεια* *a*: cf. 22$_{10}$ 43$_{7}$; -*λειαν* 315′: cf. La^{V}

29 (32) *καθ*./*ἐν ἔ. αὐτοῦ*] tr. 534′ | *ποσίν*] *ωσιν* 548 | *τροχόν*] *πηλον* S^{c}: ex 30a | *ὅς*] *ως* 493 alii | *μερίμνῃ*] *μεριδι* 336 | om. *ἐπί* 534 672 | *τὸ ἔργον*] *τα εργα* 543 | om. *αὐτοῦ* 3° 155 | om. 29d 358 578: homoiot. | *εναριθμος* 253 744; *εν αριθμοις* *a*-534-613^{c} 307 339 443 768; *εν αριθμω* *b* 155 La^{V} Sa; *αναριθμητος* *l* 542 543 | *ἐργασία*] *ενεργεια* L^{-248}-315′

30 (33—34) init.] pr. *ος* S; pr. *et* La^{L} = Syr | om. 30ab 254 672: homoiot. | *βραχειοσιν* S verss.^{p} = Syr | *ποδῶν*] *σποδων* 603; *πολιῶν* Sm.; + *αυτου* 358 545^{c} 613 La verss.^{p} | *κάμψει*] *καλειψει* 548: cf. 18b 24$_{3}$ | om. *αὐτοῦ* 2° 613: cf. 18b | *καρδίαν*] + *αυτου* S V L^{-248}-315′ 46 443 542 543 La verss. | *ἐπιδώσει*] *δωσει* S 46: cf. 6$_{32}$ | *συντελέσαι*] -*σει* 336 797; *ει* -*σει* 547*; pr. *εις* *O*-V *c*-795 46 307 339; pr. *εις το* *L* 443; pr. *του* 543; *ut consummet* La | *τὸ χρ*.] *το χρησμα* V alii; *το χαρισμα* B*; *τροχισμα* 46 336; om. *τό* 254 | om. *ἡ* 705 | *καθαρίσαι*] *mundabit* (= *καθαρισει*) La; *συντελεσει* 46: ex 30c

31 (35) *οὗτοι*] *ουτε* 795 | *αὐτῶν*] *εαυτων* A V-253 248-130 *b c*-679-795 46 155 157 315′ 339 542 547^{c} 755; *αυτου* 106-705*; > 443 La^{Ω} | *επιστευσαν* 248 *b* | om. *καί* *b* | *σοφισθησεται* L^{-248} *b* 307: cf. 24b 25a

32 *ἄνευ αὐτῶν οὐκ οἰκισθήσεται πόλις,*
καὶ οὐ παροικήσουσιν οὐδὲ περιπατήσουσιν.
ἀλλ' εἰς βουλὴν λαοῦ οὐ ζητηθήσονται
33 *καὶ ἐν ἐκκλησίᾳ οὐχ ὑπεραλοῦνται·*
ἐπὶ δίφρον δικαστοῦ οὐ καθιοῦνται
καὶ διαθήκην κρίματος οὐ διανοηθήσονται.
οὐδὲ μὴ ἐκφάνωσιν παιδείαν καὶ κρίμα
καὶ ἐν παραβολαῖς οὐχ εὑρεθήσονται,
34 *ἀλλὰ κτίσμα αἰῶνος στηρίσουσιν,*
καὶ ἡ δέησις αὐτῶν ἐν ἐργασίᾳ τέχνης.

Πλὴν τοῦ ἐπιδιδόντος τὴν ψυχὴν αὐτοῦ
καὶ διανοουμένου ἐν νόμῳ ὑψίστου,
39 1 *σοφίαν πάντων ἀρχαίων ἐκζητήσει*
καὶ ἐν προφητείαις ἀσχοληθήσεται,
2 *διήγησιν ἀνδρῶν ὀνομαστῶν συντηρήσει*

B S A V *O L l a b c* min. La verss.

32 (36—37a) *αὐτῶν*] *-του* 443 | *ουκ οικηθησεται* S* 339; *ουκ οικησεται* A; *ου κοιμηθησεται* 534 | *καί*] + *ανευ αυτων* 534: ex 32a; > 613 | *οὐ*] *ουδε* 542; *οὔ* Pe. = Syr | *παροικήσ.*] *κατοικησουσιν* 534 (*-κισουσην*) | *οὐδὲ περιπατήσουσιν*] *οὐ πεινάσουσιν* Sm. = Syr; > 253 755: homoiot. | 32c S^{c} *L*-672 Ra. = Syr] > rel. | *ἀλλ'* $S^{(c)}$] > rel. | *εἰς βουλήν* $S^{(c)}$] *εν βουλη* *L*-672 | om. *οὐ* $S^{(c)}$ L^{-248}
33 (37b—38) *καί* 1°] *καν* 253; > S* $La^{C\Sigma}$ | *εκκλησιαις* 755 | *υπεραλλουνται* 46 315; *υπερβαλουνται* 254 545; *υπεραπολουνται* 358; *υπεραπλουται* 672 | 33a fin.] + *και διαθηκην κριματος ου διανοηθησονται* B*: ex 33c | *δίφρον*] *-ρων* 311 797; *-ρου* 106 543; *θρονου* 542 | *δικαστοῦ*] *-στων* 248 Arm; *δυναστου* A: cf. 41_{17} | *καθιοῦνται*] *καθιονται* A: Thack. § 24 p. 272; *βαδιουνται* 672 | *διαθήκην*] pr. *επι* 534 | *κρίμ. οὐ διανοηθ.*] *ου διανοηθ. ποτε κριματος* 547 | *οὐ* 2°] *σου* S* 253 | *διανοουνται* 307 | om. 33de 106-545 548: homoiot. | *εκφανουσιν* S | *παιδ. καί*] *παιδειας* 358; *δικαιοσυνην και* B 253-Syh^{mg} Mal. | *ἐν παραβολαῖς*] vide Skehan, CBQ 23 (1961) 40
34 (39) *κτίσμα*] *-ματα* 578; *κτισιν* *b* Mal.; *κτημα* 248 534: cf. 36_{20}; *κριμα* 336 | *στηριζουσι(ν)* S (pr. *ου**) 336 543; *στηριουσι(ν)* S^{c} V *L a* 339 542 547; *τηρησουσιν* B 253 46 155 307 311-548 (*-ρισ.*) 672 679 Mal. (»*στηρίσουσιν ἢ τηρήσουσιν*«): cf. 6_{37}; *τηριουσι* 755 | om. *ἐν* 1° S | *ἐργ. τέχνης*] *εργασιας τεχνη* 296-548 679; *εκκλησια οχλου* 543: ex 26_{5} | *Πλὴν τοῦ*] *ταυτα* 672 | *επιδοντος* B-S 253 106 547 797 Mal.; *επιδιδουντος* 155 542 | *τη ψυχη* 672: cf. 6_{32} | *διανοουμενω* A 253 46 315′ 336 339 547; *-νους* V
39 1 *ἀρχαίων*] *αρχοντων* S*; *ανθρωπων* *c*-795 547 755: cf. 44_{22}; + *ανθρωπων* L^{-248}-315; pr. *ανθρωπων* 672 | *ἐκζητήσει*] *εζητησε* 46; *αποκαλυψει* 543 (*-ψη*) | om. 1b 315′ | *προφητείαις* = *prophetiis* La^{G*TZ*}] *-τειοις* 296-548 744*; *prophetis* $La^{V\ rel}$ = Syr: cf. 44_{3} 46_{1} | *ἀσχοληθήσεται*] *-λισθησ.* 307 705; *-λησθησ.* 155 679; *-ληθησονται* 130
2 init.] pr. *και* 358 603 = Syr | *διηγησεις* B^{c} (*-σις**) L^{-248} 534 (*-σης*) 542 (*-σις*) Arm Mal.: cf. 27_{13} | om. 2b-3a 672 = homoiot. | *τροφαις* 248

καὶ ἐν στροφαῖς παραβολῶν συνεισελεύσεται,
3 ἀπόκρυφα παροιμιῶν ἐκζητήσει
καὶ ἐν αἰνίγμασιν παραβολῶν ἀναστραφήσεται.
4 ἀνὰ μέσον μεγιστάνων ὑπηρετήσει
καὶ ἔναντι ἡγουμένων ὀφθήσεται·
ἐν γῇ ἀλλοτρίων ἐθνῶν διελεύσεται,
ἀγαθὰ γὰρ καὶ κακὰ ἐν ἀνθρώποις ἐπείρασεν.
5 τὴν καρδίαν αὐτοῦ ἐπιδώσει ὀρθρίσαι
πρὸς κύριον τὸν ποιήσαντα αὐτὸν
καὶ ἔναντι ὑψίστου δεηθήσεται·
καὶ ἀνοίξει στόμα αὐτοῦ ἐν προσευχῇ
καὶ περὶ τῶν ἁμαρτιῶν αὐτοῦ δεηθήσεται.
6 ἐὰν κύριος ὁ μέγας θελήσῃ,
πνεύματι συνέσεως ἐμπλησθήσεται·
αὐτὸς ἀνομβρήσει ῥήματα σοφίας αὐτοῦ
καὶ ἐν προσευχῇ ἐξομολογήσεται κυρίῳ·

B S A V *O L l a b c* min. La verss.

46 534 | *παραβολῶν*] *πετραβ*. 253*; *prophetarum* Aeth; pr. *των* 46 | *συνελευσεται* 534 755

3 init.] pr. *και* 534 Aeth | *αποκρυφια* B* | *αινιγματι* 339 543; *δειγμασιν* 307 | *παραβ*.] *αμαρτωλων* 315 | *ἀναστρ*.] *συνεισελευσεται* 578: ex $_{2}$b

4 (4—5) init.] pr. *και* 613 La^{pc} Arm(II) = Syr | *ἀνὰ μ*.] *εν μεσω* 358 443 613: cf. 11_{1} 35_{9} | *μεγιστων* V | *εναντιον* 336 547 613 | *ηγουμενου* B A 155 339 443 La Mal. | *ὀφθήσ*.] *σοφισθησεται* 253: cf. 38_{25} | *ἐν γῇ*] *επι* 339; pr. *και* 613 La^{pc} Aeth | *αλλοτριω* 706 | *συνελευσεται* 534 | om. *γάρ* S* 543 547* La^{X} = Syr | om. *ἐν* 2° A | *ἀνθρ*.] *οις* 672 | *ἐπείρασεν*] *-σαν l*; *-ραζε* 672; *επειρε* 755; *διελευσεται* V: ex $_{4}$c

5 (6—7) *τὴν καρδίαν*] + *γαρ* 46* | *ὀρθρ. πρὸς κ*.] *προς κ. ορθρισας* (*-σαι* 248) *L* | *πρὸς κ*.] *επι κ*. 672: cf. Sap. 6_{14} | *τὸν ποιήσ. αὐτόν*] *τον θεον αυτου* 534′ 578; pr. *προς* 248 | *εναντιον* 336 | *ὑψίστου*] pr. *του L*$^{-248}$: cf. 32_{8} | *ὑψ. δεηθ*.] *δεηθησονται υψ*. 443 | *στόμα*] pr. *το* S *O*-V *L*′-315 *a* 46 336 542 547 613: cf. 15_{5}; *στοματα* 307 | om. *τῶν* 155 | *ἁμαρτιῶν*] pr. *βρωματων και* 578 | *αὐτοῦ* ult.] *-της* 68-744 = Ald.; *-των* 155; *εαυτου* 706 795

6 (8—9) *ἐάν*] + *γαρ l*-157′ *c*-679-795 358 443 547 La; pr. *et* Aeth; pr. *ὅ* 578 | *κύριος* B-S* 253 443 542 672] pr. *ὁ* rel. (Mal.) : cf. 1_{26} 43_{5} | om. *ὁ μέγας L*$^{-248}$ | *θελήσῃ*] *-σει c*-679-795 (tr. ante *ὁ μέγας*) alii; *θελη* V-253 248 547* | *πνευμα a*-534 | *ἐμπλησθήσεται* B-S* *O*-V *L b* 46 336 443 547] *εμπλησει αυτον* rel.: ex Is. 11_{3} | *αὐτός*] *-τον* 545*; *ουτως* 46 548; *et* Sa; pr. *et* La Aeth; + *γαρ a*-534 46 315′ 336 Arm(II); > B* | *ἀνομβρήσει*] *-βρισει* 253 248 alii: cf. 18_{29}; *ενομβρησει* V; *αν ομβριση* 46 | *αὐτοῦ*] *-τος* B*; *-τω a*; > 68-744′ 542 BrevGoth. 553 A = Ald. | *κυρίῳ*] *-ριος* 46; pr. *τω* 248-672 543 547 613; *ei* (= *αυτω*) Arm(II); > S*

7 αὐτὸς κατευθυνεῖ βουλὴν καὶ ἐπιστήμην
καὶ ἐν τοῖς ἀποκρύφοις αὐτοῦ διανοηθήσεται·
8 αὐτὸς ἐκφανεῖ παιδείαν διδασκαλίας αὐτοῦ
καὶ ἐν νόμῳ διαθήκης κυρίου καυχήσεται.
9 αἰνέσουσιν τὴν σύνεσιν αὐτοῦ πολλοί,
καὶ ἕως τοῦ αἰῶνος οὐκ ἐξαλειφθήσεται·
οὐκ ἀποστήσεται τὸ μνημόσυνον αὐτοῦ,
καὶ τὸ ὄνομα αὐτοῦ ζήσεται εἰς γενεὰς γενεῶν·
10 τὴν σοφίαν αὐτοῦ διηγήσονται ἔθνη,
καὶ τὸν ἔπαινον αὐτοῦ ἐξαγγελεῖ ἐκκλησία·
11 ἐὰν ἐμμείνῃ, ὄνομα καταλείψει ἢ χίλιοι,
καὶ ἐὰν ἀναπαύσηται, ἐκποιεῖ αὐτῷ.

12 Ἔτι διανοηθεὶς ἐκδιηγήσομαι
καὶ ὡς διχομηνία ἐπληρώθην.
13 εἰσακούσατέ μου, υἱοὶ ὅσιοι, καὶ βλαστήσατε

B S A C V *O L l a b c* min. La verss.

7 (10) *αὐτός*] + *γαρ* 578 Salv.; pr. *et* La^{V} Sa Aeth; *et* Arm(II) | *βουλήν* S *b* 315′ 336 Salv. = Syr^{W}] + *αυτου* rel. | *ἐπιστήμην*] *εννοιαν* 46^{s} | *διανοηθησονται* 46
8 (11) init.] pr. *και* C La^{SYC} verss.^{p} | *αὐτός*] *ουτος* 543 | *εκφαινει* B S A *O*-V (-*φενι*) *c*(*εμφ*. 548)-679 46 155 336 534′ 543 La verss.: cf. 14_{7}; *εκφερει* 547*: cf. 22_{19} | *διδασκαλιαν* 315 | *διαθ. κυρίου*] *διδασκαλιας αυτου* 307: ex 8a; tr. A 547* 795; om. *διαθ*. 679
9 (12—18) om. *καί* 1° B 524 | om. *τοῦ* 358: cf. 16_{28} | *οὐκ* 1°] *ου μη* 443 | *οὐκ* 2°] pr. *και* *L*$^{-248}$ 542 68-744′ Aeth Arm = Syr; > 248 | *ἀποστήσ.*] *απωσθησεται* 672: cf. 23_{11}; *delebitur* Aeth Arm | *αὐτοῦ* 2°] -*των* 672 | *τὸ ὄνομα*] *το μνημοσυνον* 543: ex 9c; om. *τό* B Mal. | om. *αὐτοῦ* ult. 672* La^{X} | *ζήσεται*] *ζητησεται* A; *ζητηθησεται* 493 443 La (*requiretur*): cf. 31_{14} | *εἰς*] + *τον αιωνα* 578: ex 37_{26} | *γενεῶν*] pr. *και* V
10 (14) *διηγήσονται* B* *L*$^{-248}$ *a*-534 *b* 543: cf. La] *διηγ⟨ε⟩ιται* 155; *διηγησεται* rel. | *εθνει* B*-S* 253 *l* 443* 672 795; > 339 744 = Ald. | om. *τόν* C | om. *αὐτοῦ* 2° *b* 543: cf. 44_{15} | *εξαγγελλει* S 296-706-679 155 336 La^{L} (*enuntiat*): cf. 44_{15}; *εξαγγειλαι* 253; *εξαναγγελει* 493; *εξαγγελησεται* C | *ἐκκλησία*] -*σιαν* 307 315; pr. *ἡ* *a* 603; pr. *εν* 534 Aeth
11 (15) *εμμενη* 336 | *ὄνομα*] *το ον. αυτου* 106^{c} La^{pc} Sa Aeth | om. *ἢ χίλ.* 311; om. *ἢ* 307 578* La^{G*pl} | *ἐὰν ἀναπαύσηται*] *εαν* -*σεται* 253 296-548 795; *εαν πανσηται* S A C *l*-157′ *b* 155 307 336 339 443 542 (-*σεται*) 543 755; *αναπαυσιν* 46 547 | *ἐκποιεῖ* Sm. Ra.] *εμποιησει* S*; *ἐν ποιησει* 336 443 *proderit* La; *εμποιει* (*ενπ*. 672; *ἐν ποιεῖ* *a*) rel.: cf. 42_{17} | *εαυτω* 547
12 (16) *Ἔτι*] *οτι* *l* 249 339: cf. 24_{32}; pr. *και* 443 Aeth; + *δε* S 336 542 543 Sa (*δε*) | *ἐκδιηγήσομαι*] -*γηθησομαι* A; *και εξηγησομαι* 336 | *καί*] *οτι* *L* | *ως διχοτομηνια* S; *εως διχομηνεα* 307 | *επληρωθη* 493-545* 311; -*θησαν* 155
13 (17) *εισακουσεται* C* (-*σαται*^{c}) V 307 545 744; -*σετε* 68-768 130 = Ald. | *μου*] *μοι* C* | *υἱοὶ ὅσιοι*] tr. 443; *οι οσιοι* *O*-V; om. *υἱοί* 248 La ArmII = Syr; om. *ὅσιοι* 46; > Clem. | *καὶ βλαστήσατε*] *και* -*σετε* C (-*ται*)

ὡς ῥόδον φυόμενον ἐπὶ ῥεύματος ὑγροῦ.
14 ὡς λίβανος εὐωδιάσατε ὀσμὴν
καὶ ἀνθήσατε ἄνθος ὡς κρίνον.
διάδοτε φωνὴν καὶ αἰνέσατε ἅμα
καὶ εὐλογήσατε κύριον ἐπὶ πᾶσιν τοῖς ἔργοις.
15 δότε τῷ ὀνόματι αὐτοῦ μεγαλωσύνην
καὶ ἐξομολογήσασθε ἐν αἰνέσει αὐτοῦ
ἐν ᾠδαῖς χειλέων καὶ ἐν κινύραις
καὶ οὕτως ἐρεῖτε ἐν ἐξομολογήσει

16 Τὰ ἔργα κυρίου πάντα ὅτι καλὰ σφόδρα,
καὶ πᾶν πρόσταγμα ἐν καιρῷ αὐτοῦ ἔσται·
17 οὐκ ἔστιν εἰπεῖν Τί τοῦτο; εἰς τί τοῦτο;
πάντα γὰρ ἐν καιρῷ αὐτοῦ ζητηθήσεται.

B S A C V *O L l a b c* min. La verss.

613; *fructus* (+ *aquarum*^pc) La; > Clem. | 13b init.] pr. *και* 603 La Aeth Clem. | *ῥόδον*] *ροον* 637 | *φυόμενον*] *πεφυτευμενον* Clem. La = Syr | *ῥεύματος*] *-των* Clem. La^V Arm; *ρευμα* 543 | *ὑγροῦ*] *αγρου* B 493 *b* 155 315′ 336 443 543 613^c 795 Aeth Mal.; *υδατων* Clem. La Arm | fin.] + *βλαστησατε* Clem. La: ex 13a

14 (18—19) om. 14a 248 | init. Clem. La = Syr] pr. *και* rel. | *λιβανον* S 443* 547 | *ευωδιασεται* 307 543 (*ευοδ.*) 744 Aeth; *-σετε* 46; *-σεστε* 339 | om. 14bc Clem. | *ανθησεται* 307 339 | *ἄνθος*] + *οσμην* 307: ex 14a | *φωνήν* Sm. = Syr] *οσμην* codd. et verss.: ex 14a | *ἅμα* Sm. = Syr] *δομα* V; *ασμα* rel. | *καί* 3° Clem. La Aeth = Syr] > rel. | *κύριον*] pr. *τον* 248 307 358 534′ Dam. p. 1357; *τεκνω* 578 | *ἐπί*] *εν* 534′ Dam.: cf. La (*in*) | *πᾶσιν τοῖς ἔργοις*] *τα εργα* Clem.; om. *πᾶσιν* 547 La; + *αυτου* A S^c *L′*-157′ *a*-534′ *b c*-679-795 155 336 339 358 542 543 547 La Syh verss. Clem. Dam. Mal. (»*ἔν τισι τῶν ἀντιγράφων*«) = Syr

15 (20) init.] pr. *et* Syh Aeth | om. 15ab 248: homoiot. | *τῷ ὀν. αὐτοῦ/μεγ.*] tr. *l* Aug.^te Sa Aeth | *ἐξομολογήσασθε* Clem.] *-γησατε* 46 155 542 543; *-γεισθε* (*-θαι* 637-672) 253 *L*-672 358 | *ἐν αἰν. αὐτοῦ*] *αυτω* Clem.; pr. *illi* La Aeth | *χειλέων*] *millium* (= *χιλιων* Dillm.) Aeth; *χελύων*? sive *ναβλῶν*? Sm. | *ἐν κινύραις*] *εν κιν(ν)υρα b* ArmII; *κιννυρας* 545; om. *ἐν* 106 542 La | om. *ἐρεῖτε* 253

16 (21) *πάντα/ὅτι καλά*] tr. *O*-V 547; *οτι π. καλα* 578; *σφοδρα οτι κ.* 797; om. *πάντα* 46 307 Aeth; om. *ὅτι* 248 358 La = H: cf. 33a | *πρόσταγμα*] *πρὸς τάγμα* Sm.; pr. *το l* | *καιρῷ*] *κω* S* | *εστι* 679

17 (26 22) 17a = 21a | init.] pr. *και* 542 744′ Aeth = Ald.: cf. 34a; pr. *οὐ* 534 | *οὐκ ἔ. εἰπεῖν*] *μη ειπης* Or. I 345_{24} Hi. Ecl: cf. 21a; *ουκ εστι ποιων* 543 | *τοῦτο* 1°] + *εστι(ν) L*; 1°⌒2° 248-673; pr. *est* La Hi. | *εἰς*] *ει* 155 307; *ἤ* 46 358 542 795 La Hi.; *et* Aeth; pr. *ἤ* Or.^ap: cf. 21a | *τί* 2°] *οτι* 307; + *est* La Hi.; > *L* 46 | *π. γάρ* Or.] *παν γαρ* 358 706; + *ταυτα* 248; om. *γάρ* 542 672; *et omnia* Aeth | *ἐν κ. αὐτοῦ ζητ.*] *εις χρειαν αυτων εκτισται* 336: ex 21b | *ἐν καιρῷ*] *εις καιρον* V-253; om. *ἐν* Hi. | *αὐτοῦ* 1°] *-των O*-V *L* 547 613^c Sa Or. I 345_{25} | *ζητηθήσεται* Or.] *-σονται* 547 613^c

ἐν λόγῳ αὐτοῦ ἔστη ὡς θημωνιὰ ὕδωρ
καὶ ἐν ῥήματι στόματος αὐτοῦ ἀποδοχεῖα ὑδάτων.
18 ἐν προστάγματι αὐτοῦ πᾶσα ἡ εὐδοκία,
καὶ οὐκ ἔστιν ὃς ἐλαττώσει τὸ σωτήριον αὐτοῦ.
19 ἔργα πάσης σαρκὸς ἐνώπιον αὐτοῦ,
καὶ οὐκ ἔστιν κρυβῆναι ἀπὸ τῶν ὀφθαλμῶν αὐτοῦ·
20 ἀπὸ τοῦ αἰῶνος εἰς τὸν αἰῶνα ἐπέβλεψεν,
καὶ οὐθέν ἐστιν θαυμάσιον ἐναντίον αὐτοῦ.
21 οὐκ ἔστιν εἰπεῖν Τί τοῦτο; εἰς τί τοῦτο;
πάντα γὰρ εἰς χρείας αὐτῶν ἔκτισται.

22 Ἡ εὐλογία αὐτοῦ ὡς ποταμὸς ἐπεκάλυψεν
καὶ ὡς κατακλυσμὸς ξηρὰν ἐμέθυσεν·

B S A C V *O L l a b c* min. La verss.

La Hi.; ευδοκιμηθησονται L^{-248}: ex $_{34}$b | ἔστη] εστιν 493-705 (-τι) 578 613 679 755 795 (-τι); εσται 68-744 = Ald.: cf. 44_{12} 46_{3} | ὡς θημ.] tr. *l*; tr. post ὕδωρ La | θημωνιά] θιμ. B A V 637 alii; θειμ. S; θιμονια 253 alii; θημονιας 46: cf. 20_{28} | om. καί 672 | om. ἐν 3° 795 | ῥήματι] -τος 797 | στόμ. αὐτοῦ] tr. 155; om. στόμ. 542 La^{Z*}; om. αὐτοῦ *b* | υποδοχεια 613^{c}; δοχεια 755: cf. 50_{3}

18 (23) $_{18a}$] και παντα κατα την αυτου προσταξιν πεφηνε καλα Eus. praep. 14, 27: lib.? | init.] pr. οτι Clem. La | προστάγματι Clem.] -μασιν *a*-534′ 336 La^{Z*} (*preceptis*) | om. αὐτοῦ 1° 249-754 | πᾶσα Clem.] > La ArmII = H | ἡ εὐδοκία] om. ἡ S^{c} L^{-248} 336 547 Clem.; + γινεται Clem. La = Syr; + αυτου 157 795 = H | ὃς ἐλ.] ελαττωσις εις Clem. La: cf. H | ὅς] ως V; οστις 155 (ωσ.); + ουκ 315 | τὸ σωτ.] την σωτηριαν 672; το εργον 578

19 (24) ἔργα] εργασια 336 La^{X} (*operatio*); sing. Syh Aeth = H | πάσης] της 336 | om. $_{19}$b 493: homoiot. | κρυβῆναι] αποκρ. 358; + τι Dam. p. 1077; *quidquam absconditum* La Sa (sim.) Aeth (sim.): cf. H

20 (25) εἰς τὸν αἰῶνα] εως (και εως 254 La^{pl} Aeth = H) του αιωνος 253 *b* 315′ La verss.^{p} Mal.; επι τον αι. S* | οὐθέν] ουκ S* | θαυμαστον S A C 253 *l*-157′ *b* 315′ 443 542 543 Mal.: cf. 34_{9}; θαυμασαι *a* | ἐναντίον] ενωπιον L^{-248}-672 46 358 443 755: cf. 17_{15}; *in oculis* Arm; + των οφθαλμων S*

21 $_{21a}$ = $_{17a}$; om. v. $_{21}$ La; vide ad v. $_{17}$ | init.] pr. οτι L^{-248}; pr. *et* Aeth | οὐκ ἔ. εἰπεῖν] μη ειπης Or. I 345_{23} Chr. III 486 V 488 Tht IV 773: cf. $_{17a}$ | Τί 1°] ει 46; δια τι Chr. V 488 | τοῦτο 1°] + εστι 248; 1°⌒2° 248-673: cf. $_{17a}$ | εἰς 1°] ει 155 307; ἤ 46 358; *et* Aeth; pr. ἤ *c*-679-795 443: cf. $_{17a}$; pr. και 547 Sa | τί 2° Or. Chr. Tht.] > C V* *L* 46 443*; οτι 307; tr. post τοῦτο 2° 755 | εἰς χρ. αὐτῶν ἔκτ.] εν καιρω αυτου ζητηθησεται 336: ex $_{17}$b | γάρ] + αυτος 534 | χρείας B 543 Tht.^{ap}] χρ(ε)ιαν rel. = H: cf. $_{31}$b 38_{1} | αὐτῶν] -του 311 443 578 Chr. V 488 (non III 486) = H; -τοις *b*; tr. ante εἰς χρ. 613; > 534 Tht. IV 773te | ἔκτισται] κεκτισται 548 (-τησθαι*, -τησται^{c}); εγενετο Chr. V 488 (non III 486) Tht.^{te}

22 (27—28a) απεκαλυψε C 603; εκαλ. 543; *inundavit* La = ἐπέκλυσεν Herk.: cf. Deut. 11_{4} | om. καί 155 La^{V} | κατακλυσμός] pr. ὁ 358 | ξηράν] *terram* La$^{\Omega}$ verss.; + γην L^{-248}: cf. 37_{3} | ἐμέθυσεν] εποτισεν 46

23 οὕτως ὀργὴ αὐτοῦ ἔθνη κληρονομήσει,
ὡς μετέστρεψεν ὕδατα εἰς ἅλμην.
24 αἱ ὁδοὶ αὐτοῦ τοῖς ὁσίοις εὐθεῖαι,
οὕτως τοῖς ἀνόμοις προσκόμματα·
25 ἀγαθὰ τοῖς ἀγαθοῖς ἔκτισται ἀπ᾽ ἀρχῆς,
οὕτως τοῖς ἁμαρτωλοῖς κακά.
26 ἀρχὴ πάσης χρείας εἰς ζωὴν ἀνθρώπου,
ὕδωρ καὶ πῦρ καὶ σίδηρος καὶ ἅλας
καὶ σεμίδαλις πυροῦ καὶ γάλα καὶ μέλι,
αἷμα σταφυλῆς καὶ ἔλαιον καὶ ἱμάτιον·
27 ταῦτα πάντα τοῖς εὐσεβέσιν εἰς ἀγαθά,
οὕτως τοῖς ἁμαρτωλοῖς τραπήσεται εἰς κακά.

B S A C V *O L l a b c* min. La verss.

23 (28b—29a) *ὀργή* S^c 548* La verss. Katz = H] *οργης* 545; *οργην* rel. | *κληρονομησουσιν* *c*-679-795 46 705? La^{Z*} (*hereditabunt*) | 23b/24] tr. A C *l*-157′ *a*-534′ *c*-679-795 155 307 315′ 339 755 Aeth | *ὡς*] *ος* L^{-248} 254-603 542 547 795 Aeth | *ὕδατα*] *τα υδ. αυτων* 706 | *εἰς ἅλμην*] *ως α.* 543; *εις λιμνην* 547*

24 (29bc) init.] pr. *ως* 493: cf. 25a; pr. *και* 358 La | *αἱ*] *οι* 336 578; > 358 | *τοῖς ὁσίοις/εὐθ.*] tr. 248 | *ὁσίοις*] *ευθεσιν* 358 | *οὕτως*] + *και* 543; *et* Sa Aeth = Syr | *τοῖς ἀνόμοις*] *τοις ανομουσι* *c*-679-795; *τοις αμαρτωλοις* 613 La Aeth: ex 25b | *προσκομμα* 155 307 (*-κομα*) 358 443 543 Aeth; *κακα* 613

25 (30) 25] *οτι τα αυτα τοις μεν αγαθοις εις αγαθα, τοις δε πονηροις εις κακον* 613 | init.] pr. *ως* 493: cf. 24a | *εκτισθη* Max. p. 868 Dam. p. 1521 Anton. p. 1225: cf. 29b 40_{10} | *οὕτως*] *et* Sa; pr. *et* Aeth; + *και* Max. | *τοῖς ἁμαρτωλοῖς*] *τοις ανομοις* Mal.: ex 24b; *nequissimis* La = H | *κακά*] *αγαθα και κακα* Nöldeke Katz = La et H

26 (31) *χρείας*] *χρεια* 253; *κτισεως* 336 | *εἰς ζωήν*] *εις ψυχην* C; *ζωης* Dam. p. 1293 La: cf. 29_{21} | *ἀνθρώπου*] *-πων* L^{-248}-315′ 155 La Arm Dam.; *-ποις* 46 336; *αιωνιον* 253 | om. *καί* 1° B-S* L^{-248}-315′-106-545 336 La Mal. | om. *καί* 2° S 253 L^{-248}-315′ 336 358 La^{X} | *σιδηρον* 248 46 547 | om. *καί* 3° 155 La | *αλα* B-S C V-253 637-130-545*-705 *a*-534′ *c*-679 46 157′ 315^c 339 358 443 543; *αλες* *b*; *αλλα* 493 155 307 311 315* 336; *γαλα* Clem. La (*sal lac*^{V}): cf. 22_{15} | om. *καί* 4° 358 Clem. Dam. | *σεμιδαλιν* S* C $Clem.^{P}$ | *πυροῦ* Clem. Dam.] *πυρος* B A *a* 307 443 755 La^{Θ} (*frumentum*); *πυρ* C; *τυρος* *c*-404′-679 339 429: cf. Thr. 4_7; > 155 | *καὶ γάλα/καὶ μέλι*] tr. B A C *b* *c*-404-679-795 336 358 429 534′ 755 La^{Θ} Aeth Mal.: cf. 46_8; *και μ. και αλα* 155; om. *καὶ γάλα* La Arm Clem. (vide supra 26b) | *αἷμα*] *et botrus* La; pr. *και* 493 Sa = Syr | *ἔλαιον*] *ελεον* V: cf. 45_{15}

27 (32) *τ. πάντα* Clem.] tr. S V-253 *L*-672 336 443 542 547 797 ArmII = H: cf. 29b 32_7; om. *πάντα* 744 Dam. p. 1293 | *εἰς* 1° Clem.] > 248 443 797 ArmII | *τοῖς ἁμαρτωλοῖς*] *τοις ασεβεσι* 429^c (> *): cf. H; *immundis* Arm; *impiis et peccatoribus* La: dupl.; om. *τοῖς* *c*-679

28 Ἔστιν πνεύματα ἃ εἰς ἐκδίκησιν ἔκτισται
καὶ ἐν θυμῷ αὐτῶν ἐστερέωσαν μάστιγας αὐτῶν·
ἐν καιρῷ συντελείας ἰσχὺν ἐκχεοῦσιν
καὶ τὸν θυμὸν τοῦ ποιήσαντος αὐτοὺς κοπάσουσιν.
29 πῦρ καὶ χάλαζα καὶ λιμὸς καὶ θάνατος,
πάντα ταῦτα εἰς ἐκδίκησιν ἔκτισται·
30 θηρίων ὀδόντες καὶ σκορπίοι καὶ ἔχεις
καὶ ῥομφαία ἐκδικοῦσα εἰς ὄλεθρον ἀσεβεῖς·
31 ἐν τῇ ἐντολῇ αὐτοῦ εὐφρανθήσονται
καὶ ἐπὶ τῆς γῆς εἰς χρείας ἑτοιμασθήσονται
καὶ ἐν καιροῖς αὐτῶν οὐ παραβήσονται λόγον.

32 Διὰ τοῦτο ἐξ ἀρχῆς ἐστηρίχθην
καὶ διενοήθην καὶ ἐν γραφῇ ἀφῆκα
33 Τὰ ἔργα κυρίου πάντα ἀγαθὰ

B S A C V *O L l a b c* min. La verss.

28 (**33—34**) *Ἔστιν*] *εισι* 547 613: cf. La (*sunt*) | *πνευμα* S* C L^{-248} Aeth; *πνευματι* V; *πνευματος* 755 | *ἅ*] *ὅ* L^{-248}; *τα* V | *θυμῷ*] *καιρω* 46 543 | *αὐτῶν* 1°] -*του* S^c L'^{-248}-157′ 307 547; -*τω* Anast. p. 492^{ap} | *ἐστερέωσαν*] -*σε(ν)* S^c L'-157′ 547 Aeth; -*σα* Anast.^{ap}; *εκχεουσι* 46: ex 28c; + *και* 307 | *αὐτῶν* 2°] -*του* 547* | 28c init.] pr. *και* B-S C *a b* 155 336 339 358 755 La^{pc} Aeth Mal. | *συντελείας*] *αυτων* 547 Aeth | *ἰσχύν*] *οργην* L^{-248} 336: cf. 16_{11} 33_{8}; *θυμον* 603: ex 28d; + *αυτων* 797 verss.^{p} | *ἐκχεοῦσιν*] *ισχυουσι* 46 | *αὐτούς*] -*τον* 248; -*τα* L^{-248} 543 613 | *κοπάσ.*] *σκεπασουσιν* 253; *καταπαυσουσι* Anast.^{te} (*και ου παυωσι*^{ap}): cf. 23_{17}; *confundent* La^{Gpl}: cf. Ez. 43_{10}

29 (**35**) om. *καί* 1° 307 443 La ArmII Dam. p. 1157 Anton. p. 1229 | *χάλαζα*] *θαλασσα* 248^{txt} 296-548 534 | om. *καί* 2° 336 La Arm = H | *λιμός*] *θυμος* 46 155 | *π. ταῦτα*] tr. *b* 46 404 543 672 Syh Sa Anast. p. 492 Mal.: cf. 27a | *ἐκδίκησιν*] *κολασιν αμαρτωλων* Dam. Anton.: cf. Sap. 16_{24} | *ἔκτισται*] *εκτισθη* Dam. Anton.: cf. 25a; *εσται* 404

30 (**36**) *θηρίων*] + *τε* 543 | *σκορπιων* 254-603 336 | *ἔχεις*] *εχις* S C alii; *εχιδναι a*; *οφεις* 311 768 | *ρομφαιαι* 311 | *εκδικουσαι* 311; -*κουντα* Mal.; -*κωσαι* V; -*κωσα* 253; *ενδικουσιν* 755; *εκδιωκουσα* S^c 46: cf. 30_{19}; *εκδιδουσαι* 315 | *ασεβων* 543 547^c 679 755 La^{Σ} Syh Anast. p. 492te; *ασεβεσιν* V-253 $La^{Zc\,\Theta}$

31 (**37**) *ἐντολῇ*] *ανατολη* 248 | *ευφρανθησεται* 543* Aeth | om. 31b 253 578 Mal. = Syr: homoiot. | om. *καί* 1° 307 | *τῆς γῆς*] *τοις εργοις* 155; om. *τῆς* 358 | om. *εἰς* 755 | *χρείας*] *χειρας* A *L* 46 404 542 543 Sa: cf. 38_{1} | *καιροῖς*] pr. *τοις* B 336 Mal. | *αὐτῶν*] -*του* C; -*της* 672; -*τοις* 404′ | *οὐ*] + *μη* 443

32 (**38**) *ἐξ*] *απ* 443: cf. La (*ab*) | *ἐστηρίχθην*] -*θη* 46 797*; -*θησαν* 755; *εστηρισθην* S*: cf. 15_{4} | *καὶ διεν.*/*καὶ ἐν γρ. ἀφῆκα*] tr. C | *διενοήθην*] -*θη* 46 | om. *καί* 2° 46 Sa | *ἀφῆκα*] -*καν* 155; *εθηκα a*

33 (**39**) *Τά*] + *γαρ* 358; pr. *quia* verss. | *πάντα ἀγ.*] tr. 603; *παντα*

καὶ πᾶσαν χρείαν ἐν ὥρᾳ αὐτῆς χορηγήσει,
34 καὶ οὐκ ἔστιν εἰπεῖν Τοῦτο τούτου πονηρότερον,
πάντα γὰρ ἐν καιρῷ εὐδοκιμηθήσεται.
35 καὶ νῦν ἐν πάσῃ καρδίᾳ καὶ στόματι ὑμνήσατε
καὶ εὐλογήσατε τὸ ὄνομα κυρίου.

40 1 Ἀσχολία μεγάλη ἔκτισται παντὶ ἀνθρώπῳ
καὶ ζυγὸς βαρὺς ἐπὶ υἱοὺς Αδαμ
ἀφ' ἡμέρας ἐξόδου ἐκ γαστρὸς μητρὸς αὐτῶν
ἕως ἡμέρας ἐπιστροφῆς εἰς μητέρα πάντων·
2 τοὺς διαλογισμοὺς αὐτῶν καὶ φόβον καρδίας,
ἐπίνοια προσδοκίας, ἡμέρα τελευτῆς.
3 ἀπὸ καθημένου ἐπὶ θρόνου ἐνδόξου
καὶ ἕως τεταπεινωμένου ἐν γῇ καὶ σποδῷ,
4 ἀπὸ φοροῦντος ὑακίνθινον καὶ στέφανον
καὶ ἕως περιβαλλομένου ὠμόλινον

B S A C V *O L l a b c* min. La verss.

τα αγ. C 248-*l* 307 534 | *ἐν ὥρᾳ*] *εν καιρω* C *L* 755 = H: cf. 16^{b}; om. *ἐν* La; > 46 | *αὐτῆς*] *-τοις* 613^{c} 795; *-του* 493; *-των* Dam. p. 1352 | *εχορηγησεν* C 755 (*-σε*) La^{pc} (*subministravit*)

34 (40) om. *καί* 548 La Sa = H | om. *εἰπεῖν* 336 | *Τοῦτο τούτου*] tr. 543; om. *Τοῦτο* 545; om. *τούτου* 795 | *ἐν καιρῷ*] *καιρον* 578; om. *ἐν* La^{L} | *εὐδοκιμηθήσεται*] *-σονται* 493 672 755; *-μησεται* A 548*; *-μασθησεται* 339 543; *ευκιμηθησεται* 130; *δοκιμασθησεται* S *b* 336 (*-σονται*) 542 Dam. p. 1352

35 (41) *ἐν*] *επι* 315′ | *καὶ στόματι*: cf. H^{mg}] > 672 = H^{txt} | *ὑμνήσατε*] *-σαμεν* B*; *αινεσατε* 336

40 1 *ἐπί*] *εφ* (*εν* 606) *a*-534′ 307 543 547 | *υἱούς* PsAth. IV 381] *υιοις* S *l*-157′ *a*-534′ *c*-404′-679 315′ 339 543 547 | *Αδαμ*] *ανθρωπων* 534 | *ἀφ'*] *εφ* 493 249*? 315 404 578 | om. *ἐκ* 443 | *αὐτῶν*] *-του* C 46 155 542 547; tr. ante *μητρός* 797 | *ἡμέρας* 2°] *-ρα* S*; *-ραι* 315; *εν ημερα* 307; + *ης* 705; tr. post *ἐπιστροφῆς* 248 | *ἐπιστροφῆς* *L* 157 768 Ra.: cf. H] *επιστραφη* S^{c} 46 534 705 ArmI; *επιστραφης* 315; *ἐπιταφῆς* (vel *ἐπὶ ταφῆς*) A C *a* 311 336 358 404′ 443 543 547 613 672 755 La (*sepulturae*) Sa Aeth ArmII; *ἐπιταφῇ* (vel *ἐπὶ ταφῇ*) B-S* *O*-V *l b c*-679 155 307 339 542 Mal.

2 *λογισμους* L^{-248}: cf. 9_{15} | *αὐτῶν*] *-της* 672 | *φοβος* 307 542 La^{pc} verss.^{p}; *φοβους* 672 La | *καρδιαν* A | *προσδοκίας*] *-κια* S*; *cordis* Syh; + *καρδιας* 493*-637: ex 2^{a} | *ἡμέρα*] *-ρας* 493 *b* 46 155 404 542 679 744*; pr. *εν* 534′ | *τελειται* 46

3 *ἐπὶ θρ./ἐνδ.*] tr. 339 | *ἐνδόξου*] *εν δοξη* B 339: cf. 44_{1}; *δοξης* 248 548* La^{X} Arm | om. *καί* 1° A La Sa Aeth ArmII = H | *ως τεταπεινουμενου* A | om. *καί* 2° 795 | *σποδον* 358

4 (**4ab**) *φορουντων* 336 | *υακινθον* B C 358 534-613* 542 543 547 La Dam. p. 1281: cf. 45_{10}; *υακινθινα* 336; *υακινθην* 155 (*-κηνθ.*) | om. *καὶ στέφ.* 307; om. *καί* L^{-248}-315′ 603 | om. *καί* 2° La Sa Arm(II) Dam. | *ἕως*] *ως* C | *ὠμόλινον*] *-λιον* 404; *ως μολινον* 493-545^{txt}; *εν μολινον* 68-744 = Ald.

5 θυμὸς καὶ ζῆλος καὶ ταραχὴ καὶ σάλος
καὶ φόβος θανάτου καὶ μηνίαμα καὶ ἔρις.
καὶ ἐν καιρῷ ἀναπαύσεως ἐπὶ κοίτης
ὕπνος νυκτὸς ἀλλοιοῖ γνῶσιν αὐτοῦ·
6 ὀλίγον ὡς οὐδὲν ἐν ἀναπαύσει,
καὶ ἀπ' ἐκείνου ἐν ὕπνοις ὡς ἐν ἡμέρᾳ κοπιᾷ
τεθορυβημένος ἐν ὁράσει καρδίας αὐτοῦ
ὡς ἐκπεφευγὼς ἀπὸ προσώπου πολέμου·
7 ἐν καιρῷ χρείας αὐτοῦ ἐξηγέρθη
καὶ ἀποθαυμάζων εἰς οὐδένα φόβον.
8 μετὰ πάσης σαρκὸς ἀπὸ ἀνθρώπου ἕως κτήνους,
καὶ ἐπὶ ἁμαρτωλῶν ἑπταπλάσια πρὸς ταῦτα·
9 θάνατος καὶ αἷμα καὶ ἔρις καὶ ῥομφαία,
ἐπαγωγαί, λιμὸς καὶ σύντριμμα καὶ μάστιξ.
10 ἐπὶ τοὺς ἀνόμους ἐκτίσθη ταῦτα πάντα,

B S A C V *O L l a b c* min. La verss.

5 (4cd—5) *ζῆλος*] *ζαλη* 543 | om. *καί* 2° S C *O*-V *L*-315′ 336 La Sa[L] ArmII = H | *θανάτου*] *και θανατος* 404 | *μηνίαμα* B*] *μηνισμα a c*-404′-679 315 336 358 443 542 543 Dam. p. 1281; *μηνις* C (*-νεις*) *b* 46 155 534 672 755 Mal.: cf. 27_{30} 28_{5}; *μιμημα* 248; *μανια* L^{-248}; *μηνιμα* rel.: cf. 10_{6} et Hatch p. 250 | *ἔρις*] pr. *ερισμα και* 534 | *νυκτός*] *και νυξ* S* | *αλλοιει* 404 744: cf. 13_{25}; *αλλοιων* 339 | *γνῶσιν*] pr. *την* 534′
6 (6—7ab) om. *ὡς* 1° 404 | *ἐν ἀναπ.*] *επαναπαυσει* 311; *εαν αναπαυση* 543; om. *ἐν* V 315* 440′: post *-εν*; + *εσται b* Mal. | om. *ὡς* 2° 578 | *ἐν ἡμέρᾳ*] *εν ημεραις L* 311 768: cf. 1_{13}; *εν -ρας* (sic) 68 = Ald.; *ημερας* 315; om. *ἐν* 797 | *κοπιᾷ* Sm. = Arm(II)] *κοπιασει* 311; *κοπιας* 637-315 46 68 404′; *κακοπιας* 336; *σκοτιας* 307 613[c]; *σκοπιας* rel. | *ὁράσει*] *θρασει* B[c1] *c*-679 307 339: cf. 11_{2} | om. *αὐτοῦ* 404 | 8d init.] pr. *και* 46 | *ἐκπεφ.*/*ἀπὸ πρ. πολ.*] tr. C | *εκπεφυγως* 307 613[c]; *εκφυγων* 248 | *ἀπὸ πρ.*] *εκ πρ.* 358; *εν ημερα* 797* La: ex 8b; *in* Sa Aeth | *πολέμου*] *πολεως* 578: cf. Is. 14_{21}; *πολεμιου* Sm.: cf. 37_{5}
7 (7cd) init.] pr. *και* 46 Aeth | *χρείας* Sm. Ra.] *σωτηριας* codd. et verss.: cf. 4_{23} | *εξεγειρων* 155 | *αποθαυμαζοντων* S[c] | *εἰς*] *ως* 315 | *οὐδένα φ.*] *ουδεν αφοβον* 46 603
8 om. *σαρκός* 68-744 = Ald. | om. 8b C | *ἐπί*] *απο* 315 443 | *ἁμαρτωλῶν*] *-λω l*-157′ 307 543; *-λους a*-534 547 | *ἑπταπλάσια*] *-σιονα* 253 46; *-σιον* 307; *-σιως* 155: cf. 7_{3} | om. *πρός* 358
9 *καὶ αἷμα*] tr. post *ἔρις* S 46 Sa Aeth Arm(II); tr. post *ῥομφαία O*-V *L* 336; om. *καί* 543 La; > Dam. p. 1157 | *ἔρις*] *εις* C; *ἐρυσίβη* Katz | om. *καὶ ῥομφ.* Sa[Th] Anast. p. 492 | *ῥομφαία*] *ἀνομβρία* Katz | om. 9b B* | *απαγωγαι l*: cf. 23_{11} | *λιμός*] *-μου L* La[pl] (*famis*); pr. *και b* 46[s] 315′ 358 La[T] Sa Arm(II) Mal. | *συντριμματα* 358 543; *συντριμματος* 248 | *μαστιγες* (*-γος* 248) S* *L* La (*flagella*) Sa
10 *εκτισθησαν* Dam. p. 1157 | *ταῦτα π.* Anast. p. 492] tr. S A V 637

καὶ δι' αὐτοὺς ἐγένετο ὁ κατακλυσμός.
11 *πάντα, ὅσα ἀπὸ γῆς, εἰς γῆν ἀναστρέφει,*
καὶ ἀπὸ ὑδάτων, εἰς θάλασσαν ἀνακάμπτει.

12 *Πᾶν δῶρον καὶ ἀδικία ἐξαλειφθήσεται,*
καὶ πίστις εἰς τὸν αἰῶνα στήσεται.
13 *χρήματα ἀδίκων ὡς ποταμὸς ξηρανθήσεται*
καὶ ὡς βροντὴ μεγάλη ἐν ὑετῷ ἐξηχήσει·
14 *ἐν τῷ ἀνοῖξαι αὐτὸν χεῖρας εὐφρανθήσεται,*
οὕτως οἱ παραβαίνοντες εἰς συντέλειαν ἐκλείψουσιν.
15 *ἔκγονα ἀσεβῶν οὐ πληθυνεῖ κλάδους,*
καὶ ῥίζαι ἀκάθαρτοι ἐπ' ἀκροτόμου πέτρας·
16 *ἄχι ἐπὶ παντὸς ὕδατος καὶ χείλους ποταμοῦ*
πρὸ παντὸς χόρτου ἐκτιλήσεται.

B S A C V *O L l a b c* min. La verss.

a b 155 307 336 358 542 Syh: cf. 32 7 | om. *καί* 155 La$^{\Pi}$ | *δι' αὐτούς*] *δι αυτων* Anast. p. 492; *δι αυτου* 672 = H^{mg}; *δια τουτους* V | *ἐγένετο*] *εκτισθη* 46^{s} | om. *ὁ* 672: post *-το*

11 *πάντα*] pr. *και* 578; + *enim* La^{pl} | *ἀναστρέφει* PsAth. IV 381 = La^{X} (*convertuntur*)] *-στρεψει* A La (*convertentur*) verss.^{p} = H: cf. 11b Sap. 2 5; *αποστρεφει* 46 336 | *καί*] + *οσα* L^{-248} PsAth. = H | *ὑδάτων*] *του υδατος* PsAth. | *ἀνακάμπτει* = La$^{\Lambda c\Omega}$ (*convertuntur*)] fut. La verss.^{p}: cf. 11a; *αναστρεφει* 613^{c}; *ανακαλυπτει* 358: cf. 24 3; > PsAth.

12 om. *καί* 1° 493 | *ἀδικία*] *-κα* 155 307 | om. 12b 307 548: homoiot. | *πίστις*] *τι* 744' = Ald.; *τις* 68 | om. *τόν* 315*? | *στήσεται*] *εξαναστησεται* 336; *σταθησεται* Anton. p. 769

13 *χρήματα*] *και ρηματα* L^{-248}; *κρηματα* 339: cf. 29 5 | *ἀδίκων*] *-κως* 421 | *ὡς* 1°] *ὁ* 548 | *ποταμός*] *-μους* 534; *-μοι* Dam. p. 1480 | *ξηρανθησονται* 421 603 Max. p. 853 | om. *ὡς* 2° V | *ἐν ὑετῷ*] *εν υετοις* L^{-493}; *εν υψιστοις* 493; *λεῶ* (sic) 545; > 106 | *εξηχησεν* c-404'; *εξηχησεται* 46^{s}; *ηχησει* 755 (vid.)

14 *αὐτόν*] *-τω* V 307 | *χειρα* L^{-248} 155 verss.^{p} | *εὐφρανθήσεται*] *-σονται* *a* 46 336 = H; + *και πιστις εις τον αιωνα στησεται* (*εσται* 253), *χρηματα αδικων ως ποταμος ξηρανθησεται* *O*-V: ex 12b et 13a | *οἱ παραβ.*] + *legem* Syh | om. *εἰς* 254-603 307 Mal. | *ἐκλείψουσιν*] *εκθλιψουσιν* A

15 *κλαδοις* 613 | *ριζα* 46 339 = H | *ακαθαρτου* 46^{s}: cf. H | *ἐπ'*] *επι* 336; *εξ* Anton. p. 1045 | *ακροτομους* V; *ακροτοπου* Anton.

16 *ἄχι* A alii] *αχει* B-S 253 637 alii; *αχη* 248-705 *a* alii Mal.; *ηχι* 339; *ηχη* 547 679; *ἠχεῖ* 493 La (*sonant* 15b) Aeth (*et sonabit*); *viriditas* La (16a): tr. post *ὕδατος* La^{V}; *εχει* 106-545 68-744' = Ald.; *αρχη* 296-548 404'; *αρχει* V 155 249 (*-χι*) 315'; *αγχι* 706; *ουχι* 311; *και* 613 | om. *καί* 547 | *χείλους*] *-λος* A (*χιλος*) V 679; *-λου* 155; *-λη* 106 | *πρό*] *προς* 254 | *χόρτου*] *ψευδους* 443; pr. *κοσμου εκ* 404 | *ἐκτιλήσεται*] *εκταλ.* 253; *εκπλησεται* V 797 (*-πλησσ.*)

17 χάρις ὡς παράδεισος ἐν εὐλογίαις,
καὶ ἐλεημοσύνη εἰς τὸν αἰῶνα διαμενεῖ.

18 Ζωὴ αὐτάρκους καὶ ἐργάτου γλυκανθήσεται,
καὶ ὑπὲρ ἀμφότερα ὁ εὑρίσκων θησαυρόν.
19 τέκνα καὶ οἰκοδομὴ πόλεως στηρίζουσιν ὄνομα,
καὶ ὑπὲρ ἀμφότερα γυνὴ ἄμωμος λογίζεται.
20 οἶνος καὶ μουσικὰ εὐφραίνουσιν καρδίαν,
καὶ ὑπὲρ ἀμφότερα ἀγάπησις σοφίας.
21 αὐλὸς καὶ ψαλτήριον ἡδύνουσιν μέλη,
καὶ ὑπὲρ ἀμφότερα γλῶσσα ἡδεῖα.
22 χάριν καὶ κάλλος ἐπιθυμήσει ὀφθαλμός,
καὶ ὑπὲρ ἀμφότερα χλόη σπόρου.
23 φίλος καὶ ἑταῖρος εἰς καιρὸν ἀπαντῶντες,
καὶ ὑπὲρ ἀμφότερα γυνὴ μετὰ ἀνδρός.
24 ἀδελφοὶ καὶ βοήθεια εἰς καιρὸν θλίψεως,
καὶ ὑπὲρ ἀμφότερα ἐλεημοσύνη ῥύσεται.

B S A C V *O L l a b c* min. La verss.

17 *παραδεισον* S^* 543 (*-δεισσον*) | *ἐν εὐλ.*] *συν ευλ.* 248; *εν ευλογια* 336 543 Aeth; *ευλογιας* Anton. p. 1129: cf. 27a | *ἐλεημοσύνη*] pr. *εν* S^*; pr. *ἡ* *a* 336 | *μενει* C 296-548 404′ Dam. p. 1460: cf. Sap. 11$_{25}$

18 *αὐτάρκους*] *-κειας* Max. p. 804 Dam. p. 1221 Anton. p. 880 | *καί* 1° Sm. Ra.] > codd. et verss. | *γλυκανθήσ.*] *multiplicabitur* (= *πληθυνθησεται* Zi.) Syh | *ἀμφότερα*] *-ρων* 46: cf. 19b 20b; *-ρας* A | om. *ὁ* S^* A L^{-248} 249-754

19 *τεκνον* 46^s = H | *πόλεως*] *πολις* 795; *πολλη* 404 | *στηριξουσιν* 339 547; *στηρισουσιν* 797 Mal.; *στηριουσιν* 46 637^c; *στηριζων* 545 | om. 19b 248 | *ἀμφότερα*] *-ρων* 46: cf. 18b | *λογίζεται*] *λογισθησεται* 542 672 795 La^V; *ευλογειται* 307; *στηριζεται* 336^{txt}: ex 19a; > Aeth: cf. H

20 *οἶνος*] *αινος* 493: cf. 34$_{27}$ | *ευφραινει* 547 | *ἀμφότερα*] *-ρων* 46^s: cf. 18b | *ἀγάπησις*] *-σεις* S V alii; *ευρησις* C; *ευρισεις* 46^s | *σοφίας*] *σοφιαν* S V 46 307; *et sapientia* (*σοφια*) Sa; *καρδιας* 336^{txt}

21 *ἡδύν.*] *νουλουσι* (sic) 339 | *μέλη*] pr. *τα* 296-548; *ψυχην* L^{-248} Aeth; *μελι* Sixt.: cf. 47$_9$ 50$_{12}$ | *ἡδεῖα*] *ηδια* C V 637; *ιδια* 336 alii

22 *επιθυμει* Dam. p. 1309 | *ὀφθαλμός*] *ο οφθ. σου* B-S; + *σου* C 307 La | *χλόη* C *a c*-404′-679 130 157′′ 307 336 358 443 542 547 613 672 La^{Gpl} verss.] *χλοην* rel. | *σπόρου*] *σποριμου* S^*; *σπορα* 548; pr. *εκ* 130

23 *ἑταῖρος*] *ετερος* C V alii: cf. 37$_2$ | *εἰς*] *προς* 542 | *καιρόν*] *κληρον* 336: cf. 37$_8$ | *μετά*] *μετ* A; > 404

24 init.] pr. *και* S^* | *αδελφος* 631 = H | *καὶ βοήθεια*] *και -θειαι* 404; *και -θει* 545^* (*-θειοι*^{c}); *in adiutorium* (= *εις βοηθειαν* 545^{mg}) La | *εἰς καιρόν*] *εν καιρω* 542 Dam. p. 1253. 1460 Anton. p. 845 La Syh = Syr | *ῥύσεται* B *L*-315′ *b* 336 358 443 La Sa Anton.] *ρυεται* rel. (Dam.)

25 *χρυσίον καὶ ἀργύριον ἐπιστήσουσιν πόδα,*
καὶ ὑπὲρ ἀμφότερα βουλὴ εὐδοκιμεῖται.
26 *χρήματα καὶ ἰσχὺς ἀνυψώσουσιν καρδίαν,*
καὶ ὑπὲρ ἀμφότερα φόβος κυρίου·
οὐκ ἔστιν ἐν φόβῳ κυρίου ἐλάττωσις,
καὶ οὐκ ἔστιν ἐπιζητῆσαι ἐν αὐτῷ βοήθειαν·
27 *φόβος κυρίου ὡς παράδεισος εὐλογίας,*
καὶ ὑπὲρ πᾶσαν δόξαν ἐκάλυψεν αὐτόν.

28 *Τέκνον, ζωὴν ἐπαιτήσεως μὴ βιώσῃς·*
κρεῖσσον ἀποθανεῖν ἢ ἐπαιτεῖν.
29 *ἀνὴρ βλέπων εἰς τράπεζαν ἀλλοτρίαν,*
οὐκ ἔστιν αὐτοῦ ὁ βίος ἐν λογισμῷ ζωῆς,
ἀλισγήσει ψυχὴν αὐτοῦ ἐν ἐδέσμασιν ἀλλοτρίοις·
ἀνὴρ δὲ ἐπιστήμων καὶ πεπαιδευμένος φυλάξεται.
30 *ἐν στόματι ἀναιδοῦς γλυκανθήσεται ἐπαίτησις,*
καὶ ἐν κοιλίᾳ αὐτοῦ πῦρ καήσεται.

B S A C V *O L l a b c* min. La verss.

25 *ἐπιστήσ.*] *αποστησ.* 315; *καταστησ.* 631 | *πόδα*] *ποδας* 543 La^V ArmII Max. p. 732 Dam. p. 1293 Anton. p. 800; *ποδες* 421; *πολιν* 307 Aeth; *valde* (= *πολυ*) ArmI; *hominem* (= *ανον*) Sa | *βουλή*] *γυνη* B* *b* 358 631: ex 19b 23b | *ευδοκιμησει* 421 (-*κημ.*) Max. Dam. Anton.

26 (**26—27**) *ἰσχύς*] pr. *ἡ* Dam. p. 1089 | *ανυψουσι(ν)* S A *a b c*-404′-679 155 307 315 336 339 443 543 547 613 755 Max. p. 861 Anton. p. 973 Mal.; *ανυψωσαν* 578; *υψουσιν* V; *ανυψωσει* 672 | *καρδίαν*] *κεφαλην* 542: cf. 11 13 38 3 | *κυρίου* 1°] *θεου* S* La^pc = H | 26c init.] pr. *και* 797 | om. *ἐν* 1° B-68-744′ V | *φόβῳ*] *φοβος* V 768 | *κυρίου* 2°] *κυριω* 68-744 = Ald.; *θεου* S* | *ἐπιζ.*/*ἐν αὐτῷ*] tr. C *a* 336 631 La | *ἐπιζητῆσαι*] *ζητησαι* C *L* | *ἐν αὐτῷ*] *εαυτω* 253 248; om. *ἐν* 443* 672 705* (vid.) | *βοήθειαν*] -*θειας* 253; -*θεια* 68-744 795 = Ald.; *αληθειαν* 534 (-*θηαν*)

27 (**28**) *εὐλογίας*] -*για* 443; -*γειται* 755; *εν* -*γιαις* 631: ex 17a; *αληθειας* 543 | *πᾶσαν*] *αμφοτερα* C: ex 26b | *εκαλυψαν* B C La; *εκαλεσεν* 672* 797

28 (**29**) *απαιτησεως* 130: cf. 30a | *βιώσῃς*] -*σεις* 339* alii; *βιωση ως* Or. IV 535; *γλωσσης* 672 | *κρεῖσσον*] *κρεισσων* B *L*^-248 alii: cf. 23 27; *κρηττων* 155; *κρειττον* Or.: cf. 10 27; + *γαρ* S^c *L′*^-248-157′ *b* La (exc.^GΠ) Sa Dam. p. 1253 Mal. | om. *ἢ* 672 | *ἐπαιτεῖν*] *απ.* 679; *επαιτησεως* 755*

29 (**30—31**) *επιβλεπων* 358 | *τράπ. ἀλλ.*] tr. 248 421 Anton. p. 909 | *ἔ. αὐτοῦ ὁ β.*] *εχει βιον L* | *αὐτοῦ*/*ὁ β.*] tr. La Syh Max. p. 872 Anton. p. 909: cf. H | *αὐτοῦ ὁ β. ἐν λογ.*] *ο λογισμος* (-*μως* cod.) *αυτου εν βιω* 755; *αυτου εν λογ. β.* 421 | *λογισμῷ*] *διαλογ.* S: cf. 9 15; *συλλογ.* 542 795 | om. *ζωῆς* 493 | *ἀλισγήσει*] -*σεις* V; *αλγησει* S 336 542 547 603 613^c 755 797; *αλγισει* 534 543; *αλλ ισ|σχυσει* 705 | *ψυχήν*] pr. *την* B C *b* 307 443 534′ 543 Mal. | *φυλάξεται*] -*ξαται* 545 797

30 (**32**) *ἀναιδοῦς*] *αιδους l* | *απαιτησις* S 130 706: cf. 28a; *επαιτησεως δοσις* Dam. p. 1253 | *πῦρ*] pr. *ως L*^-248 Syh = H | *καυθησεται* 493-705: cf. 28 10

41 1 Ὦ θάνατε, ὡς πικρόν σου τὸ μνημόσυνόν ἐστιν
ἀνθρώπῳ εἰρηνεύοντι ἐν τοῖς ὑπάρχουσιν αὐτοῦ,
ἀνδρὶ ἀπερισπάστῳ καὶ εὐοδουμένῳ ἐν πᾶσιν
καὶ ἔτι ἰσχύοντι ἐπιδέξασθαι τρυφήν.
2 ὦ θάνατε, καλόν σου τὸ κρίμα ἐστὶν
ἀνθρώπῳ ἐπιδεομένῳ καὶ ἐλασσουμένῳ ἰσχύι,
ἐσχατογήρῳ καὶ περισπωμένῳ περὶ πάντων
καὶ ἀπειθοῦντι καὶ ἀπολωλεκότι ὑπομονήν.
3 μὴ εὐλαβοῦ κρίμα θανάτου,
μνήσθητι προτέρων σου καὶ ἐσχάτων·
4 τοῦτο τὸ κρίμα παρὰ κυρίου πάσῃ σαρκί,
καὶ τί ἀπαναίνῃ ἐν εὐδοκίᾳ ὑψίστου;
εἴτε δέκα εἴτε ἑκατὸν εἴτε χίλια ἔτη,
οὐκ ἔστιν ἐν ᾅδου ἐλεγμὸς ζωῆς.

5 Τέκνα βδελυρὰ γίνεται τέκνα ἁμαρτωλῶν
καὶ συναναστρεφόμενα παροικίαις ἀσεβῶν·

B S A C V *O L l a b c* min. La verss.

41 1 (1—2) om. *ὡς* 578 | *σου*] *σοι* 315 | *ἐστιν* Chr. XIII 581] *σου* 797; > 248 421 603 755 Sa Aeth = H: cf. 2a | *εἰρηνεύοντι*] *-νευθητι* 155 | *αὐτοῦ* Chr.] *-τω* S V *a b* 157′ 307 315(vid.) 421 Dam. p. 28 | *ἀνδρί*] pr. *και* 421 | *ἀπερισπ.*] *ευπρεπεστατω* *O*-V | *ευοδομενω* 68-744 = Ald. | *ἔτι ἰσχ.*] *επισχ.* V: cf. 24_{32} | *επιδεξεσθαι* 249-254; *-δεχεσθαι* 155; *δεξασθαι* S (*-σθε*) 421 | *τρυφήν* Zi. = H] *τροφην* codd. et verss.
2 (3—4) *καλόν* Chr. XIII 581] pr. *ως* *O*-S^{c} *b* 336 404′ 443 543 Sa = Syr; pr. *quia* Arm = H | *τὸ κρίμα*] *το μνημοσυνον* 307; pr. *το μνημοσυνον και* 155: ex 1a | *επιδεουμενω* A; *δεομενω* 631 | *ελασσομενω* 578 768^{c} (*-ωμ.**) 797; *ελαττουμενω* 155 542^{c} (*-ττωμ.**) 631: cf. 16_{23} 47_{23} | *ἰσχύι*] pr. *εν* S A *a*-534′ *b c*-404′-679 155 157′ 307 315′ 339 443 542 547 578 755 La^{L*} verss.^{p} Chr. Mal.: cf. 34_{27} 44_{6}; *ισχυος* 358 | *εσχατω γηρω* V 545^{c} alii; *-τω γηρα* *L*$^{-248}$-672 336 534′ 547 631 Dam.; *-τω γηρει* 679 755: cf. 42_{8} | *περισπουμενω* 637; *περισπασμενω* *c*-404′ (*-εσπ.*)-679 | *περί*] pr. *και* S* | *απολελωκοτι* *L*$^{-248}$ 155 307 (*απωλελ.*) 336 404 543 547: cf. 8_{12} | *ὑπομονήν*] pr. *την* 248 296-548
3 (5ab) *προτέρων*] *-ρου* 578; *-ρω* 68-744 = Ald.; pr. *των* 672 | *ἐσχάτων*] *επεσχ.* 315; *εσχατω* 68-744 = Ald.; + *σου* 542 La Sa Aeth: cf. H
4 (5d—7) *τοῦτο*] + *γαρ* *L*-315′ Aeth; pr. *quia* Sa = Syr | om. *τό* A C 253 *a*-534′ *c*-404′-679 155 307 336 339 358 543 547 755 Dam. p. 436 = H, sed post *-το* | *παρὰ κυρίου*] *π. υψιστου* 631; om. *παρά* 155 La$^{G*\Omega}$ Aeth; om. *κυρίου* 578; > 679; tr. post *σαρκί* *L* Sa = H | *πάσῃ*] *σῇ* 248 | *ἐν εὐδοκίᾳ* = La^{Vpc}] *εν -κιαις* V La (*in beneplacitis*^{McQ}, *in -cita*^{Gpl}); *ευδοκιαν* 336; om. *ἐν* S* 534 547* 603 631 La$^{\Theta}$: cf. 9_{12} | *αδη* 106-545 339 755 Dam. p. 28 (*τω αδη*) 436: cf. 14_{16}
5 (8) *βδελυκτα* B Anton. p. 1045. 1081: cf. Prov. 17_{15}; *βδελυγμα* *c*-679; *αμαρτωλα* *l* La^{Tc} (*peccatorum*) | *συναναστρεφομενων* 404 | *παροικίαις*] *-κιας* 296*-548 534; *οικιαις* 631; *secus domos* (= *παρα οικιαις* 545^{c}) La; *ευδοκιας* 253; *εν ευδοκιαις* V Syh: ex 4b; *εν αμαρτιαις* *b* Mal.; *παροιμιαις* 443

6 τέκνων ἁμαρτωλῶν ἀπολεῖται κληρονομία,
καὶ μετὰ τοῦ σπέρματος αὐτῶν ἐνδελεχιεῖ ὄνειδος.
7 πατρὶ ἀσεβεῖ μέμψεται τέκνα,
ὅτι δι' αὐτὸν ὀνειδισθήσονται.
8 οὐαὶ ὑμῖν, ἄνδρες ἀσεβεῖς,
οἵτινες ἐγκατελίπετε νόμον ὑψίστου·
9 ἐὰν γὰρ πληθυνθῆτε, εἰς ἀπώλειαν,
καὶ ἐὰν γεννηθῆτε, εἰς κατάραν γεννηθήσεσθε,
καὶ ἐὰν ἀποθάνητε, εἰς κατάραν μερισθήσεσθε.
10 πάντα, ὅσα ἐκ γῆς, εἰς γῆν ἀπελεύσεται,
οὕτως ἀσεβεῖς ἀπὸ κατάρας εἰς ἀπώλειαν.

11 Πένθος ἀνθρώπων ἐν σώμασιν αὐτῶν,
ὄνομα δὲ ἁμαρτωλῶν οὐκ ἀγαθὸν ἐξαλειφθήσεται.
12 φρόντισον περὶ ὀνόματος, αὐτὸ γάρ σοι διαμενεῖ

B S A C V *O L l a b c* min. La verss.

6 (**9**) *τεκνον* 311 673; *τεκνα* 547 755 | *κληρονομιαν* 155 547 705 | *καί*] *ἤ* 631 | *αὐτῶν*] -*του* 315′ 443 534-613* | *ἐνδελεχιεῖ*] -*χει* A *b* 339 443; -*χι* 296-548; -*χη* 534; -*χισει* 130 157′; -*χιζει* *L*; -*χισθησεται* 542: cf. 30_{1}
7 (**10**) *πατερα* 404′ 578 | *μεμφεται* C La (exc.^{LΨc}) ArmII | *τέκνα*] *επιτεκνα* 404^{c} (*επικνα**); *τι κακα* V | *δι'*] *δει* A | *αὐτόν*] -*των* 46^{s} 155 alii $La^{Π}$ (*illos*) | *ονειδισθησεται* 545 797
8 (**11**) *ημιν* 315 705 | om. *ἄνδρες* 603 | *εγκατελ(ε)ιπατε* C V L^{-248}-672 296-548-404 155 339 358 543 744 755 Anton. p. 777: cf. Is. 1_{4} | *νόμον*] pr. *τον* L^{-248} | *ὑψίστου* S 248 543* $La^{Ω}$ Aeth = H] *θεου* Anton.; *κυριου* Dam. p. 1157; + *θεου* 155; pr. *domini* La; pr. *θεου* rel.
9 (**12**) hab. v. 9a *L* Anton. p. 777 = H | om. *καί* 1° *O*-V | *γεννηθῆτε*] -*ται* C; *γενηθητε* V(-*ται*) 68-744 254 315* 336 542 548 (-*ται*) 631 705* 755 = Ald.: cf. 7_{28}; *γενησητε* 443^{c} (-*ται**); *εγεννηθητε* 404 | *γεννηθήσεσθε*] *γενηθησεσθε* (vel -*θαι*) V-253 248*-545 296-548 254 336 542 543; *γενησεσθε* 493 339 631 672 (-*σθαι*) 755; *γεννατε* 443; *εγεννηθητε* 404 | om. 9c 253 L^{-248}-672 46^{s} Aeth: homoiot. | om. *καί* 2° 311 | *μερισθήσεσθε*] -*σεται* 795; *εμερισθησεσθαι* 404
10 (**13**) *ἐκ*] *απο* 543 Dam. p. 1100: cf. 40_{11} | *γῆν*] pr. *την* Dam. | *απελευσονται* C 46^{s} 404 603: cf. La; *επελευσεται* Dam. | om. 10b 296-548 | *ασεβης* 336 631 679 = H | *ἀπὸ κατάρας*] *απο* -*ραν* 534 543 797; tr. post *ἀπώλειαν* L^{-248}; > 248; + *απελευσονται* 404: ex 10a | om. *εἰς* 2° V
11 (**14**) *Πένθος*] *ανθος* 679 | *σωματι* S* 155 307 543 La Sa Aeth = H | *ἁμ. οὐκ ἀγαθόν*] *αμ. ουκ αγαθων* 155 alii; *ανθρωπων ουκ αγαθον* 248 307; *ανθρωπων ουκ αγαθων* 631 Anton. p. 1129; *hominum bonorum non* Sa; *ανθρωπων αμαρτωλων* Anton. p. 1081; *ασεβων ουκ αγαθον* *a*-534: cf. Prov. 10_{7}; *αγαθον ουκ* S^{c} = H; *αμαρτωλων* L^{-248} 542 543 547 Aeth; *impiorum* La
12 (**15**) *π. ὀνόματος*] + *καλου* S^{c} 545^{c} La (*de bono nomine*) | *γάρ σοι*] tr. 339 | *σοι*] *σε* 543; *σου* 578; tr. post *διαμενεῖ* La Syh Sa = H | *παρα-*

ἢ χίλιοι μεγάλοι θησαυροὶ χρυσίου·
13 ἀγαθῆς ζωῆς ἀριθμὸς ἡμερῶν,
καὶ ἀγαθὸν ὄνομα εἰς αἰῶνα διαμενεῖ.

14 Παιδείαν ἐν εἰρήνῃ συντηρήσατε, τέκνα·
σοφία δὲ κεκρυμμένη καὶ θησαυρὸς ἀφανής,
τίς ὠφέλεια ἐν ἀμφοτέροις;
15 κρείσσων ἄνθρωπος ἀποκρύπτων τὴν μωρίαν αὐτοῦ
ἢ ἄνθρωπος ἀποκρύπτων τὴν σοφίαν αὐτοῦ.

16 Τοιγαροῦν ἐντράπητε ἐπὶ τῷ κρίματί μου·
οὐ γάρ ἐστιν πᾶσαν αἰσχύνην διαφυλάξαι καλόν,
καὶ οὐ πάντα πᾶσιν ἐν πίστει εὐδοκιμεῖται.
17 αἰσχύνεσθε ἀπὸ πατρὸς καὶ μητρὸς περὶ πορνείας
καὶ ἀπὸ ἡγουμένου καὶ δυνάστου περὶ ψεύδους,
18 ἀπὸ κριτοῦ καὶ ἄρχοντος περὶ πλημμελείας
καὶ ἀπὸ συναγωγῆς καὶ λαοῦ περὶ ἀνομίας,

B S A C V *O L l a b c* min. La verss.

μενει Dam. p. 213 Anton. p. 1129 | *χίλ. μεγ. θησ. χρ.*] *χρ. θησ. χιλ.* 543 | *μεγ. θησ. χρ.*] *θησ. μεγ. χρ.* *O*-V 248 358 La (*thesauri pretiosi et magni*^{V}) Sa Aeth (*θησ. χρ. μεγ.*); *μεταλλοι θησαυρου* Dam.; om. *μεγ.* *l* 404 797 Mal. = H; om. *χρυσίου* Anton.

13 (16) *ἀγ. ζωῆς*] *αγαθη ζωη* 613; *αγ. ριζης* 249-754 | *αριθμων* V; *αριθμοι* Dam. p. 216 | *ἡμερῶν*] *ημων* 307 | om. *καί* 797 | *αἰῶνα*] *-νας* 248 46^{s}; pr. *τον* 744 Dam. Anton. p. 1129: cf. 16_{27}; + *αιωνος* 603 | *μενει* 744 Anton.: cf. 40_{17}

14 (17) *παιδειας* 545 | *ἐν εἰρ.*] *ειρηνης* 543 613 631 Arm; *et pacem* La^{L} | *συντηρήσατε*] *-σετε* V; *διατηρησατε* 339 | *δέ*] *γαρ* 443 La (*enim*); > S^{c} *L a*-534 429 Sa = H: cf. 20_{30} | om. *καί* 534 | *ὠφ./ἐν ἀμφ.*] tr. 547

15 (18) *κρείσσων*] *κρεισσον* V (*κρισσον*) 157 alii; *κρειττων* 155 547: cf. 10_{27}; + *γαρ* 443 La^{MC} (*enim*) | *ἀποκρύπτων* 1°⌒2° 545* (*ανοιαν αυτου η ο αποκρ.*^{c}) 755 | om. *ἄνθρ.* 2° 404 La$^{\Omega}$ | *ἀποκρύπτων* 2°] *κρυπτων* V

16 (19—20) *ενετραπητε* 744; *εντραπησεται* 248 | *ἐπὶ τῷ κρίματί/μου* Sm. = H] tr. 311; *απο* (*επι* 795) *των ρηματων μου* 404′; *in his quae procedunt de ore meo* La; *επι* (> 543) *τω ρηματι μου* rel. | *διαφυλάξαι*] *φυλαξασθαι* Anton. p. 1153. 1156; *αποκαλυψαι* S^{c} | *καλος* 336 | *πᾶσιν*] pr. *τοις* 248; pr. *εν* 358 La$^{\Omega}$ | *ἐν πίστει*] *εν παστει* S*; *εν παντι* L^{-248} 358 Sa; > 534* = H

17 (21) *αἰσχύνεσθε*] *-σθαι* A C V 443 (+ *δει*^{c}) alii; *αισχυνου* Anton. p. 1153 | *μητρός*] pr. *απο* 404 La^{V} Syh Aeth | *περὶ πορν.*] *απο πονηριας* S*: cf. 26_{9} | *ἡγουμένου . . . δυνάστου*] tr. *b* 358 443 | *ἡγουμένου*] *προηγ.* S | *δυνάστου*] *-νατου* 631: cf. 7_{6}; *δικαστου* 307: cf. 38_{33}; *τυραννου* Dam. p. 1249 Anton.; pr. *απο* 613 La^{V} | *περί* 2°] *ενεκεν* Dam. | *ψεύδους*] *πλημμελιας* 358: ex 18a

18 (22—23a) init.] pr. *και* 248 Sa | *πλημμελείας*] *ψευδους* 358: ex 17b | om. 18b 705 Anton. p. 1153: homoiar. et homoiot. | *καί* 2° L^{-248} 542 543

ἀπὸ κοινωνοῦ καὶ φίλου περὶ ἀδικίας
19 καὶ ἀπὸ τόπου, οὗ παροικεῖς, περὶ κλοπῆς,
ἀπὸ ἀληθείας θεοῦ καὶ διαθήκης
καὶ ἀπὸ πήξεως ἀγκῶνος ἐπ' ἄρτοις,
ἀπὸ σκορακισμοῦ λήμψεως καὶ δόσεως
20 καὶ ἀπὸ ἀσπαζομένων περὶ σιωπῆς,
ἀπὸ ὁράσεως γυναικὸς ἑταίρας
21 καὶ ἀπὸ ἀποστροφῆς προσώπου συγγενοῦς,
ἀπὸ ἀφαιρέσεως μερίδος καὶ δόσεως
καὶ ἀπὸ κατανοήσεως γυναικὸς ὑπάνδρου,
22 ἀπὸ περιεργίας παιδίσκης αὐτοῦ
καὶ μὴ ἐπιστῇς ἐπὶ τὴν κοίτην αὐτῆς,
ἀπὸ φίλων περὶ λόγων ὀνειδισμοῦ

B S A C V *O L l a b c* min. La verss.

La^{pc} Sa] > rel. | om. *καί* 3° 603 631 | *ἀνομίας*] *ανομων* 631 | om. 18c A: homoiot. | 18c init.] pr. *και* C 542 Sa | *κοινωνοῦ*] *κοινου* 404

19 (23b—24) *τόπου*] *τομου* 534 | *παροικεῖς*] *-κησεις* 706; pr. *περιπατεις ἤ* 493 | *περί*] *απο* 296-548 | *κλοπῆς*] *πλοκης* S | 19b init. *L* La = H] pr. *και* rel. (Mal. Dam. p. 1249) | *ἀληθείας*] *λήθης* Grotius; *ἀπειθείας* Schleusner I 119; *ἀθεσίας* Herk. | *θεοῦ*] *κυριου* 547; *ὅρκου* Herk. = H | om. *καί* 2° 315 | om. *καί* 3° A *a*-534′ *c*-404′ 307 542 547 755 La | *αγκονων* 296-548 542 (*αγκωνων*) 631 Syh | *επ αρτους* B 155; *εν αρτοις* Dam. | 19d init. B-S *O*-V *L*-315-673 307 358 543 631] pr. *και* rel. | *σκορακισμοῦ*] *κορ.* C 336 631; *σκορπισμου b* | *λήμψεως . . . δόσεως*] tr. *L*$^{-248}$ 358 La Arm(II) = H: cf. 42 7 Phil. 4 15

20 (25ab) om. *καί* 1° 631 La = H | *ἀπό* 1°] *απ* 534*; *περι* S* 542 | *ασπαζομενον* 248 *a*-534 547 = H | *περὶ σιωπῆς*] *παρα σ.* 46^{s}; *περιωπῆς a* | 20b init.] pr. *και* A C *l*-157′ *a c*-404′-679 155 307 315′ 339 358 542 547 613 755 La$^{\Omega}$ Sa | *ὁράσεως*] *θρασειας* 755; *αγορασεως* 307 | *ετερας* S A C V 637 307 336 443* 542 545^{c} 768 795 Sa (*ετερα* = 9 3) Aeth: cf. Prov. 19 13 Iud. 11 2 Mac. II 6 4

21 (25c—27a) om. *ἀπό* 1° 336 548^{c} 631 La$^{L*\Gamma}$: haplogr. | *ἀποστροφῆς*] *συστρ.* Dam. p. 1249 | *προσώπου*] *-πων* 613; > Mal. | *συγγενοῦς*] *-νου* 68-744^{c} = Ald.; *σου γενους* 755; *ανθρωπου ευγενους* 248 | 21b init.] pr. *και l*-157′ 679 La^{V} Sa | *ἀφαιρέσεως*] *φανερωσεως* 755 | *μερ. καὶ δ.*] *και δ. μεριδων* 547; *μερ. και δυσεως* 253 | om. *καί* ult. A C *O c* 155 254 339 547 755 La Anton. p. 1153 | *ὑπάνδρου*] *ετερας* 307: ex 20b

22 (27bc—28) init.] pr. *και l*-157′ 679 La Sa Dam. p. 1249 Anton. p. 1153 | *περιεργασιας O*-S^{c} 155 157″ 307 311 336 542 613 | *παιδίσκης*] pr. *και* S^{c} *L*$^{-637}$ | *αὐτοῦ*] *-της O L*$^{-248}$-157′-315′ *a*-534-613* *b* 296-548 336 547 Dam. Anton. Mal.; > 248 | om. 22b Dam. Anton.: homoiot. | om. *καί* 1° *b* 534 Mal. | om. *μή* 1° 755 | *επιστησης* 253 248 542 631; *αποστησης* V; *επιστησεως* 755 | *επι της κοιτης* 443 534-613* 755 (om. *επι*) | *αὐτῆς*] *-του* V 296-548 631 755 | 22c init.] pr. *και* 679 Sa La^{L} | *φιλου* 248 *b* 534-613* 543 Aeth Anton. p. 1153 = H | *π. λόγων* B *O*-V 248 *b* 336 358 443 534′

καὶ μετὰ τὸ δοῦναι μὴ ὀνείδιζε,
42 1 ἀπὸ δευτερώσεως λόγου ἀκοῆς
καὶ ἀπὸ ἀποκαλύψεως λόγων κρυφίων·
καὶ ἔσῃ αἰσχυντηρὸς ἀληθινῶς
καὶ εὑρίσκων χάριν ἔναντι παντὸς ἀνθρώπου.

Μὴ περὶ τούτων αἰσχυνθῇς
καὶ μὴ λάβῃς πρόσωπον τοῦ ἁμαρτάνειν·
2 περὶ νόμου ὑψίστου καὶ διαθήκης
καὶ περὶ κρίματος δικαιῶσαι τὸν ἀσεβῆ,
3 περὶ λογισμοῦ κοινωνοῦ καὶ ὁδοιπόρων
καὶ περὶ δόσεως κληρονομίας ἑταίρων,
4 περὶ ἀκριβείας ζυγοῦ καὶ σταθμίων
καὶ περὶ κτήσεως πολλῶν καὶ ὀλίγων,
5 περὶ διαφόρου πράσεως ἐμπόρων

B S A C V *O L l a b c* min. La verss.

548 631 La = H^{txt}] *π. λογου* rel. | *ονειδισμων* C (*ωνιδ.*) 755 | *μή* 2°] pr. *με* S*; pr. *και* 603 | *ὀνείδιζε*] *-δισης* V 336

42 1 init.] pr. *και* 248 679 Sa Mal. | *λόγου* 336 631 La(vid.) Sa = H] + *και* L^{-248} 603 Arm (II); *και λ. και* 157′; pr. *και* rel. | *ἀκοῆς*] *ζωης* 534* | om. *καί* 1° S 336 La | *ἀπό* 2° B A 637 149-606 336 339 547 679 La Syh = H] > rel.: haplogr. | *αποκαλυψεων* B 336 | *λόγων*] pr. *περι* 248; pr. *και* 631 | *εγκρυφων* 542 | om. *ἔσῃ* 744 = Ald. | *αἰσχυντηρός*] *-της* 543; *-τηλος* 672 755: cf. 35_{10}; + *και* S; + *ως* Dam. p. 1249 | *ἀληθινῶς* B A C V-253 248 249-754 *c* 315 545^{c} La Mal.] *ποθεινος* 543; *αληθινος* rel. (Dam. Anton. p. 1153): cf. 8c | om. 1d 404 | *ἔναντι*] *-τιον c*-679-795 336 547; *παρα* Mal. | *παντὸς ἀνθρ.*] *π. ζωντος* 542: cf. 8d = H; om. *παντός* La^{Z*} | *Μή*] *και* 543 672; *neque* La^{Y} | *π. τούτων*] *π. τουτως* 545*; *παρα τουτο* 46^{s}; *pro his omnibus* La | om. *μή* ult. 358 | *λαβε* 672 | om. *τοῦ* 307 | *αμαρτειν* V-253: cf. 15_{20}

2 init.] pr. *μη* 315 | *διαθήκης*] pr. *περι* 542 Aeth | om. *καί* 2° 679 La^{pc} Arm(II) | *δικαιῶσαι*] *-σε* 253 alii; *δικαιοσυνην* 404; pr. *του* Dam. p. 1249

3 *λογισμοῦ* Zi. = H] *λογων* 542 797; *λογου* rel. | *κοινωνων* S C L^{-248}-315′ 542 La | *οδοιποριων b*; *-ρου* 307 336 543 613^{c}: cf. H^{mg} | om. *καί* 2° B* A *l*-157′ *a c*-679 155 307 315 336 339 547 613 La^{pc} Sa Aeth | *κληρονομίας*] pr. *και* L^{-248} *a* 542 Aeth | *εταιρων* B 248-315′-*l*-157′ *a b* 443 543 547 613 Mal.: cf. 11_{6}; *amicorum* La Sa

4 *περί* 1°] *και* 248; pr. *και* 547 La^{pc} Mal. = H | *ζυγοῦ . . . σταθμίων*] tr. 547 | *ζυγοῦ*] *-γων* 443 534′ 543 631 $verss.^{p}$ | *σταθμίων*] *-μων L′*-157′ 443 Dam. p. 1249: cf. Ez. 4_{10}; *-μου* 543 613^{c} 631 Aeth; *-μιου* 672 | om. *καί* 2° B 248 *a* 307 543 631 679 La^{V} $verss.^{p}$ Mal. = H | *κτήσεως*] *-σεων* 679; *κτισεως c* alii: cf. 16_{17}

5 init.] pr. *και* 547 672 La^{Γ} = H | *διαφόρου*] *-ρων* 797; *αδιαφορου* B *b* 315′ 358 443 534′ Mal.: cf. 7_{18}; *corruptione* (= *διαφθορας* Herk.: cf. $34^{(31)}{}_{5}$) La^{V}; *correptione* La^{Gpc} = מוסר? H^{mg} | *ἐμπόρων*] *-ρου* C 358 672 = H;

καὶ περὶ παιδείας τέκνων πολλῆς
καὶ οἰκέτῃ πονηρῷ πλευρὰν αἱμάξαι·
6 *ἐπὶ γυναικὶ πονηρᾷ καλὸν σφραγίς,*
καὶ ὅπου χεῖρες πολλαί, κλεῖσον·
7 *ὃ ἐὰν παραδιδῷς, ἐν ἀριθμῷ καὶ σταθμῷ,*
καὶ δόσις καὶ λῆμψις, πάντα ἐν γραφῇ·
8 *περὶ παιδείας ἀνοήτου καὶ μωροῦ*
καὶ ἐσχατογήρως κρινομένου περὶ πορνείας·
καὶ ἔσῃ πεπαιδευμένος ἀληθινῶς
καὶ δεδοκιμασμένος ἔναντι παντὸς ζῶντος.

9 *Θυγάτηρ πατρὶ ἀπόκρυφος ἀγρυπνία,*
καὶ ἡ μέριμνα αὐτῆς ἀφιστᾷ ὕπνον·
ἐν νεότητι αὐτῆς, μήποτε παρακμάσῃ,
καὶ συνῳκηκυῖα, μήποτε μισηθῇ·

B S A C V *O L l a b c* min. La verss.

ἐμποριῶν Herk.; pr. *και* B 534′ La Mal. | om. *καί* 1° 358 679 La^{pc} Sa | *πολλῆς*] *πολλων b* 547 Dam. p. 1249 | om. *καί* 2° 307 679 La^{Gpl} Sa Aeth | *οἰκέτῃ*] *ουκετι* 795: cf. 10_{25}; *ουκ εστι* 404: cf. 37_{11} | *πονηρῷ*] + *μη αισχυνθης* Dam. p. 1401 (non p. 1249) Anton. p. 1068 | *αἱμάξαι*] *εκμαξαι* 404′ 603; *εμαξας* A

6 (6—7a) *καλόν*] *κακον* 130 | *σφραγίς*] *σφαγισαι* (sic) 358 | om. *καί* 679 La | *χεῖρες π.*] *ειρες π.* 795^{c}; tr. 307 La$^{\Lambda\Omega}$; *γυναικαις πολλαις* 534 | *κλεῖσον*] *κρεισσον* 311 705; *κακον* V

7 (7bc) *ὅ*] *ᾧ* 547 679 Anton. p. 1156; *οσα* 534; *ἤ l*; *και* 493 *b*; pr. *et* La Sa; > 248 548 | *ἐάν*] *αν* 253 534 547 | *παραδως* S 336 (*-δος*) 679 (*-δος*) Dam. p. 1252 Anton.; *παραδίδῃς* 543 | *σταθμῷ*] *ζυγω* 296-548: cf. 4a | om. *καί* 2° 672 La^{X} | *δόσις . . . λῆμψις*] tr. Sa: cf. 41_{19} | *δοσεις* V alii; *δωσεις* *L*$^{-248}$ 307 336 631 672 | *λῆμψις*] *-ψεις* V *L*$^{-248}$; *ληψη* 307 336 (*-ψει*) 631 672 | om. *π. ἐν γραφῇ* 545 | *πάντα*] *-τι* B; *-των* Dam.; *omne* La; > La^{X} Arm(II)

8 *ἀνοήτου*] pr. *και* V | *ἐσχατογήρως* B 339] *-ρους* S; *-ρον O*-V *L* 157 307 311 542; *εσχατω γηρα* 547 672; *εσχατω γηρει* 613 631 679 755; *εσχατου γηρας* 336; *de senioribus* La; *εσχατογηρω* (vel *εσχατω γηρω*) rel.: cf. 41_{2} et Thack. § 12_{3} | *κρινομένου*] *-νω* A C *a*-534 *b c*-404 106 155 315′ 443 543 547 631 797; *-νων* 679 La | *περὶ πορνείας O*-V *L*$^{-248}$ *a* 307 631 Sa Aeth Arm(II) Sm.] *πορνεια* 613; *προς νεους* rel. | *παιδευομενος* 339* 631 | *ἀληθινῶς*] *-νος* *L*-672 254 307 336 443 542 543 613 679 795: cf. 1c; *αληθως* 547 | *δεδοκισμασμενος* B* 443; *δεδοκιμασμενοι* S* | *εναντιον* 631 | *π. ζῶντος*] *π. ζωου* *c*-679; *παντων ζωντων* 755 La^{V} Arm

9 *Θυγ. πατρί*] *θυγ. πατρια* C; *θυγ. πατηρ* 548 705; *ει γαρ πατρι θυγατηρ* Chr. I 657; *filia patris* La^{V} | *αγρυπνιας* 548 | *αμεριμνια* 157 | *αὐτῆς* 1°] *-του* A: cf. 34_{1} | 9c init.] pr. *και* 248 | om. *αὐτῆς* 2° La$^{\Theta}$ Anton. p. 1052 | om. *μήποτε* 1° 315 | *παρακμασει* 307 alii | *συνωκυια* 253; *συνοικισασα* 603: cf. 10d; *ενωκηκυια* 493; + *ανδρι* S^{c} La: cf. 10d Gen. 20_{3} | om. *μήποτε* 2° La | *εμισηθη* 545^{c}

10 ἐν παρθενίᾳ, μήποτε βεβηλωθῇ
καὶ ἐν τοῖς πατρικοῖς αὐτῆς ἔγκυος γένηται·
μετὰ ἀνδρὸς οὖσα, μήποτε παραβῇ,
καὶ συνῳκηκυῖα, μήποτε στειρωθῇ.
11 ἐπὶ θυγατρὶ ἀδιατρέπτῳ στερέωσον φυλακήν,
μήποτε ποιήσῃ σε ἐπίχαρμα ἐχθροῖς,
λαλιὰν ἐν πόλει καὶ ἔκκλητον λαοῦ,
καὶ καταισχύνῃ σε ἐν πλήθει πολλῶν.
12 παντὶ ἀνθρώπῳ μὴ ἔμβλεπε ἐν κάλλει
καὶ ἐν μέσῳ γυναικῶν μὴ συνέδρευε·
13 ἀπὸ γὰρ ἱματίων ἐκπορεύεται σὴς
καὶ ἀπὸ γυναικὸς πονηρία γυναικός.
14 κρείσσων πονηρία ἀνδρὸς ἢ ἀγαθοποιὸς γυνή,
καὶ γυνὴ καταισχύνουσα εἰς ὀνειδισμόν.

15 Μνησθήσομαι δὴ τὰ ἔργα κυρίου,
καὶ ἃ ἑόρακα, ἐκδιηγήσομαι·
ἐν λόγοις κυρίου τὰ ἔργα αὐτοῦ,

B S A C V *O L l a b c* min. La verss.

10 *παρθενίᾳ*] + *αυτης* 542 795 La verss.^{p} = H | *αὐτῆς*] -*τοις* 705; *αυτοις αυτη* 613; > La$^{C\Sigma}$ | *ἔγκυος*] pr. *μηποτε* 358 = H | *γένηται*] *γενοιτο* 603; *γεγενηται* 46^{s} | 10c init.] pr. *και* S *O*-V 248-*l b c*-679-795 443 534′ 542 543 547 Arm(II) Anton. p. 1052 = H | *ἀνδρός*] + *αυτης* 307 La^{T*} | om. *οὖσα* 307 | *συνωκυια* 795; *συνοικυια* 336; *συνοικισασα* 603: cf. 9d; + *ανδρι a* 545 547 = H: cf. 9d | *στειρωσῃ* B *O*; *τηρωσῃ* 68; *τηρῶς* 744 = Ald.
11 *ἀδιατρέπτῳ*] -*τως* 68-744 542 = Ald.; *αδιαστρεπτω* S V: cf. 26 10; *αδιατροπω* 755 | *ποιήσῃ*] -*σει* A V alii; -*σῃς* S* C *c* 68-744′ 155; -*σεις* 493 46^{s} 715 | *σε* 1°] *σοι* 157 706* = H (vid.); > S* C 493 *c* 68-744′ 155 755 | *ἐχθροῖς*] -*ρων b* 307 336 543 Anton. p. 1053: cf. 6 4; pr. *τοις* 248; + *σου L*$^{-248}$-315′ La$^{L*\Omega}$ verss.^{p} | *ἔκκλητον*] *εγκλητον L*$^{-248}$-315′ *a*-613 336 547 578 631′ La: cf. Einl. p. 96 s.; *εκληκτον* 545; *εκλαλητον* 542 | *καταισχυνει* B A C V-253 *L*′$^{-248}$ alii | *πολλῶν*] *πολων* 46^{s}; *πολλω* 358 443 672 679 Sa; *λαου L*$^{-248}$ La = Syr; *πόλεως* Sm.; *πυλῶν* Herk.: cf. H
12 *παντα ανθρωπον* 155 | *επιβλεπε* 155; *βλεπε c*-679 | *κάλλει*] + *ανθρωπου* 545^{c} | *ενεδρευε L*$^{-248}$ 631
13 om. *γάρ* 493 La^{Q} Aeth | *ἐκπορεύεται*] *εμπορ*. 672; *πορ*. 543; *εξελευσεται* C 339 755 | *καὶ ἀπό*] *απο δε* 358 | *γυναικός* 1°] + *πονηρας* 547 | *γυναικός* 2°] *viri* (= *ανδρος* 106^{c} 545^{c}) La; > 68-744′ 358 578 606 Aeth Arm Anton. p. 1049 = Ald.
14 *κρεισσον* 296-548 alii Anton. p. 1089: cf. 10 27; *κρισσω* A | *αγαθοποια* 672 | om. *καὶ γυνή* 795; om. *καί* 248
15 *δή*] *δε* B 542 672 (*δει*) Syh; *μη* 130; > 797 verss.^{p}: cf. 44 1 | *λόγοις*] -*γω* 613^{c} Aeth = H | hab. v. 15d S^{c} 339 679 Sa Arm (lib.): cf. H | om.

καὶ γέγονεν ἐν εὐδοκίᾳ αὐτοῦ κρίμα.
16 ἥλιος φωτίζων κατὰ πᾶν ἐπέβλεψεν,
καὶ τῆς δόξης κυρίου πλήρης τὸ ἔργον αὐτοῦ.
17 οὐκ ἐξεποίησεν τοῖς ἁγίοις κυρίου
ἐκδιηγήσασθαι πάντα τὰ θαυμάσια αὐτοῦ,
ἃ ἐστερέωσεν κύριος ὁ παντοκράτωρ
στηριχθῆναι ἐν δόξῃ αὐτοῦ τὸ πᾶν.
18 ἄβυσσον καὶ καρδίαν ἐξίχνευσεν
καὶ ἐν πανουργεύμασιν αὐτῶν διενοήθη·
ἔγνω γὰρ ὁ ὕψιστος πᾶσαν εἴδησιν
καὶ ἐνέβλεψεν εἰς σημεῖον αἰῶνος
19 ἀπαγγέλλων τὰ παρεληλυθότα καὶ τὰ ἐσόμενα
καὶ ἀποκαλύπτων ἴχνη ἀποκρύφων·
20 οὐ παρῆλθεν αὐτὸν πᾶν διανόημα,

B S A C V 938 (17d—19a) *O L l a b c* min. La verss.

ἐν 2° 339 679 Sa Arm: post *-εν* | *εὐδοκίᾳ* Zi. = H: cf. *voluntas* Arm] *ευλογια* codd. gr. | *κρίμα*] pr. *και* 339 679

16 init.] pr. *και O*-V 248 *c* | *ἥλιος*] *ος c* | *φωτίζων*] *ανατελλων* 358 | *κατά*] *και τα* 705; pr. *και* 307; > 547 | *παντα* V 248-705 155 534′ 542 547 631 verss.^{p} | om. *τῆς* 768 | *κυρίου*] *αυτου* B-S* 336 542 Sa Mal.: cf. Is. 6_{4}; *κυριος* 106*-545* | *πληρες* A V-253 248-*l*-157′ *a*-613 *b c*-679 315′ 547^{c} 755 768; *πληρεις* C; *πληρις* 155 358 543: cf. 1_{30} et Thack. § $12_{6(b)}$ | *αὐτοῦ*] *domini* Sa; > La$^{\Gamma}$

17 *ἐξεποίησεν* Sm. Ra.] *ενεπ.* codd. et verss. (*fecit* La): cf. 39_{11} | *τ. ἁγίοις*] *τ. εργοις* 613; *verbis* (= *λογοις*) Syh; pr. *εν a*-534; + *αυτου* 679 | *κυρίου* S *O* 248 613 Arm(II) Ra.: cf. H] *αυτου* V; *ο κυριος c*-679-795 155 336 358 543: cf. 1_{26}; *κυριος* rel.: cf. 43_{9} 46_{3} | 17b init.] pr. *και* S* 336 | om. *πάντα* 631 La$^{\Theta}$ = H: cf. 33_{10} | om. *ἅ* C 248 = H | *κύριος*] pr. *ὁ* 543: cf. 1_{26} | om. *ὁ* 248 | *στηρισθηναι* V: cf. 15_{4}; *στηρηθηναι* 253 | *δόξῃ*] pr. *τη* 795 | *τὸ πᾶν*] *τα παντα b*; > La = H

18 (18—19ab) *καρδίαν*] *παιδειαν* 543 | *ἐξίχνευσεν*] *-σας* 795; *ανεξιχνευσεν* 578; *εξιχνιασε* 547: cf. 6_{27} | *πανουργημασιν* S* A *a*-534 155 307 311-706 315 339 358 542 543 679 755 795: cf. 1_{6} | *αὐτῶν*] *-της* 631; *-του* Sa Arm(II) | *διενοήθη*] *-θην* B C 755; *ουκ ενοηθη* 46^{s} | om. *γάρ* 254 Arm | *ὁ ὕψ.*] *ο* (> *b* 443 Dam.) *κυριος* B *b* 443 705 La verss. Mal. Dam. p. 1077: cf. 32_{21}; pr. *κυριος* 613 | *παν* V | *εἴδησιν*] *συνειδησιν* S (*συνιδ.*) C L^{-248}-130-705 *a*-534′ *b c*-679-795 (*συνηδ.*) 155 307 336 339 443 542 631 755 Sa ArmII Dam.; *διηγησιν* 672; *εκδικησιν* 797 | *επεβλεψεν* L^{-248}-315′ *a* 155 336 613 631 679: cf. Ps. 39_{5} | *σημεῖον* = 43_{6}] *σημεια* 248-672; *αιωνα l* | *αἰῶνος* = 43_{6}] *-νιον c*: cf. 2_{9}

19 (19cd) init.] pr. *και* S C 336 Aeth | *απαγγελων* 130-705 307 339 443 578 672 755 768 797 938 | om. *τά* 1° 253 | *περιληλυθοτα* 307; *παρελθοντα* Dam. p. 1077 | om. *τά* 2° B 578 | *ἐσόμενα* = 48_{25}] *επεσ.* B 253; *επερχομενα* 938 La | *ἀποκαλ.*] pr. *ὁ* S* | *ἴχνη*] *ισχυν* 130

20 *οὐ*] + *γαρ* S* 336 542 Sa^{L}; pr. *et* La^{pc} Aeth | *αὐτόν*] *-των* 311-548

καὶ οὐκ ἐκρύβη ἀπ᾽ αὐτοῦ οὐδὲ εἷς λόγος.
21 τὰ μεγαλεῖα τῆς σοφίας αὐτοῦ ἐκόσμησεν,
εἷς ἐστιν πρὸ τοῦ αἰῶνος καὶ εἰς τὸν αἰῶνα·
οὔτε προσετέθη οὔτε ἠλαττώθη,
καὶ οὐ προσεδεήθη οὐδενὸς συμβούλου.
22 ὡς πάντα τὰ ἔργα αὐτοῦ ἐπιθυμητὰ
καὶ ὡς σπινθῆρός ἐστιν θεωρῆσαι·
23 πάντα ταῦτα ζῇ καὶ μένει εἰς τὸν αἰῶνα
ἐν πάσαις χρείαις, καὶ πάντα ὑπακούει.
24 πάντα δισσά, ἓν κατέναντι τοῦ ἑνός,
καὶ οὐκ ἐποίησεν οὐδὲν ἐλλεῖπον·
25 ἓν τοῦ ἑνὸς ἐστερέωσεν τὰ ἀγαθά,
καὶ τίς πλησθήσεται ὁρῶν δόξαν αὐτοῦ;

43 1 Γαυρίαμα ὕψους στερέωμα καθαρειότητος,
εἶδος οὐρανοῦ ἐν ὁράματι δόξης.

B S A C V O L l a b c min. La verss.

alii; -τω 46^8 | καί S^c L^{-248} b 443 534′ 795 La verss. = H] > rel. | απεκρυβη 795 | ἀπ᾽] υπ Dam. p. 1077 | οὐδὲ εἷς] ουτε εις 311-706 679 795; om. οὐδέ A C 307 339 547 755 Dam.; > 155

21 (21—22) τῆς σοφίας αὐτοῦ] αυτου της σ. της κοσμικης Dam. p. 1077; pr. δια 248 | ἐκόσμησεν] εδηλωσεν V Syh; εκομισεν 307: cf. 29_{26} | εἷς Herk. Sm. = H] ως S V-253 679 Aeth PsVig. (sicuti); και εως B; ὁ 795; ος rel. | καί 1°] ita PsVig.; > 613 | οὔτε 1°] οὐ Syh ArmII Dam. p. 1077 | οὔτε 2°] ουδε 296-548 Sa | ηλασσωθη S A V (ελ.)-253 254-603 307 315 358: cf. 16_{23} | καὶ οὐ] ουδε S*; και ουδε 68-744′ = Ald. Sixt. | προσεδεήθη] -θην 46^8 315; eget La: cf. H | οὐδενός] + ανδρος S* | συμβούλου] -βολου 336 545 603; -βουλιας 631 La (consilio): cf. 37_8

22 (23) ὡς 1°] ὦ 744′ = Ald.; εν 68 | ὡς 2°] εως S C O-V 248-315-130-705 a 249-754 c-679 443 542 547 613 755 Sa | σπινθῆρος] -ρες 106-545 543 verss.^{p}; -ρας L^{-248}; -ρα 631 | ἐστι(ν) θεωρ.] επιθεωρ. S

23 (24) πάντα τ.] tr. c-679-795 155 443 613 Sa: cf. 32_7; om. πάντα 631 | ζῇ] pr. και 613 | πάντα 2°] ταυτα 603; > $La^{C\Sigma}$ | επακουει V-253; εισακουει 543

24 (25) πάντα] pr. και 358 797 Aeth = Syr; + δε 307 | ἐλλεῖπον] ελλιπον A; εκλιπον B*; εκλειπον B^c-68-744′ 254-603 Mal.; ενλειπον S V 637; ενλιπον 307; ελλειπες 336 631: cf. 14_{10}; ἐλλίπειν 155 La (deesse); αλλειπον 339

25 (26) ἓν] εκ 443 547; εως O | ἑνός] αιωνος O 547: cf. Ez. 25_{15} | πλησθήσ.] πεισθησ. 672; + τα αγαθα 603: ex 25a | om. ὁρῶν 543 | δόξαν] pr. την l c-679-795 543 547 631 | αὐτοῦ] θεου L

43 1 γαυριασμα 311; γαυριωμα 672; > La | καθαρ(ε)ιότητος] -ροτητος 547 578 672 679: cf. Sap. 7_{24}; καθαρειοτης 603; και καθαριοτης S; pulchritudo La | εἶδος] καλλος 155; υψος 679: ex 1a | οὐρανοῦ] ανθρωπου S* b 296-548 339 358: cf. 17_{32} | ὁράματι] ονοματι 631

2 ἥλιος ἐν ὀπτασίᾳ διαγγέλλων ἐν ἐξόδῳ
σκεῦος θαυμαστόν, ἔργον ὑψίστου·
3 ἐν μεσημβρίᾳ αὐτοῦ ἀναξηραίνει χώραν,
καὶ ἐναντίον καύματος αὐτοῦ τίς ὑποστήσεται;
4 κάμινον φυσῶν ἐν ἔργοις καύματος,
τριπλασίως ἥλιος ἐκκαίων ὄρη·
ἀτμίδας πυρώδεις ἐκφυσῶν
καὶ ἐκλάμπων ἀκτῖνας ἀμαυροῖ ὀφθαλμούς.
5 μέγας κύριος ὁ ποιήσας αὐτόν,
καὶ ἐν λόγοις αὐτοῦ κατέσπευσεν πορείαν.

6 Καὶ ἡ σελήνη ἵστησιν εἰς καιρὸν αὐτῆς,
ἀνάδειξιν χρόνων καὶ σημεῖον αἰῶνος·
7 ἀπὸ σελήνης σημεῖον ἑορτῆς,
φωστὴρ μειούμενος ἐπὶ συντελείᾳ.
8 μὴν κατὰ τὸ ὄνομα αὐτῆς ἐστιν
αὔξανόμενος θαυμαστῶς ἐν ἀλλοιώσει,

B S A C V *O L l a b c* min. La verss.

2 *ηλιον* 672 | *διαγγελων* A 130-545^c *c*-795 alii; *διαγελων* 106-545^*; *αγγελλων* S^c; *διαβαινων* L^{-248} | om. *ἐν* 2° V 603 La^{pc} | *ἐξόδῳ*] *-δοις* *a*-534; *ενδοξω* 248 578 (*εδοξω*) | *ἔργον*] *εν εργοις* 613^c; pr. *και* PsAth. IV 381 | *ὑψίστου*] *κυριου* PsAth. = H; *ισχυρον* PsChr. VIII 630

3 (3ab) init.] pr. *και* L^{-248} Aeth | *αὐτοῦ* 1°] *-τος* 336 | *αναξηρανει* *O*-V *a* 358 631 La^{Gpl} (*exuret*) | *χωρας* L^{-248} | om. 3b 315′ | *εναντι* 336 339 542 | *καύματος*] *καυχηματος* 307: cf. 4a | om. *τίς* 307

4 (3c—4) *φυσῶν*] *φυσσων* V-253 578 672; *φυλασσων* B-S^* C 336 358 613^c 631 La Mal. (»*ἐν ἑτέρῳ*«) | *καύματος*] *καυχηματος* 307: cf. 3b; *θαυμαστως* 336 | *τριπλασίως*] *-σιος* *a*-613^*; *-σιων* A *l*-157′ 613^c 755^c; *-σιον* *L* | *ὄρη*] *οργη* *c*-679; *οργην* 46^s 631 795 | *ἀτμίδας*] *-δος* 296-548; *ατμις* L^{-248} $La^{\Upsilon*}$ (*radius*); *ακτινας* PsChr. VIII 630 | *πυρώδεις*] *-δης* L^{-248} $La^{\Upsilon*}$ (*igneus*) alii; *πυροειδεις* PsChr. | *εμφυσων* B 336 358 (*ενφ.*) 795; *φυσων* 443 705^* | 4d] *καταλαμπων τον ουρανον* PsChr. | *ἐκλάμπων*] *λαμπων* 672; *εκτεινων* 443

5 *κύριος*] pr. *ὁ* A 543: cf. 1_{26} 39_6 | *αὐτόν*] *-τους* S^* | *κατέσπευσεν*] *κατεπ.* 548; *κατεπαυσε(ν)* *O*-S^c-V *L* 157′ 339 542 547 Arm Eus. $praep.^{ap}$: cf. 13a 45_3 50_{17}; *κατεσκευασε* 543 | *πορειας* 336

6 om. *Καί* 1° 631 La^{pc} | *ἡ σελήνη*] *σεληνην εποιησεν* *L*: cf. Ps. 103_{19} | *ἵστησιν* 631: cf. Syr] *εις στασιν* 248-315; *εν στασει* L^{-248}; *εν πασιν* rel. | *αὐτῆς*] pr. *επ* 307 | *ἀνάδειξιν*] *-ξων* 307; *-ξεων* 336; *ostensio* (= *αναδειξις* 545^c) La | *χρονου* 534-613^* 631 768 La; *χρονον* 68-744 alii = Ald. | om. *καί* 2° 603 | *σημειων* 493-672-545 547 631

7 init.] pr. *και* 248 | *ἐπὶ συντ.*] *και αυξουμενος* Ath. III 1389 (lib): cf. 8b | *συντελείᾳ* = 22_8] *-λειας* B *O*-V *L b* 336 443 631 795: cf. 38_{28}; *-λειαις* S^c; + *αιωνος* S^*: ex Matth. $13_{39\ 40\ 49}$ etc.

8 (8—9) *μήν*] *μηνη* *a*-613 307 443; *μηνος* 545^c; *μη* 249 797 | *κατὰ τό*] *κατ* L^{-248}; om. *κατά* Ath. III 1389 | *αὐτῆς*] *-του* Ath. | *εσται* 543 | *αυξανομενη* B *a*; > Ath.: cf. 7b | *θαυμαστῶς ἐν*] *-στος εν* S L^{-248}-705 alii; *εθαυ-*

σκεῦος παρεμβολῶν ἐν ὕψει,
ἐν στερεώματι οὐρανοῦ ἐκλάμπων.

9 Κάλλος οὐρανοῦ δόξα ἄστρων,
κόσμος φωτίζων ἐν ὑψίστοις κυρίου·
10 ἐν λόγοις ἁγίου στήσονται κατὰ κρίμα
καὶ οὐ μὴ ἐκλυθῶσιν ἐν φυλακαῖς αὐτῶν.
11 ἴδε τόξον καὶ εὐλόγησον τὸν ποιήσαντα αὐτὸ
σφόδρα ὡραῖον ἐν τῷ αὐγάσματι αὐτοῦ·
12 ἐγύρωσεν οὐρανὸν ἐν κυκλώσει δόξης,
χεῖρες ὑψίστου ἐτάνυσαν αὐτό.

13 Προστάγματι αὐτοῦ κατέσπευσεν χιόνα
καὶ ταχύνει ἀστραπὰς κρίματος αὐτοῦ·
14 διὰ τοῦτο ἠνεῴχθησαν θησαυροί,
καὶ ἐξέπτησαν νεφέλαι ὡς πετεινά·

B S A C V *O L l a b c* min. La verss.

μαστωσεν 248 | *παραβολων* B *a*-534 307 336 548: cf. 48$_{21}$ Sap. 19$_{7}$ | 8d init.] pr. *και* 336 Aeth | *οὐρανοῦ*] -*νων* 603: cf. 48$_{20}$; pr. *του* V | *εκλαμπον a* 130* 548* Mal.

9 (10) *δόξα*] pr. *και* 155 613 = H | *αστερων* S V L^{-248}-315′ 336 358 542 543 547 679 755: cf. Sap. Salomonis, Einl. p. 80s. | *κοσμον* V 358 543 545^{c} 613 La Aeth Arm; *ornans* (= *κοσμῶν*) Sa; > 672 La^{X} | *ὑψίστοις*] *οφθαλμοις* 534 | *κυρίου* = 26$_{16}$] *κυριος* B-S* 130 La Sa Arm: cf. 42$_{17a}$; > 631

10 (11) *ἁγίου*] *αγιοις* B La^{pl}; *αγιων* 613^{c} 631 Aeth (+ *eius*); *αυτου* V 547 Sa | *στησεται* 679 La^{Z*} (*stabit*) = H | *κατὰ κρίμα*] *τα κριματα* 755; *κατα χειρα* 534; om. *κατά* 795 La^{Z*} = H? | *οὐ μή*] *ουκ* V | *ἐκλυθῶσιν*] *εκκλυθουσιν* 155; *εκχυθωσιν* 631; *ελκυσθωσιν* 443; *εκκαυθωσιν* 248 543 La^{Gpc} (*exardescent*); pr. *declinent* (= *εκκλιθωσιν* Dillm.) *et non* Aeth: dupl. | *φυλακαῖς*] -*κη O*-V 248 Arm(II): cf. Bar. 3$_{34}$

11 (12) *ἴδε*] *ειδε* 315 631 | *τόξον*] pr. *το a* 542 | *ευλογησε* 548 631 | *αὐτό*] -*τον* A C *O*-V 155 315′ 358 443* 631: cf. La (*illum*) et 12b; > *c* 545 | om. *ἐν* V | *τῷ αὐγ.*] *τοις αυγασμασιν* 631; *τω αγιασματι* 315′ 755 (*αγασμ.*)

12 (13) *ἐγύρ.*] *εκυκλωσεν O*-V | *οὐρανόν*] *ανθρωπον* 155: cf. 17$_{32}$ | *δόξης*] *αυτου* L^{-248}; + *αυτου* La Sa Aeth = H | *ὑψίστου*] *ουρανου* 534 | *εταννσεν* 603 = H | *αὐτό*] -*τον* C *O* L'^{-248}-672 46^{s} 336 358 542 613: cf. La (*illum*) et 11a; -*τα* V

13 (14) init.] pr. *και* 603 | *αὐτοῦ* 1°] *υψιστου* 705: ex 12b | *κατέσπευσεν*] -*σαν* 336; *κατεπ.* 443 548 603; *κατεπαυσε(ν)* S *L a* 547* Syh (*quievit*): cf. 5b; *κατεπεσε* 315; *κατεσκευασε* 547^{c} 755^{c} (-*σεν**): cf. 5b | *χιόνα*] -*νες* 336; *nivis* Syh; *χεῖμα* Bret.; *χειμῶνα* Fr. Sm. | *ταχύνει*] *ταχη* 755

14 (15) *ανεωχθησαν a*-534′ *c*-679-795 (*ανεοχθ.*) 157*′ 249-754 547: cf. Thack. § 16$_{6}$ et p. 277 | *θησαυροί*] *οι ουρανοι* 631: cf. Ez. 1$_{1}$ | om. *καί b* | *ἐξέπτησαν*: cf. Thr. 4$_{19}$] -*πτισθησαν* 336; *κατεπτησαν b*; *εξεστησαν* 253 155 358 534 (-*στισ.*) 672 755: cf. Os. 11$_{11}$; *εξεπεσαν* 315

15 ἐν μεγαλείῳ αὐτοῦ ἴσχυσεν νεφέλας,
καὶ διεθρύβησαν λίθοι χαλάζης·
17a φωνὴ βροντῆς αὐτοῦ ὠδίνησεν γῆν,
16 καὶ ἐν ὀπτασίᾳ αὐτοῦ σαλευθήσονται ὄρη·
ἐν θελήματι αὐτοῦ πνεύσεται νότος
17b καὶ καταιγὶς βορέου καὶ συστροφὴ πνεύματος.
ὡς πετεινὰ καθιπτάμενα πάσσει χιόνα,
καὶ ὡς ἀκρὶς καταλύουσα ἡ κατάβασις αὐτῆς·
18 κάλλος λευκότητος αὐτῆς ἐκθαυμάσει ὀφθαλμός,
καὶ ἐπὶ τοῦ ὑετοῦ αὐτῆς ἐκστήσεται καρδία.
19 καὶ πάχνην ὡς ἅλα ἐπὶ γῆς χέει,
καὶ παγεῖσα γίνεται σκολόπων ἄκρα.
20 ψυχρὸς ἄνεμος βορέας πνεύσει,
καὶ παγήσεται κρύσταλλος ἐφ᾽ ὕδατος·
ἐπὶ πᾶσαν συναγωγὴν ὕδατος καταλύσει,

B S A C V *O L l a b c* min. La verss.

15 (16) *μεγαλειοτητι* 547 | *ἴσχυσεν*] *-σαν* 248-130-705 336 543; *ἰσχὺς ἐν a b* 307 315′ 339 679 706 Syh Arm(II) Mal. | *νεφελαις* A *O*-V *a*-534 *b* 311-706 155 307 315′ 339 631 679 755 Arm(II) Mal.; *-λαι* 130-705 336 543 | *διεθορυβηθησαν* 307; *διελυθησαν* 672

17a (18a) 17a/16 *O*-V *L′*-157″ Sa = H[mg]] tr. rel. | 17a init.] pr. *και* 315′ Aeth | om. *αὐτοῦ* 631 | *ὠδίνησεν* A 248-315 *a*-534 *b* 336 542 543 679 Sa Mal.] *ωδινει* 672; *συνεσεισε O* La[Vpc] (*verberavit*[pc], *-bit*[V]): cf. Ps. 28_{8}; *ωνειδισε(ν)* rel. (La[G pl] *exprobravit*): cf. 19_{11} | *γῆν*] *γη* A *a*-534; *οργην* 68-744′ 672 = Ald.: cf. 45_{22} 51_{9} Ez. 22_{30}; *montes* (= *ορη*) Arm

16 (17) om. *καί* 672 795 La Arm | *ὀπτασίᾳ*] *-σιαις* B Mal.; pr. *ορεσιν* 672 | *σαλευθήσονται*] *-σεται* B V *b* 157′ 443 543 547; *σαλευονται* C; *σαλευεται* 253 *L* 631 | 16b init.] pr. *και* A C *a*-534′ *b* 155 307 336 339 358 443 543 547 755 La (exc.[S*]) verss. | om. *αὐτοῦ* 2° B 358 Mal. | *πνευσειται* 157′; *πνευσει a*-534′ 155 443 = 20a: Thack. § 20_{3} | *νότος*] *νοσος* 315

17bcd (18b—19) *συστροφης* 155; *συντροφης* V | *πνευμα* 358 | *κατιπταμενα* B | *πάσσει*] *πασχει* 672; *παση* 358 705 (*-σι*); *πλασσει* 797 | *καταλύουσα*] *καταδυουσα* 307 La (*demergens*): cf. Ier. 45_{22} | *ἡ κατάβ.*] pr. *ουτως* 543 | *αὐτῆς*] *-του b* 795 verss.[p]; *-των* V-253

18 (20) *κάλλος λευκ.*] *και αλλως λευκοτητα* 679 | om. *αὐτῆς* 1° 46[s] | *θαυμασει* 336*: cf. 27_{23} | *ὀφθαλμός*] *-μους* 768* Arm: cf. H; pr. *πας* 311; pr. *ὁ* 339 | om. 18b V | *τοῦ ὑ.*] *τους υετους* L^{-248} 339; om. *τοῦ* 315′ | *αὐτῆς* 2°] *-του* 248 = H | *εκτησεται* 253 | *καρδιαν* 705

19 (21) *παχνη* S* 315 548 631 | *αλας* V-253 *L*-672 311 534 542 547 631 755: cf. 22_{15} | *γῆς*] *γην L a*-534′ 543: cf. La (*terram*); pr. *της* 443 | *χέει*] *εκχεει* 253 339 (*-χαιει*) La (*effundet*, *-dit*[pc]); > 443 | *παγησαι* 358

20 (22) *ψυχρός*] *ψυχός* 755* (corr.[1]); *ψῦχος* Sm. | *βορρεας* 130-705 631 795; *βορεης* B: cf. Thack. § 7_{47} 10_{7} | *ἐφ᾽*] *αφ* B V-253 *L′*-157′ *b* (*αμφ* 603) 358 443 613[c] 631 La Mal.; *φ* (sic) C; > 315 | 20c init.] pr. *και* C 613 Sa Aeth | *ὕδατος* 2°] *-των* 307 La | *καταλυει* 155 547 La[Gpl] (*requiescit*);

καὶ ὡς θώρακα ἐνδύσεται τὸ ὕδωρ.
21 *καταφάγεται ὄρη καὶ ἔρημον ἐκκαύσει*
καὶ ἀποσβέσει χλόην ὡς πῦρ.
22 *ἴασιν πάντων κατασπεύδει ὀμίχλη,*
δρόσος ἀπαντῶσα ἀπὸ καύσωνος ἱλαρώσει.

23 *Λογισμῷ αὐτοῦ ἐκόπασεν ἄβυσσον*
καὶ ἐφύτευσεν ἐν αὐτῇ νήσους.
24 *οἱ πλέοντες τὴν θάλασσαν διηγοῦνται κίνδυνον αὐτῆς,*
καὶ ἀκοαῖς ὠτίων ἡμῶν θαυμάζομεν·
25 *ἐκεῖ τὰ παράδοξα καὶ θαυμάσια ἔργα,*
ποικιλία παντὸς ζῴου, κτίσις κητῶν.

B S A C V *O L l a b c* min. La verss.

καταλλυσει 545^{c}; *κατακλυσει* 157′; *καταλαμβανει* 543 | *εκδυσεται* S 130 | om. *τό* 155

21 (23) *καί* 1°] *ως* 543 = H | *ερημος* 534 603 | *κατακαυσει* 797^{c} (-*ση**) | *αποσβεσαι* S* | *πῦρ*] *υδωρ* 307

22 (24) *ἴασιν* Zi.] *ιασεις* A; *ιαση* 755; *ιασις* rel. | *πάντων*] *παγων* S^{c} | *κατασπεύδει* Zi.] *κατασπένδει* Kuhn II 115; *κατασπουδη* V *b*; *κατα σπουδην* rel. | *ὀμίχλη*] -*λης b* La; -*λην* V 46^{s} 336 | *απατωσα* 706: cf. 34$_{22}$ | *ἀπό*] *επι* 672 | *ἱλαρώσει*] -*ρυνει* 315: cf. 7$_{24}$

23 (25) *Λογισμῷ*] pr. *εν* 768 Sa Aeth (*et in*); pr. *τω* 679 | *ἐκόπασεν* = Marc 4$_{39}$] *εκοπιασεν* 307 631: cf. 23$_{17}$ | *αβυσσος* S^{c} *L*-315′-130-705 (*αβυσος*) *b* 155 307 443 534 542 (*ἡ αβ.*) 547* 631 La^{S*} verss.^{p} Mal. | *ἐφύτ.*] *ικετευσεν* 603 | *ἐν αὐτῇ* 248-315′ *b* 358 534 542 768 La^{V} (in *illa*) Mal. (»*ἐν ἑτέρῳ*«)] om. *ἐν* V *L*$^{-248}$ 443 543 613 795 La$^{\Theta m}$ (*illi*) Arm(II): post -*εν*; *αυτην* (= *illam* La^{X}, *illum* La$^{G\ rel}$) rel. | *νήσους* V 248 336 358 542 543 768 Syh Arm(II) La$^{\Theta m}$ Mal. (»*ἐν ἑτέρῳ*«)] *ιησους* B-S A C 253 307 339 631 755 (*ο ησους*) Sa Aeth Mal.; *κυριος l*-157-797 (*ο κυριος*) *a c*-679 155 La$^{CZ*\Sigma}$ Mal.; *ιησους κυριος* 547* (del. *ιησους*^{c}); *dominus iesus* La$^{G\ rel}$; *ο κυριος νησους L*$^{-248}$ (om. *ο*)-315 *b* 443 534′ 795 La^{V} (*dominus insulas*); *ο κυριος μισος* 672: cf. Einl. p. 70-73

24 (26) 24a/24b] tr. A C 155 307 339 755 | *οἱ*] + *δε* 542; pr. *et* Aeth Arm | om. *τήν L*$^{-248}$ 744 | *διηγουντες* 797; *διηγησονται* S *a* 336 543 547 631; *διηγησαντο* Dam. p. 48; *enarrent* (= *διηγησωνται* Zi.) La^{V}: cf. 44$_{15}$ | *κίνδυνον* A C *L*$^{-248}$-315′ *c*-679-795 155 755] pr. *τον* rel. (Dam.) | *ἀκοῇ* Dam. | *ἡμῶν* = La^{Vpc}] *αυτης* 631; > 755 La^{pc}; *non* La^{Gpl} | *εκθαυμαζομεν* 315 631; *εκθαυμαζονται* 672; *admirabuntur* La$^{ZC\Lambda}$ (-*bitur*^{pc})

25 (27) init. *L*$^{-248}$ 797 La Sa = H] pr. *και* rel. | *ἐκεῖ*] *ερει* 631 | *τὰ παράδοξα καὶ θαυμάσια*] *τα π. και τα θ.* 543; *τα* (> 755) *θαυμασια* (-*στα* 358 547) *και παραδοξα* (-*ξοτερα* 358; *τα παραδοξα* 542 548) A C *l*-157′ *a*-534′ *c*-679-795 155 307 315′ 336 339 358 542 547 753 755 Syh Sa Dam. p. 48 | *ἔργα*] pr. *αυτου* 744*; + *eius* La^{L} | *ποικιλία*] *εποικια* Dam. | *παντός*] + *εργου* 46^{s}; + *γενους* 545^{c} (cf. *genera* La) | *κτίσις*] *κτησις* S A C *l*-157′ alii Aeth: cf. 16$_{17}$; *κρισις L* | *κητῶν* = La (*belluarum*) Dam.] *κτηνων* S A C *L*$^{-248}$-106-705 (*κτινων*) 254-603 307 534 542 543 547 755 La (*pecorum*: dupl.) Aeth; *σκητων* 795; *σκιτων* 336; *κηγηντων* (sic) 545

26 δι' αὐτὸν εὐοδοῖ ἄγγελος αὐτοῦ,
καὶ ἐν λόγῳ αὐτοῦ σύγκειται τὰ πάντα.

27 Πολλὰ ἐροῦμεν καὶ οὐ μὴ ἀφικώμεθα,
καὶ συντέλεια λόγων Τὸ πᾶν ἐστιν αὐτός.
28 δοξάζοντες ποῦ ἰσχύσομεν;
αὐτὸς γὰρ ὁ μέγας παρὰ πάντα τὰ ἔργα αὐτοῦ.
29 φοβερὸς κύριος καὶ σφόδρα μέγας,
καὶ θαυμαστὴ ἡ δυναστεία αὐτοῦ.
30 δοξάζοντες κύριον ὑψώσατε
καθ' ὅσον ἂν δύνησθε, ὑπερέξει γὰρ καὶ ἔτι·
καὶ ὑψοῦντες αὐτὸν πληθύνατε ἐν ἰσχύι,
μὴ κοπιᾶτε, οὐ γὰρ μὴ ἀφίκησθε.

B S A C (fin. 27a) V *O L l a b c* min. La verss.

26 (**28**) init.] pr. *και* 248 542 795 Aeth | *δι αυτων* 253 L^{-248}-315′-705 alii; *δια τον* V | *εὐοδοῖ L a* 542 Ra. = H] *ευοδια* S C V *l*-157 *b c*-795 155 336 339 358 534′ 547 755 Syh Sa Mal.; *confirmatus* (*consummatus*^{pc}) *est itineris* (= *οδου* Herk.) La; *ευωδια* B 253 46^{8} 307 315′ 443 543 631′ 679 705 753 Aeth: cf. 10_5; *ευδοκια* A: cf. 20_9 | *ἄγγελος* 542 Ra. = H] *ο αγγελος L a*; *γελος* 631; *τελους* S^c 339 613 795 Arm(II) Mal. (»*ἐν ἑτέρῳ*«); *τελουσα* 705; *τελος* rel. | *αὐτοῦ* 1°] *-των* 795; > La | *αὐτοῦ* 2°] *-τω* 358 | *συγκεινται* 249-754 547 613 753: cf. La; *κειται* L^{-248} | *τὰ π.*] *τα συμπαντα* L^{-248}; om. *τά* B V-253 443 631: cf. 18_1
27 (**29**) *πολλου* 755 | *οὐ μή*] *ουδεν* 155 631 | *αφικομεθα* 493-637 (*αφειx.*) alii; *εφικωμεθα* (*-κομ.* V 547 705) C *O*-V 248-106-705 *c*-679 157′ 249-754 547 613 768: cf. 30d 47_{16} | *συντελειαν* 248 | *λογου* 672 Aeth = H | *Τὸ πᾶν ἐ. αὐτός*] *αυτος εστι το παν L* La (*ipse est in omnibus*) Aeth Mal. = H; *το παν αυτος εστιν* 547; om. *Τὸ πᾶν* 545^c
28 (**30**) *δοξάζοντες*] + *ουν κυριον* (> Syh) *O*: cf. 30a; + *αυτον* 543 | *ποῦ ἰσχύσομεν*] *που -σωμεν* B 253 alii; *που ισχυομεν* S 339 La^{A*} (*ad quid valemus*); *πῶς ἰχνεύσωμεν* Katz; *οὐκ ἰχνεύσομεν* Kuhn II 116 | *ὁ μέγας*] om. *ὁ O*-V *L′*-157′′ 443 534 542 613 795 verss.^{p} = H; + *και* 753 | fin.] + *και δημιουργος των απαντων* 795
29 (**31a 31b** + **32c**) om. *κύριος* 542 603 | *καὶ σφόδρα*] tr. 307; om. *καί* 672 795 = H (vid.) | *σφόδρα μέγας*] tr. *L* 311 543 603 631 La Arm | om. *καί* 2° 548
30 (**32ab** + **33 34**) *δοξάζοντες*] pr. *και οι* 631 | *κύριον*] pr. *τον* S^c 315 631; > 358 755 | *ὑψώσατε*] *ανυψ.* 358; *δοξασατε* 631; > La (32a); + *αυτον* 613 La (33a) Aeth; + *vocem vestram* Arm = H | *καθ' ὅσον*] *καθως* 443 547 | *ἄν*] *γαρ* 631′ 679*; > 248 307 | *δύνησθε*] *δυνησεσθε* L^{-248} 631-797 (*-σησθε*); *δυνασθε* 248 336 542 547 613^c 753 | *υπερεχει* Bas. IV 200 verss.^{p} | om. *καί* 1° 443 631 795 La (32b) verss.^{p} = H | *ἔτι*] *ετη* 637 alii | *ὑψοῦντες*] *υψουν c* | om. *ἐν ἰσχύι* Bas.; om. *ἐν* 755 La | *μή* 1°] *ει* 543; pr. *και* 613 Aeth = H | *κοπιασητε c*-679-795 358; *κοπασητε* 631: cf. 23_{17} | *μή* 2°] pr. *ει* V | *εφικησθε* (*-κεσθαι* 296-548) V (*-σθαι*) 248 249-754 *c*-679-795 443 768 Bas.: cf. 27a

31 τίς ἑόρακεν αὐτὸν καὶ ἐκδιηγήσεται;
καὶ τίς μεγαλυνεῖ αὐτὸν καθώς ἐστιν;
32 πολλὰ ἀπόκρυφά ἐστιν μείζονα τούτων,
ὀλίγα γὰρ ἑοράκαμεν τῶν ἔργων αὐτοῦ·
33 πάντα γὰρ ἐποίησεν ὁ κύριος
καὶ τοῖς εὐσεβέσιν ἔδωκεν σοφίαν.

Πατέρων ὕμνος

44 1 Αἰνέσωμεν δὴ ἄνδρας ἐνδόξους
καὶ τοὺς πατέρας ἡμῶν τῇ γενέσει·
2 πολλὴν δόξαν ἔκτισεν ὁ κύριος,
τὴν μεγαλωσύνην αὐτοῦ ἀπ᾽ αἰῶνος.
3 κυριεύοντες ἐν ταῖς βασιλείαις αὐτῶν
καὶ ἄνδρες ὀνομαστοὶ ἐν δυνάμει·
βουλεύοντες ἐν συνέσει αὐτῶν,
ἀπηγγελκότες ἐν προφητείαις·

B S A V *O L l a b c* min. La verss.

31 (35) *τίς*] + *γαρ* S 336 542 753 | *καί* 2°] *ἤ* Mal.
32 (36) *μείζονα*] pr. *και* 493 | *γάρ*] *δε* 613; > *O*-V *L*′-157′-672 *c* 543 = H | *προσεωρακαμεν* 672
33 (37) *πάντα*] *παν* 155 | om. *γάρ* 307 Sa = H | *δεδωκε(ν)* A *c*-679-795 155 307 339 542 755: cf. 47$_{22}$ 50$_{29}$ Sap. 7$_{17}$ | fin.] + subscriptio *τελος ιησου υιου σιραχ* 753; *σοφια ιησου υιου σειραχ λειπει* (*λυπη* cod.) *πατερων υμνος* 548^{c}; *explicit liber ecclesiasticum* La^{Q}; *finiuntur verba sirach* Arm
44 1 *Πατέρων ὕμνος*] *πατ. αγιων υ.* 755; tr. 545-705 534 542 543 La^{Gpl} Sa Syh: cf. H; *αινος πατ.* 672; *εν αλλω· αινος των απο αδαμ δικαιων ανδρων* 130-545-705; > V-253 106 La^{Vpc} Aeth = Syr | *αινεσομεν* V alii | *δή*] *δε* V: cf. 42$_{15}$; > *a b* 673 La verss. | *ἐνδόξους*] *εν δοξη* 672: cf. 40$_{3}$ | *τῇ γεν.*] *τη γεννησει O*: cf. Sap. 3$_{18}$; *εν γεν.* 631; pr. *εν a*-534′ *b* 443 795 La Aeth = H
2 *πολλήν*] *πολλα ην* S* | *ὁ κύριος*] + *εν αυτοις L* 249 Syh Aeth = dupl.: cf. H^{mg} Syr | 2b init.] pr. *και* 672 La^{Γ} Aeth = H; pr. *εν* 545^{c} Arm | *τὴν μεγ.* B-S* A *a*-534′ 315 339 443 672 (om. *τήν*) 755 La^{ΣΨ}] *τη -συνη* rel. | *ἀπ᾽*] *επ* 744 = Ald.
3 *κυριευοντος* 296-311 679 | *ταῖς βασ.*] *τοις -λειοις* 534; om. *ταῖς* V-253 631 | *αὐτῶν* 1°] *-του* A 673 | om. *καί* La Aeth Mal. | *ανδρας* 754 | *βουλεύοντες*] *-λευσονται* B; *-λευονται* S *O*-V *L*$^{-248}$-315′ 336 443^{c} 795; *-λευεται* A; *-λευται a c*-679 339 543 Aeth; *-λευομενοι* 547; *βασιλευοντες* 755 | 3d init.] pr. *και* 672 Aeth = H | *ανηγγελκοτες* 534′: cf. 19$_{30}$; *επηγγελκοτες* 249 339 | *εν προφηταις* S* *O*-V *c*-679-795 155 336 358 443 La^{V} Sa: cf. 39$_{1}$; + *αυτων* 755 verss.^{p} = H

4 ἡγούμενοι λαοῦ ἐν διαβουλίοις
καὶ συνέσει γραμματείας λαοῦ,
σοφοὶ λόγοι ἐν παιδείᾳ αὐτῶν·
5 ἐκζητοῦντες μέλη μουσικῶν
καὶ διηγούμενοι ἔπη ἐν γραφῇ·
6 ἄνδρες πλούσιοι κεχορηγημένοι ἐν ἰσχύι,
εἰρηνεύοντες ἐν κατοικίαις αὐτῶν·
7 πάντες οὗτοι ἐν γενεαῖς ἐδοξάσθησαν,
καὶ ἐν ταῖς ἡμέραις αὐτῶν καύχημα.
8 εἰσὶν αὐτῶν οἳ κατέλιπον ὄνομα
τοῦ ἐκδιηγήσασθαι ἐπαίνους·
9 καὶ εἰσὶν ὧν οὐκ ἔστιν μνημόσυνον
καὶ ἀπώλοντο ὡς οὐχ ὑπάρξαντες
καὶ ἐγένοντο ὡς οὐ γεγονότες
καὶ τὰ τέκνα αὐτῶν μετ' αὐτούς.
10 ἀλλ' ἢ οὗτοι ἄνδρες ἐλέους,
ὧν αἱ δικαιοσύναι οὐκ ἐπελήσθησαν·
11 μετὰ τοῦ σπέρματος αὐτῶν διαμενεῖ,
ἀγαθὴ κληρονομία ἔκγονα αὐτῶν·

B S A V *O L l a b c* min. La verss.

4 *ηγουμενος* 755^{c} | *διαβουλιαις* 534 (*-λειαις*) 672 705* 744' = Ald. | *συνέσει*] pr. *εν* S *O*-V *L a* 249 336 631 La$^{\Theta}$ verss.^{p} = H | *γραμματειαις* S (*-τιαις*) 339; *γραμματεις* 543 Sa Aeth; *γραμματα* 755^{c} (om. *) | *σοφος* 542 | *λόγοι*] *λογοις* *c*-679-795 249 315' 358 443* 543 547 755; *εν λογοις* A; *λογους* 443^{c}; *λογιοι* L^{-248}; *λογος* 542 | om. *ἐν* 2° A | *παιδείᾳ*] pr. *τη* V | *αὐτῶν*] *-του* 631 Arm

5 *μέλη*] *μεγαλη* 296 | *μουσικῶν*] *-κα* 547 La; *psalmorum* Syh: cf. H | om. *καί* B Sa = H | *ηγουμενοι* 336 | *ἔπη ἐν γρ.*] *ἐπὶ ἐγγραφῇ* 253 (*επι εν γρ.*) L'^{-248}-157*-797 *c*-795 534'; *ἐπὶ ἐγγραφῶν* 46^{s}; *sicut in scriptura* Aeth

6 *κεχορ.*] *και χορ.* 155 alii; *και χορηγην* 755; *κεχωρισμενοι* 336 | om. *ἐν* 1° B V-253 L^{-248}-315' verss.^{p} | *κατοικίαις*] *-κια* 672; *παροικιαις* B 339 358

7 *γενεαῖς*] + *αυτων* L^{-248} 545^{c} verss.^{p} = H; + *gentis suae* La | om. *ταῖς* 358 | *καύχημα*] *καυχησονται* 795; + *αυτω* 493; + *αυτων* 637 = H

8 om. *αὐτῶν* L^{-248} | *κατελειπον* A 253 637 alii; *εγκατελιπον* S* (*ενκ.*) 315': cf. 13$_{4}$; *καταλιποντες* *l*-157' 155 (*-λειπ.*) 443^{c} (*-λειπ.**); *εγκαταλειποντες* 542; *καταλιμπανοντες* 631 | om. *τοῦ* 315' | *εκδιηγεισθαι* 336 | *ἐπαίνους*] + *αυτων* 545^{c} La = H

9 *ἔστιν*] *εισιν* B* (*εστι*^{c}) | *οὐχ*] *μη* 534' | *υπαρξοντες* S*; *υπαρχοντες* *L*

10 om. *ἢ* V 311 755 | *οὗτοι*] *ουτε* V; *αυτοι* 755 | *ελεη* 68-744 = Ald. | *αἱ δικαιοσύναι*] *η δικαιοσυνη* 797; + *αυτων* 248 Syh Sa Aeth = H | *επλησθησαν* 106 672 679; *επεγνωσθησαν* 631

11 (**11—12abα**) init.] pr. *και* 336 La^{Gpl} = Syr | *διαμενεῖ, ἀγαθή*] *διαμ. αγαθα* 673^{c}; *permanent bona* La^{V} = H | *ἔκγονα*] *-νον b*; *-νων* 358 534 La^{Gpl} Arm; pr. *τα* S 315' 542 795; pr. *και τα* L^{-248}; pr. *et* La^{pc} | *ἐν*] pr. *και* 130 542 La^{VGpl} = Syr | *ταῖς διαθ.*] om. *ταῖς* 547; + *αυτων* L^{-248} verss.^{p} = Syr; + *εν διαθηκαις* 248

12 ἐν ταῖς διαθήκαις [12]ἔστη σπέρμα αὐτῶν
καὶ τὰ τέκνα αὐτῶν δι' αὐτούς·
13 ἕως αἰῶνος μενεῖ σπέρμα αὐτῶν,
καὶ ἡ δόξα αὐτῶν οὐκ ἐξαλειφθήσεται·
14 τὰ σώματα αὐτῶν ἐν εἰρήνῃ ἐτάφη,
καὶ τὸ ὄνομα αὐτῶν ζῇ εἰς γενεάς·
15 σοφίαν αὐτῶν διηγήσονται λαοί,
καὶ τὸν ἔπαινον ἐξαγγελεῖ ἐκκλησία.

16 Ενωχ εὐηρέστησεν κυρίῳ καὶ μετετέθη
ὑπόδειγμα μετανοίας ταῖς γενεαῖς.

17 Νωε εὑρέθη τέλειος δίκαιος,
ἐν καιρῷ ὀργῆς ἐγένετο ἀντάλλαγμα·
διὰ τοῦτον ἐγενήθη κατάλειμμα τῇ γῇ,
ὅτε ἐγένετο κατακλυσμός·

B S A V *O L l a b c* min. La verss.

12 (12bβ—13a) *ἔστη*] *εστι(ν)* *L* 157 547 613 679; *εσται* V 542 706*: cf. 39_{17}; pr. *εστηριχθη* (*-θην* 493) L^{-248}: dupl. | *σπέρμα* B *O*-V L^{-248} *b* 358 Mal.] *το στομα* 672; pr. *το* rel.: cf. 13a | 12b-13a] bis scr. S*; > 106* 672 768 Aeth | om. *τά* 68-744 | *δι'*] *μετ* S^{c} (1°) 336 542 631: cf. 9d; | *αὐτούς*] *-των* 795

13 (13bc) *εως αιωνων* V-253; *εις αιωνα* 542 La^{X} | *διαμενει* S^{c} (2°) *l a*-534 443 547 795: cf. 11a; *εμμενει* L^{-248}; *εστι* 631 | *σπέρμα*] pr. *το* L'^{-248} -157''-315 *a*-534 542 547: cf. 12a | *ἐξαλειφθήσεται*] *εγκαταλειφθησεται* S (*ενκ.*) A 315' 336 (*-ληφθ.*) 358 755 La (*derelinquetur*)

14 *το σωμα* B Aeth | *ζῇ*] *ζησ⟨ε⟩ι* V La^{Gpl} (*vivet*); *μενει* 339 (*-νη*) 631 | *εἰς γενεάς*] *εις γενεαν* 542 672 = H (vid.); *εις γενεαν και γενεαν* 248 La^{V} = H; + *και γενεας* L^{-248} La^{Gpl}; + *generationum* (= *γενεων*)La^{x} Sa: cf. 16_{27}; pr. *εκ γενεας* 315; pr. *εκει εν εαυτοις* 672

15 *σοφίαν*] pr. *την* L^{-248} = 39_{10} | *διηγησωνται* 543^{c} La (*narrent*): cf. 43_{24} | om. *λαοί* 155 | *ἔπαινον* B-S V-253 *b* 358 443] + *αυτων* rel. = H | *εξαγγελλει* B-S V 248 157-797^{c} 336 542 679 706 La^{pc} (*nuntiat*): cf. 39_{10} | *ἐκκλησία*] pr. *εν* 534 Aeth

16 *κυρίῳ*] pr. *τω* 155 672; *τω θεω* L^{-248} La = Gen. $5_{22\,24}$ Hebr. 11_{5}; + *θεω* 248 | om. *καί* 46^{8} Sa | *μετετέθη*] + *in paradisum* La | *ὑπόδειγμα*] *εν υποδειγματι* 542 | *μετανοίας*] *διανοιας* V Arm = H; *αιωνος* *O*; *sapientiam* La^{pc}

17 (17—18) *τέλ. δίκ.*] tr. 603*: cf. Gen. 6_{9} | *ἐν καιρῷ*] pr. *και* *l*-157' La Aeth Arm; + *δε* 575 | *ἐγένετο* 1°] *-νοντο* S*; *αινετον* 547 | 17c/17d] tr. L^{-248} Sa; om. 17c S* V 248-315': homoiot. | 17c init.] pr. *και* 795 | om. *διὰ τ. ἐγ. κατάλ.* 358 | *τοῦτον* Ra.] *τουτου* 443; *το* 315; *τουτο* rel. | *ἐγενήθη*] *εγεννηθη* 534 545 797; *εγενετο* 253 *L a c*-679 336 547; *ευρεθη* 631; *dimissum est* La | *κατάλειμμα*] pr. *το* 795 | *τῇ γῇ*] pr. *εν* 534' Sa; + *νωε L* | *ὅτε*] *δια τουτο* B-S* *O*-V *L*-315' Sa Mal.; *οτι* 545 795; *τοτε* 543 | *κατακλυσμός* B-S V-253 *b c*-679-795 336] pr. *ὁ* rel.

18 διαθῆκαι αἰῶνος ἐτέθησαν πρὸς αὐτόν,
ἵνα μὴ ἐξαλειφθῇ κατακλυσμῷ πᾶσα σάρξ.

19 Αβρααμ μέγας πατὴρ πλήθους ἐθνῶν,
καὶ οὐχ εὑρέθη μῶμος ἐν τῇ δόξῃ·
20 ὃς συνετήρησεν νόμον ὑψίστου
καὶ ἐγένετο ἐν διαθήκῃ μετ' αὐτοῦ·
ἐν σαρκὶ αὐτοῦ ἔστησεν διαθήκην
καὶ ἐν πειρασμῷ εὑρέθη πιστός·
21 διὰ τοῦτο ἐν ὅρκῳ ἔστησεν αὐτῷ
ἐνευλογηθῆναι ἔθνη ἐν σπέρματι αὐτοῦ,
πληθῦναι αὐτὸν ὡς χοῦν τῆς γῆς
καὶ ὡς ἄστρα ἀνυψῶσαι τὸ σπέρμα αὐτοῦ
καὶ κατακληρονομῆσαι αὐτοὺς
ἀπὸ θαλάσσης ἕως θαλάσσης
καὶ ἀπὸ ποταμοῦ ἕως ἄκρου τῆς γῆς.
22 καὶ ἐν τῷ Ισαακ ἔστησεν οὕτως
δι' Αβρααμ τὸν πατέρα αὐτοῦ.
εὐλογίαν πάντων ἀνθρώπων καὶ διαθήκην

B S A V *O L l a b c* min. La verss.

18 (**19**) init.] pr. *και L* | *διαθηκη* 493 *b* 613 Sa Arm | *ετεθη b* Sa Arm; *εσταθη* 613; *εσταθησαν O L*; *εστησαν* V | *κατακλυσμῷ*] pr. *εν* L^{-248}; > A = H
19 (**20ab**) *αβραμ* A: cf. Thack. § 6₅₀ | om. *πατήρ* 754 | *μῶμος* Sm. = H] *ομοιος* (*ομοιως* 311-706) codd. et verss.; + *αυτω* A *l* (non 106) *a*-534′ 336 339 547 631 La Syh verss. | *τῇ δόξῃ*] om. *τῇ O*-S^c-V 157′ 339 547; + *αυτου L* Sa = H; + *αυτω* 106: vide supra
20 (**20cd—21**) *ὅς*] *ως* 744 ArmIII = Ald. | *νόμον*] *νομους* 603; *εν νομω* 631 | *ἐν διαθ.*] *η διαθ.* 755 | 20c init.] pr. *και* B-S *b* 336 La^{Ψ} Mal. | *ἔστησεν*] *διεστησε* 613; *εζητησεν* S | *πειρασμῷ*] *-μοις* 631; + *αυτου* 249-754 534′ 543
21 (**22—28**) *αὐτῷ*] *-τον* V L^{-248} 547 755; *-το* 679 | *ευλογηθηναι* V; *ενευλογειν* 248 = H | *εθνους* 545 | *σπέρματι*] pr. *τω* B *b* 155 336 443 Mal.; *σπερμασι* 545* | 21c init.] pr. *και* 46^s Aeth = Syr | om. 21cd S* 672: homoiot. = H | *ὡς* 1°] *εις* 545* | *χοῦν*] pr. *τον* 603 | om. *τῆς* 1° 336 | om. 21d 248 | om. *καί* 2° 493 = H | *αὐτούς*] *-τον a* | *ἕως θαλ.*] pr. *και* 155 755 = H; > 545* (*εως θαλασαν*^{c}) 679: homoiot. | *ποταμοῦ*] *-μων* 543 Aeth Arm | *ἄκρου*] *-ρων b* 46^s 443 534′ 542 543 679 795 La Aeth Arm = H; *ακρα* V | om. *τῆς* ult. B *a* 46^s 603 = H
22 (**24—25a**) om. *καί l* Sa | *ἐν τῷ Ισ./ἔστ.*] tr. 543 | *ισακ* B*-S*: cf. Thack. § 6₅₀ | *δι'*] *δια* A 253 248-*l a*-534^c-613 *c*-679 155 339 358 443 542 543 547 631 672 755 | *διαθήκην*] *αποθ.* 768; + *αυτου* 545^c La^{pc}

23 κατέπαυσεν ἐπὶ κεφαλὴν Ιακωβ·
ἐπέγνω αὐτὸν ἐν εὐλογίαις αὐτοῦ
καὶ ἔδωκεν αὐτῷ ἐν κληρονομίᾳ·
καὶ διέστειλεν μερίδας αὐτοῦ,
ἐν φυλαῖς ἐμέρισεν δέκα δύο.

Καὶ ἐξήγαγεν ἐξ αὐτοῦ ἄνδρα ἐλέους
εὑρίσκοντα χάριν ἐν ὀφθαλμοῖς πάσης σαρκός,
45 1 ἠγαπημένον ὑπὸ θεοῦ καὶ ἀνθρώπων
Μωυσῆν, οὗ τὸ μνημόσυνον ἐν εὐλογίαις·
2 ὡμοίωσεν αὐτὸν δόξῃ ἁγίων
καὶ ἐμεγάλυνεν αὐτὸν ἐν φόβοις ἐχθρῶν·
3 ἐν λόγοις αὐτοῦ σημεῖα κατέσπευσεν,
ἐδόξασεν αὐτὸν κατὰ πρόσωπον βασιλέων·
ἐνετείλατο αὐτῷ πρὸς λαὸν αὐτοῦ
καὶ ἔδειξεν αὐτῷ τῆς δόξης αὐτοῦ·
4 ἐν πίστει καὶ πραΰτητι αὐτὸν ἡγίασεν,
ἐξελέξατο αὐτὸν ἐκ πάσης σαρκός·

B S A V *O L l a b c* min. La verss.

23 (25b—27) init. 253 545^{c} 672 La Sa Ra. = H] pr. *και* rel. | *ἐπί*] *εις* 755 | *κεφαλήν*] pr. *την* 547 | 23b init.] pr. *και* 631 La^{x} Aeth = H | *ἐπέγνω αὐτὸν ἐν*] *επεγνωσαν επ* 672; om. *ἐν* 296 | *εὐλογίαις*] + *υψιστου* S* | *αὐτῷ*] -*τον* 46^{s} 336 534′ 542 705* 755: cf. 45$_{17}$ | *ἐν κληρ.*] *κληρονομιαν* *L*-315′ *a* 545^{c} 547 La verss. = H | om. *καί* 2° 253 La$^{\Theta}$ | *διέστειλεν*] *απεστειλε* 315′; *εστειλε* 543; *διεστησεν* A: cf. 28$_{14}$ | *μερίδας*] -*δα* 358 547 631 La (tr. post *αὐτοῦ*): cf. 16$_{26}$; -*δος* 248 | *αὐτοῦ* 2°] *εαυτου* 358; *αυτω* *L*$^{-248}$ 542 La: cf. 16$_{26}$ | *φυλαῖς*] *φυλη* 631; *φυλακαις* 296 534: cf. 16$_{4}$; + *αἷς* *L* | *δέκα δύο*] *δωδεκα* *L*: cf. Thack. § 13$_{3}$; > 253* | *ἄνδρα . . . εὑρ.*] *ανδρας . . . ευρισκοντας* *L*$^{-248}$ 155 (-*τα* sic) La Aeth | *ελεου* V-253: cf. 51$_{3\ 8}$ | *παση σαρκι* 613^{c}

45 1 *ἠγαπημένον*] -*νων* 637; *dilectus* La (exc.$^{C\Sigma}$) | *ὑπό*] *απο* S 155 315 336 547 755; > La^{V} | *θεοῦ*] *κυριου* V Aeth | *μωυσης* 315′ 631 La (*moyses*, *moses*^{GA}); *μωσην* S A *O*-V *L* 755: cf. 24$_{23}$

2 **(2ab)** *δόξῃ*] pr. *εν* S A La | *αγιω* 155

3 **(2c—3)** *λογιοις* 248 | *κατέσπευσεν* Zi.] *κατεπευσεν* 358; *κατεπαυσε(ν)* rel.: cf. 43$_{5}$ | 3b init.] pr. *και* 248 534′ Aeth Arm = H | *βασιλεως* *b* 534-613^{c} Sa | 3c init.] pr. *και* 106 La Aeth = H | *αὐτῷ* 1°] -*τον* 543; -*του* 534 | *ἔδειξεν*] *εδιδαξεν* *L*$^{-248}$: cf. 9$_{1}$; *ενεπλησεν* *l* | *αὐτῷ* 2°] -*τον* *l* 603 | *τῆς δ.*] *την δοξαν* 543 547^{c} 672 755 795 La verss.; *τη δοξη* 336; om. *τῆς* 768

4 *πραοτητι* A *L′* *c*-679-795 155 336 542 613 755: cf. 1$_{27}$ | *αὐτόν* A 315′ 339 542 Ra.] > 631; *αυτου* rel. = H | *ἡγίασεν*] *amavit* (= *ηγαπησεν*) Arm; + *αυτον* S *O* *L′*-157′′ *b* 336 443 534′ 543 547 795 La verss. | 4b init.] pr. *και* *L*$^{-248}$ *c*-679-795 La Aeth

5 *ἠκούτισεν αὐτὸν τῆς φωνῆς αὐτοῦ*
καὶ εἰσήγαγεν αὐτὸν εἰς τὸν γνόφον
καὶ ἔδωκεν αὐτῷ κατὰ πρόσωπον ἐντολάς,
νόμον ζωῆς καὶ ἐπιστήμης,
διδάξαι τὸν Ιακωβ διαθήκην
καὶ κρίματα αὐτοῦ τὸν Ισραηλ.

6 *Ααρων ὕψωσεν ἅγιον ὅμοιον αὐτῷ*
ἀδελφὸν αὐτοῦ ἐκ φυλῆς Λευι·
7 *ἔστησεν αὐτὸν διαθήκην αἰῶνος*
καὶ ἔδωκεν αὐτῷ ἱερατείαν λαοῦ·
ἐμακάρισεν αὐτὸν ἐν εὐκοσμίᾳ
καὶ περιέζωσεν αὐτὸν περιστολὴν δόξης·
8 *ἐνέδυσεν αὐτὸν συντέλειαν καυχήματος*
καὶ ἐστεφάνωσεν αὐτὸν σκεύεσιν ἰσχύος,
περισκελῆ καὶ ποδήρη καὶ ἐπωμίδα·
9 *καὶ ἐκύκλωσεν αὐτὸν ῥοΐσκοις,*
χρυσοῖς κώδωσιν πλείστοις κυκλόθεν,
ἠχῆσαι φωνὴν ἐν βήμασιν αὐτοῦ,
ἀκουστὸν ποιῆσαι ἦχον ἐν ναῷ

B S A V *O L l a b c* min. La verss.

5 (5—6) *την φωνην* 46^{s*}: cf. La (*vocem*) | om. *καί* 1° 543 | *γνόφον*] + *αυτου* 755 | om. *καί* 2° 543 Sa | *ἔδωκεν*] *εθηκεν* 631 = H^{txt}: cf. 29_{16} | *εντολην* 631 Aeth = H | om. *καί* 3° 358* 744 797 = Ald. | *επιστημην* 155 | *διδάξαι*] *εκδιδ.* 336^c; *εδιδαξε(ν)* *O*-V *L* | *τω ιακωβ* 672 | *κριμα* L^{-248} 358 Aeth; *κριματι* 744 = Ald. | *αὐτοῦ* ult.] *-τον* 336; > S | *τόν* ult.] *τω* 755 797; *εν* 315′; > 336
6 (7) *αρων* A* 613: cf. Thack. § 6_{50} | *ανυψωσεν* S V^c-253 248-*l*-157′ *a*-534′ *b* 339 443 542 | *ἅγ. ὅμ.*] tr. 543; *λευι εστησεν* 705: ex $_6$b; om. *ἅγιον* 155 315 358 547 631 La; om. *ὅμοιον* 755 | *αὐτῷ*] *-τον* 46^{s*}; *-του* 679 | *Λευι*] *δαυιδ* 672; pr. *δαυιδ* 755
7 (8—9a) *αὐτόν* 1° B-S 249-754 46^s 547 755] *αυτω* rel. | *αἰῶνος*] *-νιον* 155 La: cf. $_{15c}$ 2_9 | *αὐτῷ*] *-τον* 795*; > 493 | *ιερατευειν* 755 | *εμακαρισαν* V | *αὐτόν* 2°] *-τω* 46^{s*} | *εὐκοσμίᾳ*] *-μιαις* 672 | *αὐτόν* ult.] *εαυτον* 336 | *περιστολήν*] *-λη* A V 311-706 358; *στολην* 336 603* 744′ Sa (*στολη*) = Ald.: cf. 50_{11}
8 (9bc—10a) init.] pr. *και* *a* 358 547 La^V Aeth = H | *συντέλ. καυχ.*] *συντελ. καυχηματα* 797; *stolam gloriae* La: cf. $_{7d}$ ($_{9a}$) 50_{11} | *ἐστεφάνωσεν* Sm. = La (*coronavit*) et H] *εστερεωσεν* codd. et verss. | *σκεύεσιν*] pr. *εν* S *L a*-534′ 547 La verss. | $_{8c}$ init.] pr. *και* *b* 534′ Aeth | *περισκελεαν* 755 | *επωμιδι* 296 (*-δη*)-311 543
9 (10bc—11) om. *καί* S 315′ 547 | *ροισκους* 130-545*-705 | *κωδεσιν* S* | *πλείστοις*] *παντιοις* 336 | *ἠχῆσαι*] *-σε(ν)* 311 336 613; *-σαν* 543 547; *dare* La = H | *ἐν* 1°] *επι* 493 | om. *ἀκουστόν* 253* (*ακοστον*^{c}) | *ναῷ*] *λαω*

εἰς μνημόσυνον υἱοῖς λαοῦ αὐτοῦ·
10 *στολῇ ἁγίᾳ, χρυσῷ καὶ ὑακίνθῳ*
καὶ πορφύρᾳ, ἔργῳ ποικιλτοῦ,
λογίῳ κρίσεως, δήλοις ἀληθείας,
11 *κεκλωσμένῃ κόκκῳ, ἔργῳ τεχνίτου,*
λίθοις πολυτελέσιν γλύμματος σφραγῖδος
ἐν δέσει χρυσίου, ἔργῳ λιθουργοῦ,
εἰς μνημόσυνον ἐν γραφῇ κεκολαμμένῃ
κατὰ ἀριθμὸν φυλῶν Ισραηλ·
12 *στέφανον χρυσοῦν ἐπάνω κιδάρεως,*
ἐκτύπωμα σφραγῖδος ἁγιάσματος,
καύχημα τιμῆς, ἔργον ἰσχύος,
ἐπιθυμήματα ὀφθαλμῶν κοσμούμενα·
13 *ὡραῖα* [13] *πρὸ αὐτοῦ οὐ γέγονεν τοιαῦτα,*
ἕως αἰῶνος οὐκ ἐνεδύσατο ἀλλογενὴς
πλὴν τῶν υἱῶν αὐτοῦ μόνον

B S A V *O L l a b c* min. La verss.

358: cf. 36$_{19}$; *κυριω* 68-744′ = Ald. | 9c init.] pr. *και* *L* La^{Ω} Aeth | *υἱοῖς*] *υιους* 315; *υιων* 547; pr. *εν* L^{-248} = H | *λαοῦ*] *λαω* 68-744 = Ald.

10 (12) *στολῇ*] *στηλη* S | *χρυσῷ καὶ ὑακ.*] *υακυνθω χρ.* 315* (*χρ. υακ.*^{c}); *χρ. και υακινθινω* 358 797: cf. 40$_{4}$; om. *καί* 768 = H | *πορφύρᾳ*] *-ραν* 253 493; *-ρω* 797; *πυρφορα* 106-545 | *ἔργῳ*] *εργων* B-S; *εργον* L^{-248} 336 543 768 La Syh | *ποικιλτοῦ*] *-λτω* 311 542; *-λω* 672 | *λογίῳ*] *λογοι* S; *λογοις* 543; *λογω* 534; *λογιων* 336 | *κρίσεως*] *χρυσεω* 493^{txt}-637 | *δήλοις*] *δολοις* 545; *δηλης* 613 705; *διδοις* 296; *και* 311 | *αληθεια* V; *αληθειαις* 493; *αληθινη* 253 (*-θηνη*)

11 (13) *κεκλωσμένῃ*] *-νην* L^{-248}; *-νω* 248-672 797* La; *κεκλεισμενη* 311; pr. *και* 755 = H; pr. *βυσσω* 106-545^{c} (*αβ.**)-705^{c} (*αβ.**): ex Exod. 25$_{4}$ etc. | *κόκκῳ*] *κοκκινω* 46^{s} (*-κυνω*) 339 543 547: cf. Lev. 14$_{4}$ etc.; *κοσμω* *a* 68 (tr. post *ἔργῳ* 1°); > 744′; pr. *και* *l* | *ἔργῳ* 1°] *opus* La Syh | *λίθοις*] *λογοις* 443 631 | *γλυμμασι(ν)* V-253 *L* 443 542 543 (*γλυμασι*) 547^{c} 631 755; *γλυμματι* 336; *figuratis* La; *sculptura* (= *γλυμμα*) Syh | *σφραγῖδος*] *-δας* 545; *γραφιδος* 631; > La | *ἐν δέσει*] *ειδεσι* S* 542; *εν δεησει* 603 | *χρυσιω* 545* | *ἔργῳ* 2°] *εργων* B 545; *εργον* V 705 (vid.) 768 Syh; *εργα* L^{-248} La^{pc}; *εργου* 155 443 | *λιθουργοῦ*] pr. *τεχνιτου* 547: ex 11a | *ἐν γραφῇ*] *εγραφη* 157′; *εν γραφιδι* 547 | *κεκολαμμένῃ*] *-να* 542; *sculptis* La (tr. ante *εἰς μνημόσυνον*); *κεκολλημενη* V *b*; tr. ante *ἔργῳ* 2° Syh | *κατά*] *κατ* B A 755 | *αριθμων* 631′ alii | *φυλῶν*] *φιλων* 679 744; *φυλασσων* S*; *υιων* 248; + *filiorum* La^{ΘΦ}; pr. *filiorum* Aeth

12 (14) *χρυσοῦν*] *-σου* 672: cf. 21$_{21}$; *χρησθαι* 543 | 12c init.] pr. *και* *a*-534′ La^{V} | *ἔργον*] *εργα* 248; *οριον* V | *επιθυμητα* V *l*-157′ 336 443 542 547 613^{c} 795: cf. 1$_{17}$; *επιθυμητον* 631 Aeth; *desiderio* La^{pc} | *ὀφθαλμῶν*] *-μου* L^{-248} *b* Aeth = H (vid.) | *κοσμ. ὡραῖα*] *κοσμουμενον ωραιον* 613

13 (15—16) *πρὸ αὐτοῦ οὐ γέγ./τοιαῦτα*] tr. *b*; pr. *και* L^{-248} Aeth | *αὐτοῦ* 1°] *-των* V | om. *οὐ* S* 68-744 315′ = Ald.: post *-οῦ* | *γεγονα* 606; *εγεγονεν* 68-744 = Ald. Sixt.: cf. Einl. p. 43; *εγενετο* 672 | *τοιαῦτα*] *-τη* 296; *ταυτα*

καὶ τὰ ἔκγονα αὐτοῦ διὰ παντός.
14 θυσίαι αὐτοῦ ὁλοκαρπωθήσονται
καθ' ἡμέραν ἐνδελεχῶς δίς.
15 ἐπλήρωσεν Μωυσῆς τὰς χεῖρας
καὶ ἔχρισεν αὐτὸν ἐν ἐλαίῳ ἁγίῳ·
ἐγενήθη αὐτῷ εἰς διαθήκην αἰῶνος
καὶ ἐν τῷ σπέρματι αὐτοῦ ἐν ἡμέραις οὐρανοῦ
λειτουργεῖν αὐτῷ ἅμα καὶ ἱερατεύειν
καὶ εὐλογεῖν τὸν λαὸν αὐτοῦ ἐν τῷ ὀνόματι.
16 ἐξελέξατο αὐτὸν ἀπὸ παντὸς ζῶντος
προσαγαγεῖν κάρπωσιν κυρίῳ,
θυμίαμα καὶ εὐωδίαν εἰς μνημόσυνον,
ἐξιλάσκεσθαι περὶ τοῦ λαοῦ.
17 ἔδωκεν αὐτῷ ἐν ἐντολαῖς αὐτοῦ
ἐξουσίαν ἐν διαθήκαις κριμάτων

B S A V 928 (14b—15d) *O L l a b c* min. La verss.

672 | 13b init.] pr. *και* S^c *L* Sa | *ἐνεδύσατο*] + *αυτα* S^c La | *μονων* L'^{-248}-157'' *a* 296-311 alii La Mal. | *διὰ παντός*] *μετ αυτον* 547: cf. Is. 65_{23}

14 (17) *θυσιαν* B; *θυσια* 249 | *αὐτοῦ*] *-των* S *O*-V *L*-315 443 534' 542 543 547 631 755 Sa Arm Mal.; *παντων* 336; + *ουκ* 155 | *ολοκαρπωθησαν* 795 | *ἐνδελ. δίς*] *ενδελεχης δις* 755; *ενδελεχωσεις* *c*-679-795 (*-σης*); *ενδελεχωδης* 253

15 (18—19) *ἐπλήρ.*] *επλησε* 547^c 755 (*οπλ.*): cf. 30_{25} | *μωσης* A *O*-V *L b* 755 La^{AG}: cf. 1b 24_{23} | *χεῖρας*] + *αυτου* 928 S^c *L* La verss. = H | *ἔχρισεν*] *εχρησεν* 311 alii | om. *αὐτόν* 631 | om. *ἐν* 1° 248 755 La verss. | *ἐλαίῳ*] *ελεω* A V alii: cf. 39_{26} | *ἁγίῳ*] + *αυτου* 493 La^{Ω} | 15c init.] pr. *και* 928 545^c Aeth Arm = H | *αιωνιον* B A 928 *a*-534-613* *b c*-679-795 155 339 358 443 547 755 La $verss.^p$ Mal.: cf. 7a | *ἐν* 2° B: cf. H] > rel. | *τῷ σπ.*] *το* (> 493) *σπερμα* L^{-248} 339 547 | *ἐν ἡμέραις*] *εν ημερα* 248 631: cf. 18_{24}; *sicut dies* La Aeth = H | *οὐρανοῦ*] *αιωνος* 443 631 $La^{\Lambda p}$ (*saeculi*); *ανθρωπου* 155: cf. 17_{32} | om. *αὐτῷ* 2° — *εὐλογεῖν* *c*-679: homoiot. | *τὸν λαόν*] *τω λαω* 797 | om. *αὐτοῦ* 2° 248 | fin.] + *αυτου* *O*-S^c *L'*-157'-315' *a*-534' *b* 443 542 543 547 795 La verss. Mal.

16 (20) *ἐξελέξατο*] *-ξαντο* S*; *-ξατε* 358; *εξεδεξατο* 755 (vid.): cf. 6_{18} | om. *αὐτόν* 797 | *προσαγειν* V *b* 315' 339 534' 547 Mal.: cf. 31_{24} | *καρπωμα* S 46^{8*}: cf. Iob 42_8 | *κυρίῳ*] pr. *τω* 155 | om. *καί* 358 443 631 | *ευωδια* A 315; *ευωδιας* 443 631 | om. *περί* 705 La^{Gpl} | om. *τοῦ* 603 | *λαοῦ* S* 248-315' 603] + *αυτου* V L^{-248} 358 543 $547^{(c?)}$ 613 755 La Aeth Arm; + *σου* rel.

17 (21) *αὐτῷ*] *-τον* B *O*-V 315' 336 755 Sa Mal.: cf. 44_{23}; *illis* La^X; > 631 | *ἐν ἐντολαῖς*] *εν ταις εντ.* A; *εντολας* S *L* 336 443 542 Syh verss.: cf. 5c; om. *ἐν* V-253 *l*-157' 68-744' 254 543 547* 606 673 679 La^X: haplogr. (cf. 44_{23}) | *αὐτοῦ* 1°] + *αυτον* 631 | *ἐξουσίαν*] *ἐνεξουσίασεν* Hart | *ἐν διαθ.*] *διαθηκης* 336; *διαθηκαι* 797; om. *ἐν* *l*-157 358 | *κριμάτων*] *κρημ.* 157*

διδάξαι τὸν Ιακωβ τὰ μαρτύρια
καὶ ἐν νόμῳ αὐτοῦ φωτίσαι Ισραηλ.
18 *ἐπισυνέστησαν αὐτῷ ἀλλότριοι*
καὶ ἐζήλωσαν αὐτὸν ἐν τῇ ἐρήμῳ,
ἄνδρες οἱ περὶ Δαθαν καὶ Αβιρων
καὶ ἡ συναγωγὴ Κορε ἐν θυμῷ καὶ ὀργῇ·
19 *εἶδεν κύριος καὶ οὐκ εὐδόκησεν,*
καὶ συνετελέσθησαν ἐν θυμῷ ὀργῆς·
ἐποίησεν ἐν αὐτοῖς τέρατα
καταναλῶσαι ἐν πυρὶ φλογὸς αὐτοῦ.
20 *καὶ προσέθηκεν Ααρων δόξαν*
καὶ ἔδωκεν αὐτῷ κληρονομίαν·
ἀπαρχὰς πρωτογενημάτων ἐμέρισεν αὐτῷ,
ἄρτον ἐν πρώτοις ἡτοίμασεν ἐν πλησμονῇ·
21 *καὶ γὰρ θυσίας κυρίου φάγονται,*
ἃς ἔδωκεν αὐτῷ τε καὶ τῷ σπέρματι αὐτοῦ.
22 *πλὴν ἐν γῇ λαοῦ οὐ κληρονομήσει,*

B S A V 928 (20c—22a) *O L l a b c* min. La verss.

alii; *χρημ.* 631* (*κρημ.*^{c}) 672 | *τὰ μαρτ.*] *μαρτυριαν* A; + *αυτου* S^{c} La$^{\Theta}$ Sa | *φωτίσαι*] *φωνησαι* B-S *O*-V L^{-248} Sa; *φωνης* 631 | *Ισρ.*] pr. *τον* A *O*-S^{c} *L*′-157′ 542 543 795

18 (22) *ἐπισυνέστησαν*] *-σαντο* 603; *-σας* 253; *ἐπεὶ* (*επ⟨ε⟩ιδη* 545^{c}) *συνέστησαν* 542 545^{c} La Sa | om. *αὐτόν* 631 | *περί*] *παρα* 130 | *δαθαμ* 755 | *αβιρω* 637 155; *αβειρρων* 795 | om. *ἡ* 534

19 (23—24) *συνετελεσαν* 672 | *θυμῷ ὀργῆς*] *θυμω και οργη* *c*-679 443 542 755: cf. 18d; *οργη και* (+ *εν* 637) *θυμω* L^{-248}; + *αυτου* 336 Sa Aeth (om. *ὀργῆς*) = H | 19c init.] pr. *και* 545 Aeth = H | *εποιει* 443 | *ἐν* 2°] *επ* V Aeth; > B A L^{-248} *a*-534 155 336 339 358 547 755 La: post *-εν* | *τέρατα*] *τεραστια* V-253 542 (*-στεια*); *τερας* 534 = H | *καταναλῶσαι*] *κατηναλωσεν* 542: cf. H; *et consumpsit illos* La Aeth Arm = H; + *αυτους* 315′ Syh = H; *καταλαμβανων* 543 | *ἐν πυρὶ φλ.*] *πυρ φλ.* V; om. *ἐν* 253; om. *ἐν πυρί* Syh; *εν φλογι πυρος* *b* 534′ 547 La verss.^{p} = H: cf. 8 10 | *αὐτοῦ* = H] *αυτους* S A *O*-V 248-*l*-157′ *a*-534′ *b* 339 358 542 755; > La Syh Aeth Arm: vide supra

20 (25—26a) *προσεθηκαν* 672 | *Ααρων*] pr. *τω* L^{-248} = H | *αὐτῷ* 1°] *-τον* 336 | *απαρχην* 248 358 verss.^{p}: cf. 7 31 | *πρωτογενημάτων*] pr. *των* 797 | *αὐτῷ* 2°] *-τοις* B La^{pc} Mal. (»*ἔν τινι τῶν ἀντιγράφων*«) | *ἄρτον*] *αρτοις* V; *αρτος* S^{c} | *ἐν πρώτοις*] *πρωτον* L^{-248} 443 631 Syh(vid.) verss.^{p}; om. *ἐν* B-S A V-253 *c*-679 155 358 755 928(vid.); *πρωτον γενηματος* S* | *ἡτοίμασεν*] *ετοιμασαι* V; *ε̣μερισεν* 542: ex 20c; + *αυτω* 46^{8} | *ἐν πλησμ.*] *εις πλησμονην* L'^{-248}-157′′ *a*-534′ *c*-679-795 336 443 547 La Sa; *πλησμονην* B *O* V 358

21 (26bc) om. *γάρ* 545 | *κυρίου*] *θεου* 157; tr. post *φάγ.* 336 | *φαγωνται* 248 alii | *ἅς*] *ως* *l*; > 795 | om. *αὐτῷ τε καί* V-253; om. *τε* S* 928 *L*-672 336 La Syh verss. Mal. | *καί* 2°] *εν* 672

22 (27) *γῇ*] *οργη* 755: cf. 43 17 | om. *οὐ* V-253 68-744 La^{Gpc}: post *-ου* |

καὶ μερὶς οὐκ ἔστιν αὐτῷ ἐν λαῷ·
αὐτὸς γάρ μερίς σου καὶ κληρονομία.

23 Καὶ Φινεες υἱὸς Ελεαζαρ τρίτος εἰς δόξαν
ἐν τῷ ζηλῶσαι αὐτὸν ἐν φόβῳ κυρίου
καὶ στῆναι αὐτὸν ἐν τροπῇ λαοῦ
ἐν ἀγαθότητι προθυμίας ψυχῆς αὐτοῦ·
καὶ ἐξιλάσατο περὶ τοῦ Ισραηλ.
24 διὰ τοῦτο ἐστάθη αὐτῷ διαθήκη εἰρήνης
προστατεῖν ἁγίων καὶ λαοῦ αὐτοῦ,
ἵνα αὐτῷ ᾖ καὶ τῷ σπέρματι αὐτοῦ
ἱερωσύνης μεγαλεῖον εἰς τοὺς αἰῶνας.
25 καὶ διαθήκην τῷ Δαυιδ
υἱῷ Ιεσσαι ἐκ φυλῆς Ιουδα
κληρονομία βασιλέως υἱοῦ ἐξ υἱοῦ μόνου·
κληρονομία Ααρων καὶ τῷ σπέρματι αὐτοῦ.

B S A C (init. 24c) V *O L l a b c* min. La verss.

μερίς] + *αυτου* 755 verss.p | *οὐκ ἔ./αὐτῷ*] tr. 543 LaΘ | *εσται* *O*-V *l* 443 534′ 547 631 | *αὐτῷ*] pr. *εν* 130; *ibi* Sa; > 755 Arm | *λαῷ*] pr. *τω* V 130-705 339 | *σου*] *αυτου* *L* 358 La Syh Arm; > V-253 | om. *καί* 2° B-S* 248 631 | *κληρονομία*] *-μιας* 248 631; + *σου* 542 Sa Aeth = Num. 18 20
23 (28—29) *ελεαζαρου* 339: cf. La (*eleazari*); *ελιεζερ* 672: cf. 50 27 | *τρίτος*] *αρρητος* 545 | *στησαι* B-S *O*-V *L*−248-315′ *b* 336 358 543 613 631 Mal.: cf. Thack. § 23 9 | *τροπῇ*] *εντροπη* 155 La (*reverentia*) Aeth; *επιτροπη* 547c 755; *ira* (= *οργη*) Sa | *λαοῦ*] + *αυτου* 672 Aeth = H | *προθυμίας*] *-μια* 336; *και προθυμια* 543 La | om. *αὐτοῦ* 336 | *εξιλατο* V*: cf. 16 7 | *τοῦ*] *τον* 493 155; *populi* Sa: cf. H (*filiorum*)
24 (30) *ἐστάθη*] *εστη* 248; *statuit* La Aeth = H | *εἰρήνης*] *αιωνος* 443 542: cf. 44 18 | *προστατεῖν* *l*-157′ *b* 311 Sa Aeth (vid.) Ra.] *-σταττειν* 679; *-στατης* 755; *-σταγην* 542; *-στατην* rel. | *ἁγίων*] *αγιω* 672 Sa; pr. *των* *b* | om. *καί* 1° 631 672 Sa | *λαοῦ*] *λαω* B-S* A 248-315′ 157′ 336 543 Syh verss.p; *λαων* 358; *ναοῦ* Hart | *ἵνα*] *ιν* 155 672 | *αὐτῷ* 2°] *-των* 443 547*; tr. post *ᾖ* *a* La Syh verss.p | *ᾖ*] *ει* 253 alii; > 68-744 155 443 LaCΣ | *ἱερωσύνης*] *-νη* 106*; *αγιωσυνης* 155 | *εις τον αιωνα* 248 La verss. = H
25 (31ab) *διαθηκη* 493?-*l* La Syh verss. Ra. | *τῷ*] *των* *b* 534; *του* 68-744; > S | *Δαυιδ υἱῷ*] tr. 157 672 Sa Aeth | *υἱῷ*] *υιων* S* *O*-V *b* 155 358 534 547 | *Ιεσσαι* A Sc *L*−248 *a c*-679 (*ιεσε*)-795 (*εσσαι*) 545c (*ιεσε*) La Arm = H] > rel. (Mal.) | om. 25c La | *κληρονομία* 1°] *-μιαν* *c*-679-795 336; *-μιας* 358; pr. *ἡ* 493 | *βασιλέως*] *-λεων* 358; *regni* Aeth | *υἱοῦ* 1°] *υιω* 311 542 679 795; *υιων* V Aeth (om. *ἐξ υἱοῦ*); > 613 706 | *υἱοῦ* 2°] *οιου* 542 613; *ιουδα* Sc | *μόνου*] *μονω* 311; *νομου* 631 Aeth | *κληρονομία* 2°] *-μιαν* 254-603 336 534′ 542 543 | *Ααρων*] *αυτων* S; *αυτω* A *a c*-679-795 315′ 336 339 358 547 La Aeth; *αυτου* 155 755 | om. *αὐτοῦ* 315

26 δῴη ὑμῖν σοφίαν ἐν καρδίᾳ ὑμῶν
κρίνειν τὸν λαὸν αὐτοῦ ἐν δικαιοσύνῃ,
ἵνα μὴ ἀφανισθῇ τὰ ἀγαθὰ αὐτῶν
καὶ τὴν δόξαν αὐτῶν εἰς γενεὰς αὐτῶν.

46 1 Κραταιὸς ἐν πολέμῳ Ἰησοῦς υἱὸς Ναυη
καὶ διάδοχος Μωυσῇ ἐν προφητείαις,
ὃς ἐγένετο κατὰ τὸ ὄνομα αὐτοῦ
μέγας ἐπὶ σωτηρίᾳ ἐκλεκτῶν αὐτοῦ
ἐκδικῆσαι ἐπεγειρομένους ἐχθρούς,
ὅπως κατακληρονομήσῃ τὸν Ισραηλ.
2 ὡς ἐδοξάσθη ἐν τῷ ἐπᾶραι χεῖρας αὐτοῦ
καὶ ἐν τῷ ἐκτεῖναι ῥομφαίαν ἐπὶ πόλεις.
3 τίς πρότερος αὐτοῦ οὕτως ἔστη;
τοὺς γὰρ πολέμους κυρίου αὐτὸς ἐπήγαγεν.

B S A C V *O L l a b c* min. La verss.

26 (**31cdef**) δῴη] δοιη S* A 315′ 358: cf. Thack. § 23$_{10}$; *ut daret* (= ινα δωη 545^{mg}) La Syp Aeth | ὑμῖν] ημιν 106-545 744′: cf. 50$_{23}$; *eis* Aeth; + *deus* Syp; > La | σοφια 46^{s} | ὑμῶν] ημων 705 768 La; *eorum* Aeth | κρίνειν] κρεινη 755 | αὐτῶν 2°] -του *L*; > 754 La^{pc} | γενεαν S A 157′ 358 542 543 547 631 755 La | αὐτῶν ult.] *generationum* (= γενεων Pe.) Sa = 39$_{9}$: cf. 16$_{27}$; αἰώνων Katz = H et 24$_{33}$; + *aeternam fecit* (= αιωνιαν εποιησεν 545^{c}) La: dupl.

46 1 (**1—2**) κρατερος 493-637 (-ταιρ.) | πολεμοις B *O*-V *L*$^{-248}$ *b c*-679-795 339 443 534 542 Syp Arm Mal. | om. Ἰησοῦς *b* 534 | υἱός] ὁ S*; ὁ του S^{c} 248 768; > B C 253 La: post -σους | Ναυη] ναυι 542 alii; νουν Syh Syp = H | Μωυσῇ] μωση B A *O*-V 248 *a* La^{A} (*mosi*) Syp; μωυσεως 46^{s} 339 443 534 PsAth. IV 384; μωυσεος 311 336 603 613 672 679 Mal.; μωσεως *b* (exc. 603): cf. 7a 24$_{23}$; βασιλεως 315 | προφηταις 443 La Syp(vid.) PsAth.: cf. 39$_{1}$ | ὅς] ως 547; *et* Aeth | μέγας] + και 603 | σωτηρίᾳ] -ριαν 542 613 La^{VGpl}; -ριας 358 | αὐτοῦ 2°] *dei* La; > *O*-V | εκδικησθαι 543; εκδικησις 755 | om. ἐχθρούς 672 | ὅπως] πως *L*$^{-248}$ | κατακληρονομήσῃ] -σει *L*$^{-248}$ alii; -σαι V 46^{s} 542; κληρονομηση B 339 (-σει) 358 (-σει) 705 Mal.: cf. 4$_{16}$

2 (**3**) ὡς] ος *L*′$^{-248}$-672 alii | χειρα 155 603 Syh Syp Aeth: cf. 47$_{4}$ | om. καί 613 Sa = H | om. ἐν τῷ 2° *L*$^{-248}$ 46^{s} 336; om. ἐν B-S* 358 La; om. τῷ 253 | ἐκτεῖναι] εκκλειναι B* (-κλιν.^{c}) 358 (-κλιν.) | ρομφαιας *L*$^{-248}$ 155 358 La | πόλεις] *civitatem* (= πολιν 545^{c}) La^{Gpc}

3 (**4**) τίς] + γαρ 253^{c} | πρότερος] -ρον B V *a c*-679-795 443 547 La (*ante*) verss.^{p}; προπατερων 253 | ἔστη] εστι 545 795: cf. 39$_{17}$; εσται V; *restitit* La | πολέμους *O*-S^{c}-V *L* 443 Syp Arm Mal. (»ἐν τῷ ἄλλως ἔχοντι«) = H] πολεμιους rel.: cf. 8a 37$_{5}$ | κυρίου A *O*-S^{c}-V *L*′ 339 542 Syp Arm] κυριος rel.: cf. 42$_{17}$a | αὐτός] -τοις 672; > 795 | απηγαγεν A; επηγεν 543

4 οὐχὶ ἐν χειρὶ αὐτοῦ ἐνεποδίσθη ὁ ἥλιος
καὶ μία ἡμέρα ἐγενήθη πρὸς δύο;
5 ἐπεκαλέσατο τὸν ὕψιστον δυνάστην
ἐν τῷ θλῖψαι αὐτὸν ἐχθροὺς κυκλόθεν,
καὶ ἐπήκουσεν αὐτοῦ μέγας κύριος
ἐν λίθοις χαλάζης δυνάμεως κραταιᾶς·
6 κατέρραξεν ἐπ' ἔθνος πόλεμον
καὶ ἐν καταβάσει ἀπώλεσεν ἀνθεστηκότας,
ἵνα γνῶσιν ἔθνη πανοπλίαν αὐτοῦ
ὅτι ἐναντίον κυρίου ὁ πόλεμος αὐτῶν·
καὶ γὰρ ἐπηκολούθησεν ὀπίσω δυνάστου.
7 καὶ ἐν ἡμέραις Μωυσέως ἐποίησεν ἔλεος
αὐτὸς καὶ Χαλεβ υἱὸς Ιεφοννη
ἀντιστῆναι ἔναντι ἐκκλησίας
κωλῦσαι λαὸν ἀπὸ ἁμαρτίας
καὶ κοπάσαι γογγυσμὸν πονηρίας.

B S A C V 964 (init. 6b) *O L l a b c* min. La verss.

4 (5) *χειρί*] *iracundia* La | *ἐνεποδίσθη* A 542 755 La] *ανεπ*. *a c*-679 (*ανεμπ*.) 155 358 547 Syp; *ενεποδισεν* S* 130 603 797 (*-δησεν*); *ανεποδισεν* rel.: ex 48_{23} | om. *ὁ* 358* 755 | *μία*] pr. *ἡ* 613 | *εγεννηθη* 534 545 672; *εγενετο* L^{-248} 755

5 (6) *ἐπεκαλέσατο*] *επικαλεσε επι* 253; pr. *et* $La^{S\Pi}$ Aeth: cf. $_{16}$a; + *γαρ* L^{-248} 547 = H | *ὕψιστον*] pr. *κυριον* S: cf. $_{16}$a et Syr; + *κυριον* 315′ 336 | *δυνάστην*] pr. *τον* 603 | *θλῖψαι*] *εκθλ*. 248 336: cf. $_{16}$b; *εκτριψαι* L^{-248} | *ἐχθρούς*] *-ρον* 253 Aeth; pr. *τους* 547 | *αὐτοῦ*] *-των* B-744; *-τον* 768 = Ald.: cf. La; *-τω* 155 315′ 543 | *μέγας*] pr. *ὁ* *l*-157′′ 547 613; + *et sanctus* La; > Sa Arm | *κύριος*] *deus* La; + *ο θεος* 443; pr. *ὁ* 795 | *ἐν λίθοις*] om. *ἐν* S A *a* 155 339 358 547; *λιθος* 755

6 (7—8) *κατηρραξεν* 542 | *ἐπ'*] *επι* 248-315′ *a*-613 443 543 795 | *ἔθνος*] *εθνη* *L*; *εθνους* 130 672; *εθνων* 613; *εχθρους* 155: cf. 30_{6} | *πόλεμον*] *πολεμιον* 358 La Syp (hab. etiam *bellum* post *κατέρραξεν*) Aeth: cf. $_{3}$b; *πολεμουν* 542; *πολλων* 613 | *καταβάσει*] pr. *τη* 705 | *ἀπώλ. ἀνθ.*] *κατεβαλεν ανθεστηκοτων* 443 | *πανοπλίαν*] pr. *την* 542; *ἀπωλείας* Sm. | *αὐτοῦ*] *-των* B V 248 Syh Syp Sa; > S* = H | *εναντι* 336 443 | *αὐτῶν* V Sm. Katz = H] > 543; *αυτου* rel. | *επηκολουθησαν* L^{-248}

7 (9) om. *καί* 1° 672 | *ἡμέραις*] *-ρα* 248: cf. 18_{24} | *Μωυσέως*] *-σεος* 106-130^{c}-705′ alii Mal.; *μωσεως* A *O*-V 248 358 547^{c} 755 La^{pc} (*mosi*): cf. $_{1}$b | *ἔλεος*] *δυναμιν* 157 La^{Y*} | *αὐτός*] *ουτος* S | om. *καί* 2° 155 | *χαλεφ* 603; *χαλαιπ* 336 | *υἱός*] *ο του* PsAth. IV 384 | *ιεφονη* (vel *-φωνη*) *L b* alii La^{V} Sa PsAth. Mal.; *ιεφρονη* 253; *ιεφνη* 795; *ιεφθοννη* 443; *ιεχονη* 672 | *αναστηναι* 631 | *εναντιον* *O*-V *L* 311-706-795 | *ἐκκλησίας* *O*-V 248 Ra. = H] *κυριου* 130 339 443; pr. *κυριου* *c*-679-795; > S*; *εχθρου* (*-ρων* L^{-248}-315′ *a b* La^{Q} Mal.) rel. | *κωλῦσαι*] *circumdare* (= *κυκλωσαι* Hart) Syh; pr. *και* 339 La^{V} Syp Aeth | *κοπάσαι*] *κοπιασαι* 155 311 543: cf. 23_{17}; *εκκοπασαι* 336; > 613 | *πονηρίας*] pr. *απο* *a* 336 Syh

8 καὶ αὐτοὶ δύο ὄντες διεσώθησαν
ἀπὸ ἑξακοσίων χιλιάδων πεζῶν
εἰσαγαγεῖν αὐτοὺς εἰς κληρονομίαν
εἰς γῆν ῥέουσαν γάλα καὶ μέλι.
9 καὶ ἔδωκεν κύριος τῷ Χαλεβ ἰσχύν,
καὶ ἕως γήρους διέμεινεν αὐτῷ,
ἐπιβῆναι αὐτὸν ἐπὶ τὸ ὕψος τῆς γῆς,
καὶ τὸ σπέρμα αὐτοῦ κατέσχεν κληρονομίαν,
10 ὅπως εἰδῶσιν πάντες οἱ υἱοὶ Ισραηλ
ὅτι καλὸν τὸ πορεύεσθαι ὀπίσω κυρίου.

11 Καὶ οἱ κριταί, ἕκαστος τῷ αὐτοῦ ὀνόματι,
ὅσων οὐκ ἐξεπόρνευσεν ἡ καρδία
καὶ ὅσοι οὐκ ἀπεστράφησαν ἀπὸ κυρίου,
εἴη τὸ μνημόσυνον αὐτῶν ἐν εὐλογίαις·
12 τὰ ὀστᾶ αὐτῶν ἀναθάλοι ἐκ τοῦ τόπου αὐτῶν
καὶ τὸ ὄνομα αὐτῶν ἀντικαταλλασσόμενον
ἐφ' υἱοῖς δεδοξασμένος ἀνθρώπων.

B S A C V 964 (fin. 11a) *O L l a b c* min. La verss.

8 (10) om. *ὄντες* 358 | *ἀπό*] *υπο* 249 | *ἑξακοσίων*] *εξακισχιλιων* 631′ | *εισαγειν* A | *κληρονομίαν*] pr. *την* 443 | $_{8d}$ init.] pr. *και* 253 | *ρευουσαν* 155; *ρεουσα* 534 744 | *γάλα . . . μέλι*] tr. 493* 46^{s} 155 358: cf. 39_{26}

9 (11) *κύριος*] pr. *ὁ* B-S A C 248 *b* 155 339: cf. $_{14b}$ $_{17a}$ 1_{26}; > 336 = H | *τῷ*] pr. *εν* 672 = H | *Χαλεβ*] *χαβελ* L^{-248} | *ἰσχύν*] *εις γην* 543* | *γήρους* 964] *-ρως* V *l*-157′′ *a*-534′ 249-754 443 547 672 679 755 795 Mal.: cf. 3_{12} | *αὐτῷ*] *-του* 46^{s}; pr. *εν* V: dittogr. | $_{9c}$ init.] pr. *και* 248-672 Aeth | *αὐτόν*] *-τω* 155 Mal.; > *l* | *τὸ ὕψος* 964] om. *τό* B Mal.; *την ισχυν* 443 = Syr: cf. 9_{2} | *κατέσχεν*] *και την* A

10 (12) *εἰδῶσιν* 315 (*-σι*) 706 = H] *εδωσι* 631; *ιδωσι(ν)* rel.: cf. 15_{7} Sap. 16_{18} | *οἱ* 964] > 254 311 336 443 631′ 679 705 768* | *Ισρ.* 964] pr. *του* V-253 *l*-157′′ 315 339 358 542 547 | *τὸ πορ.* 964(vid.)] om. *τό* S *a*-534′ *c*-679-795 336 543 547 755; *πορευθηναι* 155 | *ὀπίσω*] *ενωπιον* L^{-248} | *κυρίου*] *θεου* 443; pr. *του* 248 339 542; *sancto deo* La

11 (13—14a) *εκαστω* B-S* 964 | *τῷ*] pr. *εν* 155 755 = H; pr. *περι* 106 | *αὐτοῦ* 964] *εαυτου* V *l*-157′′ *a*-534′ 336 358 542 547; *αυτω* L^{-248} 155; tr. post *ὀνόματι* 795 Syh | *ὅσων*] *οσον* L^{-248}-106-545 alii | *οὐκ*] *ου* 672; > 315* | *εξεπορνευσαν* 964; *συνεξεπορνευσεν* 672; *επορνευσεν* 542; *εξεπορευσεν* 315 631 744; *est corruptum* La | *επεστραφησαν* 705 | *κυρίου*] pr. *του* 248 | *εἴη*] *και* 248; *εις* 336; *ut sit* (= *ινα ειη* 545^{mg}) La | *αὐτῶν*] *-του* 46^{s}

12 (14b—15) init.] pr. *και* S 336 534′ 543 547 La Sa Aeth = Syr | *αναθαλλοι* L^{-248}-672 46^{s} 254 339 443 542 543 613 631′ 795; *αναθαλλει* 315 336 679 705: cf. 49_{10} Sap. 4_{4} | *ἐκ*] *επι* *L* | om. *τοῦ* L^{-248} | *εναντικαταλλασσομενον* V; *αντικαταλλαξοι ξενον* S* | *ἐφ'*] *εν* *L* 542 547: cf. H; *επι* 46^{s} | *υιους* 795 | *δεδοξασμένος ἀνθρώπων* Zi.] *illorum sanctorum virorum gloria* La; *δεδοξασμενων* (*-νοις* 130-705 *a* 336 443 547 613) *αυτων* (*-τω* 336; *ωσαυτως* 443; > 755) rel.: cf. 10_{17}

13 Ἠγαπημένος ὑπὸ κυρίου αὐτοῦ Σαμουηλ
προφήτης κυρίου κατέστησεν βασιλείαν
καὶ ἔχρισεν ἄρχοντας ἐπὶ τὸν λαὸν αὐτοῦ·
14 ἐν νόμῳ κυρίου ἔκρινεν συναγωγήν,
καὶ ἐπεσκέψατο κύριος τὸν Ιακωβ·
15 ἐν πίστει αὐτοῦ ἠκριβάσθη προφήτης
καὶ ἐγνώσθη ἐν ῥήμασιν αὐτοῦ πιστὸς ὁράσεως.
16 καὶ ἐπεκαλέσατο τὸν κύριον δυνάστην
ἐν τῷ θλῖψαι ἐχθροὺς αὐτοῦ κυκλόθεν
ἐν προσφορᾷ ἀρνὸς γαλαθηνοῦ·
17 καὶ ἐβρόντησεν ἀπ' οὐρανοῦ κύριος
καὶ ἐν ἤχῳ μεγάλῳ ἀκουστὴν ἐποίησεν τὴν φωνὴν αὐτοῦ
18 καὶ ἐξέτριψεν ἡγουμένους Τυρίων
καὶ πάντας ἄρχοντας Φυλιστιιμ.
19 καὶ πρὸ καιροῦ κοιμήσεως αἰῶνος ἐπεμαρτύρατο
ἔναντι κυρίου καὶ χριστοῦ αὐτοῦ
Χρήματα καὶ ἕως ὑποδημάτων

B S A C V 964 (init. 16c) *O L l a b c* min. La verss.

13 (**16**) *Ἠγαπημένος*] *-νοι* 631; > 543 | *ὑπό*] *απο* 358 705 | *αὐτοῦ* 1°] *-τος* 358 Aeth; *-των* 672; *εαυτου b*; > L^{-248} 547 La$^{\Lambda}$ MissMoz. | om. *Σαμουηλ* B | *βασιλεα* B 542 613 Mal.; *-λεας* 547; *-λειας* 248 | *ἐπὶ τὸν λαὸν αὐτοῦ*] *τω λαω αυτου* 358; *επι τον ισραηλ* 443
14 (**17ab**) om. 14a *l* | *ἔκρινεν*] *εχρισεν* 336: ex 13c | *κύριος*] pr. *ὁ* 542: cf. 9a; > *b* | *τόν*] *τω* V | *Ιακωβ*] *ισραηλ* 443
15 (**17c—18**) init.] pr. *και* 336 545^{c} La Aeth | *αὐτοῦ* 1°] *κυριου a*-534 | *επεγνωσθη* 155 (*επαιγ.*) 336; *εγνωρισθη* 315' | *ῥήμασιν*] *ρηματι O*-V *L b c* 358 542 Aeth Mal. = H; *πιστει* B: ex 15a | om. *αὐτοῦ* 2° 358 | *πιστός*] *πιστις O*; *πιστι* V; > 248 | *ὁράσεως*] *-σει* L^{-248} 543; > 248
16 (**19**) *ἐπεκαλέσατο*] *-σα* S*; *-σαντο* 795 | *τὸν κύριον*] tr. 637; *κυριος τον* 493; om. *τόν* 315' 542 547 | *θλῖψαι*] *εκθλ.* V *a*-534' 336: cf. 5b; *θλιβεσθαι* 795; *εκλειψαι* 253; + *αυτον L*-315' 547 768 Sa Aeth: cf. H et 5b | *ἐχθροὺς αὐτοῦ*] tr. S*; *αυτους ε.* 336; *τον εχθρον αυτου* 672 Aeth; pr. *τους* 603 613; *αυτους a*-543: cf. 47$_{7}$; om. *αὐτοῦ* 547 La | *προσφοραις* 603 | *ἀρνός*] *αρνου* (= *agni* La^{V}) 545^{c}; *ανδρος* 248-672-705 543* 603 797 La$^{G\ omnes}$ (*viri*)
17 (**20**) *ἀπ' οὐρ.* = La^{V} (*de caelo*)] *εξ ουρ.* L^{-248} 443 543 La$^{G\ pl}$ (*e caelo*) = 48$_{20}$ Ps. 17$_{14}$ Regn. II 22$_{14}$ | *κύριος*] pr. *ὁ* S *L'*-157''-315' *b c*-679-795 155 339 534' 547 755 768: cf. 9a | om. *καί* 2° *a*-534' 542 La^{pc} = H | *μεγάλῳ*] + *βροντης L* | *τὴν φ./αὐτοῦ*] tr. 705; om. *τήν a*-534' 543 547
18 (**21**) *ἐξέτριψεν*] *εξεστρεψεν b* 534 705: cf. 48$_{21}$ | *ἡγουμένους*] *-νος* 631' 755; *-νον* Mal. | *Τυρίων*] *τυρων* S*; *μαρτυριων* 631'; *τυραννων* 336 Sa (*τυραννος*) | *πάντας ἄρχ.*] *π. τους αρχ.* 157''; *παντες αρχοντες* 755; om. *πάντας* 46$^{s\ txt}$
19 (**22**) *κοιμήσεως*] *ποιησεως b* | *αἰῶνος*] *κοιτῶνος* Hart | *ἐπεμαρτύρατο*] *-ραντο* 315; *-ρησατο* 672 | *ἔναντι*] *-τιον* 339 534'; > V = H | *χριστοῦ*] *χρηστου* 46^{s}; *regis* Sa | *αὐτοῦ* S^{c} *L* 613 768 Aeth = H] > rel. | om. *καί* 3° C Sa |

ἀπὸ πάσης σαρκὸς οὐκ εἴληφα·
καὶ οὐκ ἐνεκάλεσεν αὐτῷ ἄνθρωπος.
20 καὶ μετὰ τὸ ὑπνῶσαι αὐτὸν ἐπροφήτευσεν
καὶ ὑπέδειξεν βασιλεῖ τὴν τελευτὴν αὐτοῦ
καὶ ἀνύψωσεν ἐκ γῆς τὴν φωνὴν αὐτοῦ
ἐν προφητείᾳ ἐξαλεῖψαι ἀνομίαν λαοῦ.

47 1 Καὶ μετὰ τοῦτον ἀνέστη Ναθαν
προφητεύειν ἐν ἡμέραις Δαυιδ.
2 ὥσπερ στέαρ ἀφωρισμένον ἀπὸ σωτηρίου,
οὕτως Δαυιδ ἀπὸ υἱῶν Ισραηλ.
3 ἐν λέουσιν ἔπαιξεν ὡς ἐν ἐρίφοις
καὶ ἐν ἄρκοις ὡς ἐν ἄρνασιν προβάτων.
4 ἐν νεότητι αὐτοῦ οὐχὶ ἀπέκτεινεν γίγαντα
καὶ ἐξῆρεν ὀνειδισμὸν ἐκ λαοῦ
ἐν τῷ ἐπᾶραι χεῖρα ἐν λίθῳ σφενδόνης
καὶ καταβαλεῖν γαυρίαμα τοῦ Γολιαθ;

B S A C V 964 (fin. 2a) *O L l a b c* min. La verss.

ὑποδημάτων] pr. *των* 543 | *ειληφεν* B[c] S[c] 545[c] (-*φε*) La Aeth; -*φει b*; *ηλειφε* 795 | om. *καί* ult. 631′ | *αὐτῷ*] -*τον* 46[s]: cf. La (*illum*) | *ἄνθρ.*] pr. *omnis* Syh = H

20 (**28**) *τό*] *του* 755 | *προεφητευσε(ν)* B 964 V-253 *L′*-157′′ *a*-534′ 155 542 543 547[c] 672; *επροεφητευσε(ν)* 336 (-*φυτ.*) 358 754 755: cf. 48_{13} et Thack. § 16_{8} | *καί* 2° 964] > S* Sa | *επεδειξεν* C 964 | *βασιλεῖ*] -*λεως* 744 = Ald.: cf. 48_{23} | *ἐκ γῆς*] *εκ της γης* 755; > 797 | *τήν* 2° 964] > A | *προφητείᾳ* 964] -*τειαις* S 315′ 336: cf. $_{1}$b 39_{1} 44_{3} | *ἐξαλεῖψαι*] -*λ⟨ε⟩ιψει* S; -*λειψας a* | *ἀνομίαν*] -*μιας* 542; -*μια* 253; *προφητειαν b* 534 (-*τιαν*)

47 1 *μ. τοῦτον*] *μ. τουτο* C 248 358 La (*post hoc*, *post haec*[V] = Sa); *μ. τουτων* 797; *μετ αυτον* 547: cf. $_{12}$a | *ανεστην* 443; *ανεστιν* V; *ανεστησε* 130-705 157 296 (-*σεν*) 358 | *ναθα* 755; *natham* La[GAT]; *ισραηλ* V | *προφητεύειν*] *και προεφητευσεν* 543 Sa (om. *και*) Aeth; *ο προφητης L* La = Syr; *προφητευον* 755

2 init.] pr. *και* 358 La | *σωτηρίου*] *θυσιαστηριου* 443 | *υἱῶν*] pr. *των* B *L*$^{-248}$ *b* 339 358 543; *υιου* 795; *prophetarum* Syh

3 *ἔπ. ὡς ἐν*] *επεξενωσεν* (+ *ως εν* 248: dittogr.) *L* 254-603 547* | *ἔπαιξεν*] *επεξεν* V alii; *επαιζεν* B* Mal.; *επεζεν* A; *επαισεν* C; *ενεπαιξεν* (sic 679; -*πεξ.* 706-795, -*πηξ.* 296-311) *c*-679-795 | om. *ἐν* 2° 130 795 = H | *αρκτοις* 249-754 336 672 768: cf. 25_{17}; *αρκεις* S*; *αρκαις* 797 | *ὡς* 2°] *ωσπερ* 249-754 443 | om. *ἐν* ult. 315 La[Ω] MissMoz. = H | *αρνεσι L*$^{-248}$ 68-744′ 631′ = Ald.; *αρμασι* 254 705; *αρσι* 336 755 | *προβατοις* 254-603

4 (**4—5**) om. *οὐχί L a* = H | *απεκτενε* 705; *υπεκτεινε* 130 | *γιγαντας* 543 (*γηγ.*) | *εξηρας* 795 | $_{4}$c init.] pr. *και* 248 249-754 | *χειρας* A V *a*-534′ 443 543 547 La[Z*]: cf. 46_{2} | *λίθῳ*] *λιθοις L*$^{-248}$: cf. Zach. 9_{15}; *μεσω* 358: cf. Regn. I 25_{29} | *σφενδονος* 493 | om. *καί* ult. V *L* La (exc.[AQ]) Sa | *κατεβαλε(ν)* S C *a*-534′ 106[c] 155 315′ 336 339 542 755 (*καταβαλε*) La Aeth(vid.) = H; *καταλαβειν* 545[c] (-*λαλειν**); *κατελαβε* 358: cf. 7_{7} | *γαυριαματα* 672 | *τοῦ Γολιαθ*] *του* -*αδ* C V 336 443 Syh Aeth; *goliae* La: cf. Ziegler, Beiträge z. Ier.-Sept. (Göttingen 1958) 60

5 ἐπεκαλέσατο γὰρ κύριον τὸν ὕψιστον,
καὶ ἔδωκεν ἐν τῇ δεξιᾷ αὐτοῦ κράτος
ἐξᾶραι ἄνθρωπον δυνατὸν ἐν πολέμῳ
ἀνυψῶσαι κέρας λαοῦ αὐτοῦ.
6 οὕτως ἐν μυριάσιν ἐδόξασαν αὐτὸν
καὶ ᾔνεσαν αὐτὸν ἐν εὐλογίαις κυρίου
ἐν τῷ φέρεσθαι αὐτῷ διάδημα δόξης·
7 ἐξέτριψεν γὰρ ἐχθροὺς κυκλόθεν
καὶ ἐξουδένωσεν Φυλιστιιμ τοὺς ὑπεναντίους,
ἕως σήμερον συνέτριψεν αὐτῶν κέρας.
8 ἐν παντὶ ἔργῳ αὐτοῦ ἔδωκεν ἐξομολόγησιν
ἁγίῳ ὑψίστῳ ῥήματι δόξης·
ἐν πάσῃ καρδίᾳ αὐτοῦ ὕμνησεν
καὶ ἠγάπησεν τὸν ποιήσαντα αὐτόν.
9 καὶ ἔστησεν ψαλτῳδοὺς κατέναντι θυσιαστηρίου
καὶ ἐξ ἠχοῦς αὐτῶν γλυκαίνειν μέλη,
καὶ καθ' ἡμέραν αἰνέσουσιν ἐν ᾠδαῖς αὐτῶν.

B S A C V *O L l a b c* min. La verss.

5 (6) om. *γάρ* C Sa | *κύριον*] pr. *τον* 339 443 534 679; tr. post *ὕψ*. 106; > *a b* 358* La[S] | *τὸν ὕψ*.] om. *τόν* 248; *δυναστην* 443 La (*potentem, omnipotentem*[V]); > 679 = Syr | *ἔδωκεν ἐν τῇ δ*.] *εδωκε τη δ*. 336 358; *εδωκεν εν τη δοξη a*; *dedit dexteram* La[CΣ] MissMoz. | *δυνατόν*] *δυναστην* 155; > B* La[Πc] | *ἀνυψῶσαι*] *-σει* B; *-σε* 679; *κοι -σεν* 443; pr. *και b* 795 La Syh = H

6 (7) *ουτος* 542 | *ἐδόξασαν* Ra. = Sa et H] *-σεν* codd. et rel. verss. | om. *αὐτόν* 1° Mal. | *ᾔνεσαν* S[c] 493-*l*-157'' 296-706 443 603[c] 631 679 795 Sa Aeth = H] *ηρεσεν* S*; *ηνεσεν* rel. | om. *ἐν* 2° 534 754 | *κυρίου*] *υψιστου* 443 | *αὐτῷ*] *αυτον* 46[s] 543 545[c] 547 672 795 verss.[p] Mal.

7 (8) *ἐξέτριψεν*] *-τρεψεν* 155 672 (*-ψε*): cf. 48 21; *εξερριψε* 603 | *ἐχθρούς*] *αυτους* 534: cf. 46 16; + *σου* S* | *σήμερον*] *ημερων* 155; *αιωνος* 253 *b* | *αὐτῶν*] *-τω* C V; *το* 46[s]

8 (9—10) *ἐν* 1°] *επι* 130-705; pr. *και b* Aeth | *παντί*] pr. *τω c*-679 | *ὑψίστῳ*] *-στου* S 358 | *ῥήματι*] *-μασιν* 155 443 542; *-ματα* C *L*[-248]-130-705 613[c] 706 795; pr. *in* La Syh Aeth = H | om. *αὐτοῦ* 2° 705* | *ὕμνησεν*] *-σιν* S 443; *-σαι* 46[s]* (*-σε*[c]); + *dominum* (*deum*[ΘΩ]) La | om. 8d 248* | *τὸν ποιήσ. αὐτόν*] + *κυριον L*[-248(C)]; pr. *deum* (*dominum*[Ω]) La

9 (11) *ψαλμωδους* S 248-672 296 547[c] 603 755: cf. 50 18 | *θυσιαστηρίου*] pr. *του* B 493-672 *b* 296 336 613 631' | om. *καί* 2° 157'' Sa | *ἠχοῦς*] *ηχου* B[c] *l*-157'' 311 547[c] 613 672 755; *αρχους* 336 | *αὐτῶν*] *-τον* 443; *-τω* 755; *-του* 248 543 | *γλυκαίνειν*] *-νει* V (*-κενι*) 68-744' 155 311 315' 443*; *-κανει* 336; *dulces fecit* (= *εγλυκαινε* Schla.) La: cf. H | *μέλη*] *μελι* 493 alii: cf. 40 21 | hab. v. 9c *L*-130 339 (130 339 ante v. 9a): cf. Syr | *αὐτῶν* 248] *-του* 130 339; > 493-637

10 ἔδωκεν ἐν ἑορταῖς εὐπρέπειαν
καὶ ἐκόσμησεν καιροὺς μέχρι συντελείας
ἐν τῷ αἰνεῖν αὐτοὺς τὸ ἅγιον ὄνομα αὐτοῦ
καὶ ἀπὸ πρωίας ἠχεῖν τὸ ἁγίασμα.
11 κύριος ἀφεῖλεν τὰς ἁμαρτίας αὐτοῦ
καὶ ἀνύψωσεν εἰς αἰῶνα τὸ κέρας αὐτοῦ
καὶ ἔδωκεν αὐτῷ διαθήκην βασιλέων
καὶ θρόνον δόξης ἐν τῷ Ισραηλ.

12 Μετὰ τοῦτον ἀνέστη υἱὸς ἐπιστήμων
καὶ δι᾽ αὐτὸν κατέλυσεν ἐν πλατυσμῷ·
13 Σαλωμων ἐβασίλευσεν ἐν ἡμέραις εἰρήνης,
ᾧ ὁ θεὸς κατέπαυσεν κυκλόθεν,
ἵνα στήσῃ οἶκον ἐπ᾽ ὀνόματι αὐτοῦ
καὶ ἑτοιμάσῃ ἁγίασμα εἰς τὸν αἰῶνα.
14 ὡς ἐσοφίσθης ἐν νεότητί σου

B S A C V *O L l a b c* min. La verss.

10 (**12**) om. v. 10a V | ἐν 1°] μεν 155; > S 336 543 754: post -εν | ἑορταῖς] -τη 672 Syh Aeth; pr. ταις *L* | μεχρις 493 631 | om. τῷ 336 | om. αὐτούς 534′ | τὸ ἅγ. ὄν. αὐτοῦ] το ον. το αγ. αυτου C *a*-534′ 155 157 315′ 443 543 547 755 Syh Sa Aeth = H; το ον. αυτου το αγ. 358; το αγ. αυτου ον. 248; το αγ. ον. σου S; *sanctum nomen* (*nomen s.*^{V}) *domini* La; om. ἅγιον 68-744′ La^{Π} = Ald.: cf. Sap. 10 20 | πρωι B 358 Mal.; κοπριας 336 | ἠχεῖν] ἠχεῖ L^{-248}; εχειν 336 613^{c}; ησχειν 672; pr. φωνη S^{c}: cf. 45 9 | τὸ ἁγίασμα] + αυτου 248 46^{s*} Aeth; pr. *dei* (= θεου 545^{c}) La

11 (**13**) κύριος = La^{V}] *spiritus* La^{X}; χριστος B^{c2} $La^{G\ rel}$ | om. καί 1° 672 $La^{C\Sigma}$ MissMoz. | εἰς αἰ.] εις αιωνας 248 46^{s} (tr. post αὐτοῦ 2°) 543; εις τον αι. *a*-613 358 603: cf. 16 27; > 631′ | ἔδωκεν] + εν 534 | αὐτῷ] εαυτων 705 | βασιλέων] -λεως *b* 613^{*}; -λειας *L* 547 La^{V} (*regni*) Aeth = H; -λειων 336; *in regno* (= βασιλείᾳ) Syh | θρονω 46^{s}; θρονων 795

12 (**14**) init.] pr. και C 358 547 755 Aeth = Syr | Μετὰ τοῦτον] μ. τουτο 253 493; μ. τουτου 68-744′ = Ald. Sixt.; μ. τουτων 795; μετ αυτον 542 La (*post ipsum*): cf. 1a | υἱός] ιησους 336 | om. 12b C | δι᾽ αὐτόν] δι αυτων V 311 795; δια τουτο 443 | κατέλυσεν] κατεπαυσεν S L^{-248}: ex 13b; κατεστησεν 542

13 (**15abcd**) Σαλωμων B C 339 443^{*} La Aeth] σαλομων 253 *l* 358 443^{c} 543 768 Mal.; σολομων (σολωμων 155; σωλομων 534) rel.: cf. 23a et Thack. § 11 7; pr. ὁ 493; + ος *O* 613 | 13a fin.] + και εδοξασθη *L* | ᾧ] ως S^{*} *L* 68-744′ = Ald.; ον *c*-679-795; *et* Aeth = H | om. ὁ S^{*} | κυκλόθεν] pr. αυτω L^{-248} Sa = H; + αυτου 248 $verss.^{p}$ | ἵνα στήσῃ] ινα στησει 46^{s} 336; αναστηση 493 155 547^{*}; αναστησαι 795 | ἐπ᾽ ὀν.] εν τω ον. 534-613^{*} La verss.: cf. 36 20 | αὐτοῦ] κυριου L^{-248} | ἑτοιμάσῃ] -σαι V L^{-248} 795; -σει 336 alii

14 (**15e—16a**) ὡς] ος L^{-248} 543 547 613^{c} 755 | εσοφισθη *L*-672-705 543 547 613^{c} 755 795 La (exc.^{V}) | σου] αυτου *L* 543 547 613^{c} 755 La (exc.^{V}) |

καὶ ἐνεπλήσθης ὡς ποταμὸς συνέσεως.
15 γῆν ἐπεκάλυψεν ἡ ψυχή σου,
καὶ ἐνέπλησας ἐν παραβολαῖς αἰνιγμάτων·
16 εἰς νήσους πόρρω ἀφίκετο τὸ ὄνομά σου,
καὶ ἠγαπήθης ἐν τῇ εἰρήνῃ σου·
17 ἐν ᾠδαῖς καὶ παροιμίαις καὶ παραβολαῖς
καὶ ἐν ἑρμηνείαις ἀπεθαύμασάν σε χῶραι.
18 ἐν ὀνόματι κυρίου τοῦ θεοῦ
τοῦ ἐπικεκλημένου θεοῦ Ισραηλ
συνήγαγες ὡς κασσίτερον τὸ χρυσίον
καὶ ὡς μόλιβον ἐπλήθυνας ἀργύριον.
19 παρανέκλινας τὰς λαγόνας σου γυναιξὶν
καὶ ἐνεξουσιάσθης ἐν τῷ σώματί σου·
20 ἔδωκας μῶμον ἐν τῇ δόξῃ σου
καὶ ἐβεβήλωσας τὸ σπέρμα σου
ἐπαγαγεῖν ὀργὴν ἐπὶ τὰ τέκνα σου
καὶ κατανυγῆναι ἐπὶ τῇ ἀφροσύνῃ σου

B S A C V *O L l a b c* min. La verss.

ενεπλησθη L-705 155 543 755 795 La (exc.^{V}); *επλησθης* 253 358; *επλησθη* 547: cf. 2_{16}; *εσοφισθη* C* (-*θης*^{c}): ex $_{14a}$

15 (16b—17a) *εκαλυψεν* 705 | *σου*] *αυτου* 613^{c} La^{pc}; + *πασαν L* | *ἐνέπλησας*] -*σεν* 248 (-*σε*) *a* La$^{\Pi}$ (*replevit*) Mal.; -*σαν* C 534; *ανεπλησας* 744′: cf. 48_{12}; *ενεπλησθη L*$^{-248}$ | om. *ἐν* 248

16 (17bc) *πορρωθεν* 545^{c} | om. *τό* 672 755 | *ηγαπηθη* 672; *ηγαπησεν* 248

17 (18) init.] pr. *και* A C *a c*-679-795 155 358 613 755 Aeth | om. *καί* 1° 755 = H | *παραβολαῖς*] pr. *εν* 705 verss.^{p} | om. *ἐν* 2° 248-672-545 755 795 La (exc.$^{\Theta}$) | *ἑρμηνείαις*] -*νεια* B^{c} (-*νια**) 543; *ερημιαις* A; *ερημεια* 253 | *επεθαυμασαν* A 613*; *εθαυμασαν a* | om. *σε* 248 336 La^{Vpl} | *χῶραι*] -*ρα* 253; pr. *αι* 248 336

18 (19—20) om. *ἐν* 631′ | *τοῦ θεοῦ*] + *πασης της γης L*; + *σου* 443; > *a*-534′ La^{pc} Aeth: cf. 4_{28}; om. *τοῦ* 358 443 | *ἐπικεκλ.*] *επικαλεσαμενου σου* 248; + *σοι L*$^{-248}$ | om. *θεοῦ* 2° C(vid.) 797* (corr.^{1}) La$^{C\Theta}$ | *Ισρ.*] pr. *του* 705 | *συνηγαγεν* 155; *συνεισηγαγες* 336 | om. *τό* 106-545 | *μολιβδον* C 493-106-545-705 68-744′ 311 336 339 358 547 613 672 755 795 Mal.; *μολυβον* 253 248 157 679 755; *μολυβδον* 130: cf. 22_{14} | *ἐπλήθυνας*] *επαψευδειας* (sic) 336 | *ἀργύριον*] -*ρον* 637* 336: cf. Sap. 7_{9}; pr. *το* 248 755

19 (21) init.] pr. *και* 795 La Aeth = H | *παρενεκλινας* 248-673-106-705 68-744 336 358 443 534′ 547 631′ 755; *παρεκλινας* S 493-672 *c*-679-795 155 603 Mal. | *τὰς λαγόνας*] *τα σπλαγχνα* 248 | *γυναικι a* | *ἐνεξουσιάσθης*] -*θησεν* V; -*θησαν* Sm.

20 (22) init.] pr. *και O* 336 547* La^{pc} Aeth = H | *ἐν* = 30_{31}] > S Sa | *σπέρμα*] *στρῶμα*? Sm. | *απαγαγειν* 744′ 795 = Ald. | om. *τά L*$^{-248}$ | *κατανυγῆναι L′ a* 443 795 La Ra.: cf. Syr] *κατενυγης* 155 547 613; *κατενυγην* rel. | *ἐπί* 2°] *εν L*$^{-248}$ 443 603 613 La$^{CQ\Sigma}$ (> ^{rel}) Mal. | *τῇ* 2°] *παση* 315′ | *ευφροσυνη* 315′ 744 = Ald.: cf. $_{23c}$ Sap. 10_{8}

21 γενέσθαι δίχα τυραννίδα
καὶ ἐξ Εφραιμ ἄρξαι βασιλείαν ἀπειθῆ.
22 ὁ δὲ κύριος οὐ μὴ ἐγκαταλίπῃ τὸ ἔλεος αὐτοῦ
καὶ οὐ μὴ διαφθείρῃ ἀπὸ τῶν λόγων αὐτοῦ
οὐδὲ μὴ ἐξαλείψῃ ἐκλεκτοῦ αὐτοῦ ἔκγονα
καὶ σπέρμα τοῦ ἀγαπήσαντος αὐτὸν οὐ μὴ ἐξάρῃ·
καὶ τῷ Ιακωβ ἔδωκεν κατάλειμμα
καὶ τῷ Δαυιδ ἐξ αὐτοῦ ῥίζαν.

23 Καὶ ἀνεπαύσατο Σαλωμων μετὰ τῶν πατέρων
καὶ κατέλιπεν μετ' αὐτὸν ἐκ τοῦ σπέρματος αὐτοῦ
λαοῦ ἀφροσύνην καὶ ἐλασσούμενον συνέσει
Ροβοαμ, ὃς ἀπέστησεν λαὸν ἐκ βουλῆς αὐτοῦ.
καὶ Ιεροβοαμ υἱὸς Ναβατ, ὃς ἐξήμαρτεν τὸν Ισραηλ
καὶ ἔδωκεν τῷ Εφραιμ ὁδὸν ἁμαρτίας·
24 καὶ ἐπληθύνθησαν αἱ ἁμαρτίαι αὐτῶν σφόδρα
ἀποστῆσαι αὐτοὺς ἀπὸ τῆς γῆς αὐτῶν·

B S A C (fin. 23c) V *O L l a b c* min. La verss.

21 (**28**) *γενέσθαι*] + *σε* *L*$^{-248}$ | *διχη* 130-705 542 | *τυραννιδος* S^{c} *L*-315′ 613 679 755 | *ἄρξαι*] *αρξας* S V-253 613^{c}; *αρξασθαι* 443; *εξαραι* *L*$^{-248}$; > La$^{X\Omega}$ = H | *ἀπειθῆ*] *ευπειθη* 493; *αναπειθη* 795

22 (**24—25**) *κύριος*] *θεος* 358 La = Syr | *ἐγκαταλίπῃ*] *-λειπη* A alii; *-λειπει* 547; *-λιπει* 545^{c}; *καταλ(ε)ιπη* B-S *O*-V *L* 336 358 543: cf. 2_{10} | *διαφθείρῃ*] *-θειρει* 296 alii; *-θαρη* B-S* 253 248-315′ 443 543 547^{c} 755 Mal. | *λόγων* Sm. Ra. = H] *εργων* codd. et verss. | *οὐδέ*] *ουδ ου* *L*-672 *b* 336 358 547 Mal.; *και ου* *O* Sa | *ἐξαλείψῃ*] *-ψει* C 493 alii; *-λειφθη* 443; *εγκαταλειψη* 672: ex $22a$; > 543 | *ἐκλεκτοῦ*] *εκ του* 744′ = Ald.; pr. *απο* 443; pr. *του* 543 | om. *αὐτοῦ* 3° 493 606 Aeth | *εκγονον* *b* | *σπέρμα*] *τα σπερματα* 545; pr. *το* A 672; + *του σπερματος* 543 | *τοῦ ἀγ. αὐτόν*] *αυτου αγ. αυτον* *l*; *του αγαπωντος αυτον* *L*$^{-248}$; *eius qui diligit dominum* (*deum*^{SZ*}) La | *ἔδωκεν*] *δεδωκε* 534′: cf. 24_{15ab} 43_{33}; pr. *ος* S* | *κατάλειμμα*] *το λιμμα* 315

23 (**26—29b**) *Σαλωμων* B A 253 155 339 La Aeth] *σαλομων* V *l b* 358 443 543 768 Mal.; *σολομων* rel. | *πατέρων* B V-253 *L* Mal. (1°) Zi.] + *αυτου* rel. | *κατελειπε(ν)* A V 637 alii | *μετ'*] *μεθ* A *a* 155 339 | *αὐτόν*] *-των* 336 795; *-του* 543 | *ἐκ* 1°] *απο* *L* | *ἀφροσύνην*] *-νη* 315; *ευφροσυνην* *l* 795: cf. $20d$ | *ελαττουμενον* S *L* 155 315′ (*-νω*) 336 543 613^{c} Mal.: cf. 16_{23} | *συνεσιν* 443 La^{pc} | *ροβοαν* 705; *ροαβ* 755 | om. *ὃς* 1° S* *L*$^{-248}$ = H | *ἀπέστησεν*] *-στη* 755*; *επεστειλεν* 744 | *λαόν*] pr. *τον* A | *ιεροβοαν* 705 | om. *υἱός Ναβατ* 336 Aeth | *υἱός*] *υιον* B A 613 672 La | *Ναβατ*] *νοβατ* 603; *ραβατ* 493; *ναφατ* 744 = Ald.; *ναδαβ* V; *ναυατου* 679 (om. *ὃς* 2°) | *τόν*] *τω* 46^{s} 543 672 795 | *ὁδόν*] *υιον* 254

24 (**29c—30**) *ἐπληθ. αἱ ἁμ.*] *επλησθησαν αι ημεραι* 672 | *αὐτῶν* 1°] *-τω* 797 | *ἀποστῆσαι*] *-στηναι* 547: cf. Ez. 33_{8} | om. *τῆς* S | *αὐτῶν* 2°] *-του* 339; > *L*

25 καὶ πᾶσαν πονηρίαν ἐξεζήτησαν,
ἕως ἐκδίκησις ἔλθῃ ἐπ' αὐτούς.

48 1 Καὶ ἀνέστη Ηλίας προφήτης ὡς πῦρ,
καὶ ὁ λόγος αὐτοῦ ὡς λαμπὰς ἐκαίετο·
2 ὃς ἐπήγαγεν ἐπ' αὐτοὺς λιμὸν
καὶ τῷ ζήλῳ αὐτοῦ ὠλιγοποίησεν αὐτούς·
3 ἐν λόγῳ κυρίου ἀνέσχεν οὐρανόν,
καὶ κατήγαγεν οὕτως τρὶς πῦρ.
4 ὡς ἐδοξάσθης, Ηλία, ἐν θαυμασίοις σου·
καὶ τίς ὅμοιός σοι καυχήσεται;
5 ὁ ἐγείρας νεκρὸν ἐκ θανάτου
καὶ ἐξ ᾅδου ἐν λόγῳ ὑψίστου·
6 ὁ καταγαγὼν βασιλεῖς εἰς ἀπώλειαν
καὶ δεδοξασμένους ἀπὸ κλίνης αὐτῶν·
7 ὁ ἀκούων ἐν Σινα ἐλεγμὸν
καὶ ἐν Χωρηβ κρίματα ἐκδικήσεως·

B S A V *O L l a b c* min. La verss.

25 (**81**) om. 25a *L* | *απασαν a*-534' | *εξεζητησεν* 358 La Sa = H; *εξαιτισαν* 542 | *ἕως*] *ως* A | *ἐκδίκησις*] -*σεις* A alii; -*σεως ἡ* 795; *δικησις* 744 (-*σισις*)-768 = Ald.; pr. *οργη και L* | *ἔλθῃ*] -*θοι* 603; *επελθη* 542 La (*perveniret*); *ηλθεν O*-V 547

48 1 *προφήτης*] pr. *ὁ* 493-545-705 755 Sa | *λόγος*] *λογισμος* 254: cf. 5_{10}

2 *ὅς*] *et* Aeth = H; + *και* 46^{8} | *ἐπ'*] *εις* 603: cf. La (*in*) | *αὐτούς* 1°] -*τα* 545 | *λιμόν*] + *ισχυρον* 248: cf. Luc. 15_{14} et Regn. III 18_{2} (*ἡ λιμὸς κραταιά*) | *τῷ ζήλῳ*] *τω ισχυρω ζ.* L^{-248} | *αὐτοῦ*] -*τους* 534; -*τω* 106* | *ὠλιγ.*] *ωδοποιησεν* V 795 (*οδ.*)

3 *λόγῳ κυρίου*] *τω λ. αυτου* 443 | *οὐρανόν*] -*νου* 155 543; *ο ουρανος* 443 | om. *καί* B-S A V 106*-545-705 254-754 *c*-679-795 155 157'' 315' 339 755 Sa: ante *κατ*- | *οὕτως*] *ουτος l*-157'' alii; > *O*-S^{c}-V *L* 358 443 542 La Sa Aeth = H | *τρὶς πῦρ*] + *εξ ουρανου L* Syh = Syr; pr. *de caelo* La^{V} Aeth; pr. *a se* La^{Gomnes}

4 *ὡς*] *ος* L^{-248} alii: cf. 46_{2} | *ἐδοξάσθης*] -*θη* L^{-248}-672-545-705 68-744 336 547 795 La: cf. 50_{6}; + *εξ ουρανου* L^{-248}: ex 3b | *ηλιας* L^{-248}-672-705 155 336 547 795 La Sa Aeth; > 534 | *θαυμασίοις*] pr. *τοις* B *L* 443 603 Mal.: cf. 38_{6} | *σου*] *αυτου* L^{-248} La | *ὅμοιος*] *similiter* (= *ομοιως* 545^{c}) La | *σοι*] *σου* 744' = Ald. | *καυχήσεται*] -*χασθαι* B *O*-V *L* 157''; -*χησασθαι b* 315' 339 543 547 Mal.: cf. La

5 *ὁ ἐγείρας*] *εξεγειρας a* | *ᾅδου*] + *ψυχην O L*

6 om. *ὁ* 248 336 795 | *καταγων* 315' | *δεδοξασμενος* 155 705 | *κλίνης*] *καινης* 336; pr. *της* 542

7 *ὁ L* La (vid.) Aeth = Sixt.] > rel. | *ἐν* 1°] *εις c*-679 157'' 543 755 | *Σινα*] *σιων a*-534 443 La^{A} | *ἐλεγμόν*] + *κυριου O L* | *Χωρηβ*] -*ρημ* 358; pr. *τω* 706* | *ἐκδικήσεως*] *δικαιοσυνης* 534 795

8 ὁ χρίων βασιλεῖς εἰς ἀνταπόδομα
καὶ προφήτας διαδόχους μετ᾽ αὐτόν·
9 ὁ ἀναλημφθεὶς ἐν λαίλαπι πυρὸς
καὶ ἐν ἅρματι ἵππων πυρίνων·
10 ὁ καταγραφεὶς ἕτοιμος εἰς καιροὺς
κοπάσαι ὀργὴν πρὸ θυμοῦ,
ἐπιστρέψαι καρδίαν πατρὸς πρὸς υἱὸν
καὶ καταστῆσαι φυλὰς Ιακωβ.
11 μακάριοι οἱ ἰδόντες σε
καὶ οἱ ἐν ἀγαπήσει κεκοιμημένοι·
καὶ γὰρ ἡμεῖς ζωῇ ζησόμεθα.

12 Ηλίας ὃς ἐν λαίλαπι ἐσκεπάσθη,
καὶ Ελισαιε ἐνεπλήσθη πνεύματος αὐτοῦ·
καὶ ἐν ἡμέραις αὐτοῦ οὐκ ἐσαλεύθη ὑπὸ ἄρχοντος,
καὶ οὐ κατεδυνάστευσεν αὐτὸν οὐδείς.

B S A C (init. 11) V *O L l a b c* min. La verss.

8 *ὁ χρίων*] *ο χρειων* B*-S alii; *ἀχρείων* 795; *ο χρισας* 543 | om. *εἰς* V: post *-εις* | *αποδομα* 672 | *μετ᾽*] *μεθ α* 358; *επ* 672 | *αὐτόν*] *-των* V-253 alii; *-του* 46^{s}

9 *ἐν* 1°] *επι* 358 | *λαίλαπι*] *λαμπαδι* A Aeth | *καί* 603 La^{pc} = H] > rel. | *αρμασιν* 315′

10 om. *ὁ* 493 | *ἕτοιμος* Sm. = H] *ελεγμος* A *O*-V *L*$^{-248}$-106-545 *b* 157′′ 542 Aeth; *ελεγμους* 248; *ελλεγμοις* 543; *εις ελεγμον* 130-705 (om. *εις*); > 358^{txt} (*ελεγμον εις*^{mg}); *εν ελεγμοις* (*-μους* 795) rel. | *εἰς καιρούς*] *επι κ.* 443; *εις καιρον* V *b* Syh = H; *temporum* La; om. *εἰς* S* | *κοπάσαι ὀ.*] *κοπασας ο.* 613 795; *κοπασε οργη* V | *πρὸ θυμοῦ*] *κρισεως κυριου προς θυμον L*; *laeti* (= *προθύμου* Hart) Syh; *domini* La | 10c init.] pr. *και* B C *b* La^{pc} MissMoz. Aeth Mal. | *καρδίαν*] *corda* La$^{C\Sigma}$ Syh = Luc. 1_{17} (*καρδίας*) | *πατρός*] *πατερων O* La$^{\Pi}$ (*patrum*) = H et Luc.; > 542 | *πρὸς υἱόν*] *επι υιον* V; *προς υιους a*-534 -613*543 (*υιου⟨ς⟩*) La$^{\Pi}$ (*ad filios*) Aeth; *επι τεκνα O* = H et Luc.; *επι κυριον* 155 | *καταστῆσαι*] *μεταστησαι* 534 | *φυλάς*] *φυλακας* 603: cf. 16_{4}

11 (11—12) *ἰδόντες*] *ιδοτες* 637 358; *ειδοτες* S C V-253 493 336 339 543 547 755 Aeth: cf. 15_{7} | om. *σε* 254 443 795 | om. *οἱ* 2° 254 443 795 La | *ἀγαπήσει*] *αγαπη* S* 547 (+ *σου*); + *σου* S^{c} 543 545^{c} La Aeth; *αναπαυσει* Sm. | *κεκοιμημένοι O* 248 *b c*-679-795 155 339 547 Sa Ra.] *κεκολλημενοι σοι* 542; *κεκοσμημενοι* rel.: cf. 25_{1} | *ζωῇ*] *ζωης* S* A 358; *ζωην L*$^{-248}$

12 (13) *ὅς*] *ως* 155 alii; *quidem* La^{V}; > 493 *a* 443 = Syr: cf. 49_{8} | *ἐν λαίλ./ἐσκ.*] tr. *L* Sa; om. *ἐν* Mal. | *ἐσκεπάσθη*] *επετασθη* 493: cf. Ps. 17_{11} | *Ελισαιε* B^{c} (*ελεισαιε**)-S A V (*-σαιαι*) C(vid.) 534 705 755] *ελισσαιος* 358 Sa; *ελισσαις* 336; > 672; *ελισσαιε* rel.; + *ος* 755 Aeth | *επλησθη* A 253 336 755: cf. 2_{16}; *ανεπλησθη* 603: cf. 47_{15} | *πνεύματος*] *-τι* 631; *στοματος* 68-744 = Ald. | *αὐτοῦ* 1°] *αγιου* A *L* 755 Syh Aeth (+ *eius*): cf. 24_{8}; *domini* La$^{\Theta}$ | om. *καί* 2° 443 547 La (hab.^{pc}) Sa = H | *υπ* 358; *απο* 248 *b* 46^{s}* | *αρχοντων L* Syh Aeth | *ουκ εδυναστευσεν* S 155 543 755 (*-σαν*); *ουκ εκατεδυναστευσεν* 311 679 | *αὐτόν*] *-του* 311 613^{c}; *-τους* 155* | *οὐδείς*] *ουδε εις* 795

13 πᾶς λόγος οὐχ ὑπερῆρεν αὐτόν,
καὶ ἐν κοιμήσει ἐπροφήτευσεν τὸ σῶμα αὐτοῦ.
14 ἐν ζωῇ αὐτοῦ ἐποίησεν τέρατα,
καὶ ἐν τελευτῇ θαυμάσια τὰ ἔργα αὐτοῦ.

15 Ἐν πᾶσιν τούτοις οὐ μετενόησεν ὁ λαὸς
καὶ οὐκ ἀπέστησαν ἀπὸ τῶν ἁμαρτιῶν αὐτῶν,
ἕως ἐπρονομεύθησαν ἀπὸ γῆς αὐτῶν
καὶ διεσκορπίσθησαν ἐν πάσῃ τῇ γῇ·
καὶ κατελείφθη ὁ λαὸς ὀλιγοστός,
καὶ ἄρχων ἐν τῷ οἴκῳ Δαυιδ·
16 τινὲς μὲν αὐτῶν ἐποίησαν τὸ ἀρεστόν,
τινὲς δὲ ἐπλήθυναν ἁμαρτίας.

17 Εζεκίας ὠχύρωσεν τὴν πόλιν αὐτοῦ
καὶ εἰσήγαγεν εἰς μέσον αὐτῆς ὕδωρ,
ὤρυξεν ἐν σιδήρῳ ἀκρότομον
καὶ ᾠκοδόμησεν κρήνας εἰς ὕδατα.

B S A C V *O L l a b c* min. La verss.

13 (14) *οὐχ*] *κυριου* S | *υπηρεν* 672 744′ 795 = Ald. | *κοιμήσει*] + *αυτου* 336 | *προεφητευσε(ν)* V *L*-130 *a*-534′ 157′′ 542 543 547^{c} 603-754 672 679 755 Mal.; *επροεφητευσε* 46^{s} 358 545-705 795: cf. 46$_{20}$
14 (15) init. *L*$^{-248}$ La Sa = H] pr. *και* rel. | *ζωῇ*] *κοιμησει* 336: ex 13b; pr. *τη* C 249-754 534′ | om. *ἐν* 2° *b* | *τελευτῇ*] pr. *τη L b* 358; + *αυτου L* 603 verss.^{p} = H | *θαυμάσια*] -*στα* 358: cf. 34$_{9}$; *μεγαλα* 547
15 (16—17) *ουκ εμετενοησεν* 130 (om. *ουκ*) *c*-679-795 | *απεστη* 547 Mal. = 27$_{20}$ | om. *τῶν* 543 754 | *αὐτῶν* 1°] -*του* 315; > B A V-253 *a*-534 336 358 | *ἕως*] *ως* 493 *b* | *προενομευθησαν* 248 *a*-613 311 542 603 679; *επροενομ.* 106; *προνομ.* 443 706: cf. Thack. § 16$_{8}$ | *γῆς* S A *c*-679 155 358 755] pr. *της* rel. | om. *αὐτῶν* 2° V-253 Sa | *εσκορπισθησαν* B *a*-534′ *b c*-679 155 339 358 755 Mal.: cf. Sap. 17$_{3}$ | *ἐν π. τῇ γῇ*] *απο της γης* 336: ex 15c | *κατελείφθη*] -*λημφθη* S C (-*ληφ.*): cf. Ier. 3$_{8}$ | om. *ὁ* 2° 672 | *ἄρχων*] pr. *ὁ* 358*; *αρχοντες* S^{c} La^{pc} (*principes*) | *ἐν* ult.] *ex* Aeth; > B C = Sixt.
16 (18) om. *μέν* La Syh Aeth = H | *αὐτῶν ἐπ.*] tr. *L* 755; om. *αὐτῶν* 543 | *τὸ ἀρεστόν*] + *κυριου L*$^{-248}$; *quod placeret deo* (*domino*$^{\Sigma}$) La: cf. 22a | *δέ*] + *αυτων* 542 Mal.: cf. H et 16a; > 744 = Ald. Compl. | *αμαρτιαν* 336 verss.^{p}: cf. H
17 (19) *αὐτοῦ*] -*των* 672 | *εἰς μ.*] *εν μεσω L*$^{-248}$ 68-744′ 336 542 La^{pc} (*in medio*) | *αὐτῆς*] -*των* B-S *O*-V *b* Sa; *της* 706; > 336 603 | *ὕδωρ*] pr. *το* 336 603 679; *υδατα* 315′; *τον γωγ* B; *τον ηωγ* S* V-253; *ωγ* Sa; *τον νηωρ L*$^{-248}$; (*τον*) *σιωρ* Syh^{txt}; *τον αγωγον* S^{c}: cf. Einl. p. 78-80 | *ἐν O*-V *L*-315′ *c*-679 336 547 613 Sa Aeth = H] > rel.: post -*εν* | *ωκοδομησαν* 253 542; *ωκονομησε* 672 | *κρήνας*] -*να* 253; *puteum* La; *κρημνούς* Sm. | *ὕδατα*] *υδωρ* 155 La verss.^{p}

18 ἐν ἡμέραις αὐτοῦ ἀνέβη Σενναχηριμ
καὶ ἀπέστειλεν Ῥαψάκην, καὶ ἀπῆρεν·
καὶ ἐπῆρεν χεῖρα αὐτοῦ ἐπὶ Σιων
καὶ ἐμεγαλαύχησεν ἐν ὑπερηφανίᾳ αὐτοῦ.
19 τότε ἐσαλεύθησαν καρδίαι καὶ χεῖρες αὐτῶν,
καὶ ὠδίνησαν ὡς αἱ τίκτουσαι·
20 καὶ ἐπεκαλέσαντο τὸν κύριον τὸν ἐλεήμονα
ἐκπετάσαντες τὰς χεῖρας αὐτῶν πρὸς αὐτόν.
καὶ ὁ ἅγιος ἐξ οὐρανοῦ ταχὺ ἐπήκουσεν αὐτῶν
καὶ ἐλυτρώσατο αὐτοὺς ἐν χειρὶ Ησαιου·
21 ἐπάταξεν τὴν παρεμβολὴν τῶν Ἀσσυρίων,
καὶ ἐξέτριψεν αὐτοὺς ὁ ἄγγελος αὐτοῦ.
22 ἐποίησεν γὰρ Εζεκιας τὸ ἀρεστὸν κυρίῳ
καὶ ἐνίσχυσεν ἐν ὁδοῖς Δαυιδ τοῦ πατρὸς αὐτοῦ,
ἃς ἐνετείλατο Ησαιας ὁ προφήτης

B S A C V *O L l a b c* min. La verss.

18 (20) *ἀνέβη*] *-βησαν* 545*; *-βοησεν* V | *σεναχηρ(ε)ιμ* 253 493-315′-*l* 311 336 534′ 547 603 606 631′ 679 744′ 755 795 La$^{\Gamma}$ (*senacherim*); *ναχαιρειμ* V (vide supra); *αχηρειμ* 545* (vide supra); *sen(n)achireb* (= *σεναχηρειβ* 545^{c}) La^{V} Syh = H | *ανεστειλεν* 155; *εξαπεστειλε* 755 (*-στηλε*); *απετρεψεν* S* | *Ῥαψάκην*] *-κιν* 46^{s} 547* La^{G*} (*rapsacin*); *ραμψακην* 493-672 (*-κης*); pr. *τον* S *O*-V *L*-705 *a*-534′ 336 443 543 Mal. = H: cf. Is. 36$_{2}$ Regn. IV 18$_{17}$; + *εκ λαχεις* *L*: ex Is. Regn. | *ἀπῆρεν*] *επηρε* 336 543^{c}; *ηρε* 493-637 (*ηρεν*) | om. *καὶ ἐπῆρεν* *L* 311 336 543 679 755 768 | *χ. αὐτοῦ/ἐπὶ Σιων*] tr. 311 | *χεῖρα*] *η χειρ* B-S V-253; pr. *την* L^{-248}-672 336 534′ 542 | *ἐπί*] *απο* 631′ | *ἐν ὑπερηφανίᾳ*] *υπερηφανιαν* S *b* 336; om. *ἐν* B A 253 *a*-534′ 358 La (hab.$^{X\Psi}$): post *-εν* (cf. 17c) | om. *αὐτοῦ* ult. L^{-248}

19 (21) *εσαλευθη* L^{-248} La^{S*} (*mota est*) | *χεῖρες*] pr. *αι* S A V-253 *l b* (603^{c}) *c*-679-795 315′ 336 339 443 547 613 631′ 755 | om. *καί* 2° 46^{s} | *ωδυνησαν* 46^{s} 534 795 | *ὡς αἱ*] *ωσει* V 358; om. *αἱ* L^{-248}-672 336

20 (22-23) *επανεκαλεσαντο* S* 253 | om. *τόν* 1° *O*-V L'^{-248}-315′ 249-754 *c*-679-795 443 542 Mal. | 20b init.] pr. *και* 672 La^{VGpl} Sa Aeth | om. *τάς* 248 *c*-679-795 | *πρὸς αὐτόν*] *επ αυτον* *b*; *προς υψος* L^{-248}: ex 51$_{19}$; *extulerunt ad caelum* La; > 755 | *εξ ουρανων* 443: cf. 43$_{8}$; > La = H | om. *ταχύ* V 248 La^{pc} = H | *αὐτῶν* 2°] pr. *vocem* La: cf. H | *ἐλυτρώσατο*] *purgavit* (= *ελουτρωσατο* Sm.) La | *Ησαιου*] *ιησου* S V

21 (24) init.] pr. *και* *a*-534′ *b c*-679-795 155 543 547 755 La^{Z*} Aeth | *επαταξαν* 543 | *παρεμβολήν*] *παραβολην* 46^{s} 631 755: cf. 43$_{8}$ | *τῶν*] *την* 603; > 46^{s} 315′ Mal. | *εξεθλιψεν* 542; *συνετριψεν* 443: cf. 33$_{9}$; *εξετρεψεν* 336: cf. 47$_{7}$; *εξεστρεψεν* 493: cf. 46$_{18}$ | *αὐτοῦ*] *κυριου* 679 La (*domini*^{V}, *dei*^{Gpl})

22 (25) *Εζ.*] *ιεζεκιας* 672; pr. *ὁ* 336 | *κυρίῳ*] *κυριου* V-253 248: cf. 16a; *ενωπιον κυριου* L^{-248}; > S* = H: cf. 16a | *ισχυσεν* 315′ | om. *ἐν* 1° 248: post *-εν* | *οδω* *l*-157′′ *b* 155 315′ 542 755 La | om. *Δαυιδ* S* La^{C} | *αὐτοῦ* 1°] *-των* 493 | *ἅς*] *ἃ* *b* 534 547; *ως* 248-*l* 795 Aeth; *ος* 493; *quam* La |

ὁ μέγας καὶ πιστὸς ἐν ὁράσει αὐτοῦ.
23 ἐν ταῖς ἡμέραις αὐτοῦ ἀνεπόδισεν ὁ ἥλιος
καὶ προσέθηκεν ζωὴν βασιλεῖ.
24 πνεύματι μεγάλῳ εἶδεν τὰ ἔσχατα
καὶ παρεκάλεσεν τοὺς πενθοῦντας ἐν Σιων.
25 ἕως τοῦ αἰῶνος ὑπέδειξεν τὰ ἐσόμενα
καὶ τὰ ἀπόκρυφα πρὶν ἢ παραγενέσθαι αὐτά.

49 1 Μνημόσυνον Ιωσίου εἰς σύνθεσιν θυμιάματος
ἐσκευασμένον ἔργῳ μυρεψοῦ·
ἐν παντὶ στόματι ὡς μέλι γλυκανθήσεται
καὶ ὡς μουσικὰ ἐν συμποσίῳ οἴνου.
2 αὐτὸς κατευθύνθη ἐν ἐπιστροφῇ λαοῦ
καὶ ἐξῆρεν βδελύγματα ἀνομίας·
3 κατεύθυνεν πρὸς κύριον τὴν καρδίαν αὐτοῦ,
ἐν ἡμέραις ἀνόμων κατίσχυσεν τὴν εὐσέβειαν.

4 Πάρεξ Δαυιδ καὶ Εζεκίου καὶ Ιωσίου
πάντες πλημμέλειαν ἐπλημμέλησαν·
κατέλιπον γὰρ τὸν νόμον τοῦ ὑψίστου,
οἱ βασιλεῖς Ιουδα ἐξέλιπον·

B S A C V *O L l a b c* min. La verss.

ἐνετείλατο] + *αυτω* 613 La Sa = Syr | *μέγας . . . πιστός*] tr. Syh Aeth | om. *καί* ult. 358 | *πιστός*] *σεπτος* 248 | *αὐτοῦ* ult.] *αυτον* 253* ; *dei* (*domini*^{S}) La

23 (26) init.] pr. *και* 543 Aeth | *ενεποδισεν* 603: cf. 46_{4} | om. *ὁ* 336 | *ζωήν*] *ζωον* 672; tr. post *βασιλεῖ* 755 La | *βασιλεῖ*] *-λεως* 543 744′ = Ald.: cf. 46_{20}

24 (27) *μεγάλῳ*] *αγιω* L^{-248}: cf. $_{12}$b | om. *ἐν* *b* 315 705* La^{pc} Sa = H

25 (28) *ὑπέδειξεν*] *επεδ⟨ε⟩ιξεν* V; pr. *ουχ* 795 | *πρὶν ἤ*] *προ του* 336 | *παραγινεσθαι* C; *γενεσθαι* *b* (exc. 254) 336 768: cf. 44_{20} | *αυτο* 755

49 1 (1—2) init.] pr. *ιωσιας* 705 | *Ιωσίου*] *οσιου* 547 672; *ιωση* 493 | *εἰς σύνθ.*] *εις συνεσιν* L^{-248}: cf. Is. 3_{20}; *ως συνθεσις* Schla. = H | *εσκευασμενου* S 543 La^{G*pc} (*facti*); *-νη* *O*-V La^{V} (*facta*); *-νω* 248 | *εργον* A *a*-534′ *c*-795 155 315′ 339 443 547 755 La Mal. | *μουσικων* 755 | *ἐν* ult.] *ως* 336 | *συμποσιου* 155 311 705 754 797: cf. 34_{31}

2 (3) *κατευθυνεν* 547* = $_{3}$a; *κατωδυνήθη* Pe. | *ἐπιστροφῇ*] *συστρ.* 336; *ἀποστροφῇ* Sm. | *λαοῦ*] *αυτου* S*: cf. H | om. $_{2}$b 534 | *βδελυγμα* *b* 311 679 | om. *ἀνομίας* 543

3 (4) init.] pr. *και* 534′ 543 La Aeth = H | *καρδίαν*] *οδον* A 543 613: cf. Einl. p. 56 | *ανομιων* 315′ | *κατίσχυσεν*] *κατησχυνε* 358 534; *κατευθυνε* (vel *-ηυθ.*) 315′ 443: ex $_{3}$a | *ασεβειαν* 672

4 (5—6) *Εζεκίου . . . Ιωσίου*] tr. 613 | *Εζεκίου*] *ιεζ.* 672 705 | *πλημμέλειαν*] *-λεια* A *l* 336 339 (*-λια*) 547; *-λειας* 253; > 631 Syh | *κατελειπον* A 637 alii; *-λειπαν* 443* | $_{4}$d init.] pr. *ως* V; pr. *ον* *O* 130 157′′ 443 795; pr. *και* 339 Aeth | *ἐξέλιπον*] *-λειπον* A C 253 637 alii; pr. *εως* Sm. Katz = H

5 ἔδωκαν γὰρ τὸ κέρας αὐτῶν ἑτέροις
καὶ τὴν δόξαν αὐτῶν ἔθνει ἀλλοτρίῳ.
6 ἐνεπύρισαν ἐκλεκτὴν πόλιν ἁγιάσματος
καὶ ἠρήμωσαν τὰς ὁδοὺς αὐτῆς
7 ἐν χειρὶ Ιερεμίου· ^{7} ἐκάκωσαν γὰρ αὐτόν,
καὶ αὐτὸς ἐν μήτρᾳ ἡγιάσθη προφήτης
ἐκριζοῦν καὶ κακοῦν καὶ ἀπολλύειν,
ὡσαύτως οἰκοδομεῖν καὶ καταφυτεύειν.

8 Ιεζεκιηλ ὃς εἶδεν ὅρασιν δόξης,
ἣν ὑπέδειξεν αὐτῷ ἐπὶ ἅρματος χερουβιν·
9 καὶ γὰρ ἐμνήσθη τῶν ἐχθρῶν ἐν ὄμβρῳ
καὶ ἀγαθῶσαι τοὺς εὐθύνοντας ὁδούς.
10 καὶ τῶν δώδεκα προφητῶν τὰ ὀστᾶ
ἀναθάλοι ἐκ τοῦ τόπου αὐτῶν·
παρεκάλεσαν γὰρ τὸν Ιακωβ
καὶ ἐλυτρώσαντο αὐτοὺς ἐν πίστει ἐλπίδος.

B S A C V *O L l a b c* min. La verss.

5 (7) *εδωκε(ν) L* 155* 157* = H | om. *γάρ L* | *τὸ κέρας*] *το κρεας* 603; *regnum* La | *ἔθνει*] pr. *εν* 336: cf. H

6 (8) *ενεπυρισεν* B 155; *ενεπρησαν L* | *ἐκλ. πόλιν*] tr. *O* 358 534′ Aeth | *πόλιν*] *πυλην* 543: cf. Ier. 51_{6}; pr. *γην a* | *ἁγιάσμ.*] *αγιαν* 631′ | *αὐτῆς*] -*των a*-534 336 672 | *ιηρεμιου* A; *ερεμιου* 155 755

7 (9) *εκακωσε* 315 | om. *γάρ* V | *ἐν μήτρᾳ*] *εκ μητρας a*-534′ La (*a ventre matris*) Aeth = H | om. *προφήτης* 603 | om. *καί* 2° 46^{8*} 155 Sa | *κακοῦν*] *εκακουν* 545^{c}; *ανασκαπτων* 705: cf. Ier. 1_{10} | *απολυειν* 493-705 315 631 Syh: cf. 20_{22} | *ὡσαύτως*] -*τος* 46^{8}; *et iterum* La; *et* Sa; + *και* 754 Aeth | *οἰκοδομεῖν*] -*μους* 672; -*μην* V | *καταφυτ.*] *φυτευειν* S* V-253 46^{8} 339 443 672; pr. *φυτευειν* 155

8 (10) *εζεκιηλ* 637 La Sa; *ιερεμιας* 672 | *ὅς*] + *εις* 797; *ως* 336; > 493* 542 = H: cf. 48_{12} | *ὅρασιν*] -*σεις* 672; *οραμα* 795 | *ἐπί*] *εφ* 248 *a* 336; *μετα* 631′ | *χερουβιν* Ra. = *cherubin* La^{Gpl}] -*βειν* S A V 706 Sa; -*β(ε)ιμ* rel. (*cherubim* La^{V})

9 (11) *εμνησθην* 46^{8} 534 | *ὄμβρῳ*] *υβρει* 631′; *ira* Aeth; *βρόμῳ* Kuhn II 117 | *ἀγαθῶσαι*] -*θυναι* 336 755: cf. Ier. 39_{41} 51_{27}; *κατωρθωσε* (-*ορθ.* 253 637-705) *O*-V (*κατορθωσαι*) *L′*-157″ 613 Aeth: cf. H | *ὁδούς*] *οδον* 547; pr. *τας* S* 336; > L^{-248}

10 (12) *δώδεκα*] *δεκα* 672 | *προφητῶν*] *φυλων* L^{-248}; + *ειη το μνημοσυνον εν ευλογιαις L*: ex 46_{11d} | *τὰ ὀστᾶ ἀναθ.*] *αναθ. τα οστα αυτων L*: ex 46_{12a} | *ὀστᾶ*] *ωτα* 672 | om. $_{10bcd}$ 248 | *αναθαλλοι* V *L*-672 311 534′ 542 543 603 795 797; *αναθαλλει* 46^{8} 679; -*θαλει* 705; -*θαλλειν* 336; -*θαλλουν* 545: cf. 46_{12} | *παρεκαλεσε(ν)* B-S V *l*-157″ 311 336 339 679 755 Syh Sa Aeth | *γάρ*] *δε* B-S* V Sa; > *O* | *Ιακωβ*] *ισραηλ L* 542 = Syr | *ἐλυτρώσαντο* A 637 *c* 254 543 754^{c} La Mal. = H] -*σατο* rel. | *αὐτούς*] -*τον* Mal. = H; *se* (= *αὐτούς* Pe.) La; > 545 | om. *ἐν* 311 679 La^{Θ} BrevGoth. | *ἐλπίδος*] -*δα* 358; *αυτου* 672 | fin.] + *ειη το μνημοσυνον αυτων εν ευλογιαις* L^{-248}: ex 46_{11d} (cf. ad $_{10a}$)

11 Πῶς μεγαλύνωμεν τὸν Ζοροβαβελ;
καὶ αὐτὸς ὡς σφραγὶς ἐπὶ δεξιᾶς χειρός,
12 οὕτως Ἰησοῦς υἱὸς Ιωσεδεκ,
οἳ ἐν ἡμέραις αὐτῶν ᾠκοδόμησαν οἶκον
καὶ ἀνύψωσαν ναὸν ἅγιον κυρίῳ
ἡτοιμασμένον εἰς δόξαν αἰῶνος.
13 καὶ Νεεμίου ἐπὶ πολὺ τὸ μνημόσυνον
τοῦ ἐγείραντος ἡμῶν τείχη πεπτωκότα
καὶ στήσαντος πύλας καὶ μοχλοὺς
καὶ ἀνεγείραντος τὰ οἰκόπεδα ἡμῶν.

14 Οὐδεὶς ἐκτίσθη ἐπὶ τῆς γῆς τοιοῦτος οἷος Ενωχ·
καὶ γὰρ αὐτὸς ἀνελήμφθη ἀπὸ τῆς γῆς.
15 οὐδὲ ὡς Ιωσηφ ἐγενήθη ἀνὴρ
ἡγούμενος ἀδελφῶν, στήριγμα λαοῦ,
καὶ τὰ ὀστᾶ αὐτοῦ ἐπεσκέπησαν.

B S A C (fin. 12a) V *O L l a b c* min. La verss.

11 (13) *μεγαλυνομεν* S V *L*-672 *a*-613^{c} alii; *-νουμεν* *l*-157'' 311 336 | *ζορομβαβελ* V^{c}; *ζοβαβελ* 358; *ροζοβαβελ* 603 | *αὐτός*] *ουτος* *l* | om. *ὡς* V La^{Z*} | *δεξιᾶς χειρός*] tr. 543 Syh Sa Aeth = H

12 (14) *οὕτως*] *ουτος* S 149* alii | *υἱός*] *ο του* PsAth. IV 384; > La^{Gpl} | *Ιωσεδεκ*] *υιωσ.* 631; *αδαχ* V | *οἶκον*] *πυργον* B*(vid.) A | om. *καί* A | *ανυψωσεν* V 336 Aeth | *ναόν* A *L'* alii Zi.] *λαον* B-S V 336 Syh Sa Aeth | *ἡτοιμ./εἰς δ. αἰ.*] tr. 672 | *αἰῶνος*] *-νας* 253; > *b*; *sempiternam* (= *αιωνιον*: cf. 2_{9}) La

13 (15) *Νεεμίου* PsAth. IV 384] *νεμμιου* 106-545; *νεεμμιου* 130; *ενεμιου* 534; *νεεμί·οὗ* 547; *ἐννεεμὶ οὗ* 672; *υρεμιου* 755; *νεμουσιν* B-S* (*-σι*) Sa (*damus* = *νεμομεν* Sm.); *μενουσιν* V 336; *μενει* *O*; *εν εκλεκτοις ην νεεμιας* (*ιερεμιας* 493-637) *οὗ* *L*; + *και* 543 | om. *ἐπί* 339 603 | *τὸ μνημόσ.*] + *αυτου* (*-των* 493 336) *L* 336 verss. = H; > 358; om. *τό* 795 | *ἐγείραντος*] *-ροντος* Mal.; *ανεγειροντος* 768: cf. 13_{d} | om. *ἡμῶν* 1° — *ἀνεγείραντος* 631: homoiot. | *ἡμῶν* 1° S *O*-V *L'*$^{-248}$-157' 336 542 Sa = H] *ημιν* rel. | *τείχη*] *τοιχη* 336^{c} (*τυχει**); *χειλη* S* | *στησαντα* 797 | *πύλας*] *θυρας* *L*$^{-248}$: cf. 28_{25} | *ἀνεγείραντος*] *εγειραντος* *L*$^{-248}$-672 *a* 336: cf. 13_{b} | *ἡμῶν* 2°] *αυτων* 797

14 (16) *Οὐδείς*] *ουδε εἷς* B 336 Mal. | *ἐπί — Ενωχ*] *οιος ενωχ τοι. επι της γης* B Mal. (om. *τοι.*); *τοι. επι της γης οιος ενωχ* *L* 336; om. *τῆς* 46^{s} 106 547; om. *τοιοῦτος* *l b* 311 339 543 679 La (hab.^{CTΣ}) Sa = H | *οἷος*] *ἢ ως* 679 | *Ενωχ*] pr. *ὁ* 534' | om. *γάρ* A Aeth | *αὐτός*] pr. *και* 130-705; > 248 | *ἀνελήμφθη*] *μετετεθη* A: ex 44_{16}; pr. *μετετεθη και* 336; *raptus est* La^{X} | *ἀπό*] *επι* 157 795 Sa

15 (17—18) *οὐδὲ ὡς* = La^{V}] *ο δε* B Mal.; om. *οὐδέ* 336; om. *ὡς* 253 679; > La^{Y*}; *et* La^{Grel} | *Ιωσηφ*] pr. *ὁ* 613 755; + *δε ουδεις* 336 | *εγεννηθη* *O*-V *L*$^{-637}$-545 *a*-534' *b* (exc. 603) 68-744' 155 411 543 547 672 795 797 La verss.: cf. 7_{28}; + *επι της γης* 543 | *ηγουμενων* 336 | *στηρισμα* 253; *συντριμμα* 705; *γαυρίαμα* Katz | *αὐτοῦ*] *-των* V 254* | *ἐπεσκέπησαν*] *-σεν* 545; *απεσκεπησαν* 744' = Ald.; *επεσκεπη υπο κυριου* *L*

16 *Σημ καὶ Σηθ ἐν ἀνθρώποις ἐδοξάσθησαν,*
καὶ ὑπὲρ πᾶν ζῷον ἐν τῇ κτίσει Αδαμ.

50 1 *Σιμων Ονίου υἱὸς ἱερεὺς ὁ μέγας,*
ὃς ἐν ζωῇ αὐτοῦ ὑπέρραψεν οἶκον
καὶ ἐν ἡμέραις αὐτοῦ ἐστερέωσεν ναόν·
2 *καὶ ὑπ' αὐτοῦ ἐθεμελιώθη ὕψος αὐλῆς,*
ἀνάλημμα ὑψηλὸν περιβόλου ἱεροῦ·
3 *ἐν ἡμέραις αὐτοῦ ἐλατομήθη ἀποδοχεῖον ὑδάτων,*
λάκκος ὡσεὶ θαλάσσης τὸ περίμετρον·
4 *ὁ φροντίζων τοῦ λαοῦ αὐτοῦ ἀπὸ πτώσεως*
καὶ ἐνισχύσας πόλιν ἐν πολιορκήσει.
5 *ὡς ἐδοξάσθη ἐν περιστροφῇ ναοῦ,*
ἐν ἐξόδῳ οἴκου καταπετάσματος·

B S A V *O L l a b c* min. La verss.

16 (**19**) *ἀνθρ.*] *ουρανοις* 315 | om. *καί* 2° 547 | *ζῷον*] *ζων* 547; > 248: cf. Syr | om. *τῇ* S^{c} | *κτίσει*] *κτησει* 637 679: cf. 16_{17} | *Αδαμ*] pr. *ως* 358

50 1 *Ονίου*] *ιονιου* B*-S* V-253 254; *ιωνιου* 68-744 336 603 542 547 795; *ωνιου* 543 768; *ιωναου* 155; *ιεχονιου* 534' Sa (*ιεχονιας*): cf. H; *ονιουθ* *L*$^{-248}$; *ναθανια* Syh = Syr; pr. *ὁ* 248-315' Mal. | *υἱός*] pr. *ὁ* 155; tr. ante *Ονίου* 542 Syh Sa Aeth = H; > *L* 543 | *ἱερεύς*] -*ρεως* 755; pr. *ὁ* A *L c*-679 542 = H | om. *ὁ μέγας* La^{Z*} = H; om. *ὁ* 613 | *ζωῇ*] pr. *τη* *L* 339 358 | *ὑπέρ(ρ)αψεν*] *υπεγραψεν* S^{c} 296 534' 547 672 755 | om. *καί* 155 La$^{\Gamma*}$(vid.) | *ἡμέραις*] pr. *ταις* S* 248 768: cf. 23b 24b 48_{23} | *εστερεων* 253 | *ναόν*] *λαον* 248 *a* 543: cf. 6a 36_{19}; pr. *τον* B

2 *ὑπ'*] *επ* *L*; *υπερ* 155 311 | *αὐτοῦ*] -*τω* 248 | *εθεμελιωσεν* 545 (+ *ἡ**) | *ὕψος*] *υψιστος* 249 | *αὐλῆς* Sm.] *διπλουν* *L* 542 La(?) Syh; *διπλον* 545^{c}; *διαπλης* 744 = Ald.; *διπλης* rel. | 2b init.] pr. *και* 672 Aeth | *ὑψηλόν* ... *ἱεροῦ*] *ιερον* ... *υψηλου* 547 | *περιβόλου*] -*λον* 248; -*λαιου* 315'; + *υψηλου* S*

3 *ἡμέραις*] -*ρα* 603 | *ἐλατομήθη* Fr. Ra.] *ηλαττωθη* (-*θησαν* *a*-534-613* 547 672) codd. et verss. | *ἀποδοχ(ε)ῖον* B *O*-V *b*] *υποδοχια* *a*-534 (-*χεια*); *δοχεια* 248; *αποδοχη* 613^{c}; *αποδοχ(ε)ια* rel.: cf. 39_{17} | *ὑδάτων*] -*τος* 613^{c} | *λάκκος*] *χαλκος* B-S *O*-V *L'*-157'' 336 358 534' Sa Mal. (»*ἐν ἄλλοις λάκκος*«) | *ὡσεί*] *ως επι* 755; *ως* *a* | *θαλάσσης*] *θαλαττα* 613^{c} (-*ττης**) = La (*mare*) | *τὸ περίμετρον*] *το παραμ.* 603; *περιμετρω* 542; + *αυτης* *L*$^{-248}$ 613 Syh Aeth

4 (**4—5a**) *τοῦ λαοῦ*] *το ελεον* S*: cf. 32_{25}; om. *τοῦ* 358 | om. *αὐτοῦ* 46 La$^{\Omega}$ | *πτώσεως*] *πτοησεως* S* | *ενισχυσε* 543 | *πόλιν*] *παλιν* 672; + *και* 248 | *ἐν πολ.* *O l*-157'' *b* 547 679 Sa Mal. (»*ἐν ἄλλοις*«) Ra.] *εν* -*κια* 534; *εν* -*κιαις* 543; *εκ* -*κιας* *L*$^{-248}$; *και* -*κησας* 248; *εμπολιορκησαι* (vel *ενπολ.*) rel.

5 (**5bc**) *ὡς*] *ος* A 130-705 *c*-679 alii La: cf. 46_{2}; > *L* | *εδοξασθης* *O*-V *L'*-157'' *a*-534 *b* 155 543 Aeth: cf. 48_{4} | *περιστροφῇ*] *επιστρ.* 542 = 49_{3}; *περιστολη* 613^{c} | *ναοῦ* 603 Zi.] *λαων* 155 755; *λαου* rel.: cf. 10

6 ὡς ἀστὴρ ἑωθινὸς ἐν μέσῳ νεφέλης,
ὡς σελήνη πλήρης ἐν ἡμέραις ἑορτῆς,
7 ὡς ἥλιος ἐκλάμπων ἐπὶ ναὸν ὑψίστου,
ὡς τόξον φωτίζον ἐν νεφέλαις δόξης,
8 ὡς ἄνθος ῥόδων ἐν ἡμέραις νέων,
ὡς κρίνα ἐπ' ἐξόδων ὕδατος,
ὡς βλαστὸς Λιβάνου ἐν ἡμέραις θέρους,
9 ὡς πῦρ καὶ λίβανος ἐπὶ πυρείου,
ὡς σκεῦος χρυσίου ὁλοσφύρητον
κεκοσμημένον παντὶ λίθῳ πολυτελεῖ,
10 ὡς ἐλαία ἀναθάλλουσα καρποὺς
καὶ ὡς κυπάρισσος ὑψουμένη ἐν νεφέλαις.
11 ἐν τῷ ἀναβάλλειν αὐτὸν στολὴν δόξης
καὶ ἐνδιδύσκεσθαι αὐτὸν συντέλειαν καυχήματος,
ἐν ἀναβάσει θυσιαστηρίου ἁγίου
ἐδόξασεν περιβολὴν ἁγιάσματος·

B S A V *O L l a b c* min. La verss.

6 *νεφελων* S *O*-V *L'*-157''-315' 336 542 543 Sa = H | *σεληνης* 315 | *ἑορτῆς* Sm. = H] *αυτης* *L* 545^c 768 La (+ *lucet*) Syh Sa; *νεων* 547 Aeth (*plenilunii*): ex 8a; > rel.

7 (**7—8a**) 7a/7b] tr. *O*-V *L* | *ἥλιος*] pr. *ὁ* V *b* 547 | *ἐκλάμπων*] *-πον* 637; *λαμπον* 155 | *επι ναου* 315; *επι ναω* 672: cf. La (*in templo*); *εις ναον* 631' | 7b init.] pr. *και* B-S *O*-V *L*-315' 336 358 La^{pc} Sa Aeth = H | *φωτιζων* B-S 253 L^{-248}-315'-705 alii: cf. Thack. § 6_{30}; *-ζομενον* 542 | *ἐν νεφ.*] *νεφελας* 248; *εννεφελης* 311; *εν ημεραις* 336: ex 8b

8 (**8bcd**) init.] pr. *και* 339 La Aeth = Syr | om. *ὡς* 1° B* | *ροδου* 547 Syh; *ροων* 534 | *ὡς* 2° B V *b* 155 336 543 755 795 Mal.] *ωσει* rel. | *κρίνα*] *-νον* 315' Sa Mal. = H et 39_{14}; *-ναι* 358; *κρηνη* 547* | *ἐπ'*] *επι* *a*; *εν* 534': cf. La (*in*) | *ἐξόδων* B Sm. = H] *-δου* 358 542 679; *-δω* rel. | *υδατων* 755 | *ὡς* 3°] *aut* Syh | *ἡμέραις* 2°] *-ρα* 253: cf. 18_{24} | *θέρους*] *θερισμου* *a*-534' 547: cf. 24_{26}; *νεων* 336: ex 8a

9 (**9—10**) *λιβανον* 795 | *ἐπὶ πυρείου*] *επι πυρος* 755 La (*in igne*); *επι πυργου* 315' | *χρυσίου*] *-σουν* 547 613^c Mal. | *ολοσφυρατον* V-253 *L b* 613^c; *ολοφυρητον* S* 296* 336* (*-ριτον*); *ολοσφορητον* 315 | 9c/10a] tr. S V 336 Aeth | *κεκοσμημένον*] *-μενω* S 46^s 296 336; *και κοσμημενον* V-253; pr. *και* 493 = Syr

10 (**11ab**) *ἐλαία*] + *ευπρεπης* *L*: cf. H | *αναθαλουσα* 46^s 336; *θαλλουσα* 706 | *καρπούς*] *-ποις* L^{-248}; *-πον* 543 Aeth: cf. H; > La | om. *καί* 542 Sa | *κυπαριττος* 311 | *υψουμενος* 358; *υψηλουμενη* 795 | om. *ἐν* 248 339

11 (**11cd—12**) init.] pr. *και* 106 249-754 | *ἀναβάλλ⟨ε⟩ιν* S*] *αναλαμβανειν* rel.: cf. Sap. 19_4 | om. *αὐτόν* 1° 543 | *στολης* 606; *στολη* 755 | *δόξης*] *δεξιας* 534: cf. Is. 62_8 | *ενδεδυσκεσθαι* 336 358 | *καυχηματα* 795; *καυματος* A | *ἐν ἀναβ.*] *επ αναβ.* *b*; pr. *και* 672 La^{T*X} | *θυσ. ἁγίου*] tr. 493; om. *ἁγίου* La^{Y*} Aeth

12 *ἐν δὲ τῷ δέχεσθαι μέλη ἐκ χειρῶν ἱερέων,*
καὶ αὐτὸς ἑστὼς παρ' ἐσχάρᾳ βωμοῦ,
κυκλόθεν αὐτοῦ στέφανος ἀδελφῶν
ὡς βλάστημα κέδρων ἐν τῷ Λιβάνῳ
καὶ ἐκύκλωσαν αὐτὸν ὡς στελέχη φοινίκων,
13 *καὶ πάντες υἱοὶ Ααρων ἐν δόξῃ αὐτῶν*
καὶ προσφορὰ κυρίου ἐν χερσὶν αὐτῶν
ἔναντι πάσης ἐκκλησίας Ισραηλ,
14 *καὶ συντέλειαν λειτουργῶν ἐπὶ βωμῶν*
κοσμῆσαι προσφορὰν ὑψίστου παντοκράτορος,
15 *ἐξέτεινεν ἐπὶ σπονδείου χεῖρα αὐτοῦ*
καὶ ἔσπεισεν ἐξ αἵματος σταφυλῆς,
ἐξέχεεν εἰς θεμέλια θυσιαστηρίου
ὀσμὴν εὐωδίας ὑψίστῳ παμβασιλεῖ.
16 *τότε ἀνέκραγον υἱοὶ Ααρων,*
ἐν σάλπιγξιν ἐλαταῖς ἤχησαν,
ἀκουστὴν ἐποίησαν φωνὴν μεγάλην

B S A V *O L l a b c* min. La verss.

12 (13—14a) *ἐν δέ*] *και εν* 672; om. *δέ* *O*-V 493 *a*-534 315 547 Aeth = H | *μέλη*] *μελι* *O* (253*-Syh^{txt})-V 493-705 *b* alii Sa; *μελιν* 755; *partes* (= *μερη*?) La | *χειρος* 248 155 755 La Syh Aeth = H | *ἱερέων*] *ορεων* S*; *εχθρων* (sic) V; *venustarum* (= *ωραιων* Pe.) Sa | *εστηκως* A *l*-157'' *c*-679-795 155 339 358 534' 542 543 755: cf. Ier. 52 12 et Thack. § 23 7; > 603 | *παρ'*] *παρα* L^{-248} | *ἐσχάρᾳ*] *-ρας* S*; *-ραν* 248-315' *c*-679-795 155 336 358 547 613; *ισχαρα* L^{-248} | om. *βωμοῦ* 545 | *κυκλω* 336 | *αὐτοῦ*] *αυτος* B-S *O* (Syh^{txt})-V Mal. | *ὡς* 1°] *ωσει* L^{-248} | *κέδρων*] *-ρου* B La Mal.; *κενδρων* 679 Sa (sing.; *κενδρος*); *δενδρων* 672 | om. *καί* 2° 672 | *εκυκλωσεν* 155 744*(vid.) 755 | *στελεχην* 311 755 (*τελ.*)

13 (14b—15ab) *υἱοί* S L^{-248} 155 336 543 603 631' 679 755] pr. *οι* rel.: cf. 16a | om. *ἐν* 1° 543 | *δόξῃ*] pr. *τη* S 315' 336 547 | *αὐτῶν* 1°] *-του* S* 543 | om. *καί* 2° 797 La$^{X\Theta}$ | *κυριω* L^{-248} | om. *ἐν* 2° 744 = Ald. | *Ισρ.*] pr. *υιων* 46^{s}

14 (15cd) *συντέλειαν* = La^{Gpl}] *-λεια* 249-754 613 755 La^{V} Sa(vid.) | *επι βωμον* V *a* 315 336 543 547 705 755 La^{pc} (*in aram*) Mal.; *επι βωμου* *L* 534' 545^{c} La^{VGpl} (*in ara*) Aeth; *επι βωμω* 68-744' = Ald.; *επι βορρων* 155 | *κοσμησον* 755; *κοσμῇ* 311

15 (16—17) *σπονδείου*] *-δειλου* 679; *σποδειας* 672; *σπονδυ* 755 | *χειρας* V (*χιρ.*) *L*-672 *a*-534' 795 | *αὐτοῦ*] *-τω* 543; > 672 | *ἔσπεισεν*] *επισεν* V* (*εσπισεν*^{c})-253; *επεισεν* 545 603 797; *επεσεν* 336; *επτυσεν* 543; *εσπασεν* 68-744' = Ald.; *εποιησεν* 631; *επιεν* L^{-248} 155 679 | *ἐξ αἱμ.*] *εξ αλματος* 253; *επι στοματος* 358 | *ἐξέχεεν*] *-χεαν* 106; pr. *και* 755 Aeth = Syr | *εἰς*] *επι* *L* Syh | *θυσιαστηρίου*] + *σωτηριου* S^{c} | *εὐ. ὑψ.*] tr. 672 | *παμβασιλεῖ*] *βασιλει* 755

16 (18) *τότε*] *οτε* 679 755; *et* Aeth: cf. Syr (*et tunc*) | *υἱοί* B-S *a* 311 679 755 Mal.] pr. *οι* rel.: cf. 13a | om. *ἐν* 253 | *εποιησα* 797*; *-σε* 631;

εἰς μνημόσυνον ἔναντι ὑψίστου·
17 *τότε πᾶς ὁ λαὸς κοινῇ κατέσπευσαν*
καὶ ἔπεσαν ἐπὶ πρόσωπον ἐπὶ τὴν γῆν
προσκυνῆσαι τῷ κυρίῳ αὐτῶν
παντοκράτορι θεῷ ὑψίστῳ·
18 *καὶ ᾔνεσαν οἱ ψαλτῳδοὶ ἐν φωναῖς αὐτῶν,*
ἐν πλείστῳ ἤχῳ ἐγλυκάνθη μέλος·
19 *καὶ ἐδεήθη ὁ λαὸς κυρίου ὑψίστου*
ἐν προσευχῇ κατέναντι ἐλεήμονος,
ἕως συντελεσθῇ κόσμος κυρίου
καὶ τὴν λειτουργίαν αὐτοῦ ἐτελείωσαν.
20 *τότε καταβὰς ἐπῆρεν χεῖρας αὐτοῦ*
ἐπὶ πᾶσαν ἐκκλησίαν υἱῶν Ισραηλ
δοῦναι εὐλογίαν κυρίου ἐκ χειλέων αὐτοῦ
καὶ ἐν ὀνόματι αὐτοῦ καυχήσασθαι·

B S A V *O L l a b c* min. La verss.

-*σεν* 336 | *εναντιον c*-679-795 | *ὑψίστου*] pr. *του* 637-545: cf. 32₈
17 (19) om. *κοινῇ* 336 534 La$^{\Sigma}$ | *κατέσπευσαν*] -*σε(ν)* B* 253 248 *b* (*κατεπευσεν* 603) 534 Mal.; *κατεπαυσαν* V 755 Aeth; *κατεπαυσε* 493-637 (-*σεν*): cf. 43₅ | *επεσον L′*-157′ *a*-534′ *b* (*επεσεν* 603) 443 631^{c} 679: cf. 28₁₈; *εσπευσαν* 795: ex 17a | *ἐπὶ πρόσ.*] + *αυτων* 755 (-*τον*) La^{pc} verss = H; > La^{X} | *επι της γης* 603 | *τῷ κυρίῳ*] *τω θεω* S* 315′ La$^{C\Lambda}$ = Syr; om. *τῷ* A 339 534; pr. *θεω παντοκρατορι* 547; + *deum* La^{V} | *αὐτῶν*] *εαυτων* S 443; *αυτω* 755; > A 543 Sa Aeth: cf. H | om. 17d 547 | om. 17d-18a 315 631′: homoiot. | *ὑψίστῳ*] -*στου* 679: pr. *τω* B-S* *b* 339 358 Mal.: cf. 19a
18 (20) om. *οἱ* 336 547 | *ψαλμωδοι* B-S 248-705 *b* Mal.: cf. 47₉ | *ἐν φωναῖς*] *φωνας* 534 603; om. *ἐν* 248 547 | *ἐν*2°] *επι* 534′ | *πλείστῳ*] *παντι τω* V | *ἤχῳ* S^{c} *L′*-157′′ Syh Ra. = H] *οικω* rel. | *ἐγλυκάνθη* B *O*-V *L′* 443: cf. 47₉] *ηδυνθη* 542; *εμελυνθη* S*; *εμεγαλυνθη* rel. | *μέλος*] *μελη* 755; *ελεος* 672; > *b*
19 (21) *ὁ λαός*] om. *ὁ* S* 315′ 336 542 | *ὑψίστου*] pr. *του l a*-534′ *b* 547: cf. 17d; pr. *θεου του* 543 | *προσευχαις* 673* | *απεναντι* 543; *εναντι* 547 | *ἐλεήμονος*] pr. *του L* | *ἕως*] *ως* L^{-248} | *συνετελεσθη* S^{c} *L′*−157′′ *c*-679 249-754 336 339 443 543 547 613 755 Mal. | *κόσμος*] *οικος* 443; pr. *ὁ* S *L b* 336 543 606 613 768 Mal. | *κυρίου* 2°] -*ριω* 542; pr. *του* 679 | *αὐτοῦ*] -*των l*-631′ | *ἐτελείωσαν*] -*σε(ν)* V L^{-248}; *ελιτουργησαν* S*
20 (22) om. *καταβάς* A | *ἐπῆρεν*] *απηρε* 493: cf. 48₁₈; *εστηρισε(ν) b* | *χειρα* A 155 336 339 547 613^{c} Aeth | *αὐτοῦ* 1°] -*των* 679 | om. 20bc 672: homoiot. | 20b init.] pr. *και* 315 Mal. | *ἐπί*] *εις* 631′: cf. La (*in*) | *πᾶσαν ἐκκλ.*] *πασας εκκλησιας* Mal.; om. *πᾶσαν* A | *κυρίου*] -*ριω* B A *l*-157′′ *b* 155 315 336 339 358 443 542 547 679 755 La (*deo*) Mal. | *αὐτοῦ* 2°] -*των* L^{-248} Sa | *αὐτοῦ* ult.] *κυριου* 157 443 = H | *καυχασθαι* B; *καυχησεσθαι* 336; *καυχησονται* 755

21 καὶ ἐδευτέρωσαν ἐν προσκυνήσει
ἐπιδέξασθαι τὴν εὐλογίαν παρὰ ὑψίστου.

22 Καὶ νῦν εὐλογήσατε τῷ θεῷ πάντων
τῷ μεγάλα ποιοῦντι πάντῃ,
τὸν ὑψοῦντα ἡμέρας ἡμῶν ἐκ μήτρας
καὶ ποιοῦντα μεθ' ἡμῶν κατὰ τὸ ἔλεος αὐτοῦ.
23 δῴη ἡμῖν εὐφροσύνην καρδίας
καὶ γενέσθαι εἰρήνην ἐν ἡμέραις ἡμῶν
ἐν Ισραηλ κατὰ τὰς ἡμέρας τοῦ αἰῶνος·
24 ἐμπιστεῦσαι μεθ' ἡμῶν τὸ ἔλεος αὐτοῦ
καὶ ἐν ταῖς ἡμέραις ἡμῶν λυτρωσάσθω ἡμᾶς.

25 Ἐν δυσὶν ἔθνεσιν προσώχθισεν ἡ ψυχή μου,
καὶ τὸ τρίτον οὐκ ἔστιν ἔθνος·
26 οἱ καθήμενοι ἐν ὄρει Σαμαρείας καὶ Φυλιστιιμ
καὶ ὁ λαὸς ὁ μωρὸς ὁ κατοικῶν ἐν Σικίμοις.

B S A V *O L l a b c* min. La verss.

21 (**23**) om. *καί* 46^{s} La^{M*} | *ἐδευτέρωσαν* V *L* 542 543 613 Syh Aeth Ra. = H] *ελευτερωσεν* 744-768 (*ηλ.*) = Ald.; *εδευτερωσε λογον* 547; *εδευτερωσεν* rel. | *ἐν προσκ.*] *επι προσκ.* A; *εν τη προσκ.* 336; *προσκυνειν* V; *εν προσευχη* 547; + *κυριου* S^{c} | *ἐπιδέξασθαι* *O L* 311 542 543 547 613 795 Sa] *-δειξαι* 443; *-διξασθαι* A V; *-δειξασθαι* rel. (*volens ostendere* La): cf. Mac. II 2_{26} III 6_{26} | *παρά*] *παρ* V | *υψιστω* 46^{s} 672: cf. 12_{2}
22 (**24**) *Καί*] + *τα* 106 | *τῷ θεῷ*] *τον θεον* 248-672-130 *b* 755 795; *τω κυριω* 336 339 358 La^{pc} = H | *πάντων*] *παντες* B *b* 543 Mal. (»*πάντες ἢ πάντων ὡς ἐν ἑτέροις*«); *παντοκρατωρ* 155 (*-τωκρ.*) La^{Y}: cf. 33_{1} | *τῷ μεγ. ποιοῦντι*] *τω μεγαλοποιουντι* B 253 315 (*-λωπ.*); *τον μεγ. ποιουντα* 248 (+ *μονον*) -672-130 *b* 755 795 | *πάντῃ*] *-τι l*-157'' *b* alii Mal. (»*πάντῃ ἢ παντί*«); *παντοτε* 755 | *ἡμῶν ἐκ μ.*] *εξ ημερας* 358* (*ημων εξ ημερας*^{c}) | om. *καί* 2° 249-754 Sa | *μεθ υμων* 673 | om. *κατά* 254 Syh | *τον ελεον L*: cf. 24a 2_{7} | om. *αὐτοῦ* 296
23 (**25**) om. 23a 248 | *ἡμῖν*] *υμιν* B A *L*-545* *a*-534 *c* 155 336 339 443 797^{c} = H: cf. 45_{26} | *αφροσυνην* 705: cf. 13_{8}; *σωφροσύνην*? Sm.; *φρόνησιν* Kuhn II 118 | *καρδιαν* S* | *γενεσθω ειρηνη* 547 Syh | *ἡμέραις*] pr. *ταις* *L*$^{-248}$ 613 Mal.: cf. 1c; > 795 | *ἡμῶν*] *υμων c* = H; pr. *νεων* S*: ex 8a | om. *ἐν Ισρ.* *L*$^{-248}$ | *Ισρ.*] pr. *τω* S^{c}; pr. *η* 534 | *τὰς ἡμ.*] *τα σημεια* V | *τοῦ αἰῶνος*] *ημων* 336: ex 23b
24 (**26**) *τον ελεον L*: cf. 22d | om. 24b 493 | om. *καί* 358 | *ἡμῶν* 2° *L* 249-754 358 547 La$^{\Pi}$ (*vestris* = *υμων*) Aeth Ra.: cf. 22c 23b] > 755; *αυτου* rel.; *οὐρανοῦ* (= H) Sm.: cf. 45_{16} | *λυτρωσασθαι a*-534' 311 543 673* 755 Mal.
26 (**28**) *ἐν ὄρει Σαμ.*] *εν ορει της σαμ.* 547; *εν ορεσι* (*-σιν* 542) *σαμ.* 443 534' 542; *εν οροις σαμ.* 679; *in samaria* Sa; *in monte seir* La; *εν σηιρ* Sm. = H | *καί* 1°] + *ανδρες οι κατοικουντες L* Syh; > B-S V-253 *b* 336 358 542 La^{A} Sa Mal. | *Φυλ.*] *in philistaea* Syh | om. *ὁ* 1° S *L* 249 339* 795 = H | *ὁ μωρός*] om. *ὁ* B V-253 *L* 339 443 = H; *amorrhaeorum* (= *αμορραιων*) Aeth: cf. Einl. p. 33 | *κατοικῶν*] *καθημενος* 443 | om. *ἐν* ult. 358

27 Παιδείαν συνέσεως καὶ ἐπιστήμης
ἐχάραξεν ἐν τῷ βιβλίῳ τούτῳ
Ἰησοῦς υἱὸς Σιραχ Ελεαζαρ ὁ Ἱεροσολυμίτης,
ὃς ἀνώμβρησεν σοφίαν ἀπὸ καρδίας αὐτοῦ.
28 μακάριος ὃς ἐν τούτοις ἀναστραφήσεται,
καὶ θεὶς αὐτὰ ἐπὶ καρδίαν αὐτοῦ σοφισθήσεται·
29 ἐὰν γὰρ αὐτὰ ποιήσῃ, πρὸς πάντα ἰσχύσει,
ὅτι φόβος κυρίου τὸ ἴχνος αὐτοῦ,
καὶ τοῖς εὐσεβέσιν ἔδωκε σοφίαν.

εὐλογητὸς κύριος εἰς τὸν αἰῶνα. γένοιτο, γένοιτο.

Προσευχὴ Ἰησοῦ Υἱοῦ Σιραχ

51 1 Ἐξομολογήσομαί σοι, κύριε βασιλεῦ,
καὶ αἰνέσω σε θεὸν τὸν σωτῆρά μου,
ἐξομολογοῦμαι τῷ ὀνόματί σου,

B S A V *O L l a b c* min. La verss.

27 (29) *παιδειας* 744′ = Ald. | *συνέσεως*] *αινεσεως b* | *ἐχάραξεν ἐν* 336 358 613^{c} La^{V} (*scripsit in*) Ra.] *εχαραξε a*; *εχαραξαν εν* 755; *εχαραξα* (*εγχ.* 493) *εν* rel. | *βιβλω* 106 | om. *τούτῳ* 545 | *υἱός*] pr. *ὁ* V 248 | *σειραχ* B alii; *σειραχ* S; *σηραχ* 311 | *Ελεαζαρ*] *-ζαρος* V-253; *-ζαρου* 68-744′ La$^{C\Sigma}$ (*eleazari*) = Ald.; *ελιεζερ* 672: cf. 45$_{23}$; > *L* La$^{VG\,rel}$; pr. *filius* Aeth = H | om. *ὁ* 68-744′ 315′ 603 795 797 = Ald. | *Ἱεροσολ.*] *ιερευς ο σολυμειτης* S* | *ανωμβρισε(ν)* V 248 alii: cf. 18$_{29}$ | *σοφίαν*] *-ιας* S*; tr. post *αὐτοῦ* 311 | om. *ἀπὸ καρδίας* 534; om. *ἀπό* 744′ = Ald. | om. *αὐτοῦ L*
28 (30) om. *ὅς* 315 358: post *-ος* | *αναστρεφεται* 358 443 La (exc.$^{G*\Upsilon}$); *αναστραφεις L*$^{-248}$ | *θείς*] *θησας* 542; pr. *ὁ* S* *L* 336 679 768 Syh Mal. | om. *αὐτά* 358 = H | *επι καρδιας* 542 631′ 744′ 755; *επι την καρδιαν l*; *εν καρδια* 443 La Sa Mal. (*εν τη κ.*) | *αὐτοῦ*] *εαυτον* 248
29 (31) om. *γάρ L*$^{-248}$ 754 Aeth | *αὐτά*] *ταυτα* A *l*-157′′ *a c*-679-795 155 315′ 339 429 543 547 613 755 La (*haec*) verss.; tr. post *ποιήσῃ L* Syh | *ποιήσῃ*] *-σει* V 493 alii; *ποιη* 755 | *παντας* 315′ 542 | *ισχυει* S (*-χυι*) *O* (*ισχυι* 253) 106-545 336 443 768 | *φόβος l* 311 Sm. = H] *φως* rel. | *κυρίου*] *χριστου* V | *ἴχνος*] *λύχνος* Bret. Ry. | hab. v. 29cd (v. 29c = 43$_{33}$b) *L*-315′ *b* Syh (om. v. 29d) Mal. (»*ἐν τοῖς πλείοσι δὲ πρόσκειται*«) | *δεδωκε* 493: cf. 43$_{33}$ | subscriptio *τελος του ιησου υιου σηραχ* 339; *σοφια ιησου υιου σιραχ* 296-706
51 1 (1—2a) *Προσευχή—Σ(ε)ιραχ*] *ευχη* 543; om. *Υἱοῦ Σ.* 542; > 106 La^{pc} Aeth = H | *Ἐξομολογήσομαι*] *-λογουμαι* A 253 637 358 542 547 La$^{Z*\Sigma c}$: cf. 1c; *-λογησωμεθα* 336 | *σοι*] *συ* 542 | *κύριε*] + *ο θεος* 253 | *βασιλεῦ*] *-λευς* 548 795; *ο -λευς* 253 | *σε θεόν*] tr. 543; *τον θεον* 336; om. *σε* A *b* 443 507 672 La$^{\Omega}$ Mal.; om. *θεόν* V 637 | *τὸν σωτ.*] *εν τω σωτηριω* V | om. 1c 637 | *ἐξομολογοῦμαι*] *-λογησομαι l*-157′′ *a*-534 339 443 547 672 795 La^{V}: cf. 1a

2 ὅτι σκεπαστὴς καὶ βοηθὸς ἐγένου μοι
καὶ ἐλυτρώσω τὸ σῶμά μου ἐξ ἀπωλείας
καὶ ἐκ παγίδος διαβολῆς γλώσσης,
ἀπὸ χειλέων ἐργαζομένων ψεῦδος
καὶ ἔναντι τῶν παρεστηκότων
3 ἐγένου βοηθὸς [3] καὶ ἐλυτρώσω με
κατὰ τὸ πλῆθος ἐλέους καὶ ὀνόματός σου
ἐκ βρόχων ἑτοίμων εἰς βρῶμα,
ἐκ χειρὸς ζητούντων τὴν ψυχήν μου,
ἐκ πλειόνων θλίψεων, ὧν ἔσχον,
4 ἀπὸ πνιγμοῦ πυρᾶς κυκλόθεν
καὶ ἐκ μέσου πυρός, οὗ οὐκ ἐξέκαυσα,
5 ἐκ βάθους κοιλίας ᾅδου
καὶ ἀπὸ γλώσσης ἀκαθάρτου καὶ λόγου ψευδοῦς
6 καὶ βολίδος γλώσσης ἀδίκου.

B S A V *O* *L* *l* *a* *b* *c* min. **La** verss.

2 (**2b—3**) *σκεπαστής . . . βοηθός*] tr. **La** **Sa** Aeth = Exod. 15_{2} | *σκεπαστής*] + *μου* **336** | *ἐγένου μοι*] tr. **336** | *τὸ σῶμά μου*] *το στομα μου* **603**: cf. 20_{29}; *με* **543**: cf. 3a 12a; *animam meam* BrevGoth. 1014A = H: cf. 12a (16a) | om. *καί* 3° **547*** **La** = H | *διαβολῆς*] *-βουλης* A; *-βολικης* **443 547** | *γλώσσης*] *δοξης* **705** | *χειλέων*] *χιλ.* A V; *mille* (= *χιλιων*) Aeth | *ψευδη* **547** | *ἔν. τῶν*] *εναντιον* *l*; om. *τῶν* **603** | *ανθεστηκοτων* *L* **Sa** | *ἐγένου* 2°] *εγινου* **631′**; pr. *μοι* *L*; + *μοι* **637-672 155 443 542 548** **La** **Sa** Aeth = H: cf. 2a
3 (**4—5**) om. *τό* **548** Mal. | *ἐλέους*] *ελεου* B* **637**: cf. 8a 44_{23}; pr. *του* *L* **249-754 542**; + *σου* S^{c} **672** $La^{\Sigma\Theta}$ **Sa** Aeth = H | *καὶ ὀν.*] *και του ον.* **358 542**; *του ον.* **248 249-754 547**; om. *καί* **253 543** **La**; > **637** = H | om. *σου* **672** La^{M*} | *βρόχων* Pe. Sm.] *βρυγμων* (*-μω* **443**; + *ων ημην* **613**) codd. et verss. | *ἑτοίμων* **253** *l*-**157″ 336 548 755** **La**] *-μος* B-S V **254-603 358 443 507 534′ 542 547** Mal.; *-μως* **543**; *-μον* A **248-672** *a* **155 249-754 339 679 706 795** **Sa**; *-μασεις* **637** (om. *εἰς*) | *βρῶμα*] *θηραν* *l* *a*-**534 542** | 3d init.] pr. *και* S **547 672** BrevGoth. = H | *ζητουντος* **507 606** = Syr | *ἐκ πλειόνων*] *και πλ.* **249**; *et de portis* (= *πυλων* Hart) **La** | fin.] + *με* **637**: cf. **La** (*me*) verss.
4 (**6**) *ἀπό*] pr. *και* **155** La^{Γ} **Sa** Aeth = H; *et* La^{Λ} | *πνιγμοῦ*] *στεναγμου* **253** | *πυρᾶς*] *πυρος* V *L* *b* **443 542 543 547 548 631′** Aeth: ex 4b; *flammae* **La**; *πειρας* **755** **Sa** | om. *καί* *L* **Sa** = H | *ἐκ μέσου*] *εν μεσω* S **La** Aeth; om. *μέσου* **336** | om. *πυρός* V | *οὗ*] *σου* S*; > **253** *L*-**672 155 534′ 542** **La** **Sa** Aeth: ante *οὐκ* | om. *οὐκ* V *l*-**157″** *b* **336 443 507 548 679 795** Mal. (»*ἐν ἑτέροις*«): post *οὗ* | *ἐξέκαυσα*] *-σαν* *b* **336** Mal. (»*ἐν ἑτέροις*«); *-σεν* **507 547**; *εκαυσα* **672**
5 (**7ab**) init.] pr. *και* *L*-705 La^{T*} **Sa** Aeth | *βαθου* B* **253**: Thack. § 10_{30} | *ᾅδου*] *λαου* V; > **248** | *λόγου*] *λογους* **548**; *απολογου* **542**; pr. *εκ* *L* La^{V} (*a*) Aeth | *ψευδου* **336**
6 (**7c—9**) *καὶ βολίδος* Zi.] *βασιλει* (*και βασ.* **795** La^{Λ}; *a rege iniquo* **La** = *και απο βασ. αδικω* 545^{c}; + *και απο* **613**) *διαβολης* (*-λη* B *L* *a* *c*-**679 155 358 507 672** Mal. (»*ἐν ἑτέροις*«)) codd. et verss. | *γλώσσης*] *-σση* **548**; pr.

ἤγγισεν ἕως θανάτου ἡ ψυχή μου,
καὶ ἡ ζωή μου ἦν σύνεγγυς ᾅδου κάτω.
7 περιέσχον με πάντοθεν, καὶ οὐκ ἦν ὁ βοηθῶν·
ἐνέβλεπον εἰς ἀντίλημψιν ἀνθρώπων, καὶ οὐκ ἦν.
8 καὶ ἐμνήσθην τοῦ ἐλέους σου, κύριε,
καὶ τῆς εὐεργεσίας σου τῆς ἀπ' αἰῶνος,
ὅτι ἐξαιρῇ τοὺς ὑπομένοντάς σε
καὶ σῴζεις αὐτοὺς ἐκ χειρὸς πονηρῶν.
9 καὶ ἀνύψωσα ἀπὸ γῆς ἱκετείαν μου
καὶ ὑπὲρ θανάτου ῥύσεως ἐδεήθην·
10 ἐπεκαλεσάμην κύριον πατέρα κυρίου μου
μή με ἐγκαταλιπεῖν ἐν ἡμέραις θλίψεως,
ἐν καιρῷ ὑπερηφανιῶν ἀβοηθησίας·
11 αἰνέσω τὸ ὄνομά σου ἐνδελεχῶς
καὶ ὑμνήσω ἐν ἐξομολογήσει.

B S A V *O L l a b c* min. La verss.

εκ *L*; pr. και 253 336 La$^{G\,pl}$; *et a lingua* La^{V} | ἀδίκου] -κα V | ἤγγισεν] ηνεσεν B La (*laudavit*^{pc}, *laudabit*^{VGpl}): cf. 23a | ἕως θαν./ἡ ψ. μου] tr. 534' 755; + *dominum* La | om. καί2° 744 = Ald. | ἦν σύν.] εν συν. 507; om. ἦν 336 547 | ᾅδου κάτω] αδου κατωτατου S^{c} 253 *L*-672 *c*-679-795 443 547 755 = Ps. 85$_{13}$; pr. εως Mal.; tr. 705; om. κάτω Aeth = Syr; > 254

7 (10) init.] pr. και 631' Aeth = H | πανταχοθεν 336; + κακα 130-705 Mal. | ὁ βοηθῶν] βοηθον V | ἐνέβλεπον *L'*-157'' Ra.] εβλεπον A *a* 443 543 547 613 672 755; ενβλεπω 155; εμβλεπων (*respiciens eram* La) rel. | om. ἀνθρώπων 547* = H | fin.] + ο ρυομενος 547: cf. Iud. 18$_{28}$ B

8 (11—12) om. καί 1° S* *b* 507 547 La Sa Mal. | ἐμνήσθην] + παντοθεν 672: ex 7a | τοῦ ἐλ.] τον ελεον 548: cf. 3b; το ελεος 68-744' = Ald.; *nominis* Sa | τῆς 1°] τη 253 | εὐεργεσίας 637 *c*-679-795 336: cf. H] εργασιας (-σια 253*) rel.: cf. Sap. 13$_{12}$ 14$_{20}$ | σου τῆς] ταυτης 248; om. σου La^{pc} | αἰῶνος] αρχης 543 | ἐξαιρῇ] -ρει 253 alii; -ρεις 545^{c} 755 795; εξερη S V 548*; εξελη B *b* 543 Mal.* | σε] σου 548; > V = Compl.; + κυριε 672 La^{V} | σωζει 603^{c} (-ζη*): cf. H | om. αὐτούς 754 | πονηρῶν V Sm.: cf. H] εθνων B La; εχθρων (-ρου 547 Aeth) rel.: cf. 30$_{6}$

9 (13) ἀνύψωσα] -σεν S *c*-679 547* Sa; -σας 672 755 795 La Aeth (+ *me*) | ἀπό] επι B *c*-679-795 507 La; εκ 547 672 | γῆς] γην B*; pr. της *b* 507 Mal.; οργης 248: cf. 43$_{17}$ | ἱκετείαν] ικεσιαν 155 (ηκεισιαν) 443 744: cf. 32$_{17}$; pr. την 542; *habitationem* (= οικετιαν 545^{mg}) La Sa: cf. 4$_{4}$ | ὑπὲρ θαν.] απο αθανατου A | ἐδεήθην] -θη 545; εδεομην Mal.

10 (14) init.] pr. και *L* Aeth = H | πατέρα] παρα 755; θεον 336 | κυρίου] κυριον 68-744 = Ald.; *et dominum* Aeth; pr. του S^{c} 336 | με ἐγκαταλ.] με εγκαταλειπειν A 253 637 (ενκ.) alii; tr. 248-672 795 La (exc.^{Q}) = H | ἡμέραις] -ρα 253 248-672-*l* *c*-679-795 155 336 339 443 534' 543 La = H: cf. 18$_{24}$ | θλίψεως] + μου 443 755 La Aeth | 10c init.] pr. και 542 La | ὑπερηφανιῶν B] -φανω 155 443 543 Sa (vid.); -φανων rel. | αβοηθειας 637 *c*-679-795 534 (-θηας)

11 (15) σου] κυριου 637: cf. 12d; + *deus* La^{X} | ὑμνήσω] ὑπομνήσω

καὶ εἰσηκούσθη ἡ δέησίς μου·
12 ἔσωσας γάρ με ἐξ ἀπωλείας
καὶ ἐξείλου με ἐκ καιροῦ πονηροῦ.
διὰ τοῦτο ἐξομολογήσομαι καὶ αἰνέσω σοι
καὶ εὐλογήσω τῷ ὀνόματι κυρίου.

13 Ἔτι ὢν νεώτερος πρὶν ἢ πλανηθῆναί με
ἐζήτησα σοφίαν προφανῶς ἐν προσευχῇ μου.
14 ἔναντι ναοῦ ἠξίουν περὶ αὐτῆς
καὶ ἕως ἐσχάτων ἐκζητήσω αὐτήν.
15 ἐξανθούσης ὡς περκαζούσης σταφυλῆς
εὐφράνθη ἡ καρδία μου ἐν αὐτῇ.
ἐπέβη ὁ πούς μου ἐν εὐθύτητι,
ἐκ νεότητός μου ἴχνευον αὐτήν.

B S A V *O L l a b c* min. La verss.

Hart; + *σε* V-253 *L* 155 157'' 336 339 443 542 547 613 706 Sa = H; + *illum* (*illud*^{V}) La; + *το ονομα σου* 534: ex 11$_{a}$

12 (16—17) *ἔσωσας γάρ* = La^{AQ}] *et liberasti* La^{V} Aeth = H; om. *γάρ* 603* La^{Gpl}; tr. *γάρ* post *με* 1° 543 | *με* 1°] *ημας L*; *animam meam* Brev Goth.: cf. 2$_{b}$ (3$_{a}$) | om. *καί* 1° 507 631' La$^{\Sigma\Theta}$ | *ἐξείλου με*] *εξελου με* 507 548 679; *εξελουμαι* A V-253 (*εξειλ.*); *εξειλω με* 339 358 547 755; *εξηλω με* 637 | *καιροῦ*] *καρπου* 339: cf. Ps. 4$_{8}$; *χειρος* A | *πονηροῦ*] + *και εξιλουμαι* (= *και εξειλου με*) A: ex praec. | *ἐξομολογήσομαι* B *L* 358 La] + *tibi domine* La^{Z*}; + *σοι* rel.: ex 1$_{a}$ | *σοι* B*-S* A 358] *σε* rel.: cf. 17$_{27}$ | *τῷ ὀν.* = La^{VZ*}] *το ονομα L*-672 *b* 155 534' 542 543 547 755 795 La$^{G\ rel}$ Mal. (»*ἐν ἄλλοις*«): cf. 39$_{35}$ | *κυρίου*] pr. *του* 542; *σου* 547; *σου κυριε L*-672 *b* 507 755 795 La$^{AQ\Pi}$ Sa Aeth Mal. (»*ἐν ἄλλοις*«)

13 (18) *Ἔτι*] *οτι* 249 336 547^{c} 672 755: cf. 24$_{32}$ | *πρὶν ἤ*] *προ του* 672; om. *ἤ* V-253 637 336: cf. 11$_{7}$ | *πλανηθῆναι*] *ταπεινωθηναι a*-534 339 | *σ. προφανῶς*] tr. 547; om. *προφανῶς* 613 La$^{T*\Omega}$; *σ. προθύμως* Sm. | om. *μου* 253

14 (19ab) init.] pr. *και* 547 Sa Aeth | *ἔναντι ναοῦ*] *εν. λαου* 542 613: cf. 36$_{19}$; + *κυριου* 637: cf. Sap. 3$_{14}$; *ἐν νεότητί μου* Sm. | om. *καί* 253 | *εσχατου L b* 157'' 443 507 543 547 La$^{X\Pi}$ BrevGoth. p. 1014 D verss.: cf. 1$_{13}$ Sap. 4$_{19}$ | *αὐτήν*] *περι αυτης* 705: ex 14$_{a}$

15 (19c—20) *ἐξανθούσης* V 336 Sm.] *-ση* 253; *-σαι* 254 542; *-σα* 603; *et* (> ^{Gpc}) *defloriet* (*effloruit*^{V}) La Aeth; *florere feci* (= *εξηνθησα*?) Sa; *εξανθου* 68-744' = Ald.; *εξ ανθους* (*-θος* 795) rel.; *ἐξανθοῦντος* Kuhn II 118; *ἐξήνθησεν* Ry. | *ὡς*] *εως* A; *ωσπερ* 358 | *περκαζούσης*] *-ση* V; *-σα* 603; *περικαζουσης* A*; *πυκαζουσης* 358 | *εὐφρ. ἡ καρδία μου ἐν αὐτῇ*] *ευφρανθητι ψυχη μου εν αυτω* 672 | *ἐπέβη*] *επηλθεν* 542 | *μου* 2°] *σου* 672 | *εὐθύτητι*] pr. *αυτη l*-157'' | *μου* ult.] + *μετα ισχυος* 542 | *εξιχνευον* 637; *ιχνευσεν* 253; *ιχνευων* 679; *ιχνευσα* 68-744' = Ald. | *αὐτήν*] *ταυτην* 548

16 ἔκλινα ὀλίγον τὸ οὖς μου καὶ ἐδεξάμην
καὶ πολλὴν εὗρον ἐμαυτῷ παιδείαν.
17 προκοπὴ ἐγένετό μοι ἐν αὐτῇ·
τῷ διδόντι μοι σοφίαν δώσω δόξαν.
18 διενοήθην γὰρ τοῦ ποιῆσαι αὐτὴν
καὶ ἐζήτησα τὸ ἀγαθὸν καὶ οὐ μὴ αἰσχυνθῶ.
19 διαμεμάχισται ἡ ψυχή μου ἐν αὐτῇ
καὶ ἐν ποιήσει νόμου διηκριβασάμην.
τὰς χεῖράς μου ἐξεπέτασα πρὸς ὕψος
καὶ τὰ ἀγνοήματα αὐτῆς ἐπενόησα.
20 τὴν ψυχήν μου κατεύθυνα εἰς αὐτὴν
καὶ ἐν καθαρισμῷ εὗρον αὐτήν.
καρδίαν ἐκτησάμην μετ' αὐτῆς ἀπ' ἀρχῆς·
διὰ τοῦτο οὐ μὴ ἐγκαταλειφθῶ.
21 καὶ ἡ κοιλία μου ἐταράχθη τοῦ ἐκζητῆσαι αὐτήν·
διὰ τοῦτο ἐκτησάμην ἀγαθὸν κτῆμα.

B S A V *O L l a b c* min. La verss.

16 (21—22a) *εκλινον* 534 | *ὀλίγον/τὸ οὖς μου*] tr. *L* 358 Sa; om. *ὀλίγον a* | *ἐδεξάμην*] *εξελεξαμην* 547: cf. 6_{18} | *εὗρον*] *ευρω* 358 | *ἐμαυτῷ*] *εν αυτω* 543: cf. 27b; *εν αυτη* 637 631; pr. *εν* 130 254-603 507 La

17 (22b—23) *ἐγέν. μοι*] tr. 603 | 17a fin.] + *και εν ποιησει μου διηκριβασαμην* 547: ex 19b | *διδουντι* V 155 547 548 631; *διδοσιν* S*; *ιδοντι* 545 | om. *μοι* 2° A | *δώσω*] *και* S* | *δόξαν*] *δυναμιν* 248; *εξομολογησιν* 637: cf. H

18 (24) *ποιῆσαι*] + *με* A | om. *καί* 1° 155 672 La (hab.$^{C\Sigma}$) Sa | *ἐζήτησα* 534 (*-τισα*) Sm.] *ζηλωσαι* 248; *εζηλωσα* rel.: cf. 37_{10} | *καί* 2°] *του* 155

19 (25—26) *διαμεμαχηται L'*-157'' 155 249-754 443 613 795; *-χησται* 68-744 Mal. = Ald.; *διαμεμηχάνηται* Kuhn II 119 | *αὐτῇ*] *-τω* 534; *εαυτη* 637 | *νόμου* Fr. Ra.: cf. 19_{20}] *λιμου* B*-S *O*-V *L a* 542 Sa; *eam* La; *μου* rel. | *διηκριβωσαμην* B^{c} 248-672 *b* 155 507 534' 542 547 631' 755 795 Mal.; *-βησαμην* A; *ηκριβασαμην* V | om. *μου* 2° 358 755 | *πρός*] *εις* 795: cf. La (*in*) | *υψους* 155 | *ἀγνοήματα*] *ἀγνεύματα* Kuhn II 119 | *αὐτῆς*] *μου* 637 La^{pc} Aeth | *ἐπενόησα* V-253 (*επον.*) 248 *a b* 507] *απενοηθησα* 68-744' = Ald.; *επενθησα* (*-σαν* 155) rel.: cf. Sap. 14_{2}

20 (27—28) init.] pr. *και* V Aeth | *τὴν ψυχήν*] *viam* BrevGoth. p. 1015 A: cf. 49_{3} | *κατευθυνω* 443 | *εἰς*] *προς* 542 La (*ad*) | 20b/20c] tr. B Mal. | *καθαρισμῷ*] *καιρω* 253; *καιρω θερισμου* A: cf. Ier. 27_{16} | *μετ' αὐτῆς* = La^{VY}] *μετ αυτων* B-S *c*-679-795 155 339 543 547 613 631' 755 (*-τον*) La$^{G\,rel}$ Sa; *μετ αυτην* 637; *μετα* 253; tr. post *ἀρχῆς* 443 613 | *απ αρχων* 797 | 20d init.] pr. *και* 631 Aeth; om. 20d 443 | *καταλειφθω c*-679-795 (*-ληφθω*): cf. 2_{10}

21 (29) *ἡ κοιλία*] *η καρδια L* 547 603 Sa: cf. 19_{12}; *η ψυχη* 253; om. *ἡ* 358 | *εταραχθην* 336 443 631; *εξεταραχθη l* | om. *τοῦ* B V-253 *L a*-534' 336 443 754 | *ζητησαι L* | fin.] + *και ου μη εγκαταλειφθω* 443: ex 20d

22 ἔδωκεν κύριος γλῶσσάν μοι μισθόν μου,
καὶ ἐν αὐτῇ αἰνέσω αὐτόν.
23 ἐγγίσατε πρός με, ἀπαίδευτοι,
καὶ αὐλίσθητε ἐν οἴκῳ παιδείας.
24 τί ἔτι ὑστερεῖτε ἐν τούτοις
καὶ αἱ ψυχαὶ ὑμῶν διψῶσιν σφόδρα;
25 ἤνοιξα τὸ στόμα μου καὶ ἐλάλησα
Κτήσασθε ἑαυτοῖς ἄνευ ἀργυρίου.
26 τὸν τράχηλον ὑμῶν ὑπόθετε ὑπὸ ζυγόν,
καὶ ἐπιδεξάσθω ἡ ψυχὴ ὑμῶν παιδείαν.
ἐγγύς ἐστιν εὑρεῖν αὐτήν.
27 ἴδετε ἐν ὀφθαλμοῖς ὑμῶν ὅτι ὀλίγον ἐκοπίασα
καὶ εὗρον ἐμαυτῷ πολλὴν ἀνάπαυσιν.
28 μετάσχετε παιδείας ἐν πολλῷ ἀριθμῷ ἀργυρίου
καὶ πολὺν χρυσὸν κτήσασθε ἐν αὐτῇ.

B S A V *O L l a b c* min. La verss.

22 (30) *ἔδωκεν*] pr. *και l b* 507 Aeth; + *μοι* V La Sa Aeth = H | om. *κύριος* 253* | *γλῶσσαν*] pr. *την* 755 | *μοι* B 253 *c*-679-795 130 336 443] > V *L* La Sa; *μου* rel. = H | *μισθω* 755 | *μου*] *μοι* S 106-545 *a b* 339 443* (vid.) 507 542 631′ 672 679; *εμοι* 534′; > 253 755 Sa = H | *αὐτόν*] -*τω* 744

23 (31) *ἐγγίσατε*] *αινεσατε* S*: cf. 6b | *πρός με*] *μοι L* | *αυλισθησεσθαι* S A 339 358 548; -*σεσθε* 155 542 543 613 679 706 755 795; -*σεται* V; *αυλισατε* 603

24 (32) *τί ἔτι* 130 339 La Sm.] *και οτι* B; *διοτι* V 248 795 = Sixt.; *ει οτι* 339; *τι* 545; *οτι* 507; *τι οτι* rel. | *ὑστερεῖτε*] -*ται* 637 alii; -*ρεισθε* B-68-768 339 358 547 Mal. = Ald.: cf. Thack. § 24 p. 288; -*ρεισθαι* 130-705 *a* 543 744 Ra. | *ὑστερεῖτε* Zi. = Sixt. et H] + *η εληγετε* 253: cf. La^{Z*} (*et quid degitis*); + *η* (*ει* 679; *και* V 336; *η τι L* BrevGoth. 870 A; *et quid* BrevGoth. 1015A) *λεγετε* S^{c} V *L c*-679-795 336 672 La BrevGoth.; + *λεγετε* rel. | *ἐν*] *επι* 795 | *ὑμῶν* = H] *ημων* 253 *l c*-679-795 155 336* 339 507 672 755 | *διψουσιν* 637

25 (33) *ἤνοιξα*] *ανοιξας* 155; pr. *και* 534 Aeth | om. *τό* 336: cf. 20_{15} | *Κτήσασθε*] -*σθαι* A V 637 alii; -*σατε* 744*; *ονισασθαι* 155 | *ἑαυτοῖς*] *αυτοις* B; *αυτην* 631′; *αυτης* 768; pr. *εν* 672

26 (34) om. *τόν* et *ὑμῶν* 1° 755 | *υποτιθετε* (-*ται* 548) *c*-679-795 | *ὑπὸ ζ.*] *υπο τον ζ.* 637 542 548 Mal.; *ζυγω* 543 La^{V}; om. *ὑπό* 106; + *αυτης* 637 La^{pc} = H; + *μου* Sa | *επιδειξασθω* 706; *υποδεξασθω* 443 547 613 672 795: cf. 36_{26}; *επιδεξασθαι* 545 | *ἡ ψ. ὑμῶν*] *η ψ. ημων* 507 548 744; *ημων η ψ.* 755; *anima mea* La^{Ω} | *παιδείαν*] *ταπεινωσιν* V (-*πινοσιν*) | *ἐστιν*] pr. *γαρ* S 339 672; + *enim* La Sa | *εὑρεῖν*] ⟨*τοῖς ζητοῦσιν αὐτὴν καὶ ὁ* (*δι*)*δοὺς τὴν ψυχὴν αὐτοῦ*⟩ *εὑρήσει* Katz; pr. *του* 547

27 (35) om. *ὑμῶν* 637 | *ἐμαυτῷ*] *εν αυτω* 507: cf. 16b

28 (36) *μετασχε* 253 68-744′ = Ald. | *παιδειαν* B-S* V (-*διαν*) 358 | *πολύν*] *πολλυν* V 705; *πολλων* 155*; *πολλην* 336 534 543 545 548 672 797 | *χρυσόν*] -*σιον* 358: cf. 2_{6}; *tempus* (= *χρονον*) Sa | *κτησεσθε* 543 | *ἐν* 2°] *συν* V

29 *εὐφρανθείη ἡ ψυχὴ ὑμῶν ἐν τῷ ἐλέει αὐτοῦ,*
καὶ μὴ αἰσχυνθείητε ἐν αἰνέσει αὐτοῦ.
30 *ἐργάζεσθε τὸ ἔργον ὑμῶν πρὸ καιροῦ,*
καὶ δώσει τὸν μισθὸν ὑμῶν ἐν καιρῷ αὐτοῦ.

B S A V *O L l a b c* min. La verss.

29 (**87**) *ευφρανθη* V 155 **543*** (-*θηει*^{c}) **547 548** (*εφρ.*) **631** (-*θει*) | om. *ἡ* **507 795**: post -*η* | *ὑμῶν*] *ημων* **547 548 631′ 679 705*** 755 BrevGoth. 1071C; *μου* Aeth = H | *ἐν* 1°] *επι L* | *αὐτοῦ* 1°] *κυριου* **543**; *dei* BrevGoth. | *μή*] pr. *ου* **106** | *αἰσχυνθείητε*] *επαισχ.* **358**; *αισχυνθητε* 155 **542 547**; *αισχυνθητω* **507**; *αισχυνθειη* **548** | *αἰνέσει*] pr. *τη* S^{c} Mal.
30 (**88**) *εργασασθε* V (-*σθαι*)-**253** *L′* **336** (-*σθαι*) **631′** Mal. | *ὑμῶν* 1°] *ημων* 797^{c} Max. p. 889 | om. *πρὸ καιροῦ* **672**; om. *πρό* **253** | *δώσει*] + *vobis* La Sa Aeth = H | *ὑμῶν* 2°] *ημων* **548**; *υμιν* **336**; > Sa | *καιρῷ*] pr. *τω* Anton. p. 1120 | *αὐτοῦ*] *υμων* V; + *της δοξης* **336**; > Sa | fin.] + *οτι αυτω η δοξα και το κρατος νυν και αει και εις τους αιωνας των αιωνων αμην* **672**: cf. H et Syr

Subscriptio *σοφια ιησου υιου σ(ε)ιραχ* B-S A V **637**-130 **254**-**754** **296** **534** **542** Sa Aeth (sim.); *τελος της σοφιας ιησου του* (> **744**) *υιου σειραχ* **68**-**744** = Ald.; *τελος συν θεω του βιβλιου ιησου υιου σιραχ* **547**; *ετελεωθη η σοφια ιησου υιου σιραχ* 155: cf. Syr; *τελος των εις τον σιραχ* Mal.; *explicit liber hiesu filii sirach* (vel sim.) La$^{G\,pc}$